2022 年 10 月 24 日，上海交通大学医学院成立 70 周年大会暨上海国际医学论坛举行，医学院党委书记江帆主持。

2022 年 10 月 24 日，上海交通大学医学院成立 70 周年大会暨上海国际医学论坛举行，医学院院长、中国工程院院士范先群作题为“七秩芳华守正创新 面向未来奋进一流”的主旨报告。

2022 年 3 月 7 日，上海交通大学医学院召开纪念三八国际劳动妇女节 112 周年暨先进表彰大会，医学院党委副书记、工会主席赵文华主持。

2022 年 10 月 13 日，医学院党委副书记、纪委书记施建蓉为优青班党员上党课。

2022 年 11 月 21 日，上海交通大学医学院举行“踔厉奋发担使命，勇毅前行向未来——交医学子与党的二十大代表‘面对面’”主题活动，医学院党委副书记、副院长吴正一出席活动并讲话。

2022 年 8 月 16 日，医学院副院长胡翊群参加上海交通大学医学院学科建设大讨论 – 附属第六人民医院专场。

2022 年 11 月 25 日，医学院副院长方勇以“院校融合推动公立医院高质量发展”为题在上海市区级医院高质量发展论坛做大会发言。

2022 年 10 月 24 日，上海国际医学论坛 – 基础医学分论坛举行，医学院副院长郑俊克致辞。

2022 年 8 月 19 日，附属瑞金医院院长、中国工程院院士宁光出席医师节活动并讲话。

2022 年 9 月 29 日，附属仁济医院院长夏强（前排右）参加浦东新区卫生健康委员会与上海交通大学医学院附属仁济医院合作共建浦南医院签约仪式。

2022 年 10 月 24 日，附属新华医院院长孙锟在医学院 70 周年院庆系列学术活动－新华医学论坛上致辞。

2022 年 9 月 9 日，附属第九人民医院院长吴皓在庆祝第三十八个教师节大会暨 2021—2022 学年优秀教师表彰大会上致辞。

2022 年 1 月 6 日，附属第一人民医院院长郑兴东在医院第九届职工代表大会第一次会议上讲话。

2022 年 8 月 16 日，附属第六人民医院院长殷善开在医学院学科建设大讨论－市六专场上做学科建设汇报。

2022 年 12 月 14 日，附属上海儿童医学中心院长张浩在上海脑科学与类脑研究中心上海交通大学脑智发育平台揭牌仪式上致辞。

2022 年 12 月 2 日，附属儿童医院院长鲁冰在第六届儿童精准医学国际论坛上致辞。

2022 年 11 月 12 日，附属胸科医院院长潘常青在长三角胸部疾病专科联盟成立仪式暨首届长三角胸部疾病专科联盟学术论坛上致辞。

2022 年 11 月 25 日，附属精神卫生中心院长赵敏主持国家精神疾病医学中心启动仪式。

2022 年 9 月 16 日，附属国际和平妇幼保健院院长程蔚蔚主持建院 70 周年暨奉贤院区启用仪式。

2022 年 8 月 20 日，附属同仁医院院长马骏在第十一届虹桥国际医学论坛致欢迎辞。

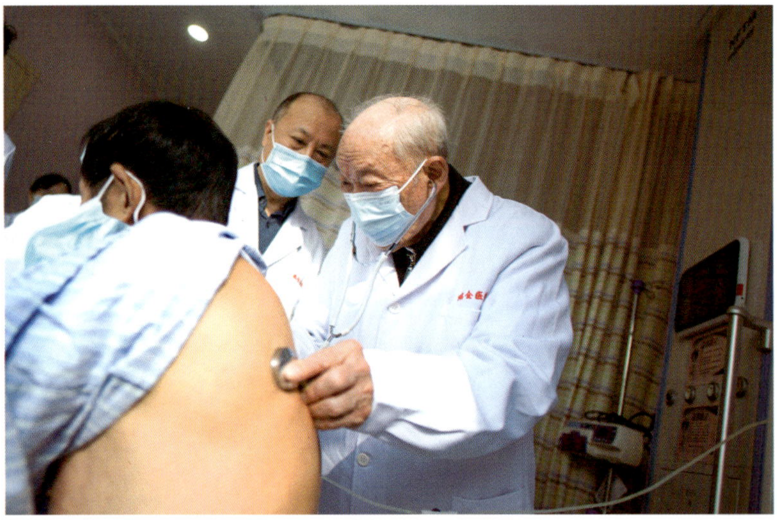

2022 年，王振义院士（右）在附属瑞金医院查房。

2022 年 12 月 2 日，曾溢滔院士在第六届儿童精准医学国际论坛上作报告。

2022 年，陈竺院士在附属瑞金医院参加血液科大会诊。

2022 年 7 月 30 日，第 15 次全国口腔颌面外科学术会议顺利召开，邱蔚六院士出席会议并讲话。

2022 年，陈赛娟院士（左）正在使用超算计算机分析数据。

项坤三院士。

2022 年 10 月 29 日，戴尅戎院士在上海交通大学口腔医学院 90 周年学术活动院士论坛作报告。

2022 年 11 月 25 日，陈国强院士为“第四届上海国际癌症大会”致开幕辞。

2022 年 4 月，张志愿院士在“口腔生态与全身健康论坛”作报告。

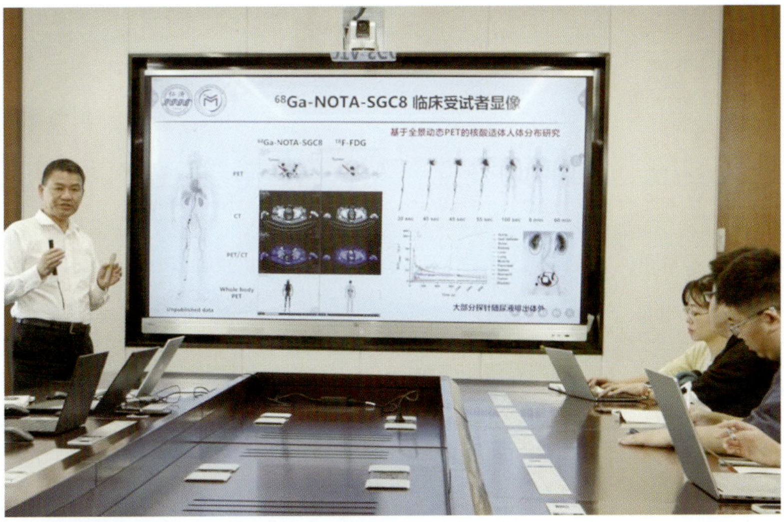

2022 年 10 月，谭蔚泓院士（左一）参加与仁济医院临床科室合作科研项目推进会议

2022 年 9 月 27 日，董晨院士参加张江生命科学国际创新峰会暨 2022 第三届张江细胞与基因产业国际峰会并任大会主席。

2022 年 11 月 14 日，贾伟平院士参加上海市医学会主办的“联合国糖尿病日”主题活动

重大活动和事件

2022 年 1 月 14 日，上海交通大学医学院举行党史学习教育总结会。

2022 年 6 月 7 日，上海交通大学医学院召开党员代表会议选举产生出席市第十二次党代会代表。

2022 年 6 月 30 日，上海交通大学医学院召开庆祝中国共产党成立 101 周年会议。

2022 年 7 月 19 日，上海交通大学医学院召开新一批“组团式”援藏、援滇干部人才慰问座谈会。

2022 年 7 月 28 日，上海交通大学医学院松江研究院正式成立。

2022 年 9 月 1 日，上海交通大学附属黄浦实验中学、小学举行揭牌仪式。

2022 年 9 月 17 日，舞台上的思政课话剧《清贫的牡丹》十周年新生专场成功上演。

2022 年 9 月 26 日，上海市病毒研究院正式成立。

2022 年 10 月 14 日，上海交通大学医学院生物材料与再生医学研究院正式成立，并落户于附属第九人民医院。

2022 年 10 月 21 日，上海交通大学医学院医学装备与技术研究院正式成立，并落户于附属第六人民医院。

2022 年 10 月 24 日，上海交通大学医学院成立 70 周年大会暨上海国际医学论坛在上海国际会议中心隆重举行。

2022 年 10 月 27 日，上海交通大学医学院召开传达学习党的二十大精神大会。

2022 年 11 月 25 日，上海交通大学医学院教育发展基金会成立仪式。

2022 年 11 月 28 日，交大医学“70 年 70 瞬”专题展暨《交大医学》系列丛书发布仪式举行。

2022 年 12 月 9 日，上海市教卫工作党委调研上海交通大学医学院 2022 年度落实全面从严治党主体责任情况。

上海交通大學醫學院年鉴

SHANGHAI JIAO TONG UNIVERSITY SCHOOL OF MEDICINE ALMANAC

2023

[总第十八卷]

《上海交通大学医学院年鉴》编纂委员会

上海交通大學出版社
SHANGHAI JIAO TONG UNIVERSITY PRESS

图书在版编目(CIP)数据

上海交通大学医学院年鉴.2023/上海交通大学医学院年鉴编纂委员会编.—上海:上海交通大学出版社,2023.12

ISBN 978-7-313-29959-8

Ⅰ.①上… Ⅱ.①上… Ⅲ.①上海交通大学医学院—2023—年鉴 Ⅳ.①G649.285.1-54

中国国家版本馆 CIP 数据核字(2023)第 226488 号

上海交通大学医学院年鉴 2023

SHANGHAI JIAOTONG DAXUE YIXUEYUAN NIANJIAN 2023

编　　著:《上海交通大学医学院年鉴》编纂委员会
出版发行:上海交通大学出版社
邮政编码:200030
印　　制:苏州市越洋印刷有限公司
开　　本:889mm×1194mm 1/16
字　　数:980 千字
版　　次:2023 年 12 月第 1 版
书　　号:ISBN 978-7-313-29959-8
定　　价:98.00 元

地　　址:上海市番禺路 951 号
电　　话:021-64071208
经　　销:全国新华书店
印　　张:30
插　　页:10
印　　次:2023 年 12 月第 1 次印刷

《上海交通大学医学院年鉴》编纂委员会

顾　问　江　帆　范先群

主　编　吴正一

编　委　（以姓氏笔画为序）

马　骏　王　慧　王兆军　王福胜　仇晓春　叶福林　宁　光　许　琳
孙　锟　李　剑　李洪亮　吴　皓　沈　洁　张　浩　张　彪　张　寅
陆　勇　陆　勤　陈　亮　陈　铿　陈怡绮　邵　莉　邵新华　范悦敏
郁　松　郑兴东　赵　敏　夏　强　徐汝明　徐勤毅　殷善开　唐　华
诸海英　龚玉芳　康　力　章　新　章雅青　董　艳　蒋　滢　蒋欣泉
程蔚蔚　傅启华　鲁　冰　游佳琳　路彦均　蔡　伟　潘常青

《上海交通大学医学院年鉴》编辑部

主　　任　徐汝明

编纂人员　江浩艳　刘　楠　刘宇翔

凡　例

一、《上海交通大学医学院年鉴·2023》是由上海交通大学医学院年鉴编纂委员会主持编纂的一部综合性资料工具书和史料文献。

二、本年鉴以马克思列宁主义、毛泽东思想、邓小平理论、"三个代表"重要思想、科学发展观和习近平新时代中国特色社会主义思想为指导，坚持尊重历史、实事求是的原则，如实记载了上海交通大学医学院2022年建设和发展的历程。

三、本年鉴上起2022年1月，下止2022年12月。

四、根据时代特点和上海交通大学医学院特色，本年鉴采用分类、条目编撰法，以特载、概述为纲，以大事记为经，以医学教育、科学研究、教职工队伍建设、对外交流、教育设施与保障、校园文化、学生工作、党的建设、民主党派和统战团体、学院概述、研究所、附属单位等栏目为纬，较全面、系统地记述医学院各领域、各系统的情况，并附统计资料。

五、本年鉴分类目、栏目、分目和条目，其中各栏目、各分目之首设"概况"条目，集中记述各系统、各领域的总体情况；分目以黑体字表示；分目下设条目，以【】号为标识。条目为主要信息载体和基本撰稿形式。

六、本年鉴对各分目、条目间的交叉重复现象，采取了详略可见、平衡删留、区别视角等不同方法记述。

七、本年鉴采用规范语体文记述，直叙其事。文字力求严谨、简练。单位名称和专有名词在第一次出现使用全称，随后用简称。人物称谓直书姓名，必要时冠以职务。

八、本年鉴各业务部门统计数据由各部门主管审定、提供。统计数据截止日，按学年统计的，原则上截止日为2022年9月1日；按自然年统计的，截止日为2022年12月31日，具体视统计表下注释。

目　录

特　载

秉持初心传七秩薪火　踔厉前行谱奋进华章——中共上海交通大学医学院第十一届委员会第十一次全体会议报告 …………………… (3)
在上海交通大学医学院2022年毕业典礼上的讲话 …………………… (13)

大　事　记

大事记 …………………… (19)

学院综述

上海交通大学医学院 …………………… (33)
【概况】 …………………… (33)
医学院党、政领导及管理机构干部名单 …………………… (36)
重要事项与综合管理 …………………… (43)
【医学院举行党史学习教育总结会】 …………………… (43)
【4个学科复入"双一流"学科】 …………………… (43)
【医学院进一步压紧压实疫情防控责任】 …………………… (43)
【医学院召开党员代表会议选举产生出席市第十二次党代会代表】 …………………… (43)
【医学院召开庆祝中国共产党成立101周年会议】 …………………… (43)
【医学院院长范先群一行走访上海市安徽商会】 …………………… (44)
【医学院召开新一批"组团式"援藏、援滇干部人才慰问座谈会】 …………………… (44)
【上海交通大学医学院松江研究院成立】 …………………… (44)
【医学院新增2个国家医学中心】 …………………… (44)
【医学院赴昆明考察交流并开展医疗专家组团式志愿服务】 …………………… (44)
【医学院赴安徽开展义诊和交流活动】 …………………… (44)
【舞台上的思政课——话剧《清贫的牡丹》十周年新生专场成功上演】 …………………… (44)
【上海市病毒研究院揭牌成立】 …………………… (45)
【举办"肿瘤、免疫与脑科学"国际论坛】 …………………… (45)
【医学院生物材料与再生医学研究院成立】 …………………… (45)
【举行医学院成立70周年系列庆典活动】 …………………… (45)
【医学院召开传达学习党的二十大精神大会】 …………………… (46)
【斩获大学生创新创业大赛金奖】 …………………… (46)
【上海市教委副主任孙真荣一行来校调研Ⅳ类高峰学科建设工作】 …………………… (46)
【上海交通大学医学院教育发展基金会正式成立】 …………………… (46)
【浦东新区、上海交通大学、上海交通大学医学院合作办学签约仪式举行】 …………………… (46)
【6位民主党派成员当选民主党派中央委员】 …………………… (46)
【医学院获"上海市高校知识产权运营中心"授牌】 …………………… (47)
【上海市教卫工作党委调研医学院2022年度落实全面从严治党主体责任情况】 …………………… (47)

上海交通大学医学院70周年院庆

70周年院庆 …………………… (51)
部分重要活动 …………………… (59)
【开展医学院系统学科建设大讨论】 …………………… (59)
【上海交通大学医学院松江研究院成立】 …………………… (59)
【上海交通大学附属黄浦实验中小学正式揭牌】 …………………… (59)
【原创大师剧《清贫的牡丹》成功上演】 …………………… (59)
【校友云返校系统发布】 …………………… (60)

【上海市病毒研究院揭牌成立】…………………… (60)
【"七十载峥嵘岁月　七十瞬闪亮时刻"专题展开展】………………………………………… (60)
【举办公立医院高质量发展高峰论坛】………… (60)
【"报效祖国　服务人民"石刻落成揭幕】……… (60)
【医学院生物材料与再生医学研究院成立】…… (61)
【医学院医学装备与技术研究院成立】………… (61)
【院史馆正式开馆】……………………………… (61)
【开展"青初遇蓝"院庆 & 迎新游园会】……… (61)
【举行医学院成立 70 周年庆典文艺晚会】……… (61)

医学教育

本科生教育 ………………………………………… (65)
【概况】…………………………………………… (65)
【本科招生保持优质生源】……………………… (66)
【加强医学院临床教学基地建设】……………… (67)
【7 项教学成果获上海市教学成果奖】………… (67)
【全力组织国家级一流本科专业建设点申报】………………………………………… (68)
【组织各级各类一流本科课程申报】…………… (68)
【持续推进骨干教师教学激励计划】…………… (68)
【教学计划管理和实施】………………………… (68)
【教学竞赛成绩亮眼】…………………………… (68)
【开展基层教学组织建设】……………………… (68)
【加强课程思政建设】…………………………… (68)
【器官系统整合教材陆续出版】………………… (69)
【274 人免试直升研究生】……………………… (69)
【制定校历】……………………………………… (69)
研究生教育 ………………………………………… (70)
【概况】…………………………………………… (70)
【完成研究生招生工作】………………………… (71)
【调整临床医学学术学位硕士研究生入学考试命题】………………………………………… (72)
【加强研究生课程建设与质量监督】…………… (72)
【完善专业学位研究生实践与研究融合培养模式】………………………………………… (72)
【完善优质生源长周期国际化培养教育模式】…… (72)
【做好研究生国际交流项目】…………………… (72)
【严格落实学位论文评审制度】………………… (72)
【开展研究生导师岗位培训】…………………… (72)
继续教育 …………………………………………… (73)
【概况】…………………………………………… (73)

科学研究

科学研究 …………………………………………… (79)
【概况】…………………………………………… (79)
【发现结直肠癌特异的细菌-真菌互作新机制】………………………………………… (81)
【乳酸脱氢酶 A(LDHA)在巨核细胞分化和血小板生成中具有重要作用】……………… (81)
【间质细胞与巨噬细胞可能形成的墙壁样结构是阻滞 T 细胞浸润的关键】………………… (81)
【开发了一种可用于高灵敏活体生物成像的聚合物拉曼探针 poly(indacenodithiophene-benzo-thiadia-zole)(IDT-BT)】……………………… (81)
【发现非氧化磷酸戊糖途径调控 Treg 功能】…… (82)
【发现 tRNA-m1A 修饰是 $CD4^+$ T 细胞增殖调控的新型"翻译检查点"】……………… (82)
【揭示刻板重复行为调控情绪的神经环路机制】………………………………………… (82)
【揭示葡萄膜黑色素瘤关键激活机制】………… (82)
【揭示雌激素调控痛觉与阿片镇痛致痒的非经典受体机制】…………………………………… (83)
成果转化 …………………………………………… (84)
【概况】…………………………………………… (84)
【完善横向科研项目管理】……………………… (85)
【夯实生物医药产学研重大专项】……………… (85)
【支持省部共建协同创新中心】………………… (85)

教职工队伍建设

教职工队伍建设 …………………………………… (89)
【概况】…………………………………………… (89)
【举办国际青年学者论坛集聚人才】…………… (90)
【持续打造临床研究"双百人"队伍】…………… (90)
【不断提升博士后培养质量】…………………… (90)
【实施各类青年人才培养计划】………………… (90)
【加强人事管理制度建设】……………………… (91)

对外交流

对外交流 …………………………………………… (95)
【概况】…………………………………………… (95)
【首次举办国际学生线上暑期学校】…………… (96)
【举办"肿瘤、免疫与脑科学"多边学术论坛】…… (96)

【举办第二届南亚东南亚医学教育与医疗卫生联盟大会】……（96）
【多家境外机构向医学院发送 70 周年院庆祝福】……（96）
【举办国际学生视频演讲大赛】……（97）
【医学院 3 人授勋法国荣誉勋章】……（97）
【医学院英文网站改版上线】……（97）
【附属第九人民医院外籍专家托内特教授荣膺上海市“白玉兰纪念奖”】……（97）

学 生 工 作

学生工作 ……（101）
【开展院庆主题思政教育活动】……（103）
【科创人才培养获新绩】……（103）
【做好学生疫情防控工作】……（103）

校 园 文 化

校园文化 ……（107）
【传达上海市第十二次党代会精神】……（108）
【医学院师生医务员工热议党的二十大报告】……（108）
【医学院召开传达学习党的二十大精神大会】……（109）
【医学院学习贯彻党的二十大精神宣讲团成立】……（109）

党 的 建 设

党建工作 ……（113）
【概况】……（113）
【选举产生出席上海市第十二次党代会代表】……（115）
【召开 2022 年度全面从严治党工作会议】……（115）
【召开庆祝中国共产党成立 101 周年会议】……（115）
【召开“组团式”援藏、援滇干部人才慰问座谈会】……（116）
党校工作 ……（117）
【概况】……（117）
【举办 2022 年毕业生党员离校教育培训班】……（118）
【举办第 99—102 期入党发展对象培训班】……（118）
【举办 2022 年“优秀青年人才培育计划”培训班】……（119）
纪检监察工作……（120）
【概况】……（120）
【学习贯彻中央纪委六次全会、市纪委六次全会精神】……（121）
【召开推进全面从严治党专题座谈会】……（121）
【举办纪检监察干部综合业务培训班】……（122）
【举行全面从严治党专题辅导报告会】……（122）
【“科研经费使用警示案例展”开展】……（122）
统战工作 ……（123）
【概况】……（123）
【6 位民主党派成员当选民主党派中央委员】……（125）
【16 位民主党派成员当选民主党派市委委员】……（125）
离退休工作……（126）
【概况】……（126）
【市委老干部局领导一行来院调研】……（127）
【举办重阳节庆祝会喜迎建院 70 周年】……（128）
【老教协、退教协换届工作顺利完成】……（128）

民主党派和统战团体

中国国民党革命委员会上海交通大学医学院总支委员会 ……（131）
【概况】……（131）
中国民主同盟上海交通大学医学院委员会 ……（133）
【概况】……（133）
中国民主建国会上海交通大学医学院委员会 ……（135）
【概况】……（135）
中国民主促进会上海交通大学医学院委员会 ……（137）
【概况】……（137）
中国农工民主党上海交通大学医学院委员会 ……（139）
【概况】……（139）
中国致公党上海交通大学医学院委员会 ……（141）
【概况】……（141）
九三学社上海交通大学医学院委员会……（143）
【概况】……（143）
上海交通大学医学院台胞台属联谊会……（145）
【概况】……（145）
上海交通大学医学院归国华侨联合会……（147）
【概况】……（147）
上海交通大学医学院少数民族教职工联谊会 ……（149）
【概况】……（149）
上海交通大学医学院中青年知识分子联谊会 ……（151）
【概况】……（151）
上海交通大学医学院宗教联络组 ……（153）
【概况】……（153）

上海市欧美同学会(上海市留学人员联合会)上海交通大学医学院分会 …… (155)
【概况】 …… (155)

群 众 团 体

工会、妇委会 …… (159)
【概况】 …… (159)
【召开纪念“三八”国际劳动妇女节暨先进表彰大会】 …… (160)
【在上海高校青年教师教学竞赛中创佳绩】 …… (160)
【顺利召开第九届教代会暨十四届工代会第五次会议】 …… (161)
团委 …… (162)
【概况】 …… (162)
【举办学雷锋义诊服务活动】 …… (164)
【五四青年节主题分享会】 …… (164)
【“青初遇蓝”院庆×迎新游园会】 …… (164)
【“博医计划”开班】 …… (164)
【召开第十次学生代表大会】 …… (164)
【医学院青年学子服务第五届进博会】 …… (164)
【医学院学子与党的二十大代表“面对面”】 …… (164)
发展联络处(基金会、校友会) …… (165)
【概况】 …… (165)
【对口支援青海大学系列培训活动】 …… (166)
【签订与昆明医科大学合作框架协议】 …… (166)
【发布“校友云返校系统”】 …… (166)
【校友小额捐赠平台正式上线】 …… (167)
【景观石捐赠】 …… (167)
【与中国太保集团签署康复医疗战略合作框架协议】 …… (167)
【“凝心聚力 · 共创未来”校友座谈会举行】 …… (167)
【“其实医学创新发展基金”设立】 …… (167)
【上海交通大学医学院教育发展基金会成立仪式举办】 …… (168)

教育设施与保障

学科建设 …… (171)
【概况】 …… (171)
【医学院国际学术影响力不断提升】 …… (172)
【推动一流学科平台建设】 …… (172)
【开展高校分类评价指标专项研究】 …… (172)
【推动专科学院建设】 …… (173)
【获国家高水平中医药重点学科申报资格】 …… (173)
中国医院发展研究院 …… (174)
【概况】 …… (174)
【智库内涵建设和品牌效应】 …… (174)
【智库影响力建设取得新成绩】 …… (174)
【积极充实研究布局】 …… (174)
【高端培训工作】 …… (175)
【与上药控股联合举办“三医联动”下的公立医院高质量发展高峰论坛】 …… (175)
【举行第十届中国医院发展与管理学术大会】 …… (175)
图书馆 …… (177)
【概况】 …… (177)
【获2022年上海高校图书馆研究支持服务优秀案例奖】 …… (179)
【发布《上海交通大学医学院科研产出及学科排名分析报告》】 …… (179)
【《威廉姆斯内分泌学》赠书活动】 …… (180)
网络信息中心 …… (181)
【概况】 …… (181)
【数字化助力新冠疫情防控网格化管理】 …… (183)
【信息化助力70周年院庆活动】 …… (183)
【提升网络安全保障水平】 …… (183)
【进一步完善以泛在、融合、智敏为特征的医学院信息化标准体系】 …… (184)
档案馆 …… (185)
【概况】 …… (185)
【举办“70年70个瞬间(1952—2022)”线上图片展】 …… (186)
【举办“让院史鲜活 让宣讲入心”讲解技能培训会】 …… (186)
【召开档案业务培训会】 …… (186)
【《交大医学 医源珍忆》出版发行】 …… (186)
审计处 …… (187)
【审计人员业务素质稳步提升】 …… (187)
【审计整改工作“一体化”推进】 …… (188)
学报 …… (189)
【概况】 …… (189)
【入选世界知名数据库DOAJ】 …… (189)
【推出“70周年院庆”特刊和“双一流”专刊】 …… (190)
【创设“专家论坛”“前沿述评”品牌栏目】 …… (190)
【创设“心脑血管慢病协防共管”等特色专题】 …… (190)
【助力疫情防控】 …… (190)
【优化学报版面和英文网站建设】 …… (190)
【完成“医学论文写作”慕课项目】 …… (190)
【举办“一流英文科技期刊的创建与探索”研讨会】 …… (191)
资产管理 …… (192)
【概况】 …… (192)

【通过上海市节水型学校复评工作】……………(194)
【院庆 70 周年保障工作】……………………………(194)
【防疫场地和物资保障工作】 ……………………(194)
财务管理 ……………………………………………(195)
【概况】 ……………………………………………(195)
【保障新冠疫情防控期间财务运行】……………(196)
浦东校区建设………………………………………(197)
【概况】 ……………………………………………(197)
【多维做好工地新冠疫情防控工作】……………(198)
【有序推进工程复工达产工作】 …………………(198)
【积极谋划浦东校区开办启用工作】……………(198)
【合力推进生物安全三级实验室项目】…………(198)
【实质性启动海南国际医学中心项目】…………(198)
武装保卫 ……………………………………………(200)
【概况】 ……………………………………………(200)
【70 周年院庆安全保卫】…………………………(201)
【助力新冠疫情防控工作】 ………………………(202)
【个人及部门获奖】 ………………………………(202)

学 院 概 述

基础医学院…………………………………………(205)
【概况】 ……………………………………………(205)
【统筹开展校园新冠疫情防控】 …………………(206)
【举办国际青年学者论坛基础医学分论坛】……(207)
【成立上海交通大学基础医学院校友会】………(207)
【举办上海国际医学论坛基础医学分论坛】……(207)
【深化生物医学科学专业建设】 …………………(208)
【学习宣传贯彻党的二十大精神】 ………………(208)
【基础医学再次入选国家“双一流”建设学科】 ……………………………………………(208)
【探索联合创新研究中心和前沿技术平台互相促进发展机制】 ………………………………(208)
【国家自然科学基金杰青、重点项目资助取得新突破】 ……………………………………(208)
【获上海市优秀教学成果奖】 ……………………(208)
【着力提升教师教学能力】 ………………………(209)
【持续完善人才评价体系】 ………………………(209)
【博士后培养情况】…………………………………(209)
【首次开展博士后中级职称认定】 ………………(209)
瑞金临床医学院 ……………………………………(210)
【概况】 ……………………………………………(210)
【一流本科课程及规划教材建设】 ………………(210)
【新冠疫情下的教学和学生工作】 ………………(210)
【培训基地建设】……………………………………(211)
【住院医师培养】……………………………………(211)
【继续教育】…………………………………………(211)
仁济临床医学院 ……………………………………(212)
【概况】 ……………………………………………(212)
【开展争先创优活动】………………………………(214)
【承办上海市医师协会腹腔镜比赛】……………(215)
【新冠疫情下教学】…………………………………(215)
【住院医师培训】……………………………………(215)
新华临床医学院 ……………………………………(216)
【概况】 ……………………………………………(216)
【举行 2022 届学生毕业典礼】……………………(217)
【学习宣传贯彻党的二十大精神】 ………………(217)
【庆祝医学院成立 70 周年活动】…………………(217)
【新冠疫情防控工作】………………………………(217)
【建立师资激励机制】 ……………………………(218)
九院临床医学院 ……………………………………(219)
【概况】 ……………………………………………(219)
【举行 2022 届毕业典礼】…………………………(221)
【在“互联网+”全国总决赛中获历史性突破】 …(221)
【获首届佳和优秀导师奖】 ………………………(221)
一院临床医学院……………………………………(222)
【概况】 ……………………………………………(222)
【强化“三导”(导志、导心、导学)素养】…………(223)
【强化“三室”(教室、科室、实验室)发力】………(224)
【强化“三教”(政教、科教、医教)协同】…………(224)
【强化“三位”(学校、医院、社会)一体】…………(224)
六院临床医学院……………………………………(225)
【概况】 ……………………………………………(225)
【首次组织全科医学科住培基地教学协调会】 ………………………………………………(226)
【举行 2022 届毕业典礼】…………………………(226)
【提升青年教师教学质量与能力】 ………………(226)
【举行推普宣传周系列活动】 ……………………(227)
【举办第二届住院医师病例汇报大赛】…………(227)
【组织参加上海市住院医师人文主题活动】……(227)
【学生思想政治工作专项调研】 …………………(227)
【主办上海市超声医学专业住院医师规范化培训师资培训班】 ……………………………………(228)
公共卫生学院………………………………………(229)
【概况】 ……………………………………………(229)
【“数字健康赋能黄浦发展”推进会】……………(231)
【开展《健康中国》战“疫”云课堂】 ………………(231)
【获评 2022 年黄浦区“社区书院”称号】 ………(231)
【交叉学科创新人才实践培养基地】……………(231)
【后新冠疫情时代医防融合公共卫生核心能力培训班】 ……………………………………………(232)
【举行学科建设发展高峰论坛】 …………………(232)
【举办新时代提升全民科学素养研讨会】………(232)
护理学院 ……………………………………………(233)
【概况】 ……………………………………………(233)
【举办“聚天使之力,续七秩华章”表彰会】 ……(235)
【提升项目申报质量】………………………………(235)

【健全完善教学科研行政管理体制】…………（236）
【继续高地大卓越护理创新人才培养建设】……（236）
【开启组建新一轮护理学院教学团队】…………（236）
【积极筹备专业认证工作】…………（236）
【学科内涵建设与发展】…………（236）
【人才梯队建设与成果产出】…………（237）
【组建护理预备队】…………（237）
口腔医学院…………（239）
【概况】…………（239）
【口腔医学入选第二轮“双一流”建设学科】……（241）
【“口腔医学课程虚拟教研室”入选教育部首批虚拟教研室建设试点】…………（241）
【开展学科建设大讨论】…………（241）
【举办上海交通大学口腔医学院建院 90 周年系列活动】…………（242）
【国家口腔疾病临床医学研究中心运行绩效评估获评优秀】…………（243）
【学院入选首批全国科普教育基地】…………（243）
【Tonetti 获 2022 年上海市白玉兰纪念奖】……（243）
上海-渥太华联合医学院…………（244）
【概况】…………（244）
【开展教师课程思政教学能力培训】…………（245）
【与渥太华大学续签下一轮五年合作战略协议】…（245）
【召开医学教育国际化发展云论坛】…………（245）
【中外合作办学人才培养体系获 2022 年上海市教学成果一等奖】…………（246）
【举办 e-portfolio 特色活动暨首届“医述”（Let's talk）医学生英语演讲比赛】…………（246）
儿科学院…………（247）
【概况】…………（247）
【清华大学临床医学院院长董家鸿一行赴儿科学院访问交流】…………（248）
【儿科学院班导师活动顺利举行】…………（249）
【完成儿科学专业单循环器官系统整合课程第一轮教学运行】…………（249）
【开展学生暑期海外游学（线上）项目】…………（249）
【第四届东方儿科医学教育论坛顺利举行】……（250）
【举办第二届江浙沪儿科研究生研讨会】……（251）
中法联合医学院…………（252）
【概况】…………（252）
【翻译瑞金医院建院史料】…………（253）
【法文班杰出校友获法国政府勋章】…………（254）
【2020 级临床医学八年制法语班班导师活动获评“精品项目”】…………（254）
【获评医学院三八红旗集体】…………（254）
【获评瑞金医院先进教师奖】…………（254）
全球健康学院…………（255）
【概况】…………（255）
【学习、宣传和贯彻党的二十大精神】…………（257）
【全球首个全健康指数重磅发布】…………（257）
【创办《全健康科学》学术期刊】…………（257）
【开展“全球挑战计划”暑期实践活动】…………（257）
医学技术学院…………（259）
【概况】…………（259）
【助力疫情防控】…………（261）
【举办首届优秀大学生夏令营】…………（261）
【获全国大学生生命科学竞赛创新创业类特等奖】…………（261）
【举办第四届国际青年学者论坛医学技术分论坛暨第四届检验医学教育高峰论坛】…………（261）
【获“春昇杯”医学创新人才大赛一等奖】…………（261）
【深入学习宣传贯彻党的二十大精神】…………（261）
【教学委员会成立】…………（262）

研 究 所

上海市伤骨科研究所…………（265）
【概况】…………（265）
上海市高血压研究所…………（268）
【概况】…………（268）
上海市儿科医学研究所…………（272）
【概况】…………（272）
上海市内分泌代谢病研究所…………（274）
【概况】…………（274）
上海市免疫学研究所…………（276）
【概况】…………（276）
上海血液学研究所…………（280）
【概况】…………（280）
上海市肿瘤研究所…………（285）
【概况】…………（285）
上海交通大学医学院松江研究院…………（288）
【概况】…………（288）
上海市病毒研究院…………（289）
【概况】…………（289）

附 属 单 位

附属医院与医疗工作…………（293）
【概况】…………（293）
附属瑞金医院…………（296）
【概况】…………（296）
【广慈纪念医院（二期）投入使用】…………（297）
【医研结合坚决打赢常态化疫情防控攻坚战】…（298）

【国产首台质子治疗系统正式投入使用】……… (298)
【成立"广聚善爱"慈善基金】 ……………………… (298)
附属仁济医院 ……………………………………… (300)
【概况】 ……………………………………………… (300)
【共建闵行区浦江医院】 ………………………… (302)
【成立中国-东南亚儿童终末期肝病转化研究中心】 ……………………………………………… (302)
【仁济医院肿瘤中心试运行】 …………………… (302)
【成功施行低龄儿亲体肝移植手术】………… (302)
【启用第四代达芬奇手术机器人】 …………… (303)
【合作共建浦南医院】 …………………………… (303)
【肝脏泌尿外科临床诊疗中心项目封顶】……… (303)
【与五家试点养老中心签订合作协议】……… (303)
附属新华医院 ……………………………………… (304)
【概况】 ……………………………………………… (304)
【连续2年获国家杰出青年基金立项】……… (306)
【获"一星级全国青年文明号"称号】………… (306)
【获教育部工程研究中心立项】 ……………… (307)
【纳入国家省级区域医疗中心建设项目】……… (307)
【获上海市"工人先锋号"】 …………………… (307)
【刘振国获"上海医务工匠"称号】 ………… (307)
【"新华医学论坛"隆重举行】 ………………… (307)
附属第九人民医院 ………………………………… (308)
【概况】 ……………………………………………… (308)
【院士墙崭新揭幕】 ……………………………… (311)
【数字化转型工作获多项表彰】 ……………… (311)
【国产人工听觉脑干植入技术进入临床试验】 ……………………………………………… (311)
【组建医疗队奔赴多地开展抗疫支援】……… (312)
【北部院区整体改建转换为新冠救治定点医院】 ……………………………………………… (312)
【院士领衔举办"云端"义诊】 ………………… (312)
【托内特教授荣登医学顶级科学家排行榜】…… (313)
【入选首批全国科普教育基地】 ……………… (313)
【获第四届上海知识产权创新奖】 …………… (313)
【上海市眼健康促进中心揭牌成立】………… (313)
附属第一人民医院 ………………………………… (314)
【概况】 ……………………………………………… (314)
【法国驻上海总领馆科技领事到访】………… (316)
【举行2022届医学生毕业典礼】……………… (316)
【举行部分中层干部聘任大会暨邵恒骏教授受聘仪式】 ……………………………………………… (317)
【"彝"路有你　医师节义诊纪实】 …………… (317)
【援摩洛哥医疗队妇产科病例讨论会】……… (317)
【首届博鳌外科直播周活动】 ………………… (317)
【获"国考"A+评级】 …………………………… (318)
【入围国家重点研发计划】 …………………… (318)
附属第六人民医院 ………………………………… (319)
【概况】 ……………………………………………… (319)
【组建医疗队奔赴抗疫一线】 ………………… (321)
【市长龚正来院调研并连线临港院区定点医院】 ……………………………………………… (321)
【援藏援青干部人才启程】 …………………… (321)
【成立医学装备与技术研究院】 ……………… (322)
【国家区域医疗中心建设】 …………………… (322)
【获上海市优秀教学成果奖二等奖】………… (322)
【"市六-临港"健康联合体第一届理事会】 …… (323)
【获批国家骨科医学中心】 …………………… (323)
附属上海儿童医学中心 …………………………… (324)
【概况】 ……………………………………………… (324)
【全线投入疫情防控】 …………………………… (326)
【"国考"实现三连冠】 ………………………… (326)
【脑智发育平台揭牌仪式】 …………………… (326)
【发布《儿童先天性心脏病相关性肺动脉高压诊断与治疗指南》】 ……………………………… (327)
【国家中心及区域中心建设】 ………………… (327)
【深化学科群布局】 ……………………………… (327)
【智慧医疗发展上台阶】 ……………………… (327)
【对外合作不断拓宽】 ………………………… (327)
【医学人文成果显著】 ………………………… (327)
附属儿童医院 ……………………………………… (328)
【概况】 ……………………………………………… (328)
【国家督导组调研院中区工作】 ……………… (331)
【第六届儿童精准医学国际论坛】 …………… (331)
【建院85周年庆祝大会】 ……………………… (332)
【《基层儿科实用培训教程》出版】 ………… (332)
【获中国指南儿科专业组第一】 ……………… (332)
附属胸科医院 ……………………………………… (333)
【概况】 ……………………………………………… (333)
【方舱医院医疗队顺利完成医疗援建】……… (335)
【精细化运营管理实践探索】 ………………… (335)
【日间手术病房正式开张】 …………………… (335)
【全球首例经支气管周围型肺癌冷冻消融治疗】 ……………………………………………… (336)
【成立长三角胸部疾病专科联盟】 …………… (336)
【首次提出MET肺癌分子亚型】……………… (336)
【开创肺癌治疗新格局】 ……………………… (337)
附属精神卫生中心 ………………………………… (338)
【概况】 ……………………………………………… (338)
【全球首个适用于特定恐惧症(恐高症)的医疗器械获批】 ……………………………………… (341)
【入选全国首批核心高级认知障碍诊疗中心】 ……………………………………………… (341)
【精神病高危综合征临床转归评估及预后预测模型构建领域取得重大进展】 ………………… (341)
【闵行院区儿童青少年科病房启用】………… (341)
【核心高级认知障碍诊疗中心启动仪式举行】 … (342)
【红十字冠名仪式举行】 ……………………… (342)
【"国考"再获佳绩】……………………………… (342)
【举办国家精神疾病医学中心启动仪式】……… (342)

附属国际和平妇幼保健院 …………………… (344)
【概况】 …………………………………… (344)
【召开首次上海市出生缺陷预防保健中心工作会议】 …………………………………… (346)
【全国首批“国家临床营养科建设试点单位”】…………………………………… (346)
【奉贤院区建成启用】 ……………………… (346)
【长三角遗传咨询诊疗网络常务副理事长单位】 …………………………………… (347)
【李强调研奉贤院区】 ……………………… (347)
【中国妇幼保健协会早产儿围产期一体化管理专业委员会主任委员单位】…………………… (347)
【徐汇院区改造及大修项目启动】 ………… (347)
【承办首届上海合作组织国际和平妇幼健康发展分论坛】 ………………………………… (348)
附属同仁医院……………………………… (349)
【概况】 …………………………………… (349)
【建设方舱医院】………………………… (351)
【同心晋力　感谢有你】………………… (351)
【虹桥国际医学论坛】 …………………… (352)
【金晓燕获“上海市五一劳动奖章”】……… (352)
【举行进博会医疗保障工作主题仪式】…… (352)
【公立医院党建文化论坛举行】 ………… (352)
【援助摩洛哥的医疗队出征】 …………… (353)

附　录

附录 …………………………………………… (357)
附 1　医学院 2022 年度科技成果统计 ………… (357)
附 2　医学院 2022 年对外交流统计 …………… (362)
附 3　医学院 2022 年度教职工队伍建设情况 …… (364)
附 4　医学院 2022 年度工会妇委会获奖一览表 …………………………………… (368)
附 5　医学院教职工协会负责人一览表 ………… (368)
附 6　医学院 2022 年度团委系统受表彰情况 …… (369)
附 7　医学院 2022 年度研究生毕业名单 ……… (372)
附 8　2022 年医学院各省市各批次录取分数线 …………………………………… (377)
附 9　医学院 2022 年重要文件选载 ………… (378)
附 10　医学院 2022 年信息资源统计 ………… (439)
附 11　2022 年图书馆各类数据统计 ………… (444)
附 12　2022 年媒体对医学院主要报道一览表 … (445)
附 13　医学院年鉴常用简(全)称对照表 ……… (464)

Shanghai Jiao Tong University School of Medicine
榜
载

秉持初心传七秩薪火　踔厉前行谱奋进华章

——中共上海交通大学医学院第十一届委员会第十一次全体会议报告

江　帆

各位委员：

我代表中共上海交通大学医学院第十一届委员会常务委员会向全体委员汇报医学院2022年春季学期工作情况和2022年秋季学期主要工作思路，请审议。

一、2022年春季学期主要工作回顾

2022年是党的二十大召开之年，也是医学院建院70周年。春季学期，我们以习近平新时代中国特色社会主义思想为指导，全面贯彻落实党的十九大和十九届历次全会精神，以及上海市第十二次党代会精神，深入学习贯彻"习近平总书记对交大医学院24名新入党学生党员的勉励寄语"（以下简称"勉励寄语"）精神，以及习近平总书记对附属瑞金医院2692名护士的嘱托（以下简称"嘱托"）精神，在抓紧抓实校园疫情防控、助力打赢大上海保卫战的同时，以迎接医学院70周年院庆为抓手，扎实推进医学院"十四五"战略规划，医学院高质量发展取得新成绩。

（一）以最迅速有力的行动，全员全院投入疫情防控阻击战、攻坚战

面对疫情防控大仗硬仗，全体"交医人"坚定不移贯彻习近平总书记的重要指示和党中央国务院、市委市政府的决策部署，以必胜信念和坚决行动，从严从紧、从细从实抓好疫情防控各项工作，全力筑牢校园安全防线，全力坚守上海这座英雄城市。

一是，师生员工坚守校园90余天，齐心协力筑牢校园安全防线。

织严织密校园安全防护网。成立医学院疫情防控工作领导小组和9个专项工作组，在常规纵向管理体系基础上，实施“院区-楼栋-楼层”三级网格化管理，确保疫情防控网络全覆盖。门诊部和教师志愿者联合附属第九人民医院、附属瑞金医院等加强校内人员抗原、核酸检测和环境采样工作，协同黄浦区疾控中心第一时间安排隔离人员转运。从启动应急预案到完成密接转运，平均用时仅2小时，有效控制疫情蔓延。各职能部处和二级学院全力以赴投入疫情防控，247名校内师生员工组建志愿者应急队，平稳有序完成各项应急处置。疫情防控下确保医教研管等各项工作不断线，线上本科教学开设理论课10065课时，妥善安排研究生入学英语考试和线上复试工作，实验动物科学部安全、平稳运行，相关实验室科研工作有序推进。

全力回应师生关切，做好生活和物资保障。始终把师生员工生命安全和身体健康放在第一位。建立全方位学生关心关爱工作机制，集全院力量支持校内封控楼宇生活需求。开设“交医防疫加油站”24小时线上服务平台，及时回应学生诉求。全面加强困难学生的关心指导，开通经济困难应急帮困和补助绿色通道。学指委联合附属精神卫生中心开通“心理健康绿色通道”。门诊部门开设24小时急诊，联合附属医院为校内慢性病师生提供在线诊疗和代配药服务。进一步完善教职员工关心关爱工作机制，举办职工心理健康讲座，为在职员工配送到家物资1291份。关注离退休、大龄独居、患病、家庭困难等特殊情况群体，为离退休职工配送到家物资1088份。疫情期间共接受校友及社会各界72个批次捐赠物资，其中防疫物资44万余件，食品果蔬近200吨，其他生活物资约6万余件，为师生员工生活物资保障提供有力支撑。

二是，附属医院尽锐出战，师生员工全力以赴，勠力同心助力打赢大上海保卫战。

医护员工奋战疫情救治主战场。12000余名医护人员奔赴全市近47家定点医院、方舱医院和集中隔离点，进驻公卫中心、社区、企事业单位、海关和机场，争分夺秒与病毒赛跑，守护人民生命健康。附属医院全力保障门诊、急诊、病房、手术等诊疗工作，最大限度满足人民群众尤其是特殊群体就医需求，确保医疗不停摆、救治不停歇。抗疫同时，各附属医院医护人员进一步加强疫情相关研究，先后在《柳叶刀》《自然》等高水平期刊上发表新冠肺炎最新研究成果，助力上海科学抗疫。

师生员工火速驰援全市战疫。公共卫生学院组建170人专业流调队，支援各高校及相关区县开展流调工作，组织流调培训和研讨150余次，培训65所高校流调队伍共500余人，完成近1.2万人流调；同时承担市教委疫情政策咨询防控处置策略研究项目，为全市高校疫情防控提供全方位咨询报告；科普“突击队”编写的“疫情热点·公卫应急科普速递”系列文章23篇，被市委宣传部、市科委、市科协推荐，被学习强国、人民日报、光明日报等主流媒体报道。在老师们的影响下，接受过系统培训的700余名医学生志愿者奔赴抗疫一线，参与黄浦、虹口、宝山等各区核酸采样、PCR检测、流调等工作，合计服务153万余人次，学生在战疫一线的表现得到了相关区委区政府、街道、社区卫生中心和居民的高度赞扬。此外，2458名学生成为“上海疫情防控青年志愿者”，累计参加各类志愿服务近1.5万小时。

三是，全体党员、干部冲锋在前，党旗在抗疫一线高高飘扬。

充分发挥党员、干部示范引领作用，监督体系高效运行。医学院系统内全面开展“党旗飘扬·同心战疫”行动，构筑疫情防控“红色堡垒”，勇当疫情防控“红色尖兵”。党员、干部靠前指挥，集中隔离收治点建立临时党组织43个，党员突击队7个，党员先锋岗25个，在最危险、最艰苦的抗疫战线上都能看到鲜红的党旗和党组织的力量，在此期间有672名抗疫一线同志递交入党申请书。校外居家管理干部积极响应市委号召，303名党员干部下沉社区一线，落实“双报到”要求。组织部门及时做好关心关爱，支出党费54万余元购买抗疫物资，慰问一线师生医护员工。组织开展校园疫情防控措施落实情况专项监督检查，成立校园督查队，多渠道监督疫情防控各项工作，形成《疫情防控期间诉求处理督导报告》21份，确保师生218条各类诉求得到解决反馈。各附属医院组织开展方舱医院运行情况专项监督。

充分发挥宣传主阵地作用，上好疫情“大思政课”。把抗疫鲜活素材融入教育教学全过程，上好特殊时期的“大思政课”。积极宣传抗疫典型，在央媒、主流媒体发布报道近200篇，其中在《人民日报》《人民网》《光明日报》等央媒发布报道30篇，官微单条推送阅读量最高达8万人次，短视频累计观看量达50余万。30余篇党建信息被“学习强国”上海平台、上海基层党建网、上海教卫党建等平台采用。针对市民关注健康热点问题，推出《院士TALK》等专题媒体节目，得到广泛好评。开展“伟大抗疫精神”主题宣传教育，打造《健康中国》战疫云课堂。开展疫情防控校园人物访谈实录，做客《新闻夜线》栏目，讲好交医故事、宣传抗疫典型事迹。学生在宣传报道中感受到党组织的力量，更是在学生志愿者临时党组织工作中见证了党员先锋模范作用，抗疫期间学生递交入党申请书是往年同期最高申请人数的5倍。

（二）以最昂扬的斗志，全力以赴推进“十四五”规划落地落实

以院庆筹备为抓手凝心聚力促发展。70周年院庆以“七秩弦歌、医路芳华”为主题，以“学术为魂、发展为要、校友为根、师生为本、院校联动、师生同庆”为宗旨。面向全体师生医护员工和校友，组织开展交医精神品格大讨论，凝练形成“新时代交医精神品格体系”。组织开展系统内学科建设大讨论，先后在12家附属医院及5个二级学院开展专题调研，专题研究制定医学院学科建设发展战略。推进高端学术系列活动，全面启动“大师论道”“名家论学”“英才论剑”系列论坛，推广交医学术声誉。面向在校国际学生、国内外国际校友，筹备开展国际学生中文演讲大赛，依托国际校友及学生讲好交医故事。建立“理事会-院系-班级”三级校友工作体系，推进校友工作队伍和校友分会组织建设，先后成立各二级学院校友分会、海外和各地方校友联谊会。启动建设捐赠平台和校友云返校平台，校友数据库搭建初步完成。启动筹建有独立法人资质的医学院教育发展基金会，上半年共签约捐赠项目16项。全面开启医学院校区周围基础教育合作办学，依托校部优质资源与黄浦区合作共建“上海交通大学附属黄浦实验中学”“上海交通大学附属黄浦实验小学”。先后举办院庆主题网络文化节，“我与交医的故事”主题征文、摄影活动，以及“点亮浦东校区、助力交医腾飞”院庆专题活动，在校园和附属医院营造浓厚院庆氛围。

卓越医学创新人才培养体系不断完善。新增医学影像技术、听力与言语康复学2个备案本科专业。新增儿科学、医学检验技术2个专业后，现有国家级一流本科专业建设点7个。稳步扩大本科招生规模，2022年本科招生计划较2021年增加10.9%，临床医学五年制专业增幅达50%。在沪综评批次、本科批次临床医学专业录取分数继续位列本市医学类高校第1位。在全国30个省市自治区中，临床医学类专业录取分数线位于12个省市医学院校第一，16个省市第二。全国80%的省市临床医学类录取分数线高居综合性大学前五位。研究制定临床医学专业八年制法语班教学和思政工作一贯制管理方案，推动法语班教育教学管理模式和培养模式改革。建设国家级临床教学培训示范中心培育建设单位2个，国家级虚拟教研室试点建设项目2项。完善研究生学位论文原始实验数据监管平台建设，试点启用研究生电子实验记录系统。构建医工交叉博士生培养质量评价体系；依托医学技术学院，联合校部生物医学工程学院，共建医学技术学科交叉课程体系。稳步增加博士生招生数量，建立以研究生培养质量为核心的导师考核评价体系，制定毕业后教育质量督导方案。切实推进医学院继续教育新一轮发展，支持发展医学非学历教育。

高水平师资队伍建设持续优化。深入实施人才强院主战略，培养造就更多战略科学家和学科领军人才。对接国家重大人才工程和上海市人才高峰工程，面对疫情对人才工作的严峻挑战，有序推进各级各类人才引育计划。成功举办第四届国际青年学者云论坛，邀请160余位海内外优秀青年学者参会，首批达成引进意向24人。继续实施上海高校青年英才揽蓄工程，已完成揽蓄人才到岗15人。深入实施博士后激励计划，上半年共招收博士后135人，其中世界知名高校的博士毕业生超60%，外籍博士后2人，在站人数达560人。4人入选2022年度全国博士后创新人才支持计划，2人入选国际交流计划引进项目；获中国博士后科学基金特别资助12人、面上资助36人。广泛开展学术诚信教育，进一步强化惩戒机制，加大涉及学术不端行为的处理力度。持续优化人才评价体系，深入开展人才工作中“唯帽子”问题专项治理。修订并完善高级专家延长退休年龄管理规定，充分发挥高级专家作用。

学科建设成效显著。持续推进“双一流”与上海市高水平地方高校建设，做细做实预算编制工作，项目二期核减率6.2%，为历史最低，比2021年下降了9个百分点；研究制定医学院“高地大”管理办法，进一步完善各学科和项目的管理。学科水平有效提升，ESI引文量排名8个学科进入全球前1%学科，4个学科进入全球前1‰学科，临床医学位列全球第92名，稳居全国第一；U. S. News排行榜显示，临床医学等4个学科位列全国第一，内分泌及代谢等8个学科位居全国前三，11个学科位列世界百强；ARWU世界一流学科排名显示，临床医学稳居全国第一；基础医学、药学、公共卫生等学科均位居国内前列。成立上海市病毒研究院、松江研究院；积极推进数字医学研究院建设，制定医学技术研究院和生物材料研究院建设方案。推进“上海高等教育督导评价研究基地”建设工作，多个建议被市教委采纳。制定《学科动态发展简报》，为医学院学科发展和规划提供决策依据。

医学科技创新能力不断提升。全面提升获取重大项目的能力，推进肿瘤、脑科学、干细胞与再生医学等领域的原创性、引领性科学研究。在国家科技创新2030—“脑科学与类脑研究”重大项目中，1个重大项目和6个青年项目通过答辩。国家自然科学基金受资助项目数连续13年保持全国医学院校第一，国家级人才项目再创新高。全力推进2个国家重点实验室重组工作。细胞分化与凋亡教育部重点实验室完成教育部科技司组织的复评工作，获评“优秀”（公示阶段），生物医药临床研究与转化协同创新中心获教育部省部共建协同创新中心认定。2个上海市重点实验室筹建立项，总数增至29个。持续推进医学院-附属医院临床研究中心的

协同建设，研究制定医学院科研机构和平台考核工作细则，推进科研机构和平台规范化运行。科技部等十部门科技成果评价改革试点方案获科技部批准。成立成果转化处，积极推进国家发改委支持交大科技成果转化专项改革试点任务，研究制定附属医院技术作价赋权改革试点方案。完成国家生物医药前沿产业创新中心签约工作，并在孵化平台上持续开展校企合作项目筛选与路演。进一步细化医学院实验室安全管理办法，切实加强实验室生物安全管理。1人获2022年上海"最美科技工作者"荣誉称号。

医疗服务质量不断提升。国家精神疾病医学中心落户医学院，附属上海市精神卫生中心作为主体医院之一。附属上海儿童医学中心海南医院获批第三批国家区域医疗中心建设项目，附属瑞金医院海南医院获批国家区域医疗中心建设"辅导类"项目。附属瑞金医院、附属仁济医院、附属新华医院、附属第九人民医院、附属第一人民医院、附属第六人民医院、附属上海儿童医学中心、附属上海市精神卫生中心等8家附属医院成功获批国家区域医疗中心输出医院名单。持续推进转化医学国家重大科技基础设施、国家儿童医学中心（上海）、国家口腔医学中心（上海）建设。2020年度全国三级公立医院绩效考核成绩优秀，附属瑞金医院、仁济医院进入全国三级综合性医院前1%A++最高评级队伍，其中瑞金医院排名全国第2，仁济医院排名第11；附属新华医院、第一人民医院、第六人民医院，获评三级综合性医院A+；附属上海儿童医学中心、精神卫生中心分别位列全国儿童专科医院和精神专科类医院榜首；附属胸科医院、国际和平妇幼保健院获评专科类医院最高等级A。附属第九人民医院戴尅戎院士获第五届"人民名医·特别致敬"荣誉称号，7人获"人民名医·卓越建树"荣誉称号，3人获"人民名医·优秀风范"荣誉称号。2人获第十三届"中国医师奖"。3人获上海市第二届"医德之光"，5人获"医德楷模"。3人获2021年"上海工匠"荣誉称号；4人获第五届"上海市名中医"荣誉称号。4人获第六届"左英护理奖"，2人获提名奖；5人获2022年度上海市"杰出护理工作者"荣誉称号。

新校区建设扎实推进。5月3日，浦东校区项目被列入上海市住建委重大工程建筑工地第一批复工复产白名单，并于5月14日正式复工。努力追平疫情前建设目标，目前，标段一生活区地下室结构施工完成70%；标段二地下室结构完成10%。提前谋划浦东校区搬迁工作，启动编制浦东校区开办工作方案。全力推进P3实验室建设，启动编制项目环评报告。广泛深入调研，谋划"院为实体"改革。启动海南国际医学中心项目一期科研区、生活区开工建设，全面推进海南专项研究生招生工作。

（三）以最坚定的信念，牢牢把握坚持和加强党的全面领导

理想信念进一步筑牢。深入学习习近平总书记在中国人民大学考察、在庆祝中国共产主义青年团成立100周年大会、在中央政治局常委会会议上的重要讲话精神。组织举办《习近平在上海》《当好改革开放的排头兵——习近平上海足迹》读书会、全国两会精神学习会，开展党委理论学习中心组学习6次。召开医学院庆祝中国共产党成立101周年会议，全面贯彻落实上海市第十二次党代会精神，40名老同志获"光荣在党50年"纪念章。

全面从严治党进一步深化。深入学习贯彻十九届中央纪委六次全会精神和十一届上海市纪委六次全会精神。坚持和完善党委领导下的院长负责制，推动完善医学院各类监督统筹衔接工作机制，成立医学院党委巡察工作领导小组办公室。坚持民主集中制原则，认真执行"三重一大"决策制度，召开党委常委会会议13次，研究决策议题111项。召开暑期干部务虚会，聚焦学科建设、凝练精神品格，谋划医学院发展。召开2022年度全面从严治党工作会议，部署全面从严治党年度工作任务。深化"四责协同"机制，落实"四书四会三报告"制度，领导班子成员签订承诺书，研究制定主体责任项目书。持续推动党的教育方针贯彻落实专项行动自查工作中问题事项的整改落实。研究制定党政领导班子成员"问题、责任、项目"三张清单，确保管党治党责任目标明确、主体明晰。持续深化"三不腐"一体推进机制，面向医学院处级以上领导干部编发《廉情动态》，推进廉政风险防控"网上报备"系统，上半年共收到信访举报36件、受理问题线索21件，巡视移交的问题线索全部开展初核。紧盯重点领域和关键环节，按照市纪委监委部署开展医学院招标采购专项监督，加强对浦东校区重大工程项目建设的监督。

干部队伍进一步优化。大力培养有专业背景的复合型干部，优化管理干部队伍年龄结构、学历结构、专业结构。上半年，任免干部46人次，提任处级干部7人，试岗期满通过考核任职处级干部8人，干部经济责任审计22人，干部轮岗10人，赴外单位交流任职2人。研究制定医学院聘任制中层干部管理办法，充分发挥高层次人才、专业人才在管理服务工作中的作用。开展"双肩挑"干部、年轻干部专项调研，深入研究各类干部培养、管理、使用情况。研究制定干部年度分类考核实施方案，进一步优化干部考核评价体系。研究制定医学院和附属医院干部经济责任审计风险提示清单，进一步加强监管力度。认真落实2022年"组团式"援藏、援滇干部人才选派，7人参加上海市第十批援藏工作；10人参加上海市第十二批援滇工作，"组团式"援滇工作首次纳入中组部乡村振兴帮扶项目。上海市第九批援藏暨第七批"组团式"援藏医疗人才圆满完成任务返沪。做好

关心关爱援建干部工作，召开援藏、援疆、援摩干部人才慰问座谈会，制定援藏干部人才返沪安置方案。高质量做好医学院系统党的二十大代表、市第十二次党代会代表的提名推荐工作。

学生党建和思想政治工作进一步抓实。将深入学习贯彻习近平总书记"勉励寄语"精神与学习贯彻习近平总书记"嘱托"精神相结合，组织召开"寄语"一周年专题座谈会。全面梳理学生党团组织建设现状，认真分析学生党员历年发展情况。健全"入党申请人、入党积极分子、发展对象"全过程培训模式，进一步健全学生党建前后期跟踪培养机制。持续推进课程思政建设，完成编撰首批上海市课程思政教学指南，编制专项临床医学类、口腔医学类、医学技术类课程思政指南。全力推进毕业生就业工作，积极开展"书记校长访企拓岗促就业专项行动"，召开2022届毕业生就业云端推介会，建立毕业生就业动态数据库，"一人一策"做好家庭经济困难、少数民族等困难群体的就业帮扶工作。截至9月15日，2022届毕业生去向落实率达到90.52%，在就业形势异常严峻的情况下仍高于2020年和2021年同期水平。

意识形态工作责任制进一步压实。修订意识形态工作责任制实施办法，进一步加强和提高医学院意识形态工作水平，筑牢思想政治防线。加强网络新媒体阵地管理，清理医学院冠名网站和新媒体平台，营造清朗和谐的校园网络环境。组织召开第五次党委教师工作委员会，所有二级单位教师工作部及运行机制全覆盖。严格落实医学院师德失范行为处理办法，健全师德师风联合调查处理机制。持续推进教师荣誉激励，完成第十届九龙奖评审工作。1人获第二届全国高校教师教学创新大赛部属高校中级及以下组"二等奖"，同时获上海市同级组别"特等奖"。深入学习贯彻全国宗教工作会议精神，进一步落实医学院宗教管理工作机制，开展部门相关风险自查，联动做好利用宗教对高校进行渗透和防范校园传教工作。

基层党建工作质量进一步提升。深入贯彻落实《中国共产党普通高等学校基层组织工作条例》，开展执行情况自检自查，压实党建工作责任。深化落实市教卫工作党委"攀登""先锋""红领""筑力"计划，参与创建项目全部通过验收。对标公立医院高质量发展要求，继续做好本市医院党建工作质量评价工作，以评促改、以评促建，促进医院党的建设取得新发展。进一步抓实党支部标准化建设，从严落实"三会一课"。

统战和群团工作进一步夯实。推动附属医院和二级学院落实"四个纳入""三个带头"，明确二级单位党组织统战工作职责。启动上海市欧美同学会（上海市留学人员联合会）2022年分会换届筹备工作，积极发掘推荐优秀海归人才。加强党外代表人士队伍建设，根据市委统战部、各民主党派市委换届工作部署，协助做好12名党派市委委员、常委人选考察工作和换届相关工作。召开医学院"双代会"，推进科学民主决策落地落实。创新第二课堂学生成长成才服务体系，持续深化学生社团改革。力解学生"急难愁盼"，积极推动校园民主建设。12个青年集体被复核认定为"一星级全国青年文明号"，2个青年集体获评第20届全国青年文明号。1人获评"全国优秀共青团员"，3个基层团组织作为典型选树获团市委通报表扬。2项作品获全国大学生生命科学竞赛（2022创新创业类决赛）创新类"特等奖"，创历史最好成绩。1个项目获第八届中国国际"互联网+"大学生创新创业大赛市赛金奖。1个项目在第十三届"挑战杯"上海市大学生创业计划竞赛中获得铜奖。1个社团获"十四五"期间首批上海市学生科技创新社团称号。3个实践项目被推荐为全国"三下乡"重点项目，5个实践项目被全国医药类高校共青团工作联盟立项为"投身乡村振兴，助力健康中国"三下乡项目。在2021年度上海市红十字造血干细胞捐献工作中，医学院获志愿者征募工作"先进集体"称号，1人获"先进个人"称号。在第三届上海市卫生健康行业青年志愿服务项目大赛决赛中，获金奖3项、银奖1项、铜奖3项。"思南健康学堂"入选2022年黄浦区域化党建重点项目。

在百年变局和世纪疫情交织的复杂形势下，我们取得这些成绩，极大增强了全体师生医护员工奋进新征程、建功新时代的豪情和信心。然而，与上级党委的总体要求相比，与中国特色世界一流医学院的建设目标和广大师生医护员工的殷切期盼相比，我们的工作还存在一些不足，主要体现在：医学院与附属医院"一体化"育人体系和干部队伍建设体系有待进一步完善，医学院党建和思政品牌效应有待进一步提升，意识形态工作主体责任有待进一步落实落细，综合监督体系多部门协作配合机制有待进一步健全，师资队伍的数量、质量和结构有待进一步优化，学科资源整合机制、专科协同建设模式有待进一步深化，原始创新能力和承接国家战略任务的能力有待进一步提升，高水平国际合作与多校区办学格局有待进一步拓展等。这些问题都需要我们以时不我待、只争朝夕的精神加以改进和解决。

二、坚定做好自己的事，打开医学事业发展新天地

前进的道路漫长而曲折，发展的任务艰巨而紧迫。党和国家事业发展对高等教育的需要，对科学知识和优秀人才的需要，比以往任何时候都更为迫切。抗击新冠疫情、保障生命安全、实现全民健康，对高素质医疗卫生人才的需要，比以往任何时候都要迫切。医学院校肩负着健康中国与教育强国的双重使命，以什么样的精神状态、朝着什么样的目标、靠什么样的过硬本领来打开医学事业发展新天地，事关医学教育和医疗卫生事

业发展大局，事关中华民族伟大复兴战略全局。

（一）以伟大建党精神指引发展新征程

人无精神不立，党无精神不强。习近平总书记在庆祝中国共产党成立100周年大会上首次明确概括了伟大建党精神的科学内涵，这是中国共产党的精神之源和动力之源。要继续弘扬光荣传统、赓续红色血脉，深刻把握伟大建党精神的丰富内涵，时刻牢记为党育人、为国育才的初心使命，不断开创医学事业发展新局。

坚持真理、坚守理想，政治站位再提升。引导全体师生医护员工深刻领悟“两个确立”的决定性意义，进一步增强“四个意识”，坚定“四个自信”，做到“两个维护”。把学习、宣传、贯彻党的二十大精神作为医学院当前和今后一个时期的重大政治任务，准确把握未来5年乃至更长时期党和国家事业发展的战略擘画。

践行初心、担当使命，铸魂育人再深化。始终把立德树人放在办学治校首位，坚定不移用习近平新时代中国特色社会主义思想铸魂育人，持续贯彻落实习近平总书记“勉励寄语”精神和“嘱托”精神，在学习贯彻“勉励寄语”精神一周年之际，总结凝练医学院学生工作的有益经验和特色做法，打造交医学生党建和思政工作品牌。

不怕牺牲、英勇斗争，争创一流再出发。要以医学院70周年院庆为契机，育先机、开新局，把培养有灵魂的卓越医学创新人才作为根本任务，把报效祖国、服务人民作为最高追求，把推动医学发展作为事业根基，把深化改革作为强大动力，把加强党的建设作为坚强保证，加快建设中国特色世界一流医学院。

（二）以抗疫精神凝聚发展新动力

同疫情作斗争，是物质的角力，也是精神的对垒和意志的比拼。在武汉保卫战、大上海保卫战，以及援琼战疫中，交医人弘扬伟大抗疫精神，坚守岗位、奋战一线、连续作战，在抗疫斗争中铸就交医精神，在抗疫大考中书写交医答卷。

交医人坚持“人民至上、生命至上”。始终践行“报效祖国、服务人民”的崇高使命，肩负“救死扶伤，守护人民生命健康”的责任担当，交医人经受住了考验，为打赢疫情防控阻击战发挥了重要作用，全体医护人员无私付出，勇挑重担，白衣执甲抗击病毒，舍生忘死挽救生命，用血肉之躯筑起阻击病毒的钢铁长城。

交医人坚持“众志成城、团结一心”。始终同呼吸、共命运，肩并肩、心连心，凝聚起同甘共苦的团结伟力。全体教职员工竭尽全力守护校园；科研人员坚守科研一线，确保重大科研任务、重大项目进度不停歇；交医学子化身“党员红”“天使白”“守护蓝”，不负韶华、不负时代、不负人民，用实际行动践行“健康所系、性命相托”的医学誓言，展现交医的青春力量。

交医人坚持“艰苦奋斗、无私奉献”。始终以“咬定青山不放松”的韧劲、“越是艰险越向前”的拼劲，攻坚克难、顽强奋战，关键时刻勇于担苦、担难、担重、担险，关键岗位上拉得出、冲得上、打得赢。全体党员、干部在困难面前挺身而出、冲锋陷阵，哪里任务险重，哪里就有党员、干部的身影。

当前，医学院正处于“三步走”战略迈好“第二步”的关键时刻，处在加快推进中国特色世界一流医学院的关键时期，处在全面推进“双一流”建设和上海市高水平地方高校建设的重要阶段，处在全面实施“十四五”规划的奋进时刻。当此船到中流、人到半山之时，正需要交医人心往一处想、劲往一处使，拧成一股绳、铆足一股劲，最大限度铸就起团结一心的强大精神伟力。

我们争创一流的信心越来越强。要把抗疫斗争中交医人众志成城、团结一心的精神品格转化为共同奋斗的强大力量，进一步统一思想、统一意志、统一行动，牢固树立交大校部、医学院、附属医院“一盘棋”思想，形成“交大医学”品牌效应，合力撬动社会资源推动整体发展，切实把建设中国特色世界一流医学院的伟大事业向前推进。

我们迎接挑战的能力越来越强。要把抗疫斗争中交医人艰苦奋斗、无私奉献的精神品格转化为砥砺奋进、勇毅前行的不竭动力。疫情防控是攻坚战，更是持久战。要时刻绷紧疫情防控这根弦，对疫情传播的警惕性不能降低，对疫情防控的措施要求不能降低，坚决打赢常态化疫情防控这场攻坚战、持久战；要统筹疫情防控和医学事业改革发展，一手抓抗疫，一手抓发展，以只争朝夕、时不我待的紧迫感，加快推动重点工作任务的落实，最大限度减少疫情的影响，实现疫情防控和医学院改革发展双胜利。

（三）以交医精神开创医学事业发展新天地

认真回顾走过的路，不能忘记来时的路，继续走好前行的路。院庆是回顾征程的重要契机，更是展望未来的新起点。越是关键时期、重要节点，越要齐心协力、乘势而上。

要传承和发扬交医精神，始终坚持“育一流人才、树一流医德、做一流学问、创一流服务”的办学宗旨，秉承

"报效祖国、服务人民"的办学使命，弘扬"博极医源、精勤不倦"的院训和"团结、勤奋、求实、进取"的院风，继承"海纳百川、求真务实、守正创新、精诚奉献"的学院精神，进一步提升交大医学院的文化软实力，擦亮"交大医学"品牌，构建"交大医学"精神文化共同体，为加快中国特色世界一流医学院建设提供重要力量源泉。

大道至简，实干为要。即将召开的党的二十大，要对全面建成社会主义现代化强国两步走战略安排进行宏观展望。上海市第十二次党代会科学谋划了上海未来5年发展的宏伟蓝图。国家和上海的发展引领交大医学院的未来，医学院要坚持面向世界科技前沿，面向经济主战场，面向国家重大需求，面向人民生命健康，在全面建成社会主义现代化强国中贡献交医力量，在上海加快建设具有世界影响力的社会主义现代化国际大都市中贡献交医方案。

紧密对接"健康中国""健康上海"战略，把握上海建设亚洲医学中心城市，以及深化医药卫生体制改革和推进公立医院高质量发展契机。在全面建设优质高效的医疗卫生服务体系中提出更多的"交医方案"，在世界医学科学前沿提出更多的"交医创新"，在人类重大疾病诊疗中提出更多的"交医标准"。强化专科能力建设，整合附属医院优势临床专科，探索成立"专科学院"，整体推进人才培养、学科发展、师资队伍一体化建设，构建高水平专科发展新模式，引领若干专科进入世界一流行列。全力以赴推进上海市病毒研究院建设，推进P3实验室建设，打造具有国际影响力的病毒学研究创新策源地和转化高峰人才集聚地。各附属医院在新冠疫情防控常态化阶段，要进一步创新医疗服务模式，提升医疗服务质量，以党的领导为根本，以学科和人才为关键，以科技创新为引擎，加快建设国家级和市级高水平医院，着力打造公立医院高质量发展模板。

紧密对接长三角一体化发展战略，把握浦东新区打造社会主义现代化建设引领区、"五大新城"建设以及海南建设自由贸易港契机。主动融入张江综合性国家科学中心以及上海国际医学园区发展规划，抓住校区扩容的发展机遇，推进形成以浦东校区为主体，以黄浦校区和闵行校区为两翼，以海南校区、崇明校区、南通校区为特色校区的"一体两翼三区"的多校区协同联动的办学新格局。全面推进海南国际医学中心建设，布局热带病相关研究平台和基地，力争打造高水平、国际化、示范性中外合作办学医学教育示范区。依托崇明岛建设全健康国际研究院和全健康研究中心，力争建成"全健康"生态治理和人才培养基地。

紧密对接"教育强国"战略，把握国家和上海加快医学教育创新发展，以及"新医科"建设契机。办好人民满意的教育，以服务需求为导向，以新医科建设为抓手，加快推进"医学＋X"复合型创新拔尖人才培养。全面总结临床医学专业"4＋4"和"医学＋X"八年制医学教育模式，以及器官系统整合教学改革，形成有交医特色的医学教育新体系。以浦东校区建设为契机，稳步扩大招生规模，持续提升招生质量。全力做好毕业生就业工作，为医学生成长搭建重要社会舞台。用好用足研究生名额，加强研究生导师考核力度，建立研究生招生计划数动态调整机制，严格根据研究生培养质量核定研究生分配名额。进一步拓展和深化中法、中英联合办学，提升国际合作办学层次和水平。

紧密对接"人才强国"战略，把握上海建设高水平人才高地契机。坚决落实中央和上海市关于新时代人才工作的各项决策部署，全方位培养、引进、用好医学人才。充分用好高水平地方大学建设政策，加快引进高精尖缺人才，集聚海外高层次人才；夯实人才多级分类培育体系，加快优秀青年人才队伍建设，进一步完善博士后制度。健全人才多元分类评价体系，打通各类人才成长通道，做到人尽其才，人尽其用。探索更加灵活多样的用工形式，打通交大校部、医学院、附属医院人才引进与使用壁垒，推进人才双聘、互聘，加快建设医学创新人才新高地，营造近悦远来的良好氛围。

紧密对接"科技强国"战略，把握上海建设具有全球影响力的科技创新中心契机。要研究真问题，加强有组织的科研，以解决临床问题为根本，以基础医学科研思路为导向，探索科学共赢的科研合作与成果转化机制，加强基础与临床的资源整合和相互促进，力争取得"0－1"的原创重大研究成果和一批"9－10"的应用转化成果。加强统筹谋划，优化学科布局，建成一批国际知名的优势学科群，形成高峰耸立、高原迭起的一流学科态势。全力推进医学技术学院建设，打造新一轮"双一流"建设新的学科增长点。持续推进精准医学研究院、上海市免疫治疗创新研究院建设；推进松江研究院以脑科学为主的学科交叉平台建设，建立"基础-临床-产业"全链条脑科学研究体系；推进虹桥国际医学研究院建设，力争打造"基础-临床-转化-社区"一体化研究机构和区域医疗服务示范基地。主动对接交大校部"大健康"战略，依托综合性大学多学科的优势，深入推动"医学＋X""X＋医学"发展，力争形成有影响力的标志性重大学科交叉研究成果。

紧密对接"数字中国"战略，把握上海推动城市数字化转型，建设"智慧城市"契机。在生物医用材料研发应用、高端医疗装备、智慧医疗、数字医疗等方面积极探索。推进成立医学技术研究院，打造国际一流的医学技术实验中心和产业应用转化基地。推进成立生物材料研究院，以应用级别生物材料研发为目标，建设引领国内的创新生物材料研发和评价基地、国内首屈一指的生物医用材料转化应用基地。全面推动数字医学研究院建设，推动与人工智能国家实验室合作共建，打造一流的数字医学科技创新研究高地和产业应用转化基地。

三、2022年秋季学期工作思路及主要任务

秋季学期，我们将迎来医学院70周年院庆，同时，党的二十大将胜利召开。我们要以习近平新时代中国特色社会主义思想为指导，深入学习、宣传、贯彻党的二十大精神，以及上海市第十二次党代会精神，持续贯彻落实“勉励寄语”精神和“嘱托”精神，继续传承和弘扬交医精神，统筹推进疫情防控和改革发展工作，加速推进“十四五”规划落地落实，以实际行动迎接党的二十大胜利召开。

（一）以学习、宣传、贯彻党的二十大为重点，加快构建医学院党建工作新格局

全力以赴迎接党的二十大胜利召开。把学习、宣传、贯彻党的二十大精神和上海市第十二次党代会精神作为重中之重，与医学院实际工作紧密结合，推动中央和市委重大决策部署落地生根。研究制定学习宣传贯彻党的二十大精神工作方案，成立师生宣讲团，通过专题辅导报告、座谈会、集体学习研讨、专题读书会等形式，掀起党的二十大精神的学习热潮，形成“领学、研学、联学、互学”的立体式学习氛围。

打造适应医学院改革发展的高素质干部人才队伍。坚持新时期好干部标准，以建设政治过硬、高素质专业化的干部队伍为目标，研究制定加强优秀年轻干部培养选拔工作的实施办法。推进医学院系统干部一体化管理，加大医学院、附属医院、医院间的干部交流任职轮岗力度。继续实施“优秀青年人才培育计划”，持续做好秋季学期干部培养锻炼计划和第四届绿叶管理服务奖评审工作。积极开展市委组织部选人用人专项检查督查的整改工作。推进领导干部经济责任审计、特定身份人员管理，以及社会组织、企业兼职审核等干部监督工作。

健全“全过程、一体化”党建育人体系。把学习贯彻“勉励寄语”精神全面落实到学生思想政治工作中，教育引导学生进一步坚定理想信念、赓续红色基因、筑牢医学梦想。着力推进学生党建一体化管理模式改革，开展专题研究，建立健全医学生三阶段全过程育人机制。持续推进医学专业课程思政建设，编撰医学专业课程思政指南，出版《医学专业课程思政优秀案例集——基础医学》分册，启动临床医学分册的编撰工作。与交大校部联动，组织形势与政策课教学工作，构建具有医学特色的形势与政策课。面向本科新生，开设心理健康必修课，提升心理测试覆盖率，建立早预警、早发现、早干预的工作机制。客观分析就业形势，全面排摸毕业生就业意向，精准推进毕业生就业工作。

构建意识形态工作长效机制。修订医学院党委意识形态工作责任制实施细则，推进新形势下医学院意识形态工作责任制落实。组织教师节庆祝大会，举办教师入职仪式，线上线下相结合开展教师思想政治与教育教学能力培训。健全医学院教师师德师风建设长效机制，完善师德档案；组织上药杏林育才奖评审，弘扬优良师风；加强师德建设研究，总结凝练医学院师德师风建设经验和特色。依托少数民族教职工联谊会和“石榴籽育人工作室”，搭建学院、教师和少数民族学生沟通交流的平台，引导各民族学生铸牢中华民族共同体意识。发挥统一战线工作领导小组作用，做好抵御利用宗教对高校进行渗透和防范校园传教工作，维护学校意识形态安全与稳定。

推进基层党建高质量发展。进一步巩固党建工作特色高校创建成效，完善“政治思想引领”“组织引领”“服务引领”“典型引领”等四大引领工程，推动基层党建全面进步、全面过硬。以落实第二批市教卫工作党委系统基层党建质量提升工程为重点，积极参与高校、公立医院相关项目申报。完成2020—2022年度示范党支部创建。继续抓实“附属医院党建质量提升行动”，落实《2022年全国医院党建（指导）工作要点》，推动年度重点任务落地；指导基础医学院党委及四家副局级附属医院党委做好换届筹备工作；对标公立医院高质量发展要求，继续做好医院党建工作质量评价工作。实施组织员“素质提升计划”，力争创建本市高校加强党务干部培训的特色品牌。健全完善离退休党建工作制度体系和工作机制，进一步做好离退休老同志的管理服务工作。制定医学院青年马克思主义者培养工程实施意见，加强青年政治骨干培养，完善高中高校衔接、高校接续培养发展机制。

持续完善综合监督工作体系。加强政治监督和日常监督，推动形成各项监督统筹衔接工作机制。研究修订内部巡察工作实施办法，推进内部巡察工作制度化规范化。加强对“一把手”和领导班子的监督，严格执行“四书四会三报告”制度。完成招标采购专项监督，督促各部门对查摆出的问题认真整改，推动医学院招标采购工作体制机制进一步完善。做好浦东校区建设项目监督工作，针对专项审计发现的问题督促整改落实。持续推进纠“四风”树新风，开展形式多样的廉政宣传教育。精准运用“四种形态”，严格落实监督执纪工作要求，做好案件查办安全管理工作。

紧扣围绕中心服务大局。深入学习贯彻落实《中国共产党统一战线工作条例》和中央统战工作会议精神，进一步加强党对统一战线工作的集中统一领导，充分发挥统一战线在落实重大决策部署中的积极作用。高质

量完成年度无党派人士的认定工作；推进党员领导干部与党外人士联谊交友工作，加大对党外代表人士的培养和使用力度。认真落实教代会闭会期间的民主管理工作，健全和完善民主管理机制；规范做好教代会提案办理工作，逐项分析、逐条解决，全面提升师生医护员工的幸福感。有序完成医学院第四届青联换届工作，召开医学院第十次学代会学生代表大会。加强实践育人、志愿育人，完善“第二课堂”成绩单系统建设，完成第五届中国国际进口博览会服务保障工作。

（二）以隆重、简朴为总基调，热烈庆祝医学院70周年院庆

确保院庆重大标志性活动顺利举行。于10月24日召开庆祝上海交通大学医学院成立70周年大会暨国际医学论坛，举办师生同庆文艺晚会。做好学科建设大讨论总结，完成医学院新一轮学科总体布局，构建具有核心竞争力的学科发展布局和学科支撑体系。举办公立医院高质量发展高峰论坛，医学院办学宗旨石刻落成仪式等活动，推进院史馆新馆开馆。举行浦东校区单体建筑落成仪式。多策并举提升附属黄浦实验中学和小学办学质量，推进大中小教育一体化。积极推进与浦东新区基础教育合作办学。积极筹备海南国际医学中心成立及附属瑞金医院海南医院正式运营启动大会暨“医源”大健康国际高峰论坛。

确保院庆系列活动取得预期成效。按照分阶段、分主题原则，继续发布院庆系列公告。举办“大师论道、名家论学、英才论剑”系列论坛。以提升医学院国际传播力为目标，推进医学院英文网站建设，医学院新版英文网站正式上线，二级学院英文网站覆盖率达100%，力争将英文网站建设成为医学院国际化形象展示窗口。广泛汇集国际知名高校贺信和云端祝福，组织召开国际学生中文视频演讲大赛。完成计划内友好单位回访，开拓新的合作交流；完成疫情期间支持医学院抗疫工作的友好单位答谢回访。进一步推动与各级政府、院校和企业等社会资源的合作，助推医学院发展。

广泛汇聚校友和社会力量。医学院教育发展基金会召开第一届理事会，明确理事会工作架构、工作要点和工作分工。与各爱心企业和机构签订合作协议。借助交大校部和附属医院的校友资源和社会资源，进一步多渠道推进筹资工作。持续推进各级各类校友组织建设，积极筹建院系校友分会、地方校友分会、海外校友分会。完善校友数据库建设和校友云返校平台建设。举办秩年校友返校活动，组织召开校友座谈会。

全面提升医学院文化软实力。全面展示医学院70周年发展成就，生动立体传播交医文化、弘扬交医精神。正式发布交医精神品格体系、《交医赋》及《交医地图》，推进交医红色印记开放参观。发布医学院形象宣传片《鎏・光》，编辑出版《交大医学》系列丛书，推进《清贫的牡丹》话剧院庆专场演出。结合仪式教育、医学人文教育，举办医学系列品牌讲坛和院庆主题网络文化节，打造院庆文化系列活动。加强内外宣工作力度，联合附属医院推进融媒体建设，讲好交医故事，传播交医声音。

（三）以学科建设为引领，开辟医学院高质量发展新天地

深入推进医学教育改革。结合第九次“教育思想大讨论”，总结凝练医学院医学教育改革实践经验和特色做法。组织优势专科召开专题研讨会，研究制定“专科学院”建设方案。加强基层教学组织建设，建设一批功能完备的虚拟教研室，锻造一批高水平教学团队，培育一批教学研究与实践成果，为医学教育高质量发展提供有力支撑。持续推进临床医学专业“4+4”纵向单循环整合课程体系建设；完成器官系统整合教材出版，推进器官系统整合课程配套虚拟仿真实验课程建设。全力组织新一轮国家级教学成果奖申报工作，力争获国家级教学成果奖1～2项，市级教学成果奖8～10项。建立临床医学八年制法语班教学与思政一贯制管理模式，实现法语班教学与思政工作统一；实施“临床医学八年制法文班能力提升计划”，稳步推进“十大器官整合课程体系”建设，推动临床医学八年制法语班教育教学管理模式改革。开展研究生导师岗位培训，加强导师师德师风建设和学术诚信教育。以研究生培养质量为核心，开展导师综合评价工作，提升导师队伍质量。完成博士生申请-考核制招生选拔质量评估报告。持续加强致远荣誉计划、专业学位博士生、医工交叉博士生过程管理，不断完善拔尖创新人才培养模式。进一步完善研究生招生指标分配方案，建立科学合理的研究生招生指标动态分配机制。积极创建国家级住院医师规范化培训重点专业基地和专科医师规范化培训制度试点基地，争取获批国家级住院医师规范化培训重点专业基地5个。认真做好上海高校语言文字工作规范化达标建设工作。

深入实施人才强院主战略。实施更加开放有力的人才育引政策，进一步推进各项人才政策、举措的执行与实施，做到落地生根、落出实效。继续实施“双百人”计划，完成考核评估和新一轮遴选工作，不断提升两支队伍的总体水平。进一步完善博士后激励计划，优化遴选和考核机制，力争培养一批优秀青年人才。积极组织各级各类博士后项目申报，力争在上海市“超级博士后”激励计划等项目中继续取得佳绩。进一步做实做细人才项目申报工作，提高项目中标率。持续加大优秀青年人才引进力度，大力支持松江研究院、病毒研究院等研究院和研究平台的人才引进工作。继续做好下半年国际青年学者论坛特色分论坛各项工作，完成市教委揽

蓄行动计划。借鉴交大校部做法，探索研究符合医学人才成长规律的长聘体系。持续优化人才评价改革，推行更科学的评价方式，坚持科学与多维度评价，完善同行专家评议。合理运用考核结果，发挥正向激励作用。启动人事管理信息系统二期建设，提高人事工作信息化水平。探索灵活多样的用工方式，研究制订医学院编制外人员管理办法。

全力开拓学科建设新局面。结合医学院学科建设大讨论，开展教育部第五轮学科评估结果分析。切实推动“高地大”学科建设项目顺利完成，经费执行率达到100%，做好高水平地方高校建设项目2023年预算申报工作。加快推动新型学科交叉平台建设，推动上海市病毒研究院、医学技术研究院、生物材料研究院建设；全面推动数字医学研究院顺利启动运行，推动与人工智能国家实验室的合作共建；继续推动松江研究院以脑科学为主的学科交叉平台建设；加速推动全健康研究中心建设；继续加强与兄弟院校的深入合作，促进同城跨校的中西医协同、医工交叉研究与应用。进一步加强学科动态分析和高校分类评价工作，不断完善医学院校特色评价指标体系。各类权威学科排名稳中有升。

推动医学科技创新再上新台阶。统筹谋划和系统布局，加强国家级重大重点项目和人才计划项目的培育，全面提升获取重大项目的能力。完成国家重点实验室重组工作，整合优势力量，突出领跑地位，落实实体化运行。做好国家奖启动准备，完成华夏医学科技奖、中华医学科技奖、高等学校科学研究优秀成果奖、上海市科技奖等11类科技和人才奖项复审及终审工作，争取获得省部级奖项20项以上。落实科技部等十部门科技成果评价改革试点任务，研究制定医学院预警期刊目录，探索建立基础医学研究人才、临床医学人才、医学技术人才等多元分类评价体系，形成各具学科特色的评价标准、方法和程序。继续推进校企衍生公司发展，打通附属医院成果转化路径的堵点，争取实现附属医院作价投资案例零的突破。

加快推进医疗卫生服务体系高质量发展。推动附属医院高质量发展，力争做全国公立医院高质量发展的引领者、推动者、践行者，进一步提升治理能力和水平，打造现代医院管理的“示范样本”；进一步强化党建引领，成为坚持党的领导的“坚强阵地”。持续推进转化医学国家重大科技基础设施（上海）建设，支持国家儿童医学中心、国家口腔医学中心、国家精神卫生中心等3个国家医学中心和3个国家临床医学研究中心建设。持续推进国家医学中心与国家区域医疗中心项目申报工作，争取更多国家级项目落户医学院。创建更多国家级住院医师规范化培训重点专业基地和专科医师规范化培训制度试点基地。

高质有序推动多校区建设。按照建设进度，稳步推进浦东校区建设工程，结合医学院未来学科发展规划，进一步优化浦东校区的空间布局，不断完善浦东校区开办工作方案，完成浦东校区开办费项目申报工作；进一步细化浦东校区信息化建设规划。根据市政府专题会议精神，加速落实P3实验室的环评审批工作和建设立项工作，提早启动P3实验室开办费项目申报工作。全面推进海南国际医学中心建设，尽快完成海南国际医学中心机构设置工作；力争年底前完成一期建设项目生活服务区以及科研实验区的部分主体结构封顶，积极推进二期工程建设开工。紧密结合崇明校区建设，整体谋划全健康领域布局，积极推进全健康国际研究院建设。

不断完善一流医学院治理体系。完成内设机构、人员编制、干部职数调整方案。按照“能清则清”原则，有序完成委员会等联席机构梳理工作。以基础医学院为试点，积极推动“院为实体”改革。积极推进与上海市大数据中心、上海市申康医院发展中心、交大校部数据对接，加快实现数据互联互通。谋划成立“实验室生物安全管理委员会”，研究制定医学院大型科学仪器运行绩效评价管理办法，切实加强实验室生物安全管理。完成“大后勤”改革整体方案，推进后勤管理服务体系高质量运行。

奋楫笃行铸辉煌，扬帆逐梦再启航。站在70周年新起点，医学院将牢牢把握“世界一流、中国特色、上海风格、交医特质”目标任务，仰国家发展之势，借上海辐射之力，唯立德树人之宗，领医学科技创新之路，强医学发展之本，壮报效祖国之志，践服务人民之义，再立新功、再创佳绩，以实际行动迎接党的二十大胜利召开。

2022年9月15日

在上海交通大学医学院 2022 年毕业典礼上的讲话

范先群

亲爱的同学们、老师们：

大家上午好！

万物并秀，草木葳蕤，又到了奏响毕业骊歌的美好时节。今天，我们通过医学院主会场与 12 家附属医院、二级学院分会场连线的方式庆祝同学们毕业，共同见证你们青春远航。首先，我代表上海交通大学医学院，向全体毕业生同学，致以最热烈的祝贺！向养育和关爱你们的家长们，致以最诚挚的问候！向悉心指导、无私奉献的老师们，致以最衷心的感谢！

作为交大医学院的优秀学子，入校伊始，你们就立下了“选择交大，就选择了责任；选择交医，就选择了奉献”的铮铮誓言，树立了敬佑生命、救死扶伤的理想信念。你们在课堂中学思践悟，在临床上刻苦实践，在实验室科研求索，在图书馆挑灯夜读，在宿舍里天南海北。校园红墙黛瓦的历史沉淀、静谧长廊的紫藤摇曳，必将成为你们美好的回忆。

同学们，这是一个特殊的毕业季。在过去的三个月里，你们经受了新冠疫情的严峻考验，顺利完成学业，祝贺你们成长为更优秀的自己，期待你们在人生的道路上谱写更璀璨的乐章。

同学们，你们走过了特殊的求学路。在过去的三年里，你们经历了新冠疫情的“大考”。坚守“健康所系，性命相托”“除人类之病痛、助健康之完美”的初心；在抗疫熔炉中淬炼本领，在青春的赛道上奋力前行。

沧海横流方显英雄本色。医学院的医务工作者白衣执甲，逆行出征。2020 年新冠疫情突如其来，医学院共派出 8 批 569 名医务人员驰援武汉，用高超医术治病救人。在今年的大上海保卫战中，医学院一万两千余名医护人员投身集中隔离点和定点医院，争分夺秒与病毒赛跑，守护人民生命健康。瑞金医院陈尔真副院长担任上海集中隔离点医疗救治组组长，刚才代表教师发言的仁济医院党委书记郑军华是 2020 年上海市第一批支援武汉医疗队队长，大年夜赶到武汉，今年他是上海新国博方舱医院总指挥，在抗疫中他们做出了突出贡献。

医学院的教师员工众志成城，并肩作战守护校园静好。我们开展了校园分区管理，制定了遏制疫情传播的行动方案，组建了高效的核酸采样和物资保障团队，开设了“24小时防疫热线”，筑牢校园疫情防控安全网。医管处邵新华处长始终奋战在校园疫情防控最前线，公卫学院王慧院长带领团队指导培训全市65所高校开展流调工作，后勤、武保、资产和学指委的老师们坚守校园，协力同心，我们打赢了校园疫情防控的保卫战。

医学院的莘莘学子不畏艰险、迎难而上、担当作为。交医学子一夜成军，支援黄浦、宝山和闵行等区的核酸采样、检测、流调等工作。其中，虹口区核酸采样志愿者服务队连续奋战15天，完成了153万人次的核酸采样任务。法八班毕业生黄静怡同学、硕士毕业生王预立同学，连续奋战在社区核酸采样和医院急诊一线。

志存高远方能兼济天下，长风破浪才可大展宏图。在大“疫”面前，交医学子化身“党员红”“天使白”“守护蓝”，不负韶华、不负时代、不负人民，用善心、爱心与仁心交出了疫情“大考”的完美答卷。

同学们，你们在新时代扬帆起航、奋勇前行、成就梦想。在建党百年之际，医学院24名学生新党员向习近平总书记作了他们入党后的第一份思想汇报。总书记勉励同学们，“练好治病救人本领，将来更好地报效祖国，服务人民。”在大上海保卫战的关键时刻，瑞金医院2692名护士向总书记表达了打赢疫情防控战的坚定决心，总书记勉励护士们“再接再厉，团结奋战，为打赢大上海保卫战贡献力量。”总书记的勉励寄语，为医学院在新时代建设世界一流医学院，培养卓越创新医学人才，守护人民生命健康，注入了强大的信心和力量。

同学们，你们见证了交大医学院发展的最好时光。朝气蓬勃、蒸蒸日上的交大医学院，正阔步前行在国家“双一流”建设的征程上。科技创新能力不断增强，国家自然基金受资助项目连续12年保持全国医学院校第一；临床诊疗水平不断提高，12家附属医院在国内外享有盛誉。你们亲历了医学院浦东校区与海南国际医学中心的拔地而起，交大医学院的历史卷轴正从浦西到浦东、从黄浦到博鳌壮美延展，崭新、美丽和现代化的校园等待你们，欢迎你们常回家看看。同学们，你们感受了群贤毕至、大师云集，聆听名医名师教诲的美好时光。在交大医学院，院士名医群英荟萃，杰青“长江”近悦远来。医学院通过“双百人计划”“博士后激励计划”、创新团队建设等有力举措，营造人人皆可成才、人人尽展其才的良好生态。

历经126年办学传统和70年建院历史的光辉岁月，交大医学院迎来了七十华诞。

交大医学院海纳百川、人才辈出。建院以来，交大医学院博采众家所长，广纳四海英才，赓续传统、立足世界、面向未来，创建了“X＋医学”“医学＋X”的卓越创新医学人才培养模式，先后成立了中法医学院、上海渥太华联合医学院和全球健康学院等国际化学院，推进国际合作，为构建人类命运共同体贡献交医力量。

交大医学院敢为人先、勇担使命。交医人始终谋国家之强盛、求科学之真知、践医学之神圣，创造了诸多世界医学奇迹，首次成功抢救大面积烧伤病人、世界首例断肢再植手术、世界首创癌症诱导分化治疗，在人类医学史上书写了浓墨重彩的一笔。

交大医学院胸怀天下、大爱无疆。从抗美援朝、血吸虫病防治到援藏援疆，从唐山、汶川抗震救灾到抗洪抢险，从抗击“非典”到阻击新冠疫情，一代代交医人用报效祖国、服务人民的家国情怀和大医精诚、孜孜不倦的执着追求，书写了一部与国家医学教育，人类健康事业发展同频共振的辉煌历史。

七十年栉风沐雨，七十载弦歌不辍。在全院师生医务员工的不懈努力下，医学院不断完善世界一流综合性大学建设高水平医学院的“交医模式”，矢志不渝、铸就辉煌，书写属于我们每一个交医人的光荣与自豪。

同学们，你们即将奔赴新征程，在新时代展现新作为。范老师有几句话和你们共勉。

医者仁心，一名医生最朴素的品质是善良。善良的你们，要宽以待人，在工作生活中懂得理解与尊重；要严于律己，在精进医术中懂得坚守与拼搏；要饮水思源，在事业发展中懂得珍惜与感恩；顺境时勿忘自省，逆境时自强不息，成功时淡定从容，彷徨时秉承信念。

希望你们常怀善心，在人生旅途中行稳致远。

善良是人生的底色，是来自心灵深处的情感。善良是润物无声的，也是触手可及的。善人者，人亦善之。常怀一颗善心，就像一盏明灯，在勇毅前行中驱散阴霾，照亮他人，温暖自己。

上海儿童医学中心的丁文祥教授是我国小儿心脏外科的奠基人。他艰苦创业，攻坚克难，组建了中国第一个小儿心胸外科。年过90岁的丁教授至今还是一名“上班族”，坚持每周看门诊。考虑到外地患儿来上海就医的种种不便，他经常会把坐诊时间延长到下午两三点。丁教授说：“帮助他们当天做完检查、看完报告，这样他们可以省下一天住宿费，当天回家。”朴实的话语，可以感受到那颗守护儿童健康的善良之心。

同学们，在人生道路上，只有不懈地追求，才能达到成功的彼岸；只有坚守善良的本性，才能成为被尊重的人。

希望你们永葆爱心，在医学道路上着手成春。

善良是坚定的自信、内在的修养和爱心的接力。善良无处不在。

无论是仁济医院余跃天医生为了抢救新冠病毒感染患者时的最美一跪，还是第六人民医院李倩护士在地铁站对晕倒患者的俯身施救，亦或是九院临床医学院吴钧翔同学为素昧平生患者的骨髓捐献，都是善的底色、爱的奉献。

同学们，厚于德、湛于术，是流淌在医务工作者血脉中亘古不变的基因。人民至上、生命至上、救死扶伤，是医生的天职。大爱无疆、始于行动，大医精诚、始于至善。希望你们在"博极医源、精勤不倦"精神的感召下，用爱心全力守护人民生命健康。

希望你们秉持仁心，在事业征程上卓荦为杰。

善良是宽容的、真诚的，也是温暖的，是成功之路的基石。成功之路未必一帆风顺，唯有坚定信念、抒医者大爱，不畏艰辛，宵衣旰食，踔厉奋发，才能用人生智慧攀登医学高峰。

同学们都看过《清贫的牡丹》，王振义院士目睹一个个年轻的生命死于急性早幼粒细胞白血病，他焦心如焚、刻苦钻研、勇于创新、不计个人得失、大胆求索，开创了癌细胞诱导分化疗法，使急性早幼粒细胞白血病成为第一个可被治愈的白血病。

同学们，希望你们秉持一颗仁心，善作善成，守之弥坚，在祖国召唤之际，在人民需要之时，义无反顾、冲锋在前，用医者大爱成就人生梦想。

夫医者，非仁爱之士不可托也；非聪明理达不可任也，非廉洁淳良不可信也。期待同学们以天下为己任，与时代共命运，将交大医学院顶天立地的格局与风骨、厚德载物的温度与情怀薪火相传。抵高山之巅，可见大河奔涌不息；立群峰之上，可鸟瞰长风浩瀚激荡。心若向善，何惧风雨；志在远方，逐梦前行！

同学们，交大医学院是你们永远的家，是你们坚强的后盾。母校永远关注着你们的成长、成才和成就。我非常赞同刚才刘琪博士所说的："你们是交医的代言人"。交医的未来，寄托在你们的身上；交医的明天，由你们来书就；交医的发展，需要你们在继往开来中接续前行。让我们戮力同心，为交大医学院的美好未来而奋斗！

祝同学们前程似锦！

祝交医七十华诞快乐！

祝交医明天更加辉煌！

2022 年 6 月 29 日

大 事 记

一月

12 日　医学院党委书记江帆牵头召开医学院系统学生党建工作专题会议，对医学院 2022 年度学生党建工作做部署。医学院领导赵文华、吴正一，医学院学生党建工作相关职能部处、临床医学院、二级学院等负责人参会。会议由赵文华主持。

14 日　医学院党史学习教育总结会举行。上海市教卫工作党委党史学习教育第一巡回指导组肖存良，医学院党史学习教育领导小组成员、办公室成员出席会议，会议由医学院党委副书记、院长范先群主持。各附属医院党委、院本部二级党委设立分会场。

17 日　医学院召开 2021 年度党员领导干部民主生活会暨党史学习教育专题民主生活会。上海市委组织部宣教科技干部处四级调研员王娅红，市教卫工作党委党史学习教育第一巡回指导组副组长、市教卫工作党委办公室主任罗立刚到会指导。会议由医学院党委书记江帆主持。

24 日　医学院举行 2021 年度总结大会暨人才工作会议。上海交通大学党委书记杨振斌宣读上海市第一人民医院、上海市第六人民医院、上海市儿童医院、上海市胸科医院四所附属医院第二冠名变更决定，并与上海申康医院发展中心党委书记、主任王兴鹏，上海交通大学党委副书记、医学院党委书记江帆，上海交通大学副校长、医学院院长范先群和四所附属医院院长一同揭牌。

二月

14 日　教育部、财政部和国家发展改革委等三部委正式公布了第二轮“双一流”建设高校及建设学科名单，医学院临床医学、口腔医学、基础医学和药学等4个学科再次顺利入选一流学科建设范围。

15日　据上海市委、市政府、市教卫工作党委、市教委和医学院关于疫情防控工作的部署要求，为筑牢新冠疫情防线，确保2022年春季学期平稳安全有序开学，医学院副院长吴正一带队走访部分附属医院指导2022年春季学期开学学生工作，学指委、医管处、教务处、研究生院及团委等职能部处参与此次走访指导工作。

21日　教育部办公厅发布《教育部办公厅关于公布首批虚拟教研室建设试点名单的通知》（教高厅函〔2022〕2号），为贯彻落实"十四五"教育发展规划有关部署，加快虚拟教研室建设，经各地高校和教育部高等学校教学指导委员会推荐、专家综合评议，教育部按相关工作程序确定了首批虚拟教研室建设试点439个。经过前期申报与激烈竞争，医学院蒋欣泉教授负责的口腔医学课程虚拟教研室成为教育部首批建设试点项目。

24日　教育部公布了2021年度普通高等学校本科专业备案和审批结果，医学院新增医学影像技术、听力与言语康复学2个备案本科专业。

三月

7日　医学院纪念"三八"国际劳动妇女节112周年暨先进表彰大会在医学院东院九号楼三楼报告厅召开。医学院党委书记江帆，党委副书记、纪委书记施建蓉出席会议，会议由党委副书记、工会主席赵文华主持。大会表彰了全国三八红旗手毕宇芳、王瑞兰，以及上海市三八红旗集体与红旗手。

11日　第四届"上海最美女医师奖"揭晓，附属仁济医院陆尔奕、附属第九人民医院朱敏、附属第一人民医院汪芳、附属第六人民医院岳华入选。

14日　医学院调整校园新冠疫情防控管理模式。启动"院区长—楼宇长—楼层长"的三级网格化管理体系，24小时待命，高效排摸人数，迅速转发各类信息，及时汇总师生需求，做好各类应对方案，保证信息上情下达、下情上传的信息通畅流转。在线教学运行良好，通过超星、讯飞、交医智课堂、腾讯会议等多种平台形式开展直播教学，全力抓好线上教学工作。

19日　医学院联手上海交通大学打造的《健康中国》战疫课堂在云端开讲。此次思政课程特邀亲临抗疫一线的附属瑞金医院项晓刚、附属仁济医院冯楠、附属精神卫生中心王振三位医学院学长分享如何正确看待新冠，如何做好科学防疫。医学院党委书记江帆以串讲人的身份连线嘉宾主持活动，副院长吴正一，上海交通大学副教务长吴静怡全程参与线上课堂。

四月

1日　《健康中国》战疫系列课堂再次云端开讲，邀请上海交通大学公共卫生学院院长王慧教授团队讲述战斗在抗疫一线的"侦察兵"——流调员的故事。医学院副院长吴正一以串讲人的身份连线主讲嘉宾主持云端课程。

4日　医学院机关党委、综合事务党委、学工党委联合召开了一场"在党旗下，凝聚交医力量，守护校园平安"组织生活（扩大）会，医学院党委书记江帆，副院长吴正一、方勇，党委常委、组织部部长孟煜及三个二级党委书记、委员和相关职能部处负责人线上线下出席了会议。

8日　由清华大学主办的"清华大学-《柳叶刀》'中国健康扶贫'特邀报告专家委员会"首轮会议在线上线下同步召开，会议由世界卫生组织荣誉总干事、清华大学万科公共卫生与健康学院院长陈冯富珍主持，并与《柳叶刀》（*The Lancet*）杂志主编 Richard Horton 致欢迎辞，中国工程院院士、医学院院长范先群应邀参会并做专题发言。

23 日　国际顶尖学术期刊《自然》(*Nature*)杂志发表由上海交通大学医学院-国家热带病研究中心全球健康学院周晓农、郭晓奎研究团队撰写的通信文章。文章介绍了全球全健康指数(Global One Health Index, GOHI)的构建过程并高度概括了 GOHI 的创新价值和应用前景。

24 日　医学院调整校园疫情防控方案,实施网格化分区分组闭环管理。

28 日　2022 年庆祝“五一”国际劳动节暨全国五一劳动奖章和全国工人先锋号表彰大会在京举行。附属瑞金医院灼伤整形科获 2022 年“全国工人先锋号”荣誉称号。

五月

6 日　医学院召开党委中心组(扩大)学习会,专题学习习近平总书记在中共中央政治局常委会重要讲话精神。医学院党委书记江帆带领大家系统学习了习近平总书记重要讲话精神。

8 日　护理学院隆重举办“聚天使之力续七秩华章——庆祝上海交通大学医学院成立 70 周年暨第 111 个国际护士节”主题活动,该活动通过医会宝平台线上直播,累计观看人数逾 1.5 万人。医学院院长范先群,副院长方勇,医学院职能部处,各附属医院护理部,以及护理学院全体师生参与本次主题活动,活动由护理学院副院长方琼主持。

15 日　医学院学习贯彻习近平总书记在庆祝中国共产主义青年团成立 100 周年大会上的重要讲话精神主题团日活动以线上线下相结合的方式顺利举行。医学院党委书记江帆,副院长吴正一,党办、党委组织部等相关职能部处和院本部二级学院负责人出席活动。医学院系统团干部、团员青年代表 100 余人参加了本次活动。活动由团委书记游佳琳主持。

30 日　2022 年上海“最美科技工作者”揭晓,附属精神卫生中心、上海市医学会精神医学专科分会主任委员赵敏作为唯一的女性、唯一的临床医学专家榜上有名。赵敏同志在推动中国物质成瘾科学研究的发展、提升国际影响力等方面做出了巨大贡献。

六月

2 日　医学院第九届教职工代表大会暨第十四届工会会员代表大会第五次会议以线上形式举行。大会主席、医学院党委副书记赵文华主持会议,医学院党政班子成员、263 名正式代表、28 名列席代表、特邀代表参加大会。医学院院长范先群作学院工作报告,财务处处长范悦敏作医学院财务工作报告,会议表决通过了《上海交通大学医学院第九届教代会暨第十四届工代会第五次会议决议》。

7 日　中国共产党上海交通大学医学院代表会议召开,选举医学院系统出席上海市十二次党代会代表。医学院第十一届党委委员、纪委委员,二级单位党政领导班子的党员主要负责人,优秀党员代表等参加会议。医学院党委副书记赵文华主持会议。根据全体代表无记名投票结果,江帆同志当选医学院系统出席上海市第十二次党代会代表。

13 日　医学院校园采取新冠疫情防控常态化管理。

21 日　医学院党委 2022 年度全面从严治党工作会议召开,本次会议以视频会议形式举行。医学院党委书记江帆作医学院党委全面从严治党工作报告。党委副书记、纪委书记施建蓉传达了上级有关重要会议精神并作医学院党风廉政建设工作报告。副院长方勇作医学院审计工作报告。会议由党委副书记、院长范先群主持。

23 日　医学院国际青年学者云论坛顺利举办。上海市教育委员会副主任李永智等相关领导应邀参加论坛。医学院党委书记江帆、院长范先群携医学院领导班子出席。

25—27 日 中国共产党上海市第十二次代表大会召开，医学院党委书记江帆作为代表参加上海市第十二次党代会。大会选举产生出席党的二十大代表，附属仁济医院查琼芳同志当选。

29 日 医学院 2022 届毕业典礼举行。上海交通大学校长、中国工程院院士林忠钦，上海交通大学党委副书记、医学院党委书记江帆，上海交通大学副校长、医学院院长、中国工程院院士范先群等医学院党政领导出席。2 160 名毕业生们身着学位服，井然有序地依次走上主席台，学院领导和导师代表为毕业生颁发毕业证书、拨帽穗。林忠钦、江帆为 2022 届毕业生“榜样的力量”颁发荣誉奖杯。毕业典礼由医学院党委副书记赵文华主持，医学院副院长胡翊群为毕业生宣誓领誓，医学院副院长吴正一宣读了医学院 2022 届上海市优秀毕业生名单。

30 日 “弘扬建党精神　同庆七秩华诞　携手承续辉煌”——医学院庆祝中国共产党成立 101 周年会议召开。医学院党政领导班子成员，院本部二级单位党政负责人，附属医院领导班子成员及“光荣在党 50 年”老同志代表等出席会议。会议由医学院党委副书记、院长范先群主持。会上，上海市第十二次党代会代表、医学院党委书记江帆传达了本次党代会精神。会议对 2021 年度医学院党建思政研究获奖课题进行了表彰，并向与会老同志代表颁发了“光荣在党 50 年”纪念章。

30 日 2022 年上海市卫生健康系统第六届“左英护理奖”获奖名单公示。附属瑞金医院朱唯一、附属仁济医院奚慧琴、附属第九人民医院卞薇薇、附属胸科医院刘晓芯 4 人获第六届“左英护理奖”，附属儿童医院徐婷婷、附属国际和平妇幼保健院李红 2 人获得提名奖。

七月

4 日 国家卫生健康委印发《关于 2020 年度全国三级公立医院绩效考核国家监测分析有关情况的通报》，医学院附属医院继续保持优异成绩。附属瑞金医院在全国综合性医院中排名第 2，连续三年获 A＋＋的最高评级；附属仁济医院在全国综合性医院中排名第 11，跻身全国三级综合性医院前 1%A＋＋最高评级队伍；附属新华医院、附属第一人民医院、附属第六人民医院获评三级综合性医院 A＋；附属上海儿童医学中心位列全国儿童专科医院第 1；附属精神卫生中心位列全国精神专科类医院第 1；附属胸科医院、附属国际和平妇幼保健院也分别获评专科类医院最高等级 A。

5 日 医学院召开推进全面从严治党专题座谈会，深入学习上海市第十二次党代会精神，研究加强监督统筹工作，医学院党委书记江帆出席会议并讲话。十一届医学院纪委委员、各附属医院纪委书记、院本部二级党组织书记、相关职能部处负责人约 30 人参加会议。会议由党委副书记、纪委书记施建蓉主持。会议传达学习了上海市第十二次党代会精神，集中学习市委工作报告和市纪委工作报告主要内容。

6 日 医学院举行学科建设大讨论。首次学科建设大讨论——公共卫生与预防医学学科建设大讨论会议在懿德楼 101 会议室召开。医学院院长范先群与医学院领导赵文华、施建蓉、胡翊群、吴正一、方勇，各职能部处负责人、公共卫生学院领导班子全体成员、部分学科带头人和骨干教师出席会议。会议由公共卫生学院党委书记黄荣主持。

15 日 中国工程院院士、医学院院长范先群一行走访上海市安徽商会并颁发感谢状，致谢疫情期间上海市安徽商会及商会企业的爱心捐赠、守护相助，并就合作事宜进行商谈。上海市安徽商会会长洪清华与商会领导胡成中、吴献忠、徐章来以及安徽省人民政府驻沪办业务处副处长吴坚等出席。

19 日 医学院党委组织召开 2022 年上海市新一批“组团式”援藏、援滇医疗工作的干部人才慰问座谈会。医学院党委书记江帆，党委副书记赵文华，党委常委、组织部部长孟煜，副部长朱孟琴等参加慰问。会议由孟煜主持。17 位来自医学院 5 家直属附属医院的援藏、援滇干部人才中有 3 人将担任援建医院院长或副院长，14 人将下沉临床一线担任科（室）主任。

25日　上海市卫生健康委、上海市人力资源和社会保障局及上海市中医药管理局联合印发《关于公布第五届上海市名中医评选结果的通知》，附属新华医院吴敏、附属第一人民医院张存钧、附属第六人民医院吴耀持、附属国际和平妇幼保健院李国维4位专家被授予第五届"上海市名中医"荣誉称号。

26日　医学院党委书记江帆带队，专程看望慰问了医学院知名校友、中国工程院院士闻玉梅。医学院党委办公室、发展联络处等部门代表陪同慰问。

27日　医学院系统选派参加上海市第九批援藏暨第七批"组团式"援藏医疗人才凯旋。附属瑞金医院副处级干部乐飞、附属第一人民医院口腔科执行主任娄佳宁作为管理干部圆满完成3年援藏工作，附属瑞金医院血液内科薛恺，附属仁济医院医务一处周兆熊、泌尿科潘春武，附属新华医院普外科梅佳玮、急诊医学科陈凉，附属第九人民医院神经内科李强，附属第一人民医院胸外科林之枫，附属第六人民医院骨科谢雪涛、附属儿童医院新生儿科颜崇兵、附属胸科医院肿瘤科黄佳等10名援藏干部顺利完成1年医疗帮扶。

27日　上海市总工会召开2022年加快经济恢复和重振暨"建功'十四五'奋进新征程"上海职工劳动和技能竞赛推进会。会上，103名匠人被选树命名为2021年"上海工匠"，附属瑞金医院心内科主任吴立群，附属仁济医院副院长、泌尿科主任薛蔚，附属第九人民医院口腔外科学科带头人杨驰获得2021年"上海工匠"荣誉称号。

28日　上海市松江区人民政府与医学院合作共建启动仪式暨首届"脑医学"研讨会在长三角G60科创大厦举行。松江区领导程向民、李谦、李正和区委区政府及各委办局相关领导，医学院领导江帆、范先群、赵文华、施建蓉、吴正一和医学院各职能部处及附属医院代表、松江研究院专家团队等参加会议。程向民、李谦、江帆、范先群等共同为松江研究院揭牌，李谦为中国科学院院士、松江研究院院长段树民颁发聘书。启动仪式由松江区副区长顾洁燕主持。

29日　国家卫生健康委正式发文，决定以附属精神卫生中心作为国家精神疾病医学中心主体医院之一，设置国家精神疾病医学中心。

30—8月2日　医学院院长范先群带队，率医学院相关职能部处以及附属医院专家领导赴安徽省黄山市进行交流和义诊活动。交流期间，范先群与黄山市委副书记、市长孙勇一行进行工作会谈，就打造康养基地、推进生命健康产业发展等进行商谈。

八月

7日　医学院云南校友联谊会暨上海交通大学云南校友会医学分会在昆明举行了成立仪式。医学院院长范先群，党委副书记赵文华，医学院相关部处负责人和附属医院参加云南专家组团式医疗志愿服务活动的专家们共同出席了云南校友联谊会成立仪式。云南的50余名医学院校友参加了本次活动。

8—9日　医学院院长范先群，党委副书记赵文华一行赴昆明医科大学、昆明理工大学考察交流。考察期间，范先群、赵文华以及医学院相关职能部处负责人、附属医院相关领导及多名医疗专家走进云南省第一人民医院和大理大学第一附属医院开展医疗专家组团式志愿服务活动。

11日　全国创建青年文明号活动组委会发布了一星级全国青年文明号的名单，附属瑞金医院呼吸与危重症医学科、附属瑞金医院血液内科、附属瑞金医院灼伤整形科、附属仁济医院药剂科、附属新华医院耳鼻咽喉头颈外科、附属第九人民医院口腔综合科、附属上海儿童医学中心心胸外科、附属第一人民医院眼科、附属第六人民医院产科医护组、附属第六人民医院门急诊中西药房、附属胸科医院呼吸内科、附属同仁医院急诊输液室青年护理组被复核认定为一星级全国青年文明号，附属瑞金医院急诊抢救室、附属第九人民医院口腔颅颌面科获评第20届全国青年文明号并认定为一星级全国青年文明号。

12日　《科学》(*Science*)期刊以长文形式在线发表了中国科学院刘默芳研究组与附属新华医院普外科/上海市胆道疾病研究重点实验室黄昊

研究组合作完成，题为“LLPS of FXR1 drives spermiogenesis by activating translation of stored mRNAs”的研究论文，并配发了法国生物化学家 Martine Simonelig 团队撰写的题为“ Translation, the bright side of phase separation”的评论，该评论特别指出，虽然在发育过程中 RNP 颗粒的动态变化已经被描述，但这些颗粒的形成如何发挥体内生物功能仍然是一个主要的挑战。这项研究是解决这一问题的一个重要进展。

14 日　按国家卫生健康委和上海市卫生健康委统一部署，以医学院附属医院 502 名医疗队员为主的国家医疗队出征，全力支援海南省新冠疫情防控工作。上海市人民政府副市长宗明、副秘书长顾洪辉、市卫生健康委主任邬惊雷，医学院院长范先群以及附属医院主要领导前往机场为援琼医疗队送行。宗明为援琼医疗队领队、附属仁济医院党委书记郑军华授旗。此前，医学院已派出两批共 437 名医务人员抵达海南省海口、三亚、儋州、澄迈、博鳌等地区支援当地疫情防控。

16 日　由人民日报健康客户端、健康时报主办的第五届人民名医盛典(原国之名医盛典)系列榜单发布。附属第九人民医院戴尅戎院士获“人民名医・特别致敬”荣誉称号，附属瑞金医院孙伯民、附属第九人民医院周曾同、附属第九人民医院王金武、附属第一人民医院洪建国、附属第六人民医院张先龙、附属上海儿童医学中心李奋、附属精神卫生中心徐一峰获“人民名医・卓越建树”荣誉称号，附属瑞金医院赵任、附属新华医院苏青、附属第九人民医院束蓉获“人民名医・优秀风范”荣誉称号。

19 日　2022 年中国医师节庆祝大会暨第十三届“中国医师奖”颁奖大会在京召开，上海共有 7 位医师获“中国医师奖”。其中，附属仁济医院狄文、附属第一人民医院周新入选。

20 日　第十一届虹桥国际医学论坛暨“创新药物与转化”暨“七秩荣光—医学院庆祝建院 70 周年系列论坛”在沪开幕。上海市长宁区委副书记纪晓鹏、上海市卫生健康委党组书记章雄、医学院党委书记江帆、附属同仁医院院长马骏分别为大会致开幕词。本届论坛由附属同仁医院、医学院虹桥国际医学研究院、上海市医院协会临床药事管理专委会和上海交通大学中国医院发展研究院社区医疗研究所联合主办，聚焦“创新药物与转化”的热点话题，旨在促进科技与药学深度融合，推动科技成果转化，实现创新驱动发展和高质量发展。

25 日　中共上海市委组织部、市教卫工作党委领导莅临医学院，宣布医学院党政领导班子调整任命，吴正一同志任医学院党委副书记、副院长。会议由医学院党委书记江帆主持，市委组织部宣教科技干部处处长吴中伟宣读了市委有关干部任职通知。医学院领导班子成员、有关职能部处负责人参加了会议。

28 日　医学院以“学科建设引领发展，精神品格深塑内涵”为主题，在附属第六人民医院召开 2022 年暑期干部务虚会。上海交通大学党委副书记、校长、中国工程院院士林忠钦全程出席会议并讲话。医学院全体党政领导、附属医院党政主要领导、医学院二级学院，以及职能部处负责人参加会议。会议分为上、下午两个半场，分别由医学院党委书记江帆和党委副书记、院长范先群主持。

九月

1 日　上海交通大学附属黄浦实验中学、上海交通大学附属黄浦实验小学举行揭牌仪式，上海交通大学领导杨振斌、张安胜，上海市教卫工作党委、市教委领导沈炜、杨振峰，黄浦区领导杲云、沈山州、王玉峰，医学院领导赵文华等出席。仪式由黄浦区副区长袁园主持。

3 日　附属瑞金医院内分泌代谢科、上海市内分泌代谢病研究所、国家代谢性疾病临床医学研究中心王卫庆领衔团队在《柳叶刀》(*The Lancet*)杂志发表通讯文章“Protecting older people: a high priority during the COVID－19 pandemic”，重点阐述了新冠疫情期间保护老年人群的重要性和可行策略。

6 日　医学院 70 周年院庆视觉标识正式发布。对医学院院徽字体进行了调整，换成全新毛体。

8 日　国家自然科学基金委员会发布了《关于 2022

年国家自然科学基金集中接收申请项目评审结果的通告》，医学院共获得各类项目资助750项，批准经费38672万元。医学院继续在国家自然科学基金立项数方面保持优势，已连续第四年超过700项，自2010年以来一直保持在全国医学院校的领先队列。

9日　医学院庆祝第38个教师节会议在懿德楼二楼报告厅顺利举行。会议采用线上与线下相结合的形式，医学院党政领导班子成员、原上海第二医科大学副校长钱关祥教授、香港九龙集团负责人、各相关职能部处负责人、“三十年教龄”教育工作者代表、“九龙医学优秀青年人才奖”获奖者、优秀教师及学生代表、院本部新职工代表在现场参会，各附属医院相关领导及教师代表在线上分会场参会。会议由党委副书记赵文华主持。

10日　全球三大顶尖肿瘤学会之一的2022年欧洲肿瘤内科学会(ESMO)年会在法国巴黎举行。在消化系统肿瘤专场“Mini Oral session: GI, upper digestive”上，附属仁济医院肿瘤科主任王理伟代表研究团队带来的一项研究(大会摘要编号：LBA61)亮相ESMO国际舞台。该研究是首项完全针对中国人群开展的盐酸伊立替康脂质体注射液联合5-FU/LV二线治疗晚期胰腺癌且获得阳性结果的临床研究。

15日　医学院附属瑞金医院于颖彦、朱正纲等在国际权威期刊《自然通讯》(*Nature Communications*)在线发表了题为“Pangenomic analysis of Chinese gastric cancer(doi: 10.1038/s41467-022-33073-7)”(中国人胃癌的泛基因组学分析)的研究成果。该研究首次将全新的泛基因组研究方法用于人类肿瘤基因组研究。研究成果为解析中国人胃癌高发的分子遗传学背景提供了重要参考。

17日　医学院2022级本科、研究生新生入学仪式在懿德楼三楼报告厅隆重举行。上海交通大学党委副书记、医学院党委书记江帆，上海交通大学副校长、医学院院长、中国工程院院士范先群，中国工程院院士、附属第六人民医院原院长贾伟平，医学院领导赵文华、施建蓉、胡翊群、吴正一、方勇出席仪式并在主席台就座。江帆讲授入学第一课《选择交大就是选择了责任，选择交医就是选择了奉献》，2661名新生通过线上线下的形式同上开学第一课。

17日　原创大师剧《清贫的牡丹》在懿德楼三楼大礼堂成功上演。中国工程院院士、原上海第二医科大学校长王振义，医学院党委书记江帆，医学院院长范先群，医学院领导赵文华、吴正一，上海交通大学附属黄浦实验中学、小学校长周峰、王平，医学院相关职能部处负责人，医学院2022级硕士研究生新生代表，以及附属中学、小学学生代表观看了本次演出。

17日　2022浦江创新论坛“低碳与绿色生态可持续发展专题论坛”在上海崇明开幕。开幕式上，上海交通大学医学院-国家热带病研究中心全球健康学院重磅发布首个全球全健康指数(Global One Health index, GOHI)。该指数由全球健康学院副院长、研究员周晓农和教授郭晓奎领衔，汇聚国内外全健康领域专家学者40余人研究近一年时间。

21日　医学院教授王慧在中国侨联主办的第九届新侨创新创业成果交流活动中获中国侨联第九届“侨界贡献奖”一等奖。

26日　上海市病毒研究院在医学院举行成立大会揭牌仪式。上海市委常委、常务副市长吴清，副市长陈群、宗明，上海交通大学校长、中国工程院院士林忠钦，市政府副秘书长黄永平、顾洪辉、华源，医学院党委书记江帆，医学院院长、中国工程院院士范先群，附属瑞金医院党委书记瞿介明，以及市政府相关委办局、浦东新区人民政府、科研院所、企业代表出席揭牌仪式。宗明与林忠钦共同签署共建上海市病毒研究院协议，陈群与林忠钦共同为研究院揭牌，江帆为上海市病毒研究院首任院长管轶教授颁发聘书。

26日　国家药品监督管理局批准了上海艾普强粒子设备有限公司生产的“质子治疗系统”创新产品注册申请，首台国产质子治疗系统将率先在附属瑞金医院肿瘤质子中心正式投入使用。

27日　中共上海市委组织部、市教卫工作党委领导莅临医学院，宣布郑俊克同志任医学院副院长。会议由医学院党委书记江帆主持，市委组织部宣教科技干部处副处长张持宣读了市委有关干部任职的通知。医学院党政领导班子成员、有关职能部处负责人参加了会议。

27日　中国共产党优秀党员，中国工程院院士，中国医学科学院首届学部委员，癌基因与相关基因国家重点实验室创始人，著名病理学和肿瘤分子生物学家，上海交通大学教授、博士研究生导师，附属仁济医院、上海市肿瘤研究所名誉所长顾健人同志，因病在上海逝世，享年90岁。

27 日　上海市五一劳动奖表彰大会举行。附属第九人民医院获“上海市五一劳动奖状”，公共卫生学院王慧、附属瑞金医院沈坤炜、邱力萍、附属第六人民医院傅强和附属同仁医院金晓燕获“上海市五一劳动奖章”，附属仁济医院检验科、附属新华医院花博园复兴馆方舱医疗队、附属第一人民医院泌尿外科临床医学中心获“上海市工人先锋号”的荣誉称号。

29 日　在上海市质量工作会议上，附属瑞金医院副院长陈尔真获本市最高质量荣誉——2021 年度上海市市长质量奖，上海市市长龚正为陈尔真颁奖。

30 日　“七十载峥嵘岁月，七十瞬闪亮时刻”专题展正式开展。展览从医学院馆藏档案中精选 70 个瞬间，以时间为主线，用照片讲历史，以期点亮“交医人”共同记忆。

十月

8 日　由医学院和上药控股有限公司共同主办的“七秩弦歌·七十荣光”——“三医联动”下的公立医院高质量发展高峰论坛顺利召开。中国工程院院士杨宝峰、郝希山、宁光、贾伟平，上海市卫生健康委、医保局、申康中心、药监局及上海市医保协会领导章雄、郑树忠等，医学院及附属医院领导江帆、范先群等，上药领导周军、李永忠等嘉宾出席。会上，医学院与上海医药集团签署了战略合作签约。

9 日　中共上海市委副书记诸葛宇杰到医学院调研并为办学使命石刻揭幕。石刻内容“报效祖国、服务人民”源于习近平总书记 2021 年 7 月 2 日对上海交通大学医学院 24 名新入党学生党员的勉励寄语。由中国工程院院士、国家最高科学技术奖获得者、原上海第二医科大学校长、1948 届校友，98 岁高龄的王振义在 2022 年 8 月 1 日书写。

11—13 日　10 月 11—13 日，由上海交通大学医学院主办的“肿瘤、免疫与脑科学”学术交流会在线举行。来自医学院及附属医院的 12 位专家，以及英国牛津大学、曼彻斯特大学、法国奥罗阿大区-里昂癌症研究中心、荷兰伊拉斯姆斯大学、加拿大多伦多大学、新加坡国立大学等机构的 20 位资深科学家相聚云端，就相关领域的基础与临床研究热点进行深入探讨。

12 日　第十七届“上海市科技精英”名单公布。附属瑞金医院赵维莅、附属仁济医院林厚文、附属第九人民医院姜虹获评科技精英称号，附属仁济医院卜军获评科技精英提名奖。

14 日　医学院生物材料与再生医学研究院成立仪式暨医学院成立 70 周年大师论道学术系列论坛——“突破医界·创见未来”高峰论坛顺利举行，会议由医学院副院长郑俊克主持。中国工程院院士戴尅戎、中国科学院院士葛均波任研究院学术委员会主任，医学院院长、中国工程院院士范先群任研究院院长，附属第九人民医院院长吴皓任研究院执行院长。

16—22 日　中国共产党第二十次全国代表大会在北京召开，附属仁济医院呼吸科副主任医师查琼芳作为代表参加大会。医学院党政领导班子和师生医务党员、干部集中收看开幕会直播。

18 日　医学院与中国太平洋保险（集团）股份有限公司举行康复医疗战略合作框架协议签约仪式。中国太保集团党委副书记、总裁傅帆，医学院院长范先群出席并见证签约。中国太保集团副总裁俞斌与医学院党委副书记、副院长吴正一代表双方签署战略合作协议。仪式由院办主任、医学院教育发展基金会理事长蔡伟主持。

19 日　2022 年“上海医务工匠”揭晓，附属瑞金医院王卫庆、李鹤成，附属仁济医院薛松，附属新华医院刘振国，附属第九人民医院郝永强，附属第一人民医院王红霞、董频，附属第六人民医院傅强，附属儿童医院张育才，附属胸科医院方文涛等 10 人获此称号。

21 日　医学院医学装备与技术研究院成立仪式暨医学院庆祝建院 70 周年大师论道学术系列讲坛——“医工融合·创见未来”高峰论坛顺利举行。会议由医学院副院长郑俊克主持。中国工程院院士王红阳、程京、韩德民、尚红任研究院学术委员会主任，中国工程院院士贾伟平任研究院院长，附属第六人民医院院长殷善开任研究院执行院长。

22 日　医学院院史馆新馆正式开馆。医学院杰出校友、上海市政协原副主席、台盟上海市委原主委石四箴，上海市人大常委会副主任蔡威，医学院老领导、校友代表，医学院党政领导班子以及师生医护代表出席开馆仪式。

24日　医学院成立70周年大会暨上海国际医学论坛在上海国际会议中心隆重举行。国家最高科学技术奖获得者、中国工程院院士王振义，中国工程院院士巴德年，上海市人民政府副市长陈群，上海市人大常委会副主任蔡威，上海市政协副主席、中国工程院院士钱锋，全国政协原常委、上海市政协原副主席石四箴，上海交通大学党委书记杨振斌，上海交通大学校长、中国工程院院士林忠钦，上海市人民政府副秘书长黄永平，上海市教卫工作党委书记沈炜，上海市教委主任王平等相关委办局、国内兄弟院校代表和社会各界人士等通过线上线下方式参加大会。医学院党委书记江帆主持大会，医学院院长、中国工程院院士范先群作题为“七秩芳华守正创新　面向未来奋进一流”的主旨报告。随后，上海国际医学论坛举行，分为1个主论坛和5个分论坛，由医学院院长、中国工程院院士范先群主持。中国科学院院士陈竺、中国工程院院士巴德年、2006年诺贝尔化学奖得主Roger Kornberg分别作主旨报告。晚间，在医学院懿德楼大礼堂举行庆祝医学院成立70周年文艺汇报演出，演出通过官方视频号同步直播，海内外数万校友在“云端”相聚，为母校庆祝生日，共襄盛举。

25—28日　由上海市总工会、市教卫工作党委、市教委主办，上海市教育工会承办，上海师范大学协办的第五届上海高校青年教师教学竞赛暨第六届全国高校青年教师教学竞赛选拔赛顺利举行。医学院廖悦获医学学科特等奖，贾浩获自然科学基础学科二等奖，李毓获医学学科二等奖，胡纯婷、黄亨烨获医学学科三等奖。

26日　共青团上海市委、上海市人力资源和社会保障局联合公布了2021年度上海市青年五四奖章集体、上海市青年五四奖章个人表彰名单。附属上海儿童医学中心Dr. Young青年团队获上海市青年五四奖章集体；医学院李乾、叶枫、曲新华、刘立骏、廖骞、黄佳获上海市青年五四奖章。

27日　传达学习党的二十大精神大会暨上海交通大学医学院党委、上海申康医院发展中心党委理论学习中心组联组扩大学习会在懿德楼二楼报告厅举行。党的二十大代表、上海交通大学党委书记杨振斌领学党的二十大精神，党的二十大代表、附属仁济医院呼吸科副主任医师查琼芳分享参会收获和感受。医学院党委书记江帆、申康中心党委书记赵丹丹出席并部署系统学习贯彻工作。医学院党政领导班子、申康中心主任王兴鹏等党政领导班子在主会场参加传达学习大会。会议由医学院院长、中国工程院院士范先群主持。医学院院本部副处级及以上干部，党支部书记、辅导员、学生党员代表和民主党派、统战团体负责人等在主会场参加会议。在医学院各直属附属医院党委、申康中心及其各直属单位设立分会场。

28日　首期“博医班”举行开班仪式。中国工程院院士、医学院院长范先群在开班仪式上讲话。医学院“荣昶-博医”卓越医学生培养计划是医学院在上海荣昶公益基金会的支持下，由共青团上海交通大学医学院委员会组织实施的青年学生培养计划。“博医计划”以班级制和导师制为主要模式，将通过两年丰富多元的培养载体，努力引导交医学子成为具有大健康、全健康格局的新时代医学青年。

29日　“融汇创新　智启未来——口腔医学高质量发展论坛暨上海交通大学口腔医学院建院90周年学术活动”成功举办。上海市政协原副主席石四箴，上海交大党委书记杨振斌，上海市教委副主任毛丽娟，医学院院长范先群，医学院老领导孙大麟、陈志兴，中国科学院院士王松灵，中国工程院院士戴尅戎、张志愿、沈洪兵、赵铱民，国内兄弟院校代表和社会各界人士等通过线上线下方式参加大会。

十一月

3日　医学院院长范先群团队和精准医学院执行院长雷鸣团队联合研究揭示了葡萄膜黑色素瘤糖异生关键酶别构激活机制，也阐明了乙酰辅酶A如何别构调控丙酮酸羧化酶的这一关键科学问题，研究结果以论著形式发表于《细胞》(*Cell*)子刊《分子细胞》(*Molecular Cell*)。

4日　第十一届上海青年科技英才颁奖仪式在上海科学会堂国际会议厅举行。附属第一人民医院副主任医师华莹奇获“上海青年科技英才”称号(成果转化类)。

6日　医学院党委副书记、副院长吴正一，中国工程院院士、附属瑞金医院院长宁光，医学院团委书记游佳琳，附属瑞金医院内分泌代谢科主任王卫庆、副主任刘建明等一行赴国家会展中心志愿者之家亲切慰问交医第五届进博会学生志愿者并进行座谈交流。团市委副书记邬斌、社工部部长周勇出席座谈会。

10—13日　由教育部主办、重庆大学承办的第八届中国国际“互联网+”大学生创新创业大赛全国总决赛以线上路演形式举行。上海交通大学医学院“慧眼逐明——眼眶病AI人脸识别筛查系统领航者”项目首次入围国赛，斩获高教主赛道本科生创意组金奖，创造了医学院在该项赛事中的重大历史性突破，也实现了交大首次在本科赛道获得金奖。

17日　复旦大学校长、上海医学院院长、中国科学院院士金力，复旦大学上海医学院党委书记袁正宏和复旦大学上海医学院领导张艳萍、徐军、汪志明、丁强等一行到上海交通大学医学院调研交流。上海交通大学党委副书记、医学院党委书记江帆，上海交通大学副校长、医学院院长、中国工程院院士范先群和上海交通大学医学院领导赵文华、施建蓉、吴正一、郑俊克以及相关职能部处负责人出席会议。会议由江帆主持。

19日　2022中国肿瘤学大会(CCO)在浙江杭州召开。在大会开幕式现场举行了2021—2022年度中国抗癌协会科技奖励颁奖仪式。附属瑞金医院于颖彦团队与上海交通大学联合申报的《推动胃癌精准诊疗的新型技术体系及应用》项目获中国抗癌协会科技奖二等奖。

20日　中国—南亚卫生健康论坛暨第二届南亚东南亚医学教育与医疗卫生联盟大会顺利召开。联盟理事长单位、医学院院长、中国工程院院士范先群在开幕式上致辞。开幕式后，授予上海交通大学医学院原院长、中国科学院院士陈国强联盟荣誉理事长职衔。会议由联盟理事长单位、上海交通大学医学院副院长郑俊克主持。

21日　由共青团上海交通大学医学院委员会主办的“踔厉奋发担使命，勇毅前行向未来——交医学子与党的二十大代表‘面对面’”主题活动于懿德楼二楼报告厅举行。三位党的二十大代表——上海市学习宣传贯彻党的二十大精神专家宣讲团成员、上海市竞技体育训练管理中心自行车运动员、奥运冠军钟天使，全国劳模、上海虹桥国际机场有限责任公司安检护卫保障部旅检一科党支部书记吴娜，上海市学习宣传贯彻党的二十大精神专家宣讲团成员、附属仁济医院呼吸科副主任医师查琼芳走近交医学子，分享参会经历和感悟，宣讲党的二十大精神。

22日　医学院举行党委理论学习中心组(扩大)学习会暨医学院学习贯彻党的二十大精神宣讲团成立和集体备课会。医学院党委书记江帆出席备课会并讲话，上海市学习贯彻党的二十大精神专家宣讲团成员、上海交通大学马克思主义学院院长邢云文作专题辅导报告。

22日　上海市欧美同学会(上海市留学人员联合会)上海交通大学医学院分会第二次会员代表大会在懿德楼二楼报告厅隆重举行。上海市欧美同学会党组成员、常务副会长陆建非，医学院党委书记江帆，党委副书记施建蓉，副院长郑俊克，附属瑞金医院院长、医学院分会会长宁光，医学院党委常委、统战部部长李洪亮，以及近50名医学院分会会员代表出席会议。会议选举产生了由王争、王炜、宁光、许恺恺、郑俊克等组成的医学院分会第二届理事会。在医学院分会第二届理事会第一次会议上，宁光当选为会长。

23日　为助力青年医生成长、促进医学院各附属医院住院医师的培养和相互交流，在“江绍基院士消化病教育发展基金”的支持下，首届“江绍基院士优秀住院医师奖励基金”评选工作启动。经在医学院附属医院系统内积极申报，评审委员会认真评议、仔细遴选，最终附属瑞金医院黄世兴、附属第九人民医院蔡韧等10人获奖励金。

23日　附属第一人民医院、上海市骨肿瘤研究所与附属瑞金医院转化医学国家重大科技设施(上海)王升跃团队联合发表骨肉瘤多组学研究论文，通过对市一骨肉瘤患者(SGH-OS队列)的肿瘤组织了基因组、转录组和表观遗传组等多个组学研究，系统地完成了骨肉瘤发生发展过程中的基因结构和基因调控变异的全景解析，建立了基于多组学数据的骨肉瘤分子精准分型及治疗干预的新策略，相关研究成果在《自然通讯》(*Nature Communications*)期刊在线全文发表。

25日　医学院教育发展基金会成立仪式在医学院懿德楼101会议室隆重举行。上海市教委副主任孙真荣,市民政局副局长李雅平,上海交大副校长、医学院院长范先群,市教委民办教育处处长赵扬、市民政局基金会管理处处长马国平,以及医学院相关职能部处、二级学院负责人和附属医院领导代表参加此次仪式。会议由医学院院办主任、基金会理事长蔡伟主持。孙真荣、范先群共同为基金会成立揭牌。

25日　国家精神疾病医学中心启动仪式顺利举办。国家卫生健康委、上海市卫生健康委、上海申康医院发展中心、上海交通大学、上海交通大学医学院的有关领导参会。上海申康医院发展中心主任王兴鹏,上海交大党委副书记、医学院党委书记江帆,上海交大副校长朱新远,上海市卫生健康委副主任虞涛,中国工程院院士闻玉梅,上海市人民政府参事陈红专和附属精神卫生中心党委书记谢斌、院长赵敏共同启动国家精神疾病医学中心建设。

28日　交大医学"70年70瞬"专题展暨《交大医学》系列丛书发布会活动在上海交通大学闵行校区图书馆主馆大厅举行。上海交通大学领导杨振斌、林忠钦等,医学院领导江帆、范先群等,以及校本部和医学院相关职能部处负责人、2022级医学院本科生代表出席仪式。

28日　浦东新区、上海交通大学、上海交通大学医学院合作办学签约仪式在浦东新区办公中心举行。三方将共同打造基础教育优质品牌和区校共建特色模式,助力浦东教育高质量发展,更好满足交大教职医务员工和地区居民对优质教育资源的需求。浦东新区领导朱芝松、杭迎伟,上海市教委领导王平、杨振峰,上海交通大学领导林忠钦、张安胜,医学院领导江帆、范先群,附属医院领导郑军华、季庆英等出席签约仪式,有关部门负责同志参加活动。仪式由浦东新区区委副书记单少军主持。

30日　上海医学科技奖颁奖大会在上海国际会议中心举行。医学院获2021年度上海医学科技奖32项,其中一等奖5项,二等奖9项,三等奖11项,成果推广奖2项,青年奖5项。

十二月

2日　上海市眼健康促进中心揭牌仪式暨首届上海市眼健康高峰论坛在附属第九人民医院召开。上海市卫生健康委副主任陆韬宏向上海市眼健康促进中心第一届学术委员会代表范先群院士颁发聘书。

4日　"奋进二十载扬帆新征程——上海交通大学医学院公共卫生与预防医学学科建设发展高峰论坛暨公共卫生学院二十周年院庆"在懿德楼二楼报告厅举行。上海市委统战部黄红,市卫生健康委衣承东,中国工程院院士杨胜利、邬堂春、贾伟平,医学院领导范先群、施建蓉,以及医学院相关职能部处负责人、公共卫生学院校友、公共卫生学院党政班子及在职教师代表和学生等通过线上线下方式参加大会。

6日　中共中央、全国人大常委会、国务院、全国政协、中央军委在人民大会堂隆重举行江泽民同志追悼大会。医学院教职医护员工通过广播电视、新闻网站等收听收看追悼大会直播。

8日　由共青团上海市委联合中国青年报社、上海报业集团共同开展的"新时代上海闪光青年"选树宣传活动名单正式发布。附属仁济医院翟炜、附属新华医院程维维、附属第一人民医院陈翀、附属儿童医院任佳莺4人入选。

8日　医学院新版英文网站正式启动。医学院院长范先群与医学院领导赵文华、郑俊克及医学院各相关职能部处、二级学院、附属医院网站建设负责人参加启动仪式,共同见证新版英文网站的启动上线。

10日　"谈家桢生命科学奖"十五周年庆典暨第十五届颁奖典礼大会在上海科技大学举行。中国科学院院士、附属仁济医院生殖中心首席专家、上海市辅助生殖与优生重点实验室主任陈子江获谈家桢生命科学成就奖,附属瑞金医院内分泌科科主任王卫庆获谈家桢临床医学奖,附属瑞金医院副院长、上海血液学研究所常务副所长赵维莅获谈家桢生命科学创新奖。

10日　由医学院和上海市医学会医学教育专科分会联合主办的"新医科高峰论坛暨2022年东方

医学教育论坛”在医学院懿德楼二楼报告厅举行。本次论坛围绕“以新医科统领医学教育创新发展”话题，探讨适合我国医学教育发展的新医科人才培养模式。论坛采用线上线下相结合的形式，邀请来自全国各大医学院校的著名院士、专家学者、教师代表，共同探讨新医科背景下医学教育创新发展和医学人才高质量自主培养的实践。来自医学院各院系教师代表及全国医学院校同行近 4 000 人参会。

11 日　由中国工程院医药卫生学部指导，上海交通大学中国医院发展研究院主办的第十届中国医院发展与管理学术大会在科学会堂召开。本届大会主题为“新格局　新发展　新征程”，旨在聚焦新时代现代医院管理制度服务社会的路径，促进我国公立医院迈向更高质量的发展。中国工程院院士陈香美、胡盛寿、于金明、宁光，国家卫生健康委许树强，中国工程院高战军，上海市卫生健康委闻大翔，上海申康中心王兴鹏，上海市教育卫生工作党委郑锦等专家和领导到会。中国工程院院士、上海交通大学副校长、医学院院长范先群，党委副书记、副院长吴正一，医学院和附属医院党政领导，以及上海市各大医院管理干部、专家医疗卫生党员干部高级研修班、上海市医院“双带头人”党支部书记培训示范班学员参加会议，本次活动同时在健康界平台在线直播，5 万余名观众在线参会。

13 日　2022 年上海市学生(青少年)科创教育基地授牌仪式举行，上海交通大学公共卫生学院“探索生命”活动中心、附属第六人民医院糖尿病研究科创教育基地榜上有名。

14 日　由上海市医改办、上海市卫生健康委、上海市医保局指导，《解放日报》社联合上海市卫生和健康发展研究中心组织开展，上海市健康促进中心协办的第五届“上海医改十大创新举措”评选结果正式发布，附属第一人民医院“首创‘5G 智慧医养’新模式，化老年就医‘数字鸿沟’为‘数字红利’”获第五届“上海医改十大创新举措”评选十大获奖举措；附属瑞金医院“构建现代医院智慧运营体系，助力健康上海建设”、附属上海儿童医学中心“构建医务社工服务体系，助力打造儿童与家庭友好型健康服务”获评选提名奖举措。

15 日　2022 年度华夏医学科技奖颁奖大会召开。医学院共获得一等奖 1 项，三等奖 7 项。

17 日　树兰人才基金十周年庆典暨第九届“树兰医学奖”颁奖典礼在杭州举办。中国科学院院士、医学院分子医学研究院院长谭蔚泓获第九届“树兰医学奖”。全国人大常委会副委员长陈竺和中国工程院院士李兰娟为谭蔚泓颁奖。

18 日　2022 年上海市“白玉兰纪念奖”颁授仪式在沪举行。附属第九人民医院口腔种植研究中心主任托内特・马里奇奥(Maurizio S. Tonetti)获奖，并作为获奖代表发表感言。

28 日　国家卫生健康委网站发布《国家卫生健康委关于设置国家骨科医学中心的通知》(国卫医政函〔2022〕225 号)，附属第六人民医院获批国家骨科医学中心。

29 日　全球顶级权威医学期刊《新英格兰医学杂志》(*The New England Journal of Medicine*, *NEJM*)在线发表了口服核苷类抗新型冠状病毒(SARS-CoV-2)药物 VV116(JT001)对比奈玛特韦片/利托那韦片组合药物(PAXLOVID)用于伴有进展为重度包括死亡高风险因素的轻至中度新型冠状病毒感染(COVID-19)患者早期治疗的Ⅲ期注册临床研究(NCT05341609)成果。该研究由附属瑞金医院、上海市病毒研究院牵头，附属仁济医院、附属新华医院、附属同仁医院联合上海公共卫生临床中心、上海中医药大学附属曙光医院及上海市浦东医院等共同开展，是奥密克戎变异株流行期间首个针对中国 COVID-19 患者开展的小分子口服抗病毒药物“头对头”Ⅲ期临床研究。附属瑞金医院副院长赵任为通信作者；附属瑞金医院院长宁光，附属仁济医院皋源，附属瑞金医院徐懿萍、谢青为共同责任作者；附属瑞金医院曹竹君、高卫益等为共同第一作者。

29 日　转化医学国家重大基础设施(上海)、附属瑞金医院陈赛娟团队与上海市公共卫生临床中心范小红团队联合攻关，在《医学前沿》(*Frontiers of Medicine*)发表研究论文《初步分析我国 2022 年秋冬新冠疫情中奥密克戎亚型多样性与流行病学特征》(“Primary assessment of the diversity of Omicron sublineages and the epidemiologic features of autumn/winter 2022 COVID-19 wave in Chinese mainland”)。

29 日　中国医学科学院学术咨询委员会增聘学部委员名单发布。医学院院长、中国工程院院士范先群，附属瑞金医院内分泌代谢科主任王卫庆入选。

博極醫源

精勤不倦

学院综述

上海交通大学医学院

【概况】 2022 年，医学院共有教职医护员工 41 636 人，其中具有高级职称者 5 001 人，包括中国科学院院士 6 人，中国工程院院士 15 人，国家海外高层次人才 13 人，国家青年海外高层次人才 54 人，教育部“长江学者”特聘教授 22 人，教育部“青年长江学者”8 人，中组部“青年拔尖人才支持计划”18 人，国家杰出青年科学基金获得者 46 人，国家优秀青年科学基金获得者 54 人，人社部“百千万人才工程”国家级人选 38 人，国家卫生健康委“突出贡献中青年专家”27 人，上海市海外高层次人才 106 人，上海市“领军人才”102 人。年内，医学院及附属医院新增中组部“青年拔尖人才”4 人，国家海外高层次人才（含青年）8 人，上海海外高层次人才 41 人，上海高校特聘教授 7 人，入选市教委国外访学计划 8 人、产学研计划 12 人、实验技术队伍 8 人、上海高校青年教师培养资助计划 2 人。全年医学院录用 49 人，其中专技人员 37 人，管理人员 12 人。招收博士后 215 人，其中外籍博士后 2 人。入选全国博士后创新人才支持计划 4 人，上海市超级博士后 58 人。获中国博士后科学基金特别资助 12 人，面上资助 75 人。年内，录取本科生 796 人、研究生 1 835 人，其中博士研究生 713 人（含“临专”项目 33 人），硕士研究生 1 122 人（含专业学位 477 人）。招录住院医师规培生 1 150 人，专科医师规培生 391 人。继续教育学院学历继续教育自 2022 年停止招生，目前在籍学生总数为 9 944 人。其中，本科生 9 172 人，专科生 772 人。2022 年，共毕业全日制学生 2 198 人，总体就业率为 95.13%。授予博士学位 523 人（含同等学力 46 人）、硕士学位 983 人（含同等学力 54 人）。有住院医师 844 人、专科医师 356 人完成规范化培训。继续教育毕业 5 349 人，其中本科生 3 456 人，授予学位 150 人。

在全体教职员工的努力下，医学院稳步推进各项工作。疫情防控方面，完善“一办九组”工作架构和运行体系建设，实施校内人员“院区—楼栋—楼层”三级网格化分区分级管理；落实常态化核酸检测工作，加强校内人员、环境采样与检测；优化线上教学与招生工作方案，线上教学时长达 26 486 课时，完成研究生入学英语考试和线上复试工作；开设“交医防疫加油站”24 小时线上服务平台，实现“表扬、建议和投诉”一门式受理、一站式服务和闭环式处理，并联合附属精神卫生中心开通“心理健康绿色通道”，门诊部开设 24 小时急诊，密切关注学生诉求与身心健康；完善教职员工关心关爱工作机制，为在职与退休职工共配送物资 2 379 份；700 余名学生志愿者赴抗疫一线，参加黄浦区、嘉定区、虹口区、浦东新区、宝山区、普陀区等区的核酸采样、PCR 检测、流调排查工作，合计服务 153 万余人次；组建 170 人专业流调队，指导培训全市 65 所高校 500 人流调队，完成近 1.2 万人次流调。疫情期间，医学院共有 2 458 名学生成为上海疫情防控青年志愿者，累计志愿者服务时长近 1.5 万小时；1.2 万余名医护人员奔赴全市 47 家集中隔离救治点和定点医院，累计收治患者近 23

万人次；派出247名医护支援沪上9所高校，完成核酸检测近70万人次；另派出3批939名医务人员赴海南驰援疫情防控。同时，各附属医院医护人员开展疫情相关研究，在《柳叶刀》(*The Lancet*)、《自然》(*Nature*)等高水平期刊上发表新冠病毒感染最新研究成果。

师资队伍建设。坚持引育并举，2022年医学院引育国际顶尖科学家、国家杰青、长江讲席教授、火炬计划、科技创新领军人才(万人计划)、国家优青、中组部“青年拔尖”计划、海外优青等国家级人才25人次。高质量完成市教委“人才揽蓄行动”，到岗71人。持续推进医学院博士后激励计划，新招收博士后进站215人，其中来自世界知名高校的博士毕业生超74%，目前在站人数达549人。持续推进“双百人”队伍建设，开展“双百人”遴选工作，新选拔研究型医师队伍20人，临床专职科研队伍15人。打造高水平创新团队，推动创新团队二期建设，打造战略创新核心团队8个、重点创新核心团队20个。规范编制外人员使用，施行《上海交通大学医学院编制外人员管理办法》。完善医学院科研人员双向流动制度，推动专业技术人员投入创新创业活动。

人才培养体系建设。深化人才培养模式改革，夯实班导师工作机制；搭建辅导员职业发展平台，完善“四维”培训体系；开展首期“青马工程”培训班，启动“荣昶-博医”卓越医学生培养计划，推进“博士生致远荣誉计划”。优化专业结构，护理学-行政管理双学位建设项目获批立项，建设国家级临床教学培训示范中心培育建设单位2个，获批国家级虚拟教研室试点建设项目2项。加强优质课程、教材建设，获批省部级及以上课程13门，青年教师在第五届上海高校青年教师教学竞赛中获医学学科组特等奖，获上海市教学成果奖10项。其中，《新时代复合型医学人才培养的探索与实践》等2项成果获2022年上海市教学成果奖特等奖，5项成果获一等奖；获评上海市课程思政示范课程7门、课程思政示范团队6个、课程思政教学名师2人；以第一主编单位出版教材11本。抓好教育教学和学位授予质量保障，形成临床医学专业器官系统整合教学改革系列研究报告，修订《上海交通大学临床医学专业八年制博士学位授予标准》《上海交通大学医学院临床医学八年制学生在学期间发表学术论文要求的规定》；完善研究生学位论文原始实验数据监管平台建设，试点启用研究生电子实验记录系统，持续构建研究生学术诚信教育和管理体系。统筹做好招生工作，不断拓展优质生源。2022年，在全国30个省市自治区招收本科生796名，较2021年增加9.3%。临床医学类专业录取分数线在12个省市位列第一，16个省市位列第二，24个省市位列全国综合性院校前五。2022年，医学院本科生获第八届中国国际“互联网+”大学生创新创业大赛金奖，创造了医学院重大历史性突破，实现了交大首次在本科赛道获得金奖。10项作品入围全国大学生基础医学创新研究决赛，2项作品获全国大学生生命科学竞赛特等奖，1项作品获得科学探究类国家级二等奖。

学科布局与“双一流”建设。完善多校区的功能定位，细化黄浦、浦东、海南三校区的未来学科布局。对标国家战略，先后成立了松江研究院、上海市病毒研究院、生物材料与再生医学研究院、医学装备与技术研究院。布局交叉和新兴学科，以“医+X”交叉融合为导向，组织申报国家高水平中医药重点学科中西医结合转化医学。探索学科共建机制，深化与人工智能国家实验室合作共建数字医学研究院，建设数字医疗、数字公卫和数字监管分中心。完善“双一流”建设整体方案和学科方案，制定《上海交通大学医学院专科学院设置管理办法》《上海市高水平地方高校创新团队二期管理办法》《上海交通大学医学院校企共建联合研发平台管理办法(试行)》；医学检验技术专业和儿科学专业入选第三批国家级一流本科专业建设点。推进学科建设管理与服务工作，完成上海市高水平地方高校二期建设预算编制工作，制定《医学院上海市高水平地方高校及建设项目管理办法(2021—2025年)》，完善各学科和项目的过程管理、财务管理和绩效管理，进一步加强绩效指标动态监测和经费规划使用检查。ESI(基本科学指标数据库)最新排名显示，2022年医学院学科综合能力与国际排名显著提升，8个学科均跻身全球前1%，其中，临床医学、生物学与生物化学、分子生物学与遗传学、药理与毒理学等4个学科进入全球前1‰，临床医学稳居全国第一。2023年U. S. News世界大学排名(U. S. News & World Report Best Global Universities Rankings)发布，医学院临床医学首次跃居全球第62名，13个学科进入全球百强。在软科中国大学医科实力百强榜中，医学院医学实力位居全国第一；在软科中国最好学科排行榜中，临床医学继续保持全国第一，口腔医学和基础医学稳居全国第二。

科研创新与社会服务能力。加强科研平台建设，推进国家级科研平台建设，完成2个全国重点实验室重组工作；推动校部、医学院与附属医院一体化建设，构建两级临床中心网络。做好国家前沿科学中心筹建工作，完成8项第五批国家临床医学研究中心申报工作，持续支持国家儿童医学中心、国家口腔医学中心、国家眼部疾病临床医学研究中心建设。2022年度新增国家医学中心2个、省部级科研基地5个、教育部重点实验室1个、教育部工程研究中心1个、省部共建协同创新中心1个、上海市重点实验室2个。深化科研服务管理体系改革，牵头组织参与科技部等十部门开展的科技成果评价改革试点工作，形成《上海交通大学医学院科技成果评价改革试点实施方案——破除科技成果评价“四唯”》，出台《上海交通大学医学院科研机构和平台考核工作细则》《上海交通大学医学院专业技术职务聘任实施办法》等系列管理办法；完善“医学院—二级学院/附属医院—基地”的三级管理模式，做好各级重点实验室评估工作。推进产学研深度融合，健全成果转化服务体系，完善“基础研究—临床实践—成果转化”全链条创新体系；成立成果转化处；修订《上海交通大学医学院知识产权管理办法》。推动院企融合发展，与上海医药、海外集团、张江集团共同合作成立上海生物医药前沿产业创新中心，2022 年度实现成果转化 43 项，累计合同标的额 2.24 亿元。深化科研经费管理改革，施行《上海交通大学医学院横向科研项目及经费管理办法》。加强实验室规范和安全文化建设，建立实验室安全检查体系，实施实验室分级管理。深化国际交流与合作，与加拿大渥太华大学续签新一轮五年战略合作协议，持续推进与英国爱丁堡大学合作共建临床医学本科双学位项目；推动“全球挑战计划”项目落地实施；获批国家留学基金委创新型人才国际合作培养项目；推进“一带一路”合作，作为理事长单位举办第二届东南亚医学教育与卫生联盟大会，吸纳首都医科大学、孟加拉国圣家红新月医学院等 11 所海内外高校成为联盟新成员。年内，医学院与 10 所合作院校共同开展 7 个短期线上海外游学项目，1 个线上科研论坛，2 个线下长期项目，共计 136 名学生参加线上项目，10 名学生参加线下长期项目。2022 年，医学院招收国际学生本科生 17 人，临床医学专业 9 人，口腔医学专业 8 人。其中 1 人获中国政府奖学金，2 人获上海市政府奖学金。新招硕士生 4 人、博士生 1 人，其中 1 人获上海市政府奖学金。2022 年 7 月毕业及结业国际学生共 33 人，其中本科生 24 人，硕士生 6 人，博士生 3 人。2022 年医学院有国际学生人数共 271 人，来自 44 个国家。服务国家区域医疗均衡发展，新增瑞金医院海南医院、上海儿童医学中心海南医院和贵州医院 3 个国家区域医疗中心，瑞金医院、仁济医院、新华医院、第九人民医院、第一人民医院、第六人民医院、上海儿童医学中心和精神卫生中心等 8 家附属医院成功获批国家区域医疗中心输出医院；助力上海“五个新城建设”，推进瑞金医院嘉定院区、第一人民医院松江新城院区、新华医院、国际和平妇幼保健院奉贤新城院区、第九人民医院南汇祝桥院区及第六人民医院南汇新城院区建设。2022 年，医学院共获国家自然科学基金项目立项 781 项，经费 4.59 亿元；获重点研发计划经费 4.59 亿元，项目总经费 9.18 亿元。国家自然科学基金项目总数连续四年超过 700 项，连续 13 年保持全国医学院校首位，其中重点类项目 16 项、国家重大科研仪器研制项目 1 项。2022 年度，发表 SCI 论文 4 990 篇，IF≥20 的 207 篇，IF≥10 的 710 篇，在《自然》(*Nature*)《英国医学杂志》(*The British Medical Journal*，*BMJ*)《美国医学会杂志》(*The Journal of the American Medical Association*，*JAMA*)《柳叶刀》(*The Lancet*)等期刊上发表高水平论文 6 篇。获上海市科学技术奖一等奖 10 项，其中上海市技术发明奖一等奖 2 项，上海市科技进步奖一等奖 6 项，上海市科学技术普及奖一等奖 2 项。获上海市医学科技一等奖 5 项。3 人获第十七届上海市科技精英奖，1 人获上海市青年科技杰出贡献奖。

校园治理能力与支撑保障水平。提高筹资与经费配置能力，成立具有独立法人资格的上海交通大学医学院教育发展基金会，2022 年度基金会签约项目 44 项，签约及意向签约金额达 6.03 亿元。医学院合理配置人员经费投入，实现在职人员收入与退休人员补贴“双增长”。加快数字化校园建设，2022 年医学院已实现与上海交通大学、上海市大数据中心和申康中心数据互联互通，完成临床研究平台、人事管理系统、实验室一体化管理平台等高水平地方高校“智慧校园”信息化专项建设。持续完善财经服务、审计管理体系，强化预算管理，做好全过程预算控制；编制《2022 年收费目录清单》，规范校园收费行为；修订《上海交通大学医学院财务报销规定》，简化报销手续，完善监督机制；印发《医学院干部经济责任审计风险提示清单》《医学院附属医院干部经济责任审计风险提示清单》，进一步加强内控体系建设；以清理关闭、脱钩剥离、保留管理等不同方式实施体制改革，有效推动高校校办企业清理规范。提高资产管理能力，印发《医学院设备家具类固定资产清查盘点工作规定》，编制《医学院大型科学仪器运行绩效评价管理办法》，释放大型科学仪器使用潜能。加强校园基础设施建设，完成校园房屋修缮改造项目 11 项。

校园文化建设。2022 年，医学院以 70 周年院庆工作为契机，凝练形成“新时代交医精神品格体系”，成功举办庆典主日上海国际医学论坛、“大师论道、名家论学、英才论剑”系列论坛和“三医联动”公立医院高质量发展高峰论坛等系列学术活动，组织校友开展线上线下返校等活动。制作《交医印记》系列地图，摄制 70 周年院庆主题系列宣传片《鎏光》《以医之名》，举办大师剧《清贫的牡丹》展演活动，印制《上海交通大学医学院毕业生校友名录·合影(1952—2022 年)》，出版《七秩芳华》等交大医学系列丛书。落成“报效祖国，服务人民”办学使命石刻，院史馆新馆开馆，成功举办交大医学院“70 年 70 瞬”专题展。

（交大医学院）

医学院党、政领导及管理机构干部名单

（截止日期：2022 年 12 月 31 日）

中共上海交通大学医学院委员会

书　　记　江　帆

副 书 记　范先群　赵文华　施建蓉　吴正一（8 月任）

常　　委（按姓氏笔画排序）

方　勇　江　帆　李　剑　李洪亮　吴正一　范先群

郑军华　郑俊克（10 月任）　孟　煜　赵文华　施建蓉　郭　莲

唐国瑶　瞿介明

委　　员（按姓氏笔画排序）

方　勇　宁　光　江　帆　江忠仪　孙　锟　李　丽　李　剑

李卫平　李洪亮　吴　皓　吴正一　陈　洪　范先群　郑军华

郑俊克（10 月任）　孟　煜　赵文华　施建蓉　秦美娇　夏　强　徐袁瑾

郭　莲　唐　华　唐国瑶　诸海英　童雪梅　游佳琳　蔡　伟

瞿介明

上海交通大学医学院

院　　长　范先群

副 院 长　胡翊群（7 月免）　吴正一　方　勇　郑俊克（9 月任）

中共上海交通大学医学院纪律检查委员会

书　　　记　施建蓉

专职副书记　陈　锃

委　　　员（按姓氏笔画排序）

李劲松　闵建颖　陈　锃　郁　松　罗　蒙（6 月免）　季庆英

俞立巍　施建蓉　顾明珺　徐汝明　郭晓奎

监察专员办公室

监察专员　施建蓉

党委办公室

主　　任　　李洪亮
副 主 任　　徐晓滢

党委统战部

部　　长　　李洪亮
副 部 长　　许恺恺

纪委办公室

主　　任　　陈　铿
副 主 任　　徐爱华

监督检查室(合署)

主　　任　　陈　铿
副 主 任　　武剑华

党委巡察工作领导小组办公室(合署,6月成立)

主　　任　　陈　铿(6月任)
副 主 任　　徐爱华(6月任)

党委组织部

部　　长　　孟　煜
副 部 长　　朱孟琴
党委组织员　葛鹏程

党委宣传部

部　　长　　李　剑
副 部 长　　张晓晶(6月免)　　雷　禹　　周　栋(7月任)

学生工作指导委员会

秘 书 长　　唐　华
副秘书长　　周　栋(11月免)　　刘天法　　汤　丽(2月免)　　郁　松(3月任)
　　　　　　游佳琳

学生工作处

处　　长　　唐　华
副 处 长　　周　栋(11月免)　　刘天法　　汤　丽(2月免)　　郁　松(3月任)

学生工作党委

书　　记　　唐　华
本科生工作党总支书记　　周　栋(11月免)
研究生工作党总支书记　　汤　丽(2月免)　　郁　松(3月任)

武装保卫部(处)

部(处)长　　路彦钧
副部(处)长　　马　亮(11月任)

中山南一路园区综合办公室(合署,11月成立)

主　　任　　马　亮(11月任)

机关党委

书　　记　　彭树涛

党校

校　　长　　江　帆
副 校 长　　叶福林

老干部工作办公室

主　　任　　诸海英

退休工作党委

书　　记　诸海英

团委

书　　记　游佳琳
副 书 记　程雅青

工会

工 会 主 席　赵文华
常务副主席　徐汝明(12 月免)　诸海英(12 月任)
兼职副主席　黄　雷

基础教育合作办公室(合署)

主　　任　施瑾欢(11 月任)

妇工委

主　　　任　赵文华
常务副主任　徐汝明(12 月免)　诸海英(12 月任)

综合事务党委

书　　记　仇晓春
副 书 记　王福胜　马　亮(11 月免)

院长办公室

主　　任　蔡　伟
副 主 任　丁　蕾　沈　亮

发展联络处(合署)

处　　长　张丽莉
副 处 长　倪黎冬　刘晶晶

闵行综合办

主　　任　刘天法

人事处

处　　长　徐袁瑾(12 月免)　陆　勇(12 月任)
副 处 长　周善晟

党委教师工作部(合署)

部　　长　徐袁瑾(12 月免)　陆　勇(12 月任)
副 部 长　王兆军

学科规划处

处　　长　陶晔璇(9 月免)　康　力(12 月任)
副 处 长　康　力(至 12 月)　李冬凉

科技发展处

处　　长　傅启华
副 处 长　顾奋勇(11 月免)　计　菁　闫小响(11 月任)

成果转化处(6 月成立)

副 处 长　计　菁(主持工作,7 月任)

教务处

处　　长　邵　莉
副 处 长　蒋　益　钮晓音

本科教学督导委员会

主　　任　富冀枫(3 月免)

研究生院医学院分院

院　　长　胡翊群
常务副院长　董　艳
副 院 长　王　颖　梅文瀚

国际交流处

处　　长　许　琳
副 处 长　戴佳颖

港澳台办公室

主　　任　戴佳颖

医院管理处

处　　长　邵新华
副 处 长　童天朗

财务处

处　　长　范悦敏
副 处 长　龚玉芳

审计处

处　　长　顾明珺

资产管理处

处　　长　张　彪(9 月免)　李东云(9 月任)
副 处 长　孙孝文

浦东校区建设指挥部办公室

主　　任　张　彪
副 主 任　蒋　滢　康　力(12 月免)

网络信息中心

副 主 任　陆　勤

医疗门诊部

主　　任　李梅玲

图书馆

馆　　长　仇晓春

学报编辑部主任

主　　任　章雅青

档案馆

馆　　长　刘　军(7 月免)　徐汝明(7 月任)
副 馆 长　马进军

院办产业管理中心

主　　任　章　新(9 月免)　顾奋勇(9 月任)
副 主 任　马　亮(11 月免)

后勤实业发展中心

总 经 理　张利公
副总经理　马　亮(11 月免)

基础医学院

院　　长　程金科
党委书记　陈　亮

副 院 长　王　昊　　　　徐立钧　邹　强
副 书 记　郁　松(3 月免)　张晓波(9 月任)

公共卫生学院

院　　长　王　慧
党委书记　黄　荣
副 院 长　蔡　泳　李晓光
副 书 记　张晓晶(6 月任)

护理学院

院　　长　杨　艳
党委书记　林炜栋(6 月免)　章　新(6 月任)
副 院 长　方　琼　林炜栋(6 月免)　朱冰倩(9 月任)
副 书 记　杨　艳

口腔医学院

院　　长　郭　莲
执行院长　蒋欣泉
党委书记　张玲毅(3 月免)　徐袁瑾(6 月任)
副 院 长　杨　驰　孙　健　王丽珍
副 书 记　郑家伟

上海-渥太华联合医学院

院　　长　陈国强
执行院长　邵　莉
副 院 长　郭晓奎

儿科学院

院　　长　孙　锟
副 院 长　吕志宝　张　浩
专职副院长　陈怡绮

中法联合医学院

中方院长　宁　光
执行院长　沈柏用
专职副院长　张　寅
副 院 长　Marc DELPECH　Patrick MERTENS

医学技术学院

院　　长　胡翊群
党委书记　袁　青
专职副院长　徐勤毅(1 月任)
副 院 长　王学锋

上海交通大学医学院—国家热带病研究中心全球健康学院

院　　长　高　福
副 院 长　周晓农　郭晓奎

继续教育学院

院　　长　王福胜
副 院 长　浦川海　沈　伟(6 月免)

中国医院发展研究院

院　　长　范先群
执行院长　沈　洁

副院长　李国红

上海市免疫学研究所

所长　苏冰

副所长　方丽娟　李斌

精准医学研究院

院长　吴皓

执行院长　雷鸣

副院长　汪利俊

分子医学研究院

院长　谭蔚泓

常务副院长　樊春海

副院长　左小磊　杨朝勇　阁谦

上海市免疫治疗创新研究院

院长　董晨

数字医学研究院

院长　宁光

常务副院长　王慧

副院长　孙锟　管海兵　张显明　王争　王旭东　陈童
郑元义　程金科　张娅(1月任)

松江研究院(7月成立)

院长　段数民(7月任)

执行院长　徐天乐(7月任)

常务副院长　林炜栋(7月任)

上海市病毒研究院(9月成立)

院长　管铁(9月任)

副院长　王颖(9月任)

生物材料与再生医学研究院(10月成立)

院长　范先群(10月任)

执行院长　吴皓(10月任)

副院长　冯传良(10月任)　赵强(10月任)　刘颖斌(10月任)
郑忠民(10月任)　张长青(10月任)　张浩(10月任)

医学装备与技术研究院(10月成立)

院长　贾伟平(10月任)

执行院长　殷善开(10月任)

副院长　古宏晨(10月任)　沈柏用(10月任)　薛蔚(10月任)
贾仁兵(10月任)　邹海东(10月任)　郑元义(10月任)

临床研究中心

主任　俞章盛

副主任　王炳顺

学位评定委员会

主席　范先群

副主席　宁光　胡翊群

委员(按姓氏笔画排序)
王昊　王慧　刘颖斌　江帆　孙锟　孙晓东
杨艳　吴皓　吴晔明　沈南　沈柏用　张志愿

陈丰原　陈国强　陈赛娟　郑元义　郑兴东　房静远
夏　强　殷善开　黄荷凤　蒋欣泉　程金科　雷　鸣
瞿介明

秘　　书　董　艳

教学委员会

主任委员　胡翊群

副主任委员　邵　莉　郑民华　郭晓奎

职务委员(按姓氏笔画排序)

王　昊　王　艳　方　琼　许　琳　孙晓东　张　彪
邵　莉　郑元义　郑忠民　胡伟国　胡翊群　徐袁瑾
郭晓奎　唐　华　陶晔璇　董　艳　蔡　泳　薛　蔚

推荐委员(按姓氏笔画排序)

丁　磊　王卫庆　王瑞兰　朱亚琴　向明亮　许　迅
许　泓　严福华　李　嫔　邱丽华　邱朝晖　何　奔
何燕玲　沈秀华　张生来　陆颖理　陈广洁　郑民华
俞卫锋　钱继红　徐　云　高　宇　高怡瑾　傅小龙
傅国辉

学生委员(按姓氏笔画排序)

严　妍　黄晗钧

秘　　书　李雪瑾

(陈　铿)

重要事项与综合管理

【医学院举行党史学习教育总结会】 1月14日，医学院党史学习教育总结会举行。市教卫工作党委党史学习教育第一巡回指导组肖存良，医学院党史学习教育领导小组成员、办公室成员出席会议。医学院党委书记江帆作总结讲话，会议由医学院党委副书记、院长范先群主持。各附属医院党委、院本部二级党委设立分会场。

（李学澄）

【4个学科复入“双一流”学科】 2月14日，教育部、财政部和国家发展改革委等三部委正式公布了第二轮“双一流”建设高校及建设学科名单，医学院临床医学、口腔医学、基础医学和药学4个学科再次顺利入选一流学科建设范围。

（刘　楠）

【医学院进一步压紧压实疫情防控责任】 5月下旬，上海疫情得到有效控制，疫情防控取得阶段性成效。为巩固校园面清零状态，助力强化社会清零攻坚阶段性成果，医学院始终加强校园疫情防控工作，切实压紧压实疫情防控责任，持续巩固医学院疫情防控成果。在疫情防控关键阶段，医学院坚持每日召开疫情防控领导小组会议，听取疫情防控各工作组关于校园疫情防控工作汇报，根据疫情防控形势发展，对校园防控各环节、各领域反复研究推敲，进一步梳理排查风险点，压紧压实防控责任，落实好各项防控措施。在进一步巩固疫情防控成果的基础上，结合在校师生的实际需求，切实细化严控分区分级管理，合理配置在校师生的学习生活空间。严格按照重点人群每日核酸检测，非重点人群“核酸＋抗原”隔日检测的要求，强化“核酸＋抗原＋症状”校园疫情防控预警机制，同时加强核酸及抗原检测的监管力度，为疫情防控各项任务和措施落实做好前提条件。成立医学院师生校园督察队，同校园巡查队双管齐下，确保校园防控措施落实有保障。消杀专班严控手势，有效阻断传播途径，坚持从源头上把好校园第一道入口关。

（王怡韫）

【医学院召开党员代表会议选举产生出席市第十二次党代会代表】 6月7日，中国共产党上海交通大学医学院代表会议召开，选举医学院系统出席上海市十二次党代会代表。医学院第十一届党委委员、纪委委员，二级单位党政领导班子的党员主要负责人，优秀党员代表等参加会议。医学院党委副书记赵文华主持会议。根据全体代表无记名投票结果，江帆同志当选医学院系统出席上海市第十二次党代会代表。

（葛鹏程）

【医学院召开庆祝中国共产党成立101周年会议】 6月30日下午，“弘扬建党精神　同庆七秩华诞　携手承续辉煌”——医学院庆祝中国共产党成立101周年会议召开。医学院党政领导班子成员，院本部二级单位党政负责人，附属医院领导班子成员，系统各单位相关部门负责人，医学院党建思政研究获奖代表、“光荣在党50年”老同志代表、党支部书记、党员代表等出席会议。会议由医学院党委副书记、院长范先群主持。会议对2021年度医学院党建思政研究获奖课题进行了表彰，并向与会老同志代表颁发了“光荣在党50年”纪念章。上海市第十二次党代会代表、医学院党委书记江帆传达了本次党代会精神。

（葛鹏程）

【医学院院长范先群一行走访上海市安徽商会】 7月15日，医学院院长范先群一行走访上海市安徽商会并颁发感谢状，致谢疫情期间上海市安徽商会及商会企业的爱心捐赠、守护相助，并就合作事宜进行商谈。安徽商会会长洪清华，商会荣誉顾问、德力西集团董事局主席胡成中，安徽省人民政府驻沪办业务处副处长吴坚，商会执行会长、上海电能电气集团有限公司董事长吴献忠，执行会长、肯汀集团董事长徐章来等出席。范先群代表医学院，为上海市安徽商会、爱心企业代表颁发捐赠证书、感谢状。与会双方嘉宾就5G＋医疗、人工智能＋医疗、医学精细化材料、医学科学成果转化实践、医学科研联合攻关、徽骆驼医疗救助服务平台、新一轮安徽省国家区域医疗中心建设、安徽省医护人才培养等进行了探讨交流。安徽商会各企业负责人及捐赠企业代表、医学院相关部处负责人及附属医院合作项目代表共同参加了此次交流会。

（王怡韫）

【医学院召开新一批“组团式”援藏、援滇干部人才慰问座谈会】 7月19日，医学院党委面向参加2022年上海市新一批“组团式”援藏、援滇医疗工作的干部人才召开慰问座谈会。医学院党委书记江帆，党委副书记赵文华，党委常委、组织部部长孟煜，组织部副部长朱孟琴等参加慰问。会议由孟煜主持。新一批“组团式”援藏、援滇干部共17人，来自医学院5家直属附属医院。其中7人参加上海市第十批援藏工作，开展为期1年至3年对口支援西藏日喀则市人民医院；10人参加上海市第十二批援滇工作，分别赴云南省盐津县人民医院、澜沧拉祜族自治县人民医院开展1.5年至3年的对口支援。

（方佳圆）

【上海交通大学医学院松江研究院成立】 7月28日，上海市松江区人民政府与上海交通大学医学院合作共建启动仪式暨首届“脑医学”研讨会在长三角G60科创大厦隆重召开。松江区委书记程向民，松江区委副书记、区长李谦，上海交通大学党委副书记、医学院党委书记江帆，上海交通大学副校长、医学院院长、中国工程院院士范先群，中国科学院院士、松江研究院院长段树民，松江区政协副主席、松江区卫生健康委主任李正共同为松江研究院揭牌。研究院聚焦国家脑科学计划，主攻“三脑”（发育脑、精神脑、退变脑），结合神经免疫、神经代谢和神经肿瘤等新兴脑交叉方向，不断完善跨学科交叉体制机制，切实促进优势学科的深度融合，致力产出创新性基础研究成果，建成“基础-临床-产业”全链条科研平台，打造医学院脑科学计划2.0版及中国脑科学研发策源地；同时，助力松江医院高质量发展，提升区域医疗服务的能级和水平。

（李　岩）

【医学院新增2个国家医学中心】 7月29日，国家卫生健康委发布通知，决定以附属精神卫生中心作为国家精神疾病医学中心主体医院之一，设置国家精神疾病医学中心。11月25日，国家精神疾病医学中心在附属精神卫生中心正式启动。12月28日，国家卫生健康委网站发布《国家卫生健康委关于设置国家骨科医学中心的通知》（国卫医政函〔2022〕225号），附属第六人民医院获批国家骨科医学中心。

（刘　楠）

【医学院赴昆明考察交流并开展医疗专家组团式志愿服务】 8月8日，医学院院长范先群，党委副书记赵文华一行赴昆明医科大学、昆明理工大学考察交流。医学院与昆明医科大学合作协议签署仪式暨交流座谈会在昆明医科大学举行，范先群在座谈会介绍了医学院的发展情况，并诚挚感谢昆明医科大学在上海疫情期间给予交大医学院的帮助。昆明医科大学党委书记尹向阳代表昆明医科大学对范先群一行表示热烈的欢迎和感谢。在昆明理工大学调研交流会上，范先群对昆明理工大学在上海疫情期间对医学院的物资支援表示诚挚感谢。昆明理工大学党委书记张英杰感谢医学院对昆明理工大学医学院的人才培养、学科建设、师资队伍和科学研究的发展提供的悉心帮助和有力指导，希望未来两校将一如既往地加强合作、深化交流、共同进步。

（王怡韫）

【医学院赴安徽开展义诊和交流活动】 8月，医学院院长范先群带队，率医学院相关部处以及附属医院专家领导赴安徽省黄山市进行交流和义诊活动。交流期间，范先群与黄山市委副书记、市长孙勇一行进行工作会谈。在黄山市人民医院，范先群作了题为“高水平医院建设之路”的主题报告，围绕提升医疗技术、推动科研创新、加强教学能力、建设人才队伍、打造文化品牌等方面，分享了高水平医院建设的实践和思考，受到与会者的热烈反响。交流期间，与会专家进行了友好的交流，并在黄山市人民医院进行了义诊活动。

（王怡韫）

【舞台上的思政课——话剧《清贫的牡丹》十周年新生专场成功上演】 9月17日下午，原创大师剧《清贫的牡丹》作为医学院庆祝成立70周年系列活动之一在懿德楼三楼大礼堂上演。中国工程院院士、原上海第二医科大学校长王振义，医学院党委书记江帆，医学院党委副书记、院长范先群，医学院党委副书记赵文华，医学院党委副书记、副院长吴正一，上海交通大学附属黄浦实验中学校长周峰，上海交通大学附属黄浦实验小学校长王平，医学院相关部处负责人，医学院2022级硕士研究生新生代表，以及附属中学、小学学生代表观看了本次演出。

（李学澄）

【上海市病毒研究院揭牌成立】 9月26日，上海市病毒研究院在医学院举行揭牌仪式暨成立大会。上海市委常委、常务副市长吴清，上海市副市长陈群、宗明等市政府相关领导和以上海交通大学校长林忠钦、医学院党委书记江帆、医学院院长范先群为代表的校院领导出席活动。宗明代表上海市人民政府与林忠钦共同签署共建上海市病毒研究院协议。陈群与林忠钦共同为研究院揭牌。上海市病毒研究院聘请国际著名病毒学家管轶担任上海市病毒研究院首任院长。研究院将整合医学院在病毒学相关领域内的学科优势，围绕病毒演化与跨宿主传播机制、病毒相关重大疾病致病机制和病毒感染诊断治疗及转化等三大研究方向，着力打造具有国际影响力的病毒学研究创新策源地和转化高地，建设成为全球病毒学研究和转化高峰人才集聚地和培育地。

（刘　楠）

【举办“肿瘤、免疫与脑科学”国际论坛】 10月11—13日，医学院主办的“肿瘤、免疫与脑科学”国际学术论坛顺利召开。医学院及附属医院的12位专家，以及英国牛津大学、曼彻斯特大学、法国奥罗阿大区-里昂癌症研究中心、荷兰伊拉斯姆斯大学、加拿大多伦多大学、新加坡国立大学等机构的20位资深科学家相聚云端，围绕肿瘤临床研究、肿瘤基础研究、肿瘤护理、免疫与炎症性疾病、神经与精神疾病五大主题展开交流，附属第九人民医院副院长贾仁兵分享了中国患者眼角膜黑色素瘤的前沿研究，牛津大学奈菲尔德学院研究生教学主任Chrystalina Antoniades展示了其团队运用AI技术对帕金森病患者的治疗……32位科学家的报告吸引了国内外200余名学者及研究生参会交流。论坛整合了多家国际合作伙伴的优势学科资源，开拓了肿瘤、免疫与脑科学领域的国际合作平台。

（刘　楠）

【医学院生物材料与再生医学研究院成立】 10月14日，医学院生物材料与再生医学研究院正式成立。成立大会由医学院副院长郑俊克主持。医学院党委副书记、副院长吴正一宣读关于成立上海交通大学医学院生物材料与再生医学研究院决定及研究院学术委员会主任、院长、执行院长和副院长名单。医学院党委书记江帆、院长范先群，附属第九人民医院党委书记郭莲、院长吴皓共同为生物材料与再生医学研究院成立揭牌，医学院党委书记江帆为研究院执行院长吴皓颁发聘任证书。研究院将围绕临床需求和前沿技术，以应用级别生物材料研发和应用为目标，开发新型具有自主知识产权的生物医用材料及再生医学产品，通过医研企合作形成上下游接力的产业链，建成创新生物材料和医疗器械的策源地，解决生物医用材料、再生医学和相关产业的“卡脖子”问题，提升我国新型材料研发及新型生产技术应用等方面的创新能力，推动医学进步，服务人民健康。

（王怡韫）

【举行医学院成立70周年系列庆典活动】 10月24日，医学院成立70周年大会暨上海国际医学论坛在上海国际会议中心隆重举行。国家最高科学技术奖获得者、中国工程院院士王振义，上海交通大学党委书记杨振斌，上海交通大学校长、中国工程院院士林忠钦，上海市人民政府副秘书长黄永平，上海市教卫工作党委书记沈炜，上海市教委主任王平等相关委办局、国内兄弟院校代表和社会各界人士等通过线上线下方式参加大会，大会由医学院党委书记江帆主持。医学院院长、中国工程院院士范先群作题为“七秩芳华守正创新，面向未来奋进一流”的主旨报告。上海市副市长陈群代表上海市委、市政府出席大会并致辞，他希望医学院进一步开拓创新，把提高教育质量作为核心任务，着力培养一流医学人才、造就一流师资队伍、形成一流创新成果，为“健康中国”“健康上海”战略做出新的更大贡献。大会开幕后举行了上海国际医学论坛，分为1个主论坛和5个分论坛。中国科学院院士陈竺、中国工程院院士巴德年、2006年诺贝尔化学奖得主Roger Kornberg分别作主旨报告。医学院70周年院庆以“学术为魂、发展为要、校友为根、师生为本、院校联动、师生同庆”为宗旨，组织医学院系统的学科建设大讨论，成功举办“大师论道”“名家论学”“英才论剑”系列论坛、公立医院高质量发展高峰论坛、“70年70瞬”专题展、“凝心聚力　共创未来”校友座谈会、70周年文艺汇报演出；顺利发布《七秩芳华》《使命担当》《思政铸魂》《科普之光》《医源珍忆》等交大医学系列丛书；落成“报效祖国，服务人民”办学使命石刻；院史馆新馆开馆；发布院庆捐赠平台和校友云返校平台；依托校部优质资源与黄浦区合作共建“上海交通大学附属黄浦实验中学”“上海交通大学附属实验小学”；举办院庆文艺汇演，开展院庆主题网络文化节、“我与交医的故事”主题征文、摄影活动、“点亮浦东校区　助力交医腾飞”院庆专题活动；举行院庆70周年升旗仪式、“青初遇蓝”院庆游园会、院庆文化美食周等，营造浓厚院庆氛围。

（刘　楠）

【医学院召开传达学习党的二十大精神大会】 10月27日下午，传达学习党的二十大精神大会暨上海交通大学医学院党委、上海申康医院发展中心党委理论学习中心组联组扩大学习会在懿德楼二楼报告厅举行。党的二十大代表、上海交通大学党委书记杨振斌领学党的二十大精神，党的二十大代表、附属仁济医院呼吸科副主任医师查琼芳分享参会收获和感受。医学院党委书记江帆、上海申康医院发展中心党委书记赵丹丹出席并部署系统学习贯彻工作。医学院党政领导班子、上海申康医院发展中心主任王兴鹏等申康中心党政领导班子在主会场参加传达学习大会。会议由医学院党委副书记、院长范先群主持。

（祝宇桐）

【斩获大学生创新创业大赛金奖】 11月13日，教育部主办、重庆大学承办的第八届中国国际"互联网+"大学生创新创业大赛全国总决赛正式落下帷幕，医学院"慧眼逐明——眼眶病 AI 人脸识别筛查系统领航者"项目斩获高教主赛道本科生创意组金奖，创造了医学院在该项赛事中的重大历史性突破，亦是上海交通大学首次在本科赛道获得金奖。项目由医学院 2018 级临床医学八年制专业本科生雷超宇主持，项目团队由来自上海交通大学医学院、电子信息与电气工程学院、安泰经济与管理学院、国际与公共事务学院、设计学院的 15 名同学共同组成。该项目聚焦"AI 医疗+眼健康"的广阔市场，提出"一张照片筛查眼眶病"的解决方案。项目团队自主研发了以眼眶病 AI 人脸识别算法为核心的数字医学解决方案，核心 AI 算法可实现早、准、快、廉四大优势，并分别设计了面向民众端和机构端的产品与商业模式。附属第九人民医院眼科副主任、主任医师周慧芳，安泰经济与管理学院教授董正英、赵旭，电子信息与电气工程学院教授翟广涛，国际与公共事务学院教授张录法共同担任项目指导。

（刘　楠）

【上海市教委副主任孙真荣一行来校调研Ⅳ类高峰学科建设工作】 11月23日，上海市教委副主任孙真荣率市教委科研处一行来校专题调研Ⅳ类高峰学科建设工作。医学院副院长郑俊克、附属第九人民医院副院长贾仁兵以及医学院科技发展处、人事处、财务处、学科规划处，附属第九人民医院学科规划处、科研处等相关部处，Ⅳ类高峰学科负责人雷鸣、各课题组长以及协同高校代表、临床协同团队代表等参加调研。会议由医学院副院长郑俊克主持。依托Ⅳ类高峰学科建设的上海精准医学研究院院长雷鸣就研究院实体化建设情况作了专门汇报。

（王怡韫）

【上海交通大学医学院教育发展基金会正式成立】 11月25日，上海交通大学医学院教育发展基金会正式成立。上海市教委副主任孙真荣，上海市民政局副局长李雅平，医学院院长范先群，医学院党委副书记赵文华，医学院党委副书记、副院长吴正一，副院长方勇以及市教委民办教育处处长赵扬、市民政局基金会管理处处长马国平、市教委财务处副处长毕升华、上海交通大学发展联络处处长程骄杰以及医学院相关部处、二级学院负责人和附属医院领导代表参加此次仪式。会议由医学院院办主任、基金会理事长蔡伟主持。上海市教委副主任孙真荣与医学院院长范先群共同为基金会成立揭牌。医学院党委副书记、副院长吴正一介绍了基金会的成立情况。市民政局基金会管理处处长马国平在会上宣读了《关于上海交通大学医学院教育发展基金会成立的决定》。会上，医学院党委副书记赵文华，医学院党委副书记、副院长吴正一，副院长方勇，上海市教委民办教育处处长赵扬和院办产业管理中心主任顾奋勇上台共同启动医学院文创公益产品平台。基金会成立仪式后，基金会召开第一届理事会第二次会议，审议了基金会财务管理制度以及重要捐赠项目执行内容。

（王怡韫）

【浦东新区、上海交通大学、上海交通大学医学院合作办学签约仪式举行】 11月28日，浦东新区、上海交通大学、上海交通大学医学院合作办学签约仪式在浦东新区办公中心举行。上海市委常委、浦东新区区委书记朱芝松，上海交通大学校长、中国工程院院士林忠钦，上海市政府副秘书长、浦东新区区委副书记、区长杭迎伟，上海市教育委员会主任王平，上海交通大学党委副书记、医学院党委书记江帆，上海交通大学副校长、医学院院长、中国工程院院士范先群，上海市教育委员会副主任杨振峰，浦东新区常务副区长董依雯，上海交通大学副校长张安胜，医学院党委副书记赵文华，医学院副院长方勇，附属仁济医院党委书记郑军华，附属上海儿童医学中心党委书记季庆英，上海交通大学工会主席于朝阳等出席签约仪式，有关部门负责同志参加活动。仪式由浦东新区区委副书记单少军主持。

（王怡韫）

【6位民主党派成员当选民主党派中央委员】 12月8日至12月23日，中国国民党革命委员会、中国民主同盟、中国民主建国会、中国民主促进会、中国农工民主党、中国致公党、九三学社和台湾民主自治同盟八个民主党派陆续召开全国代表大会。医学院有6位民主党派成员当选为民主党派中央委员。马杰当选民盟第十三届中央委员，李军民当选民建第十二届中央委员，张伟滨当选民进第十五届中央委员，董晨当选农工党第十七届中央常委，胡翊群当选农工党第十七届中央委员，李青峰当选九三学社第十五届中央委员。

（胡　玥）

【医学院获“上海市高校知识产权运营中心”授牌】 12月8日上午，上海市知识产权局、上海市教委共同举办上海市高校知识产权运营中心授牌仪式，上海市政府副秘书长黄永平、上海市知识产权局局长芮文彪、华东师范大学校长钱旭红、上海市教委副主任孙真荣、上海市知识产权局副局长杨慧等领导出席，10所上海市高校知识产权运营中心建设高校及所在区知识产权局代表参加仪式。会议由上海市知识产权局副局长杨慧主持。芮文彪与孙真荣共同为获批运营中心的高校授牌。医学院副院长郑俊克作为建设单位代表发言。

（王怡韫）

【上海市教卫工作党委调研医学院2022年度落实全面从严治党主体责任情况】 12月9日，上海市教卫工作党委2022年度落实全面从严治党主体责任专项调研第五组一行来医学院开展专题调研。调研组组长、上海体育学院党委原书记戴健，副组长、上海市教卫工作党委统战处处长傅欣出席调研。医学院全体党员院领导、院本部相关部门负责人、二级党组织书记参加调研。戴健对本年度市教卫工作党委系统落实全面从严治党主体责任专项调研的工作背景、重点内容、方法步骤作了简要说明。医学院党委书记江帆代表学院党委作了落实全面从严治党主体责任情况专题汇报。汇报会后，调研组分别与学院党政领导班子成员、有关部门负责同志、二级单位党政班子成员代表进行了个别访谈，查阅了工作资料，并赴附属瑞金医院、基础医学院及两家单位下属党支部进行了延伸调研。

（葛鹏程）

上海交通大学医学院
70 周年院庆

上海交通大学医学院(原上海第二医科大学)70 周年院庆公告

(第一号)

公元 2022 年 10 月 24 日,适逢上海交通大学医学院建院 70 华诞。

源远流长,历久弥新。始于 1896 年,圣约翰、震旦、同德三校医脉传承、夯基垒土。1952 年 9 月,三校汇聚,上海第二医学院创立,开启崭新历程;1985 年,更名上海第二医科大学;1997 年,列入国家“211 工程”建设高校;2005 年,上海交通大学与上海第二医科大学强强合并,探索综合性大学建设高水平医学院的“交医模式”;2017 年,进入国家“双一流”建设行列。

报效祖国,服务人民。七秩芳华,交大医学院始终以谋国家之强盛、求科学之真知、践医学之神圣为己任,与时代齐奋进、与祖国共命运、与人民同呼吸,谱写守护人民生命健康的医学华章。历次重大灾难的紧要关头,交医人挺身而出,奋勇向前。面对新冠疫情大考,白衣执甲,向险而行,用血肉之躯筑起钢铁长城。

博极医源、精勤不倦。七秩弦歌,交大医学院始终秉承人才强院主战略,推进学术立院,开放兴院。立德树人,精术济世;近悦远来,杏坛集英;学科融漾,医教鼎新。一代代交医人求真务实、敢为人先、开拓创新,诞生了诸多国际、国内首创的重大医疗科技成果,创造了若干医药卫生发展史上的奇迹。

砥砺前行,再铸辉煌。七秩华诞,欣逢盛世,交大医学院对接“健康中国”战略,以“世界一流、中国特色、上海风格、交医特质”为目标愿景,培育卓越医学人才,深耕医学学科前沿,加快医学科技自立自强。新时代新征程,交医校区发展百年历史卷轴正从黄浦卢湾向浦东张江延展,为交大医学百年腾飞奠定坚实基础。

佳日兮辰良,吾交医兮桃李芬芳;天高兮气爽,七十载兮盛况辉煌。值兹金秋,诚邀亲爱的校友和社会贤达,共襄华诞盛典、共商百年宏图。

特此公告,敬祈周知。

上海交通大学医学院

2022 年 6 月 6 日

上海交通大学医学院(原上海第二医科大学)70 周年院庆公告

(第二号)

2022 年 10 月 24 日,是上海交通大学医学院成立 70 周年的庆典日。上海交通大学医学院 70 周年院庆公告(第一号)发布以来,全院师生医护员工、广大校友和社会各界反响热烈,在此谨致以诚挚的问候和衷心的感谢！

七十载春秋代序，沧桑砥砺；七十载锐意进取，德业日新。为进一步凝聚校友力量、弘扬交医精神、助推事业发展，现发布公告如下：

1. 70周年院庆的主题为“七秩弦歌、医路芳华”。

2. 经公开征集和专家评选，70周年院庆标识确定如下：

标识释义：上海交通大学医学院70周年院庆的标识将7、0两个数字融入蛇杖之中，杖为“7”，蛇为“0”，取意于秉持医学初心、锤炼高超医术；J、A、T三个字母融入整体设计，象征源自圣约翰、震旦、同德三所医学院校合并；以旗帜形式呈现，寓意为向创建“中国特色、世界一流、上海风格、交医特质”的医学院进发。

3. 为了更好地回顾办学历史、总结办学经验，院史陈列馆正在紧张建设之中。现向广大师生医护员工、海内外校友和社会各界征集有价值的院史资料与文物，包括文稿、图片、影像、证照证明等资料和教具教材、仪器模型、专著论文等。

4. 学院已单独设立“上海交通大学医学院教育发展基金会”，旨在汇八方涓流、襄教育伟业。现向广大师生医护员工、海内外校友、社会各企事业单位、团体和个人募资，并致以衷心的感谢和崇高的敬意。

5. 联系方式

专题网站：

http://www.shsmu.edu.cn/yqw

电子邮箱：

70@shsmu.edu.cn

联系电话：

63846590－776882 李老师

63846590－776803 宋老师

63846590－776228 梁老师

佳期将至，相聚可期。诚盼全体师生医护员工、海内外校友、社会各界贤达共同支持上海交通大学医学院的建设和发展，共襄华诞盛典，同赴美好未来。

特此公告。

上海交通大学医学院

70周年院庆领导小组办公室

2022年6月28日

上海交通大学医学院（原上海第二医科大学）70周年院庆公告

（第三号）

七秩弦歌，医路芳华。上海交通大学医学院历经126年的办学历史和70年建院历程，为社会输送7万余医学人才。值此70周年院庆之际，我们再次凝练并形成以“报效祖国、服务人民”为办学使命、以“育一流人才、树一流医德、做一流学问、创一流服务”为办学宗旨、以“博极医源、精勤不倦”为院训、以“海纳百川、求真务实、守正创新、精诚奉献”为学院精神、以“团结、勤奋、求是、进取”为院风的精神品格体系。在院庆日即将到来之际，特向全院师生医护员工、广大校友和社会各界公告如下：

一、庆典为体，学术为魂

2022年10月24日（星期一）为交大医学院70周年院庆庆典日，我们将在沪举行上海交通大学医学院建院70周年庆祝大会暨上海国际医学论坛；同时，交大医学院及各附属医院和二级学院也将在院庆日前后举行百余场重大学术活动。

二、秩年有约，不见不散

我们热忱欢迎各界校友和交医朋友在符合疫情防控政策要求下莅临学校或参加即将推出的“云院庆”“云返校”活动。对于包括秩年返校在内的各届别自发组织的校友集体返校活动，因疫情防控政策要求，需提前联系校友会，我们做好接待服务工作。

如疫情形势及防控要求发生变化，我们也将及时公告院庆期间有关活动的调整安排，敬请关注交大医学院70周年院庆专题网（https://www.shsmu.edu.cn/yqw/index.jsp）。

特此公告。

上海交通大学医学院

70周年院庆领导小组办公室

2022年9月21日

上海交通大学医学院（原上海第二医科大学）70周年院庆公告

（第四号）

交医十月，流光溢彩，撷日月之澄光，毓精英之标秀。博极医源，精勤不倦，弦诵七秩风华，绵延杏林芬芳。

旦逢良辰，顺颂时宜。上海交通大学医学院70周年院庆一号、二号、三号公告相继发布以来，院庆筹备工作得到各级领导、广大校友、社会各界贤达和全体师生医务员工的热切关注和鼎力支持，我们谨致以崇高的敬意和衷心的感谢！

七秩之年、共襄盛举。70周年院庆，是交大医学院发展历程中的一件大事，是全体交医人再次相聚母校、畅叙情谊的重大盛会，更是共谋发展、再谱新篇的宝贵契机！在喜迎党的二十大胜利召开之际，我们将以“七秩弦歌、医路芳华”为主题，在2022年10月24日举行“上海交通大学医学院成立70周年大会暨上海国际医学论坛”及一系列学术庆祝活动。

心之所系、山海难隔。鉴于当前新冠病毒疫情较为复杂的形势，我们欢迎广大校友在符合疫情防控政策的要求下有序错峰返校；广大校友亦可就便参加“云返校”活动，届时可以与校友会联系。如疫情形势及防控要求发生变化，我们也将及时调整有关活动安排，敬请关注70周年院庆专题网（https://www.shsmu.edu.cn/yqw/index.jsp）。

佳期渐近，同心隆盼。我们热忱期待各界嘉宾和广大校友以线上线下相结合的形式，共襄盛典、同谱华章！

返校联系人：

63846590－776487 刘老师

特此公告。

上海交通大学医学院
70周年院庆领导小组办公室
2022年10月15日

上海交通大学医学院（原上海第二医科大学）70周年院庆公告

（第五号）

七十年励精图治，弦歌不辍；七十年栉风沐雨，薪火相传。

在党的二十大胜利闭幕之际，2022年10月24日，上海交通大学医学院成功举办了俭朴而隆重、精彩又难忘的建院70周年大会。院庆期间，我们还举办了上海国际医学论坛、学科建设大讨论等学术交流活动，“七秩弦歌·医路芳华”文艺汇报演出、青春歌手大赛、青初遇蓝等文艺展演活动，“交医记忆”“岁月如诗·青春如歌”等祝贺祝福活动，“峥嵘百年·与党同行”交医印记口述院史、校友“云返校”和座谈会等追昔启智活动，以及院史馆新馆揭幕开馆、“七十年七十个瞬间”等校史主题展览活动，充分体现了“学术为魂、发展为要、校友为根、师生为本、院校联动、师生同庆”的院庆宗旨，集中展现了交医师生医务员工与时代同行、与家国同心的精神风貌，广泛凝聚了校友与社会各界的智慧和力量，极大鼓舞了全体交医人在新时代奋进新征程的坚定信心。

70周年院庆系列活动的成功举办，离不开各级领导的关怀和指导，离不开广大校友、兄弟院校和社会各界的关爱和支持，也离不开全体师生医务员工的倾情投入和广泛参与。在此，我们谨向各级领导、兄弟院校、广大校友、社会各界贤达和全体师生医务员工，致以最崇高的敬意和最衷心的感谢！

70周年院庆，是交医桃李盈门贺华诞，芝兰满室续华章的高光时刻；是交医不忘初心使命、砥砺奋进前行的阶段总结；更是新时代交医眺望远方、续写华章的新的起点！在这片距离党的诞生地最近的高校院区，红色基因已经深植交医人的血脉，我们将全面贯彻落实党的二十大精神和上海市第十二次党代会精神，深入贯彻落实习近平总书记考察上海重要讲话精神，秉持“报效祖国、服务人民”的办学使命，锚定“世界一流、中国特色、上海风格、交医特质”的目标定位，坚持育一流人才、树一流医德、做一流学问、创一流服务，踔厉奋发、勇毅前行，努力为建设教育强国、科技强国、健康中国做出新的更大的贡献！

忆往昔，筚路蓝缕，不忘三校之源；看今朝，风华正茂，立下鸿鹄之志；展明日，再谱华章，奉献赤诚之心。感谢有你，未来可期！我们热诚欢迎广大校友继续就便参加“云返校”活动或在符合疫情防控政策的要求下集体有序错峰返校，我们衷心期盼广大校友和社会各界贤达继续关注和支持交医的建设和发展，携手共创交医更加美好的未来！

特此公告。

上海交通大学医学院
70周年院庆领导小组办公室
2022年10月31日

贺信
上海市市长龚正贺信

上海交通大学医学院：

值此上海交通大学医学院成立70周年之际，我谨代表上海市政府向学校全体师生、医务工作者和广大海内外校友表示热烈祝贺！

上海交通大学医学院成立70年来，坚持党的教育方针，牢记“为党育人、为国育才”使命责任，恪守“团结、勤奋、求实、进取”的校训精神，弘扬“博极医源、精勤不倦”的医者品格，培养了一大批高素质、专业化、创新型医学人才，创造了一大批前沿性、原创性、颠覆性医学科技成果，为国家和上海医学教育改革、医疗卫生事业发展和科技创新做出了重要贡献。

当前，上海正在深入学习贯彻党的二十大精神，加快建设具有世界影响力的社会主义现代化国际大都市，更好地向世界展示中国式现代化的光明前景。衷心希望上海交通大学医学院以建校70年作为新的起点，继续秉承“报效祖国、服务人民”的办学使命，深入学习贯彻党的二十大精神和习近平总书记关于教育的重要论述，锚定“世界一流、中国特色、上海风格、交医特质”的办学定位，培养更多的卓越医学人才，造就更多的名师名医，产出更多的重大科技创新成果，为建设教育强国、科技强国、健康中国，为上海推动高质量发展、创建高品质生活、实现高效能治理做出新的更大贡献！

上海市市长

龚正

2022年10月24日

七秩芳华守正创新　面向未来勇毅前行

——在上海交通大学医学院成立70周年大会上的讲话

院长　范先群

2022年10月24日

尊敬的各位领导、各位嘉宾、老师们、同学们：

江山如画，岁月如歌。七秩芳华，守正创新。今天，我们欢聚一堂，庆祝上海交通大学医学院建院70周年，同时举办上海国际医学论坛。首先，我代表上海交通大学医学院，向莅临大会的各位领导、各位嘉宾致以最热烈的欢迎！向全体师生医务员工和全球校友致以最美好的祝福！向上海市委市政府，市委办局，各兄弟高校，上海交通大学，以及长期以来关心和支持上海交通大学医学院发展的各位领导、院士、专家和海内外各界朋友致以最衷心的感谢！

金秋十月，山河锦绣。举世瞩目的党的二十大胜利闭幕。习近平总书记在党的二十大报告中指出，深入实施科教兴国战略、人才强国战略、创新驱动发展战略；推进健康中国建设，把保障人民健康放在优先发展的战略地位。党的二十大精神将进一步激励我们凝心聚力谋新篇，守正创新开新局。

上海交通大学医学院建院70年来，一直得到各级领导的殷切关怀和大力支持。2019年4月，李强书记到交大医学院调研时指出，要发挥医学院管理体制的优势，坚定贯彻世界一流医学院目标定位；把思想政治教育和医德培养贯穿于医学教育教学全过程、各方面，努力培养一流医学人才；集聚国际公认水准的大师和领军人物，大力培养本土人才、青年人才，夯实人才梯队结构，努力造就一流师资队伍；加大基础研究，用好各类研究平台和附属医院资源，打通转移转化“最后一公里”，充分激发医学人才的内生动力，持续产出一流创新成果。

在建院70周年之际，上海市市长龚正发来贺信，指出当前上海正在深入学习贯彻党的二十大精神，加快建设具有世界影响力的社会主义现代化国际大都市。衷心希望上海交通大学医学院以建校70年作为新的起点，锚定“世界一流、中国特色、上海风格、交医特质”的办学定位，为建设教育强国、科技强国、健康中国，为上海推动高质量发展、创造高品质生活、实现高效能治理做出新的更大贡献。

上海交通大学医学院历经126年的办学历史，走过70年的光辉历程，始终以谋国家之强盛、育时代之栋梁、求科学之真知、践医学之神圣为己任，初心如磐，使命在肩。作为距离党的诞生地最近的高校院区，红色基因在交医人血脉里流淌，时刻激励着我们为祖国医学事业而努力奋斗。

一路走来，我们海纳百川，与祖国同进。西学东渐，文化交融。创建于1896年的圣约翰大学医学院、1912年的震旦大学医学院和1918年的同德医学院夯基垒台，推动了近代中国医学教育的发展。中华人民共和国成立后，1952年，三校医脉汇聚，成立上海第二医学院，焕发出新的勃勃生机，为国家培养了大批急需的优秀医学人才；在抗美援朝、血吸虫病防治和唐山抗震救灾中彰显使命担当，在援建蚌埠医学院、支援“三线”建设和援助摩洛哥中诠释责任奉献。世界首次成功抢救大面积烧伤病人、世界首例断肢再植手术等医学奇迹铸就了东方传奇，贡献了中国经验和中国创造。

一路走来，我们敢为人先，与改革同步。改革开放吹响了科教兴国和人才强国的时代号角。1985年，学校更名为上海第二医科大学，迈入了新的发展阶段。1997年入选国家“211工程”，率先实施“跨世纪人才工程”，率先打造国际化的法文班医学教育，率先开启“X＋医学”“4＋4”复合型人才培养模式。涌现出一大批重大原创成果，王振义院士应用全反式维甲酸诱导分化治疗急性早幼粒细胞白血病，使急性早幼粒细胞白血病成为第一个可被治愈的白血病，为世界医学的发展贡献了中国智慧和中国方案。

一路走来，我们融合创新，与时代同行。世纪之交，我国高等教育事业蓬勃发展。2005年，上海交通大学与上海第二医科大学强强合并，上海交通大学医学院扬帆起航，走出了一条综合性大学建设高水平医学院的“交医道路”。交大医学院办学实力显著提升，成为有志医学事业学生的最好选择，2022年临床医学录取分数位居12个省市第一，16个省市第二。卓越医学创新人才培养体系不断完善，探索“医学＋X”创新人才培养模式，着力培养复合型临床医学人才。临床医学、口腔医学、基础医学、药学入选国家“双一流”学科，在教育部学科评估，以及ESI、USNEWS和ARWU等国际权威学科排行榜中，临床医学稳居全国首位。推动前瞻性、原创性科学研究和转化医学研究，转化医学国家重大科技基础设施、国家重点实验室、国家工程研究中心等国家级平台先后建成。科研创新能力不断增强，国家自然基金项目连续13年位居全国医学院校首位，获国家科学技术进步奖39项。21位院士、207位国家级人才群英荟萃，“双百人计划”“博士后激励计划”和创新团队建设等举措聚贤致远，坚持“破四唯”与“立新标”并举，建立以创新能力、质量、贡献和绩效为导向的人才评价体系，营造了人人尽展其才、人人皆可成才的良好生态。12家附属医院拥有4个国家医学中心、3个国家临床医学研究中心、74个国家重点临床专科，医疗服务能级不断提升。

七秩弦歌，栉风沐雨砥砺前行；七秩芳华，奋勇争先铸就辉煌。交大医学院始终把医学教育写在祖国大地上，把医学研究写在世界科技前沿上，把医学论文写在人民健康篇章上，做有情怀、有担当、有内涵、有温度的医学院，着力打造交大医学育人共同体、学术共同体、文化共同体和发展共同体，唱响“交大医学”声音，擦亮“交大医学”品牌。

继往开来，守正创新是交大医学的永恒基因。我们时刻牢记，创新决定交大医学的高度，抓创新就是抓发展，谋创新就是谋未来。敢于走别人没有走过的路，创新体制机制，坚持“两个一流”发展目标，落实“两个遵循”建设规律，推进“交大医学”一体化发展，开创综合性大学建设高水平医学院的“交医模式”。心怀国之大者，矢志国之重器，建设医学科技创新的重要策源地，磨剑十年而成的首台国产质子治疗系统正式投入使用，上海市免疫治疗创新研究院、上海市病毒研究院、松江研究院和数字医学研究院等创新平台相继成立，推动高质量内涵发展，实现可持续创新创造。

继往开来，立德树人是交大医学的根本使命。我们时刻牢记，人才决定交大医学的厚度，大学之大，在于大师，大学之本，在于树人。坚持立德树人、铸魂育人，发挥培养创新人才的主力军作用，激励教师成为热爱教育事业、潜心教学的“大先生”。加强“新医科”建设，创新性实践“X＋医学”“4＋4”和“医学＋X”新医科人才培养模式，通过学科交叉、医工交叉促进医学教育和人才培养，学生在国际基因工程机器大赛等国际顶级赛事屡获大奖，涌现出一批以国家优青为代表的高端复合型医学人才。作为中国唯一院校接受世界医学教育联合会专家组观摩认证，专家组评价“上海交通大学医学院与欧美医学院校教育教学水平没有差别”。交大医学肩负起培养德智体美劳全面发展的社会主义建设者和接班人的时代重任，为党育人，为国育才，不断完善卓越医学创新人才培养体系。

继往开来，勇于担当是交大医学人的价值追求。我们时刻牢记，担当决定交大医学的力度，一代人有一代人的长征，一代人有一代人的责任。坚持人民至上、生命至上，积极投身抗击疫情防控的人民战争、总体战、阻击战，1508名医务人员奔赴武汉、海南等抗疫一线，重症医学“四大天团”名满申城，医学院全体师生和附属医院医务员工众志成城、顽强拼搏，助力打赢大上海保卫战。高质量推进浦东校区建设，绘就从黄浦新天地到浦东国际医学园区的壮美蓝图。推进海南国际医学中心建设，助力海南自由贸易港医学事业发展。输出优质医疗资源，融入长三角一体化发展国家战略，落实国家援藏、援疆、援滇、援黔等任务。落实国家“一带一路”倡议，成立全球健康学院和全健康研究中心。以中法联合办学等项目为牵引，与全球16个国家和地区的52所高水平大学及科研机构开展广泛合作。交大医学从上海启航，扎根中国，走向世界。

继往开来，文化引领是交大医学的前进动力。我们时刻牢记，文化决定交大医学的深度，文化兴则学校兴，文化强则学校强。我们矢志建设有情怀的医学院，坚守报效祖国、牢记服务人民的办学使命，践行“心中有理想、脚下有力量”的使命担当，“选择交大就选择了责任、选择交医就选择了奉献”成为一种精神。矢志建设有追求的医学院，弘扬进无止境、永不停歇的探索精神，心无旁骛勇攀科技高峰，众志成城建设世界一流，“育一流人才、树一流医德、做一流学问、创一流服务”成为一种担当。矢志建设有格局的医学院，秉承海纳百川、求真务实、守正创新、精诚奉献的学院精神，“扎根祖国办教育、面向世界谋发展”成为一种追求。矢志建设有自信的医学院，夯实“团结、勤奋、求实、进取”的良好院风，价值认同、自信自强，“交大医学一盘棋思想和交大医学共同体身份”成为一种自觉。矢志建设有温度的医学院，不忘大医精诚、守护健康的初心使命，博极医源、精勤不倦，“怀高超精湛之医术、行至精至微之医道”成为一种理想。

自信人生二百年，会当水击三千里。站在新起点，奋进新时代，交大医学院将加快构建新发展格局，着力推动高质量发展，更加坚定、更加自信、更加勇毅地推进中国特色世界一流医学院建设。

面向未来，我们要始终坚守立德树人初心。坚持教育优先发展，以“新医科”为引领，加快人工智能、大数据、智慧医疗等新技术与医学结合，强化医工、医理、医文等多学科交叉融合，深化“X＋医学”“医学＋X”复合型人才培养体系，建设集医教研于一体的专科学院。不断开拓学生的创新性和批判性思维，持续鼓励学生的自主学习和不断超越精神，激发追求卓越的潜能和内驱力，把最好的学生培养成最受病人信任的最好医生。

面向未来，我们要始终聚焦世界科技前沿。坚持创新驱动发展战略，敢于和善于抢占现代医学发展的新领域和新赛道，锚定“0到1”原始创新目标，在肿瘤学、免疫学、脑科学、全健康等前沿科学领域聚集优势力量，开展原创性、前沿性、引领性的生命科学创新研究和联合攻关，完善“基础研究-临床实践-成果转化”全链条创新体系，打造世界一流的医学前沿科学中心和医学研究创新策源地。

面向未来，我们要始终对接国家重大需求。坚持科技自强自立，以“国之重器”——转化医学国家重大科技基础设施、全国重点实验室、生物医药前沿产业创新中心等创新基地为重要支撑，增强承接具有战略性、全局性、前瞻性国家重大项目的能力，不断突破医学领域的壁垒和边界，全力推进解决我国在数字医学、生物材料、医疗装备、疫苗制备、生物制药等领域的“卡脖子”问题，把科学创新研究转化为人类健康发展的原动力。

面向未来，我们要始终牢记健康中国使命。坚持把保障人民健康放在优先发展的战略位置，充分发挥交大医学院的整体优势，全方位提升我国医疗卫生健康水平和临床服务能级，加快推进国家医学中心和国家临床医学研究中心建设，构筑临床医学研究与转化的尖峰，产出一批惠及人类生命健康的临床成果，解决复杂疑难疾病。依托上海市病毒研究院、上海市免疫治疗创新研究院等一流研究平台，为将上海建成全球公共卫生最安全城市提供强有力的科技保障，打造世界顶尖医学人才的集聚地。

七十载风华正茂，挥斥方遒，大鹏一日同风起。

新时代千秋伟业，奋楫争先，扶摇直上九万里。

新征程是充满光荣和梦想的远征。蓝图已经绘就，号角已经吹响，让我们更加紧密地团结在以习近平同志为核心的党中央周围，深刻领悟“两个确立”的决定性意义，深入学习贯彻党的二十大精神，胸怀天下，守正创新，踔厉奋发，勇毅前行，为早日建成世界一流医学院和一流医学学科，为加快建设教育强国、科技强国、人才强国和健康中国，为全面建设社会主义现代化国家，以中国式现代化全面推进中华民族伟大复兴做出新的更大的贡献！

祝交大医学院七十华诞生日快乐！

祝交大医学院明天更加灿烂辉煌！

交 医 赋

公元二〇二二年，上海交大医学院逢七秩之华诞，规千年之盛业，师生近在母校、远至四海者莫不欣庆，咸有感激报效之心，故美而赋之，其辞曰：

何医源之博极兮，乃荟萃于东方。圣约翰以为先兮，扬震旦之芬芳，采同德之精华兮，耀仁心之清光。融三支为一脉兮，荐九州于万邦。名申城之二医兮，实海内之无双。与交大而相合兮，铸强强而盛昌。

众精勤而不倦兮，感热血之盈腔。兴报效之壮怀兮，岂片刻之肯忘！赴戎机于鸭绿兮，拯手足于异乡。涉唐山与汶川兮，免吾民之摧伤。援边疆与四海兮，行天地之茫茫。置死生于度外兮，御新冠而复康。救生灵之无数兮，亦艰险之备尝。秉初心而不改兮，历七秩而弥彰。

若乃领医界之风气兮，虽渊远而维新。拔危命于灼伤兮，接断肢于臂根，诱癌症而分化兮，建旷世之殊勋。珍杏林之英华兮，聚贤才而如云。集一流之学科兮，迈世界之等伦。遍桃李于天下兮，传交医之精神。

复有附院十二，如群星兮。广博慈爱，育瑞金兮。仁术济世，诚高明兮。精术仁心，新华人兮。九院久久，功大成兮。一院公济，遂臻程兮。六院仁爱，常创新兮。孩童为先，儿中心兮。厚德慈爱，儿童醇兮。胸科人和，医亦精兮。精中护心，远扬名兮。精诚博爱，国妇婴兮。同心同德，乃同仁兮！

至如起校区于黄浦兮，更恢廓于浦东。辟基地于崇明兮，建海南之学宫。张全球之布局兮，聚人才而融通。立七秩而展眺兮，如云间之见龙。乃歌曰：我交医兮，欲腾飞兮。莘莘学子，胡不归兮。千载其望，前途正长。若星在汉，如日之光！

部分重要活动

【开展医学院系统学科建设大讨论】 3月，正式启动医学院系统学科建设大讨论的工作，召开学科建设大讨论方案筹备会议、附属医院学科建设大讨论专题会议、二级学院学科建设大讨论专题会议。4—6月，各二级学院和附属医院开展内部讨论，形成规划和举措。7—8月，医学院主要领导带队，对基础医学院、公共卫生学院、护理学院等6家二级学院，以及12家附属医院开展全面调研工作，对各学科和学院、附属医院的学科规划提出建议和指导。同时，学科规划处、人事处和科技处等部门也联合开展相关专题讨论。在此基础上，先后制定了《上海交通大学医学院上海市高水平地方高校建设项目管理办法(2021—2025年)》《上海交通大学医学院专科学院设置管理办法》《上海市高水平地方高校创新团队二期管理办法》《上海交通大学医学院校企共建联合研发平台管理办法(试行)》等一系列推动医学院学科建设的管理制度和举措。

(张薇薇)

【上海交通大学医学院松江研究院成立】 7月28日，上海市松江区人民政府与上海交通大学医学院合作共建启动仪式暨首届“脑医学”研讨会在长三角G60科创大厦隆重召开。松江区委书记程向民，松江区委副书记、区长李谦，上海交通大学党委副书记、医学院党委书记江帆，上海交通大学副校长、医学院院长、中国工程院院士范先群，中国科学院院士、松江研究院院长段树民，松江区政协副主席、松江区卫生健康委主任李正共同为松江研究院揭牌。研究院聚焦国家脑科学计划，主攻“三脑”(发育脑、精神脑、退变脑)，结合神经免疫、神经代谢和神经肿瘤等新兴脑交叉方向，不断完善跨学科交叉体制机制，切实促进优势学科的深度融合，致力产出创新性基础研究成果，建成“基础-临床-产业”全链条科研平台，打造上海交通大学医学院脑科学计划2.0版及中国脑科学研发策源地；同时，助力松江医院高质量发展，提升区域医疗服务的能级和水平。

(李　岩)

【上海交通大学附属黄浦实验中小学正式揭牌】 9月1日，上海交通大学附属黄浦实验中学、上海交通大学附属黄浦实验小学举行揭牌仪式。上海交通大学党委书记杨振斌，上海市教卫工作党委书记沈炜，黄浦区委书记杲云，黄浦区委副书记、区长沈山州，上海市教委副主任杨振峰，上海交通大学党委常委、副校长张安胜，黄浦区委常委、宣传部部长王玉峰，医学院党委副书记赵文华等领导出席。杨振斌、沈炜、杲云共同为“上海交通大学附属黄浦实验中学、上海交通大学附属黄浦实验小学”揭牌。沈山州、杨振峰、张安胜、赵文华共同见证“懿嘉楼”的冠名。

(王怡韫)

【原创大师剧《清贫的牡丹》成功上演】 9月17日，原创大师剧《清贫的牡丹》在懿德楼三楼大礼堂成功上演。中国工程院院士、原上海第二医科大学校长王振义，医学院党委书记江帆，中国工程院院士、医学院院长范先群，医学院党委副书记赵文华，医学院党委副书记、副院长吴正一，上海交通大学附属黄浦实验中学校长周峰，上海交通大学附属黄浦实验小学校长王平，医学院相关部处负责人，医学院新生代表，以及附属中学、小学学生代表共同观看演出。该剧以王振义为原型，将他70余年从医生涯的奋斗历程和感人故事以话剧形式再现，讲述他为患者健康而奋斗的执着和坚定。这堂舞台上的思政课深受学生喜欢，学生代表纷纷表示要继承和发扬“清贫的牡丹”精神。

（李学澄　刘　楠）

【校友云返校系统发布】　9月23日，“校友云返校系统”正式发布。医学院院长范先群、党委副书记赵文华、党委副书记兼副院长吴正一，医学院系统各相关部门负责人、教师代表、校友代表、学生代表等共同出席发布仪式。云返校系统推出“云报到”“云头像”“云捐赠”“云合影”“云点亮”“云祝福-抽盲盒”等互动内容，意在联结校友与母校，呼吁广大校友关注母校发展，共同投身母校建设。

（刘晶晶　刘　楠）

【上海市病毒研究院揭牌成立】　9月26日，上海市病毒研究院在医学院揭牌成立。时任上海市委常委、常务副市长吴清，上海市副市长陈群、宗明，上海交通大学校长、中国工程院院士林忠钦，上海市人民政府副秘书长黄永平、顾洪辉，上海市人民政府副秘书长、上海市发改委主任华源，医学院党委书记江帆，医学院院长、中国工程院院士范先群，附属瑞金医院党委书记瞿介明，以及市政府相关委办局、浦东新区人民政府，科研院所、企业代表出席揭牌仪式。仪式由上海市人民政府副秘书长顾洪辉主持。上海市副市长宗明代表上海市人民政府与上海交通大学校长林忠钦共同签署共建上海市病毒研究院协议。医学院党委书记江帆为上海市病毒研究院首任院长管轶颁发聘书。上海市副市长陈群与上海交通大学校长林忠钦共同为研究院揭牌。研究院将整合医学院在病毒学相关领域的学科优势，围绕病毒演化与跨宿主传播机制、病毒相关重大疾病致病机制和病毒感染诊断治疗及转化等三大研究方向，着力打造具有国际影响力的病毒学研究创新策源地和转化高地，建设成为全球病毒学研究和转化高峰人才集聚地和培育地。

9月26日，上海市病毒研究院在医学院举行成立揭牌仪式

（王怡韫）

【“七十载峥嵘岁月　七十瞬闪亮时刻”专题展开展】　9月30日，“七十载峥嵘岁月　七十瞬闪亮时刻”专题展在科教楼“党史小屋”开展。展览精选照片近200张，以医学院发展历程中极具意义的70个瞬间，串联起医学院70年来取得的骄人成绩与育人硕果。

（刘　楠）

【举办公立医院高质量发展高峰论坛】　10月8日，医学院与上药控股有限公司共同主办的“七秩弦歌·七十荣光”——“三医联动”下的公立医院高质量发展高峰论坛顺利召开。上海市卫生健康委党组书记章雄，上海市医保局党组书记、局长夏科家，上海申康医院发展中心党委书记赵丹丹，上海市药品监督管理局党组书记、局长徐徕，医学院党委书记江帆，医学院院长、中国工程院院士范先群，上海实业（集团）有限公司执行董事、总裁、上药集团董事长周军等各相关领导和专家学者出席论坛，中国工程院院士杨宝峰、郝希山、宁光等分别作主旨报告，论坛中医学院与上海医药集团签署了战略合作协议，以医学院的科研力量和上药集团雄厚的产业实力，推进医学教育和上海医药卫生事业的创新发展和公立医院高质量发展。

（崔宇杰　刘　楠）

【“报效祖国　服务人民”石刻落成揭幕】　10月9日，“报效祖国、服务人民”石刻落成于医学院重庆南路东院区（上海市黄浦区重庆南路227号）正门小花园，上海市委副书记诸葛宇杰、中国工程院院士王振义等共同为石刻揭幕。石刻材质为自然形态的青灰色泰山石，长 5.3 米，高 1.7 米，厚 0.6 米，重约 19 吨。石刻内容“报效祖国、服务人民”源于习近平总书记 2021 年 7 月 2 日对医学院 24 名新入党学生党员的勉励寄语，由中国工程院院士、国家最高科学技术奖获得者、原上海第二医科大学校长、1948 届校友、98 周岁高龄的王振义先生在 2022 年 8 月 1 日书写。

（张　俊）

【医学院生物材料与再生医学研究院成立】 10 月 14 日，上海交通大学医学院生物材料与再生医学研究院正式成立。成立大会由医学院副院长郑俊克主持。医学院党委副书记、副院长吴正一宣读关于成立上海交通大学医学院生物材料与再生医学研究院决定及研究院学术委员会主任、院长、执行院长和副院长名单。医学院党委书记江帆、院长范先群，附属第九人民医院党委书记郭莲、院长吴皓共同为生物材料与再生医学研究院成立揭牌，医学院党委书记江帆为研究院执行院长吴皓颁发聘任证书。研究院将围绕临床需求和前沿技术，以应用级别生物材料研发和应用为目标，开发新型具有自主知识产权的生物医用材料及再生医学产品，通过医研企合作形成上下游接力的产业链，建成创新生物材料和医疗器械的策源地，解决生物医用材料、再生医学和相关产业的“卡脖子”问题，提升我国新型材料研发及新型生产技术应用等方面的创新能力，推动医学进步，服务人民健康。

（王怡韫）

【医学院医学装备与技术研究院成立】 10 月 21 日，上海交通大学医学院医学装备与技术研究院成立。研究院为医学院下设的研究性交叉学科平台，不定行政级别，依托附属第六人民医院进行建设。研究院聘任中国工程院院士贾伟平担任院长，附属第六人民医院院长殷善开担任执行院长。研究院围绕重大和疑难复杂疾病临床需求，以人工智能、临床大数据赋能医学技术创新，拓展医学技术学科研究和应用领域，解决我国在医学技术与新型医疗设备研发方面的“卡脖子”问题。研究院力争建设成为具有重要影响力的医学装备和技术创新研发基地、“医＋X”复合型医学技术人才引育基地，以及国际一流的医学技术实验中心和产业应用转化基地。

（冯　华　刘　楠）

【院史馆正式开馆】 10 月 22 日，医学院院史馆完成改建，正式开馆。医学院杰出校友、上海市政协原副主席、台盟上海市委原主委石四箴，上海市人大常委会副主任蔡威，医学院老领导、校友代表，以及医学院党政领导班子、师生医护代表出席开馆仪式。改建后的院史馆总建筑面积为 950 平方米，展陈面积约 620 平方米。展陈以“源远流长”“薪火传承”“立德树人”“使命担当”等 10 个单元为主体，详细记录了医学院 70 多年来筚路蓝缕的奋进征程，勾勒了数十位学贯中西的杏林大家的风采，也照亮了每一个交医人博极医源的精神之路。

（刘　楠）

【开展“青初遇蓝”院庆 & 迎新游园会】 10 月 24 日，医学院“青初遇蓝”院庆 & 迎新游园会在西院风雨操场开展。医学院党委书记江帆，党委副书记、副院长吴正一出席活动，与近千名师生共同庆祝医学院成立 70 周年。

（程雅青）

【举行医学院成立 70 周年庆典文艺晚会】 10 月 24 日，庆祝医学院成立 70 周年文艺汇报演出在懿德楼大礼堂举行。中国工程院院士曾溢滔，医学院党委书记江帆，医学院院长、中国工程院院士范先群，医学院及附属医院相关领导，以及上海交通大学附属黄浦实验中学、附属黄浦实验小学校领导出席活动，与师生医务员工代表、校友代表共享华诞。晚会分为“博极医源、精勤不倦”“医者仁心、大爱无疆”“踔厉奋发、再创辉煌”3 个篇章，涵盖朗诵、合唱、情景剧、舞蹈等节目形式。整台晚会展现了交医七十载春秋代序、沧桑砥砺、锐意进取、德业日新的发展历程。晚会通过官方视频号同步直播，海内外数万校友在“云端”相聚，为母校庆祝生日，共襄盛举。

（童　宽）

医学教育

本科生教育

【概况】 2022年,教务处在医学院党委领导下,在全体教职员工的大力支持下,尤其在各学院全体教务人员的通力协作下,聚焦问题,埋头苦干,以唯勤唯谨、求真求新的作风,紧紧围绕学期初提出的工作思路和具体目标,脚踏实地、笃行不怠,科学安排招生及教育教学相关工作、创新教育教学管理方式、注重质量管理,圆满地完成了开学初制定的各项重点工作。

2022年教务处按照“校、院、系(室)”三级教学督导体系,三级督导联动,持续做好线上和线下教学质量保障重点工作,不断完善多元化教育督导评价体系,为本科教育教学质量保驾护航。全力保障线上教育和课堂教育“同质等效”,切实推进课堂教学质量,持续落实督导专家、教学管理团队督导、学生评教等工作,并及时反馈意见和建议,实现闭环管理流程。在落实教学督导工作实施的基础上,逐步完善教学质量体系信息化建设,协同网络中心、开发公司不断完善专家评教系统和学生评教系统,全程跟进解决系统运行问题,不断提高质量管理效率。深入贯彻中共中央办公厅、国务院办公厅《关于深化新时代教育督导体制机制改革的意见》有关要求,认真做好数据整理与排查工作,高质量顺利完成“高等教育质量监测国家数据平台”年度监测数据填报工作。汇总整理发布2021—2022学年本科教学质量报告。

贯彻落实《国务院办公厅关于深化医教协同进一步推进医学教育改革与发展的意见》要求,切实加强高等医学院校临床实践教学基地建设,对标国家级临床教学培训示范中心要求,着重从基本条件、教学宗旨及发展战略、教学组织架构及管理、教学资源、培养计划与实施、师资队伍、教学质量保障体系、人才培养质量、教学国内外影响力等方面开展地方高水平大学临床教学培训示范中心建设工作。2022年临床技能实验教学中心校本部开设临床实训选修课程,包括《成人心肺复苏及高级生命支持》《儿童心肺复苏及高级生命支持》《国际创伤生命支持》《临床技能基本操作》《临床思维训练》等,共计214学时。开设《关爱生命——自救与互救》线上慕课,校外选课人数达10万人次。作为临床技能培训考核平台,承担国家执业医师资格实践考试约600人次,临床医学专业(本科)水平测试考、实习前、实习中、毕业OSCE考核约1700人次。

2022年虚拟仿真实验中心(以下简称“中心”)持续加大对虚拟仿真实验课程的建设和验收力度,组建高水平评审专家队伍,制定规范化立项、中期考核及验收标准和流程。为打造医学院特色基础、临床、医工等融通的器官系统整合课程新体系,优化10大基础-临床器官系统整合系列课程建设,中心牵头筹建完成十大器官系统的虚拟仿真实验教学课程。2021—2022学年泌尿、呼吸、神经、生殖和内分泌系统的虚拟仿真实验课程进入实质性运行阶段。中心组织申报的《蛛网膜下隙麻醉虚拟仿真实验课程》获2022年度上海高校市级重点课程,《基于虚拟数字仿真的骨折手法复位与石膏外固定实训课程》获上海市一流本科课程。另根据教育部办公厅关于印发《国家级实验教学示范中心管理办法》的通知(高教厅〔2016〕3号)要求,中心于2022年度成立临床技能国家级实验教学示范中心(上海交通大学)教学指导委员会。

(龚丽鑫　邵　莉)

【本科招生保持优质生源】　2022年,教务处贯彻执行教育部高考改革精神,持续做好疫情影响下的本科招生宣传、录取工作。2022年本科招生规模持续扩大,普通高考本科实际录取新生796人,较2021年招生人数增加68人,增长9.3%。主要增加临床医学五年制专业,由2021年160人增至240人,增幅达50%。临床医学八年制(含法语班和口腔医学方向)共录取185人,其余本科专业611人。其中男生425人,女生371人。外省市生源占76%,少数民族85人。在上海市综合评价批和普通批(物理和化学组),录取分数线继续位列医学类高校首位,其中普通批高于上海市自控线100分。全国30个招生省市中,80%的省市临床医学类专业录取分数线高居综合性大学前五位。在保证生源数量增长的同时,实现了生源质量的保持优势。

医学院2022年本科招生各省市各专业录取人数

专业	京	津	冀	晋	蒙	辽	吉	黑	沪	苏	浙	徽	闽	赣	鲁	豫	鄂
临床(法)	1	1				1	1	1	23		3						
临床(八)	1	3	3	4	2	2	3	3	38	1	13	4	3	2	4	3	1
口腔(八)	1					1	1	1	11	2	3		1	1			3
临床(五)		6	14		3	3	1		6	22	16	24	8	5	9	29	3
临床(英五)	8	1					3		7		1						
儿科学				4	2		1	4	2		3				4	3	1
口腔		4	4			4			11		7		4		4		
预防(五)						1				10	1						11
预防(卫管)			3									3	2				
医学技术类									71	1			1				
医技(法)									20								
生医科	1	1	1	2		1	1	2	2	4	1	2	2	1	3	1	1
护理学				7	4									9			
合计	12	16	25	17	11	13	11	11	191	40	48	33	21	18	24	36	20

专业	湘	粤	桂	琼	渝	川	黔	滇	陕	藏	甘	青	宁	疆	港澳台	合计
临床(法)																31
临床(八)	4	4	3	2	4	1	3	5	2		3	1	3	1		126
口腔(八)						3										28
临床(五)			6	2	13	23	2	3	3	4	7	2	4	20	3	241
临床(英五)		8													9	37
儿科(5+3)	5							4	9			2		4	1	49
口腔(5+3)					4										3	45
预防(五)							5			2				9		39
预防(卫管)	12												1			21
医学技术类														2		75

（续表）

专业	湘	粤	桂	琼	渝	川	黔	滇	陕	藏	甘	青	宁	疆	港澳台	合计
医技(法)																20
生医科			1		1	3			2							33
护理学			8			4	11	4			4					51
合计	21	12	18	4	22	34	21	16	16	6	14	5	8	36	16	796

（杨　云　邵　莉）

【加强医学院临床教学基地建设】 2022年，教务处贯彻落实《国务院办公厅关于深化医教协同进一步推进医学教育改革与发展的意见》要求，切实加强高等医学院校临床实践教学基地建设。完成临床教学培训示范中心二期建设2022年度预算明细和申报文本，重点支持建设首批国家临床教学培训示范中心，将其纳入上海市高水平地方高校二期建设专项的重要内容，同步建设国家级临床教学培训示范中心培育建设单位2个，院级临床教学培训示范中心建设6个。对标国家临床教学培训示范中心要求，督促各中心结合专业建设自身特色，推进"一流教学基地"的同质化建设，持续有效推进各临床教学基地课程教材、题库、虚拟仿真实验教学项目、智慧教室、相关实训教具、实践教学、师资培养等建设，对各项目建设、经费预算、执行情况开展检查，推动项目顺利实施。2021—2022年共建设信息化平台18个，新建智慧教室9个，教室、会议室等升级改造数共55个；丰富临床教学资源，共培育建设课程123门，题库建设数量157个，获批各类医学院级课程52门，校级课程18门，省部级及以上课程13门，组织编写教材30本，参与教材编写39本，其中已出版教材（第一主编单位）11本。深化教学改革与研究，举办学术研讨会114场次，主办学习培训班近740场次，国外交流培训学习10人次，国内交流培训学习12 254人次，立项教学研究课题72个，获批各类医学院级教学研究课题40个，校级教学研究课题7个，省部级及以上教学研究课题数13个，发表教学文章169篇。

（张美娇　邵　莉）

【7项教学成果获上海市教学成果奖】 2022年，医学院共10项教学成果推荐申报上海市教学成果奖（本科），7项获上海市教学成果奖（本科），其中特等奖1项，一等奖5项，二等奖1项（详见附表）。另有2项教学成果获推申报2022年高等教育（本科）国家级教学成果奖。

2022年上海市教学成果奖获奖名单

序号	项目名称	成果完成人	获奖等级	所在学院
1	新时代复合型医学人才培养的探索与实践	范先群　胡翊群　邵莉　钮晓音　孙丽珍　周栋　贺婉青　郭晓奎　梅文瀚　胡伟国	特等	医学院
2	"立足本土、融合创新"引领下国际化卓越医学人才培养的改革与实践	邵莉　钮晓音　郦忆　狄文　王兆军　郑青　朱玫娟　王春鸣　孟超　沈理	一等	渥太华联合医学院
3	"新内涵"引领下卓越口腔医学创新人才培养体系的构建与实践	邱蔚六　周曾同　唐子圣　蒋欣泉　王丽珍　郑家伟　张丽莉　蔡鸣　严晓蕾　曹霞	一等	口腔医学院
4	医理协同，探索基础医学拔尖创新人才培养新模式	郭晓奎　王昊　钮晓音　胡翊群　洪梅　陈峰　叶曦　邵莉　程金科　戴佳颖	一等	基础医学院
5	合作·创新·服务——复合型卓越公共卫生人才培养体系的构建与实践	王慧　蔡泳　黄荣　邵莉　蒋雪琴　陆唯怡　潘梅竹　朱静芬　李井泉　贾方芳	一等	公共卫生学院
6	进阶·整合·浸润式临床教学新模式的构建和实践	胡伟国　龚震晔　邵洁　顾倩　史霆　王诗潇	一等	瑞金临床医学院
7	能力导向的进阶式基础医学实验教学体系建构与实践	顾鸣敏　郭晓奎　许伟榕　钮晓音　赵蔚　胡优敏　孙岳平　陈苏红　王昊　苏懿	二等	基础医学院

（张美娇　邵　莉）

【全力组织国家级一流本科专业建设点申报】 以国家一流本科专业建设为契机，协助各专业完善专业建设规划，健全专业动态调整机制，做好专业优化、调整工作，持续改进专业布局结构，持续加强专业建设，不断夯实基础，推进专业改革创新，加强师资队伍建设，改善条件，提升专业水平；根据《教育部高等教育司关于开展2021年度国家级一流本科专业建设点报送工作的通知》(教高司函〔2021〕16号)，结合全面落实“以本为本、四个回归”，努力培育以人才培养为中心的质量文化，提早谋划，全程参与，医学院教务处即协同检验系、儿科学院，积极筹划、全力组织一流本科专业申报工作。2022年跟进一流本科专业建设点评审工作，医学检验技术专业和儿科学专业入选第三批国家级一流本科专业建设点。

(张美娇　邵　莉)

【组织各级各类一流本科课程申报】 医学院持续加强课程内涵建设，制定2022年度一流本科课程教材建设申报指南，组织开展2022年度院级一流本科课程培育建设和申报系列培训。经过各学院、系部推荐申报，医学院教务处初审，专家组评议，立项建设线上一流课程建设项目、线上线下混合式一流课程建设项目、线下一流课程建设项目、社会实践一流课程建设项目、示范性全外语一流课程建设项目和教材建设项目共22项。在推进院内优质资源建设工作的基础上，积极组织对各类更高级别项目的推荐工作，组织一流本科课程申报培训。2022年，医学院“医学影像”等7门课程获上海高校市级重点课程立项，“外科学”等6门课程被认定为上海高等学校一流本科课程。

(张美娇　邵　莉)

【持续推进骨干教师教学激励计划】 2022年，持续深入实施本科教学激励计划，推动基础和临床骨干教师激励计划实施，形成“团队牵引、首席负责、全程激励、制度保障”的教学激励措施。制定《上海交通大学医学院临床骨干教师教学激励计划实施方案》(2022年修订)，督促各附属医院根据修订版实施方案，启动新一轮临床骨干教师教学激励计划建设规划工作。各附属医院共组建136个临床教学团队，获批各类医学院级课程27门，校级课程8门，省部级及以上课程8门，出版教材8本(第一主编单位)；获批各类医学院级教学研究课题21个，校级教学研究课题4个，省部级及以上教学研究课题数6个，发表教学文章66篇；教师获评的各类省部级及以上奖项或称号75人次。

(张美娇　邵　莉)

【教学计划管理和实施】 2022年共开设课程752门，其中选修课235门。调整思政课程教学计划，推进《习近平新时代中国特色社会主义思想概论》作为思想政治理论必修课，共计3学分、48学时，实现本科专业全覆盖。2022年春季学期，根据上海市教委和学校的防疫要求，教务处协同各二级学院启动线上教学预案。春季学期共计开课446门，完成教学课时数24 344学时。超星平台数据显示，共上线教师987人，教师登录次数13 796次，教师访问量为11 251 227次；共上线学生数5 333人，学生登录次数285 585次，学生访问量为69 197 493次。课堂发布活动3 713项，作业发放1 013项，作业批阅15 137项，测验考试发放488项，测验考试批阅数量1 378项，教师发回帖数3 331帖。为拓宽学生的知识面，增强学生对社会的适应能力，培养和完善复合型高校人才，教务处充分利用各高校优质的教学资源，积极组织上海高校课程中心“共享课程”、交大“好大学在线”、“智慧树”、“上海西南片高校跨校辅修专业学习”等线上课程报名选读工作。2022年春季学期，医学院共有205名同学参与“好大学在线”等慕课选课修读。受疫情影响，报名跨校辅修学生人数较往年有所减少。

(沈　理　钮晓音)

【教学竞赛成绩亮眼】 2022年，在第五届上海高校青年教师教学竞赛中，医学院1人获特等奖、2人获二等奖、2人获三等奖。在高校教师教学创新大赛中，袁晓玲获全国二等奖、上海市特等奖、校级一等奖，张旻获全国高校混合式教学设计创新大赛三等奖。

(沈　理)

【开展基层教学组织建设】 2022年，教务处积极响应教育部关于开展虚拟教研室试点建设工作，组织申报并获批国家级虚拟教研室2个。积极开展基层教学组织调研及优秀基层教学组织遴选工作，“上海交通大学口腔医学院口腔颌面外科学系”“上海交通大学医学院附属第九人民医院耳鼻咽喉头颈外科学教研室”等12个基层教学组织获评上海交通大学校级优秀基层教学组织称号。

(沈　理)

【加强课程思政建设】 2022年，医学院深入贯彻教育部《高等学校课程思政建设指导纲要》，落实上海市课程思政教学指南编制专项，完成首批立项临床医学类、口腔医学类、医学技术类课程思政指南。积极组织申报各级各类课程思政示范项目，“生殖系统(临床)”等7门课程获评为上海市课程思政示范课程，“机体防御与免疫”课程教学团队等6个教学团队获上海市课程思政示范团队称号，狄文、刘畅获上海市课程思政教学名师称号，另有上海市首届课程思政教学设计展示活动4项(本科3项、研究生1项)。此外，医学院获校级2022年本科课程思政示范课程培育项目12项，校级“课程思政建设”专项基金2项，另有8项被评选为院级本科课程思政示范课培育项目。

（沈　理　邵　莉）

【器官系统整合教材陆续出版】　2022年，教务处主持召开数次基础-临床器官系统整合课程建设与教材出版沟通会，《运动系统》《血液系统》及《免疫系统》3本教材已出版；其他7本教材（《内分泌系统》《神经系统》《循环系统》《泌尿系统》《呼吸系统》《消化系统》《生殖系统》）进入审校与出版号申请阶段。

（马　骏　蒋　益）

【274人免试直升研究生】　2022年，医学院2023届临床医学五年制及口腔医学五年制学生获一般推免资格125人，临床医学硕士专业学位推荐免试研究生资格（住院医师）84人；非临床医学专业学生获一般推免资格69人。最终一般推免194人全部落实接收单位。有158人落实在本校；落实在校外的包括北京大学和清华大学13人，复旦大学8人，中山大学4人，四川大学3人，同济大学3人，其他院校（浙江大学、中国科学技术大学、西安交通大学、上海中医药大学）5人。临床医学硕士专业学位推荐免试研究生资格（住院医师）84人，78人落实在本校附属医院，2人落实在复旦大学医学院附属医院，4人最终未落实推免接收单位。

（王　慧）

【制定校历】　2022年4月，教务处制定了2022—2023学年医学院校历。2022年10月，根据2022年10月18日第15次院长办公会讨论结果，为实现2023年春季学期和上海交通大学校本部同步开学，调整2023春季学期教学第一周从2023年2月20日提前至2月13日开始。本学年共计52周，其中春季学期19周、秋季学期19周、夏季学期2周、寒假5周、暑假7周。

（沈　理）

研究生教育

【概况】 2022年，研究生院贯彻落实立德树人根本任务，持续深化研究生教育改革，从招生方案优化、培养模式创新、教学资源建设、导师能力提升、学位点培优培育等方面切实提升研究生培养质量。

创新研究生招生方案。优化研究生招生结构，在稳定硕士研究生招生规模的基础上，稳步增加博士研究生招生数量。对接学科发展和人才培养需求，进一步调整和优化医学研究生招生结构，通过各项目建设、专项招生等契机，稳步增加博士研究生招生数量。完成博士生申请-考核制招生质量评估。依托第三方质量评估，通过定性和定量分析，对已实施5年的博士研究生申请-考核制招生实施成效进行分析和评价。开展面向医学教育领域专家、资深导师、一线教育管理人员、医院及用人单位，以及通过/未通过考核申请人的访谈工作，多维度、多视角地就申请-考核制招生流程、材料评审内容、实施成效和不足之处等方面进行总结，并结合招生数据，形成申请-考核制招生质量评估报告，为后续进一步完善申请-考核制评价体系提供依据。组织开展博士生致远荣誉计划优才夏令营，改变以往仅材料评审的单一模式，进一步提高优秀生源的选拔效率。修订研究生招生指标分配办法，促进学科发展和人才培养质量。在原有招生指标的基础上，新增科研成果转化(到账经费300万以上)和重大省级财政经费资助的科研项目(项目经费大于300万)招生指标计算参数，同时严格执行招生指标调减制度，明确“涉嫌学术不端”“撤稿论文”及“存在问题”学位论文的问责办法，进一步完善研究生招生指标动态分配机制。

推进创新型、复合型拔尖人才培养。持续推进致远荣誉计划，不断完善优质生源长周期国际化培养教育模式。分析总结首批致远荣誉计划博士毕业生培养质量，再次修订实施细则和管理办法，进一步加强培养过程管理，完善国内外双导师联合培养制度和质量保障体系。继续秉承专业学位研究生“临床与科研能力并重”的教育理念，进一步完善实践与研究融合培养模式。加强临床专科轮转制度建设，突出临床案例教学特色，联合浙江大学、南京医科大学和上海中医药大学等兄弟高校，编撰临床医学、口腔医学和中医学临床教学案例173例，以真实病例为引线，培养专业学位研究生的临床批判性思维，鼓励学生做中学、做中思、做中研，同时为长三角地区专业学位研究生临床教学资源共建共享奠定良好基础。以培养能解决临床复杂问题的跨学科创新人才为目标，强化多学科协同过程管理，构建产学研用一体化教育平台。依托医学技术学院，联合校部生物医学工程学院，创新课程“平台化”建设机制，合作建设医学技术学科交叉课程体系，并立项资助各亚专业如临床营养学、医学检验技术等专业的基础课程、教材和微课建设。

开展高质量课程思政建设。提升课程思政隐性教育价值内涵，以专业知识为载体，通过课程培育、师资培训和思政大赛，全面开展高质量课程思政建设。积极贯彻落实教育部全面开展高质量课程思政建设的精神，组织开展课程思政培育项目遴选，共立项资助建设《国际卫生保健》《高级健康评估》《内科学基础与进展(致远)》《老年医学新进展》《心血管病学基础与进展(致远)》及《临床研究的方法、设计与实施》等6门课程；邀请校部马克思主义学院资深教师，组织开展2022年度课程思政研习营，对课程思政培育项目的负责人和骨干教师进行逐一指导，就课程的政策引领、培养目标、教学设计、素材收集和教案书写等方面进行打磨与完善，全方位地提升教师的育人能力；联合教师工作部，组织开展2022年度研究生课程思政设计大赛，通过课程设计和课程素材评优活动，鼓励一线教师关注与提炼临床思政素材，探索研究生课程思政资源库建设。《普外科学基础与进展》和《免疫学基础与进展》课程及团队获得2022年上海市教育委员会研究生课程思政示范课程和课程思政示范团队。

健全研究生学术诚信监管机制。建设和完善《学术规范与医学伦理》公共基础课，建立一支来自科研与临床一线的高素质的课程师资队伍，共30名教师纳入课程师资培训项目。项目设理论学习、课程观摩、专题讲座等培训活动。充分挖掘附属医院丰富而生动的临床教学资源，运用临床真实案例不断优化课程模块，初步建立适合师生小班化讨论的教学案例库。以诚信教育为主体，监管平台为保障，构建研究生学术诚信教育和管理体系。以附属第六人民医院为试点，启用研究生电子实验记录系统，通过对多种实验仪器数据进行连接，实现多种仪器的实验原始数据保存及可追溯、实验数据层级管理等功能，进一步完善研究生学位论文及其发表学术论文的原始实验数据监管平台建设。

研制多元评价的研究生导师选聘体系。贯彻《深化新时代教育评价改革总体方案》(中发〔2020〕19号)和科技部等十部门联合发布的《关于组织开展科技成果评价改革试点工作的方案》(国科发政〔2021〕334号)精神要求，完成《上海交通大学医学院研究生指导教师选聘规定》(交医研〔2022〕7号)修订工作，分别制定临床学科、基础学科、公共卫生与预防医学和护理学的导师选聘规定；建立分类指导、多元评价的研究生导师选聘体系，落实破除科技成果评价"四唯"，合理设置重大成果的评价权重，实行代表性成果评价，着重评价成果的原创性、突破性和应用性。2022年共接受97名博士生导师申请人和153名硕士生导师申请人的选聘申请；3名临港国家实验室教授兼聘博士生导师；按照上交医-健康医学院合作协议，另接受上海健康医学院3名老师申请选聘博士生导师、10名老师申请选聘硕士生导师。

建立研究生导师考核体系。以立德树人为根本任务，以研究生培养质量为核心，探索"导师为第一责任人"的权责机制建设。完成《上海交通大学医学院研究生指导教师动态考核管理办法》(交医研函〔2022〕18号)修订工作。

制定研究生培养方案。为支持医学技术学科发展，拟定医学技术博士、硕士研究生培养方案，完成2022年医学技术研究生招生工作。2022年度共录取博士研究生5人，硕士研究生8人，涵盖医学影像、医学检验、听力与言语康复等学科。

推进学位点培优培育专项计划。借助医学技术学位点获学位点培优建设专项、公共卫生博士专业学位点拟增博士学位点培育建设专项支持契机，推进两类学位点年度建设目标和建设内容。完成2个学位点培优、培育专项年度质量监测与评价工作(中期检查)。根据国务院学位办研究生教育学科专业目录调整和上海市学位委员会要求，完成医学技术博士专业学位授权点对应调整申报工作。

开展医学中心专项研究生招生培养工作。充分发挥医学院在生物医学前沿、临床医学、公共卫生与全健康领域教育教学、科技创新和成果转化的优势，依托医学基因组学国家重点实验室、癌基因与相关基因国家重点实验室、国家代谢性疾病临床医学研究中心、国家口腔疾病临床医学研究中心、国家眼部疾病临床医学研究中心、国家儿童医学中心，以及国家热带病研究中心和全健康研究中心等多个重点科研项目及科研平台，完成海南国际医学中心专项研究生招生，共招录博士研究生20人，硕士研究生40人，涉及基础医学、临床医学、口腔医学及公共卫生与预防医学等学科。该专项研究生根据医学院各学科研究生培养方案已进入课程学习和课题研究阶段。

提升研究生培养质量。构建博士生毕业质量评价体系，多维度、全方位调查博士研究生在学期间和毕业后2年内所发表学术论文、获人才项目、科研项目、申请专利、各类奖项，以及就业单位等情况，以评估医学院各学科博士生培养质量和就业质量，进一步强化导师作为研究生培养第一责任人意识。本次调查共涉及2019—2020届两届博士生876人，其中有效反馈率达90.8%。通过对毕业生培养各指标赋值评价，结合学生就业和学工奖项情况，以各附属培养单位和导师为主体、不同培养方式和衡量评价模式等多种形式呈现博士生培养内涵质量，为学校后续进一步完善教育教学政策、提升人才培养质量和加强导师队伍建设提供数据支撑。

(冉令香)

【完成研究生招生工作】 2022年，医学院共招录硕士研究生1 122人(其中学术学位675人，专业学位447人)，博士研究生713人(其中学术学位566人，专业学位147人)。其中推荐免试博士研究生(直博生)170人，并择优选拔优秀生源32人纳入博士生致远荣誉计划培养。受新冠病毒疫情影响，2022年硕士、博士研究生复试全部采用网络远程形式。2022年组织研究生在线复试500余场，顺利完成本年度研究生招生工作。

（冉令香）

【调整临床医学学术学位硕士研究生入学考试命题】 2022年，根据学校和学院招生政策，经医学院研究生招生工作领导小组讨论，硕士研究生入学考试临床医学学术学位（专业代码1002开头）专业及下设各研究方向业务课考试科目统一采用“306临床医学综合能力（西医）”，不再使用“765临床医学基础综合”。考试命题调整后，临床医学学术学位和专业学位业务课考试科目一致，极大程度降低考生备考负担，有利于优秀生源选拔。

（冉令香）

【加强研究生课程建设与质量监督】 2022年度，研究生院共资助建设专业课程7门、微课4门、教材3本；顺利完成本年度121门研究生课程的日常运行管理，充分保障了同步在线授课的教学质量和部分学生在线考核；完成“大数据与生物信息学（致远）”“儿童保健学”“医学统计与临床研究（致远）”“口腔颌面外科进展”“肿瘤代谢”“肿瘤基础与临床转化医学”“重症医学的基础理论和模拟实训”和“学术规范与医学伦理（案例讨论课）”等8门新开课程的专家听课督导。

（冉令香）

【完善专业学位研究生实践与研究融合培养模式】 2022年，研究生院加强临床专科轮转制度建设，突出临床案例教学特色，联合浙江大学、南京医科大学和上海中医药大学等兄弟高校编撰临床医学、口腔医学和中医学临床教学案例173例，为长三角地区专业学位研究生临床教学资源共建共享奠定了良好基础。在医学院临床研究中心大力支持下，完成专业学位博士生临床科研轮训项目，持续提升研究生的临床科研理论水平、实践能力、团队领导力与合作精神。总结2013年以来专业学位博士生教育举措与改革成效，形成“构建实践与研究并重的医学博士专业学位研究生教育新模式”课程，获2022年上海市教学成果特等奖。

（冉令香）

【完善优质生源长周期国际化培养教育模式】 2022年，研究生院分析总结首批致远荣誉计划博士毕业生培养质量，再次修订实施细则和管理办法，进一步加强培养过程管理，完善国内外双导师联合培养制度和质量保障体系。经5年探索和不断完善，目前已基本完成“致远荣誉计划”博士生培养体系建设。作为校部“博士生致远荣誉计划”培养的重要组成单位，与校部共同申报的“建博士拔尖培养体系，育国际一流创新人才”获2022年上海市教学成果特等奖。

（冉令香）

【做好研究生国际交流项目】 年内，研究生院顺利完成2022年国家留学基金委（CSC）国家建设高水平大学公派研究生项目申报，7名博士生获得海外联合培养资助资格，18名硕士生获得赴海外攻读博士学位资助资格。遴选并资助17名医学院研究生赴境外进行长、短期访学。受疫情影响，6名学生参加海外高校线上课程项目。

（冉令香）

【严格落实学位论文评审制度】 2022年，研究生院加强对延期、结业转毕业、在职攻读、留学生及同等学力学位论文评审力度，重点关注上一年度“存在问题”论文导师所指导的研究生学位论文质量。本年度共完成524名博士、956名硕士答辩前抽检及双盲评审工作，博士学位论文抽检及重点盲审比例达34.2%。

（冉令香）

【开展研究生导师岗位培训】 2022年，研究生院联合党委教师工作部、学生工作指导委员会开展2021年新聘研究生导师“上海交通大学医学院教师思想政治与教育教学能力培训”，并组织新聘导师和校本部在岗导师开展专场培训，涵括师德师风、学术诚信、研究生教育政策、导学关系等内容。2022年度共193位导师获得培训合格证书。

（冉令香）

【概况】 2022年是继续教育学院“三步走”实施方案步入总结之年。在三年转型发展实践的基础上，继续教育学院持续推进新体制机制运行，逐步迈入凝练品牌、内涵式发展的新阶段。学历继续教育自2022年停止招生。目前在籍学生总数为9944人，其中本科生9172人，占92.24%；专科生772人，占7.76%。全年毕业总人数5349人，其中本科生3456人(占64.61%)，授予学位150人。学历教育稳步有计划地介入非学历教育，转型发展取得实质性成果。非学历教育培训办班76个，培训学员6300余人次，积极推动非学历教育平台建设。医学继续教育项目共获得批准190项。截至2022年12月底，医学院共举办222个继续教育项目培训班，学员达21775人。成功申报上海市高水平地方高校建设项目中卓越医学创新人才培养子项目——加强高质量医学在线教育教学资源建设，再次获得立项经费支持。

落实规范办学管办分离体制机制要求。按照教育部文件要求实行“管办分离”原则，对非学历教育实施归口管理。经2022年医学院第4次院长办公会议、中共上海交通大学医学院第十一届委员会第9次党委常委会会议(扩大)讨论通过，成立继续教育管理委员会，负责把关医学院非学历教育办学方向及定位、非学历教育相关重大政策、制度等内容。以医学院及所属机构名义举办的非学历教育，均纳入继续教育管理委员会及办公室统一管理。继续教育管理委员会主任由医学院分管继续教育的领导担任，成员包括相关职能部处、二级学院、附属医院分管领导等。继续教育管理委员会下设办公室，归口管理医学院非学历教育。主任由院长办公室主任兼任。新修订发布《上海交通大学医学院非学历教育管理办法》(沪交医继〔2022〕7号)，明确了以继续教育学院为非学历教育办学主体，各二级学院、部门及附属医院以专业、师资和资源等方式支撑继续教育学院办学，合作协同发展。

非学历教育体制机制改革取得成果。非学历教育自设立培训中心运行新机制以来，新成立11个培训中心，实行培训中心主任负责制，聚焦不同领域拓展教育培训市场。克服疫情形势带来的不利影响，截至11月底，非学历教育培训办班76个，培训学员6300余人次，基本与2021年持平。努力推动平台建设，完成上海市卫生监督实践基地、VR基地1期建设，制作VR模拟课件4套，以及配套教学课件170余个，并通过了上海市教育评估协会组织的专家验收；持续推进“交医在线”平台建设，非学历在线学习平台在疫情期间发挥在线培训功能；连续三年中标“深圳市公立医院后备人才培训班”项目；开办了“临床研究与成果转化综合素养能力提升高级研修班”“医学专业教师教学能力与核心素养提升研修班”等多个具有社会影响力的公开课项目。

医学卫生类职业培训取得突出成效。受国家卫生健康委人才交流服务中心委托，成立护士执业资格考试试题开发基地，圆满完成年度护士执业资格考试等3个试题开发任务。2022年，参与制定了上海市公共卫生三年行动计划中上海市省级首席卫生监督员培养项目的整体计划，确定了理论、实践导师的双导师带教制度，探索了高等级卫生监督人才培养可持续发展的培养路径。连续承办新任卫生监督员岗前培训、首席卫生监督员培训等卫生监督系列集群培训项目，培训成效得到上海市卫生健康委卫生监督处的充分肯定。完善营养专业人才全链条培养体系建设，获批国家营养指导能力培训试点机构，开展营养指导能力提升培训班，培训学员近300人次。联合临床营养系开展注册营养师补修学分课程班——国家级继续医学教育项目。与国药集团国润医疗供应链服务(上海)有限公司签署联合培养合作协议，启动了医药健康从业人员专业化培训项目。联合医学技术学院对100名企业高管开展医学检验专业化培训。针对高质量母婴照护从业人员培养需求，研发开展了包括产后康复技能、母婴护理管理、母婴护理机构运营管理等内容的3个项目、7个班次的培训，培训学员309人。持续开展心理疗愈管理师、医务人员心理及职业素养提升、企业员工EAP心理疏导与培训等培训，为社会学员提供科学、优质的心理常识与技能培训，并结合疫情开展针对性心理疏导技能实操。联合上海市黄浦区精神卫生中心共同申报上海市心理卫生服务行业协会心理咨询从业人员实习培训基地。

坚持规范高质量办学要求。根据教育部要求，自2022年4月教育部停止组织网络教育国家统考课程，由各高校自行组织。因疫情原因，2022年学历教育采用全国统一的线上考试，实施“双机位”监考形式，保证了考试规范有序进行。8月和11月共组织两次大规模统考课程考试，涉及6 658科次，缺考率为7%。统考平均通过率约为75%。年内，共安排线下课程考试149场，累计16 000余科次。线上课程考试308场，考生103 253人次。组织学位课程考试两次，累计考生2 438人。严抓毕业论文质量，重点加强学生论文撰写指导和学术诚信教育。根据教育部要求，完成2021—2022年获得学士学位的毕业生论文抽检工作。2022年开始实施毕业论文查重100%全覆盖。加强非学历教育项目从立项到实施全过程的闭环管理，对非学历线上培训项目、线下培训项目进行督导。2022年完成口腔医生成长营等3个培训项目的督导工作，总体反馈良好，督导专家对项目实施及课程设计等方面提出了建设性意见。

推进在线教学资源规范化建设和师资库建设。初步确立了非学历教育在线教学资源建设标准，以市场需求为导向，根据培训目标、课程性质、使用要求等，制定微课程、小课时、标准课时三类教学资源的建设标准，明确资源使用程序。录制各类培训课程项目11个，共计256.5学时，其中拍摄视频7个，共计52学时。新增或更新学历教育在线题库共计160余门课程。完善“医学教育、医院管理、医学技术、科研管理、人文社科、社区医疗、政策法规和大健康热点”等8大模块的师资储备，累计500余门课程、400余位优秀师资，为后续开展高层次、复合型培训项目做好储备。

医学继续教育项目申报与管理。2022年医学院申报继续医学教育国家级项目190项(未含备案项目和基地项目)，医学院本部新申报4项。截至12月底，共举办351个项目学习班，学员33 781人，其中副高及以上10 244人，中级15 527人，初级7 956人，乡村医生54人，其中西部12省(区、市)2 597人，基层单位4 529人。

发挥教育技术优势，服务医学院医教研管。2022年，为邱蔚六院士、戴尅戎院士、田厚生教授、胡庆澧教授、丁文祥教授等拍摄并制作“口述院史”五集；协助拍摄70周年院庆校友会“云”返校系统上线仪式；拍摄医学院党委副书记吴正一致福建、陕西等地的校友会70周年院庆祝贺视频；协助医学院多个部门拍摄制作校庆祝贺视频；协助附属同仁医院录制建院70周年诗歌朗诵；拍摄院史馆新馆典礼、制作院史馆游览语音讲解等。在院庆活动当日拍摄“重要校友座谈会”并制作视频音频文件等。协助拍摄录制、线上直播全科医师转岗培训、执业药师培训、公共营养师规范化培训、临床护理人员科研与创新能力培训、云南曲靖市医院管理人员管理能力提升培训等多个培训课程。申报《医患关系沟通》《孕产期心理自我保健》国家级优秀终身教育课程两项。

开展公益培训服务社会。注重立足高校服务社会，扩大医学院继续教育品牌影响力。针对疫情常态化管理期间社区健康需求，开展公益科普进社区、在线公益讲座等多形式的公益培训。上半年疫情管控期间，在线组织开展4场“医路公益”系列讲座，覆盖听众共300余人次，为广大居民保持健康心理状态和建立科学饮食习惯，构筑免疫屏障提供了支持帮助。下半年，以送教上门的形式为浦东新区居民、社区志愿者等人群提供心理减压、幸福生活、健康心理、亲子关系沟通、情绪调节等为主题的系列公益讲座。上述公益培训项目均取得了良好的社会效益。

加强继续教育研究和交流。深入开展继续教育实践与研究，改革创新继续教育高质量发展。承担的中国成人教育协会“十四五”成人继续教育科研规划2021年度重点A类课题“服务全民终身学习要求下高校继续教育高质量发展研究”顺利结题，相关论文在《成人教育》(北大核心期刊)2022年第12期发表；《以严格规范推动校外教学点治理体系和治理能力现代化》一文于2022年4月22日在教育部网站

“专家解读”专栏发表，并被《中国教育报》《中国远程教育》等报刊和中教全媒体全文转载；《高校非学历教育市场人员岗位胜任力及激励机制研究——以S校为例》课题申报获得上海市远距离高等教育学会2022年度高等继续教育规划课题立项。2022年7月，继续教育学院院长王福胜在温州举办的全国医学院校继续教育工作研讨会上作“医学院校继续教育改革与发展”主旨报告。参加教育部学历继续教育标准建设项目专家论证，成为上海市高校全民终身学习分类评价指标项目组成员与评审专家等。

所获荣誉。《医学免疫学》课程获上海市高等学历继续教育优秀在线课程一等奖。《构建继续教育“大思政”育人体系的探索与实践——以上海交通大学医学院继续教育学院为例》案例入选上海高校继续教育课程思政和思政教育优秀案例。孙晓瑛、黄瑜婷等8名同学被评为2022年上海市成人高校优秀学员，其中孙晓瑛被评为2022年上海市成人高校十大学习标兵。钮晓音、王也飞、叶福林等3人被评为2021—2022年度上海市成人高校优秀教师；陈栋、戴丽、王晓鸣等3人被评为2021—2022年上海市成人高校优秀班主任；张湘燕、顾国玉、张萍等3人被评为2021—2022年度上海市成人高校优秀管理工作者。

（张湘燕）

科学研究

科学研究

【概况】 2022 年，医学院获各级各类科研项目(课题)2 520 项，合同总经费 156 678.316 694 万元。其中立项纵向课题 2 046 项，经费 140 840.02 万元；附属单位院所基金、其他纵向合作课题、学会课题和横向课题 474 项，经费 15 838.296 694 万元。在纵向课题中，获得科技部各类项目及课题 59 项，总经费 45 918.12 万元，包括国家重点研发计划重点专项项目 14 项，课题 37 项，经费 39 309 万元；国家科技创新 2030 重大项目立项 7 项，课题 1 项，立项经费 6 609.12 万元。获得国家自然科学基金项目 781 项，经费共有 45 906.54 万元。其中，重大项目 1 项，项目负责人范先群，经费 1 199.33 万元；国家杰出青年科学基金 6 项，项目负责人分别为张冰、叶静、邹强、李跃华、岳冰、王红霞，经费 2 400 万元；国家重大科研仪器研制项目 1 项，项目负责人薛蔚，批准经费 832.48 万元；重点项目 15 项，项目负责人分别是张健、李保界、陈赛娟、卜军、洪洁、杨军、刘军、程金科、王锋、张志刚、任瑞宝、陈万涛、余健秀、姚志荣、王振，批准经费共 3 940 万元；重点国际合作研究项目 1 项，项目负责人付成来，批准经费 250 万元；重大研究计划集成项目 1 项，项目负责人苏佳灿，经费 500 万元；联合基金重点支持项目 6 项，胡耀敏、李佩盈、骆艳丽、孙晓东、李璞、周永分任项目负责人，批准经费共 1 530 万元；优秀青年科学基金项目 2 项，项目负责人为曲新华、金浩杰，批准经费合计 400 万元；重大项目-课题 4 项，项目负责人范先群、陈国强、潘秋辉、罗艳，总经费 1 189.73 万元；面上项目 363 项，批准经费 18 992 万元；青年科学基金项目 358 项，批准经费 10 660 万元；外国学者研究基金项目 2 项，批准经费 320 万元；重大研究计划培育项目 3 项，陆炎、郭滨、刘建军分别担任项目负责人，批准经费 200 万元；联合基金培育项目 1 项，项目负责人贾伟涛，批准经费 49 万元；组织间合作研究项目 1 项，项目负责人范建霞，批准经费 1 500 万元；合作交流项目 2 项，项目负责人周永军、殷霞，批准经费 25 万元；原创探索项目 2 项，项目负责人为房静远、刘瑞欣，批准经费 500 万元；科学部综合研究项目 11 项，袁逖飞、骆江云、何勇宁、孔德平、陈丰原、瞿洪平、陈德昌、夏强、李斌、陆舜、王颖分别作为项目负责人，批准经费 1 394 万元；专项项目 1 项，项目负责人孙万驹，批准经费 25 万元。

中国科技信息研究中心 2022 年对 2021 年〈SCIE〉科学引文索引(扩大版)、〈EI〉工程索引、〈CPCI－S〉科学会议录引文索引及中国科技统计源期刊统计显示，医学院在〈SCIE〉被收录的论文 4 990 篇，论文数继续保持上升趋势。

2021 年各附属单位(含研究所)论文发表被收录情况统计表

单位	SCIE(四大类)	EI	CPCIS	中文
瑞金医院	860(858)	37	6	494

（续表）

单位	SCIE(四大类)	EI	CPCIS	中文
第九人民医院	812(812)	126	1	614
仁济医院	741(709)	71	3	367
第六人民医院	556(538)	88	2	456
新华医院	466(461)	21	1	406
第一人民医院	447(436)	0	0	287
胸科医院	340(248)	10	0	119
儿童医学中心	210(202)	0	0	225
精神卫生中心	152(147)	0	4	123
儿童医院	124(121)	0	0	184
国妇婴	115(111)	0	0	38
公共卫生学院	70(67)	10	0	7
基础医学院	62(60)	0	0	13
护理学院	23(21)	0	4	123
同仁医院	6(3)	0	0	0
全球健康学院	5(5)	0	5	83
临床研究中心	1(1)	1	0	0
总计	4 990(4 800)	364	26	3 539

2022年医学院获得各级科技成果奖94项(第一完成单位),高等学校科学研究优秀成果奖10项(其中一等奖5项);上海市科学技术奖17项(其中一等奖10项,青年科技杰出贡献奖1人);中华医学科技奖6项;华夏医学科技奖8项(其中一等奖1项);中国抗癌协会科技奖1项;中国康复医学会科学技术奖4项(其中一等奖1项);中国海洋科学技术奖一等奖1项;上海医学科技奖31项(其中一等奖5项);上海科普教育创新奖15项;上海市抗癌协会科学技术奖1项。

基地平台建设。完成国家重点实验室重组工作,同时执行专项经费的实施和管理,按时报送年报信息。对已申报8个领域拟建临床医学研究中心分别予以50万培育经费支持。本年度国家口腔疾病临床医学研究中心完成科技部、国家卫生健康委、中央军委后勤保障部、国家药监局对第三批在建中心的运行绩效评估,获得“优秀”等级。协助国家国际科技合作基地——转化医学国际联合研究中心梳理归纳建设成果、年度报告形式审查。年内医学院获批立项部委级基地2个,先天性心脏病诊治技术与器械教育部工程研究中心获教育部立项支持,生物医药临床研究与转化协同创新中心获教育部省部共建协同创新中心认定。以《医药基础研究创新中心建设方案(试行)》为指导,筹建视觉系统疾病教育部医药基础研究创新中心,构建“临床需求牵引、基础研究突破、临床转化应用”一体化研究实体。中心已完成组织构建、研究方向凝练、团队整合,建设方案已获教育部认可。后续将密切关注教育部医药基础研究创新中心申报进程,做好筹备工作。按教育部要求启动“十四五”教育部重点实验室新建申报工作,通过遴选,已向教育部推荐麻醉医学教育部重点实验室参与本次申报,现已完成实验室新建评审答辩。细胞分化与凋亡教育部重点实验室顺利完成教育部第二轮评估,获评“优秀”等级;完成重点实验室年报填报。组织完成委级重点实验室“十三五”评估工作,医学院系统4家实验室均顺利通过评估。其中,内分泌代谢病重点实验室获评“优秀”等级,其余均获评“良好”等级。通过“上海交通大学医学院重点平台基地培育支持计划”,支持新增上海市重点实验室筹建工作。顺利完成上海市胰腺肿瘤转化研究重点实验室(瑞金医院)、上海市消化道微生态及重大疾病研究重点实验室(第九人民医院)筹建立项。现医学院系统共有上海市重点实验室29个。组织开展生物医药领域上海市重点实验室布局指南征集工作,系统内29家在建上海市重点实验室及31家拟建上海市重点实验室完成指南填报;完成生物医药领域上海市重点实验室指南布局汇编工作。组织上海市儿科临床分子诊断重点实验室(儿童医学中心)、上海市呼吸传染病应急防控与诊治重点实验室(瑞金医院)对筹建期的建设任务进行全面梳理,总结建设成果及成效,凝练研究方向及目标,填写《重点实验室建设总结报告》及相关材料,提请上海市科委对基地进行验收。组织开展上海市临床医学研究中心(第四批)申报工作,推荐申报肾脏疾病(仁济医院)、整形修复(第九人民医院)两个临床医学研究中心,已完成项目评审答辩。年内,获批立项上海市专业技术服务平台3个:上海市口腔-颅颌面数字化技术研发与应用专业服务平台(第九人民医院)、上海市眼部疾病临床综合评价技术平台建设(第一人民医院)、上海市医用人工替代物交互界面力学行为和技术专业技术服务平台(仁济医院)。完成4项医学院“各级基地创新团队建设与培育基金”立项工作。编制高水平地方高校建设项目-临床研究能力提升计划年度预算,完成智慧医疗研究院、癌基因分子医学研究院、生命早期健康研究院、微血管与神经研究院、代谢与再生医学研究院、儿科医学临床研究院、精神疾病诊疗技术研究院、儿童感染免疫与重症医学研究院、出生缺陷与罕见病临床研究院、胸部肿瘤研究院共计10个临床研究院第二期第二年度建设经费下拨及相关过程管理。重点推进上海市运动系统退变与再生前沿科学研究基地通过市教委评审认定，纳入正式建设序列。组织两个基地完成2021年年报申报；协助基地完成年度预算申报，获批到位教委2022年度建设经费576.93万元。强化Ⅳ类高峰学科建设全过程管理，完成Ⅳ类高峰学科2021年度进展报告，协助完成2023年度预算填报工作及50万以上大型仪器设施论证工作，组织精准医学研究院顺利完成Ⅳ类高峰预算评审；协调并会同学科规划处、人事处、财务处完成市教委对精准医学研究院现场调研任务。开展第3批及第1—2批延期的多中心临床研究项目结项验收工作，客观评价多中心临床研究项目的建设成效，验收材料全部提交完成，进入专家评审阶段。确定上海交通大学生物安全三级实验室整体建设规划，完成《高等级病原微生物实验室建设审查申请书》编制，方案已通过科技部初步论证；梳理相关科学研究成果及获奖清单，通过《实验室管理团队组成文件》等相关管理文件，制定《实验室安全手册》等程序性文件；完成《项目环境影响报告书》并获得审批。

（李贺轩）

【发现结直肠癌特异的细菌-真菌互作新机制】 上海交通大学公共卫生学院教授王慧联合同济大学教授朱瑞新、中国科学院上海营养与健康研究所教授张国庆、复旦大学教授陈兴栋和中山大学附属第六医院教授朱立新团队整合了全球8个国家/地区的结直肠癌队列共1368例标本的宏基因组数据，不仅发现了可用于结直肠癌诊断的单界别微生物菌株标志物（27个细菌、20个真菌、20个古菌和21个病毒物种），还首次发现了准确性更高的多界别最小核心菌群（11个细菌、4个真菌和1个古菌），此外，通过宏基因组功能预测，结直肠癌患者肠道菌群的D-氨基酸代谢和丁酸盐代谢水平显著升高。该研究不仅揭示了不同地域人群中普遍存在的结直肠癌特异的微生物标志物，同时验证了四界微生物组作为结直肠癌诊断辅助工具的可行性，并进一步提出了微生物及其相关功能基因作为治疗结直肠癌潜在靶点的可能性，为结直肠癌早期诊断和预后评估提供了基于微生物及其功能标志物的新方法和新思路。文章于1月发表于《自然微生物》（*Nature Microbiology*）。

（李贺轩）

【乳酸脱氢酶A(LDHA)在巨核细胞分化和血小板生成中具有重要作用】 医学院刘俊岭团队副研究员樊雪梅构建了巨核细胞/血小板特异性LdhA敲除小鼠，发现LdhA敲除小鼠的血小板数量增加，巨核细胞成熟和前血小板生成显著加快。LdhA敲除虽然使糖酵解产物乳酸的产生大大降低，但其在巨核细胞成熟和血小板生成中的作用并不依赖于乳酸。研究表明，LDHA与细胞质中的真核翻译延伸因子2(eEF2)相互作用，抑制eEF2参与核糖体的翻译，并且其相互作用依赖于LDHA辅酶——NADH。NADH竞争性LDHA抑制剂可将eEF2从“LDHA池”中释放出来，更多eEF2定位到核糖体，上调翻译，促进巨核细胞成熟和血小板的产生。此外，研究人员发现不仅单独使用stiripentol可促进体内外血小板的产生，stiripentol与临床特发性血小板减少性紫癜治疗药物romiplostim联合使用也大大增强了romiplostim促血小板产生的能力。本研究揭示了LDHA的新功能和作用机制，并可能作为血小板减少症治疗的潜在靶点。文章于2月发表于《血液学》（*Blood*）。

（李贺轩）

【间质细胞与巨噬细胞可能形成的墙壁样结构是阻滞T细胞浸润的关键】 医学院上海市免疫学研究所苏冰团队和叶幼琼团队运用单细胞多组学、空间转录组测序及免疫荧光成像等手段解析结直肠癌的肿瘤微环境，发现FAP^+成纤维细胞和$SPP1^+$巨噬细胞在结直肠癌中显著浸润并和不良预后及肿瘤免疫治疗耐受相关；同时在肿瘤边界区域附近，发现二者相互作用形成“墙壁”样细胞外基质屏障，阻滞细胞毒性T淋巴细胞，使其无法浸润肿瘤核心，从而提出肿瘤免疫治疗耐受的新机制；该成果也为针对肿瘤边界的新型靶向治疗提供新策略。这一研究阐释了结直肠癌的“冷”肿瘤特性，提出间质细胞与巨噬细胞可能形成的墙壁样结构是阻滞T细胞浸润的关键。这一研究成果对指导免疫治疗不敏感的结直肠肿瘤用药具有指导意义，且靶向间质与巨噬细胞相互作用形成的墙壁样结构在临床上具有广泛的适用性。文章于4月发表于《自然通讯》（*Nature Communications*）。

（李贺轩）

【开发了一种可用于高灵敏活体生物成像的聚合物拉曼探针poly(indacenodithiophene-benzothiadiazole)(IDT-BT)】 上海交通大学基础医学院教授肖泽宇课题组通过聚合物分子结构调控，筛选获得了一个吸收波长与近红外激发波长具有合理相对位置的IDT-BT聚合物探针。该IDT-BT探针的激发波长选用不与吸收波长重合的非共振激发光，确保了探针的拉曼信号不会被自身产生的荧光所干扰；同时该探针吸收波长与激发波长之间具有最佳距离，使得IDT-BT探针能够产生强的预共振拉曼信号。该探针克服了传统有机聚合物材料受荧光干扰难以产生高灵敏拉曼信号的瓶颈，实现了活体中对小鼠结肠癌模型中微小转移肿瘤成像，达到了与SERS探针相当的空间分辨能力；并且实现了无创的微小血管成像。该项研究工作突破了目前拉曼探针对金属基底的依赖，为发展生物相容性好、可代谢的高灵敏度聚合物拉曼探针提供了新思路。文章于3月发表于*Small*。

（李贺轩）

【**发现非氧化磷酸戊糖途径调控 Treg 功能**】 基础医学院生化与分子细胞生物学系教授童雪梅课题组、上海市免疫学研究所研究员李斌课题组和复旦大学附属华山医院/脑科学与转化研究院研究员杨辉等联合发现调节性 T 细胞(Treg)特异性敲除转酮醇酶(TKT)的小鼠出生 3 周后发生严重自身免疫性疾病,并且在断奶之后相继死亡,其表型与缺失 Foxp3 基因的小鼠相似。研究进一步发现,敲除 TKT 在不改变 Treg 数目和转录因子 Foxp3 水平的情况下抑制 Treg 的免疫抑制功能。其机制是,TKT 缺失导致 Treg 的 NADPH 减少和氧化应激增加,葡萄糖进入线粒体氧化减少,脂肪酸氧化增加,氨基酸分解代谢显著增强,分解代谢重构使线粒体功能受损。同时,被氧化应激和线粒体损伤诱发的还原性三羧酸循环使 α-酮戊二酸/琥珀酸及 α-酮戊二酸/富马酸比率降低,DNA 甲基化增加,抑制 Treg 特征性功能基因表达,导致其免疫抑制性功能丧失。研究发现非氧化磷酸戊糖途径中的转醛醇酶(TAL)对维持效应性 Treg 特征性功能基因表达也不可或缺。此外,在自身免疫性病人外周血 Treg 细胞中,TKT 水平显著降低。此研究首次揭示非氧化磷酸戊糖途径整合三大营养物质代谢和表观遗传修饰从而控制 Treg 功能,将为通过调控 Treg 功能防治自身免疫性疾病和其他免疫相关疾病提供新思路。文章于 5 月发表于《自然代谢》(*Nature Metabolism*)。

(李贺轩)

【**发现 tRNA-m1A 修饰是 $CD4^+$ T 细胞增殖调控的新型"翻译检查点"**】 医学院上海市免疫学研究所研究员李华兵及合作团队通过综合分析多组学测序结果,锚定了 tRNA 上第 58 位腺嘌呤的甲基化修饰(m1A58)的合成酶—TRMT61A,构建了 T 细胞中特异性敲除 TRMT61A 的缺陷鼠,开展了一系列体内外生物学研究。发现 m1A58 合成酶 TRMT61A 的缺失会显著降低 T 细胞在激活后早期应激基因的翻译效率,导致 $CD4^+$ T 细胞快速扩增受阻,从而在小鼠过继转输性结肠炎模型中表现为可减轻 $CD4^+$ T 细胞介导的肠炎,并且这一过程部分依赖于对转录因子 MYC 的翻译调控。tRNA 的作用、tRNA 的修饰和密码子使用的选择性等研究在 T 细胞领域极少涉及,这项工作首次将 tRNA 修饰与 T 细胞的功能变化连接起来,系统性地探究了 $CD4^+$ T 细胞扩增过程中控制翻译进程的具体机制,发现细胞对 tRNA 的次序使用及其修饰对 $CD4^+$ T 细胞功能的正常发挥有着重要的影响。区别于李华兵以往阐明的 METTL3 介导的 m6A 修饰是 $CD4^+$ T 细胞激活的"转录检查点"功能,这项研究表明 TRMT61A 介导的 tRNA-m1A58 修饰可作为 $CD4^+$ T 细胞增殖调控的新型"翻译检查点",将为临床上改造 $CD4^+$ T 细胞功能提供一种新的 RNA 表观遗传调控策略。文章于 9 月发表于《自然免疫学》(*Nature Immunology*)。

(李贺轩)

【**揭示刻板重复行为调控情绪的神经环路机制**】 上海交通大学基础医学院、国家医学儿童中心(上海)儿童脑科学中心黄菊团队发现位于中脑的内侧脑桥旁核(MPL)中的兴奋性生长抑素(SST)神经元介导小鼠的自我理毛行为并编码奖赏。光纤钙信号记录显示 MPL^{SST} 神经元具有与理毛行为强相关的神经元活动,参与理毛行为的启动和维持。研究人员发现,抑制 MPL^{SST} 神经元不仅显著减少小鼠压力诱导的重复自我理毛行为,还损害应对压力刺激的焦虑缓解能力。激活 MPL^{SST} 神经元则显著关联正性情绪效价,产生奖励效应,并且驱动强化。研究人员通过对成年小鼠包含 MPL 脑区的脑片进行空间转录组测序分析,发现 MPL 富集表达编码神经肽的 SST 和 PTH2 基因。空间转录、荧光原位杂交和电生理记录确定了 MPL 的 SST 神经元是以谷氨酸为递质的兴奋性神经元,且其中约一半的神经元共释放神经肽 PTH2。负性情绪相关脑区中央杏仁核(CeA)向 MPL^{SST} 神经元的输入直接参与压力刺激诱导的自我理毛行为。同时,中脑腹侧被盖区(VTA),一个重要的编码奖赏的脑区,直接接受来自 MPL^{SST} 神经元的支配。MPL^{SST} 神经元与 VTA^{DA} 神经元形成兴奋性单突触连接。激活 MPL^{SST} 神经元能够在 VTA^{DA} 神经元的下游投射位点伏隔核中记录到多巴胺的大量释放。通过表征相关的上游和下游连接,研究人员在功能上验证了 CeA-MPL^{SST}-VTA^{DA} 这一神经环路在调控小鼠自我理毛行为和缓解压力后焦虑情绪中的重要作用,揭示了刻板重复行为与情绪调控的神经环路机制。文章于 10 月发表于《神经元》(*Neuron*)。

(李贺轩)

【**揭示葡萄膜黑色素瘤关键激活机制**】 医学院院长范先群团队和精准医学院执行院长雷鸣团队在丙酸羧化酶中特异引入了 4 个点突变,破坏乙酰辅酶 A 和丙酸羧化酶的作用位点,促进丙酸羧化酶自我激活。团队研究发现,在葡萄膜黑色素瘤细胞中,自我激活丙酸羧化酶的表达显著抑制细胞生长和克隆形成;自我激活的丙酸羧化酶的过度表达导致线粒体中草酰乙酸的显著增加和乙酰辅酶 A 的含量减少。这一结果表明,自我激活的丙酸羧化酶活性的提高消耗了更多的丙酮酸来生产草酰乙酸,因此丙酮酸脱氢酶可以将较少的丙酮酸转化为乙酰辅酶 A。伴随着乙酰辅酶 A 的减少,研究人员还观察到表达自我激活的丙酸羧化酶的细胞中柠檬酸盐水平降低,这与线粒体中大多数乙酰辅酶 A 被消耗用于柠檬酸盐合成的事实一致。研究人员捕获了一系列乙酰辅酶 A/丙酸羧化酶复合物的结构,分别纯化了生物素羧化(BC)结构域和羧基转位(CT)结构域。对这些结构的比较分析表明，生物素羧化结构域的稳定性与乙酰辅酶A结合之间存在显著的相关性。进一步的冷冻电镜分析表明，乙酰辅酶A诱导复合物中生物素羧化结构域的稳定，从而形成与天然丙酸羧化酶复合物难以区分的构象。由于丙酸羧化酶是重要的代谢调控酶，在胰岛素分泌、脂肪生成和神经递质生物合成中起着至关重要的作用，也是肥胖、糖尿病、病毒感染和癌症的重要靶点。鉴于丙酸羧化酶的变构效应在多种疾病的代谢重编程中起着重要作用，丙酸羧化酶与乙酰辅酶A复合物的结构信息在肥胖症、糖尿病、病毒感染和恶性肿瘤的药物研发拥有重要治疗意义。文章于11月发表于《分子细胞》(*Molecular Cell*)。

（李贺轩）

【揭示雌激素调控痛觉与阿片镇痛致痒的非经典受体机制】 上海交通大学基础医学院解剖学与生理学系戎伟芳课题组与附属仁济医院麻醉科俞卫锋、附属新华医院麻醉科石学银团队研究发现，在痛觉的下行调控系统[延髓腹内侧部(RVM)]中有一类特异性表达G蛋白偶联型雌激素受体(GPER)的γ-氨基丁酸能长投射神经元，这类神经元下行易化脊髓背角处痛觉信息的上行传递(ON神经元)；雌激素与GPER结合，通过PLC-Ca^{2+}-PKC途径促进m型阿片受体(MOR)的磷酸化，使之与钾通道脱偶联，从而介导ON神经元的“去抑制”，进而增强痛觉感受和降低阿片镇痛效应。这项工作为理解中枢性痛敏、痛抑制痒、阿片镇痛却致痒以及阿片耐受等现象的受体和环路机制提供了新的证据。文章于11月发表于《临床研究杂志》(*Journal of Clinical Investigation*)。

（李贺轩）

【概况】 2022 年 6 月 21 日，经医学院党委常委会审议通过，在原科技处技术转移中心基础上成立成果转化处，下设知识产权办公室、科技合作办公室、技术转移中心。成果转化处作为医学院科创转化工作委员会的执行机构，与二医投资公司、附属医院成果转化办公室有效衔接、功能互补、紧密合作，面向医学院系统提供科创转化管理服务，聚焦知识产权管理、科技合作、技术转移等核心业务开展具体工作，配备专职技术人员，通过内外部培训和实践，培养一批专业化、复合型的技术转移转化服务团队。其主要职能包括：政策研究、制度完善，规范性流程指导；知识产权布局与培育、横向科研、技术合同管理；履行技术经理人职能，受理技术披露，设计转化方案，尽职调查、商务谈判、交易定价、合同拟定，技术合同登记、监督管理；承接产学研社会资本，促进科技成果转化；协助人事处进行创新创业审批及进展管理；培训考核、宣传表彰、数据统计、信息公示、激励分配等工作。2022 年成果转化处围绕科技成果转化的痛点与堵点，改革创新突破现有机制体制的束缚，完善相应的管理制度，营造医学院内良好的成果转化环境；规范成果转化流程，实现医学院“一门式”成果转化服务；充分挖掘医学院内科技成果，对于前沿创新技术加强孵化、辅导，以及市场转化服务，提升知识产权管理和运营的水平，提高技术转移与服务的能力；对接生物医药产业发展的研发需求，联合市场产业资本，持续推进校企的深入合作；鼓励开展生物医药早期成果的孵化，开展围绕职务科技成果转化的创新创业试点。2022 年度，获批“上海市企事业专利工作试点示范单位”“上海市高校知识产权运营中心”称号，为后续成果转化核心业务的开展奠定了良好基础。

知识产权方面。2022 年医学院与各附属单位共申请专利 962 项。其中，中国发明专利 464 项、国际发明专利 13 项、中国实用新型专利 453 项、中国外观设计专利 32 项。同期，授权专利 987 项。其中，中国发明专利 234 项、国际发明专利 6 项、中国实用新型专利 698 项、中国外观设计专利 49 项。获计算机软件著作权登记证书 43 项，文字作品及录音影像制品 17 项。

成果转化方面。2022 年医学院与各附属医院完成科技成果转化共 52 项（以转让、许可、作价投资方式转化成果），合同标的额共计 23 640.5 万元。其中，医学院本部 2 项，累计合同标的额 220 万元；附属医院共 50 项，累计合同标的额 23 420.5 万元。52 项中有 24 项标的额 100 万及以上的大额转化（医学院 1 项、附属瑞金医院 2 项、附属仁济医院 1 项、上海市肿瘤研究所 1 项、附属新华医院 1 项、附属第九人民医院 12 项、附属第一人民医院 1 项、附属第六人民医院 3 项、附属胸科医院 1 项、附属精神卫生中心 1 项。）

横向合作方面。2022 年医学院与各附属医院完成技术开发、咨询、服务项目等合同（包括临床研究项目)共计418项,合同标的额共计31 513.1万元。其中,医学院本部完成横向项目21项,累计合同金额789.1万元。其中,技术开发13项,技术咨询4项,其他合同4项。附属医院累计完成横向项目共397项,累计合同金额30 724万元,其中技术开发104项,技术服务293项。

成果推广方面。针对生物医药产业化前景较好的成果实施"助推计划"10项,用于产品推广和中试生产。组织参加"海聚英才"全球创新创业大赛、"国家科技计划成果路演行动(上海专场)"、上海首届"高价值专利运营大赛"等。医学院"激动型抗体优化技术"项目获得高价值专利运营大赛"专利运营成长价值奖";获得上海"春昇杯"医学创新人才大赛一等奖1个、二等奖1个、三等奖1个。

(范天豪)

【完善横向科研项目管理】 7月25日,《上海交通大学医学院横向科研项目及经费管理办法》出台,该办法对横向科研项目及合同管理进行修订与完善,修改内容围绕拓展横向经费来源、简化经费预算编制、完善技术合同流程、加强委托关联与技术关联审查等方面展开,分别对管理办法的总则、技术合同、经费管理等章节条款予以完善。该办法明确了横向项目的管理流程,提高了科技人员的自主性和积极性,并针对横向科研项目立项及执行过程中可能存在的风险点增加了提示及行为规范。

(范天豪)

【夯实生物医药产学研重大专项】 2022年,持续推进"上海医药-交大医学院创新成果孵化平台"建设。2022年启动两批项目的筛选与路演,完成26个项目的介绍和交流,有6项纳入继续推进、3项保持沟通。探索校企合作2.0—"生物医药前沿产业创新中心"建设,医学院作为唯一一家无形资产入股的单位,于10月27日与上海医药、海外集团、张江集团共同合作注册成立上海生物医药前沿产业创新中心有限公司,注册资金9.2亿元。目前医学院3个课题(刘俊岭——抗体文库项目、高小玲——脂蛋白仿生载体项目、肖泽宇——IBD载体项目)完成项目成果的意向洽谈,拟纳入生物医药前沿产业创新中心,开展全产业链的深度合作,打通高校科技成果转化"最后一公里"。

(范天豪)

【支持省部共建协同创新中心】 1月18日,生物医药临床研究与转化协同创新中心获批教育部省部共建协同创新中心。通过重点资助领域"揭榜挂帅"和临床价值导向的"自由探索"相结合的模式,充分挖掘和孵育有产业前景的研发点,遴选出重点协同临床研究平台4个,重点协同转化项目培育9项。协同创新中心发挥与医学院体系各附属医院合作的连接桥梁,推动新药临床前研究、临床试验和转化研究方面的成效。

(范天豪)

教职工队伍建设

教职工队伍建设

【概况】 2022年，医学院有教职医护员工41 636人，高级职称5 001人。其中，中国科学院院士6人，中国工程院院士15人，国家海外高层次人才13人，国家青年海外高层次人才54人，教育部“长江学者”特聘教授22人，教育部“青年长江学者”8人，中组部“青年拔尖人才支持计划”18人，国家杰出青年科学基金获得者46人，国家优秀青年科学基金获得者54人，人社部“百千万人才工程”国家级人选38人，国家卫生健康委“突出贡献中青年专家”27人，上海市海外高层次人才106人，上海市“领军人才”102人。医学院专任教师853人，其中具有高级职称的467人，具有博士学位的710人。年内，医学院及附属医院新增中组部“青年拔尖人才”4人，国家海外高层次人才(含青年)8人，上海海外高层次人才41人，上海高校特聘教授7人，入选市教委国外访学计划8人、产学研计划12人、实验技术队伍8人、上海高校青年教师培养资助计划2人。全年医学院录用49人，其中专技人员37人，管理人员12人。招收博士后215人，包含外籍博士后2人。入选全国博士后创新人才支持计划4人，上海市超级博士后58人。获中国博士后科学基金特别资助12人，面上资助75人。

健全人才工作体制机制。深入学习贯彻党的二十大精神及全国和上海市人才工作会议精神，形成高层次人才引进方案并报医学院党委常委会审议通过。健全人才引进工作机制，坚持专人专班专项推进，提高引才工作的组织力和执行力。加强人才引进安全保护，筑牢引才用才安全防范屏障。强化人才引进识别评估，借助全球人才数字画像系统，做到“凡引必核”“凡引必查”，为人才引育提供重要支撑。

推进战略人才力量建设。依托上海市病毒研究院建设，引进英国皇家医学院外籍院士1人；依托松江研究院建设，引进6名高层次人才。进一步优化人才培育体系，统筹协调各类人才计划，支持优秀青年人才挑大梁、当主角。2022年医学院系统共有1人获长江讲席教授，6人获国家自然科学基金优秀青年科学基金项目(海外)。4人获中组部“青年拔尖人才”。

加强医学创新人才培育。完善全链条培养制度，精准选才，前瞻聚才，择优支持。重点支持已在相关研究领域崭露头角、富有发展潜力的青年骨干人才。继续做好骨干教师激励计划的经费保障工作，激励高层次人才投入本科教学，强化对青年教师的培养，引导临床教师和科研人员更多地参与本科教学；多部门合作，做好二期创新团队经费分配方案和发放工作。

深化人才评价机制改革。完善立德树人体制机制。持续对师德失范和学术不端保持“零容忍”态度，坚决落实失信失范行为“一票否决制”。2022年度召开2次医学院学术道德委员会会议，进一步加强学术道德规范建设和宣传培训。进一步强化惩戒机制建设。在各二级单位调查的基础上，多次组织专家对科技部、教育部等各渠道反映的学术不端线索进行了核查和讨论，对于涉及学术不端行为的人员进行了严肃处理。完善多角度、全方位的人才评价体系。进一步形成突出科学精神、创新质量和服务贡献的评价导向，坚持科学性与多维度相结合，定量与定性评价相结合的评价体系。多次组织二级学院共同探讨，学习兄弟院校经验，在引进人才评估和聘期考核上，不简单以人才称号、学术头衔确定薪酬待遇和配置学术资源。优化人才遴选方案，完善选拔方式。建立健全人才政治审核机制，在人才引进、人才计划推荐等工作中履行政治把关职责。在基层推荐的基础上，医学院采取“函评＋会评”的方式，择优推荐，宁缺毋滥；通过校外专家参评、专人负责、纪委报备、“观察员”制度等措施，保证各类项目遴选的公平公正性。

深化人事制度改革。科学测算浦东新校区人员编制。根据医学院浦东新校区建设需要，结合“十四五”规划，测算浦东新校区师资队伍总量需求。根据新校区办学规模、科研平台建设等需求，依据相关规定和指标提出人员编制目标。持续与上海市编办、市教卫党委保持沟通。10月28日，市教卫党委正式受理医学院增加编制的请示。进一步规范编制外人员使用，起草《上海交通大学医学院编制外人员管理办法》。参与医学院机构及编制梳理工作。按照工作分工，全面梳理医学院各二级学院、部门、直属机构的管理岗位设置情况和实有人员情况。深入分析医学院管理岗位设置现状和发展过程，梳理存在的问题和原因，针对性地提出解决问题的思路。鼓励专业技术人员创新创业。贯彻落实“科创25条”及国家、上海市有关创新创业的指导意见，完善医学院科研人员双向流动，积极推动医学院专业技术人员投入创新创业活动。2022年，经个人申请，所在部门同意，科创委员会审批，医学院批准，新增4人在岗创业。

全面做好疫情防控工作。全面摸清教职工人员底数。根据医学院防控办的统一部署，全面落实校园防控要求，对教职工整体数据、在校人员情况、校外教职工情况进行全面排摸，做到全面覆盖、不留死角。严格按照相关要求统计数据，建立“一人一档”信息，跟踪涉疫人员动态。及时向教职工传达医学院疫情防控的要求与工作安排。关心关爱教职工健康。持续关注教职工涉疫情况，动态跟踪无症状感染或核酸异常的教职工的隔离情况、健康信息、思想动态，协助解决实际困难。定期询问高层次人才身体情况、生活需求、用药需求等，疫情期间协助办理“工作许可证延期”；为高层次人才咨询、联系相关政策，尤其关注近期到沪人员和外籍人士，专人对接，落实住房保障，联系相关居委解决实际问题10余人次。为一线防疫人员提供支持。对于抗疫一线的医务人员在职称晋升上给予优先考虑，统筹落实附属医院抗疫一线医务人员津补贴的发放。协同各附属医院做好一线防疫人员临时工作补助的统计、汇总、公示、发放等工作，为一线医务人员打赢大上海保卫战提供保障。

（朱丽君）

【举办国际青年学者论坛集聚人才】 2022年，医学院持续举办青年学者论坛，吸引全球顶尖大学及科研机构的优秀青年人才。上半年集中举办1个主论坛，10个分论坛，160余位海内外优秀青年学者参会，下半年持续举办若干特色分论坛。依托论坛已成功签约24人，另有70人在洽谈中。持续依托“人才揽蓄行动”强化引才力度。医学院系统2022年共引进70余人，其中申报市教委揽蓄行动计划46人（A类16人，B类25人，C类5人）。

（朱丽君）

【持续打造临床研究“双百人”队伍】 2022年，医学院通过动态调整，持续支持，保持“双百人”队伍的相对稳定。完成2019年批次“双百人”考核评估工作，研究型医师队伍考核优秀3人，临床专职科研队伍考核优秀8人。2019年批次“双百人”在项目资助期内，共获得10余项国家重点重大项目，1人获教育部科学技术进步奖一等奖，发表250多篇高水平论文，6人获国家级人才计划称号，近1/4获得省部级及以上人才计划，46％人员加入创新团队。进一步优化遴选方案，本着择优选拔，宁缺毋滥的原则，开展2022年批次“双百人”遴选工作，完成新选拔研究型医师队伍20人，临床专职科研队伍16人。同时加强经费监管，有效提高经费的使用率和规范性。

（朱丽君）

【不断提升博士后培养质量】 2022年，医学院持续推进博士后激励计划，10位中期考核优秀者进入“X”培养阶段。稳步推进“临床博士后”培养工作，推进临床与基础研究相结合。积极开展博士后岗位招聘活动，在国内外主流媒体等平台发布700多个博士后岗位，并参与直播宣讲，加大博士后招聘与宣传力度，积极吸引海内外优秀博士加盟。2022年医学院共招收博士后进站191人，其中来自世界知名高校的博士毕业生超74％，外籍博士后2人，出站127人，在站人数达549人。入选全国博士后创新人才支持计划4人，博士后国际交流计划引进项目4人；获中国博士后科学基金特别资助12人，面上资助75人（其中一等资助7人），创历史新高；在站博士后共获国家自然科学基金79项，中标率高于医学院整体水平，进一步彰显博士后是重要的科研生力军。57人入选上海市“超级博士后”计划，继续位列市属高校第一。

（朱丽君）

【实施各类青年人才培养计划】 2022年，医学院深入实施青年教师培养资助计划、国外访学进修计划、产学研践习计划、实验技术队伍建设等计划与方案。2022年累计获得市教委教师发展工程项目28项，其中上海高校中青年教师国外访学进修计划8人，上海高校教师产学研践习计划12人，上海高校实验技术队伍建设计划8人。

（朱丽君）

【加强人事管理制度建设】 2022年，医学院修订并形成《上海交通大学医学院高级专家延长退休年龄管理办法》，进一步规范医学院高级专家延长退休年龄工作，充分发挥高级专家在创建一流医学院建设中的作用。落实2022年市属高校负责人会议精神，推动医学院试行"企业用编"，经批准开设医学院非在编人员社保账户。

（朱丽君）

对外交流

对外交流

【概况】 2022年，面对全球新冠病毒感染疫情给国际交往带来的压力，医学院在国际合作方面积极开拓、寻求突破，进一步推动医学院国际化发展。年内，医学院及附属单位接待来自2个国家和地区的代表团，来访总批次为2批次，总人次为2人次。新签和续签协议与备忘录2项。主办或承办国际会议9场，线上参会外宾超过106人。因公短期出访10人次。赴海外进修或培训22人次，其中3个月或以上的长期进修数量为22人次，占培训总数的100%。医学院授予6位海外专家客座教授的学术荣誉称号。医学院选派146名学生参加海外合作院校交流学习。其中，医学院本部与10所合作院校共同开展7个短期线上海外游学项目，1个线上科研论坛，2个线下长期项目，共计136名学生参加线上项目，10名学生参加线下长期项目。受疫情影响，年内医学院接收合作院校的1名中国籍交流生来沪长期学习。

年内，医学院持续加强国际化办学。持续推动与世界一流大学临床医学合作办学进程；首次举办国际本科生线上暑期学校；鼓励国际研究生参加国际学术交流活动；申报并实施国家留学基金委创新型人才国际合作培养项目。拓展国际科研合作。与英国、法国、加拿大、荷兰、新加坡等国际一流学术机构共同举办“肿瘤、免疫与脑科学”学术论坛；获得9项上海交通大学与海外一流高校的学术交流基金项目；指导协助附属第九人民医院外籍专家成功申报获得上海市“白玉兰纪念奖”。持续深化“一带一路”合作。作为理事长单位举办第二届南亚东南亚医学教育与医疗卫生联盟大会，吸纳11所海内外高校成为联盟新成员；推动全球挑战项目落地实施。开展70周年院庆“全球交医”系列活动。梳理医学院国际合作网络，向海外合作伙伴通报医学院发展成就；收到来自23个国家和地区的43家海外机构的贺信和祝福视频，制作国内外祝福视频集锦等系列合集进行展示；参与举办医学院成立70周年大会暨上海国际医学论坛；完成医学院英文网站改版上线，提升医学院国际传播力和影响力。

国际学生教育工作平稳开展。在医学院国际学生工作领导小组督导下，以疫情防控和学生安全稳定为中心，紧抓招生工作和学生培养。在校园封控期间，根据学校要求和部署，紧急腾出国际学生宿舍楼（东十五舍）用于校园临时隔离点；加强境内境外国际学生的管理，落实境外返校生的防疫防控和安全保障工作；举办院庆70周年国际学生短视频演讲大赛；完成各类奖学金评审。年内，招收国际学生本科生17人。其中，临床医学专业9人，口腔医学专业8人。1人获中国政府奖学金，2人获上海市政府奖学金。获奖学生比例为17%。新招硕士研究生4人、博士研究生1人，其中1人获上海市政府奖学金，获奖学生占比为20%。2022年7月毕/结业的国际学生共33人，其中本科生24人，硕士生6人，博士生3人。2022年度国际学生人数总计271人，来自44个国家。

（吴佳宇）

【首次举办国际学生线上暑期学校】 8月8日，国际学生线上暑期学校正式开班，吸引了来自德国海德堡大学、法国斯特拉斯堡大学、日本名古屋大学、韩国延世大学、泰国马希隆大学等15个国家医学院校的78名国际学生参与。本次暑期学校为期4天，课程内容丰富、授课形式多样。安排讲座8场，内容涉及转化医学、全球健康、中医学理论基础、中国史及医学史等，帮助国际学生更多维、更系统、更全面、更生动地了解医学院及专业课程体系，打造“留学交医”特色品牌。

（吴佳宇）

2022年8月8日，国际学生暑期学校正式开班

【举办“肿瘤、免疫与脑科学”多边学术论坛】 10月11—13日，在线举办“肿瘤、免疫与脑科学”学术交流会。医学院和附属医院的12位专家及英国牛津大学、曼彻斯特大学、法国奥罗阿大区-里昂癌症研究中心、荷兰伊拉斯姆斯大学、加拿大多伦多大学、新加坡国立大学等机构的20位资深科学家相聚云端，就相关领域的基础与临床研究热点进行深入探讨。本次学术交流会整合了多家国际合作伙伴的优势学科资源，打造肿瘤、免疫与脑科学领域的国际合作平台。

（吴佳宇）

2022年10月11日—13日，举办“肿瘤、免疫与脑科学”多边学术论坛

【举办第二届南亚东南亚医学教育与医疗卫生联盟大会】 11月20日，中国-南亚卫生健康论坛暨第二届南亚东南亚医学教育与医疗卫生联盟大会顺利召开。来自中国和南亚、东南亚12个国家的52家高校和医疗机构代表通过线上线下结合的方式，围绕“挑战　机遇　创新　合作——高质量医学教育和医疗卫生体系构建”展开深入交流。联盟理事长单位、医学院院长范先群院士在开幕式上致辞。在联盟工作会议上，联盟成员单位听取了联盟工作报告，表决通过了联盟章程修订案，以及同意首都医科大学、南京医科大学、孟加拉圣家红新月医学院、巴基斯坦爱德华国王医科大学、法蒂玛·真纳医科大学等11所国内外高校成为联盟新成员。

（吴佳宇）

2022年11月20日，中国工程院院士、医学院院长范先群在南亚东南亚医学教育与医疗卫生联盟大会上致辞

【多家境外机构向医学院发送70周年院庆祝福】 2022年，在医学院成立70周年之际，国际交流处系统梳理了医学院国际合作网络，逐一回顾了与各海外伙伴的合作交流历史，并向合作伙伴通报了医学院成立70年以来在医学教育、科学研究、医疗服务、国际合作等领域的蓬勃发展和瞩目成就。美国耶鲁大学、英国剑桥大学、爱丁堡大学、加拿大多伦多大学、瑞典卡罗林斯卡医学院、法国巴黎西岱大学、澳大利亚悉尼大学、新加坡国立大学、日本大阪大学、韩国首尔国立大学等来自全球23个国家和地区的43家境外高校、研究机构和国际组织向医学院发来贺信或视频，表达了对医学院七十华诞的祝福。

（吴佳宇）

2022年10月24日，多家境外机构发来70周年院庆祝福

【举办国际学生视频演讲大赛】 2022年，在医学院70周年院庆之际，留学生教育中心举办了“七轶弦歌 医路芳华”国际学生短视频演讲大赛。境内外的国际学生们制作了精美的短视频，表达了自己在医学院、在上海的学习感受，抒发了对中国、上海以及医学院的热爱和祝福。经过专家评选，最终9个视频分获一、二、三等奖。

（吴佳宇）

【医学院3人授勋法国荣誉勋章】 2022年11月8日，医学院中法联合医学院执行院长、瑞金医院副院长沈柏用、感染科主任张欣欣授勋“法国国家荣誉军团勋章”；中法联合医学院专职副院长张寅授勋“法国国家功绩勋章”。法国驻华大使罗梁在法国驻上海总领事官邸巴赛别墅分别为他们颁发勋章，彰显了中法两国在医学领域一百多年来的深厚合作渊源。

（吴佳宇）

2022年11月8日，医学院3人授勋法国荣誉勋章（左二张欣欣，左三沈柏用，左五张寅）

【医学院英文网站改版上线】 2022年12月8日，医学院英文网站正式改版上线。全新英文网站为医学院国际化形象提供了一个重要展示窗口，从医、教、研等多方面、全方位地将新时代交医精神传播给国际社会，提升医学院的国际影响力。新版英文网站不仅呈现了医学院的发展历程、校园风貌，更汇集了医学院本部及附属医院2000余位专家学者的介绍，展现了师资队伍和科研实力。同时，9个二级学院也通过英文网站对各自学院的优势、重点学科进行宣传，二级学院的英文网站覆盖率达到100%，大大提高了医学院的国际传播能力。

（吴佳宇）

2022年12月8日，医学院新版英文网站正式启动

【附属第九人民医院外籍专家托内特教授荣膺上海市“白玉兰纪念奖”】 12月18日，来自附属第九人民医院的意大利专家、口腔种植研究中心主任托内特·马里奇奥（Maurizio Tonetti）获颁2022年度上海市“白玉兰纪念奖”，并作为获奖代表在颁奖仪式上发表获奖感言。该奖项是上海市政府对于外籍人士开展长期友好合作，为推动上海对外交往、提升国际影响力做出突出贡献而授予的表彰。托内特自全职加盟附属第九人民医院以来，开设全新的口腔种植中心，以“微笑上海、微笑中国”为使命，积极推动口腔学科人才建设，有力推动上海口腔医学与国际口腔界的学术交流，扩大了医学院及附属第九人民医院的国际学术辐射影响力，也提高了上海在国际口腔医学领域的学术话语权。

（吴佳宇）

2022年12月18日，托内特教授获上海市“白玉兰纪念奖”

学生工作

学生工作

2022年，在医学院领导的关心指导下，在职能部门的支持配合下，学生工作指导委员会（以下简称学指委）以习近平新时代中国特色社会主义思想为指导，以党的二十大精神为引领，学习“勉励寄语”精神，结合中国共产主义青年团成立100周年、医学院70周年院庆等重要历史时刻，紧密围绕医学院中心工作，落实立德树人根本任务，努力克服疫情带来的挑战，不断深化学生思想政治教育和学生管理服务的内涵建设，为维护医学院安全稳定、打赢大上海保卫战做出自身贡献。

知行合一学习党的二十大精神。开展主题教育，在全体学生中开展“喜迎二十大，筑梦新时代”系列教育活动，组织学生观看党的二十大开幕会直播。配齐学习资料，为全体学生党员购买《党的二十大报告》、新修正的《中国共产党章程》等学习书籍，倡导学生读原著、学原文、悟原理。组织导学报告，邀请医学院党委副书记、副院长吴正一领学党的二十大报告，上海交通大学马克思主义学院教授胡涵锦作专题报告。开展专题活动，组织“医心向党二十大、砥砺奋进新征程”主题知识竞赛，“青春奋进，强国有我”学生理论宣讲微课比赛，推荐3人参加上海市高校学生理论宣讲微课比赛，编撰《优秀作品集》；开展“学报告、谈体会、强担当”主题征文活动。坚持支部引领，开展“学思悟践二十大，砥砺奋进新征程”主题党日活动；组织实践活动，策划、开展了“听党话，跟党走，沿着总书记足迹，重走总书记路线”行走的课堂系列活动，组织学生党员、入党积极分子分6条线路，参观古北市民中心、杨浦滨江、浦东开发开放30周年主题展、上海革命历史博物馆、上海中心、浦东张江科学城，让学生在实践中加深对党的二十大精神的领会和理解。

持续推进“勉励寄语”精神学习。在学习贯彻“勉励寄语”精神一周年、庆祝“七一”之际，医学院党委书记江帆与24名学生党员座谈，鼓励广大同学坚守学医初心，学好治病救人本领，将来“报效祖国、服务人民”。开展主题党日，打造医学院党建和思政工作品牌。认真贯彻落实习近平总书记关于新冠疫情防控工作的重要指示批示精神，以及党中央、上海市委决策部署，成立临时党支部，设立东七学生寝室楼临时第一、第二党支部、PCR志愿者临时党支部、虹口核酸采样临时党支部4个党支部，充分发挥党支部战斗堡垒和党员先锋模范作用。

开展学生关爱工作。以坚决打赢疫情防控阻击战为统领，依托思政教师、心理咨询师、学生志愿者三支队伍，构建学生群体关心关爱工作机制，努力营造师生理念融通、交流畅通的良好氛围。在疫情防控阶段，封控楼内外有效协同，辅导员与思政教师为主力进入封控楼栋，楼外全力支持楼内需求，积极做好有效补位，全力维护学生健康和稳定；做好涉疫学生与非涉疫学生的分类关心，辅导员与隔离酒店管理老师动态关注确诊、密接、次密接及其他学生状况，及时进行沟通疏导，持续关心治疗及密接回校同学，为特殊需求学生提供个性化服务。做好非涉疫学生的思想教育和引导，督促学生完成网课，鼓励医学生发挥专业特长，主动投身志愿服务。注重医学院和附属医院的有效联动，秉持医学院和附属医院一盘棋思想，落实属地化管理的同时，定期召开各个学院总支书记、辅导员线上会议，加强工作联动，解决实际困难，关注特殊群体，有效联动，协同研判。

学生党建布局一体化。学工党委对各培养单位学生党团组织建设现状进行了逐一排摸，形成调研报告并提出改进的具体举措。探索建立前后期党建"一体化"培养体系，以适应医学生多段式党员培养模式。准确把握医学生全学段"流动性"的特点，做好高中与大学、前期与后期、团建与党建工作的衔接工作，做到全培养阶段无缝衔接。

加强学生党员培养。2022年计划发展学生党员40人，疫情防控期间新增入党申请人319人，完成预备党员转正34人，新增入党积极分子122人，组织开展入党积极分子培训班2期，完成学生党员组织关系转接862人次，审核研究生新生档案450余份，组织420余名毕业生党员完成"远航叮咛"离校教育。

开展思政课程建设。组织学生学习《健康中国》系列线上线下课，如王一飞主讲的"医学科学走向何方"，郭晓奎分享的"健康中国战略与全健康策略"等课程专题。积极联动校部资源，邀请马克思主义学院专业教师，承担"形势与政策"课教学工作，开展6次理论授课。在2022年秋季学期"形势政策课"上设立"行走的思政课"板块，组织2021级近700名学生分批次参观医学院院史馆新馆。

积极开展学风建设。在线上教学期间，积极协调教务部门，协助学生解决各类线上学习的相关问题，确保封闭不停教、学习不断线；查看学生教学点完成情况，做好督促工作；结合抗疫主题，开展"青春战疫·打卡21天　不负好春光"活动，以线上打卡"战疫"的方式督促学生晨起、学习。加强闵行校区"学业分享中心"建设，举办座谈会、学业辅导、学长学姐交流会；遴选2名辅导员，参与校"先修营"组织，帮助学生实现从高中到大学的转变；结合迎新季教育，开展品牌朋辈活动"医路研途——我把青春献白袍""与榜样同行，习朋辈力量""医路研学"，推进具有研究生特色的"学习共同体"建设。对于民族学生、"4+4"学生等群体，定制策划"沪往·疆来""医路领航——走进胸科医院"等个性化学风引领活动。聚焦诚信教育，开展考前诚信宣讲，邀请医学院教授顾鸣敏为研究生作"坚守学术诚信和科研伦理底线"专题讲座，强化研究生科研"红线"与"底线"意识，营造风清气正的良好科研氛围。

落实资助育人精准化建设。2022年医学院共认定家庭经济困难学生485人(研究生95人，本科生390人)，占学校在校人数的6.07%左右。其中，困难学生366人，一般困难89人，特殊困难30人。2022年共评选国家奖学金、上海市奖学金等政府奖助学金、优秀学生奖学金等学校奖学金、宝钢优秀学生奖等社会奖助学金26项奖项。其中，本科生评选出1582人次，奖助金额约245万元；研究生评选出4306人次，金额约2970万元。2022年提供国家助学金、医学院助学金及社会助学金等共48项，其中本科生资助1262人次，资助金额853万元，人均约达2.2万元；研究生(含长学制学生)资助88名，资助金额达40.1万元。患病入院学生、家庭有突发特殊困难、遭受自然灾害特别是疫情防控期间造成学生临时经济困难给予及时关怀与资助，本年度共资助19人，资助金额共29000元(其中因家庭突发重病1人，补助1500元；学生本人患病1人，慰问500元；17人因疫情防控致临时困难，补助27000元)。为485名家庭经济困难学生购买大学生医保，共计118825元。每月为2500名本科生发放生活补贴(汉族41.5元/月，少数民族43.5元/月)，为575名长学制研究生发放医学院津贴(含国家助学金)1500元/月，全年累计发放生活补贴及医学院津贴1035.97万元。

稳定开展就业工作。组织召开医学院就业工作推进会，有序推进毕业生就业工作。做好定期排摸，建立疫情防控实时就业动态数据库，定期进行就业状况摸底，全面了解学生思想动态、就业诉求和实际困难；持续开展分学历、分层次、分求职状态的分类指导；关心弱势群体，持续做好家庭经济困难、少数民族毕业生等困难群体的就业帮扶工作；举行专场招聘，开辟就业渠道，积极对接教育部"24365网络招聘服务"平台、"国聘行动"等微信平台，大力拓展毕业生就业信息来源。

提升心理健康教育能级。开展心理宣教，开展多维度、多形式的心理宣教活动，实现心理宣教讲座周周讲、团体心理辅导活动月月开，帮助学生提升心理健康素养及应对压力能力。实施骨干培训，组织心理委员、寝室长、楼层长们进行专题讲座，指导心理委员以班级为单位开展朋辈心理关怀、心理互助活动。做好家校互动，结合医学生特殊的心理特点与面临的压力，向医学生家长作主题为《"疫"路相伴，激发孩子的"心"能量——医学生心理发展与家庭支持》线上讲座，帮助家长更好地为孩子提供心理支持。健全心理支持网络，建构"家庭-学校-同辈-自我"的心理宣传与心理支持网络，营造维护师生心理健康、关注精神卫生的良好氛围。本年度"心理健康月""精神卫生日"参与学生数逾2700人次，进一步提升了广大同学关爱心理健康的意识。

组织安全教育。编印《大学生安全读本》、大学生防灾宣传资料、大学生防诈骗资料，在学生寝室进行集中派发。邀请文保分局警官开展"谢蜀黍防诈骗”校园安全讲座。开展“4.15”国家安全日宣传教育活动；开展学生喜闻乐见的园区文化建设，如寝室文化节节电大赛、冬季防火宣传等。学生园区设立了多个勤工助学岗位，巡逻队、自修室管理、书屋值班管理、文明示范岗，学生通过勤工助学的方式，起到学生自治的效果，辅导员积极参与园区管理，完成值班与巡视，共筑平安校园。

（王　皓）

【开展院庆主题思政教育活动】 2022年，学指委围绕院庆主题，开展仪式教育、主题教育和实践体验活动。院庆日当天举行院庆70周年升旗仪式，以仪式教育深化育人主题。举行院庆主题活动，组织新生探访校内红色楼宇；利用新媒体平台“易爱医”微信公众号集中推送学生拍摄的院庆祝福视频；设计“定格瞬间，七秩芳华”特色活动，通过医学院老照片和当下学习生活场景的时空对比，展现医学院在70年间的飞速发展。开展丰富多样的实践宣讲、体验式培训、班导师活动，引导学生坚定“报效祖国、服务人民”的理想信念。

（王　皓）

【科创人才培养获新绩】 2022年，完成医学院第十六期“大创”立项开题，在申请的154项（次）中，遴选重点领域项目8项，“医＋X”交叉学科项目20项，常规批次项目73项，合计101项；完成第十五期“大创”99个项目参加中期检查，遴选26个项目为本年度国家级大学生创新创业训练项目，44个项目为上海市级大学生创新创业训练项目。联动二级学院，完成第十四期“大创”89个项目结题工作，其中“医＋X”交叉学科项目19项、常规批次项目70项。协同基础医学院、公共卫生学院，联合上海交通大学学生创新中心，线上举办医学院第七届“医帆启航”大学生创新实践大赛，共有131名学生完成35项作品参赛，参与数量为历年最高；通过基础医学、公共卫生-预防医学与交叉学科两个赛道的角逐，共评选出“最佳论文报告奖”4项、论文报告“优秀设计奖”“优秀实验奖”“优秀风采奖”共12项、壁报展示“优秀作品奖”8项、壁报展示“特色作品奖”11项。大赛产生的10项优秀作品（基础医学类6项、预防医学类2项、中医药学类2项）参加第八届全国大学生基础医学创新研究暨实验设计论坛本科院校复赛，获得一等奖2项、二等奖5项；上述作品均入围全国决赛。

（缪　青）

【做好学生疫情防控工作】 2022年3月，学指委全员逆行校园，密织网格化管理防线。医学院进入“网格化”管理后，学指委全体老师快速响应医学院要求，闻令而动，逆行校园，各司其职，从3月至6月，学指委人均在校47天，最长一人逆行103天。依托各学院上报和“学工在线”平台，掌握闵行校区、院本部、社区、各附属医院学生的健康管理情况，每天做好学生健康上报工作；准确把握每日报告学生人数变化，时刻动态掌握“在籍学生”“校内学生”“校外学生”人数，重点关心关注“校外隔离学生”“酒店健康观察学生”“校内健康学生”的情况。

（王　皓）

2022年秋季学期校园疫情防控和安全稳定学生网格化管理会议

思政教师逆行校园守护学生平安

学生党员干部集中学习党的二十大精神

医学院成立 70 周年升旗仪式

校园文化

2022年，医学院成立70周年。党委宣传部政治同德、思想同心、目标同向、行动同步，依靠强大的凝聚力，努力做好医学院院庆70周年系列宣传工作，引领广大师生医务员工融入院庆工作。

建设院史馆新馆；编纂《七秩芳华》《使命担当》等"交大医学医源"系列丛书；凝练精神品格体系，组织职能部门、附属医院、师生代表开展专题讨论，集体回顾、挖掘、凝练、宣传医学院精神品格和文化内涵。挖掘红色故事，制作可阅读的医学院建筑、附属医院及机构、医学院周边红色地标等"交医印记"系列地图；制作了全新的"上海交通大学医学院"院名标识系统、70周年院庆主宣传片《鎏光》《以医之名》，累计发布《12家医院祝福视频》《今天是你的生日，我的交医》《交医赋》《毕业骊歌　医路芳华》等院庆视频10余部，累计观看量超10万人次；联动主流媒体，针对院庆活动系列新闻进行全媒体平台宣传，发布媒体新闻50余篇。组织文艺汇演，组织院本部和12家附属医院的师生医务员工积极参与院庆文艺汇演，组织老领导、老干部、抗疫先锋、师生代表、医二代等共同观赏院庆晚会，充分展示交医人使命担当。

持续推进校园精神文明建设。对比评价指标，完成精神文明建设网站维护，以评促改、以评促建，完成上海市文明校园复评工作；协助上海黄浦区文明办，开展"创文明城区"相关工作；积极筹备第三届全国文明校园创建工作。做好典型申报，选送附属医院多个项目参加中国国际进口博览会"最美服务窗口"评选活动；完成上海市教委、卫生健康委、交大各类评奖评优工作，选送优秀项目申报上海市"好人好事"、上海交通大学"校长奖"评选。组织校园督察，结合医学院中心工作，组织教学、管理、医院督导员，开展关于校园环境、教学规范等专题督导检查。组织展演原创话剧《清贫的牡丹》，2022级新生和上海交通大学附属黄浦实验中学、附属黄浦实验小学的师生代表观看演出。

2022年，医学院党委始终把学习宣传贯彻党的二十大精神作为当前和今后一个时期首要政治任务抓实抓好，以四个"第一时间"迅速行动，切实把医学院广大师生医务员工的思想和行动统一到党的二十大精神上来，使之成为推动医学院各项事业高质量发展的强大思想武器。

坚持以上率下，发挥党委理论学习中心组的作用，召开传达学习党的二十大精神大会，邀请党的二十大代表、上海交通大学党委书记杨振斌，附属仁济医院呼吸科副主任医师查琼芳领学党的二十大报告，分享参会收获和感受，迅速掀起医学院学习宣传贯彻党的二十大精神高潮。医学院党委书记江帆带领学习习近平总书记系列重要讲话精神、党的二十大报告内容和新修正的《中国共产党章程》。组织师生医护员工通过各种形式收听收看大会开幕会直播，结合自身实际说感悟、谈体会。根据党中央、上海市委和上海市教卫工作党委的要求，第一时间制定《学习宣传贯彻党的二十大精神的实施方案》，成立“医学院学习贯彻党的二十大精神宣讲团”，分系统、分领域、分专题开展党的二十大精神宣讲活动。先后邀请杨伟博、邢云文、袁峰等专家学者为医学院广大党员干部开展专题辅导。组织举办传达学习党的二十大精神大会暨上海交通大学医学院党委、上海申康医院发展中心党委联组扩大学习会，专题学习党的二十大报告，组织开展《习近平谈治国理政》（第四卷）专题读书会和专题辅导报告等党委理论学习中心组学习18次。编纂《党的二十大精神学习资料》口袋书，推出线上《学习进行时》系列推送。充分发挥新闻网、微信、《简报》等阵地平台作用，开设“党的二十大精神学习专题网”“党的二十大精神”专栏，营造学习氛围，及时宣传各基层党组织和广大师生医务员工学习党的二十大精神动态和特色做法，引导广大师生医务员工充分利用好“学习强国”学习平台等阵地作用，加强政治理论学习，强化理论素养提升。指导推动工作，在医学院微信公众号推出《交医这十年》等系列报道，回顾总结医学院党建引领、立德树人、人才队伍、使命担当等各领域工作经验和成绩。

进一步强化意识形态工作，加强正面教育引导，落实主体责任。在医学院党委的领导下，始终以习近平新时代中国特色社会主义思想为指导，坚决落实全面从严治党主体责任，坚决落实党管意识形态的工作原则，聚焦主责主业，引路拓渠，强化党委在意识形态领域的引领作用。协助党委书记履行意识形态工作第一责任人领导责任，不断完善多方参与、人人尽责、协同推进的意识形态工作合力，夯实意识形态工作体系，落实意识形态工作主体责任。全年召开意识形态工作领导小组会议2次，党委常委会多次专题审议研究意识形态相关工作议题。

根据中央、市委和市教卫工作党委的有关要求和最新精神，修订印发《中共上海交通大学医学院委员会关于意识形态工作责任制的实施细则（2022年修订）》，调整完成医学院意识形态工作领导小组组成人员，进一步加强新时代新形势下医学院意识形态工作，深入推进医学院党委意识形态工作责任制落实。按照《上海交通大学医学院关于进一步加强对各类论坛、讲坛、讲座、年会、报告会、研讨会等阵地管理的实施细则（2020年修订）》，进一步严格落实各类论坛、讲坛、讲座、年会、报告会、研讨会等活动的规范管理和“一会一报”“一事一报”制度，对各部门举办的各类论坛、报告会等，规范审批监管流程，严格把关每一环节。开展医学院网络平台账号梳理备案和非规范表述、错误表述清查工作，促进医学院意识形态阵地管理规范化、常态化。要求各二级党组织全面落实意识形态工作主体责任和领导责任，年底对本单位意识形态工作进行自查自评，形成意识形态工作年度总结汇报，上报医学院党委。

（祝宇桐）

【传达上海市第十二次党代会精神】 6月30日，上海市第十二次党代会闭幕伊始，医学院党委书记江帆在医学院党委理论学习中心组（扩大）学习会上围绕大会整体情况和上海第十一届市委工作报告内容，聚焦大会主题和交医发展，传达上海市第十二次党代会精神。

（祝宇桐）

6月30日，医学院党委书记江帆在医学院党委理论学习中心组（扩大）学习会上传达上海市第十二次党代会精神

【医学院师生医务员工热议党的二十大报告】 10月16日，中国共产党第二十次全国代表大会在人民大会堂隆重开幕。习近平代表第十九届中央委员会向大会作报告。医学院党政领导班子和师生医务党员、干部集中收看开幕会直播。

（祝宇桐）

【医学院召开传达学习党的二十大精神大会】 10月27日，传达学习党的二十大精神大会暨上海交通大学医学院党委、上海申康医院发展中心党委理论学习中心组联组扩大学习会在懿德楼二楼报告厅举行。党的二十大代表、上海交通大学党委书记杨振斌领学党的二十大精神，党的二十大代表、附属仁济医院呼吸科副主任医师查琼芳分享参加党的二十大的收获和感受。医学院党委书记江帆、上海申康医院发展中心党委书记赵丹丹出席并部署系统学习贯彻工作。医学院党政领导班子、上海申康医院发展中心主任王兴鹏等申康中心党政领导班子在主会场参加传达学习大会。会议由医学院院长范先群主持。

（祝宇桐）

【医学院学习贯彻党的二十大精神宣讲团成立】 11月22日，医学院举行党委理论学习中心组（扩大）学习会暨学习贯彻党的二十大精神宣讲团成立和集体备课会。医学院党委书记江帆出席备课会并讲话，上海市学习贯彻党的二十大精神专家宣讲团成员、上海交通大学马克思主义学院院长邢云文作专题辅导报告。

（祝宇桐）

10月16日，医学院党政领导班子和师生医务党员、干部集中收看开幕会直播

10月27日，医学院在懿德楼二楼报告厅召开传达学习党的二十大精神大会

11月22日，医学院举行党委理论学习中心组（扩大）学习会暨学习贯彻党的二十大精神宣讲团成立和集体备课会

党的建设

党建工作

【概况】 2022年,医学院党委以习近平新时代中国特色社会主义思想为指导,深入学习贯彻党的二十大精神,学习贯彻上海市第十二次党代会精神,着力加强干部人才队伍、基层党组织和党员队伍建设,为打赢疫情防控阻击战和推进各项事业高质量发展提供坚强政治保证和组织保证。

抓实政治理论学习。把学习、宣传、贯彻党的二十大精神和上海市第十二次党代会精神作为党建工作重中之重,推荐选派党员领导干部、党务工作者参加上级关于党的二十大精神学习宣讲会、专题培训;指导各级党组织通过举办“三会一课”和主题党日,多形式、分层次、全覆盖开展学习研讨,推动中央和上海市委重大决策部署在医学院系统内落地生根。召开学习贯彻习近平总书记对医学院24名新发展学生党员的“勉励寄语”一周年专题座谈会,激励医学院学子坚定理想信念、勇担医学使命;学习贯彻习近平总书记对附属瑞金医院2692名护士的“嘱托”精神,营造崇尚先进、学习先进、争当先进良好氛围。召开医学院庆祝中国共产党成立101周年会议,把学习贯彻上海市第十二次党代会精神贯穿于各项事业发展全程。

发挥典型示范引领。医学院系统全面开展“党旗飘扬·同心战疫”行动,构筑疫情防控“红色堡垒”,勇当疫情防控“红色尖兵”。12000余名医护人员奔赴全市近47家定点医院、方舱医院和集中隔离点。集中隔离收治点建立临时党组织43个,党员突击队7个,党员先锋岗25个,抗疫一线递交入党申请书672人;组建170人专业流调队,支援高校及上海各区县开展流调;700余名学生志愿者参与黄浦区、虹口区、宝山区等各区核酸采样、检测、流调工作;2458名学生成为“上海疫情防控青年志愿者”;师生教职员工值守校园90余天,组建校园疫情防控师生志愿服务队,守护健康平安校园;积极响应上海市委号召,303名居家党员干部下沉服务社区一线,20名医学院教职工党员组建党员先锋突击队。组织党员干部捐款抗疫,支出党费54万余元购买抗疫物资慰问一线师生医务员工。

抓实一流医学院治理体系建设。研究落实内设机构、人员编制、干部职数调整方案,进一步明晰内设机构分级、分类及职能,加强医学院治理体系和治理能力建设,促进精细化管理和服务能级提升。

抓好领导班子建设。结合《2019—2023年全国党政领导班子建设规划纲要实施意见》,配合上海市委组织部做好医学院领导班子调整,指导并做好医学院系统事业单位领导班子统计工作。

规范开展干部选拔任用。选优配强附属医院领导班子及关键岗位,加强机关职能部处和二级学院领导班子配备。出台《聘任制中层干部管理办法(试行)》,发挥高层次人才、专业性人才在医学院管理服务工作中的作用。开展医学院系统2021年度干部选任“一报告两评议”工作,同时指导二级单位党委开展年度“一报告两评议”工作。按照上海市委组织部相关部署要求，在医学院系统开展选人用人专项自查。全年医学院党委任免干部92人次，提任处级干部16人。

抓好干部考核评价。把“德”作为选人用人的第一标准，通过民主生活会、谈心谈话、实地调研等方式，多方面了解干部，强化干部作风考核、实绩考核、日常考核。配合上海市教卫工作党委，做好第十四届全国人大代表初步人选1人、第十四届全国政协委员初步人选1人、市第十六届人大代表初步人选3人、第十四届市政协委员初步人选13人的推荐提名和审查考察。设计分级分类考核方案，召开医学院本部处级干部2022年度述职考核测评会，首次将相关岗位纳入医学院年度考核，推进医学院系统干部一体化管理。完善领导班子、领导干部绩效和年度考核机制，落实医学院领导班子和领导干部2022年度述学、述廉、述职民主测评。做好处级干部试岗期满后的考核评价，年内试岗期满通过考核任职干部14人，累计征求意见469人次。突出实绩导向，组织开展第四届“绿叶管理服务奖”评选。

打造高素质专业化干部队伍。持续在医学院系统开展“优秀年轻干部培养锻炼计划”，共有14名干部在相关部门进行锻炼。年内医学院系统内干部轮岗14人，培养锻炼1人；赴外单位交流任职5人。按照中组部、上海市委组织部要求，落实2022年“组团式”援藏、援滇干部人才选派工作。上海市第九批援藏暨第七批“组团式”援藏医疗人才完成任务返沪。召开“援藏、援疆、援摩（摩洛哥）干部人才慰问座谈会”及“新一批‘组团式’援藏、援滇干部人才慰问座谈会”，形成《援藏干部人才返沪安置的方案》。

强化干部监督管理。加强领导干部经济责任审计、特定身份人员管理，以及社会组织、企业兼职审核。年内委托干部经济责任审计22人；深化“一人多证”问题专项清理整治，覆盖医学院系统1 100名管理人员；实现干部人事档案专项审核全覆盖；完成2022年领导干部个人有关事项随机查核20人，重点查核31人；梳理规范市管干部配偶、子女及配偶禁业范围；做好1名市管干部的延聘工作，1名市管干部的工资报审。

开展干部教育培训。输送1名干部参加市委党校第62期中青年干部培训班。有针对性地选派领导干部、专家学者等共38人次参加公立医院院长培训班、市教卫系统中青年干部培训班等18个班次。持续举办医学院“优秀青年人才培育计划”培训班，培训56人；与上海交通大学校部合作举办“第十九期中青班”，医学院系统参训18人。通过“上海干部在线学习城”等平台，加强推进干部自主选学，线上开展“学习贯彻党的十九届六中全会精神”重点专题班学习培训。

压实基层党建主体责任。贯彻落实《中国共产党普通高等学校基层组织工作条例》，开展执行情况自检自查。召开医学院2022年度全面从严治党工作会议，压实主体责任。强化领导班子对基层党组织的工作指导，落实医学院领导班子成员联系师生党支部、联系优秀中青年教师人才制度。贯彻落实中组部印发的《党委（党组）书记抓基层党建工作述职评议考核办法（试行）》，接受上海市教卫工作党委对医学院落实全面从严治党情况实地调研；组织开展医学院系统二级单位党委落实全面从严治党主体责任自查及党组织书记抓基层党建工作述职评议考核工作。

落实新时代基层党建质量提升工程。组织开展学生党建思政工作专项调研，建立健全医学生三阶段全过程育人机制，推进学生党建思政一体化管理模式改革。制定医学院青年马克思主义者培养工程实施意见，加强青年政治骨干培养。落实上海市教卫工作党委“攀登计划”。医学院入选“上海党建工作示范高校”创建单位，入选标杆院系、样板支部创建单位各1个；入选上海高校“百个学生样板党支部”2个，“百名学生党员标兵”3名。加强区校党建联建，医学院以聚焦人文健康科普的“思南健康学堂”项目入选2022年度黄浦区区域化党建重点项目；完成黄浦区“文化思南”区域化党建联席会议轮值主席单位工作并交接。

抓实“附属医院党建质量提升行动”。落实《2022年全国医院党建（指导）工作要点》，推动年度重点任务落地；坚持党内民主，指导4家副局级附属医院党委换届筹备。申报上海市教卫工作党委公立医院党组织“攀登计划”，申报创建“上海党建工作示范医院”2个，创建“上海党建工作特色医院”1个，创建样板支部5个；作为市教卫工作党委“组织员之家”联席会理事单位，举办本市公立医院组织员沙龙1期，与会市级医院21家。对标公立医院高质量发展要求，开展附属医院党委书记抓基层党建工作述职评议考核，结合《上海公立医院党建工作质量评价办法（试行）》（沪教卫党〔2020〕73号），做好医院党建工作质量评价。

推进基层党组织建设。紧扣一流医学院建设目标，深化党支部标准化建设。研究相关基层党委组织设置调整方案，推进党建与中心工作深度融合。发扬党内民主，做好医学院系统党的二十大代表、上海市第十二次党代会代表提名推荐工作。附属仁济医院呼吸科副主任医师查琼芳当选上海市出席党的二十大代表；上海交通大学党委副书记、医学院党委书记江帆当选医学院出席上海市第十二次党代会代表。严格党组织按期换届，指导直属局退干部党支部完成换届。强化示范引领，推进示范党支部创建。加强党建信息化，运用和维护好“上海智慧党建”系统，完成年内党统年报。以公共卫生学院党委、护理学院党委为试点，推进党费管理信息化工作。

抓好党员教育管理服务。全年发展党员185人（其中，教职工101人、学生84人），指导系统各单位上报2023年度发展计划。开展落实《2019—2023年全国党员教育培训工作规划》自查。依托国家教育行政学院大学生网络党校，组织专任教师党支部书记、学生党支部书记在线培训，参训学员各5名；安排人员参与上海市教卫工作党委二级院系党组织书记、“双带头人”党支部书记、组织员、学生党支部书记、学生党员、高知入党积极分子等班次培训，参训22人次。实施组织员“素质提升计划”，申报上海市教卫工作党委系统“组织员工作室”2个。做好党员组织关系转接，规范失联党员处置，落实党内关怀激励。40名老同志获颁“光荣在党50年”纪念章。坚持党管人才原则，年内进一步做好各类高层次人才的服务保障。

（葛鹏程）

【选举产生出席上海市第十二次党代会代表】 6月7日，中国共产党上海交通大学医学院代表会议在线召开，选举医学院系统出席上海市十二次党代会代表。医学院第十一届党委委员、纪委委员，二级单位党政领导班子的党员主要负责人，优秀党员代表等参加会议。根据全体代表无记名投票结果，上海交通大学党委副书记、医学院党委书记江帆当选医学院系统出席上海市第十二次党代会代表。

（葛鹏程）

2022年6月21日，医学院党委召开2022年度全面从严治党工作会议

【召开2022年度全面从严治党工作会议】 6月21日，医学院党委2022年度全面从严治党工作会议召开。医学院党政领导班子成员和党委委员、纪委委员、机关部处负责同志、二级学院和附属医院党政领导班子成员及其相关部门负责同志、民主党派基层组织和统战团体负责同志等，分别在主会场和各分会场参加会议。医学院党委副书记、纪委书记施建蓉传达了上级会议精神并作医学院党风廉政建设工作报告。党委常委、副院长方勇作医学院审计工作报告。党委书记江帆作医学院党委全面从严治党工作报告，并要求医学院党委系统要始终坚持把政治建设摆在首位，忠诚拥护“两个确立”，坚决做到“两个维护”；始终坚持和加强党的全面领导，着力构建高质量党建工作体系，进一步压实责任链条，推动管党治党责任落实落地；始终坚持立德树人根本任务，弘扬“报效祖国、服务人民”办学宗旨，打造医学院党建工作品牌。

（徐　翀）

【召开庆祝中国共产党成立101周年会议】 6月30日，“弘扬建党精神　同庆七秩华诞　携手承续辉煌”——医学院庆祝中国共产党成立101周年会议召开。医学院党政领导班子成员，院本部二级单位党政负责人，附属医院领导班子成员，系统各单位相关部门负责人，医学院党建思政研究获奖代表、“光荣在党50年”老同志代表、党支部书记、党员代表等出席会议。附属瑞金医院、仁济医院、新华医院、第九人民医院和上海儿童医学中心党委各设线下分会

2022年6月7日，医学院召开党员代表会议选举产生出席市第十二次党代会代表

场，组织代表以同步视频方式参会。会议强调，2022 年是党的二十大召开之年，医学院迎来成立 70 周年。各级党组织和广大党员干部要弘扬伟大建党精神，把学习贯彻上海市第十二次党代会精神作为当前重要政治任务，并切实把党代会精神落实到医学院各项事业发展全过程；要强化担当作为，紧抓“双一流”建设和上海市高水平地方高校建设，把握浦东校区建设战略机遇，把大上海保卫战中“交医人”冲锋在前、坚守一线、主动作为、无私奉献的精神品格转化为砥砺奋进、勇毅前行的不竭动力，促进各项事业取得新发展；要加强党的建设，深入贯彻《中国共产党普通高等学校基层组织工作条例》要求，牢牢把握社会主义办学方向，全面落实立德树人根本任务，推动党建工作与业务工作深度融合。

（葛鹏程）

2022 年 6 月 30 日，医学院召开庆祝中国共产党成立 101 周年会议

【召开“组团式”援藏、援滇干部人才慰问座谈会】 7 月 19 日，医学院党委召开“组团式”援藏、援滇干部人才慰问座谈会，医学院系统内参加 2022 年上海市新一批“组团式”援藏、援滇干部人才，医学院党委书记江帆，党委组织部部长孟煜等出席会议。新一批“组团式”援藏、援滇干部共 17 人，来自医学院 5 家直属附属医院。其中 7 人参加上海市第十批援藏工作，开展为期 1 年至 3 年对口支援西藏日喀则市人民医院；10 人参加上海市第十二批援滇工作，分别赴云南省盐津县人民医院、澜沧拉祜族自治县人民医院开展 1.5 年至 3 年的对口支援工作。医学院党委副书记赵文华在会上强调，各家单位要集中力量帮助建好人民医院，深刻认识全面推进乡村振兴的重大意义。各位援建干部要切实增强做好医疗人才“组团式”帮扶国家乡村振兴重点帮扶县工作的政治责任感和历史使命感，发扬“交医人”敢为人先，勇担使命的工作作风，把改善民生、提升群众获得感、幸福感作为医疗帮扶工作的出发点和落脚点，推动援藏、援滇工作持续高质量发展。

2022 年 7 月 19 日，医学院召开新一批“组团式”援藏、援滇干部人才慰问座谈会

（方佳圆）

党校工作

【概况】 2022年，医学院党校坚持以习近平新时代中国特色社会主义思想为指导，坚持党校姓党、全面从严治党的原则，全面贯彻落实医学院党委的各项决策部署，党校教育培训、党建研究管理、年鉴编撰出版等各项工作顺利开展。

党校教育培训。2022年，医学院党校从优化教学布局、完善班次设置、丰富培训内容、创新教学方法、加强理论研究等方面入手，按照分级分类的原则，出台不同培训班次的实施方案，进一步加强党校教育培训工作，共举办各类培训班7期，培训学员达662人次，共计236个学时（以4个学时/半天计算）。举办2022年“优秀青年人才培育计划”培训班，来自医学院附属医院、二级院系及相关部处共计56名学员参加培训，培训共计96个学时，以每周四作为固定培训日，通过专题报告、素质拓展、自我教育等多种方式开展教育培训，共开展专题报告17场、素质拓展1次、行走党课1次、现场教学1次、学员论坛53人次、课题研讨与汇报2次、结业典礼1次。开展以问题为导向的课题研究，聚焦党的二十大报告中与医疗卫生健康事业相关的最新论述，组成5个课题组，分别以“人口老龄化国家战略中的医学青年的角色定位”“健康中国视角下青年医学人才科普能力、上海市三甲医院青年医师生育观”“青年医务工作者心理弹性”“新冠疫情下上海患者就医现状”为主题，通过理论分析、个别访谈、问卷调查等多种研究方法，形成5篇研究报告。举办2022年中青年干部培训班，来自上海交通大学本部、医学院和各县区共计88名学员参加培训。其中，医学院18人参加，培训共计104个学时，10月28日开班，12月14日结业，共开展专题报告8场、专家讲座11次，素质拓展2次、课题研讨2次、处长论坛10次、学员论坛4次、现场教学2次。举办第99—102期入党发展对象培训班。按《上海交通大学医学院入党积极分子三级党校教育培训大纲》的要求进行第三级集中教育培训，培训对象为院本部及各附属医院的105名教职医务员工和83名学生入党发展对象。根据疫情防控的相关规定，第99—102期发展对象培训班统一开班，采取线上线下相结合、主分会场相同步、多种方式相协调的原则开展。培训共计52个学时。围绕坚定理想信念、端正入党动机、学习新党章、党史学习教育等内容共开展专题报告7场、影像教学1次、分组讨论2次、小组交流与评议1次、理论考试1次、结业典礼1次，每位学员围绕学习情况撰写学习小结1篇。举办2022年毕业生党员离校教育培训班，近400名毕业生党员参加培训，共计4个学时。

党建研究管理。做好医学院党建研究会课题申报与立项、立项课题中期检查、课题成果汇总与评审等方面日常管理工作。评审2021年党建-思政课题，邀请党建研究会理事与顾问匿名评审课题研究成果，评选出一等奖3项、二等奖6项、三等奖9项、鼓励奖15项、优秀组织奖3项，并在上海交通大学医学院庆祝中国共产党成立101周年大会上颁发获奖证书。开展2022年党建-思政课题立项工作，结合市教卫工作党委等党建研究会的课题指南，立足医学院党建-思政工作重点和具体实际，共制定研究选题13项，收到来自院本部和各附属医院的课题申请书157份。邀请党建-思政研究专家对申请书进行评审，根据评审结果，确定11项重点研究课题、19项一般研究课题、66项自筹经费课题。9月，党建研究会开展立项课题中期检查，所有立项课题填写《上海交通大学医学院党建研究会2022年度立项课题中期检查报告书》，写明研究进度和阶段性研究成果。9月27日，召开2022年度党建-思政研究课题中期检查会，11项重点研究课题组代表汇报本课题研究进展情况。11月，组织开展课题结题工作，下发结题通知，要求立项课题提交研究成果，并汇总研究成果。做好医学院党建研究会与上海市、市教卫工作党委、黄浦区等党建研究会的联络沟通，深化与上海市企业党委书记工作研究会的联系机制，组织相关论文征集、成果评奖和课题申报工作。2022年，获上海市教卫工作党委系统党建研究会课题立项22项，获2021年度研究成果二等奖3项，三等奖6项；获黄浦区党建研究会课题立项12项，获2021年度研究成果一等奖1项、二等奖1项、三等奖3项、鼓励奖5项。

年鉴编撰出版。编撰校对出版2022版《上海交通大学医学院年鉴》，2022版《上海交通大学医学院年鉴》为总第十七卷，全面记述2021年医学院教学、科研、医疗、管理等各项事业的发展情况，总字数1025千字，共500页。刊载彩页照片42幅，共设置18个类目，全书载有综合性条目、专题性条目共356条，文中引用图片共135幅。版式设计继续沿用大16开本，采用橙色纸张印刷。为适应医学院事业的快速发展，2022版年鉴在条目框架上不断丰富完善，在"院系概述"类目中增设"全球健康学院"；附录中增设"上海交通大学医学院庆祝建党100周年'两优一先'光荣名册"。根据2021年上海交通大学医学院年鉴工作会议精神，于3月5日前收集医学院各部处、二级院系、附属医院和研究所等60多家单位年鉴初稿，从文稿收集到出版印刷，经过年鉴编辑部初审、各供稿单位复核、主要领导及出版社审核等程序，前后共用6个多月的时间对文稿进行了多次全面校对，在编撰水平和出版质量上有了新的进步，在存史、资政、育人、深化医学院办学特色、凝练大学精神和提升核心竞争力等方面发挥着不可替代的重要作用。发放2022版《上海交通大学医学院年鉴》至各供稿单位，使其及时发挥存史、资政、育人的作用。根据2022版《上海教育年鉴》编撰要求，供稿涉及医学院的部分，共7千余字、条目9条、照片4幅，校核2次。根据2022版《黄浦年鉴》编撰要求，供稿涉及医学院的部分，共1万余字、条目7条、照片4幅，先后校核2次。根据2022版《上海交通大学年鉴》编撰要求，供稿二级学院、附属医院和研究所的稿件10万余字、条目与照片若干，集中校核1次。修订《上海交通大学医学院年鉴2023》撰稿手册，根据年度年鉴工作的设想与规划，明确撰稿职责与范围、年鉴条目撰写要点与规范、2023版医学院年鉴编撰出版进程。11月17日上午，举办2022年年鉴工作会议暨年鉴工作培训班。上海交通大学医学院党委副书记、医学院年鉴主编赵文华，《上海年鉴》原编辑部主任、当代上海研究所原主任马学新，上海交通大学档案文博管理中心主任张凯、上海交通大学出版社医学分社副社长郑月林和上海交通大学出版社编辑谢丹等人出席，医学院本部机关部处、二级学院及中心、相关附属医院的撰稿人共40余人出席会议。会议由医学院党校副校长、医学院年鉴编辑部主任叶福林主持。叶福林总结2022年医学院年鉴编辑部工作情况，并对2023版年鉴的撰稿要求和时间进度等工作要点进行安排部署。马学新作关于年鉴撰写规范的专题辅导，以问题为导向，遴选出体现医学院特色的条目，从具体实务操作方面进行深入剖析和重点辅导。谢丹总结2022版年鉴编撰和校对工作情况，并对书稿常见问题进行举例说明。郑月林结合年鉴审稿过程中遇到的撰写规范、排版和时间安排等问题进行指导。张凯结合《上海交通大学年鉴》的编撰工作经验，对2023版《上海交通大学医学院年鉴》的内容、版式、数据统计、传播方式等进行指导，对年鉴编撰的发展方向提出建设性意见。赵文华在总结讲话中对全体年鉴撰稿人的辛勤工作表示衷心感谢，对明年的年鉴工作提出要求和希望。

（高　哲）

【举办2022年毕业生党员离校教育培训班】
6月10日，"七秩华章，远航叮咛"2022届毕业生党员离校以线上腾讯会议的方式举行。医学院党委常委、副院长吴正一以"对党忠诚、勇担重任、在实现民族复兴的赛道上奋勇争先"为题作动员讲课，附属瑞金医院党委副书记、副院长毕宇芳作专题党课，会议由医学院党校副校长叶福林主持。近400名即将踏上工作岗位或继续求学深造的医学生党员学生在云端参加此次学习。

（高　哲）

【举办第99—102期入党发展对象培训班】
8月25日至9月17日，医学院党校举办第99—102期入党发展对象培训班，院本部及各附属医院的105名教职医务员工和83名学生入党发展对象参加培训。医学院党委副书记赵文华为学员作开班动员并上第一堂党课。开班仪式由医学院党校副校长叶福林主持。根据疫情防控的相关规定，第99—102期发展对象培训班统一开班，采取线上线下相结合、主分会场相同步、多种方式相协调的原则，确保教育培训工作安全、顺利、有效开展。院本部教职工和学生在懿德楼二楼报告厅现场集中参训，各附属医院医务员工及临床医学院学生则在本单位分会场线上参训。

（滕晓雪）

2022 年，第 99—102 期入党发展对象培训班举办

【举办 2022 年“优秀青年人才培育计划”培训班】 9 月 9 日，医学院 2022 年“优秀青年人才培育计划”培训班在东院九号楼三楼学术报告厅开班。来自医学院附属医院及二级院系的 56 名优秀青年人才参加培训。医学院党委书记、党校校长江帆作开班动员并上第一堂党课，党校副校长叶福林主持开班式。江帆以“交医 70 年　因改革而兴　因人才而盛”为主题作专题报告。培训班利用每周四 1 天的时间开展教育培训。医学院党委副书记赵文华，党委副书记、纪委书记施建蓉，副院长胡翊群，党委副书记、副院长吴正一，副院长方勇，副院长郑俊克等医学院党政领导分别作专题报告，王公龙、轩传树、奚洁人、房剑森、姜雪峰、董幼鸿、李炜永等专家学者上专题党课。同时，培训班组织学员到东方绿舟进行素质拓展，通过“破冰之旅”增强团队的凝聚力和向心力；在建院 70 周年之际参观院史馆，学习一代代师生为医学院改革发展而艰苦奋斗、共同努力的辉煌历程；举办学员论坛，学员以自己感兴趣的话题为主题进行展示，进一步增进相互了解和交流。此外，培训班还进行以问题为导向的课题研究，聚焦党的二十大报告中与医疗卫生健康事业相关的最新论述，组成五个课题组，通过理论分析、个别访谈、问卷调查等多种研究方法，形成了 5 篇研究报告，为医学院及附属医院未来的改革发展建言献策。12 月 8 日，培训班结业。江帆为全体学员颁发结业证书。赵文华宣读优秀学员名单。江帆、赵文华共同为优秀学员颁发荣誉证书。

（滕晓雪　高　哲）

2022 年，“优秀青年人才培育计划”培训班举办

纪检监察工作

【概况】 2022年，在上海市纪委监委和医学院党委的坚强领导下，医学院纪委以习近平新时代中国特色社会主义思想为指导，深入学习贯彻党的二十大和十九届六中全会精神、中央纪委六次全会精神、上海市第十二次党代会精神和上海市纪委六次全会精神，围绕70周年院庆、医教研事业、疫情防控、浦东校区建设等中心工作，切实发挥监督保障执行、促进完善发展作用，为建设中国特色、世界一流医学院保驾护航。

坚定政治方向。把学习贯彻党的二十大精神作为最重要的政治任务，制定医学院纪委学习宣传贯彻党的二十大精神工作方案，组织召开纪检监察干部集体学习座谈会等专题学习。把党的二十大精神与医学院及各附属医院的中心工作、党风廉政建设和纪检监察工作结合起来，强化理论指导作用。坚持在一线开展校园、医院疫情防控监督检查工作。协助党委制定《校园疫情防控师生规范》，牵头负责校园督查工作，承担学生楼宇线上管理服务平台"交医防疫加油站"的督导工作，报送《疫情防控期间诉求处理督导报告》21份，汇总和协调处置学生诉求218条。

坚持标本兼治。在2022年度全面从严治党大会上通报党风廉政建设情况，组织开展全面从严治党专题辅导报告，面向处级及以上领导干部编发《廉情动态》(共10期)，举办科研经费使用警示教育展，下发《年轻干部廉洁教育案例读本》等学习资料，推送廉政快讯33篇。落实上海市纪委监委部署，开展招标采购专项监督工作，对775项招标采购项目集中检查抽查。通过"网上报备"系统办理17项重点事项，发挥智慧防控平台作用。开展新任处级干部谈话12人次，办理廉政意见7个集体和80人次。

持续正风肃纪。协助医学院党委开展落实中央八项规定精神和整治形式主义为基层减负情况专项检查。紧盯疫情防控工作中的形式主义、官僚主义，督促各单位(部门)和领导干部强化率先作用。同财务、审计等部门加强沟通协作，对近三年科研经费支出情况进行核查，针对发现的苗头性问题及时约谈责任单位相关负责人。对节日期间资金使用情况进行监督检查，下发各类监督提示，全年共发送廉洁提醒短信464人次。

深化"四责协同"。协助医学院党委制定党政领导班子成员"问题、责任、项目"三张清单，推动主体责任年度重点项目确立。协助督促各二级单位和职能部处认真制定主体责任项目，对14项重点项目开展中期督查。协助医学院党委对4家局级附属医院党委落实巡视整改、审计整改等主体责任情况的监督检查。组织开展"巡察整改和成果运用"等调研。协助医学院党委制定《医学院党委巡察工作机构设置建议方案》，推动成立巡察工作领导小组办公室，与纪委办公室合署办公。协助医学院党委修订《医学院党委巡察工作实施办法》，加强对巡察工作制度体系的构建和完善。对第七批内部巡察对象整改落实工作情况进行监督检查，督促研究生院和学生工作指导委员会认真落实整改工作主体责任。

聚焦监督首责。完成“高校各类监督统筹衔接工作机制研究”专项课题，探索构建医学院监督联席会议机制。推动委托第三方审计机构对浦东校区重大工程项目开展专项审计，通过列席工程例会和工地现场检查等方式强化过程监督。加强与医学院组织部、人事处、教务处、研招办、教师工作部等部处的工作协同，对选人用人、招生复试、评优评先等开展监督检查。

注重一体推进。压实防疫责任，各附属医院纪委紧密围绕本市医疗卫生机构落实疫情防控工作部署，把监督和服务有机结合起来。按照上海市纪委监委工作要求，开展方舱医院运行情况专项监督，并围绕医院内部楼宇管理、病患防疫措施落实情况、缓冲病房设置、防护物资管理等方面开展实时监督，全力保障疫情期间医学院及各附属医院各项防控措施从严从实、有效落实。注重廉洁教育，附属瑞金医院纪委聚焦合作项目中的关键环节，牵头联合主管部门对院内各合作项目管理人员、医联体单位管理等进行专题廉洁教育。附属仁济医院纪委建立基层党支部纪检工作联系点制度，定期通报医疗卫生领域违纪违规案例并解读纪法条规。附属第九人民医院纪委凝练医院廉洁文化内涵，举办丰富多彩的廉洁宣传教育活动。强化监督实效。附属新华医院纪委加强对巡视整改项目的跟踪监督，组织开展“智慧医院统筹问题”等专项监督。附属上海儿童医学中心纪委针对采购过程中发现的共性问题，通过纪监审联系函的形式持续加强同职能部门的沟通反馈，压实整改责任。

加强自身建设。组织召开医学院纪委全委会、纪检工作例会等，认真传达学习中央纪委六次全会精神、市纪委六次全会精神，扎实开展医学院纪检监察系统学习贯彻党的二十大精神工作。举办医学院2022年度纪检监察干部综合业务培训班，全年共开展各类专题学习45次。医学院系统全体纪检监察干部主动积极投身抗疫工作，参与一线流调、核酸检测、援建方舱医院、下沉街道社区、担任医疗队长、值守校园医院等，忠诚履行“监督员”和“战斗员”的职责使命。

2022年，医学院纪委在上海市属高校纪检监察工作考核中获评优秀，已连续三年获此荣誉。

（唐　华）

【学习贯彻中央纪委六次全会、市纪委六次全会精神】 1月27日，中共上海交通大学医学院第十一届纪律检查委员会第二十二次全体（扩大）会议在科教楼203会议室召开，传达学习习近平总书记在十

1月27日，十一届中共上海交通大学医学院纪委第二十二次全体（扩大）会议召开

九届中央纪委六次全会上的重要讲话精神，以及时任上海市委书记李强、上海市纪委书记监委主任刘学新在十一届市纪委六次全会上的讲话精神。医学院党委书记江帆出席会议并讲话，医学院纪委委员、医学院系统各单位纪委书记、专职副书记、医学院纪委办公室等人员参加会议。会议要求，医学院纪检监察系统要全面贯彻落实中央纪委六次全会和市纪委六次全会部署要求，发扬自我革命精神，增强深化全面从严治党的政治自觉，强化政治担当，更加自觉把管党治党责任扛在肩上，切实把学习成果转化为做好工作的实际行动。要加强年轻干部教育管理监督，完善权力监督制度和执纪执法体系，坚持建设高素质专业化纪检监察干部队伍。

（程　峰）

【召开推进全面从严治党专题座谈会】 7月5日，医学院召开推进全面从严治党专题座谈会，深入学习上海市第十二次党代会精神，研究加强监督统筹工作，医学院党委书记江帆出席会议并讲话。十一届医学院纪委委员、各附属医院纪委书记、院本部二级党组织书记、相关职能部处负责同志约30人参加会议。与会同志一致认为要把学习宣传贯彻上海市第十二次党代会精神作为当前和今后一个时期的重要政治任务，全面理解和准确把握大会精神及部署要求，高效统筹疫情防控和学校事业发展。要进一步明确监督的范畴，从整体上厘清高校监督体系，着力构建党委统一领导，各类监督协同联动的医学院系统大监督格局。要聚焦党员领导干部“关键少数”和资金密集、资源富集的“重点领域”，强化对责任落实情况的监督检查，压紧压实全面从严治党主体责任，巩固深化“四责协同”工作机制。要积极探索监督联席会议工作机制，协同制定监督计划，汇总分析共性问题，准确发现影响医学院发展的突出问题。监督工作必须形成闭环，把监督保障作用落到实处，努力推动高校监督体系融入高校治理体系，以

精细化高质量监督为医学院事业发展持续保驾护航。

（李　园）

7 月 5 日，医学院召开推进全面从严治党专题座谈会

【举办纪检监察干部综合业务培训班】 9 月 22 日至 9 月 23 日，医学院纪委联合医学院党校举办了为期 2 天的纪检监察干部综合业务培训班。医学院纪委委员、医学院系统各单位专兼职纪检监察干部、院本部各二级学院、相关二级党组织分管纪检工作的班子成员和纪检委员等共计 30 余人参加本次培训。培训班围绕“增强纪检监察干部队伍的政治素养和党性修养”“精准运用监督执纪‘四种形态’”“加强医疗卫生系统重点领域廉洁风险防范”“锲而不舍纠‘四风’树新风”“推动公立医院纪检工作高质量发展”等主题开展专题辅导。培训中，全体学员围绕如何强化监督执纪工作、提升纪检监察队伍专业化水平等内容展开深入交流和探讨。

（李　园）

9 月 22 日，医学院纪检监察干部综合业务培训班开班

【举行全面从严治党专题辅导报告会】 12 月 5 日，医学院举行全面从严治党专题辅导报告暨党委理论学习中心组（扩大）学习会，邀请市委党校马克思主义学院教授袁峰作理论辅导报告。医学院党委书记江帆出席会议，医学院党政领导班子成员、院本部副处级及以上干部参加学习会。袁峰以“夺取新时代中国特色社会主义新胜利的政治宣言和行动纲领”为题，从党的二十大主题与意义，党的二十大报告的体系与主要内容及特点，报告中的新表述、新概括、新论断三个方面全面解读了党的二十大报告，重点阐述了党的二十大报告中关于全面从严治党相关论述的形势背景、深刻内涵和严格要求。

（李　园）

12 月 5 日，医学院举行全面从严治党专题辅导报告会

【“科研经费使用警示案例展”开展】 12 月，医学院纪委举办了“科研经费使用警示案例展”。案例选自近年来公开报道的各高校科研人员、管理人员、研究生等套取、骗取、贪污科研经费的典型案例。本次警示案例展连续在院本部西院科研楼、西 2 教学楼等地展出。基础医学院、公共卫生学院、护理学院等二级学院，以及各学院下属各教研室、党支部等多团体前来参观学习。

（徐爱华）

医学院师生员工参观警示教育展

统战工作

【概况】 2022年是党的二十大和中央统战工作会议召开之年，是中共二大召开暨党的统一战线政策提出100周年、开启统一战线事业第二个百年的重要一年，也是医学院成立70周年。医学院统一战线工作坚持以习近平新时代中国特色社会主义思想为指导，以学习贯彻党的十九届六中全会精神、二十大精神为主线，深入推动《中国共产党统一战线工作条例》(以下简称《条例》)落地落实，按照上海统一战线工作领导小组和市教卫工作党委部署要求，坚持把贯彻中央和上海市关于统一战线的决策部署与医学院实际相结合，不断巩固和发展爱国统一战线，围绕党委中心工作和重点任务凝心聚力，强化责任，加强引导，稳步推进统一战线各项工作。

夯实共同思想政治基础。医学院党委统战部紧扣迎接和贯彻党的二十大精神主线，以会代训，在党委常委会、统一战线工作领导小组会议、统战人士季度座谈会上开展党的十九届六中全会、中央统战工作会议精神集中学习。认真贯彻落实《中共上海市委统战部关于做好学习宣传贯彻党的二十大精神的通知》，举办党的二十大精神宣讲研讨系列之统一战线专场；组织深入学习贯彻党的二十大精神系列培训；与上海市社会主义学院联合举办第四期“上海交通大学医学院党外中青年骨干研修班”，指导上海市欧美同学会医学院分会举办第四期“上海交通大学医学院青年海外留学归国人才研修班”；开展中央统战工作会议精神、台海形势、民族宗教工作专题辅导培训。传达学习上海市统战部长会议精神，及时组织统一战线代表人士学习医学院十一届党委九次、十一次全体会议精神，不断加强党对统一战线工作的集中统一领导。

开展同心同行实践活动。医学院党委统战部认真贯彻落实市委统战部《关于支持我市各民主党派开展“矢志不渝跟党走、携手奋进新时代”政治交接主题教育的通知》《中共上海市委统战部办公室关于在无党派人士、党外知识分子中开展“喜迎二十大、同心跟党走”主题教育的通知》，以党的二十大召开和医学院成立70周年为契机，结合工作实际，团结引领广大统一战线成员，进一步发挥政治优势、智力优势、资源优势和组织优势。邀请党外代表人士参加医学院传达学习党的二十大精神大会、学习贯彻党的二十大精神党委理论学习中心组(扩大)学习会、医学院成立70周年大会暨上海国际医学论坛等，做到学习同步、思想同频、工作共振；组织开展“风雨同舟忆七秩　同心筑梦跟党走”口述史访谈活动，邀请交大医学院各民主党派、无党派人士、统战团体代表人士，围绕中国共产党奋斗史、新中国发展史、医学院办学史和附属医院办院史，回顾共同奋斗经历和心路成长历程，坚定“永远跟党走”的理想信念；举行“凝心聚力　画出最大同心圆”笔墨传情活动，广大统一战线成员用笔墨书写对党、对医学院的深厚情感和祝福；组织统一战线代表观看影片《穿过寒冬拥抱你》《万里归途》。

医学院党委统战部支持和保障各民主党派、统战团体开展主题教育。支持医学院知联会与上海航天技术研究院联合开展“创新攻关——从基因揭秘到太空探险”主题教育；探索“地方侨联＋高校侨联＋校友会”工作机制，支持医学院侨联、医学院校友会成为黄浦区“元·创联盟”首批成员单位；支持医学院侨联与奉贤区侨联、华东师范大学侨联联合举办“侨企互动　医美联动”走进奉贤活动。支持医学院台联赴浦东新区陆家嘴街道开展“名医进社区　携手健康行”公益义诊活动；支持医学院民族联开展民族工作实践创新，完成《“石榴籽育人工作室”助力少数民族学生医帆启航》成果申报工作。民盟医学院委员会举办中共二十大精神学习报告会，组织参观上海韬奋纪念馆，委员会专家赴上海交通大学开展“珍惜生命　关爱健康”医疗咨询活动；民建医学院委员会召开“高举中国特色社会主义伟大旗帜　为全面建设社会主义现代化国家而团结奋斗”政治教育主题学习会；民进医学院委员会开展政治交接主题教育，举行中共二十大精神学习与座谈交流，参观中共一大纪念馆、上海文化广场；农工党医学院委员会召开学习中央统战工作会议精神学习会，委员会金山区社会服务基地被列为农工党中央首批18个全国社会服务基地之一，“中国农工民主党社会服务基地”揭牌仪式后，委员会专家开展“农工助医”义诊活动；致公党医学院委员会举办“坚持基本政治制度，努力提高五种能力”政治交接主题报告会；九三学社医学院委员会专家参加九三学社市委“名医下企业”健康科普和义诊活动。

推进党外代表人士队伍建设。医学院党委统战部认真贯彻落实《上海交通大学医学院党外后备人才队伍建设方案（2020—2025）》，加强党外代表人士队伍建设。根据市委统战部、各民主党派市委换届工作部署，协助做好5名党派市委班子成员、12名党派市委委员、常委人选考察工作和党派市委换届相关工作，协助做好党派中央委员人选考察工作。医学院系统3人当选为民主党派市委副主委，1人当选为民主党派市委秘书长，3人当选为民主党派市委常务委员，10人当选为民主党派市委委员。认真贯彻落实市教卫工作党委《关于开展上海市第十六届人大代表和第十四届政协委员初步人选推荐工作的通知》，完成18位（含备选）市政协委员推荐和考察工作；协助落实全国政协委员推荐工作。认真贯彻落实《上海交通大学医学院“无党派人士”认定登记实施办法（试行）》和《上海交通大学医学院无党派人士发展认定工作计划（2020—2024）》，结合市教卫工作党委关于医疗卫生单位“无党派人士”政治面貌认定登记要求，2022年度认定“无党派人士”15名，推荐全市无党派人士重点人选16名。认真贯彻落实中共上海市委统战部、上海市欧美同学会关于《上海市欧美同学会（上海市留学人员联合会）2022年分会换届工作方案》，突出代表性和年轻化，协助做好新一届理事会班子人选的酝酿、选拔和考察工作，完成欧美同学会交大医学院分会换届工作。根据实际工作需要，推动医学院民族联完成届中调整工作。协助完成上海市政协农工党界别委员工作室成立挂牌。2022年，医学院党委统战部选派4名统战中青年骨干参加中央统战部归侨侨眷代表人士培训班、上海市党外中青年培训班、市教卫系统党外中青年干部培训班、党外知识分子理论研讨班暨党外归国留学人员理论研讨班等专题培训；推荐1人获中国侨界第九届“侨界贡献奖”一等奖，1人获“上海市巾帼建功标兵”称号；推荐1人当选黄浦区侨联主席，3人当选黄浦区侨联委员；落实党外人士正处级、副处级实职安排各1名。

医学院党委统战部切实保障党外代表人士参加医学院民主管理和民主监督，坚持落实“季度座谈会”制度，及时向各民主党派和统战团体传达党的重要方针政策，通报涉及医学院改革发展的重大事项；邀请各民主党派和统战团体负责同志参加医学院党委理论学习中心组（扩大）专题学习及医学院全面从严治党工作会议、教职工代表大会等。

交大医学院党委召开2022年统战人士第三季度座谈会

助力打赢“大上海保卫战”。医学院党委统战部坚决贯彻落实习近平总书记关于疫情防控的重要指示，严格按照市委、市政府统一部署，坚持践行“报效祖国、服务人民”崇高使命，肩负“救死扶伤，守护人民生命健康”责任担当，积极引导广大统一战线成员闻令而动，奋战疫情救治主战场，用实际行动彰显出交医统一战线的使命与担当。医学院系统广大统一战线成员发挥专业优势，投身上海市公共卫生临床中心和方舱医院救治一线，主动请缨驰援核酸检测、流调、社区抗疫工作，积极参加疫情防控科研攻关，大力开展公共卫生健康科普教育，为疫情防控和复工复产复学重要政策举措建言献策，通过各种渠道筹措捐赠物资与善款，在战疫路上守望相助。同时，医学院党委统战部及时排摸党外老专家、老教授、老同志的情况，第一时间协调解决生活物资短缺、配药难等实际困难，做好关心关爱工作。

推进落实各领域统战工作。医学院党委统战部以各二级单位党组织、各民主党派委员会（总支）和各统战团体为主要抓手，延长联系党外知识分子的工作手臂，团结各民主党派、无党派人士、归侨侨眷和留学归国人员、台胞台属、少数民族教职工和宗教界人士画好最大“同心圆”。医学院党委统战部按照医学院党委工作总体安排，统筹制定年度统战工作计划，做到统战工作与中心工作相结合、常规工作与重点工作相结合、持续性工作与阶段性工作相结合，有序推进各项工作落地落实。2022年度，党委统战部组织召开“党外人士季度座谈会”2次，编辑《统战简报（专报）》7期；落实党外代表人士调研津贴制度，慰问统战对象40余人次；坚持“新侨、老侨”并重的工作方针，开展侨情数据统计、侨务工作服务和关心关爱活动；依托少数民族教职工联谊会和“石榴籽育人工作室”，搭建学院、教师和少数民族学生沟通交流平台，开展“籽籽相拥”系列活动，召开民族学生座谈会，举办学子沙龙，组织观摩话剧《英雄儿女》，推荐1位优秀少数民族大学生入选“阳光育人”计划。

推进统战工作科学化水平。医学院党委统战部以迎接和贯彻党的二十大精神为主线，按照医学院党委统一部署，紧密结合工作实际，深入学习贯彻习近平总书记关于加强和改进新时代党的统一战线工作的重要思想和中央统战工作会议精神。积极推荐医学院系统统战干部参加市委统战部、市教卫工作党委主办的不同层次干部培训班，促进统战干部不断提高思想认识、理论政策水平和解决问题能力。

医学院党委统战部深入推动《条例》落地落实，完成关于开展《条例》贯彻落实情况专项督查自查报告。根据医学院党委落实全面从严治党主体责任要求，党委统战部制定2022年度落实全面从严治党主体责任项目书，完成党委统战部年度落实全面从严治党主体责任情况报告；完成党委统战部关于贯彻执行中央八项规定精神和整治形式主义为基层减负的自查报告、巡视整改情况自查报告、关于清查整治突出问题规范党务工作自查报告。认真学习贯彻全国和上海宗教工作会议精神，坚持我国宗教中国化方向，秉承“预防为主，宣教在先”的工作思路，认真落实《上海交通大学医学院党委宗教管理工作机制》，组织开展师生宗教信仰调研排摸，把握师生宗教信仰情况，全方位、立体化做好抵御宗教渗透和防范校园传教工作。

（许恺恺）

【6位民主党派成员当选民主党派中央委员】 12月7日至12月23日，中国国民党革命委员会、中国民主同盟、中国民主建国会、中国民主促进会、中国农工民主党、中国致公党、九三学社和台湾民主自治同盟八个民主党派陆续召开全国代表大会。交大医学院6位民主党派成员当选为中央委员。马杰当选为民盟第十三届中央委员，李军民当选为民建第十二届中央委员，张伟滨当选为民进第十五届中央委员，董晨当选为农工党第十七届中央常委，胡翊群当选为农工党第十七届中央委员，李青峰当选为九三学社第十五届中央委员。

（胡　玥）

【16位民主党派成员当选民主党派市委委员】 7月11日至7月19日，中国国民党革命委员会上海市委员会、中国民主同盟上海市委员会、中国民主建国会上海市委员会、中国民主促进会上海市委员会、中国农工民主党上海市委员会、中国致公党上海市委员会、九三学社上海市委员会和台湾民主自治同盟上海市委员会相继召开代表大会。在交大医学院党委的领导和大力支持下，医学院党外代表人士队伍建设工作取得佳绩，3位当选副主委，3位当选常委，10位当选委员。

民革上海市第十五届委员会
委　员　毛恩强（瑞金医院）
民盟上海市第十六届委员会
常　委　陈广洁（基础医学院）
委　员　陈福祥（第九人民医院）
民建上海市第十四届委员会
委　员　李军民（瑞金医院）
民进上海市第十七届委员会
副主委　张伟滨（瑞金医院）
委　员　阎　骅（瑞金医院）
农工党上海市第十四届委员会
副主委　胡翊群（医学技术学院）
　　　　董　晨（仁济医院）
委　员　邵新华（医学院机关）
　　　　赵　强（瑞金医院）
　　　　蒋欣泉（第九人民医院）
致公党上海市第九届委员会
委　员　胡耀敏（仁济医院）
九三学社上海市第十八届委员会
常　委　曾凡一（基础医学院）
　　　　李青峰（第九人民医院）
委　员　刘俊岭（基础医学院）
　　　　是俊凤（新华医院）

（胡　玥）

离退休工作

【概况】 2022 年，医学院离退休工作部门坚持以习近平新时代中国特色社会主义思想为指导，全面落实全国老干部工作“双先”表彰大会精神，深入践行精准精细服务理念，聚焦发挥老同志优势作用，守正创新，推进老干部工作高质量发展。

做好疫情防控期间管理服务。强化宣传引导，第一时间构建“微守护”托起疫情下的“大服务”。通过离退休官微推送发布《老干部工作办公室、退休工作党委、退管会办公室致全校离退休老同志的一封信》，深切表达对老同志的关心牵挂；通过微信、短信等方式，不间断发出居家防疫提示，传达疫情防控信息；通过各微信交流平台高频次转发主流媒体相关科学防疫信息，以及市委、市老干部局等各级党组织倡议，引导老同志凝聚共识坚定信心，弘扬战疫正能量。强化服务需求，及时落实好重点人员、特殊人群结对联系制度，全面跟进了解老同志身体生活基本情况，共计联系服务离退休人员约 680 人次，组织 3 轮全员信息大排摸，重点摸清孤老、独居及 80 岁以上高龄老同志基本情况，全面梳理形成应急所需问题清单，共聚学校、家庭、街道合力，累计协助解决老同志急难愁盼问题 36 件，发放 1 100 余份生活物资包，尽心尽力助老同志平稳度过疫情特殊时期。

深化离休干部精准精细服务。坚持数字赋能动态管理，每月 1 次以上联系慰问离休干部，每季度 1 次上门走访，每年 1 次健康体检，全面掌握离休干部个人和家庭基本信息，认真完善离休干部《一人一册》《走访慰问记录》《社区联系记录》，不断加强“一人一档”动态管理，持续做好“重点关注、定期关注、日常跟踪”分类分级精准服务。整合资源统筹联动，积极构建单位主导、家庭尽责、社会参与的全方位服务体系。认真落实送学上门、送书到家、情况通报等制度，科学引导离休干部发挥余热。落实离休干部“五必访”制度，定期开展“送关怀、送温暖、送祝福”活动，提供持续优质保障。规范落实离休干部政策待遇，完成医学院第二批解放战争时期参加革命工作的 9 位离休干部参享单项副局级医疗待遇的办理工作。完成 2022 年度离休干部社区高龄养老专项经费缴纳工作。为离休干部集中办理退役军人优待证 20 人次。加强规范管理离休干部特殊医疗费，年度总惠及人员 54 人次，累计使用金额 30 余万元。

完善多元化服务。扎实开展退休教职工“五送”活动，累计“冬送温暖”“夏送清凉”“中秋送问候”慰问老同志 2 750 人次，祝福慰问 90 岁生日寿星 31 人，用心送好 29 位离世老同志。全年度给予各类住院慰问 76 人次，其中大病重病受助 9 人次，医疗帮困补助慰问共计 79 703 元。坚持体检工作全过程服务护航，前期到位有序引导处理突发情况，中期提供咨询解惑，安抚焦灼情绪，后期帮助上网查询并提供纸质报告寄送到家。

开展敬老月系列工作。重阳节当日，通过医学院官微发出一封节日慰问信，向全体离退休老同志致以节日问候。重阳节前夕，分管党政领导分别带队看望离休干部和百岁老人；老干部工作办公室、退休工作党委开展多形式走访，送去节日祝福。常态化疫情防控下，分别通过物流、上门等方式，为老同志送上一份节日心意礼包。举办“七秩同行谱弦歌 九九敬老叙传承”庆祝重阳节座谈会，邀请老同志聚首校园共话蓝图。举办2022年喜逢70周岁和80周岁退休教职工集体祝寿活动、金婚祝福仪式，青年学生共同参与孝亲敬老活动。

学习宣传贯彻党的二十大精神。组织老同志通过多种媒介收听收看党的二十大开幕会直播，围绕学习贯彻大会主题报告，引导老同志读原文、悟原理，开展研讨交流。离退休微信号平台推送3期老党员热议党的二十大精神，掀起学习贯彻党的二十大精神热潮。举办专题讲座2场，专题学习2次，收看线上专题辅导1场，开展“每日10题”百题行动，组织社会实践考察，通过多形式学习把老同志的思想和行动统一到党的二十大精神上来。将学习党的二十大精神与老干部工作实际相结合，召开退休工作党委扩大会议、老教协理事联席会、关工委小组学习例会。

筑牢理想信念根基。抓牢理论学习“不掉线”，组织离退休干部收看收听全国网上专题报告会9场、上海市离退休干部在线形势报告会8场。组织学习《让我们在这场疫情“倒春寒”里风雨共担，共同守“沪”》《在大战大考中彰显特殊责任、特殊担当》等各级倡议；召开“坚定必胜信念，助力打赢大上海保卫战”“深入学习贯彻习近平总书记在中国人民大学考察时重要讲话精神”等线上专题组织生活会；开展“交医精神品格大讨论”“学习党的二十大精神”线上主题党日活动，推送学习《中国共产党章程》(对照修订版)《关于加强新时代离退休干部党的建设工作的意见》(解读)等文件制度。进一步提升离退休党支部和群团组织功能，直属局级退休干部党支部按期完成换届，第三届老教协、第五届退教协换届会议顺利举办。持续做好党内关爱帮扶，认真做好9人“光荣在党50年”纪念章颁发，“七一”“元旦”慰问老党员160余人次。

搭台赋能弘扬正能量。制定《医学院系统离退休干部“喜迎二十大，建功新时代”主题活动方案》，组织开展学习新思想、纵览新变化、畅谈新成就、争当新典型、奏响新乐章等系列活动。征文《我与“交医”的情缘》入选市委老干部局《畅谈新成就 助力新发展——离退休干部喜迎党的二十大优秀征文选》，并刊登新民晚报“十日谈”栏目。参赛“诵经典 颂伟业——上海退休教工喜迎二十大主题诵读活动”，获最佳表演奖。组织老同志围绕“一人一语”“我与交医的故事”“我眼中的交医”主题，开展寄语、征文、书画等活动，喜迎医学院70周年院庆。协助档案馆开展交医史料征集。引导广大老同志传递银发力量，多形式助力本轮疫情防控，累计有70余人次参与城市社区各类志愿服务，收到老同志支持抗疫自愿捐款共计9万余元。离退休工作公众号宣传推送3期《战“疫”有我》离退休干部助力抗疫系列，1名退休干部获评“上海市教育系统为老服务优秀志愿者”。

提升服务水平。组织老干部工作者深入学习贯彻习近平总书记关于老干部工作的重要指示精神，以高度的政治责任感做好新时代老干部工作。1名老干部工作人员获上海市教卫工作党委“先进老干部工作者”荣誉。健全退休人员定期聘任培训制度，促进工作能力提升。离退休人员库平台建设进一步完善，为精准化精细化服务提供支持保障。修订完善住院补助、抚恤费领取等各类申请材料，优化工作流程，提高服务效能。立足让老同志“减麻烦、少跑路”，工作人员“上门跑”“上门送”，努力提升老同志满意度。离休干部“一人一策”精准服务工作实践入选市教卫系统老干部工作成果转化案例，市委老干部局专题调研听取医学院“一人一策”工作情况。结合部门党风廉政建设年度工作目标，制定《离休干部特殊医疗经费使用管理办法》《退休支部书记工作会议制度》，引领老干部工作高质量发展。

（袁春萍）

【市委老干部局领导一行来院调研】 9月7日，上海市委老干部局副局长包龙根，市教卫工作党委老干部处处长金勤明等一行来到医学院开展离休干部“一人一策”工作调研。医学院老干部工作办公室主任诸海英汇报了医学院离休干部“一人一策”及“乐龄申城五守护”工作推进情况。附属瑞金医院、仁济医院、新华医院、第九人民医院的老干部工作负责同志分别汇报了本单位“医守护”工作开展情况。包龙根和金勤明等领导对医学院离休干部工作给予肯定，同时强调要以时时放心不下的责任感、时不我待的紧迫感，努力提升离休干部的获得感和幸福感。

（袁春萍）

2022年9月7日，市委老干部处处长金勤明一行来医学院调研

【举办重阳节庆祝会喜迎建院70周年】 9月28日,“七秩同行谱弦歌　九九敬老叙传承”——医学院2022年重阳节庆祝会在懿德楼101会议室举办。医学院党委副书记、副院长吴正一代表学院党政领导向全体离退休教职工致以节日问候和崇高敬意,并与广大老同志们共勉。会上举行了集体祝寿暨金婚祝福仪式。会议对“七秩弦歌　医路芳华——我与交医的故事”主题征文活动进行表彰,并将老干办、退休工作党委组织编撰的《交大医学院离退休教职工庆祝医学院成立70周年征文书画寄语选》赠送参会同志。座谈交流中,老同志们畅所欲言,热情分享各自“我与交医的故事”,讲述与医学院的深情厚谊。

（袁春萍）

2022年9月28日,医学院举行重阳节庆祝会

【老教协、退教协换届工作顺利完成】 11月29日,医学院老教授协会、退休教师协会换届工作会议在懿德楼101会议室召开。钱关祥理事长代表医学院第三届老教协、第五届退教协理事会做工作汇报。副理事长王菊芳就新一届理事会理事候选人产生过程做了说明。经与会代表表决,会议产生了新一届理事会成员,并审议通过协会章程修改意见。新一届理事代表顾琴龙通过线上视频方式作了发言。

（袁春萍）

2022年11月29日,医学院老教协、退教协举行换届工作会议

中国国民党革命委员会
上海交通大学医学院总支委员会

【概况】 2022年，中国国民党革命委员会上海交通大学医学院总支委员会（以下简称“民革交大医学院总支”）在民革市委的领导下，在医学院党委、统战部的关怀和帮助下，在总支全体党员的共同努力下，秉持学习和继承民革光荣传统、坚持接受中国共产党的政治领导、团结全体党员发扬民革同中共长期风雨同舟的优良传统的基础上，在政治思想建设、组织发展工作、积极参政议政、爱岗敬业教育等方面做了一些工作。

继承和发扬民革光荣传统。在毛恩强主委的带领下利用各种方式学习和贯彻落实坚持中国共产党的领导，并围绕这一中心开展各项工作。引导各支部党员分组学习讨论，提升学习效率，巩固学习成果，不断提高党员政治觉悟和与中国共产党的各项方针、政策保持高度一致的自觉性。总支还结合成员实际情况，制定实施方案，细化工作计划，明确重点内容，认真做好组织协调、引导推动工作，确保各项活动有序推进。

加强思想建设。民革交大医学院总支将深入开展主题教育作为加强思想政治建设的工作重点，把深入学习贯彻习近平新时代中国特色社会主义思想和中共二十大精神作为首要任务、核心内容，及时跟进学习习近平总书记最新重要讲话精神和关于多党合作和民主党派工作的重要指示精神。

加强组织建设。民革交大医学院总支十分重视新党员发展工作，结合总支特点，秉持保质保量、宁缺毋滥原则，发展吸纳有高尚情操、有政治理想、有先进思想的中高级专业人才。2022年总支共发展3名新党员，分别是附属第九人民医院谢幼专、附属仁济医院庄光磊和郑宇，三位同志学历高、政治素质好，在自己的工作岗位均表现突出。

积极参政议政。2022年，民革交大医学院总支组织广大党员积极通过各种渠道，发挥专业优势，履行参政议政职能，建良言、献良策。毛恩强主委多次代表总支参加医学院党委统战人士季度座谈会、中心组学习等，会后组织党员学习领会各项会议精神，开展形式多样的讨论，激发总支党员的政治热情，提高广大党员的政治理论水平和参政议政能力。在不断提高参政党意识的基础上，总支还注重鼓励和引导广大党员集思广益，调动积极性和主动性，在各个领域，在各自岗位上彰显民革特色，倾情服务社会。2022年，总支委员施建元承接了民革市委调研课题，形成《关于提升本市社区医疗卫生服务数字化水平的建议》课题报告，作为民革界别提案报送市两会，并被市两会采纳。

开展爱岗敬业教育。民革交大医学院总支重视和鼓励每位党员在各自的岗位上发扬爱岗敬业、无私奉献精神，围绕中心、服务大局，为经济社会发展做出积极贡献。总支党员大都奋战在医教研管第一线，承担着医疗科研和教学管理任务。

积极参加社会服务。民革交大医学院总支勇当中央和市委决策部署的宣传者、疫情防控一线的逆行者、守卫城市安全的奉献者。总支大部分成员奋战抗疫一线，尽职尽责，守护人民健康。毛恩强主委在疫情暴发开始就被上海市卫生健康委征召成为抗疫专家组成员，进驻上海市公共卫生临床中心，参与重症患者抢救治疗工作，为上海抗击新冠病毒疫情做出贡献。

截至 2022 年 12 月 31 日，新发展党员 3 名，共有党员 48 名。

（毛恩强）

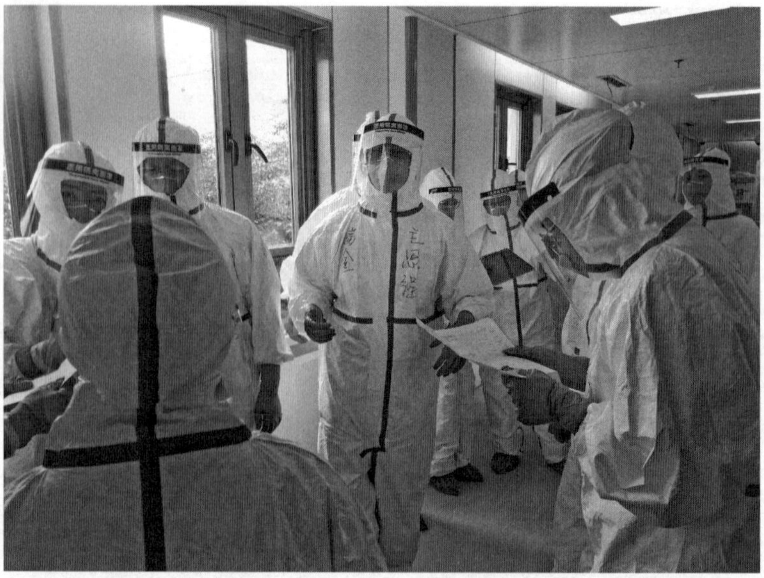

2022 年，在“保卫大上海”疫情阻击战中毛恩强主委带领瑞金突击队整建制入驻公卫中心病区

中国民主同盟
上海交通大学医学院委员会

【概况】 截至2022年，中国民主同盟上海交通大学医学院委员会（以下简称“民盟交大医学院委员会”）在民盟上海市委和医学院党委的领导下，团结带领广大盟员强化学习意识，加强思想武装，以理论上的清醒保持政治上的坚定。坚持以习近平新时代中国特色社会主义思想为指导，深入开展主题教育，进一步凝聚思想共识。紧紧围绕医学院中心工作，带领全体盟员立足本职、爱岗敬业、创新进取，密切党盟关系，坚定履行参政党职责，努力做好社会服务工作，取得了一些的成绩。

加强组织建设，不断增强组织凝聚力。通过多种形式及时传达学习中共二十大精神和习近平总书记系列重要讲话精神，坚定政治信念，凝聚思想共识。陈广洁主委参加民盟上海市委第十六届一次常委会，学习习近平总书记在省部级专题研讨班重要讲话精神、中央统战工作会议精神和上海市委统战工作会议精神。民盟交大医学院委员会组织开展“矢志不渝跟党走，携手奋进新时代”政治交接主题教育，组织盟员参观上海韬奋纪念馆，开展现场教学，重温民盟与中国共产党同心同行、休戚与共的光荣历史。联合民盟交大委员会、民盟华师大委员会、民盟闵行区委、民盟徐汇区委共同主办二区三校中共二十大精神学习报告会，邀请上海市委党的二十大宣讲团成员杜玉华教授解读中共二十大精神。组织盟员观看优秀红色影片《望道》；主办民盟沙龙之读书活动——“与阅读为友 与美好相遇”，邀请蔡蓉解读《苏东坡传》。民盟交大医学院委员会以“坚持标准，注重质量，人才兴盟”的原则，积极发展有理想有抱负和专业特长的拔尖人才和青年才俊加入民盟组织，2022年共发展新盟员9人。民盟交大医学院委员会获2019—2021年度民盟上海市委组织发展工作先进集体。陈广洁、李鹤、乔洁、王红获2019—2021年度民盟上海市委组织发展工作先进个人。

积极参政议政，认真履行参政党职能。民盟交大医学院委员会中的民盟中央委员、上海市委委员、上海市专委会委员和上海市政协委员都在各自的岗位上履职尽责。民盟交大医学院委员会负责人每季度参加医学院党委统战人士季度座谈会，密切党盟关系，了解医学院发展新形势，为推进医学院的“双一流”建设积极建言献策。马杰当选民盟中央第十三届委员会委员，陈广洁当选民盟上海市第十六届委员会常务委员、陈福祥当选民盟上海市第十六届委员会委员。参政履职工作一直是民盟交大医学院委员会的工作重点之一，委员会邀请民盟上海市委参政议政部调研员黄嘉乐为盟员进行课题调研、提案发言、社情民意、建言献策等方面的工作培训。狄文、陈广洁、马杰、方煜翔、刘畅、王保成、胡韵等多位盟员，通过各个渠道积极建言献策，提交社情民意提案。民盟交大医学院委员会刘畅向民盟上海市委申报的课题《推进“双减”政策下小学生课后活动场地的共享模式探究》获得立项。

发挥专业优势，积极服务社会。民盟交大医学院委员会广大盟员秉承服务于社会、服务于民众的宗旨，积极参加由民盟市委、民盟交大医学院委员会及各支部组织的各项医疗咨询和义诊下乡等活动。民盟交大医学院委员会副主委、新华医院乳腺外科主任韩宝三带领团队赴上海交通大学闵行校区，为民盟交大委员会的盟员进行“珍惜生命　关爱健康”健康医疗咨询活动。面对疫情，广大盟员坚守岗位，夜以继日地奋战在抗击新冠疫情第一线。民盟上海市委委员、民盟交大医学院委员会副主委、附属第九人民医院检验科主任陈福祥坚守检验一线，指挥部署落实各项疫情防控工作；民盟交大医学院委员会副主委、附属瑞金医院医务一处副处长杨之涛，民盟交大医学院委员会副主委、附属仁济医院中医科主任李鹤等加入各医院组织的医疗队，奔赴抗疫一线，入驻世博展览馆临时集中隔离收治点等地，开展救治工作；附属瑞金医院医务二处副处长王蕾赴上海市公共卫生临床中心临时执业点——闵行老年医学中心，作为市级专家参加新冠病毒感染治疗的医务综合管理工作；校医院龚怡、护理系张莹等坚守校园防疫重地；广大盟员作为志愿者参与抗疫战斗。封控期间，陈广洁主委、附属仁济医院支部吴李娜分别在上海民盟同舟公益大讲堂讲授《免疫与健康》和《疫情下的老年慢病管控》讲座。盟员们还向上海民盟同舟公益基金会捐赠，用于“盟心守‘沪’·抗疫援助”公益项目。

立足本职岗位，增强履职尽责能力。民盟交大医学院委员会原主委欧阳仁荣获上海“医德之光”荣誉称号。狄文、陈广洁获上海交通大学首届“佳和”优秀教学奖。狄文、李鹤获第四届“仁心医者·上海市杰出专科医师奖”。

关心爱护老盟员，营造尊老敬老的良好社会风尚。春节期间，民盟交大医学院委员会在狄文和陈广洁的带领下，走访慰问了欧阳仁荣、章鲁、李宁丽等部分老盟员及其家属，向他们送去新春的问候和美好的祝福。民盟交大医学院委员会各总支、支部慰问了80岁以上老盟员，让他们感受到了民盟大家庭的温暖。

截至2022年12月31日，新发展盟员9名，共有盟员311名。

（王　红）

2022年，民盟交大医学院委员会组织盟员参观韬奋纪念馆

中国民主建国会
上海交通大学医学院委员会

【概况】 2022年是中共二十大召开之年，是实施“十四五”规划承上启下的关键一年，也是众志成城、同心抗疫的一年。中国民主建国会上海交通大学医学院委员会（以下简称“民建交大医学院委员会”）在民建上海市委和医学院党委的领导下，在医学院党委统战部的关心和指导下，以习近平新时代中国特色社会主义思想为指导，深入学习、贯彻中共二十大和民建上海市第十四次代表大会精神，深入开展“矢志不渝跟党走、携手奋进新时代”主题教育，始终在思想上、政治上、行动上与以习近平同志为核心的党中央保持高度一致，在学思践悟中坚定理想信念，在奋发有为中践行初心使命，在求真务实中建言献策、履职尽责，在服务社会、立足本职中发挥自身优势，扎实做好各项工作。

坚持理论学习，将思想政治建设贯穿始终。民建交大医学院委员会始终把思想建设放在首位，组织开展了内容丰富、形式多样的学习活动。委员会坚持集体学习，充分发挥委员会领导核心作用，做好思想建设工作。2022年度民建交大医学院委员会组织了4次中心组学习会议，组织主题教育7次。组织学习中央统战工作会议精神，观看中国共产党第二十次全国代表大会开幕会直播，开展“高举中国特色社会主义伟大旗帜为全面建设社会主义现代化国家而团结奋斗”政治主题教育。为委员会委员、骨干会员订阅《团结报》《联合时报》等报纸杂志。民建交大医学院委员会利用“互联网＋组织活动”的模式，通过微信群发送各种学习资料，组织观看民建市委视频讲座，让每个会员能及时学习新理论知识，了解民建市委、民建交大医学院委员会及各支部动态，搭建会员沟通交流平台，增强组织归属感。

积极参政议政。2022年，主委李军民向上海市卫生健康委提交《关于多措并举推进医疗机构达成“双碳”目标，实现医院绿色发展的建议》获得采纳；李军民提交的上海市政协十三届三次会议0976号提案《关于尽快出台〈上海市禁止非法野生动物交易条例〉的建议》，被评为第十三届上海市政协优秀提案典型案例。组织会员参加参政议政专题辅导报告《浅析高校党外知识分子参政议政能力养成》的线上培训。蔡雨阳向民建市委提交课题《上海疫情期间医疗求助信息特征分析》。蔡雨阳、周佳参加2022年民建市委参政议政培训。民建交大医学院委员会负责人积极参加交大医学院党委统战人士季度座谈会及各类通报会，为医学院发展献计献策。

稳步推进组织建设。民建交大医学院委员会高度重视组织建设，2022年发展新会员4名，进一步充实了民建交大医学院委员会的队伍。2022年，民建交大医学院委员会扎实做好中青年骨干、梯队的培养和建设，注意发现和培养会员中的优秀人才，加大使用力度，积极推荐优秀会员进人各专委会，在组织内发挥积极作用，提升履职能力。李军民当选为民建中央委员、市委委员。陈会文担任上海儿童医学中心贵州医院的副院长。目前民建交大医学院委员会有21名会员在民建市委各专委会担任不同职务。民建交大医学院委员会非常注重中青年骨干力量的培养，2022年选送5位会员参加民建市委举办的中青年骨干培训班、参政议政培训班、通讯员培训班等，做好后备人才储备和梯队建设工作。各级组织代表积极参加医学院或医院定期召开的党外人士座谈会，积极参与医学院的各项工作。

民建交大医学院委员会召开线上抗疫阶段总结会议

积极抗疫、抗灾。2022年仍是新冠疫情防控的关键年，在防控工作中，民建交大医学院委员会及时组织会员积极参与疫情防控工作。民建交大医学院委员会联合上海民建扶帮公益基金会和民建上海市委医卫委员会主办“扶帮康达万里，民建守‘沪’健康——沪上医疗专家‘云助诊’公益活动”；联合民建上海市委医卫委员会承办“5·8世界红十字日　民建专家‘疫’云助诊”活动，12位民建交大医学院委员会专家为上海居家封闭的患者进行线上诊疗咨询，助力上海各大医院常规医疗服务恢复。钱耀琴向上海民建扶帮公益基金会捐款500元，支援抗疫。李军民、倪语星、童小文、张晓华、庄佩珍获民建市委“众志成城　抗击疫情”先进个人荣誉表彰。

发挥专业特长，积极服务社会。2022年，民建交大医学院委员会广大会员参加援藏援滇援疆、支边扶贫为民服务。张少明援助海南，担任第九人民医院儋州医院院长；陈会文援助贵州，担任国家区域医疗中心上海儿童医学中心贵州医院副院长；李奋援助福建、贵州两地，欧阳火牛援建新疆，周佳赴青海果洛州巡回医疗。委员会中还有更多的会员多次参加民建市委举办的各类社会服务活动，参加长三角地区的义诊、业务培训等。

立足本职，岗位建功。民建交大医学院委员会广大会员牢记使命，爱岗敬业。据不完全统计，年内在研和新申请各级科研项目15项，其中国家级10项，市级项目2项；主办国家级Ⅰ类学分继续教育学习班2项；发表论文39篇；参编教材5部；参与指南制定3项，发明专利3项。

截至2022年12月31日，新发展会员4名，共有会员69人。

（周　佳）

中国民主促进会
上海交通大学医学院委员会

【概况】 2022年，中国民主促进会上海交通大学医学院委员会（以下简称“民进交大医学院委员会”）在民进上海市委和医学院党委的领导下，在医学院党委统战部的支持下，以习近平新时代中国特色社会主义思想和中共二十大精神为引领，以参政议政能力建设和双岗建功为重要抓手，紧紧围绕加强自身建设与提升履职能力，凝心聚力、积极作为，在思想建设、参政议政、社会服务和岗位建功等方面均取得了成绩。

加强思想建设。民进交大医学院委员会高度重视思想建设工作，以理论学习为抓手，紧跟形势，充分利用学习资源，积极组织形式多样的学习实践、组织生活和考察调研等活动。5月，阎骅主委组织开展线上组织生活与“感谢有你”K歌活动；10月，阎骅主委组织《双碳助力智慧医院建设》课题组赴上海市经济和信息化委员会开展调研座谈活动；11月，民进交大医学院委员会与民进交大委员会联合开展“矢志不渝跟党走、携手奋进新时代”政治交接主题教育，参观中共一大纪念馆并座谈交流；11月，张晓玲参加民进市委组织的“初心之旅　民进印记——民进红色文化资源手绘地图绘制实践健步行”活动；12月，阎骅主委主持召开民进交大医学院委员会年终总结视频会议，并以“学思用贯通强基增强，做党和人民满意的好医生”为题，与会员分享了参加第23期党外中青年干部培训班的心得体会。各支部开展规范化的定期学习例会，让会员的思想始终与党中央保持一致，及时把握领会中央及民进市委会精神，积极履行参政议政职能。

加强组织建设。7月，张伟滨、阎骅、李敏出席民进上海市第十三次代表大会。张伟滨当选民进中央委员、民进上海市委副主委，阎骅当选民进上海市委委员、民进上海市委医疗卫生专业委员会主任。王月英当选民进中央青年工作委员会委员、民进上海市委中青年联谊会副会长。姚苹当选民进上海市委妇女儿童委员会委员。

加强人才队伍建设。积极推荐优秀会员参加各级各类学习培训活动，阎骅主委参加了第23期党外中青年干部培训班（9月）及民进上海市第十七届委员会委员任职学习班（10月）；11月17日—19日，柏志安参加民进上海市委中青年专家学者履职班；11月22日—23日，陈其、黄亦成、庄焱参加了民进上海市委和社会主义学院联合举办的2022年宣传报道工作骨干培训班；12月15日—17日，苏艳参加了民进上海市委第39期中青年会员学习班；10月31日—11月1日，赵丽、梁文静、毛远清参加了医学院党外中青年骨干研修班。

积极参政履职。民进交大医学院委员会密切关注国家和上海建设发展的重点和焦点问题，结合自身专业优势，开展了形式多样的调研活动，积极参政议政、建言献策。张伟滨、阎骅、庄焱撰写的《大力发展社区“嵌入式”养老服务，提升养老服务质量研究》报告获民进上海市委参政议政成果一等奖，并被采用为2022年市政协大会集体提案。张伟滨、王月英撰写的课题《关于促进互联网医疗健康发展的建议》获民进上海市委参政议政成果二等奖，被采用为2022年市政协大会界别提案及书面发言。阎骅、张伟滨、倪溉玮撰写的参政议政课题《双碳助力智慧医院建设》，杜勤撰写的《关于建立健全上海医务社会工作人才队伍建设的建议》两项课题中标。2022年，上报民进上海市委社情民意5项：阎骅、王月英、施咏梅、陶蓓等撰写的《关于加大支持保障和关爱一线防疫人员的建议》，阎骅、王月英、张伟滨等撰写的《关于发挥医学生在抗疫中积极作用的建议》，阎骅撰写的《〈向心城市〉读后感：从一位博士研究生毕业去留谈如何构建自由、开放的人才生态环境》，阎骅等撰写的《提前做好高危重风险人群的排摸工作及防治干预预案的建议》，杜勤撰写的《组建医务职工心理健康工作室，提升医务职工归属感》。

立足本职建新功。2022年，会员徐楠杰通过了国家"万人计划"科技创新领军人才答辩，同时在中国科技部2021年末启动的关于科技创新2030"脑科学与类脑研究"重大项目中作为课题负责人获得资助；他还继续担任中国细胞生物学学会神经细胞生物学分会会长，该学会在2022年中国细胞学会所属的16个分会评估中取得了排名并列第一的优秀成绩。程林通过了国家"万人计划"青年拔尖人才答辩。李敏带领仁济检验科获得上海市"工人先锋号""上海市巾帼文明岗"称号，她个人获得"英雄杯"中国实验医学杰出青年奖、上海市医学会检验医学分会"特别贡献奖"，获中华人民共和国科学技术部《"生物安全关键技术研究"重点专项计划项目——精准传感的新发突发及烈性病原体"现场检测-智能预警-动态监测"关键技术研究及应用》奖项。顾磊被聘为国家卫生健康委人才服务中心卫生人才评价题库建设专家。张晓玲承担《抗骨衰老的3D打印梯度生物活性支架用于软骨-骨一体化修复研究》和上海市卫生健康委新兴交叉领域研究专项项目两项课题。黄亦成获得2022年度上海市医学会临床医学工程学分会维修技术学组学术会议医工辩论赛"最佳思辨奖"、上海市中西医结合学会医学工程专业委员会优秀奖。赖红昌被聘为中华口腔医学会第七届口腔种植专业委员会主任委员。陈其获得"日喀则市第九批优秀援藏干部人才称号"。

学术探索与医学科普并行。阎骅主委于3月20日组织了以"凝心聚力向未来"为主题的第四届中国老年医学学会血液学分会海上菁英论坛。陈其在新民晚报康健园发表科普文章，做客990广播电台闲话健康栏目《疫情期间前列腺增生患者自我管理四要素》，联合附属第九人民医院泌尿外科与日喀则市人民医院进行沪藏连线疑难疾病线上会诊和线上培训。张劲松先后组织科室医护人员在科公众号上发表心理调适科普文章10余篇，在院内组织开展对防疫一线员工的心理疏导和相关讲座，为上海交通大学学生开展线上讲座《心有所依，未来可期——危机中如何善求社会支持助个人心理成长》，为静安区学生和家长开展题为《疫情中的情绪管理》线上讲座，接受教育电视台连线采访，解答疫情中学生的情绪和行为等问题。李平撰写了《快看看！日常消毒，你做对了吗?》科普宣传文章。疫情期间，民进交大医学院委员会与崇明区总工会合作，开展了5期健康宣讲，庄焱、阎骅、施咏梅、毛家亮、陶蓓分别针对消毒隔离、自我营养管理、心理疾病的预防、健康管理和甲状腺骨质疏松管理等内容开展在线授课。阎骅还与静安科协、民进静安区委合作，开展题为《健康生活，远离贫血》的线上讲座。

丰富组织生活，开展社会服务。民进交大医学院委员会定期开展慰问、义诊服务、医疗援助等活动，搭建会员之间沟通了解的平台。1月，主委阎骅带领支部委员慰问了老会员夏毓华、雷著春、王震、胡国辉。10月，阎骅带领支部委员探望了生病住院的老会员乔贵全。11月，张伟滨带领支部委员探望了手术住院的王月英。作为医务工作者，会员们积极发挥专业优势，做好服务社会工作。孙立昊赴新疆喀什地区进行为期72天的医疗援助。阎骅、施咏梅、金海燕在新浪新闻、搜狐、知乎、今日头条等知名平台进行"医患心相依，爱相髓"的直播答疑，服务覆盖40万余人次。

会员所获荣誉。张伟滨获评第四届"仁心医者上海市杰出专科医师奖"；阎骅、倪惠丽、李琰获评2022年民进上海市委抗疫先进个人称号；阎骅获2022年度民进上海市委"先进个人"称号；庄焱、黄亦成获2022年民进上海市委"感恩最美志愿者公益活动"称号；庄焱获2022年度"宣传工作先进个人"称号；施咏梅获上海康复医学科技奖励办公室授予的"抗疫康复先进个人"称号。

截至2022年12月31日，新发展会员5名，共有会员185名。

（倪惠丽　庄　焱）

民进交大医学院委员会组织会员参观中共一大纪念馆

中国农工民主党
上海交通大学医学院委员会

【概况】 2022 年，中国农工民主党上海交通大学医学院委员会（以下简称“农工党交大医学院委员会”）在农工党上海市委、交大医学院党委的领导下，坚持以习近平新时代中国特色社会主义思想为指导，认真学习宣传贯彻中共二十大精神，团结带领各总支、支部党员不断增强围绕中心、服务大局的责任感和使命感，认真履行参政党职能，加强自身建设，为医学院及各附属医院高质量发展贡献力量。

矢志不渝、砥砺奋进，“两个维护”更加坚定。农工党交大医学院委员会学时政、强理论，坚持把理论学习摆在各项工作的首要位置，健全总支常态化学习制度，深入学习贯彻习近平新时代中国特色社会主义思想，学习贯彻中共二十大精神、中央统战工作会议精神和农工党上海市第十四次代表大会精神，通过线上、线下学习，不断引领各总支、支部党员凝聚思想共识，始终做到“同心、同向、同行”。7 月，农工党交大医学院委员会 11 名代表参加农工党上海市第十四次代表大会。后集体学习讨论农工党上海市第十四次代表大会精神及习近平总书记在中央统战工作会议上的重要讲话精神。10 月，在蒋欣泉主委的带领下举行中共二十大报告专题学习会并参观了中共二大会址纪念馆。

固本培元、守正创新，组织建设更加坚实。农工党交大医学院委员会不断考察和吸纳党外有影响的高级知识分子或有发展前途、积极要求上进的青年骨干加入农工党的队伍中来，并向市委推荐输送 9 名业务素质高、代表性强、基层工作表现积极的党员作为后备干部人选。

围绕年度工作重点，精心组织党派活动。农工党交大医学院委员会发扬光荣传统，做好关心关爱工作，坚持春节等节假日走访探望制度，为重要岗位、离退休党员及患有疾病、生活困难的党员送上节日祝愿，倾听他们对党派工作的意见建议，传递温情、共勉激励。蒋欣泉主委带领王丽珍委员、顾丽君秘书长春节期间走访慰问戴尅戎、董晨两位院士。在上海封控期间，赵强、孙赟、胡炯将农工党中央捐赠的防疫物资送到党员家中。重阳节期间，仁济医院总支向 20 位 70 岁以上的老同志送上了敬老节慰问品。

凝心聚力、锐意进取，自身建设更加坚强。农工党交大医学院委员会的党员立足本职，克服疫情等困难，扎实工作，在医疗服务、科研创新和培育人才的实践中刻苦钻研、努力进取。戴尅戎、王金武分别获“人民名医 · 特别致敬”“人民名医 · 卓越建树”荣誉称号。蒋欣泉主持了国家自然科学基金创新研究群体项目、国家自然科学基金重点项目、“十三五”国家重点研发计划、国家自然科学基金重点国际（地区）合作研究项目等，创造了具有重要价值的研究成果；2022 年，他作为负责人的“口腔医学课程虚拟教研室”入选教育部首批虚拟教研室建设试点，他个人和团队分别获上海交通大学佳和优秀导师奖、上海交通大学“教书育人奖”团队二等奖。孙皎被聘为中华口腔医学会第七届口腔材料专业委员会主任委员，并入选2021年中国高被引学者榜单。张寅为中法联合医学院的合作与交流持续不断努力，被授予法国国家功绩骑士勋章。王也飞获2021—2022年度上海市成人高校优秀教师。农工党交大医学院委员会获农工党中央2018—2022年先进集体，刘嘉琳获农工党中央2018—2022年先进个人，邵新华、王丽珍获农工党上海市委2018—2022年先进个人，胡翊群获农工党上海市委2020—2021年度反映社情民意信息工作优秀个人。

围绕中心、服务大局，履职建言更加有为。农工党交大医学院委员会把党派工作的基点放在党中央和市委的决策部署上，突显党派特色，找准中心工作的着力点和突破口，履职建言，服务社会。胡翊群向市政协提交了《充分发挥互联网医院作用，建立封控管理下民众就医的便捷通道》《关于切实提高核酸检测效益的建议》2篇社情民意，并在市政协会议作题为《完善制度建设　提供群众满意的医疗照护》的大会发言；陶晔璇提交了《建议尽快出台配套政策支持CAR-T细胞治疗产品惠及更多患者并走出国门形成生物医药对美的技术优势》提案；蒋欣泉提交了《关于进一步加强国家口腔医学中心建设的建议》提案；邵新华、杨玲提交了《关于建立上海市民营医院核酸采集队伍的联系》社情民意；范竹萍撰写了《建议在我国成人中进行乙型肝炎普遍筛查的建议》社情民意；刘建军有4条社情民意被黄浦区政协采纳。

发挥所长、传递温暖，服务社会更加赤诚。农工党交大医学院委员会践行使命，同心战“疫”。全体党员有的驻扎校园和医院，有的化身大白奔忙在社区，有的建言献策、助力科学防疫。邵新华驻扎上海交通大学闵行校区实施疫情防控指挥组织工作，潘曙明赴崇明方舱指挥组织救治，赵强和胡炯接收、装卸、分发各界捐赠物资。刘嘉琳是一名抗疫“老兵”，多次被委以重任，长期驻扎定点医院、方舱医院，救治危重症患者。蒋欣泉、王丽珍坚持驻守在口腔医学院科教园区，科学管理、全面落实园区防疫措施。张振协调各个环节，自费为研究生配送牛奶、水果和蔬菜，鼓励学生们做好防疫防护。陈斌疫情封控期间进驻方舱。刘建平、陈雪莲、王震虹支援定点医院。陈杰奋战急诊一线。周力恒甘当急诊志愿者。卜桦在采样点支援核酸检测。叶惟靖、孙梅等5位党员成为社区志愿者，并有不少党员主动捐款捐物。罗凯主动进驻隔离病房，一直奋战在疫情防控第一线。季彬和康向华不仅参与了大上海保卫战，还多次随队出征海南、重庆的方舱。洪莉组织大量物资，组织车队运输，日夜兼程赶赴上海。王也飞、戴建敏、刘湘帆积极响应医学院号召，分批奔赴院本部和中山南一路学生园区开展核酸检测采样工作。张寅带领中法联合医学院投入附属瑞金医院支援嘉定区核酸采样的志愿者大军中。

2月，农工党交大医学院委员会与金山漕泾镇社区卫生服务中心社区基地成功签约。11月，中国农工民主党金山社会服务基地正式挂牌并开展义诊服务，该基地被列为农工党中央首批18个全国社会服务基地之一，是上海市首家被授牌的农工党社会服务基地，并已经组织开展了义诊、全科能力提升培训班、远程诊疗服务等帮扶活动。孙贇带领刘建平、范竹萍、韩晓凤等十多位专家参加陆家嘴街道福艺坊举办的浦东统一战线“新动力服务团”成立暨同心服务月启动仪式暨义诊活动。

截至2022年12月31日，新发展党员14名，共有党员394名。

（顾丽君）

2022年11月4日，“中国农工民主党社会服务基地”揭牌仪式在金山区漕泾镇社区卫生服务中心顺利举行

中国致公党
上海交通大学医学院委员会

【概况】 2022年是中共二十大召开之年，是实施“十四五”规划重要之年，在致公党上海市委和交大医学院党委的领导下，在医学院党委统战部的指导与帮助下，中国致公党上海交通大学医学院委员会（以下简称“致公党交大医学院委员会”）坚持以习近平新时代中国特色社会主义思想为指导，深入学习贯彻中共二十大精神、致公党十六大精神，胸怀“两个大局”，心系“国之大者”，深刻领悟“两个确立”的决定性意义，团结带领致公党交大医学院委员会的广大党员，矢志不渝，笃行不怠，为全面深化医药卫生体制改革做出积极贡献。

坚决贯彻落实习近平总书记关于做好新时代党的统一战线工作的重要思想和关于新型政党制度的重要论述精神，深入学习贯彻中共二十大精神，深化政治共识，坚定捍卫“两个确立”，坚决做到“两个维护”，不断增进对中国共产党领导和中国特色社会主义的政治认同、思想认同、理论认同、情感认同，在中国式现代化新征程上汇聚更强合力。2022年，致公党十六大召开，谋划部署新时代新征程致公党参政履职的新目标新任务，进一步深化了政治交接。7月，致公党交大医学院委员会主委胡耀敏、原主委徐根兴等5位党员参加了致公党上海市第九次代表大会；12月，胡耀敏参加中国致公党第十六次全国代表大会。

加强学习，坚定政治定力。10月，致公党交大医学院委员会邀请了时任致公党上海市委专职副主委兼秘书长马进作题为《坚持基本政治制度，努力提高五种能力》专题辅导报告。9月—11月期间，郭郁郁和张弢分别参加了致公党上海市委举办的基层干部培训和青年干部培训。李伟参加了医学院党外中青年骨干研修班。侯照远和梁瑛参加了医学院党委统战人士季度座谈会。

致公党交大医学院委员会发挥党员的专业优势作用，服务奉献社会，持续开展义诊下乡活动。7月，胡耀敏赴奉贤区柘林镇海湾村开展医疗义诊活动，并为当地村民做身体检查、解答疑问、指导用药，宣传科普健康知识。11月，致公党交大医学院委员会

2022年12月，致公党交大医学院委员会主委胡耀敏参加中国致公党第十六次全国代表大会

积极参与致公党市委举办的爱心义卖活动，党员们纷纷下单捐献爱心。

致公党交大医学院委员会支持和鼓励广大党员在各自工作岗位上履职尽责展风采。叶静入选国家自然基金委杰出青年，胡耀敏获得2022年国家自然科学基金联合基金重点支持项目，侯照远获得2022年国家自然科学基金面上项目。郭郁郁、侯照远因在抗疫中的突出表现，被致公党上海市委评为“抗疫表现突出个人”。

截至2022年12月31日，新发展党员7名，共有党员87名。

（陈伟婕）

九三学社上海交通大学医学院委员会

【概况】 2022年，九三学社上海交通大学医学院委员会(以下简称“九三学社交大医学院委员会”)在九三学社上海市委员会的领导以及医学院党委统战部的关心和支持下，扎实做好自身组织建设，积极履行参政党派的使命，继续稳步发展。

为了迎接中共二十大召开，按照九三学社社中央、市委的部署，九三学社交大医学院委员会展开“矢志不渝跟党走、携手奋进新时代”政治交接主题教育。在中共二十大胜利召开后，委员会各支社积极组织社员认真学习会议精神和《高举中国特色社会主义伟大旗帜　为全面建设社会主义现代化国家而团结奋斗》的工作报告。通过一系列“线上＋线下”的组织生活，引导社员们不断增进对中国共产党领导和中国特色社会主义的政治认同、思想认同、理论认同、情感认同，始终保持同中国共产党同心同德、团结奋斗的政治本色，为全面建设社会主义现代化国家、实现中华民族伟大复兴凝聚智慧和力量。

7月17日，九三学社上海市第十三次代表大会召开，李青峰、刘俊岭、是俊凤、陈颖伟、洪洁、李浩、李林凤、沈征宇作为代表参会。李青峰当选九三学社上海市第十八届委员会常委，刘俊岭、是俊凤当选委员。8月30日，九三学社交大医学院委员会下属第7家支社——上海市肿瘤研究所支社成立会议召开，选举项永兵为肿瘤所支社第一届主任委员，甘愉和林琳为委员。2022年，九三学社交大医学院委员会共吸纳了16名优秀中青年骨干加入九三学社，其中4人为正高级职称。同时，委员会重视后备干部的培养，推荐40余人申请加入九三学社市委各专工委，选派10余名骨干社员参加市委党校、市社会主义学院以及医学院党委举办的各类学习班和培训班。

在参政议政、建言献策方面，九三学社交大医学院委员会本年度共有42篇社情民意信息被社市委录用，其中8篇被社中央采纳，9篇被市政协采纳，2篇被全国政协采纳，4篇被市委统战部采纳，6篇得到市领导批示。李浩研究员申报的《推进我国临床研究病区建设　提升我国临床研究能力的研究》获社市委资助立项。

在2022年持续抗击新冠疫情工作中，九三学社交大医学院委员会的社员们在各自的岗位上无私奉献，获九三学社市委公众号专题报道2次。这其中有“大医仁心”——林建华在医院因疫情闭环期间，成功抢救一位48岁的双胎高危孕妇；有“逆流勇进”——赵晓菁带领团队完成了极高难度的非气管插管保留自主呼吸的胸腔镜气管肿瘤手术。瑞金医院支社主委谢青作为市、区、院三级指导专家，持续忙碌在线上、线下防控救治的指挥工作中。新华医院支社主委是俊凤近三年来一直工作在抗击疫情的最前线，成为全院医务人员的表率，同时积极鼓励社员们投身抗疫。奚菁担任上海重症新冠救治定点医院的联合医务部主任，主持编写《上海市新冠肺炎救治定点医院医务工作手册》，在全国范围内推广应用。卢建新、富灵杰、桑玉尔、李超、顾钦、韦兆玲等

10余位社员在方舱内昼夜救治；刘俊岭、薛峰、王贤丽、李林凤、刘君、张奕等数10位社员在社区内辛勤奔波。还有更多社员，疫情期间长期坚守在医院岗位上，如王学峰、黄霞、周建桥、汤葳、潘昱、郭雪君、姜丽萍、费爱华、龚伟、贾锋、董媛媛等。

社员们以参加医疗支边、义诊、科普活动的形式服务于社会。7月22日，严健华奔赴云南省盐津县人民医院，任心内科主任，承担中组部部署的医疗人才"组团式"帮扶工作。7月28日，谢青、蔡伟、许蓓等社员积极参与"世界肝炎日"上海市大型系列公益活动。11月23日，刘晓红、田怀平等9名社员参加了九三学社市委组织的"名医下企业"活动，为上海电气集团基层员工带去医学科普和医务咨询服务。洪洁、汤葳发挥专业特长，分别在糖尿病、哮喘等领域参与义诊，为百姓提供健康科普知识。张毅、王晓强、钱小强等社员通过好大夫、微信、抖音等平台开展医疗科普咨询直播。

2022年，九三学社交大医学院委员会广大社员继续在本职岗位上建功立业。金嘉翔获上海市神经病学终身成就医师奖。徐卓明获2021年度中华医学科技奖三等奖(排名第四)。谢青获上海医学科技一等奖(排名第一)。奚小冰获2022年"上海市医务工匠"荣誉称号。沈峰获上海市医学科技二等奖、天津市科技进步二等奖(排名第三)。陈亚青获国家自然科学基金重大科研仪器研制项目。谢青团队有关"VV116治疗新冠肺炎的多中心临床研究"成果发表于《新英格兰医学杂志》(*The New England Journal of Medicine*, *NEJM*)。李青峰团队在《柳叶刀·神经病学》(*The Lancet Neurology*)发表文章评述中国神经纤维瘤病现状，致力于建立Ⅰ型神经纤维瘤病系统诊疗体系，推进一站式、全病程诊疗。刘俊岭教授团队在《血液》(*Blood*)发表论著，揭示血小板产生新的调控机制和治疗靶点。王贤松专研组织工程新材料，本年度发表系列高影响论著6篇。项永兵获评《复旦学报(医学版)》优秀审稿专家称号。王学峰获瑞金医院第十二届"红烛奖"。顾鸣敏受聘担任国家级规划教材《医学遗传学》第4版副主编。夏小雨通过遴选担任基础医学院泌尿系统教学团队首席教师。王瑞芬、张琳琳获新华医院住院医师规培优秀带教老师。

敬老尊贤是九三学社交大医学院委员会的优良传统。在上海疫情期间，委员会下属各支社想方设法为退休社员送去急需的食物及药品，帮助解决生活上的困难。在春节来临前，为数十位退休社员续订《新民晚报》，并为80岁以上老社员送上新春慰问品。

2022年，九三学社交大医学院委员会获得了九三学社中央和市委诸多表彰：肖彩雯获2021—2022年九三学社中央社会服务先进个人；顾鸣敏获2022年度九三学社中央组织工作先进个人。九三学社交大医学院委员会获社市委2021年度参政议政工作先进集体二等奖、2021年度信息工作先进集体二等奖及2022年度组织工作先进集体。仁济支社获2022年度社市委基层组织工作优秀案例。项永兵获得2022年度社市委组织工作先进个人。李浩社员撰写的信息被评为十三届市政协优秀社情民意信息，他本人获2021年度上海统战信息工作优秀统一战线特约信息员称号、2021年度社市委信息工作先进个人一等奖。夏小雨获得2021年度社市委优秀信息联络员称号。

截至2022年12月31日，新发展社员16名，共有社员326名。

(夏小雨)

2022年7月17日，交大医学院的代表参加九三学社上海市第十三次代表大会

上海交通大学医学院台胞台属联谊会

【概况】 2022年是党的二十大胜利召开之年，是实施“十四五”规划的关键之年。上海交通大学医学院台胞台属联谊会(以下简称“交大医学院台联”)按照党中央统一部署和上海市委市政府的要求，在交大医学院党委的领导下，在党委统战部的指导下，坚持党对台工作大政方针，认真学习党的二十大精神和新时代党解决台湾问题的总体方略；发挥医护人员专业优势，在各自工作岗位和居民社区里，冲锋在疫情防控的第一线；广泛团结学校和各附属医院的台胞台属，积极开展社会公益服务工作，为推进祖国统一进程携手奋斗。

强化思想政治引领。交大医学院台联加强会员思想引领，通过各种形式组织会员学习理论知识，学习时事政治，了解台海关系现状。在2022年中国共产党第二十次全国代表大会召开之际，交大医学院台联通过组织观看开幕会直播，参加医学院统战部主办的讲座，自学党的二十大报告全文，使会员们充分感受到中国共产党追求祖国统一的坚定意志、反对“台独”分裂和外来干涉的坚强决心，以及为两岸同胞谋福祉的不变初心。台联理事会以微信群为新载体，分享时事政治报道，激发大家对祖国的热爱。组织会员聆听周天柱《深入贯彻新时代解决台湾问题总体方略　坚定不移推进祖国完全统一历程》报告，更深入地了解台海关系现状。

增强责任使命担当。在2022年大上海保卫战中，交大医学院台联成员不畏困难、主动作为。交大医学院台联会长、附属仁济医院神经外科主任葛建伟闭环在医院期间，共完成手术30台。交大医学院台联副会长、附属瑞金医院内分泌科周瑜琳在疫情最严重的4月，一直坚守在发热急诊抗疫第一线。交大医学院台联副会长、附属第九人民医院退管科胡如新、消化科严华封控在社区，积极配合社区居委做好核酸检测、物品发放等志愿服务工作。交大医学院台联副会长、附属第九人民医院口腔颌面头颈肿瘤科李思毅在好大夫平台撰写抗疫科普文章，介绍奥密克戎特点、传播方式、预防传播方法，以及社区居家管理和个人防控建议。交大医学院台联秘书长、附属瑞金医院综合档案室姚颖逆行闭环留守在医院，支援医院每天全员核酸检测、为瑞金二路街道居民采样、为职工打包盒饭、管理病房楼宇。附属瑞金医院心脏外科石磊也坚守岗位，闭环在医院。交大医学院台联理事、上海交通大学财务结算中心彭文磊义务为居民团购生活必需品，担任热线志愿者，帮助老人登记配药需求。交大医学院台联理事、附属第九人民医院总务科瞿曦翰志愿为闭环员工发放盒饭，每日三餐，风雨无阻。

爱岗敬业，岗位建功。交大医学院台联会长、附属仁济医院神经外科主任葛建伟被聘为首届中国研究型医院学会医学动物实验专家委员会顾问，同时鉴于他在神经外科学领域的学术、科研和临床方面的成就及影响，被北京通和泰达转化医学研究院聘请为医学实验指导专家。

聚爱成行，久久为功。交大医学院台联专家赴陆家嘴街道为居民送去公益医疗咨询。来自附属瑞金医院、仁济医院、新华医院、第九人民医院和上海儿童医学中心的数十位专家为社区居民义务医疗咨询，涉及内分泌科、心内科、神经外科、消化内科、呼吸科、小儿外科、口腔科等多个科别，专家们逐一耐心细致地为大家答疑解惑。现场还提供测血压、测血糖等医疗服务。该项目是交大医学院台联持续了20年的品牌项目，自2003年为拓展区校合作新途径，交大医学院台联与台盟浦东区委结对共建，2012年与台盟浦东区委、陆家嘴社区（街道）党工委共同签署了三方合作共建协议，在切实增强人民群众获得感、幸福感、安全感方面发挥了作用。

（姚　颖）

交大医学院台联专家赴浦东新区陆家嘴街道开展义诊活动

上海交通大学医学院归国华侨联合会

【概况】 2022年，上海交通大学医学院归国华侨联合会(以下简称“交大医学院侨联”)在医学院党委、统战部以及各二级学院和附属医院党委的领导关心下，在市、区侨联指导下，认真学习党的二十大精神，引导和带领广大会员立足本职，投身“战疫”，做好新时期侨务工作。

2022年交大医学院侨联在医学院党委统战部的大力支持下，在全体委员共同努力下，开展了一系列有影响力的活动。主动对接医学院校友会，探索“地方侨联＋高校侨联＋校友会”工作机制，联动开展特色项目。9月，三方成员共同出席了在新天地普华永道创新中心举办的“元·创联盟”启动仪式。10月，交大医学院侨联组织侨联成员认真收看党的二十大开幕会，学习党的二十大精神；10月，交大医学院侨联与华东师范大学侨联开展校级侨联联动，带领侨界中青年骨干赴奉贤东方美谷开发区，现场参观考察高校教师科技成果转化落地项目。11月，组织交大医学院侨联成员参加在松江举办的上海市“侨智论坛”。12月，交大医学院侨联主席于颖彦参加在社会主义学院举办的党的二十大精神专题学习会议，并作为上海市高校侨联代表在结业式上进行交流发言。

抗击疫情，责无旁贷。3月，疫情形势逐渐严峻，从院本部到各个附属医院，侨联成员主动请缨，或是参加流调，或是参加方舱救治，或是作为志愿者加入社区公益行动。交大医学院侨联主席于颖彦主动负责协调与上海市侨联及上海市华侨事业基金会的对接，协调接受防疫捐献物资工作。交大医学院侨联参加上海市侨联“一心为打赢”征文活动，撰写征文7篇均被刊登，并积极在市侨联组织的线上讲坛发

2022年10月，华东师大侨联－交大医学院侨联联合开展走进奉贤活动

声，发挥专业优势，宣讲抗击疫情相关知识，介绍医疗系统抗击疫情先进事迹，提升了交大医学院侨联形象。

建言献策、岗位建功。王慧当选黄浦区侨联主席，陈斌当选黄浦区侨联常委，杨之涛、张俊当选黄浦区侨联委员。公共卫生学院王慧获第九届中国侨界贡献奖一等奖，上海市五一劳动奖章。附属瑞金医院于颖彦获中国侨联特聘专家建言献策二等奖。附属上海儿童医学中心李继君获中华中医药学会儿科分会"抗疫优秀公益人物"。附属新华医院潘曙明带领新华医院方舱团队获"上海市工人先锋号"。附属仁济医院陈斌获黄浦区政协"社情民意先进个人"。附属瑞金医院杨之涛、郑昇、张俊、许啸声，附属仁济医院麻静，附属新华医院潘曙明，附属第九人民医院张路，附属上海儿童医学中心李继君等多位侨联成员，在大上海保卫战期间进驻方舱或者新冠定点病房参加救治，都获得了所在医院的表彰。

（于颖彦）

上海交通大学医学院少数民族教职工联谊会

【概况】 2022年，上海交通大学医学院少数民族教职工联谊会(以下简称“交大医学院民族联”)在医学院党委的领导下，始终高举中国特色社会主义伟大旗帜，以习近平新时代中国特色社会主义思想为指导，深入学习贯彻党的二十大精神和中央统战工作会议精神，有形有感有效铸牢中华民族共同体意识，促进各民族交往交流交融，使医学院及附属医院各族职工生活上更贴近、心灵上更融合，学习上互帮助、工作上同进步，营造了一个团结友爱、互帮互助的和谐集体。

2022年，交大医学院民族联继承和发扬优良传统，紧紧围绕中心工作，深入学习贯彻党的二十大精神和中央统战工作会议精神，坚持“共同团结奋斗，共同繁荣发展”的民族工作指导方针，积极宣传民族政策，充分调动各民族工作骨干的积极性，有效推动医学院民族联整体工作的开展。通过内外联动，密切联系少数民族师生医护教职员工，关心少数民族师生的思想、工作和生活，积极引导少数民族教职工坚持民族团结，贯彻执行党的民族政策，加强民族联会员的爱国主义情怀，为抗击新冠病毒疫情和打赢大上海保卫战，为维护民族团结、社会稳定做出积极贡献。

坚持理事会制度，认真学习贯彻民族工作政策。交大医学院民族联每个季度定期召开理事会，推动部署相关工作，确定会员活动及2022年工作安排相关事宜，通过多种方式认真学习传达全国“两会”精神、市十二次党代会精神、中央统战工作会议精神、党的二十大精神等，以铸牢中华民族共同体意识为主线，共绘各族群众交往交流交融的“同心圆”。1月，交大医学院民族联召开理事会，专题学习上海“两会”精神。9月，交大医学院民族联召开理事会，完成届中调整，全体通过王昊同志担任会长。集体学习中央统战工作会议精神，邀请上海市社会主义学院蒋连华教授作专题报告。11月，组织民族联会员开展民族宗教工作理论与实践专题辅导，特邀上海市民宗局民族一处处长姜斌作“学习领会党的二十大精神　认真做好民族宗教工作”专题报告。此外，交大医学院民族联会长王昊参加党外青年干部培训班和民族联理事学习班。

凝聚各方优势资源，开展统一战线共建联动。2月，会长王昊等代表交大医学院民族联与徐汇区民族联、申康民族联开展共建联谊，参观徐汇艺术馆“妙像焕彩·化境入微——西藏日喀则市13～15世纪壁画专题展”，展览以弘扬优秀传统文化为核心，以汉藏艺术交流为切入点，立体展现在与汉地密切交往过程中日趋成熟且独具特色的藏族艺术，活动增进了各民族之间的友谊，促进了民族联成员的进一步交流交融与互动合作。

积极参与医疗援助，努力承担社会责任。3月以来，医学院各民族同胞积极响应“疫情就是命令，防控就是责任”的号召，无论是下沉社区干部、流调志愿者、医疗保障志愿者，还是核酸采样队、抗疫一线医生、方舱医院医生等一线岗位都有交大医学院民族联会员的身影。他们充分发挥自身专业优势，为打赢大上海保卫战贡献力量。为少数民族同胞开展义诊活动是交大医学院民族联坚持了30年的传统社会服务品牌项目，年内结合疫情防控实际要求，民族联的师生医护分批分层积极参加由医学院和各附属医院组织的各类网络和线下义诊活动。交大医学院民族联成员积极参政议政，副会长、市政协委员李贤华在两会期间积极发声，提出“经历三年疫情，分级诊疗显得尤为必要，要加强社区网格化管理责任，主动出击服务老百姓。”

搭建平台，凝聚人心，增进友谊。交大医学院民族联通过开展多种形式的互动活动，促进民族联和谐发展。1月，交大医学院民族联成员积极参加“新春走基层”慰问活动，为居住在小布家园的患儿及其家属送去关怀和温暖，送上新春佳节的美好祝福。12月，为深入学习贯彻落实党的二十大精神，交大医学院民族联开展专题学习活动，组织民族联成员前往上海话剧艺术中心观摩红色话剧《英雄儿女》，使医学院民族联成员直观地感悟到伟大的抗美援朝精神和上海这座英雄城市的特殊品质。

困难帮扶，关心少数民族学生。交大医学院民族联持续开展帮困、慰问、关心少数民族同胞等工作。积极排查少数民族困难学生，通过争取帮困基金、开展结对帮扶等，帮助和指导民族地区及少数民族困难学生。12月，医学院石榴籽工作室与基础医学院联合举办秋季学期本科生教学师生座谈会，邀请来自西藏、新疆、内蒙古等少数民族同学参会，了解少数民族学生学习情况，交大医学院民族联会长、基础医学院副院长王昊，交大医学院民族联秘书长、党委宣传部副部长雷禹，交大医学院民族联理事、病原生物学实验教学团队首席教师赵蔚等出席会议，就学业适应、课程安排、成绩考核与校园生活等问题深入交流，为学生出谋划策。

（雷　禹　高　哲）

交大医学院民族联开展学习党的二十大精神专题活动

上海交通大学医学院中青年知识分子联谊会

【概况】 2022年是党的二十大召开之年，是党的统一战线政策提出100周年和开启统一战线事业第二个百年的重要一年，也是医学院成立70周年。上海交通大学医学院中青年知识分子联谊会（以下简称“交大医学院知联会”）在医学院党委的领导和统战部的指导下，在市、区两级知联会的支持和全体会员的共同努力下，坚持以习近平新时代中国特色社会主义思想为指导，深入贯彻习近平总书记在中央统战工作会议上的重要论述，在围绕中心服务大局上不断彰显新作为。交大医学院知联会深入学习、领会党的二十大精神，全面贯彻习近平总书记关于加强和改进统一战线工作的重要论述，进一步加强思想引领，优化团体建设，带领广大会员为持续提升医学院核心竞争力贡献更多的智慧和力量，为“世界一流、中国特色、上海风格、交医特质”医学院建设再立新功。

百年历史“学起来”，补足精神之钙。为更好学习领会党的二十大精神，全面准确深入理解内涵，精准把握外延，交大医学院知联会会员们认真学习党的二十大精神。5月，线上开展党外知识分子参政议政专题辅导，上海经济社会发展研究院社会研究所所长、上海海事大学法学院副院长殷骏作题为《浅析高校党外知识分子参政议政能力养成》辅导报告。7月，在线学习上海第十二次党代会精神，市委党校常务副校长徐建刚宣讲《奋进新征程、再创新奇迹的行动纲领》报告。9月，在线学习上海市社会主义学院蒋连华关于中央统战工作会议精神解读的专题报告。10月，组织参加医学院党委、上海申康医院发展中心党委传达学习党的二十大精神大会。

社会之责“担起来”，投身守“沪”之战。“知”疫战疫，“联”手抗疫。疫情来临之际，交大医学院知联会会员们坚决贯彻落实市委、市政府决策部署和市委统战部工作要求，积极行动为疫情防控工作贡献智慧力量，会员中的医疗专家、科技工作者等积极投身抗疫第一线，结合自身行业特点和专业所长，主动发挥作用，全方位助力疫情防控工作。同时，会员们也力所能及协助社区做好多种形式的疫情防控志愿服务等。交大医学院知联会会员中的各级人大代表、政协委员认真履职，围绕提升城区能级和核心竞争力、优化城区功能布局、推进城区生态环境建设、加强城市管理和社会治理、为群众创造高品质生活等重点工作提交意见建议、议案提案。会长曹晖提交了《进一步加快沪产新冠疫苗和抗病毒药物研发及应用的建议》提案，副会长黄雷提交了《关于加强老年人安宁疗护管理和服务的建议》《关注老人膳食营养，加强助老配餐专业化管理的建议》《关于积极迎接复工复产，强化疫情防控常态化管理机制的建议》三类书面意见，秘书长顾宁提交了《关于在健康云等APP增加英文等外语功能的建议》社情民意报告，都得到了采纳。同时，交大医学院知联会负责人还出席医学院党委统战人士季度座谈会、中心组学习会、所在医院双月座谈会等，为医学院和医院的发展积极建言献策。

联情联谊"聚起来",凝人心促发展。交大医学院知联会组织会员积极参与具有创新特色的学习教育活动,充分发挥共建单位等统战学习、实践平台的优势,增强爱国爱党学习教育的吸引力和感染力。11月,组织会员开展"创新攻关——从基因揭秘到太空探险"主题活动,参观上海航天技术研究院(中国航天科技集团有限公司第八研究院)展示厅和火箭总装149厂,同时邀请上海航天技术研究院科技委常委、中国探月工程嫦娥五号探测器系统副总设计师查学雷作专题报告。

人才队伍"强起来",助力学院发展。借助统战资源,帮助交大医学院知联会会员传承优良传统、强化能力素养,不断提升工作精度、拓展工作深度、凸显工作亮度,把交大医学院知联会打造成青年成长的阶梯,人才进步的摇篮,努力为医学院"世界一流、中国特色、上海风格、交医特质"建设立新功。

2022年会员们在不同的岗位上取得了成果。附属仁济医院曹晖领衔完成项目"胃肠间质瘤个体化精准诊疗与全程化管理策略",并获上海医学科技奖二等奖。附属新华医院李毅刚获上海交通大学"教书育人奖"三等奖,并获《中华医学杂志英文版》文恒理奖(审稿卓越贡献奖)。附属第九人民医院林晓曦的研究项目"复杂血管瘤与脉管畸形的基础与临床"获2022年度华夏医学科技奖一等奖。附属仁济医院曹晖当选上海市第十六届人大代表。附属瑞金医院李庆云当选上海市欧美同学会留美分会第八届理事会理事和上海市欧美同学会医疗卫生分会第六届理事会理事。

(顾　宁)

2022年11月,交大医学院知联会组织开展"创新攻关——从基因揭秘到太空探险"主题活动

上海交通大学医学院宗教联络组

【概况】 2022年，上海交通大学医学院宗教联络组（以下简称“交大医学院宗教联”）在医学院党委的领导下，在统战部的关心指导下，以习近平新时代中国特色社会主义思想为指导，深刻领会习近平总书记系列重要讲话精神，认真学习贯彻党的二十大精神、全国和上海宗教工作会议精神，坚持宗教中国化方向，充分发挥宗教界人士在建设中国特色社会主义事业中的积极作用。

交大医学院宗教联围绕医学院中心工作开展各项活动，紧紧把握好宗教工作的正确方向，努力当好党的宗教政策的宣传员、和谐宗教关系的促进员、党委联系信教群众的联络员、交大医学院宗教联会员的服务员，充分发挥党联系信教群众的桥梁和纽带作用，积极宣传党的宗教政策，协助政府贯彻党的宗教工作的政策和基本方针，团结信教群众高举爱国爱教旗帜，坚持独立自主、自办的原则，引导成员立足本职、服务社会，为构建社会主义和谐社会，为建成世界一流医学院而努力奋斗。

2022年是不平凡的一年，新冠疫情波涛起伏。交大医学院宗教联成员在抗疫战线上各尽所能，做好防疫抗疫的各项工作。认真学习贯彻党的二十大精神，团结一致，坚定不移地同党中央保持高度一致，努力做好本职工作，为医学院和各附属医院的医、教、研、管等各项事业努力工作，在平凡的工作中做出积极的贡献。

2022年10月20日，交大医学院宗教联成员赴上海天文博物馆参观学习

交大医学院宗教联组织开展党的二十大精神专题学习。聆听习近平总书记代表第十九届中央委员会向大会作的题为《高举中国特色社会主义伟大旗帜　为全面建设社会主义现代化国家而团结奋斗》的报告，明确“坚持我国宗教中国化方向，积极引导宗教与社会主义社会相适应”工作要求。通过对党的二十大精神的深入学习，进一步增进了宗教联成员对伟大祖国、中华民族、中华文化、中国共产党、中国特色社会主义的认同，凝聚了思想共识，坚定了永远跟党走的决心。

交大医学院宗教联组织开展参观教育活动。10月20日，交大医学院宗教联成员赴上海天文博物馆参观学习，观摩了祖国的先人和当代天文、航天工作者对人类的天文和航天事业做出的重大贡献，深刻感悟到中国智慧和中国力量。

（顾龙君）

上海市欧美同学会（上海市留学人员联合会）上海交通大学医学院分会

【概况】 2022年，上海市欧美同学会（上海市留学人员联合会）上海交通大学医学院分会（以下简称“欧美同学会交大医学院分会”）在市欧美同学会的指导和支持下，在医学院党委的领导和关心下，以党的统一战线政策提出100周年和医学院成立70周年为契机，深入学习贯彻党的二十大精神，加强思想建设、搭建交流平台、发挥专业优势，团结引导广大留学归国人员凝聚共识、汇集才智，立足本职、服务大局。

加强思想引领，坚定理想信念。欧美同学会交大医学院分会认真学习贯彻党的二十大精神和中央统战工作会议精神。以“喜迎二十大　同心跟党走”为主线，积极开展“矢志不渝跟党走、携手奋进新时代”主题教育。关注青年海归思想引领，举办中央统战工作会议精神专题报告会，组织学习习近平总书记在庆祝中国共产主义青年团成立100周年大会上的重要讲话精神和给南京大学留学归国青年学者的回信。联合医学院党委统战部，举办“上海交通大学医学院青年海外留学归国人才研修班”，邀请上海市社会主义学院教授龚少情作《深入学习贯彻党的二十大重要精神，以中国式现代化全面推进中华民族伟大复兴》专题辅导报告；组织开展“追溯红色记忆，点亮报国初心”红色印记寻访主题教育；组织系列观影活动，观看主旋律电影《万里归途》等。会员代表通过参加交大医学院党委统战人士季度座谈会、医学院党委理论学习中心组（扩大）学习会、台海形势专题辅导报告会，参与“风雨同舟忆七秩　同心筑梦跟党走”口述史访谈活动等，不断凝聚团结奋斗的思想政治共识，坚定与党同心同行的信念，激发爱国报国情怀。

加强组织建设，完成分会换届工作。欧美同学会交大医学院分会认真落实《上海市欧美同学会（上海市留学人员联合会）2022年分会换届工作方案》，11月22日，召开分会第二次会员代表大会，选举产生第二届理事会。在欧美同学会交大医学院分会第二届理事会第一次会议上，宁光当选为会长，王争、杜鹏、沈柏用、张浩、郑俊克、雷鸣当选为副会长，许恺恺当选为秘书长，王炜、张臻、罗艳、郑英霞、秦骏、唐玉杰当选为副秘书长。同时，大会聘请中国科学院院士陈子江、董晨，中国工程院院士贾伟平，医学院党委书记江帆担任分会名誉会长。

发挥专业优势，助力打赢大上海保卫战。欧美同学会交大医学院分会积极响应市总会《精准守“沪”，需要有你——致青年学长们的倡议书》和《致全市无党派人士和党外知识分子的倡议书》，积极引导广大会员积极投身防疫抗疫中，为打赢大上海保卫战贡献了智慧和力量。附属瑞金医院毕宇芳先后投身上海交通大学、国家会展中心方舱医院的抗疫工作。附属瑞金医院杨之涛驻扎上海交通大学防疫，后又加入瑞金方舱医院“尖刀连”，先后承担核酸采样与方舱建设工作。附属仁济医院李敏火速组建突击队，完成实验室改造，将日核酸检测能力迅速提升至3万次以上。在上海市疫情防控工作新闻发布会上，会长宁光用16个“三字口诀”帮助市民做好自我防护。还有很多会员，他们进驻方舱或长期坚守在医院和校园。

搭建交流平台，提升服务能级。欧美同学会交大医学院分会充分利用新媒体平台，以会员之家微信群为切入点，加强线上线下联动，更好地服务会员，服务社会。积极组织会员参加《党的百年奋斗重大成就和历史经验——深入学习党的十九届六中全会〈决议〉》专题讲座、2022全国“两会”精神解读报告会、《建设统一大市场：背景、障碍与改革》《浅析高校党外知识分子参政议政能力养成》《从上市公司看中国经济发展模式》等专题报告会，以及“中国工艺美术科普教育周”活动、海归直通车、学长沙龙——同心守“沪”抗疫有我、“中华学人与21世纪上海发展”研讨会等总会和兄弟分会的各类活动。通过各种渠道开展健康宣教、义诊帮扶等活动，积极发挥医学专业优势，服务“健康中国”建设。

立足本职岗位，服务中心工作。欧美同学会交大医学院分会聚焦医学院和附属医院发展，畅通信息交互渠道，汇集会员建议，积极建言献策。当好民间外交生力军，助力上海交通大学医学院国际青年学者云论坛。分会会员立足本职，岗位建功，在国际权威期刊《新英格兰医学杂志》、《细胞》子刊、《自然通讯》等发表高水平研究论文。戴尅戎获第五届“人民名医·特别致敬”荣誉称号，王金武获“人民名医·卓越建树”荣誉称号；毕宇芳获“全国三八红旗手”荣誉称号。陈万涛当选为俄罗斯工程院外籍院士。赵维莅获谈家桢生命科学创新奖；谢青领衔项目获上海医学科技奖一等奖，薛松领衔项目获二等奖，潘秋辉领衔项目获三等奖，刘振国领衔项目获成果推广奖。赵维莅获评上海科技精英，卜军获评上海科技精英提名奖；薛松、刘振国获评“上海医务工匠”；王慧获“上海市五一劳动奖章”；翟炜入选“新时代上海闪光青年”。

（许恺恺）

2022年11月22日，上海市欧美同学会（上海市留学人员联合会）上海交通大学医学院分会第二次会员代表大会举行

群众团体

工会、妇委会

【概况】 2022年是党的二十大召开之年，也是医学院建院70周年。工会以习近平新时代中国特色社会主义思想为指导，深入学习贯彻党的二十大精神和上海市第十二次党代会精神，在医学院党委和上海市教育工会的领导下，学习贯彻习近平总书记关于工人阶级和工会工作的重要论述，贯彻落实习近平总书记“勉励寄语”精神和“嘱托”精神，紧紧围绕医学院中心工作，有效发挥桥梁纽带作用，统筹做好疫情防控和教职工关心关爱工作，发挥教职工主人翁精神和生力军作用，为医学院各项事业发展做出积极贡献。

党建引领，激发广大教职工以主人翁精神建功立业。组织工会、妇委会干部深入学习贯彻党的二十大精神，认真学习贯彻习近平新时代中国特色社会主义思想，以“弘扬伟大建党精神、凝聚磅礴奋进力量”为主题主线，有序开展各二级工会干部和妇女干部思想政治学习。发挥榜样力量，营造爱岗敬业良好氛围。2022年医学院系统获“五一”劳动系列10项集体和个人荣誉，通过劳模事迹宣传、劳模工作室创新实践等多种形式，提升劳模精神感召力，为广大教职工树立身边的榜样，引导广大教职工立足岗位建功立业，助力医学院各项事业发展。召开纪念“三八”国际劳动妇女节112周年暨先进表彰大会，表彰“三八”、巾帼、比翼双飞模范佳侣和“最美家庭”等先进个人、集体，积极引导医学院系统广大女职工在医学院教育卫生事业改革发展中奋发有为，更好发挥“半边天”作用。做好青教赛服务支撑工作，促进岗位建功。联合教务处等举办医学院第十届青年教师教学基本功大赛，推动医学院和附属医院青年教师通过青教赛平台，提升教学基本功，锻炼综合能力，进一步提升青年教师教学水平、强化师资队伍建设。2022年医学院系统青年教师在第五届上海高校青年教师教学竞赛中斩获佳绩。其中，来自口腔医学院的廖悦获医学学科组特等奖；来自基础医学院的贾浩获自然科学基础学科组二等奖；来自附属第六人民医院的李毓获医学学科组二等奖；来自基础医学院的胡纯婷和公共卫生学院的黄亨烨获医学学科组三等奖。

2022年，教代会主席团会议

民主管理，推进学院治理体系和治理能力现代化。第九届教职工代表大会暨第十四届工会会员代表大会第五次会议于6月2日—7日以线上形式举行。以“双代会”为抓手，保障教职工民主参与和监督的合法权益，推进学院民主管理。推动基础医学院、公共卫生学院和护理学院规范有序开展二级教代会换届工作，为医学院“双代会”换届工作打好基础。持续推进校园环境改善、子女入学等各项教职工关心关注问题，建立常态化、长效化制度机制，更好地为建设世界一流医学院提供服务保障。

暖心服务，提高教职工获得感和幸福感。做好教职工关怀慰问工作。关心关爱各群体需求，做好教职工生日慰问和节日慰问工作，为教职工送上生日卡片及祝福。规范节日慰问品发放，按照上海市教育工会统一部署，组织“品上海”、乡村振兴等活动。做好劳模关心慰问工作，切实关心劳模生活实际需求。做好工会会员大病、住院、生育等慰问工作，2022年度为24位生育女职工送上育儿大礼包。完善教职工多层级服务保障体系。按照要求做好市总工会互助保障计划和工会会员卡保障计划，做好投保上海市职工保障互助会和上海市教职工补充医疗保险。2022年上海市职工保障互助会受助326人次，理赔160587.51元；补充医疗保险受助786人次，理赔345068.98元。继续组织好教工“爱心一日捐”活动，阳光运作医学院教职工解困互助基金。2022年度医学院教职工解困互助基金会受助79人次，受助金303717.15元。

开拓教职工子女基础教育渠道。首次完成引进师资和教职医护员工子女入学协调工作。上海交通大学附属9所学校首次面向医学院系统招生。组织开展教职工子女入学意愿排摸，汇总收集院本部和附属医院教职医护人员子女入学、转学意愿登记，共计385份。实际录取93人，录取总人数为往年5倍以上。建立基础教育合作办学工作协调机制和决策机制。针对医学院及附属医院教职工子女入学入园需求，联动党办、人事处等职能部门，对接上海交大校部和地方教育主管部门，建立医学院基础教育合作办学机制。研究形成《上海交通大学医学院系统教职医护员工子女入学上海交通大学附属学校、幼儿园申请规程》，公平公正做好入学登记工作。落实与黄浦区合作共建协议，积极开拓学额资源。2022年9月1日，上海交通大学附属黄浦实验中学、小学举行揭牌仪式。

文化引领，共同营造人人参与院庆的良好氛围。组织教职工合唱团参加70周年院庆大会和师生文艺晚会表演，共同唱响院歌《托起生命的绿洲》。征集教职工以“七秩弦歌医路芳华”为主题的书画、摄影作品20余件。工会联合后勤等部门开展“七秩大观　寻味交医”主题美食文化活动。指导各二级工会开展系列活动。

教职工文体协会不断发展。组织教职工参与市教育工会举办的九运会羽毛球项目，组织教工代表团参加上海交大运动会田径、群体项目和羽毛球、足球、乒乓球等项目比赛，3位教职工在短跑、铅球等项目中获得单项前三名的好成绩。指导各教工文体协会规范有序开展活动，定期组织羽毛球、足球、篮球、乒乓球等活动，举办各类讲座活动，丰富教职工业余文化生活，提高教职工参与度和积极性。

加强工会自身建设，合规有序开展工作。做好工会干部和妇女干部培训。通过参加上级工会培训，组织工会干部、妇女干部交流会、总结会等形式，提升工会工作规范性。加强对二级工会的指导，推进“教工小家”“妇女之家”项目规范化建设，提升二级工会活力。完善落实工会财务制度要求。对照上海市总工会和市教育工会制度规范要求，进一步提升工会经费预决算管理，落实完成教育工会会计制度改革要求，配合做好工会经济审计相关工作，保证工会经费使用合法、合理、合规。加强对二级工会经费使用指导，确保经费使用依法合规。

（张宁芳）

【召开纪念“三八”国际劳动妇女节暨先进表彰大会】 3月7日，医学院纪念“三八”国际劳动妇女节112周年暨先进表彰大会在医学院东院九号楼三楼报告厅召开。医学院系统获奖代表、妇女干部欢聚一堂共贺节日。医学院党委书记江帆，党委副书记、纪委书记施建蓉出席会议，会议由医学院党委副书记、工会主席赵文华主持。全国“三八”红旗手、附属瑞金医院毕宇芳，上海巾帼建功集体代表、医学院教务处钮晓音作了交流发言。

（张宁芳）

2022年3月7日，江帆书记在医学院纪念“三八”国际劳动妇女节112周年暨先进表彰大会上讲话

【在上海高校青年教师教学竞赛中创佳绩】 10月25日—27日，由上海市总工会、市教卫工作党委、市教委主办，上海市教育工会承办，上海师范大学协

办的第五届上海高校青年教师教学竞赛暨第六届全国高校青年教师教学竞赛选拔赛顺利落下帷幕。全市56所高校中层层选拔出来的250名教师在人文科学、社会科学、思想政治理论课专项、自然科学基础学科、自然科学应用学科、医学学科、高职高专综合学科7个组别内进行角逐。医学院5位教师分别参加医学学科组和自然科学基础学科组竞赛并斩获佳绩。来自口腔医学院的廖悦获医学学科组特等奖；来自基础医学院的贾浩获自然科学基础学科组二等奖；来自附属第六人民医院的李毓获医学学科组二等奖；来自基础医学院的胡纯婷和公共卫生学院的黄亨烨获医学学科组三等奖。

（张宁芳）

2022年6月2日，范先群院长在教代会上作学院工作报告

【顺利召开第九届教代会暨十四届工代会第五次会议】 6月2日，医学院第九届教职工代表大会暨第十四届工会会员代表大会第五次会议以线上形式举行。大会主席、医学院党委副书记赵文华主持会议。医学院党政班子成员，263名正式代表、28名列席代表及特邀代表参加大会。医学院院长范先群从"担当作为，统筹推进疫情防控和各项改革发展任务""有序推进医学院'十四五'规划实施""育引并举，持续提升高水平师资队伍建设""铸魂育人，深入推进卓越医学创新人才培养体系""革故鼎新，不断提升医学科技创新能力""科学谋划，丰富医学学科建设内涵""夯基垒台，持续完善医学教育治理能力"等六个方面对2021年工作进行了总结。财务处处长范悦敏作学院财务工作报告。6月7日，第九届教职工代表大会暨第十四届工会会员代表大会第五次会议顺利闭幕，会议表决通过了《上海交通大学医学院第九届教代会暨第十四届工代会第五次会议决议》。

（张宁芳）

2022年6月7日，江帆书记在教代会闭幕会上讲话

团委

【概况】 2022 年，共青团上海交通大学医学院委员会以习近平新时代中国特色社会主义思想为指导，全面学习宣传贯彻党的二十大精神，深入学习贯彻习近平总书记在庆祝中国共产主义青年团成立100 周年大会上的重要讲话精神，以及习近平总书记对医学院的“勉励寄语”精神，切实团结、服务、引领、凝聚广大交医青年学子踔厉奋发、勇毅前行，为加快推进世界一流医学院和一流医学学科建设贡献青春力量。

深入开展主题教育实践活动。组织动员基层团组织广泛围绕“党的青年运动史”“建团 100 周年大会精神”“新时代的伟大成就”“党的二十大精神”等主题开展各类学习及主题团日活动。举办“踔厉奋发担使命，勇毅前行向未来——医学院学子与党的二十大代表‘面对面’”主题活动，邀请 3 位党的二十大代表走近医学院青年学子，分享参会经历和感悟，宣讲党的二十大精神。走进中共一大纪念馆初心讲堂，开展党的二十大精神宣讲研讨系列之青年专场活动，以青年人的身份、从青年人的视角，交流研讨学习党的二十大精神。组织开展主题微团课大赛，以赛促教、以赛促学，推荐优秀作品参加上海学校共青团主题微团课大赛，获一等奖 1 项，二等奖 1 项，三等奖 2 项。

成立党的二十大精神团学骨干宣讲团。来自医学院各年级不同专业的 22 名学生代表成为首批成员。中共上海市委党校马克思主义学院副院长李宗建以“夺取中国特色社会主义新胜利的政治宣言和行动纲领”为题，为团学骨干宣讲团作专题辅导。宣讲团以线上微团课录制、线下理论宣讲的方式在多种场合共开展 10 次党的二十大精神主题宣讲，收听、观看人次达 4 500 余人。

深化党史学习教育。充分利用《习近平与大学生朋友们》和“青年大学习”网上主题团课等学习材料，开展“红五月”“回望百年 · 青春向党”网络接力活动，举办“青春心向党，战疫显担当”五四青年节主题分享会活动，开展学习贯彻习近平总书记在庆祝中国共产主义青年团成立 100 周年大会上的重要讲话精神主题团日活动等。

加强“网上共青团”建设。持续提升共青团网络新媒体工作水平，扩大新媒体矩阵建设，充分利用网络媒介在团员青年思想教育中的指向性作用，将“正确的价值取向”与“青年喜闻乐见的形式”相结合，不断优化内容供给，充分传播好声音、弘扬正能量、服务新需求，努力做到团员青年在哪里，服务引导就在哪里。由团委直接指导运营的微信、微博、B 站三大平台账号累计关注量超过 43 000 人次。发掘可敬、可学的榜样青年结合自身事迹讲述党的二十大精神，推出“交医青年说”系列微课 5 期，观看者近 7 000 人次。

深化实践育人成效育人工作。围绕“知识目标、能力目标、素质目标、价值目标”四位一体目标体系，在全院分层、分类组织开展“青春筑梦，知行合一”暑期社会实践活动，共组建152支实践团队，覆盖青年学生980余人，教师140余人，其中3个实践项目被推荐为全国"三下乡"重点项目，5个实践项目被全国医药类高校共青团工作联盟立项为"投身乡村振兴，助力健康中国"三下乡项目，有效推动了医学与社会的有机结合，第一课堂与第二课堂的深度融合。稳步建立学生长期定点社会实践基地，共同建设创新合作实践平台，在四川省宜宾市叙州区第二中学校、附属上海儿童医学中心等地设立社会实践基地，协同打造"医学启蒙小屋"，开设常态化的中学生急救教育课程，打造"儿童及青少年伤害预防"品牌项目等。2022年，在全国大中专学生志愿者暑期文化科技卫生"三下乡"社会实践活动中，1人获评优秀个人；在第八届全国大学生暑期实践展示活动中，1个团队获评暑期实践团队Top100；在"一起云支教，携手创未来"全国大学生2022年暑期"返家乡"社会实践专项活动中，获评组织管理方向、活动宣传方向突出贡献高校，1人获评突出贡献高校指导教师，1人获评突出贡献高校志愿者领队；在"知行杯"上海市大学生社会实践大赛中，获评一等奖1项、二等奖2项、三等奖2项，2人获评先进个人，4人获评优秀指导教师。

优化科创育人平台。打造完整科技创新工作体系，开展系列科技赛事、技能培训和训练、氛围营造和兴趣培养工作，打造常态化、开放式的创新互动分享体验空间。以青年科技创新工作室为抓手，构建科技创新工作优秀"项目池"，对19个工作室开展中期考核，对接青年科技创新竞赛，助推选手成长和项目孵化。组织开展"互联网＋"大学生创新创业大赛等各级各类科技创新竞赛工作的选拔，为各层次创新创业赛事输送优秀作品。在第八届中国国际"互联网＋"大学生创新创业大赛中斩获高教主赛道本科生创意组金奖，创造了医学院在该项赛事中的重大历史性突破，实现了上海交通大学首次在本科赛道获得金奖。

志愿服务育人。2022年医学院总计参与志愿服务累计约5 586人次，服务时长约28 760小时。选派组织95名"小叶子"参与第五届进博会志愿服务，累计上岗17天，服务时长7 942小时，圆满完成各项任务。成立校园常态化核酸采样队，累计参与1 500余人次，总服务时长达1 700小时。遴选110名志愿者参与医学院70周年院庆活动。暑假期间，"我能心急救"志愿者服务队联合山山圆梦义工社发起"一起云支教，携手创未来"线上活动，167名学生志愿者对接云南洱源、四川宜宾等全国各地中小学生共257名，累计服务3 752人次。发扬红十字精神，开展造血干细胞捐献志愿者集中入库动员宣传行动，全年共有103名青年自愿报名加入中华骨髓库，1名学子完成捐献，成为上海市第557例造血干细胞捐献者。在第35个"世界艾滋病日"，开展"共抗艾滋，共享健康"主题活动。组织百余名医学院学子走进医院、走进社区卫生服务中心，协助开展疫苗接种引导及接种咨询工作。组织220名志愿者服务2022年上海马拉松赛。全年医学院系统在志愿服务方面斩获诸多荣誉，在第六届中国青年志愿服务项目大赛中，获银奖1项，铜奖1项；在"奉献杯"第三届上海青年志愿服务项目大赛中，获铜奖2项，优胜奖1项；在第三届上海市卫生健康行业青年志愿服务项目大赛中，获金奖3项，银奖1项，铜奖3项，优胜奖1项。医学院"我能心急救"志愿者服务队在2022年上海科普教育创新奖中获"优秀科普志愿者奖(团队)"。

创新文化育人模式。以朋辈分享、游园会、微视频、歌会、晚会等丰富多样的形式，积极组织能引起医学青年广泛共鸣的线上线下活动，不断弘扬医学正能量。结合"留沪过年"倡议，开展"新春游园会"系列活动。结合传统节日清明节，举办"生命的乐章—缅怀无言良师"主题纪念活动。"红五月"期间，指导医学院学生联合会打造线上"521我爱医"医学生节品牌活动、自创"合成Joy"游戏小程序，为师生带来众多兼具趣味性和科普性的线上活动体验；制作《梦想的光亮》《鸿鹄》等主题MV，唱出医学生的白袍誓言与闪光青春。聚焦毕业季，制作系列专题创意推送与主题曲《医念风华》手绘MV，线上举办"2022届毕业生晚会"。结合医学院70周年院庆，举办"七秩韶光，弦歌留声"第15届青春歌手大赛暨草坪音乐会；举办大型"院庆X迎新游园会"，联合各学生组织、学生社团、科普团队、班级及留学生代表等设立38个特色摊位，用丰富多彩的社团活动、精彩纷呈的文艺演出，以青春的模样和方式，献礼母校70周年华诞。推出一系列具有医学特色、贴近校园师生、融合积极正能量的文化元素和故事的校园文创产品，打造出了广受校内外师生好评的"交医名片"，让校园文化"活"起来。

规范基层团组织建设。全面梳理基层团组织，强化团支部政治功能，开展"团支部对标定级"工作。指导基层团组织开展规范换届、"推优入党""三会两制一课"，精心组织主题团日，抓好示范团日，推动班团、附属医院先进工作经验互学互访。持续推进"智慧团建"系统相关工作，开展基础团务管理、团内信息统计、主题团日记载录入等基本工作，推进团支部整理整顿等重点工作。2022年，医学院"学社衔接"率95.1%，转出发起率100%。建立健全基层团组织述职评议考核、分类评价机制，科学运用评估结果，开展好团内各级各类评奖评优工作。从严抓好团费收缴、使用和管理。加强工作标准化和知识化管理，建立健全团学工作资料库和资源库。

开展首期"青年马克思主义者培养工程"培训班。以科学化培养"忠诚的政治品格、浓厚的家国情怀、扎实的理论功底、突出的能力素质，忠恕任事、人品服众”的青年政治骨干为目标，遴选 70 名本研同学为“青马班”学员。全年开展 5 次集中理论学习、组织 2 次红色地标参观活动，引导学员以团队学习、分享反思等形式自主开展读书会，使青马学员真正“学有所获”。

开展首期“荣昶-博医”卓越医学生培养计划。以践行有灵魂的卓越医学创新人才培养为理念，遴选 36 名大一同学开展为期 2 年的持续性培养，聘任 6 位医院党政领导为“博医导师”，全年开展 2 次 CBL 讨论课、6 期博医讲堂、5 期博医课程。

（游佳琳）

【举办学雷锋义诊服务活动】 3 月 5 日，“杏林春暖，健康思南”——医学院学雷锋义诊服务活动在思南公馆小广场拉开帷幕。医学院系统 12 家附属医院近 30 个科室的青年医师参加了此次义诊服务。

（范琳蔓）

【五四青年节主题分享会】 5 月 4 日，来自沪上战疫最前线的《健康中国》战疫系列五四特辑——“青春心向党，战疫显担当——医学院 2022 年五四青年节主题分享会”，在上海交通大学官方 B 站面向广大团员青年播出，6 500 余人线上同步观看。曾经的听众化身为现在的讲者，用他们的青春讲述着报效祖国，服务人民的誓言。分享会中，医学院青年庆祝中国共产主义青年团成立 100 周年的原创 MV《鸿鹄》正式发布。

（程雅青）

2022 年 5 月 4 日，上海交通大学医学院举行五四青年节主题分享会

【“青初遇蓝”院庆×迎新游园会】 10 月 24 日，医学院“青初遇蓝”院庆×迎新游园会在西院风雨操场开展。医学院党委书记江帆，党委副书记、副院长吴正一出席活动，与近千名师生共同庆祝医学院成立 70 周年。

（程雅青）

【“博医计划”开班】 10 月 28 日，医学院团委承办的“荣昶-博医”卓越医学生培养计划（以下简称“博医计划”）一期开班仪式在懿德楼 101 会议室举行。中国工程院院士、医学院院长范先群，上海荣昶公益基金会执行委员会主席王建明，各附属医院领导、博医计划指导老师及博医计划一期 36 名学员共同出席本次开班仪式。

（程雅青）

【召开第十次学生代表大会】 10 月 30 日，医学院第十次学生代表大会于懿德楼三楼召开。医学院党委副书记、副院长吴正一，副院长胡翊群，上海市学生联合会驻会执行主席李峻峰及各相关部处领导和二级学院领导出席会议。上海中医药大学学生会代表应邀参会。医学院近 200 名学生代表参加了本次会议。杨辛夷、张昊亮、张瀛寰、高昕琦、彭益佳 5 人当选第六届学生联合会主席团成员。

（程雅青）

【医学院青年学子服务第五届进博会】 11 月 5 日，第五届中国国际进口博览会在国家会展中心（上海）顺利举办，95 名医学院“小叶子”走进“四叶草”进行为期 6 天的志愿服务。在此期间，医学院党委副书记、副院长吴正一，中国工程院院士、附属瑞金医院院长宁光等一行来到国家会展中心志愿者之家，亲切慰问医学院“小叶子”并进行了座谈交流，为“小叶子”加油打气。

（韦　宇）

【医学院学子与党的二十大代表“面对面”】 11 月 21 日，医学院团委主办的“踔厉奋发担使命，勇毅前行向未来——医学院学子与党的二十大代表‘面对面’”主题活动于懿德楼二楼报告厅顺利举行。三位党的二十大代表走进医学院学子中间，分享参会经历和感悟，宣讲党的二十大精神。医学院党委书记江帆，党委副书记、副院长吴正一，团委书记游佳琳，以及 200 余名医学院学子参加了本次活动。

（程雅青）

2022 年 11 月 21 日，医学院团委举办交医学子与党的二十大代表“面对面”主题活动

发展联络处(基金会、校友会)

【概况】 2022年,发展联络处以习近平新时代中国特色社会主义思想为指导,全面贯彻落实党的二十大精神,在医学院领导班子的带领下,积极围绕医学院发展建设中心工作,不忘初心、牢记使命,推动基金会、校友会工作,加强校校、校企、校地合作。

成立医学院教育发展基金会。9月27日,由上海交通大学医学院、上海第二医科大学校友会联合发起的上海交通大学医学院教育发展基金会成立。其业务范围是资助贫困学生、教职工;资助教学和科研;奖励优秀师生及为医学教育做出突出贡献的单位和个人;资助教育事业发展相关的其他项目。首届理事会由5人组成,监事会由3人组成,年内召开了两次理事会,通过相关财务制度和重要捐赠事项决议。

截至2022年12月1日,基金会新签约项目共计44项(次),其中包含“其实医学创新发展基金”“交医-太保教育发展基金”以及“广聚善爱”慈善基金等重要捐赠项目,总捐赠签约金额为3.03亿元。

助力疫情防控。在大上海保卫战期间共接收72批次的捐赠,包括防疫物资和生活物资等。全国共计8所高校、7家基金会、近50余家爱心企业和企业家向医学院的师生提供了无私的帮助。

校友数据库系统建设。校友会在以往工作的基础上,正式启动校友数据库的开发工作。在综合学生管理系统、研究生管理系统、档案系统、教务系统等多部门系统数据的基础上,校友会汇总整理出10万余条校友基础数据,汇入了校友数据库系统;同时,将医学院70周年院庆校友线上线下活动收集到的联络数据,一并汇总至校友数据库系统中。

校友分会组织建设。校友会积极联络国内其他省份的医学院校友,在深入沟通和有序筹备下,成立云南、福建、陕西三省校友组织,同时也筹备完毕海南、安徽、宁夏三省校友组织成立工作。医学院二级学院校友组织工作也得到了明显的推进。年内,儿科学院校友会、基础医学院校友会、公共卫生学院校友会宣布正式成立,院本部二级学院校友组织实现全覆盖。

开展年度秋年返校活动。校友会在严格执行防疫要求的前提下,认真做好校友返校的接待和服务工作。本年度接待了1990级硕士班、1992届新华班和儿科班、2002届口腔班、2002届检验班、1970届法文班、1962级校友、2002级教改班等多班次校友返校活动,协助筹备策划了1962届毕业60周年聚会、2002届三大班和五大班毕业20周年聚会,以及2010届博士班等聚会活动。配合1982届口腔班举办毕业40周年线上校友聚会活动。

广泛开展校企合作实践。积极探索与企业合作的方式和方法,先后与上海医药集团股份有限公司、太平洋医疗健康管理有限公司、中国太平洋保险股份有限公司等多家企业签订战略合作协议。充分利用合作机会，实现优势互补，进一步推进在人才培养、医学教育、课程设置、师资建设、课题研发等方面的发展。完成对安徽商会及商会企业的答谢工作，密切双方联系，推动更多成果落地。坚持校企合作的方式，为推动医学院早日建设成为世界一流医学院提供持续的助力。

深化与国内高校交流与合作。完成与昆明医科大学的合作框架协议签订；开展对口支援青海大学医学部的线上系列培训会议；完成蚌埠医学院和河南大学来访交流座谈会议接待工作，以及昆明医科大学、大理大学和丽水学院等访问交流分享。与各地高校赓续友谊，在医学人才培养与帮扶、学科建设、临床专科能力提升等方面开展经验交流与合作。

加强与其他地区的医疗部门紧密协作。在各地区医疗部门的需求下，组织安徽省黄山市人民医院义诊、云南省第一人民医院义诊、大理大学附属医院义诊以及龙泉市第一人民医院义诊活动。

部门常规工作。围绕医学院中心工作和校友文化建设，校友会办公室继续做好面向广大校友的宣传工作，全年出版了《校友之声》报纸4期，维护并运营校友会微信公众号，同时公布校友会改版后的官方网页。按时完成校友会社团法人年检工作。基金会定期整理、编号并归档历年捐赠协议文本，核查所有基金项目的资金到账情况及使用情况，做好医学分会内部台账工作。完成各类人才奖项和奖教金、奖学金和助学金的评审工作，按时完成各类奖励金的发放。发展联络处定期做好对合作校企、捐赠企业、捐赠校友及其家属的走访及日常慰问工作，维护双方良好关系，增进彼此情谊，为后续捐赠工作奠定良好基础。

（刘晶晶　倪黎冬　叶诗涵）

【对口支援青海大学系列培训活动】 7月20日—26日，为贯彻教育部关于部省合建高校对口合作工作要求，进一步做好“十四五”期间清华大学牵头的包括上海交通大学在内6所部属高校与青海大学对口支援工作，全面提升青海大学医学学科发展，上海交通大学医学院与青海大学医学部积极对接，医学院成立70周年暨对口支援系列活动——“青海大学医学部教学能力提升及公立医院高质量发展”系列培训班。医学院党委常委、副院长吴正一参加了培训班开班仪式。本次培训班集中了上海交通大学医学院的优质资源，邀请了9位专家进行教学能力提升、公立医院高质量发展和学科发展与研究生教育等内容的分享，共有青海大学医学部及附属医院教师和管理人员等500余人次参加。

（叶诗涵）

【签订与昆明医科大学合作框架协议】 8月8日，医学院与昆明医科大学合作协议签署仪式暨交流座谈会在昆明医科大学举行。医学院院长、中国工程院院士范先群，医学院党委副书记赵文华出席了签署仪式。范先群院士回顾了两校合作的历史，希望未来两校在更宽广的领域展开系列深入的合作。

（叶诗涵）

2022年8月8日，医学院与昆明医科大学合作框架协议签订

【发布“校友云返校系统”】 9月23日，为了满足因为疫情缘故不便于返校的校友参与母校院庆的心愿，校友会开发设计了“校友云返校系统”，并在医

2022年9月23日，校友云返校系统上线发布仪式举行

学院70华诞生日倒计时30天之际举行上线发布仪式。医学院院长、中国工程院院士范先群，医学院党委副书记赵文华，医学院党委副书记、副院长吴正一出席发布仪式。本次活动由医学院院长办公室主任、校友会秘书长蔡伟主持。中国工程院院士闻玉梅和中国科学院院士陈义汉两位校友专程为此次活动发来了祝福视频。在云返校系统中，校友会设计制作了“云报到”“云头像”“云合影”“云点亮”“云捐赠”“云祝福抽盲盒”6个线上活动项目。该系统一经发布，立刻得到广大校友的喜爱。通过云返校系统，校友会实现了联络海内外广大校友的工作目标。

（刘晶晶）

【校友小额捐赠平台正式上线】 9月23日，在院庆倒计时30天之际，校友会正式上线“校友小额捐赠平台”并通过云端对外发布。该捐赠平台发布了“新校区建设”“奖助学金”“母校华诞”三大类12个小额捐赠项目。

（刘晶晶）

【景观石捐赠】 10月，1990级硕士班全体校友捐赠太湖石一块，命名为“圆融石”，竖立于科教楼北侧草坪上，为母校送上了70周年的生日祝福。

（刘晶晶）

【与中国太保集团签署康复医疗战略合作框架协议】 10月18日，医学院与中国太平洋保险（集团）股份有限公司举行康复医疗战略合作框架协议签约仪式。中国太保集团党委副书记、总裁傅帆，医学院院长、中国工程院院士范先群出席并见证签约。中国太保集团副总裁俞斌与医学院党委副书记、副院长吴正一代表双方签署战略合作协议。仪式由医学院院长办公室主任、医学院教育发展基金会理事长蔡伟主持。

（倪黎冬）

2022年10月18日，中国太保集团与医学院签署康复医疗战略合作框架协议

【“凝心聚力·共创未来”校友座谈会举行】 10月22日，部分在上海工作的医学院校友与医学院党委书记江帆，医学院院长、中国工程院院士范先群等全体院领导及有关部门负责人共聚一堂，共话学校发展，共谋学校未来，共同庆祝母校70周年生日。

（刘晶晶）

2022年10月22日，“凝心聚力·共创未来”校友座谈会举行

【“其实医学创新发展基金”设立】 10月24日，“其实医学创新发展基金”捐赠签约仪式在上海交通大学徐汇校区总办公厅举行。上海交通大学党委书记杨振斌，上海交通大学校长、中国工程院院士林忠钦，上海交通大学党委副书记、医学院党委书记江帆，上海交通大学副校长张安胜，医学院党委副书记、副院长吴正一等出席。该基金由上海交通大学校友、东方财富董事长其实个人捐赠设立，将主要用于支持医学院浦东新校区的建设与发展。

（倪黎冬）

2022年10月24日，“其实医学创新发展基金”捐赠签约仪式举行

【上海交通大学医学院教育发展基金会成立仪式举办】 11月25日，上海交通大学医学院教育发展基金会成立仪式在医学院懿德楼101会议室举行。上海市教委副主任孙真荣，上海市民政局副局长李雅平，上海交通大学副校长、医学院院长、中国工程院院士范先群，医学院党委副书记赵文华，医学院党委副书记、副院长吴正一，副院长方勇等参加此次仪式。会议由医学院院办主任、基金会理事长蔡伟主持。

（倪黎冬）

2022年11月25日，上海交通大学医学院教育发展基金会成立仪式举行

教育设施与保障

学科建设

【概况】 2022年，学科规划处紧密对接国家和上海市重大发展战略、学科发展前沿方向，以上海市高水平地方高校建设和“双一流”建设为重点工作，开展重点项目过程管理、绩效评价，积极争取学科建设资源；积极推进学科交叉研究院的建立，挖掘学科新的增长点；不断提高学科分析规划水平，完善学科动态监测工作机制，为医学院学科建设提供决策依据，助力实现“世界一流”医学院校的发展目标。

组织开展医学院系统学科建设大讨论。医学院于3月正式启动学科建设大讨论工作，对二级学院和附属医院进行学科调研会，联合各职能部处开展专题讨论会。通过学科讨论和调研总结，结合医学院“十四五”发展规划和新一轮“双一流”建设规划，学科规划处进一步凝练形成了医学院新时期学科建设发展规划。

推动一流学科平台建设。建设松江研究院，布局国家脑科学计划。成立上海市病毒研究院，进一步提升上海作为国际化特大城市的重大传染病防控能力和病毒学研究水平。成立生物材料与再生医学研究院和医学装备与技术研究院，解决医疗设备、生物医用材料等领域的“卡脖子”问题。持续推动“医＋X”学科交叉战略，不断深化与人工智能国家实验室合作共建数字医学研究院。

持续推进“双一流”与上海市高水平地方高校建设，优化过程化管理。3月，学科规划处组织学科条

2022年7月14日，附属瑞金医院学科建设大讨论现场

2022年7月27日，附属第九人民医院学科建设大讨论现场

线进行2022年度建设预算申报优化和评审工作。组织预算编制培训会，学科专项辅导、校内专家评审会等形式细化建设方案，指导修改规范预算。根据市教委4月份下发的最新“高地大”管理办法和文件精神，制定《医学院“高地大”管理办法(2021—2025年)》，完善“高地大”各学科和项目的过程管理、财务管理和绩效管理。

完成高峰学科年度进展报告。根据上海市教委《关于报送上海高校高峰学科建设年度进展报告的通知》要求，组织对临床医学、口腔医学和精准医学3个高峰学科建设进行总结，完成总结报告。

持续优化学科发展动态监测，编制《学科动态发展简报》，加强对各大学科权威排行榜排名及最新学科建设政策的跟踪，动态监测医学院学科发展水平，及时了解国家高等医学教育方针、政策以及信息等。根据教育部和上海市教委关于加强学科建设数据检测工作的要求，完成新一轮“双一流”和“高地大”2022年度监测数据填报工作。

深化上海高校分类评价工作，完善绩效考核体系。学科规划处继续协同配合完成上海高校分类评价数据填报工作，并受市教委督导室委托，参与上海高校分类评价指标内涵的完善工作，牵头承担“高校办刊质量评价”“高质量专利评价”的研究工作。根据2022年上海高校分类评价方式的改变，及时将分类评价结果应用于医学院管理人员绩效考核方案，完善医学院年度考核制度，促使各部门进一步重视评价指标的落实和工作绩效的提升。

组织开展“七秩芳华学科巡礼”的学科发展征程主题宣传系列活动。为庆祝医学院建院70周年，提升医学院学科影响力，学科规划处以“线上官微宣传”与“线下院史展览”相结合的形式，组织和协调基础医学、口腔医学、药学、公共卫生与预防医学、护理学、医学技术等一级学科，以“医路虔行，忆往思前，再攀高峰”为主题，开展学科建设历程线上回顾展；组织各学科梳理和凝练学科发展现状、建设成效等，以“学科融漾”为主题，在院史馆进行学科主题展示，营造学科建设“踔厉奋发启新程、笃行不怠向未来”的氛围。

(张薇薇)

【医学院国际学术影响力不断提升】 2022年公布的U. S. News世界大学排名中，医学院共有20个学科入榜，临床医学等13个学科位列全球百强(新增2个)。其中，临床医学、外科学、胃肠病学与肝病学、公共和环境及职业健康4个学科全国排名第一；临床医学全球排名位列第62名，首次进入全球前70名。9个学科进入国内前3(新增1个)，17个学科进入全国前10；传染病学首次进入榜单。在美国斯坦福大学10月发布的2022年全球前2%顶尖科学家榜和终生科学影响力榜单中，医学院共76人入选“顶尖科学家榜单”，26人入选“终生科学影响力榜单”，两个榜单入选前千分之一人数分别为6人和3人，均位列全国医学院校首位。在2022年6月发布的Nature Index(全球最具影响力的衡量自然科学领域高质量研究产出与合作的自然指数)显示，医学院各附属医院在生命科学领域排名均名列国内前茅，附属仁济医院、瑞金医院和第九人民医院均进入全球百强，11家附属医院进入国内前百名，附属仁济医院和瑞金医院分别位列全国第2位和第8位。医学院国际学术影响力和声誉度不断提升。

(张薇薇)

【推动一流学科平台建设】 2022年7月28日，建设松江研究院，布局国家脑科学计划，建成与脑科学“三脑”(精神脑、退变脑、发育脑)相关的“基础-临床-产业”全链条科研平台。9月26日，上海市病毒研究院正式挂牌成立。10月14日、21日分别成立生物材料与再生医学研究院和医学装备与技术研究院，并实体化运行，力争解决我国在医学检验技术与新型医疗设备研发、生物医用材料、再生医学和相关产业方面的“卡脖子”问题。深化与人工智能国家实验室合作共建数字医学研究院，建立博士联合培养和科研协同攻关制度，进一步落实数字医疗、数字公卫和数字监管分中心建设。

(张薇薇)

【开展高校分类评价指标专项研究】 2022年1月，受上海市人民政府教育督导办公室委托，学科规划处联合图书馆、学报等相关部门组建研究团队，对“高校高质量专利评价”和“高校办刊质量评价”指标体系进行专项研究，通过文献梳理、专家研讨，形成了两项指标体系的初稿，并借助第三方数据库形成初步评价结果。5月26日，市教委、专家与联合课题组开展第一次指标体系线上研讨会。7月8日，学

2022年11月23日，分类评价指标体系评审会现场

科规划处就高校高质量专利的内涵、特点、影响因素、现有评价体系及拟采取的评价方案，以及高校办刊质量研究意义、背景，现有评价指标体系的优缺点、拟采取的指标体系形成过程等内容向市教委进行了汇报。8月3日，医学院正式收到市教委《关于委托开展上海分类评价有关课题研究的函》，负责市教委“高校高质量专利评价”和“高校办刊质量评价”两项指标的试测工作。7月18日、11月23日分别就两套指标召开了两场专家评审会，项目研究成果得到了市教委的充分肯定。

（张薇薇）

【推动专科学院建设】 2022年7月，学科规划处在学科大讨论的基础上，牵头推动医学院专科学院的建设工作，制定《上海交通大学医学院专科学院设置管理办法》。专科学院面向学科前沿，紧密对接国家重大战略，聚焦人民健康重大需求，将充分整合医学院与各附属医院专科资源，发挥引领、集成和带动作用，围绕专科特色优势，协同开展专科领域内的学科建设、教育教学、人才培养和科研创新工作，构建高水平专科发展新模式，引领若干专科进入世界一流行列。

（张薇薇）

【获国家高水平中医药重点学科申报资格】 2022年11月23日，学科规划处牵头组织申报国家高水平中医药重点学科——中西医结合转化医学顺利通过高水平中医药重点学科上海市建设项目申报评审，获批上海中医药管理局2022年第三批中央补助中医药资金，获得国家中医药管理局高水平中医药重点学科申报资格。中西医结合转化医学以“医＋X”交叉融合、中医西医协同为导向，重点围绕中西医临床与基础创新的关键科学问题，聚焦疑难复杂疾病的防治体系和诊疗新策略研究，以及中西医结合诊疗的医学技术突破等重大方向，支撑和推动中医药相关学科发展，努力拓展中西医协同创新与转化之路。

（张薇薇）

中国医院发展研究院

【概况】 2022年，中国医院发展研究院（以下简称“研究院”）继续推进转型升级，紧密围绕“健康中国”战略，服务健康上海发展，组建了一批以建设有全球影响力的国家级智库为目标的科研团队，全面开展课题研究、学术研讨、人才培养和合作交流等，各项工作高效稳步推进，取得一定成效。

学术研究与决策咨询研究成果丰硕。智库研究“一体两翼”研究布局日益成熟，内涵建设稳步推进。本年度，研究院持续深化智库内涵能力建设，在学术影响力及咨政影响力方面取得重要成果，年内立项各类课题16项，其中国家级6项、省部级课题2项；发表学术论文11篇，其中SCI 2篇、北大核心5篇。决策咨询方面。2022年共32篇专报获得省部级以上领导批示及中共中央办公厅、国务院办公厅采纳，其中6篇获中共中央办公厅或国务院办公厅采纳，1篇获习近平总书记批示，2篇获政治局常委级领导批示，12篇获政治局委员级批示。2022年度，研究院决策咨询得分位列全上海市高校智库前列，上海市教卫工作党委为此特致函感谢医学院在决策咨询方面的大力支持。

（夏　蕙）

【智库内涵建设和品牌效应】 2022年度，研究院继续着力合理配置研究资源，发挥智库各活动的衍生效应，注重各活动的联动效应、实现资源共享。例如，从高端培训中发挥衍生效应，通过培训为平台，让更多的医务人员接触到智库运行、参政议政，从中诞生了一批富有真知灼见、反映一线心声的专报，有力支持了政府相关部门的科学决策、民主决策。2022年度从专报稿源角度分析，来自其他部门、附属医院等院外来稿和“双聘研究员”的来稿占据了相当比例，表明研究院“开门办智库”的成果也逐步显现，智库的品牌效应逐步显现。

（朱戈亮）

【智库影响力建设取得新成绩】 智库影响力建设取得新成绩，具有“智库特质、交医特色”的专业医疗卫生智库建设成果逐渐显现。一方面，智库联动作用逐步显现，通过院所研究生态体系、“双聘研究员制度”等布局丰富了研究架构，为智库研究吸纳了大量外围的生力军；另一方面，智库的行业及社会影响力进一步提升。长期以来的高端培训逐步开始显示溢出效应，研究资源共享得到初步实现。由中国工程院指导、研究院承办的第十届中国医院发展与管理学术大会在12月召开，标志着研究院的社会影响力进入了新阶段。

（沈　洁）

【积极充实研究布局】 2022年度，研究院直接资助医院管理研究课题40项，经费50万元；由研究院下设后勤研究所资助医院后勤管理研究课题15项，经费30万元；2022年度医院管理课题在研究方向上，持续探索“中国特点、交大特色”的医院管理模式，以公立医院高质量发展、医保支付改革、新时期党建、互联网医疗等为立项核心。管理模式上，立项指南的制定、课题的开题及结题均由研究院统一管理并采用专家评审制，确保持续提高院所互动质量及各下设研究所良好的科学研究氛围。医院后勤管理课题以促进医院后勤管理改革和发展，提高效益和效率为目的，以创新后勤支撑模式、后勤绩效管理、智能化/数据驱动后勤管理等为立项核心。

（任林琇）

【高端培训工作】 2022 年度，研究院继续深化授牌培训基地功能，做精做实高端培训，举办各类面向公立医院中高级干部的培训班，培训体系已经稳态运行的同时丰富课程内涵，诸如上海市医疗卫生党员干部高级培训班、“双带头人”党支部书记班等均是连续多年开班，已形成相当的影响力。截至 11 月 19 日，全年共举办系列培训班 9 个、20 余场，受训学员 700 余人。

2022 年 10 月 8 日，“三医联动”下的公立医院高质量发展高峰论坛举办

2022 年，“新冠疫情下医疗救治及应急管理”学术研讨会顺利召开

（安钰霖）

【与上药控股联合举办“三医联动”下的公立医院高质量发展高峰论坛】 2022 年 10 月 8 日，由医学院和上药控股有限公司共同主办的“七秩弦歌·七十荣光”——“三医联动”下的公立医院高质量发展高峰论坛顺利召开。中国工程院院士杨宝峰，中国工程院院士郝希山，上海市卫生健康委党组书记章雄，上海市医保局党组书记、局长夏科家，上海申康医院发展中心党委书记赵丹丹，上海市药品监督管理局党组书记、局长徐徕，上海市医保局副局长曹俊山，上海市医保协会会长郑树忠，上海市药学会理事长陈红专等领导和嘉宾出席会议。同时，本次论坛联合主办方医学院和上药集团全体领导共同参会。医学院党委书记江帆，医学院院长、中国工程院院士范先群，中国工程院院士、附属瑞金医院院长宁光，中国工程院院士贾伟平，医学院党委副书记赵文华、施建蓉，副院长胡翊群、方勇、郑俊克，附属仁济医院原院长李卫平，附属第六人民医院原院长何梦乔，附属上海儿童医学中心原院长刘锦纷、江忠仪等领导；上海实业（集团）有限公司执行董事、总裁、上药集团董事长周军，上药集团执行董事、副总裁、上药控股有限公司总经理李永忠，上药控股党委书记柳亚玲等共同见证了双方强强联合、战略合作 2.0 版本的升级落地。

（崔宇杰）

【举行第十届中国医院发展与管理学术大会】 2022 年 12 月 11 日，由中国工程院医药卫生学部指导，上海交通大学中国医院发展研究院主办的第十届中国医院发展与管理学术大会在科学会堂隆重召开。本届大会主题为“新格局　新发展　新征程”，旨在聚焦新时代现代医院管理制度服务社会的路径，促进我国公立医院迈向更高质量的发展。中国工程院院士、中国人民解放军总医院全军肾脏病研究所所长、肾脏疾病国家重点实验室主任陈香美，中国工程院院士、国家心血管病中心主任、中国医学科学院阜外医院院长胡盛寿，中国工程院院士、山东第一医科大学名誉校长、山东第一医科大学附属肿瘤医院院长于金明，中国工程院院士、附属瑞金医院院长宁光，国家卫生健康委体制改革司司长许树强，中国工程院医药学部三局局长高战军，上海市卫生健康委主任闻大翔，上海申康医院发展中心主任王兴鹏，上海市教育卫生工作党委一级巡视员郑锦等专家和领导到会。中国工程院院士、上海交通大学副校长、医学院院长范先群，医学院党委副书记、副院长吴正一，医学院和附属医院党政领导，以及上海市各大医院管理干部、专家医疗卫生党员干部高级研修班、上海市医院“双带头人”党支部书记培训示范班学员参加会议，本次活动同时在健康界平台在线直播，5 万余名观众在线参会。

（李国红）

2022 年 12 月 11 日，第十届中国医院发展与管理学术大会举行

【概况】 2022年，医学院图书馆以医学院70周年院庆为契机，推进“交医文库”建设，全面系统回顾分析医学院最近10年的学科发展情况，继续助力医学院循证医学研究与实践，更新期刊保障率研究，对接浦东新校区图书馆建设和前期准备各项工作。坚决贯彻医学院党委关于疫情防控的总体目标和决策，保障图书馆各项业务顺利开展。

党建工作。围绕学习党的二十大精神、“党史学习教育”等内容，图书馆党支部开展多次主题党日活动，如组织开展了“学思践悟新思想”主题党日活动、与学科规划处等支部开展“学习宣传贯彻党的二十大精神，奋进新征程，建功新时代”活动、“凝心聚力、共同守‘沪’”的线上疫情防控专题组织生活会、“深入学习贯彻习近平总书记在中国人民大学考察时的重要讲话精神”专题组织生活会等。

“交医文库”建设。向院本部及附属医院师生、员工征集公开出版发行的专著、教材和教参等文献资源，筹建“交医文库”。已接收相关赠书10余批次，筛选出符合要求的图书40余册，加工后收入文库。收集、挖掘、整理出相关图书著作信息405种、医学院出版的学术期刊和毕业生学位论文共2000余册，完成录入工作。收集到的各类资源，将为浦东校区新馆建设“交医文库”阅览空间、集中展示交医人的学术成果打好基础。

学科服务。持续关注医学院学科发展，定期推送ESI学科分析报告、QS、U. S. News和软科排名、自然指数排名、高被引学者等报告；首次推送全球顶尖科学家榜单。为护理学院、医学技术学院、附属上海儿童医学中心等提供学科分析、前沿挖掘，助力学科大讨论。为学科评估提供医学院顶刊发文、近10年毕业生科研发文等各类数据；挖掘整理学科交叉人才名单、为医学院官微提供新冠、慢性病防治、医工交叉等各类科研新闻素材，展示科研实力。有4位馆员继续参与中国工程院2022年生物医药工程前沿的情报分析工作。推送18场数据库使用介绍、论文写作、同行评议在线讲座信息，累计参与人数为800余人。为进一步提高附属医院临床科研的文献保障率，继续推进与附属医院资源共建共享。继续配合上海交通大学总馆完成“上海交通大学图书文献一体化服务联盟”的相关筹备工作。

科研项目。与学科规划处合作推进长三角医学院校专利分析报告、上海市属高校期刊分类评价、专利分类评价等工作。主持“高校高质量专利评价”并参与“高校办刊质量评价”指标体系两项委托课题。配合科技发展处开展预警期刊调研工作，并成功立项医学院人文课题“生物医学期刊学术诚信评价指标体系研究”。此外，还有两项课题也获得医学院人文课题立项。

循证医学研究文献服务。举办第三届循证医学与临床研究方法学在线培训班。培训内容涵盖循证医学研究、指南制定及临床研究的方法学知识等。利用中华医学会等公众号，为公众科普有循证医学证据支持的医学实践与研究，为医学专业人员科普循证医学方法。循证医学服务中心深度参与附属上海儿童医学中心《儿童睡眠指南》制定，提供《儿童睡眠障碍相关临床问题研究》检索策略制定、临床问题总结等服务。为附属第九人民医院医生提供《右美托咪定在心脏围手术期使用疗效的网状 meta 分析》的循证检索策略制定、循证研究方法、系统综述注册和投稿指导服务。为附属第九人民医院博士生提供“家庭导航服务模式应用于孤独症谱系障碍的范围综述”检索指导，并完成 1 项上海市科委科普课题的申报。中心负责人、馆长仇晓春被推选为“上海市医学会临床流行病学与循证医学专科分会”副主任委员。

期刊保障率研究。梳理完成医学院订购电子期刊的目录汇总工作，首次完成医学院电子期刊 MEDLINE 期刊保障率调研，保障率达到 89%。对照 JCR 生物医学学科期刊目录，更新 2018 年医学院重点学科期刊保障率研究数据，发现通过地高大项目电子期刊零售订阅，各学科的期刊保障率提高到 90%以上，为后续电子期刊订购的查漏补缺厘清方向。

多媒体服务。承担医学院各项大型活动的新闻素材和专题视频拍摄制作任务，参与医学院各院系、教研室的网络精品课程和在线教学视频的拍摄制作。继续为教职员工提供国家及省、市级科研评审答辩的多媒体汇报材料制作“一站式”服务。全年完成包括各类专题片、各类教学课程、学校各类新闻素材、PPT 音视频制作等，共计 43 个 1 780 分钟。

教学工作。受新冠疫情影响，春季学期开课 2 周就全面转为线上教学。秋季学期在国庆长假后又开展线上教学 3 周。文献检索教研室落实各项工作安排，做好线下、线上课的过渡衔接。全年完成本科、研究生教学工作共计 2 089 人次、270 课时。教研室一名老师受马来西亚医学协会中国分会邀请，为留学生开展文献检索和医学科研讲座，并担任该协会科研项目的评委。另一位老师受中国医学装备协会护理装备与材料分会邀请在 2022 年度全国手术室青年委员科研培训上做“可视化分析工具 CiteSpace 应用”的讲座。

防疫服务。按照医学院要求，为满足新冠疫情期间在校学生的学习、阅览需求，图书馆自 6 月 6 日起采取线上预约方式向在校读者开放，安排 4 名党员驻馆工作。根据预约开放规则，重新布置 563 个阅览室座位，开放其中的 50%，粘贴预约码和座位码，为读者提供了安全舒适的学习阅览环境。闭馆期间，为了毕业生顺利办理离校手续，多次与学生工作指导委员会协调沟通，制定了《2022 年毕业生图书归还事项办理指南》，指南提供了多种灵活还书方式供毕业生选择。毕业季期间，相关馆员与 61 名毕业生电话沟通，确认延期还书方式，为近 200 名有欠费的学生免除费用。为了降低新冠疫情对文献服务的影响，将查新查引服务调整为“零接触”服务，读者无需到馆便可办理该项业务。全年共完成 58 个查新、2 058 个查引报告。

新馆建设。配合医学院浦东校区建设指挥部办公室，对接各项浦东新校区图书馆建设和前期准备工作。根据《图书馆建筑设计规范》的规定和要求，对新馆的功能布局和设计方案提出修改建议，确定楼层分布、设计风格等内容。与网络信息中心沟通并确定新大楼的弱电信息化布局。调研、规划新馆密集书架、恒温恒湿系统建设需求，按照浦东校区建设的要求，提交项目开办费申报材料。为应对未来几年新书采购、馆藏的需求以及新馆搬迁筹备工作，制定了《外文图书阅览室馆藏调整方案》。将出版年代较早且借阅率低的外文图书下架装箱，做好详细记录，便于日后整理上架。完成图书打包 243 箱，图书下架 5 429 册。同时对工作流程和工作量分别进行优化和统计，为未来新馆图书搬迁工作积累数据和经验。

资源建设。纸质资源方面，按照政府采购相关规定和医学院书刊采购招评标流程，完成图书期刊采购、续签工作，新增入库图书 6 846 册；帮助全院师生代购、助购所需文献，完成院系自购书审核 360 余批次，报刊交换 1 020 期次，文献捐赠管理 300 余本次。电子资源方面，由于受美元汇率上涨压力，在综合考虑经费和数据库使用情况后，进一步优化资源配置，调整了部分电子资源的订购，停订 BioOne、Dynamed、中科医库等 10 个数据库，新订 SD 回溯期刊、畅想之星电子书、热病等 4 个数据库；同时做好 2022 年地高大建设的预算申报及年度执行工作，根据医学院要求，自 2023 年起所有 20 万以上的资源采购项目都委托第三方进行招标。

公共场地管理。对阅览室等公共区域进行定时消杀和开窗通风，保证室内空气清洁。对读者归还的图书进行紫外线杀菌处理，并且静置 24 小时后上架。加强图书馆公共场地日常管理，特别在意识形态领域，严格落实《上海交通大学医学院场地借用规则》，重视审核流程，截至 11 月 30 日共出借各类场地 101 次。

人才建设。11 月 15 日由图书馆党支部牵头召开图书馆青年馆员职业规划会议暨学科服务研讨会。图书馆始终坚持党管人才原则，推动师德师风建设长效化，全力打造一支政治素质过硬、业务能力精湛的有灵魂的高素质馆员队伍。年内选派两位青年馆员参加医学院 2022 年机关青年干部培训班。组织馆员参加汇文系统的在线培训和交流，为新馆借还书系统建设做好人才、技术储备。完成 1 名同工同酬人员招聘、8 名在编人员续聘、3 名非在编员工续聘工作。

文化育人。为喜迎医学院70周年院庆，更好地满足师生的文献需求，举办“您选书，我买单”外文原版新书展及线上荐购活动。开学季组织新生宣讲活动，为生物医学科学专业新生举办数据库使用入门讲座。通过人文阅览室，为医学生人文社科活动提供空间。通过学管会与学生读者建立良好沟通渠道，让学生参与到图书馆的日常服务与宣传工作，提升学生的沟通能力、组织能力和管理能力。

招标、采购自查自纠。根据医学院《关于开展招标采购专项监督的工作方案》要求，对照《中华人民共和国政府采购法》《中华人民共和国招投标法》等有关法规及实施条例，结合医学院党委“三重一大”制度和招标采购方面管理规定，对图书馆在招标采购方面制度建设、2019年以来的图书文献资源采购项目情况进行全面的梳理、自查。对《上海交通大学医学院图书馆电子出版物与数据库采购流程》《上海交通大学医学院图书馆纸质书刊采访细则与流程》予以修订。配合医学院专项监督小组，提供相关自查材料及报告，顺利完成抽查工作，切实提高招标采购管理规范化水平，营造风清气正、廉洁自律的采购环境。

荣誉奖项。馆长仇晓春被评为2022年全国高校医学图书馆优秀馆长；获得“上海市高校图工委工作突出贡献奖”。邓珮雯被评为2022年全国高校医学图书馆优秀馆员。谢新民被评为上海市高校图书馆模范馆员；被推选为上海市医学会第三十七届理事会理事。曹霖、江月琴、周贞颖、查青、罗亭绮获得上海市高校图书馆“在岗30年荣誉馆员”证书，曹霖、江月琴、周贞颖、李辉4名职工获得医学院三十年教龄荣誉证书。邓珮雯、吴慧、王庆稳、崔婷婷获得上海高校图书情报工作指导委员会颁发的“2022年上海高校图书馆研究支持服务研讨会”优秀案例。崔婷婷、侯利娟、张彬、寇建德、曹霖、谢新民、邓珮雯获抗疫志愿者证书，其中曹霖获得东明路街道优秀防疫志愿者称号。沈志新、刘浩、封栋燕完成的《离体猪肠端端吻合术》在2022年上海市医学会教育技术优秀成果评选活动中获教学资源类一等奖。

2022年图书馆捐赠情况统计

捐赠者		入库册数	语种
团体	上海交通大学医学院院长办公室	2	中文
	北京大学医学人文学院	1	中文
	中国医学科学院信息医学信息研究所	1	中文
	国家标准化代谢性疾病管理中心（MMC）	2	英文
个人	王祖承	29	中文
	陈国伟	10	中文
	其他零星捐赠	10	中文
合计		55	

（陆曦凡）

【获2022年上海高校图书馆研究支持服务优秀案例奖】 图书馆报送《挖掘新数据·发现新知识·布局新医科——医学院图书馆助力附属医院科研发展》获得上海高校图书情报工作指导委员会“2022年上海高校图书馆研究支持研讨会”优秀案例。在“世界一流大学与新医科建设”的背景下，图书馆参考咨询团队选取医学院12家附属医院为重点服务对象，介绍医学院图书馆面向附属医院的数据挖掘与知识发现，如建设机构知识库与专利知识库、开设循证医学服务中心、学科前沿挖掘分析等实践与探索等，先后发布了《上海交通大学医学院科研产出及学科排名分析报告》《长三角医学院校专利竞争力比较及热点趋势分析研究报告》《转化医学快讯》、中国工程院的《全球工程前沿——医药卫生领域》等报告，为附属医院“新医科”布局提供了坚实有力的支撑。图书馆鼓励馆员积极参与各类科研项目申报，将工作实践与科学研究有机结合，激发馆员科研活力，提高学术能力。

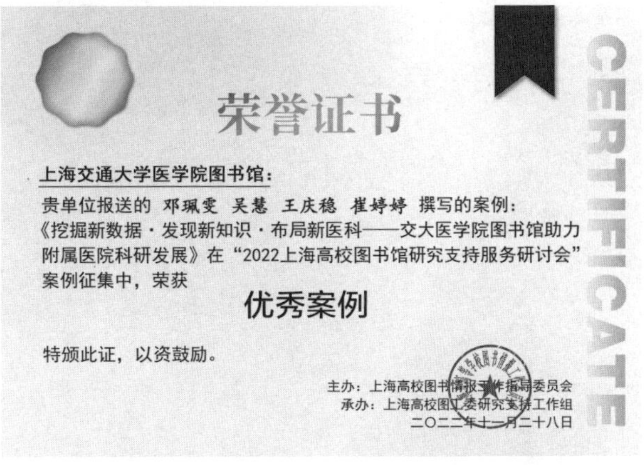

2022年11月28日，撰写的案例获上海高校图书馆研究支持服务优秀案例奖

（邓珮雯）

【发布《上海交通大学医学院科研产出及学科排名分析报告》】 为庆祝医学院成立70周年，充分发挥学科馆员的学科服务优势，图书馆利用专利知识库、机构知识库和其他相关分析工具，将医学院最近

10 年的学科排名、学科交叉、论文发表、专利申请及国际合作等情况作全面系统地回顾总结，形成《上海交通大学医学院科研产出及学科排名分析报告》。报告提供近 10 年深度学科分析，总结了过往学科发展的成绩与不足，为未来十年医学院学科布局、人才发展出谋划策，为院领导决策作参考。

（邓珮雯）

【《威廉姆斯内分泌学》赠书活动】 在第五届中国国际进口博览会上，国家代谢性疾病临床医学研究中心主任、附属瑞金医院内分泌代谢科主任王卫庆代表国家标准化代谢性疾病管理中心（MMC）向医学院捐赠内分泌学经典专著《威廉姆斯内分泌学》（第十四版）200 本。图书馆接收到该批赠书后于 12 月 2 日在图书馆演讲厅举办“《威廉姆斯内分泌学》赠书活动”，将其中的 100 本转赠给师生读者。其余转赠附属医院以及兄弟院校，以传播医学前沿知识，助力内分泌代谢性疾病诊治的临床、教学与科研发展。

2022 年 12 月 2 日，《威廉姆斯内分泌学》赠书仪式

（刘　洁）

网络信息中心

【概况】 2022年,网络信息中心按照《上海交通大学医学院"十四五"信息化规划方案》积极推进教育数字化转型,进一步完善以泛在、融合、智敏为特征的医学院信息化标准体系。为保障医学院教学、科研、管理和服务各项工作的开展,提升师生校园生活满意度,中心围绕校园网络、移动应用和数据互联等方面开展建设。

校园网络建设和运维。完成校园核心、汇聚、接入交换机、无线网络设备、各类网络安全设备及审计设备的维护并且保障校园网在线设备的监控与运维管理。信息点数量近15 000个,AP无线接入点2 300余台,交换机数量600余台。新冠疫情期间,重点保障校园网络的平稳运行,强化校园网的运维管理。进入常态化管理后,为了更好地满足新学期全面复学复课需要,对科教楼5楼所有教室的接入点进行了重建;为了配合院庆70周年,对整个院史馆实施了无线网络重构;为了满足党委办公室、院长办公室的工作需要,紧急敷设了政务外网专线2条;其他于食堂、动科部、危险品仓库等多处新增了共计20余个有线点位及无线AP。

数据中心建设和管理。通过IT运维系统全面监控校园网和数据中心600多台网络、服务器和存储等信息化设备。定期检查服务器等设备的运行状态,备份相关配置与数据,确保各系统的稳定运行。截至年底总计服务器239台,虚拟化平台应用服务器总计365台。按照部处需求,支持应用服务的配置变更与管理,升级服务器系统。

用户服务和支持。完成医学院云邮箱系统、用户认证中心、WebVPN、VPN、校园卡、jAccount等系统的日常管理与服务。全年用户服务近10 000人次,其中现场咨询、报修及校园卡服务4 500人次,线上服务1 500余人次,电话服务3 900人次。校园卡卡务工作中,新制校园卡2 500余张。提供各类网络视频服务共600余次,为新生第一课、毕业典礼、远程招生、管理人员招聘入职考试、国际青年学者云论坛、2022年市教卫工作党委庆祝中国共产党成立101周年座谈会、基础医学学科大调研、2022年度国家自然科学基金杰青项目校内预答辩、研究生课程建设会议等活动提供技术保障。

应用系统运维和建设。新建网站22个,改版网站2个,下线网站3个,其中新建网站:党的二十大精神学习专题网、70周年院庆专题网、语言文字网、基础医学院(英文版)、公共卫生学院(英文版)、护理学院(英文版)等;改版网站:实验动物饲养管理与使用体系网、校友会网站;下线网站:初心使命主题教育专题网、仰望星空专网、交医战疫主题云展览。协同服务平台新上线进校审批、户外宣传阵地审批、图书馆场所预约等6个新流程,优化升级党委学期工作、个人年度考核、停车证申请等6个流程,进一步简化了管理部门的办事流程,促进了部门协作和数据共享。完成订餐系统升级,其中"美食预定"活动开展11次,参与1 403人次。开展文具库房信息管理系统建设，实现6大类549种商品的在线申购，并拟定与财务系统对接方案，实现从申购到结算的全流程管理。专家投票系统新增参评材料线上审阅等功能，配合研究生院、人事处和党委教师工作部完成15场次专家投票。持续开展智慧教学环境建设，学生综合事务平台正式运行，实现了学生从入学到离校全过程管理。建设第二课堂模块，包含学生思想成长、志愿公益、社会实践、创新创业、社团管理、学联管理等功能；将奖惩、心理辅导和辅导员管理整合在一起，方便辅导员及时掌握学生动态。根据医疗门诊部业务需求优化了综合业务健康服务平台中学生个人基本信息填报、身份证上传及识别、申报进度查询等功能，为学生批量申领社保卡提供了有效可靠的数据保障，保障了10月上旬开始的大学生社保卡批量申领社保卡工作以及11月开展的上海市大学生城乡居民医疗保险缴费工作。完成智课堂在线教学云平台功能升级，新上线“法国精品课程—眼底内科教学视频”“网络安全讲座”等公开课和“医学科学实验技术及应用”“实验室安全准入教育”“临床科研训练课程”等专业课。

信息化项目申报和管理。通过OA平台共收到各部门申报的信息化建设需求83项。在部门调研的基础上，对各部门的信息化需求进行了整合，组织专家评审，形成了年度信息化建设项目库。完成了8个2023年信息化项目申报，7个项目通过市教委和市经信委审核准予立项。完成2023年高水平地方高校一流校园建设专项中信息化项目申报，包括非学历教育管理系统和医学院智慧教学系统（2023年升级改造）等在内的2个信息化项目通过市教委和市经信委审批。组织开展2023年高水平地方高校信息化项目申报准备工作，会同学科规划处组织专题启动会，布置2023年信息化申报工作的相关要求。统筹管理医学院信息化项目，全年完成信息系统运维服务项目29个，信息系统建设和开发项目16个。组织了17次信息化项目专家评审会议，人工智能研究专项建设——临床研究平台项目、学生综合事务平台、实验室一体化管理平台项目等5个由经信委立项的项目通过专家验收。开展信息化运维项目的绩效评价，包括协同服务平台、医学院高水平大学数据中心和基于“临床医学”和“基础医学”一流学科建设的医学大数据科学研究平台等3个当年度执行运维项目的绩效评价，并编制2023年在线教学云平台、公共数据平台等5个运维项目的绩效目标文件。

网络安全管理和建设。顺利通过2022年度上海市公安局文化保卫分局和上海市教委对医学院网络安全执法检查。基于信息系统等级保护2.0标准，持续提升网络信息安全整体水平。对医学院网络安全的总体态势和应用系统的安全状态进行评估，加强校园网络和信息系统的日常管理和维护，加大校园网络监控力度。每天开展网站和系统巡检，每周开展漏洞扫描，每季度进行网络安全设备巡检。每天平均抵御1 700余次网络攻击，发现和修复1 000余个系统漏洞。完成9次共计108天重要时期网络安全保障工作，完成统一身份认证系统、教务处相关系统2个系统的网络安全等级保护二级测评，完成数据中心和网站群2个系统的网络安全等级保护三级复测，完成2次网络安全应急演练。

大数据教学科研工作。根据教学反馈进一步优化“程序设计基础（Python）”教学内容，加强编程实践力度，降低学习难度，并按照教学计划继续开展该课程教学工作。开发“医学人工智能导论”课程，编写配套讲义和案例代码，制作课件，并在教学实践中持续改善课程设计。继续推进《高校多模态数字化管理决策关键技术研究》科研项目，开展人员异常行为感知、实验室生物监测等算法的研发，开发相关应用系统，撰写学术论文，申请相关专利。

部门和团队部门建设。信息化人才队伍培养和建设方面，完成年度招聘计划，新增员工1名，完成4名员工的续聘工作。中心注重团队人员的技能培训，1人参加医学院2022年机关青年干部培训班，3人参加全国高校人工智能师资培训，通过业务培训和交流提升团队的技术水平。开展党的二十大精神学习、党课教育、张江科学城等主题党日系列活动，1人获评年度上海市高校信息化工作先进个人，1人获评医学院“绿叶管理服务奖”提名奖，1人入选医学院机关党委2022年度“一名党员一面旗帜”，1人作为抗疫一线的教职医务员工代表在毕业典礼上接受医学院表彰。党支部发展党员1人。疫情防控期间，网络信息中心第一时间响应学校防疫要求，全体员工勇担责任，战斗在防疫第一线。在校参与校园一线防疫工作的员工11人，累计384天，在网络保障、在线会议、视频直播、核酸检测、校园网格化管理以及流行病学调查等各项工作中，发挥信息技术优势，运用大数据技术助力校园防疫。

2022年，网络安全知识系列讲座举行

2022 年，防疫志愿者在核酸检测现场进行保障

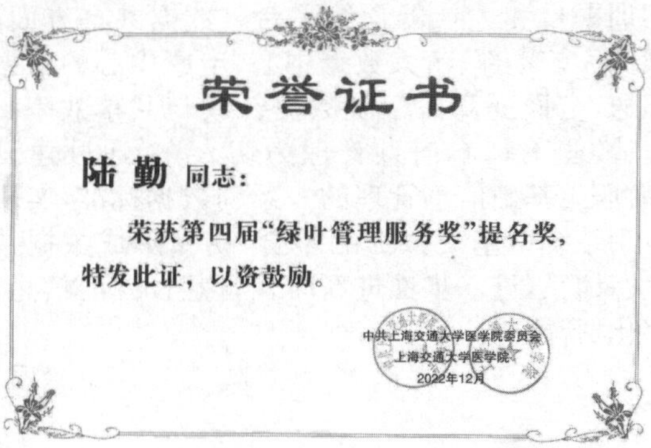

荣誉证书

陆勤 同志：

荣获第四届“绿叶管理服务奖”提名奖，

特发此证，以资鼓励。

中共上海交通大学医学院委员会

上海交通大学医学院

2022年12月

2022 年 12 月，陆勤获医学院“绿叶管理服务奖”提名奖

（徐君瑾）

【数字化助力新冠疫情防控网格化管理】 根据医学院防疫工作要求，通过建设新冠疫情防控网格化管理系统，并与上海市大数据中心实现数据互联，为医学院精准防疫提供数据支撑和技术保障。建设网格化管理系统，包括网格管理、核酸检测数据管理、健康码数据管理、新冠疫苗接种数据管理和信息查询统计等功能，旨在发挥信息技术优势，确保新冠疫情防控数据精细化，为新冠疫情防控各项工作提供大数据支撑。建设“交医防疫加油站”学生楼宇线上服务平台，旨在构建信息上传下达的畅通渠道，建立常态化听取、回应和解决学生诉求工作机制，及时掌握学生思想动态，力求在做好校园新冠疫情防控工作的同时，激发全院学生参与学院新冠疫情防控的主人翁意识，切实提升管理服务育人能效。建设场所预约系统，先后开放了图书馆、实验室和篮球场等应用场景的预约服务，在此期间共 15 038 人次预约，并在学生宿舍推广“交医场所码”应用，数据赋能医学院精准防疫。“数字化助力疫情防控网格化管理”作为成果案例参加了 2022 年上海教育博览会，医学院入选“上海教育影响力电子地图”。

（顾先华）

【信息化助力 70 周年院庆活动】 协助党委宣传部、国际交流处、发展联络处和人事处等部门开展应用建设和院庆活动。建设院庆网、医学院英文网，开发院庆 Logo 投票程序，共回收 1 841 份选票。建设校友数据库系统，收集多项来源的校友数据共 16 万条，定义数据清洗策略规则，最大限度实现数据完整和准确性，提供了 10.6 万条可靠数据。为 70 周年校友云返校小程序提供技术支撑，实现云报到、云点亮和云捐赠等功能，在新冠疫情防控背景下，12 000 名校友在云端相聚共同见证母校 70 周年辉煌历史。全方位保障院庆系列活动，完成了院史馆无线网络的改造，保障了国际青年学者论坛、“21 世纪免疫生物学”国际前沿交叉学术交流会、院庆活动日直播等重要活动。

（陈怡宇）

【提升网络安全保障水平】 在“综合治理，整体防御”网络安全治理理念下，2022 年医学院与各部门续签《网络安全责任书》，进一步明确安全管理职责和防护要求。在现有的网络安全管理制度基础上，

2022 年，新冠疫情防控网格化管理系统

2022 年，交医防疫加油站二维码

新增《数据安全管理办法(讨论稿)》,加强数据使用与存储安全检查。重点关注业务部门的安全意识培训,在智课堂课程中心开设网络安全讲座供师生在线自主学习。开展了安全态势评估、用户账户、非法外链、网站规范化用语、重点部门工作用机安全加固等治理工作。完善了校园网安全体系,筑牢了校园网安全。

2022 年,《网络安全责任书》签署

(赵春民)

【进一步完善以泛在、融合、智敏为特征的医学院信息化标准体系】 为保障医学院教学、科研、管理和服务各项工作的开展,提升师生校园生活满意度,中心围绕校园网络、移动应用和数据互联等方面开展建设。校园网络方面,通过出口带宽扩容和无线网络覆盖,确保提供更快速度、更强大性能、更扩展带宽、更少延迟的校园网络,保障了线上教学、视频会议、线上直播等高带宽需求业务的开展,使用户获得“无时不在、无处不在”的上网体验。应用建设方面,着力提升移动校园服务能力,以“我为师生办实事”为宗旨,开展“交医防疫加油站”“空间预约”“美食服务平台”等便捷易用的移动端应用建设。同时,将各二级学院零散的重复建设的虚拟实训平台以及大仪器预约平台进行了有效整合,形成院级虚拟实训平台和大仪器预约平台。数据共享方面,实现跟交大校本部、市大数据中心、申康中心的数据互联互通,全面提高医学院数据开放与共享效率。以学生、教职工基本信息管理为切入点,通过建设学生、教职工基础信息管理的一系列数据标准,实现不同应用系统中基础数据的整合,初步形成数据共享的生态体系,进一步推进新时代智慧校园的信息化、数字化、智能化。

(徐君瑾)

档案馆

【概况】 2022年，医学院档案馆以习近平新时代中国特色社会主义思想为指导，全面贯彻党的二十大精神和习近平总书记关于档案工作的重要指示批示精神，认真落实医学院党委和上海市档案局工作部署，以医学院成立70周年为契机，精细推进档案资源体系、利用体系、安全体系建设，持续加强档案信息化建设，提高档案工作的现代化水平，开拓档案育人新局面。

档案资源体系建设。2022年度，档案馆全面收集反映医学院发展的多维度档案，归档党群、行政、教学、科研、声像等各类档案5 754卷，包含纸质文件18 609件，电子文件9 813件，资料22卷，光盘39张，实物17件。其中，指导毕业研究生归档1 633人次，组卷、著录、编号、移交研究生档案共3 132卷，移交入库2021年研究生学位评审材料707卷。落实“应归尽归、应收尽收”原则。在庆祝医学院成立70周年活动期间，档案馆发布《关于做好上海交通大学医学院70周年院庆档案收集归档工作的通知》(沪交医档〔2022〕1号)，加强医学院重大活动档案收集；主动与新成立的全球健康学院、医学技术学院联系，确定其归档范围和职责。加大档案资源数字化力度。对2020年、2021年教学档案开展数字化工作，本年度共完成209 979页档案扫描、著录文件级条目10 086条。加大档案征集力度。以医学院成立70周年为契机，面向社会各界广泛征集院史档案资料，征集到照片档案、实物档案等院史相关档案资料70余件，包括1945年出版的同德医学院教材、1946年第一期《同德通讯》、上海第二医学院第二届工农预科班毕业证书(1961年)等。

档案利用体系建设。克服新冠病毒疫情严重影响，不断提升档案服务利用水平。全年接待查档809人次，查询档案5 482卷，复印档案4 584页。完成相关学历、学位认证240人次(251份)。其中，教育部学位中心认证135人次(135份)，教育部高等学历中心92人次(92份)，教务处认证13人次(24份)。完成中英文学历学位、成绩翻译认证331人次(1 821份)。完成“交医档案”微信端档案利用在线咨询1 922人次。完善重大活动、突发事件应对活动相关档案利用调度机制，提升档案馆的公共服务能力。其中，配合党委办公室、院长办公室、党委宣传部、发展联络处、学报编辑部等部门做好相关校庆档案、知名校友信息查阅，共查阅档案约990卷；为配合交大医学院审计工作，调审计凭证832卷；配合资产管理处房屋清查、基建项目等查档111卷。加强档案资源开发利用，形成系列档案编研成果。编辑出版《交大医学　医源珍忆》，编印《上海交通大学医学院毕业生校友名录·合影(1952—2022年)》，举办医学院“70年70个瞬间(1952—2022)”线上图片展。强化档案文化宣传，提升档案文化影响力。依托“交医档案”微信公众平台，以“历史上的今天”“医源珍忆”“医源珍档”“微展览”等栏目为抓手，发布“交医生日快乐！70年，是谁的情怀在翻涌”等原创内容。

档案安全体系建设。档案馆沿着精细化管理方向，定期进行档案管理系统和档案实体管理环境的安全巡检；持续有规划地开展档案库房清点工作与档案抽检工作，备份数据253G。

院史馆管理育人。配合党委宣传部完成院史馆改造升级及开馆工作；形成院史馆日常管理和维护工作机制；完成学生志愿讲解队的招新、培训与团建工作。2022年度院史馆共接受医学院内外团体预约50批次，接待来馆参观者1 350余人次。

人才培养与队伍建设。档案馆召开新冠疫情专题档案建设专题培训会，邀请上海市档案局政策法规处专家做专题培训；坚持每月一次的档案业务学习制度，4人参加上海市档案专业技术人员继续教育；引进情报学专业人才1人；1人晋升档案系列高级职称，1人晋升档案系列中级职称，1人晋升档案系列初级职称。

（徐汝明　刘　楠）

【举办“70年70个瞬间（1952—2022）”线上图片展】 2022年10月22日，在医学院成立70周年来临之际，档案馆策划完成的“70年70个瞬间（1952—2022）”图片展在医学院官网正式上线。展览精选照片近200张，以医学院发展历程中极具意义的瞬间，串联起医学院70年来取得的骄人成绩与育人硕果。

2022年10月22日，“70年70个瞬间（1952—2022）”图片展上线

（刘　楠）

【举办“让院史鲜活　让宣讲入心”讲解技能培训会】 2022年11月17日，档案馆举办“让院史鲜活　让宣讲入心”讲解技能培训会。培训会邀请中共一大纪念馆讲解主管、第二届全国红色故事讲解员大赛优秀讲解员、文博馆员张欣怡主讲，张欣怡围绕“为什么讲、重点讲什么，怎么提升讲解影响力”展开教学，同时走入医学院院史馆，对讲解员行进间的仪态及走位等进行细致指导。医学院院史馆学生志愿讲解员及热爱院史讲解事业的教职工30余人参加培训会。

（刘　楠）

2022年11月17日，张欣怡在院史馆对学生志愿者进行讲解指导

【召开档案业务培训会】 2022年11月24日，档案馆在医学院西院区二号楼405教室召开2022年度医学院档案工作业务培训会。会议邀请上海市档案局政策法规处一级主任科员王姝苏作题为“《上海市档案条例》宣讲”的专题讲座，王姝苏对《上海市档案条例》修订的依据、立法思路做详细阐释的同时，对修订后的“红色档案”专章也做了深入解读。医学院各部处、院系、附属医院专兼职档案干部近50人与会。

（刘　楠）

【《交大医学　医源珍忆》出版发行】 2022年11月28日，《交大医学》系列丛书发布会在上海交通大学闵行校区图书馆主馆大厅举行。档案馆编辑完成的《交大医学　医源珍忆》系《交大医学》系列丛书之一。《交大医学　医源珍忆》全书32.5万字，汇集了36位老校友的口述实录，内容涵括了医学院医疗、教学、科研、管理等各个方面，是医学院70年发展历程及“报效祖国、服务人民”光荣传统的有力见证。

2022年，《交大医学　医源珍忆》书影

（刘　楠）

审计处

2022年，医学院审计处围绕中心工作，进一步建立健全内部审计监督机制，树立科学审计理念，加大审计力度，全面履行审计监督职责。全年共实施审计及各类项目审核等共计1 483项，审计及审核资金达111.42亿元，提出相关建议17条。

开展各类常规审计工作。2022年，审计处开展对医学院行政、科研、教学等部门的2021年度预算经费使用执行情况审计，对47个职能部门预算执行情况进行审计抽查，审计金额42 694.75万元，针对预算管理、合同管理方面4项问题，提出3项审计建议。继续规范完善合同管理流程，实行“合同会签制”，及时发现和纠正合同签订过程中的不规范行为，减少履约风险。共审核各类合同1 339项，累计金额达59 780.88万元。做好基建修缮工程项目的竣工决算审计和建设工程项目全过程跟踪审计工作，进一步提高建设资金的使用效益。审计处对医学院本部施工的61项基建修缮工程项目进行了竣工结算审计。送审金额为1981.19万元，最终审定金额为1 797.46万元，核减金额为183.73万元，核减率为9.27%。另有会务搭建等12项，送审金额209.01万元，审定金额198.33万元，核减金额10.68万元，核减率5.11%，取得了较好的直接经济效益，有效地维护医学院的合法权益。定期参加浦东校区建设工程例会，要求财务监理加强过程监管，提高资金使用效益，发挥审计效能。

继续开展干部经济责任审计。根据医学院2022年干部经济责任审计联席会议的计划安排和医学院党委组织部的委托，组织实施22位处级干部的经济责任审计。

深化重点专项的审计监督。审计处完成浦东校区专项审计1项，配合完成市哲学社会科学课题专项1项，市人才专项1项，审计资金共计324 497.49万元，提出建议3项。

继续做好院办国有企业2021年度财务决算审计工作。对医学院所属3家院办国有企业及研究所下属1家企业组织实施了2021年度企业财务决算审计，审计企业资产总额12 244.59万元，并在审计结束后督促研究所下属企业研究整改计划及整改措施。进一步规范院办企业的经济运行和财务管理，强化国有资产的监督保障。

做好疫情防控财政资金管理使用情况专项调查工作。基于3月至5月实际发生新冠疫情防控经费，通过强化采购过程中的合同管理内部控制，严格规范审批流程，加强疫情防控资金使用监督；通过要求加强防疫物资台账管理，切实提高财政资金使用效率及防疫物资实物管理。

（顾明珺）

【审计人员业务素质稳步提升】 2022年，审计处在医学院系统内组织开展以“新形势下内部审计在应对风险挑战中的地位和作用”为主题的审计理论研讨活动。遵循项目课题申报、立项、中期汇报等模式，共征集到医学院系统审计人员提交的审计论文12篇，得到了教育审计专家的好评。投稿论文15篇，获中国内审协会卫生分会“2022年第十四届全国医疗卫生机构内部审计年会”的一、二、三等奖。

（王　玲）

【审计整改工作“一体化”推进】 2022年，医学院审计处严格健全审计整改长效机制工作要求，加强审计整改落实的统筹谋划和整体推进，完善医学院内部管理以及相关制度措施。梳理医学院干部经济责任审计发现问题及整改检查结果情况，并在医学院全面从严治党工作会议上通报。实行问题清单式管理，对整改问题实行整改一个销号一个，做到反馈问题“件件有着落、事事有回应”。对未整改到位的，分析原因，提出整改意见、落实整改期限和整改责任。印发《上海交通大学医学院干部经济责任审计风险提示清单》及《上海交通大学医学院附属医院干部经济责任审计风险提示清单》，要求各单位（部门）对照清单，全面梳理自查，举一反三。开展财务年报审计整改“回头看”，对照清单，核实整改效果、跟踪整改进展，进一步督促相关职能部门落实整改责任。完成对以前年度项目的竣工财务决算报告2项，推进在建工程转固问题的整改进程。

（顾明珺）

【概况】 2022年，学报编辑部全体人员以习近平新时代中国特色社会主义思想为指导，深入学习贯彻党的二十大精神，坚持正确的出版导向，坚持把社会效益放在首位，以建设世界一流科技期刊为发展目标，开拓创新，主动作为，不断提升学报质量和办刊水平，各项数据稳步增长，圆满完成各项任务，获得多项荣誉与奖项。

严格把控稿件质量。2021年11月至2022年10月，学报编辑部共收稿988篇，全年退稿741篇，退稿率为75%。2022年度出版学报12期，刊发稿件247篇。刊登稿件中的省部级以上资助项目349项(次)，其中国家级基金资助项目149项(次)，占全部刊出稿件的60.32%。完成约70篇学术快讯。

提升策划能力和服务功能。学报编辑部紧密配合并深度服务医学院建设，开拓思路、精心策划，围绕医学院各类学科建设项目，着力推介学术成果，推出了彰显医学院气质、医学院水平的专刊2期、专栏3个和专题4个，获得学者和业界的重视和好评，服务医学院建设、讲好医学院故事、展示医学院学术成果。

完善出版规范。学报编辑部探索创新模式，采取了多层次、全方位的有力措施。探索网络首发出版模式，提高学术论文时效性；优化英文网站建设，稳步推进学报的国际化策略；推行英文长摘要模式，接轨国际数据库。

推进内外合作。学报编辑部积极组织学术交流，举办了4场学术交流活动。3月11日，举办了“医学教育研究论文的选题、撰写和发表”的学术沙龙；4月24日，举办了“随机对照试验文献质量评价”循证医学讲座；6月20日，举办了院庆活动“全球医学学科与出版发展趋势论坛”；12月6日，举办了“一流英文科技期刊创建与探索”研讨会。

数据库收录。在学报编辑部全体同仁的不懈努力下，学报继续入选中国科学引文数据库(CSCD)核心期刊、中文核心期刊、中国科技核心期刊。目前已上线中国知网、万方、维普等数据库。同时，继续被国外重要检索系统收录，如美国CA、美国CSA：NS、美国EBSCO、荷兰Scopus、荷兰EMBASE、俄罗斯AJ、日本JSTChina等。年内被世界知名数据库——瑞典DOAJ(Directory of Open Access Journals)新增收录。

荣誉获奖。2022年学报获第七届华东地区优秀期刊、上海市科技期刊编辑大赛团队优秀奖、上海交通大学优秀期刊封面奖；曹智勇获第七届华东地区优秀期刊工作者·优秀编辑奖；张慧俊获上海市科技期刊编辑大赛一等奖；吴洋获上海市科技期刊编辑大赛二等奖。

(曹智勇　章雅青)

【入选世界知名数据库DOAJ】 2022年，学报成功入选世界知名数据库DOAJ(Directory of Open Access Journals)。DOAJ是由瑞典隆德大学创建的国际知名学术期刊数据库，也是目前世界上最大的仅收录开放获取期刊的数据库。DOAJ对于申请收录的期刊有着非常严格的筛选标准，只有符合行业最佳实践且具有一定质量的开放获取期刊才有机会被 DOAJ 收录。也正因为其评选的高标准、高要求，DOAJ 数据库才在全球范围内获得了学者们的广泛认可。

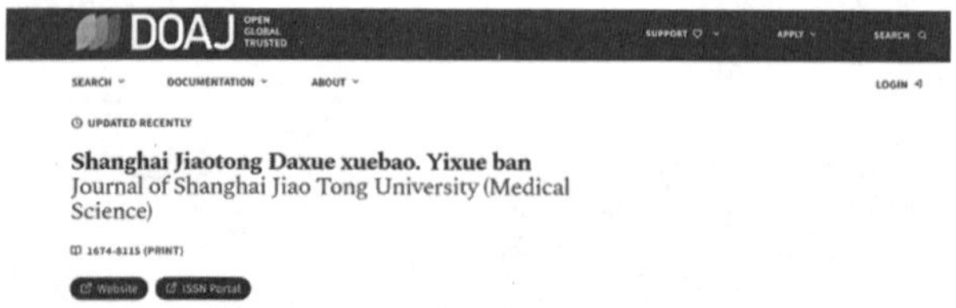

2022 年，入选世界知名数据库 DOAJ

（瞿麟平　曹智勇）

【推出“70 周年院庆”特刊和“双一流”专刊】 2022 年，学报发挥自身策划能力和服务功能，紧密配合并服务医学院建设，围绕医学院院庆 70 周年重大事件和“双一流”建设项目，在疫情期间积极规划、组稿、编辑，于 8、9 月份整体策划出版“双一流”精品专刊和“70 周年院庆”精品特刊各 1 期。另外，精选珍贵院史资料，在“70 周年院庆”精品特刊上特设“薪火传承”“医学首创”等板块，推介源远流长的医学院历史以及开创先河的医学院首创，彰显医学院精神和医学院气质。

2022 年，“双一流”专刊（左）和“70 周年院庆”特刊（右）封面

（曹智勇　章雅青）

【创设“专家论坛”“前沿述评”品牌栏目】 2022 年，学报新创“专家论坛”“前沿述评”品牌栏目，邀约各学科知名一线专家或团队，就学科的研究前沿、热点和难点问题，以及发展趋势等议题，展开高屋建瓴的阐述，推动学术讨论与争鸣。年内共推出了 7 篇高质量学术论文，受到业界欢迎。

（曹智勇　章雅青）

【创设“心脑血管慢病协防共管”等特色专题】 为了促进学术交流、推动学科发展，2022 年学报创设了“心脑血管慢病协防共管”“高危妊娠”“临床护理”“口腔外科”等特色专题，积极约稿征稿，遴选优质稿件。连续推出的特色专题，增加了学报在学界的活跃度和影响力。年内共推出了 17 篇高质量的专题学术论文，受到业界欢迎。

（包　玲　章雅青）

【助力疫情防控】 2022 年新冠疫情考验面前，学报编辑部全体党员第一时间到社区党组织“双报到”，达标率 100%；积极参与“守土尽责‘三带头’，坚决打赢‘大上海保卫战’共产党接力承诺活动”。部门员工参与社区志愿服务共计 50 余人次，包括抗原检测服务、快递送达服务、居民急需物品传递、居民咨询服务、物资发放、志愿者招募及统筹分工安排等内容。

（包　玲　曹智勇）

【优化学报版面和英文网站建设】 为了接轨国际著名大数据库，进一步拓展学报的国际化学术影响力，年内学报编辑部不断优化学报的英文网站建设，进一步明晰、完善了学报的出版规划等相关信息，稳步推进学报的国际化策略。同时，进一步优化了学报论文的呈现信息，增加每篇论文的出版伦理相关信息（作者贡献、利益冲突声明等），增加中文参考文献的英文形式，并进一步完善学报版面，提升学术论文规范性和国际化，优化读者的视觉感受，拓展学报的传播度。

（瞿麟平　吴　洋）

【完成“医学论文写作”慕课项目】 为了更好地高质量服务医学院“双一流”建设和人才培养，学报编辑部牵头打造的“医学论文写作”慕课年内完成全部制作，并正式上线。课程分为 12 个章节，每小节 8～28 分钟，课程总时长 3 小时 42 分钟。该课程凝聚了期刊编辑们在稿件处理过程中的宝贵经验和与作者沟通交流的心得体会，既有简明扼要的理论知识，又有深入浅出的案例探讨，通俗易懂，实用性强，能够帮助学生充分掌握医学论文的写作规范，养成正确的论文书写习惯，从源头避免各种错误的发生，并在开展科研活动中不断规范自身的学术行为，端正治学态度。

2022 年，“医学论文写作”慕课上线

（崔黎明　章雅青）

【举办“一流英文科技期刊的创建与探索”研讨会】 2022年12月6日，学报编辑部举办了“一流英文科技期刊的创建与探索”研讨会。医学院副院长郑俊克、上海市科技期刊学会理事长李党生、《中国激光》杂志社杨蕾、上海大学期刊社刘志强、《中国药理学报》吴民淑等出席了会议。专家们就如何创办高水平英文科技期刊、提升办刊的国际开放水平发表真知灼见，并分享了各自英文期刊的办刊模式、办刊历程及办刊经验。借鉴国内一流英文期刊创办经验，将为学报创办高水平英文科技期刊提供科学依据。

（吴　洋　曹智勇）

2022年12月6日，“一流英文科技期刊的创建与探索”研讨会举办

【概况】 2022年，医学院设备家具类固定资产总值17.44亿元，其中设备31352台件，总值17.01亿元；家具16513台件，总值0.43亿元。新增设备1564台件，总值17190.54万元，其中30万元及以上科研设备新增120台件，总值12794.27万元；新增家具247台件，总值63.08万元。

低值试剂耗材类采购。科研试剂一站式服务平台订单共15207笔，金额7427.12万元，其中平台采购订单共9336笔，金额3603.33万元，自购备案订单5871笔，金额3819.79万元。非平台统一采购试剂耗材共1366笔，金额744.5万元，其中试剂共522笔，金额188万元，耗材共844笔，金额556.5万元。

用能支出。2022年，水电燃气等用能支出总额1829.99万元，较上年减少2.09%，其中年用水量51.14万吨，较上年减少11.32%；年用电量2078.73万度，较上年减少2.56%；年燃气用量88.36万立方米，较上年减少5.76%；年用油量(汽油、柴油)1.08万升，较上年减少27.86%。

校园改造修缮。2022年，实施校园房屋修缮改造项目11项，承接房屋设施各类急修零修项目250项，涉及建筑面积1.9万平方米。完成2021年两基两辅结转项目的建筑面积300平方米的东院变电所修缮，更新高压配电柜、低压配电柜、干式变压器、配电屏等基础设施，扩容至2000 kV+2000 kV。完成西院配电间修缮，修缮更新西7号楼部分楼层配电间及桥架电缆，排除用电安全隐患。完成西6号楼建筑面积320平方米的动科部4楼至6楼的小鼠屏障间修缮，更新改造传递窗、护栏、地坪、门窗等。完成一楼室外活动房场地改建为实验废物临时堆放点与饲料仓库，扩大实验动物饲养规模，减缓科研实验保障压力。完成建筑面积1000平方米的东院合肥路学生公寓、东11舍、东12舍、淡水路学生宿舍、东3舍、东15舍留学生宿舍、中山南一路园区1～4号楼及辅助用房等学生宿舍修缮，翻新或更新修缮楼内房间、自修教室、厨房间、淋浴室、卫生间、盥洗室、电梯厅、公共走廊通道等处的墙地面、吊顶、卫生间隔断、屋面筑漏、房间门框及上下水管等基础设施。完成建筑面积400平方米的百汇大厦、石龙路、鲁班路等教师公寓修缮，更新宿舍房内厨卫、卧室、门厅等处地板、墙面、电气线路等。完成东院科教楼中央空调风机维修，更新科教楼部分楼层的中央空调机电系统。完成建筑面积408平方米的东院食堂、中山南一路食堂屋面修缮，翻新筑漏东院食堂小屋面、中山南一路食堂辅楼屋面等。

零修急修工作。主要涉及：新冠疫情防控、校园建筑物外墙修补、房屋筑漏、危险品仓库维修等校园安全整治维修；院史馆、校园绿化、喷水池、校铭牌、门廊、外墙等迎接院庆70周年专项维修；中山南一路学生宿舍配电间、公共浴室、学生宿舍淋浴房等校园师生员工生活保障措施；党委办公室、院长办公室、单细胞组学与疾病研究中心、继续教育学院、上海市免疫学研究所、基础医学院、董晨实验室、后勤实业发展中心等教研行政等部门用房修缮。

设备物资采购。根据国家和上海市关于政府采购进口产品管理相关规定，组织专家对进口项目进行可行性论证。2022年完成并报市教委、市财政局审批的进口项目许可论证共计5批次87台件，预算金额1.81亿元。完成大型科学仪器可行性论证共计3批次67台件，金额4 813.53万元。2022年完成各类货物及服务类采购项目3.085亿元，其中货物类项目895批/件，3.06亿元；服务类项目11批/件，267.07万元。在货物类采购项目中，完成高水平地方大学建设经费购置设备279台件，货值26 149.31万元。严格按照国家相关规定，集中执行危险品采购、储存和发放操作。2022年采购供应同位素750uci，气体1 720瓶，液氮12.68万升，危险品试剂14.66吨。实施硒鼓及打印纸统一配送服务，2022年硒鼓发放量85万元，纸张发放量15万元。严格执行海关进口科教用品减免税政策的有关规定，持续加强医学院放置于附属医院拟申请进口设备免税报批及后期监管力度，确保进口免税设备的使用效益。完成年度海关年检工作，2022年申办减免税进口科教用品货值4 209.19万美元，减免税额3 720.93万人民币；其中院本部占73.11%，减免税额2 720.55万人民币；附属医院占26.89%，减免税额1 000.38万人民币。

固定资产管理。根据上海市教委关于高校固定资产自主处置相关规定，完成2021年第五、六批次固定资产自主处置销账，合计原值589.54万元；完成2022年第一、二、三、四批次固定资产自主处置销账，合计原值1 194.12万元。完成上海市教委、上海市财政审批通过的2021年300万及以上的固定资产2台件原值801.56万元销账。根据市教委关于机动车辆处置批文，完成2辆总值52.02万元的编内车辆销账处理，分别为原值30.04万元车辆（沪AAG532）、原值21.98万元车辆（沪J07793）。

大型科学仪器共享。根据上海市科委关于大型科研仪器共享服务管理要求，完成医学院大型科学仪器设施共享平台数据信息备案工作。2021年7月1日至2022年6月30日的大型科学仪器设施共享平台数据信息备案评估期间内，对外服务收入302.65万元，用户单位总数164家，服务次数1 470次，对外服务机时数5 646小时。获得市科委及黄浦区科委的2021—2022学年共享平台补贴29万元。

设施设备维修维保。2022年完成日常维修维保受理671件，维修维保费总额949.17万元。其中完成205件90.72万元的科研类设备维修维保；完成39件360.49万元的大型科学仪器等维保；完成147件188.55万元的空调类设备维修维保，包括分体式空调、VRV中央空调系统、实验室细胞房净化系统等；完成18件138.50万元的特种设备维修维保，包括31台电梯维保、高压灭菌锅检验、蒸汽管道维修等特种设备；完成20件54.21万元的教学类设备维修维保；完成151件19.98万元的办公类设备维修；完成17件2.80万元的实验室办公家具类维修；完成10件4.40万元的安防设备维修维保，其中包括监控、门禁维修等；完成6件8.61万元的食堂设备维修；完成5件12.43万元的水源设施设备维修维保，包括20只水箱及25台直饮水机维修维保；完成10件16.33万元的网络通信设备维修；完成5件2.32万元的生活设备维修；完成3件16.34万元的节能设备维修维保；完成35件33.49万元的其他类维修维保。

节能降耗。根据《关于开展黄浦区重点用能（排放）单位2021年度节能目标评价考核、公布黄浦区2022年度重点用能（排放）单位名单及上报2022年度节能降碳目标的通知》要求，于2022年8月至9月开展节能目标考核自查与总结工作，并上报自查报告等相关佐证材料，经上级部门节能目标评价考核，达到上级部门下达的年度节能考核目标“完成”等级。接受水利部督察组对医学院开展2022年上海市节约用水督查考核检查，督察组对医学院节水工作给予肯定。接受市教委对医学院开展建筑能源审计工作。

实验室安全管理。组织实验室工作人员166人次参加各类安全教育相关培训，其中101人次参加危化品培训、35人次参加特种设备压力容器培训、30人次参加病原微生物实验室生物安全培训。多次接受市、区政府相关部门各类现场安全检查；定期组织实验室现场安全检查16次，范围涉及全院48个实验室，同时通过办公自动化系统内实验室安全自查系统监督，要求各实验室不断加强自查，使医学院实验室安全检查持续保持“常态化”“制度化”状态。集中式高压灭菌平台完成集中式高压灭菌物品1 253篮。定期检测实验气体钢瓶压力表具373只。委托专业公司集中处理实验室危险废物89.92吨，其中危化品废物8.67吨、医疗废物81.25吨。为实验室定制气体钢瓶固定架33个，配置急救药箱2个。

学生宿舍和教师公寓。完成调配安排学生宿舍3 634人，其中安排新生住宿978人；受理教职工租住申请80人，其中集体宿舍14人、教职工公寓9人、公租房57人；完成资格审核公示十二批次共65人，其中集体宿舍14人、教职工公寓9人、公租房42人；签约入住51人，其中集体宿舍10人、教职工公寓9人、公租房32人。完成2021年度教职工租住公租房房租补贴发放工作，共计67人，总额221.73万元。

物业保障。完成2022年度后勤服务目标责任书签约。完成与上海紫泰物业管理有限公司续约西2、3、7号楼物业及西1、4、5号楼大门秩序维护服务合同；完成与上海吉晨卫生后勤服务管理有限公司续约重庆南路225号园区1、5号楼物业服务合同；配合交大校部完成与上海陆家嘴物业管理有限公司续约闵行校区文选楼二楼用房的物业服务合同。完成与上海爱仁物业管理有限公司、上海通翼物业管理有限公司续约医学院周边房和系统房物业合同等工作。委托专业公司对全院建筑物及树木定期实施白蚁防治，2022年度处理白蚁突发事件10余次，喷洒环保型灭蚁药物，同时从源头上探查挖穴，根治白蚁。

内涵建设。维护资产管理处网站及软件系统等的正常运行。按照《高校信息公开评议指标》要求，依规公开发布工作动态、规章制度、学生住宿服务信息、节能管理工作情况、货物服务类及基建修缮项目询价招标公告等信息203篇。完成制定或修订相关管理制度并施行《上海交通大学医学院关于调整资产管理委员会组成人员的通知》（沪交医资〔2022〕4号）、《上海交通大学医学院科研实验用品使用规定（试行）》（沪交医资〔2022〕5号）、《上海交通大学医学院设备家具类固定资产清查盘点工作规定（试行）》（沪交医资〔2022〕6号）、《上海交通大学医学院关于调整房屋维修专项工作小组的通知》（沪交医资〔2022〕13号）、《上海交通大学医学院关于调整固定资产处置工作小组名称及组成人员的通知》（沪交医资〔2022〕14号）、《上海交通大学医学院固定资产处置管理实施细则》（沪交医资〔2022〕17号）等。

（郭丹英）

【通过上海市节水型学校复评工作】 根据上海市水务局、上海市教委关于开展节水型学校的创建工作要求，通过不懈努力，校园节水工作取得显著成效；上海市水务局、上海市教委于4月进行联合考评，医学院通过复评，保留原"上海市节水型学校"荣誉称号。2022年5月获得上海市水务局、上海市教委联合颁发"通过2021年度上海市节水型学校复评工作"证书。

（郭丹英）

【院庆70周年保障工作】 为迎接院庆70周年，根据院庆系列活动任务安排，资产管理处配合相关部门落实校园各项建设任务，完成院庆办临时用房调配及办公设备配置；完成东院中心石刻安置、喷水池及绿化整修、院史馆修缮、校园门廊整修等各项环境配套治理项目，完成院史馆固定资产因装修而搬离、保管及送还等工作。为院庆捐赠物资做好固定资产账务登记。

（郭丹英）

【防疫场地和物资保障工作】 按照校园新冠疫情防控管理要求，资产管理处加强用房设施、物资保供、实验室安全及设备维修等重点领域与环节的保障，确保防疫物资保障保供，防疫场地保障正常运行。用房设施调整改造方面，一是改造合肥路学生公寓18楼，安装14套淋浴设施，改善学生的生活条件；二是改造单细胞研究中心大楼，在楼内2、3、5楼层安装分区隔断设施，将楼宇外围区域作为临时健康观察点；三是屏封东院、西院等校园栅栏围墙，屏封门诊部、重庆南路225号、合肥路、淡水路、思南路等栅栏铁门，在校园围墙、大门处加装密闭围挡与隔板，杜绝校园外所有可能潜在风险接触源；四是改造淡水路E楼南侧宿舍楼，安装隔断并完善卫生设施，为密接人员提供临时观察区；五是改造东15舍宿舍房间及公共区域，安装隔断并完善卫生设施，为进校教职工提供临时观察区；六是改造东6舍1楼，调整布局，设置观察室，地毯改铺PVC地板，为核酸异常人员提供临时观察点。防疫物资保供方面，一是加强物资发放力量，并在东院、西院及中山南院区设置防疫物资临时发放点，第一时间分拣配送；二是主动排摸掌握校园各楼宇的物资需求，依据《上海交通大学医学院突发公共事件应急技术物资设备保障管理办法》（沪交医资〔2020〕4号），准确合理地采购配置相关防疫物资；三是制定《关于个人防护等级的配置提示》。

（郭丹英）

财务管理

【概况】 2022 年，医学院整体财务状况良好。年末，资产总额 25.18 亿元，同比增加 0.93 亿元；负债总额 0.61 亿元，同比减少 0.08 亿元；净资产 24.57 亿元，同比增加 1.01 亿元。资产总额稳步增长的同时负债下降，资产负债率保持在较低水平。

2022 年，医学院实现收入 23.91 亿元，同比增加 0.91 亿元，增长 4%。其中：财政拨款收入 8.79 亿元，同比增加 0.39 亿元，增长 4%；教育事业收入 1.73 亿元，同比增加 0.05 亿元，增长 3%；科研事业收入 6.51 亿元，同比减少 0.30 亿元，下降 4%；其他收入 6.88 亿元，同比增加 0.77 亿元，增长 12%。

2022 年，医学院总支出 24.01 亿元，同比增加 3.19 亿元，增长 15%。其中：工资福利支出 7.35 亿元，同比增加 1.06 亿元，增长 17%；商品和服务支出 12.74 亿元，同比增加 1.46 亿元，增长 13%；对个人和家庭补助支出 1.45 亿元，同比增加 0.11 亿元，增长 8%；其他资本性支出 2.47 亿元，同比增加 0.56 亿元，增长 29%。

强化预算绩效管理。2022 年，财务处围绕预算绩效管理“五位一体”总体要求，进一步优化预算框架，科学编制 2023 年部门预算并完成上报工作；积极落实预算执行管理责任，加强执行进度分析，完善沟通和提醒机制，持续推进预算执行进度，2022 年财政经费执行率为 99.97%，超过去年同期 0.06%；提前启动、合理安排，顺利完成财政预算 6 次调整和政府采购预算 3 次调整；严格执行预算追加和调整管理办法，规范校内预算调整流程；简化财政项目申报流程，加强项目填报内容审核；完成 2021 年 34 个财政项目绩效自评，2022 年 32 个财政项目绩效跟踪评价。

加强专项经费管理。积极争取专项经费支持，配合完成高水平地方高校建设项目评审，预算批复金额 4.95 亿，核减率低于往年，并配合修订《上海交通大学医学院上海市高水平地方高校建设项目管理办法(2021—2025 年)》；配合完成浦东校区启开办费测算和 2023 年开办费项目立项和预算申报评审工作，落实学校重点工作任务；规范新冠疫情防控经费专项资金管理，建立新冠疫情防控资金支付绿色通道，争取上海市新冠疫情防控专项支持，为校园抗疫提供高效资金保障。

落实放管服举措。按“能简尽简，放管结合”的原则，修订《上海交通大学医学院财务报销规定》，发布《上海交通大学医学院关于简化报销手续有关事项的通知》，基于信任与尊重，简化 8 项报销手续，包含票据背面签字附注、电子发票认证手续、国(境)外票据报销手续、证明材料审批手续、支付记录提供材料、差旅费报销材料、版面费报销材料以及取消线下自制凭证填制，同时明确经费负责人、报销经办人的经费管理责任，探索建立纪检监察、财务、审计三部门联动监督机制。

发挥财会监督作用。落实收费管理政策，完成医学影像技术专业及听力与言语康复学专业学费收费标准报批和新冠疫情期间学生住宿费退付；强化校内协同监督，与纪委、审计处协同完成2021年干部经济责任审计及专项监督检查发现问题自查等检查工作；落实外部检查整改，完成上海市发改委本科大学生培养成本监审、市教委疫情防控经费使用情况审计核查等。

推进财务信息化建设。以问题为导向，补齐财务信息化短板，新建派遣人员薪资库，通过建立人事-财务人员信息同步机制、完善各类人员发放申报平台，新增薪资查询功能，实现财务薪资平台人员薪酬发放业务全覆盖；引入银企直联支付模式，实现网上预约报销系统、会计核算系统、银行网上结算系统数据互通，简化支付操作流程，防范资金支付风险；完成新增“驳回”类型数据库、分离薪资单据审核与明细查看权限等7项信息系统功能优化，提升财务管理效能。

提升财务服务质量。启动党费经费本电子化试点工作，研究确定额度授权、党费收缴等各流程环节具体操作，改变经费本纸质报销模式；举办线上线下宣讲会，讲解党费经费本电子化、派遣人员薪资业务申请等财务服务新举措，提升二级单位财务管理能力；利用财务服务综合平台发送业务咨询，推出“百问百答”“业务指南”系列，为师生详解业务办理要点，落实工作安排和重点信息传递。

（查　旻）

【保障新冠疫情防控期间财务运行】 2022年新冠疫情期间，建立“协作、协同、协调”的工作机制，驻校工作组与居家人员协作，设置报销业务专用邮箱，顺利完成预算批复启动和日常报销工作；沟通银行、公积金中心，保证薪资奖助金、社保公积金按时发放汇缴；协同校内各部门，加快专项经费支付，推进新冠疫情防控业务“急事急办”，为生活保障费用支付和新冠疫情防控物资采购等提供高效资金支持；积极筹措防疫物资，获得2.8万只防疫口罩、50余箱食品和消毒用品等捐赠物资。

（查　旻）

浦东校区建设

【概况】 2022年，浦东校区进入全面建设阶段，在上海市委、市政府及浦东新区等各级政府部门的大力支持下，在医学院党委的正确领导下，在医学院各职能部门和二级学院的共同参与下，浦东校区建设指挥部办公室（以下简称“浦东建设办”）根据医学院“十四五”发展规划，有序推进浦东校区工程建设。同时，提前谋划浦东校区开办启用工作，为浦东校区的运行使用打下坚实的基础。

重点工作。2022年，浦东建设办持续做好工程安全、质量、进度、投资等方面的重点把控。一是制定安全防范措施，压实主体责任，规范施工现场安全管理，做好施工人员的安全生产管理教育，组织周安全检查，发现安全隐患，及时督办整改，召开周监理例会，夯实管理措施，筑牢安全底线，确保施工安全，力争全建设周期达到“上海市安全文明工地”标准；二是抢抓施工进度，确保投产达效，为解决总进度计划实施过程中的偏差在后期难以纠正的痼疾，科学编制工作进度计划，实施挂图作战管理手段，整体把控两个标段的工程进度；三是根据合同约定、设计图纸及相关规范的要求，严格控制工程项目施工质量，组织工程分部分项及整体验收，组织论证工程重大难点技术、新工艺、技术变更等，严格把控施工质量，建设优质典范建筑；四是严格按照“概算控制预算，预算控制决算”的原则，实行全过程投资管控，严禁超标准设计、超范围施工，定期组织财务监理审核资金使用计划和投资控制分解目标，做好投资动态控制。

工程进度。由于新冠疫情防控，工程进度受到一定程度影响，浦东建设办通过积极研究有效的施工策略，优化施工组织，在保证工程施工质量与安全的前提下，加速追赶施工进度，基本按进度完成年初制定的各项建设任务。年内标段一1—4号公寓完成铝合金门窗框安装，公寓内的水电安装完成90%，5号公寓二次结构完成90%，6号公寓二次结构完成65%，食堂二次结构完成60%，体育馆完成一层结构施工；标段二历史核心区完成地下室结构，地上结构完成20%，图文教学区完成地上二层结构，实验科研区完成地下室结构。

工程资金使用。以保质保量为前提，严格根据概算批复，做好工程投资控制。浦东建设办按制度组织审核资金使用计划，严格控制各类变更，年内未发生重大变更。同时，组织财务监理进行方案估算、设计概算及施工图预算的比较分析，审阅财务监理月报，掌握工程资金使用情况。自立项以来，累计收到财政建设资金114 457万元，累计支出83 113.58万元，其中年内申请并收到财政建设资金50 000万元，年内支出30 067.08万元。在招标采购方面，自立项以来，累计完成招标单项工程共计65项，累计完成签订合同58个，合同金额合计323 336万元。

行政工作。2022年，浦东建设办持续做好部门各项行政工作，包括预算申请以及执行、部门信息数据归档、收发文件管理、固定资产管理以及会议活动的组织与记录等日常行政工作。2022年，共组织召开浦东校区建设指挥部例会18次，对浦东校区工程进展情况以及其他各项事宜进行汇报与讨论，坚持集体决策机制，并形成会议记录。同时，定期向指挥部汇报工程建设情况，严格履行“三重一大”决策程序，年内共编制完成9期工程简报。

荣誉获奖。2022年，浦东校区工程项目年度考核优秀，浦东建设办获得“2022年度上海市重点工程实事立功竞赛优秀团队”荣誉称号，标段一总包单位获得“上海市文明工地”“浦东新区优质结构”“2021年度上海市建设工程项目施工安全生产标准化工地”“2022年度工程建设质量管理小组活动三等奖”以及多项2022年上海市工程建设优秀QC小组一类成果奖励，标段二总包单位获得2022年上海市工程建设优秀QC小组一类成果奖励，标段二施工监理单位获得“上海市建设工程咨询奖2021年度示范监理项目部”，财务监理单位在市教委的年度考核中取得第一名。

（刘　琦）

【多维做好工地新冠疫情防控工作】 2022年新冠疫情防控期间，根据上海市政府和浦东新区关于强化新冠疫情防控管理的相关规定，浦东建设办第一时间组织编制新冠疫情防控工作方案，落实各项新冠疫情防控措施。工地于3月15日开始封闭管理，3月28日暂停施工，封闭滞留于施工现场人员共计849人，严格做到“守住门、管好人”，作为周康地区最大规模的项目建筑工地，封闭管理期间未发生感染病例，始终保持“零感染”绿色工地。5月3日，浦东校区工程被上海市住建委列入第一批上海市重大工程建筑工地复工复产白名单，5月14日正式复工。新冠疫情防控进入常态化管理阶段后，浦东建设办一手抓生产，一手抓防疫，重点做好“管住门”和“管住人”两个环节，坚持一人一档工作方式，组织有序开展核酸抗原检测，做好现场消杀，守好各出入口，管住人员流动，协调物资发放，同时关注现场作业区质量与安全，保持工程安全高效有序推进。

（刘　琦）

【有序推进工程复工达产工作】 在新冠疫情封闭管理期间，浦东建设办组织各参建单位通过线上会议的形式积极推进各项施工配套工作，并对施工现场实施动态监测，严格落实安全检查。5月3日，浦东校区工程被上海市住建委列入第一批上海市重大工程建筑工地复工复产白名单，首先针对标段一食堂区域基坑在停工后长时间处于暴露状态，导致围护位移超出监测预警值的风险，深入研究应急抢险实施方案，积极协调落实混凝土生产及运输单位办理混凝土的复产手续和运输车辆通行证，历时37小时连续奋战，于5月8日顺利完成底板浇筑，及时化解风险；同时按照上海市重大工程建筑工地复工复产的相关要求，组织各参建单位根据相关工作要求深入研究并科学编制复工复产方案，进行工作部署，5月13日完成复工申请以及备案工作，5月14日全面复工复产，并始终保持工程平稳有序开展，力争达到复工达产目标。

（刘　琦）

【积极谋划浦东校区开办启用工作】 随着浦东校区工程的全面有序推进，为顺利实现浦东校区早日投入运行使用，浦东建设办在遵循《上海市教育委员会所属公办高等学校开办项目经费资助管理办法（试行）》的基础上，结合浦东校区实际情况，同时调研上海交通大学本部以及其他兄弟院校的经验，梳理并制定浦东校区开办工作方案。5月17日，在医学院第8次院长办公会上进行专题汇报，并于年内启动了2023年开办费项目申报工作。经上海市教育委员会本级财政项目预算评审，批准同意实施厨房设备及排风系统、图书馆智能型密集书架、档案馆智能型密集档案架和智能水控系统等4个与浦东校区工程建设密切相关的配套项目，批复预算总金额1972万元，分两年实施。同时，积极与学校相关部门、院系、单位多次就平面功能布局进行沟通，明确功能定位，并通过组织召开开办工作推进会，积极推进浦东校区整体开办预算编制工作。

（刘　琦　曹德湧）

【合力推进生物安全三级实验室项目】 根据“十四五”国家高级别生物安全实验室建设规划以及医学院“十四五”规划整体布局，浦东建设办积极配合推进上海交通大学生物安全三级实验室（以下简称“P3实验室”）项目，深化完善P3实验室建设方案及平面布局，4月6日召开P3实验室方案论证会，并配合完成《建设审查申请书》的编制。为解决P3实验室建设审查的卡点，浦东建设办开展了针对P3实验室项目环评工作的多次论证协调，根据8月4日市政府专题会议精神，积极对接市区两级环保局和张江管委会，以“倒排时间，挂图作战”的策略，9月15日完成国际医学园区规划环评调整与审批，10月28日取得浦东新区生态环境局《关于上海交通大学生物安全三级实验室项目环境影响报告书的审批意见》，10月31日配合科技发展处向科技部报送P3实验室项目环评报告及批复，11月4日，科技部正式受理P3实验室建设审查申请材料并进行形式审查。

（刘　琦）

【实质性启动海南国际医学中心项目】 为紧密对接健康中国和海南建设自由贸易港两大国家战略，精准对接海南博鳌乐城国际医疗旅游先行区发展需求，2022年，加快推进海南国际医学中心项目建设工作。6月，一期项目开工建设，11月7日，浦东建设办组织并邀请业界代表，在懿德楼二楼报告厅召开医学院海南国际医学中心项目概念设计方案论证会，邀请行业专家参与此次论证，对海南国际医学中心项目二期的规划进行论证，医学院副院长胡翊群、副院长方勇以及海南国际医学中心项目建设工作小组成员参加此次会议。此次会议的成功举办为海南国际医学中心项目二期的规划设计提供了思路，为规划方案的深化与落地奠定了基础，有利于海南国际医学中心项目的有序推进。

（刘　琦　曹德湧）

武装保卫

【概况】 2022年，医学院武装保卫部（处）（以下简称“武保处”）以习近平新时代中国特色社会主义思想为指导，深入学习贯彻党的历届历次全会精神，坚持党对武装保卫工作的绝对领导，坚决做到“两个维护”，牢记“为党育人、为国育才”初心使命，强信念、树理念、转观念，协同学校改革发展和疫情防控工作，做好武装、维稳、校门管理、消防管理、户籍管理、治安技防、交通管理等工作，确保校园平安有序。

武装双拥。配合政府兵役部门、上海交通大学人武部，组织动员大学生应征入伍，全年批准义务兵入伍2人、军官1人、文职干部2人。日常做好退役师生员工的迎接、宣传、复学、双拥慰问工作。开具退役证明33件，协助办理优待证。

学生军训。克服新冠疫情带来的各种困难，遴选退役复学学生5人担任教官，选派机关干部、思政教师、优秀学生共同完成2022级754名新生军训任务。

国家安全人民防线建设工作。协助市、区人防、民防部门，开展民防设施、人防设备清单梳理，在全民国防教育日试鸣防空警报。

重要时间节点安全稳定工作。实行重要时间节点值班制度和“零报告”制度，随时掌握学校的安全稳定和新冠疫情防控动态，特别是抓好迎接党的二十大风险源头治理，大力开展风险隐患排查化解工作。

重点稳控工作。2022年，根据上海市教卫工作党委要求和医学院实际，针对校园政治稳定进行了6次全面排查，并建立了安全稳定工作台账，实行动态管理。同时，积极与上海市国家安全局、上海市公安局文保分局等单位密切沟通，联防联控，确保校园安全稳定。

校门管理。落实上海市“外防输入、内防反弹”各项新冠疫情防控措施，严格校门管理，实行进校审批、身份核验、防疫信息查验、体温测量制度，落实校园常态化疫情防控措施。按医学院新冠疫情防控领导小组工作要求，完成春秋季学生返校疫情防控工作。运用信息化手段在校门完成新冠疫情防控专用“数字哨兵”设备安装、校园卡刷卡系统建设、张贴场所码，加快了身份核验效率，缓解了高峰时段校门人群拥堵问题，同时严防外来不明身份人员进入校区。

责任落实。医学院安全工作实行党政负责制，除校级负责人和二级院系部门签订安全责任书外，各部门还积极推进三级、四级《安全工作承诺书》，例如资产管理处、后勤实业发展中心、院办产业管理中心等根据自身的特点与外包服务单位签订责任书，将安全工作责任层层压实，确保校园安全链中每个人都知道该做什么，如何去做。

安全宣教。坚持目标导向、问题导向、需求导向，完善校园安全教育体系、提高安全教育质量、增强学生安全意识。针对大一新生，军训期间集中开展安全教育和应急疏散演练；组织研究生参加上海市教委要求的安全教育学习，完成视频学习课时，网上随机考试合格率达到90%以上。在科教楼、新教学楼、合肥路学生公寓滚动播放“安全警示标语”、防诈骗、禁毒、消防等安全小视频。6月份安全生产宣传月期间在校园网发布安全宣贯资料，供师生员工学习。秋季开学期间录制线上安全教育课程，完成对新进教职工、新生、留学生2 200余人的“开学安全第一课”。11月4日与公安部门在校内一同开展防范网络电信诈骗宣传活动。

消防管理。加强对顽瘴痼疾的整改，除日常对消防设施设备维修保养，确保正常运行外，组织和参与7次消防、用电、车辆、工地、实验室、危化品、餐饮、外来人口、学生宿舍等专项检查。开具隐患整改通知单20份，对涉电、涉火、涉爆相关领域进行安全提示26次，对检查中发现的问题督促相关安全责任人立即整改，及时消除火灾隐患。针对学生宿舍用电安全这一突出问题，组织逐房间排查隐患，收缴违规电器，约谈当事人并签署安全承诺书。留学生宿舍加装电气火灾预警监测系统加以防护。全校所有消防报警系统、水系统加装物联网感知设备，在2021年接入黄浦区智慧消防平台的基础上，年内接入上海消防数据对接平台。全年接受消防部门“双随机，一公开”检查4次，均合格通过。在119消防安全宣传月活动期间，制作并发放针对校园实际情况编写的新版本《消防安全手册》2 000多册。在校园醒目位置悬挂消防安全主题标语。9月28日，联合公安、消防等部门在东院组织师生开展消防疏散演练。全年零火情、零火灾。

2022年9月28日，东院消防应急疏散演练

户籍管理。2022年完成新生迁入278人，应届和往届毕业生迁出121人；新职工迁入36人，博士后入站迁入13人，职工子女报出生迁入10人，职工迁出14人；身份证补办换领158人；老校友户籍证明8人。按要求如期完成线上线下相结合的毕业生离校和新生入户工作。从便利师生的角度将原本线下的户籍相关事项转为线上办理，包括师生集体户口迁入与迁出，以及在校期间开具相关证明等。通过信息化手段，户籍管理向更安全、更便捷、更高效发展，将老户籍资料妥善保管作为重要工作，与档案馆共同推进老户籍资料信息化项目建设，使老户籍资料得以更妥善的保存、方便查阅。

治安技防。建设理念从粗放向精细转变，完成西七楼的技防监控高清改造，针对科研人员集中及实验室安全需要，从四层至地下室5个楼面共新增高清摄像机54台。替换更新了校园监控中心两台云存储管理节点服务器，提升整个医学院监控视频资料的相关数据完整性及功能性。根据疫情流调需要，在相关重点区域增加6台人脸抓拍摄像机和后台抓拍智能分析存储设备。监控系统维保全年完成前端摄像机120余点次的抢修和40路传输线路的重新铺设，5台硬盘录像机及视频编码器设备的维修。疫情期间校园监控设备发挥积极作用，为及时处置学生反映的各类事件和疫情流调工作提供视频依据，保障医学院疫情防控工作贯彻执行，为关键事件及时处理提供有力依据，完成了维稳关键时间节点的视频监控巡查任务。

交通管理。完成电瓶车智能监测系统改造，东院、西院新增非机动车停车棚，满足师生需求。

保安队伍建设。派出两批次16名保安员参加“高校保安员应急专项培训”，进行校园反恐防暴培训，配齐配全反恐防暴器械，在党的二十大和医学院70周年院庆前夕组织开展反恐应急演练和防暴器械展示活动，进一步提升学校的应急处突能力。

2022年10月17日，校园反恐防暴演练

（路彦钧　惠欣隆）

【70周年院庆安全保卫】 为确保庆祝系列活动安全顺利进行，扎实做好安保工作部署和落实，武保处对治安秩序维护、交通秩序维护、消防安全工作等认真部署，确保每一环节不出问题。为确保突发情况在第一时间内得到有效处置，协调公安、消防等部门加入了院庆安保任务行列。特别是沪西高校派出所，多次派人来医学院了解现场情况，提出宝贵意见，帮助维持秩序，为各项活动顺利进行提供有力保障。在修缮院史馆的同时，调整消防烟感、设备、器材布局。院庆期间未出现任何安全事故。为确保来

宾车辆安全有序进入校园，专门规划车辆的停放位置，考虑到停车困难的问题，在重要路段安排充足的安保力量及指示标牌，负责车辆指挥和行人疏导，确保交通秩序井然，实现院庆期间道路畅通无堵塞、无交通事故发生的目标。在此期间，武保处还按照医学院的部署和要求，加强校园特别是各类会场内设备和人员秩序的管控和看守，加大巡逻检查力度，有效防止各类事件的发生，圆满完成院庆安保任务。

2022 年，黄浦消防救援支队司令部、防火处在院庆庆典前夕来校调研

（路彦钧　惠欣隆）

【助力新冠疫情防控工作】 在学校准封闭管理期间，武保处把好校园第一道入口，筑牢校园防疫安全屏障。组建防疫保安队伍，采用“处室职工＋外包人员”两支队伍联动发挥作用，24 小时随时待命，始终站在新冠疫情防控第一线。对校园周边加强防护措施，对校园围墙设置隔离带，非进出校门予以封闭，并加强巡逻，尽最大努力确保不发生新冠疫情输入情况。在其他部门需要支援时，武保处每天派出保安维持核酸检测队伍秩序，加强淡水楼 E 楼、东十五楼、东七楼值守工作。武保处不仅承担起守住校门的艰巨任务，还加入到参与消杀、搬运的工作中，多名保安参加学校的“消杀专班”，承担所有物品进校的全面消杀工作，共消杀进校物品 1 000 余批次近万箱各类货物，约 100 吨的抗疫物资、蔬菜、食物及生活用品等。为方便师生的科研工作顺利开展，通过人工拉线方式，每天 10 余次定时架起东西两院天桥通道，无论刮风下雨都坚持保障通行，保护医学院每一位师生员工，保障了科研教学生产工作顺利开展。部门在校员工发挥党员先锋模范作用，始终坚守岗位开展新冠疫情防控工作，积极参加校内志愿者，校外员工投入所在社区防疫志愿服务、邻里紧缺物资帮助、协助属地派出所警民工作。在新冠疫情防控期间，部门上下做出了积极贡献。

2022 年，部署新冠疫情期间防控工作

2022 年，做好新冠疫情防控期间安保工作

（路彦钧　惠欣隆）

【个人及部门获奖】 医学院获上海市教委评选的“安全文明校园”称号，被上海市黄浦区消防安全委员会评为“2022 年度黄浦区消防工作先进集体”，教学楼消防安全管理系统被上海市教育系统平安学校建设工作领导小组办公室评为“2022 年度高校治安安全示范点”。

（路彦钧　惠欣隆）

学院概述

基础医学院

【概况】 2022年，基础医学院（以下简称“学院”）共有7个系、4个平台中心，拥有1个国家级国际合作基地、1个国家级虚拟仿真实验教学基地、1个教育部重点实验室、1个省部共建协同创新中心、1个上海市研究所、2个上海市重点实验室、1个上海市前沿研究基地。有国家“双一流”建设学科2个，上海市高水平地方性大学建设学科2个。一级学科博士学位授权点2个，博士后科研流动站2个，在站博士后61人。

师资队伍建设。学院在编职工480人，其中专任教师306人，85%获博士学位；正高级职称95人，副高级职称116人，博士生导师80人，硕士生导师46人。本年度新聘任正高11人（含首位正高级实验师1人），副高16人，教授总数35人。现有特聘教授15名，新增课题组长（P1）1人，课题组长总数为76人。中国科学院院士1人，国家级人才计划11人，国家级青年人才计划26人，国家重点重大项目首席科学家9人，国务院特殊津贴专家4人，国家杰出青年科学基金获得者9人，国家自然科学基金委优秀青年基金获得者11人，省部级人才计划36人，上海市优秀学科带头人4人，上海高校高层次人才计划2人，上海交通大学教书育人奖一等奖1人，上海交通大学首届“佳和优秀导师”1人，九龙医学优秀青年人才奖1人，九龙医学优秀青年人才提名奖1人，宝钢优秀教师奖1人，上药杏林育才奖1人，金正均教育基金奖励6人，附属瑞金医院“红烛奖”1人。

教育教学。完成本科生教学工作量27 159学时，其中理论课8 980学时，实验课7 289学时，PBL（以问题为导向的教学方法）授课3 732学时，RBL（以研究为导向的教学方法）授课6 552学时，临床见习606学时。首次组织与实施大规模在线考试。获上海市优秀教学成果奖3项，其中一等奖1项，二等奖2项；“基础化学”（General Chemistry）获选上海市级重点课程示范性全英语课程；获评首届上海市课程思政教学设计展示活动特等奖1项；“机体防御与免疫”“病原生物学”“免疫学基础及进展”获评上海市课程思政示范课程；“机体防御与免疫”教学团队、“免疫学基础及进展”课程教学团队获上海市课程思政示范团队；刘畅获上海市课程思政教学名师。主编主译各类教材5本、副主编4本、参编7本；出版新一轮主编规划教材《疾病学基础》《组织学与胚胎学》。申请各类教学研究、课程建设项目共44项，总计经费188万。贾浩、胡纯婷分获第五届上海高校青年教师教学竞赛二、三等奖；陈广洁获上海交通大学第三届教师教学创新大赛正高组一等奖，刘畅获副高组一等奖，张文慧获副高组二等奖；邱燕燕获医学院第十届青年教师教学竞赛二等奖，屠俊、陈颖盈获三等奖。研究生获国家奖学金6名、获评上海市优秀毕业生8名、上海交通大学优秀毕业生25名；入选上海交通大学优秀博士学位论文2篇、优秀提名论文2篇。博士研究生穆雅娟获评上海交通大学第七届“学术之星”，吴文伟获上海交通大学学生辅导员标兵。由学院牵头成立的“生物医学科学专业虚拟教研室”入选教育部第二批虚拟教研室建设试点。2018级生物医学科学专业26名学生毕业，86%赴哈佛大学、清华大学、北京大学等国内外知名高校继续深造。

科研与学术。学院全年共立项项目91项，经费超过8 500万元，其中国家自然科学基金项目共立项41项，包括国家杰出青年科学基金1项、海外优秀青年科学基金项目3项、重点项目4项、专项项目2项、外国学者研究基金项目1项、重大研究计划培育项目1项、面上项目16项、青年项目13项；科技部科技创新2030—“脑科学与类脑研究”重大项目1项，科技部重点研发计划课题3项、骨干8项；上海市科委资助项目24项，包括基础重点项目1项、优秀学科带头人2项、生物医药重点项目1项、浦江人才项目1项、启明星4项、扬帆计划1项、实验动物专项3项、自然基金项目10项；上海市教委资助曙光项目1项；上海市卫生健康委资助项目9项，包括领军人才1项、学科带头人3项、青年人才1项、新兴交叉领域研究专项2项、面上项目1项、青年项目1项；上海交通大学医工交叉项目2项、“交大2030”计划医学组C类项目2项；医学院项目1项。共发表第一作者或通信作者单位为医学院的SCI论文200篇，平均IF突破10，其中IF大于10的论文83篇，大于20的论文17篇，均达到历年最高。学院共申请专利21项、PCT专利1项、专利授权10项、软件著作权登记2项。完成科技成果转化案例共2项(以转让、许可、作价投资方式转化成果)，合同标的额共计220万元。横向课题共登记2项。2022年度学院举办“21创新论坛”“21科技论坛”21场和PI午间学术沙龙36场。11月，学院领导班子和青年学者参加了上海交通大学、南京医科大学、复旦大学、浙江大学四校基础医学学术交流会线上会议。各学科主办国内外会议4场，参加国内外会议89场，其中进行大会报告49人次，墙报7人次。

党建工作。学院党委下属有1个党总支、13个教工党支部、5个研究生党支部，在职在岗党员292名，研究生党员132名。党委全面履行主体责任，全年召开党委会议17次，议题139项，召开党政联席会议23次，议题181项。落实从严管理干部的要求，完成选拔任用科级干部3人次，完成试岗期满考核1人。制定实施《基础医学院关于开展干部培养锻炼工作的实施方案》，年内向医学院输送培养锻炼干部3人，学院各部门选派优秀青年管理人员到管理办公室培养锻炼3人，参加医学院机关青年干部培训班2人。启动“院为实体”改革工作，探索形成责权利协调统一的新管理模式。2022年启动新一届党委换届工作，完成师生基层党支部期满集中换届工作。制定实施《基础医学院关于班子成员联系优秀青年教师的制度》，结合党委班子成员联系支部制度，着力推进在具有较强创造力和影响力的人才群体中培育入党积极分子、发展党员工作。发展党员8名，转正党员5名，其中包括海归高层次人才、课题组长2名。党委重点加强宣传策划，以迎接党的二十大和医学院建院70周年为契机，加强学院正面宣传引导，编辑制作学院月刊6期，学院网站发布各类新闻报道115篇，推送医学院官网发布新闻61篇，总阅读量66万人次。新冠疫情防控期间，在学院网站发布“党旗飘扬·同心战疫”志愿者先锋快报16期，积极营造了众志成城、守望相助的浓厚氛围。12月，学院工会完成换届，产生新一届工会委员会。协助医学院党委统战部完成上海市人大代表和上海市政协委员初步人选推荐、上海市侨联第九届“中国侨界贡献奖”推荐、欧美同学会换届推选及无党派人士推荐工作。2022年学院获上海市青年五四奖章1人，上海市巾帼建功标兵1人，上海市教育系统巾帼文明岗1个，上海市教育系统“三八”红旗手1人。

基础医学院党政领导名单：

党委书记　陈　亮
院　　长　程金科
党委副书记　张晓波(9月任)
　　　　　　郁　松(3月免)
副 院 长　王　昊
　　　　　徐立钧
　　　　　邹　强

(毕　丹)

【统筹开展校园新冠疫情防控】 在新冠疫情防控中，学院党政班子成员带领近80名职工坚守校园一线，勇当新冠疫情防控“红色尖兵”。各基层党支部充分发挥战斗堡垒作用和党员先锋模范作用。学院287名党员在居住地完成了“双报到”，218人参加校外社区志愿者服务，开展校内外志愿者服务6 581人次；25人担任核酸检测志愿者支援宝山一线核酸检测工作，33人赴虹口区支援一线核酸采样；26名居家办公的管理干部响应新冠疫情防控“四应四尽”要求，下沉一线，支援社区新冠疫情防控工作。

(毕　丹)

2022年，基础医学院党员参与新冠疫情防控工作

【举办国际青年学者论坛基础医学分论坛】 2022 年 6 月 24 日，上海交通大学医学院国际青年学者云论坛——基础医学分论坛线上会议成功举办，论坛根据现有的学科优势以及生命医学发展的趋势，聚焦国际学术前沿，组织设立“代谢调控”“精准药学”“免疫生物学与临床免疫研究新进展”“脑与多器官互作”“细胞命运决定”和“肿瘤分型与治疗”6 个分会场，为海内外优秀青年学者搭建高水平的学术交流和成果展示平台。各分会场分别由李兵、周斌兵和高小玲、苏冰和李斌、徐天乐、钟清、王旭主持，来自哈佛大学、耶鲁大学、剑桥大学、麻省理工学院和康奈尔大学等国际一流大学或研究机构的 25 位优秀青年学者作学术报告。

（郑　莹）

【成立上海交通大学基础医学院校友会】 2022 年 10 月 24 日，上海交通大学基础医学院校友会成立仪式在上海国际会议中心隆重举行。学院老领导、校友及学科代表欢聚一堂。推选产生第一届理事会会长、副会长和学科理事。

（徐光旎）

【举办上海国际医学论坛基础医学分论坛】 2022 年 10 月 24 日，上海国际医学论坛——基础医学分论坛成功举行。中国工程院院士王红阳，1986 届校友、麻省理工学院 McGovern 大脑研究所副所长冯国平，1988 届校友、暨南大学医学部生物医学转化研究院院长尹芝南，1987 届校友、北京大学干细胞研究中心主任邓宏魁，2000 届校友、上海市分子男科学重点实验室主任童明汉及美国康奈尔大学钱书兵、华大生命科学研究院刘龙奇共 7 位报告人通过线上线下相结合的方式分别作主旨报告。作为医学院成立 70 周年院庆日的重点活动之一，本次论坛搭建了交流思想、辨析问题、探讨学术、增进校友情谊的重要平台，海内外校友、师生 300 余人出席并参加了论坛。

（徐光旎）

2022 年 6 月 24 日，上海交通大学医学院国际青年学者云论坛基础医学分论坛举行

2022 年 10 月 24 日，上海交通大学基础医学院校友会成立

2022 年 10 月 24 日，上海国际医学论坛-基础医学分论坛举办

【深化生物医学科学专业建设】 由学院牵头成立的“生物医学科学专业虚拟教研室”入选教育部第二批虚拟教研室建设试点，并主持发布《生物医学科学专业教学质量标准》。专业核心课程“人体结构与功能”“疾病学基础I”获评上海交通大学致远荣誉课程，主讲教师陈广洁、王兆军、王昊获评致远荣誉教师。设计2022级全新融通整合培养方案，增加数理化生医各学科交叉内容，以期培养“医＋X”复合型科研人才。

2022年12月11日，生物医学科学专业教学质量标准发布会

（苏　懿）

【学习宣传贯彻党的二十大精神】 学院坚持以习近平新时代中国特色社会主义思想为指导，聚焦党的二十大胜利召开，制定《中共上海交通大学基础医学院委员会关于学习宣传贯彻党的二十大精神的实施方案》，党委进行理论学习中心组集体学习9次，开办党员学习教育讲坛3场，其中党的二十大报告专题学习2场，参与论坛党员近1 200人次。指导基层党支部开展学习党的二十大专题学习及党日活动34场次，营造浓厚学习氛围，不断增强师生思想政治素养和行动自觉。

（毕　丹）

【基础医学再次入选国家“双一流”建设学科】 2022年公布的第二轮“双一流”建设高校及建设学科名单中，基础医学学科再次顺利入选一流学科建设范围。结合“一流学科”建设需求，建设引领全球科学前沿并极具特色的二级学科群，重点支持面向国际科学前沿的免疫学、病理生理学、医学分子细胞生物学、医学神经生物学等优势学科以及药物化学生物学、遗传发育生物学、病理学等潜力学科。

（徐光旐）

【探索联合创新研究中心和前沿技术平台互相促进发展机制】 对接国家与上海市发展战略，基础医学院持续探索以学科需求为导向的技术平台发展机制，重点打造前沿技术平台，深入开展前沿技术引领的重大科学研究。2022年建设高通量药物筛选平台并实现运营，提供包括液体高通量分液-高通量筛选和检测-药物小分子确证在内三大技术模块的高通量小分子药物筛选服务。持续提高药物筛选体系多样化，实现药物高通量筛选体系的全覆盖。

（徐光旐）

【国家自然科学基金杰青、重点项目资助取得新突破】 2022年度，学院新增1项国家自然科学基金杰出青年基金项目和4项国自然重点项目。免疫学与微生物学研究员邹强的“肿瘤免疫与糖代谢”项目获国家杰出青年科学基金项目资助，项目直接经费为400万元。张健、程金科、王锋、余健秀获重点项目资助。截至2022年底，学院杰青项目获得者9人，重点项目获得者39人，成为学院科技创新的重要骨干力量。

（徐光旐）

【获上海市优秀教学成果奖】 学院作为主要完成单位获2022年上海市优秀教学成果奖3项，其中“医理协同，探索基础医学拔尖创新人才培养新模式”

2022年，基础医学院党委举办基层党务工作者专题培训班

2022 年，基础医学院毕业典礼

获一等奖，“能力导向的进阶式基础医学实验教学体系建构与实践”“突显学生主体、强化培养过程的基础医学研究生培养体系创新与实践”获二等奖。

（苏　懿）

【着力提升教师教学能力】 2022 年度学院举办青年教师与课题组长教学能力比赛，组织开展“21 教学讲坛”、在线主题培训、现场观摩听课、教学督导督学等各类多样的教学活动。以赛促教，学院教师在第五届上海高校青年教师教学竞赛、上海交通大学第三届教师教学创新大赛、医学院第十届青年教师教学竞赛均取得优异成绩。

（苏　懿）

2022 年，基础医学院教师授课场景

【持续完善人才评价体系】 为落实国务院《深化新时代教育评价改革总体方案》，学院以立德树人为目标，突出质量导向，建立健全以师德师风、能力、业绩和贡献为导向的评价体系，修订课题组长管理条例，学院党委对思想政治表现、师德师风进行考核，师德师风实行一票否决制，同时修订了聘期考核程序和周期。

（郑　莹）

【博士后培养情况】 2022 年度，学院有 8 名博士后获得国家自然科学基金青年项目，获得中国博士后科学基金第 15 批站中特别资助 2 人、站前特别资助 3 人，第 71 批面上资助二等 1 人、第 72 批面上资助二等 5 人，3 名博士后激励计划中期考核优秀进入 X 阶段。医学院博士后伍宁波 2021 年 5 月出站留校工作后，已破格晋升为研究员和博士生导师。2022 年度 3 名博士后出站留校任教，其中 1 名为解剖学师资。

（郑　莹）

【首次开展博士后中级职称认定】 为做好博士后的管理和服务支撑，增强融入感和归属感，学院对已获得博士学位且工作满 3 个月的 47 名博士后人员，按照中级职称认定办法予以认定。

（郑　莹）

【概况】 2022年，瑞金临床医学院共有本科生及长学制学生465名(含留学生110人，95人在沪，15人在海外)。2022届八年制博士就业率100%，临床五年制为85.59%。本科生党支部及研究生党支部共新发展党员5人，其中本科生党支部发展3人，八年制党支部发展1人，研究生党支部1人。有4人获评本科生国家奖学金，8人获得国家励志奖学金。

教育体系建立。2022年是瑞金大教育培训体系的全面深化建设年，是瑞金特色教学成果的彰显年。以瑞金临床医学院、医学技术学院、中法联合医学院和瑞金继续教育学院四大学院为核心，以医学模拟平台、教学信息化平台、医学人文平台三大教学公共平台为核心的瑞金大教育体系也逐步建成。

毕业后医学教育。根据医院总体建设发展要求，适当扩大住院医师、专科医师培训数量。2022年招录住院医师177人，含国家委托培养的住院医师(海南和福建)5人，其中本科72人，占总人数的40.68%，硕士31人，占总人数的17.51%，博士74人，占总人数的41.80%。专业学位研究生48人。在培住院医师的规模已达488人。2022年国家级专科基地共招录22人，其中心血管病学专科5人，普通外科学专科10人，神经外科2人，内科危重症医学1人，外科危重症医学1人，内科老年医学2人；市级专科基地共招录63人。住院医师、专科医师在培总规模724人，2022年获得各类规培经费超过1250万。

荣誉获奖。“进阶·整合·浸润式临床教学新模式的构建和实践”获上海市教学成果一等奖，是瑞金医院历史上第二次获得该类别的教学奖项。8月，基于新冠疫情期间的学生思政，申报并获得教育部全国首批“大思政课”实践教育基地-“抗击疫情专题实践教学基地”，上海市共5家单位入选，瑞金医院作为上海交通大学医学院唯一一家单位入选。

瑞金临床医学院党政领导名单：

院　　长　宁　光

副 院 长　胡伟国

　　　　　龚震晔

党总支书记　乐　飞

(龚震晔　顾　倩)

【一流本科课程及规划教材建设】 2022年，学院“外科学”课程积累了5年多的探索和改革实践经验，通过2020年立项的上海高校重点课程验收，结果优秀，经过医学院推荐，申报上海市级一流本科课程；“医学影像学”获上海市重点课程建设立项；“感染病学”获上海交通大学本科课程思政示范培育课程立项；“血液系统”“内分泌系统”申报国家一流本科课程。2021年立项的3本规划教材《临床医患关系沟通》《神经病学》《现代实用老年医学》经过一年的建设已初具雏形，夯实提升医学教育的学科学术地位。

(顾　倩)

【新冠疫情下的教学和学生工作】 2022年上半

年，面对不断变化的新冠疫情防控形势，瑞金临床医学院第一时间迅速启动在线教学应急预案，保证“停课不停学”，实行线上理论课、线上病例讨论实习和线上考试的教学安排，师生共克时艰，确保了教学的平稳有序和体系内 2000 余名学生学员的安全稳定。有近 350 位临床老师开展了 30 余门必修选修课程，近 30 位临床老师开展了 90 场线上实习病例讨论。临床老师在肩负新冠疫情防控工作的重任和压力同时，仍积极准备线上课程，帮助毕业生完成线上论文答辩，确保春季各项教学任务的顺利完成，应届毕业生顺利毕业。在新冠疫情防控常态化形势下，辅导员始终严阵以待，实时跟进新冠疫情动态变化，更新、规范工作职责、内容和流程。根据上海市教委、医学院的防疫防控要求，制定符合医院实际情况的离沪申请、学校审批、回沪后核酸检测及隔离观察等管理流程。新冠疫情防控期间，多个学生园区进行了封闭管理，学生工作办公室在医院和学院领导的指导下，协调统筹各个学生园区的管理工作，辅导员进入学生园区值守，及时帮助解决学生们生活和思想上的诉求。

（顾　倩　陈　怡）

【培训基地建设】　学院积极申报国家级专业基地，提高基地建设水平。为了进一步完善专业基地设置、提高基地建设水平、接纳更多优秀青年医学人才，年内毕业后教育办公室组织相关学科申报国家级住院医师培训专业基地，其中神经外科、胸心外科和整形外科 3 个专业基地的申报已初步完成，进入最终材料审核阶段。

（李啸扬）

【住院医师培养】　学院提升招录生源质量，提前规划招录方案。结合历年住院医师招录工作结果，充分考虑相关紧缺学科招录实际情况，以“招录前移、主动出击”为原则，毕业后教育办公室联合相关科室提前启动 2023 年住院医师规范化培训招录工作。11 月正式启动全科医学基地学员预招录工作，签订住院医师培训意向书 9 份，基本完成面向社会的全科医学基地预设招录计划。预招录学员中，上海本地生源比例达到 100%，本科期间获各类奖学金比例超过 90%，最大限度改善了全科医学专业基地的生源质量。学院提升国家执业医师资格考试整体通过率，保持首次结业考核测试通过率，报名参加国家执业医师资格考试人员连续两年通过率在 80% 左右。年初，针对历年国家执业医师资格考试操作部分的考试情况，毕业后教育办公室组织考前高强度操作培训和模拟考试，国家执业医师资格考试操作部分的通过率为 100%。理论部分首考通过率为 79.5%。瑞金医院住院医师规范化培训结业考核通过率 97.06%，列三甲综合医院第三。

（李啸扬）

【继续教育】　自 2021 年 7 月医院继续医学教育学院成立以来，在原有继教办班和学分管理基础上，学院全面接手并整合全院医、护、技、管进修管理工作。尽管受新冠疫情影响，2021 年 12 月至 2022 年 11 月，学院共招收各类进修人员 891 人，月均招收 99 人，月均在岗 520 人，进修人员来自全国 30 个省级行政区。学院还持续着力提升进修培训质量，一方面，申请进修的时长以中、长期为主，其中，医疗进修的时长大于 6 个月的占比超过 90%；另一方面，学院通过逐一走访临床科室，实施新版科室进修培训计划，明确带教人员。每月精准推送个人学习需求，使培训与需求尽可能实现统一；每月开设院级进修系列讲座，内容涵盖医学教育、临床研究、医院管理与发展等 6 门通用课程；使用医学模拟中心平台，定期开设了面向进修人员的 11 个特色培训课程；更新进修过程管理与评价机制，及时反馈科室与个人。学院重点新建了血液专科护士资格认证班、麻醉专科护士培训班、干部保健进修专项、全国老年医学人才进修专项、病理科常规进修等 5 个特色学科进修品牌。8 月，学院开办了为期 1 周的“病理诊断高级研修班”（专科大师班），招收学员 17 人，均为副高及以上职称；11 月，开办了为期 10 天的“医院管理进修培训班”，招收迪庆藏族自治州人民医院学员 20 人。学院还筹建了第一期院长管理班（管理大师班）。

（史　霆）

仁济临床医学院

【概况】 2022年，仁济临床医学院在院学生人数共1 555人（本科生249人，研究生534人，住院医师规培451人，专科医师规培237人，外院实习生84人）。学院有教职员工1 554人，其中教授26人，副教授15人；正、副高级职称专家631人。

本科及长学制教育。年内学院承担各年级临床教学任务，其中2019级五年制英文班32人，Y3 LINK 3周，训练营（Bootcamp）课程160学时，实习12周；2018级五年制英文班45人，Y3训练营440学时，学术半日（Academic Halfday）64学时，实习36周；2017级五年制英文班48人，Y4实习30周，完成论文答辩毕业；2019级五年制21人，理论课时数917学时，PBL 60学时，见习156学时；2014级八年制32人，完成毕业外语、理论、操作考试及论文答辩工作，顺利毕业；2015级八年制36人，完成三级学科轮转并撰写毕业论文；2016级八年制40人，进行三级学科轮转；2017级八年制33人，完成内外妇儿实习，6月份选导师后38人完成三级学科轮转；2018级八年制37人，理论课时数286学时，见习32学时，进入临床实习33周；2021级硕博班25人，理论课时数106学时，PBL 30学时，见习33学时；2021级学生42人，早期接触临床1周，2017级八年制32人，科研轮训8周，2017级马来西亚留学生5人，实习24周。在医学院开设若干主干课程，总学生数达520余人，总330学时，参与2019级五年制、八年制器官系统整合课程理论课、见习、PBL授课，总220余学时。开设选修课“痛病悟源”“肿瘤干细胞及靶向治疗”“危重病医学”，170余名临床医学专业学生进行选课学习。

研究生教育。不断提升研究生培养质量，学院尤征瑞（导师马雄）、林其圣（导师倪兆慧）获“上海交通大学第六届优秀博士学位论文”。2名在读致远直博生高雅琪（导师房静远）、王睿（导师马雄）入选“致远论坛”口头汇报。进一步优化新生来源和生源质量，录取2023级推荐免试研究生67名，其中直博生34名（含“致远荣誉计划”直博生9名）；进一步提升导师的数量和素质。

线上教学与质量监控。为应对新冠疫情，开展特殊时期多元化线上教学活动。针对临床实习板块，提供丰富多样的学习内容，包括25个实习小讲课、24个临床案例研讨学习、16个执业医师操作考培训、5次抗疫特色课程、临床医学专业（本科）水平测试备考等，共计88学时，近50名临床教师参与授课。为确保课程教学质量实质等效，学院实施以院长负责，教学督导专家、教学管理督导和学生评教共同参与的临床医学院、教研室或教学团队教学质量保障体系，做到责任到人，职责分明。2022年共完成督导300余次，督导平均94.5分；组织学生评教，教师评教平均99.13分，课程评教平均98.87分。

毕业后医学教育。2022年上海市住院医师规范化培训结业考合格率提高到95.6%。截至8月，执业医师操作考达到100%通过率。开设执业医师内容(技能+理论)的相关课程培训,组织学员按照技能考试站点要求进行全模拟培训及练习,理论与操作考均创仁济历史最好成绩。加强内涵建设,完成16个专业基地34个轮转科室台账督导。仁济住院医师规范化培训基地17个,其中国家重点专业基地4个,年内申报3个国家住培基地(外科三级学科)。住院医师总计在培439人,其中包含云南、海南、西藏等对口支援住院医师15人。仁济国家专科医师规范化培训基地6个,国家专科医师58人,上海专科医师规范化培训基地22个,专科医师187人。加强督导师资专家队伍建设,袁蕙芸、白永瑞、赵恩昊、肖洁、张敏芳五位专家被推选为"国家住培督导专家"。神经内科教学秘书潘元美获得中国医师协会邀请在"2022年住培高峰论坛"分论坛进行授课发言。11月9日邀请国家督导专家、上海市特聘专家、院内专家对学院16个专业基地34个轮转科室进行督导,提升规培内涵质量。于昕获"2022年上海市住院医师规范化培训优秀管理者"称号,麻醉基地肖洁、神经内科基地潘元美获"2022上海市优秀住院医师带教老师"称号,林其圣、王侃等10名住院医师获得了"2022年上海市优秀住院医师"的殊荣。外科赵恩昊、顾佳毅的论文被评为"2022年度上海市毕业后医学教育优秀论文"。18位住院医师、11位专科医师获得"NSFC-青年科学基金项目";10位住院医师、4位专科医师获得"市科委扬帆计划"。2022年继续医学教育项目数81项,创历年最高,职工参加继续教育人数3805人。

实训中心工作。2022年开展院内仁术坊50余场,院外济世堂20余场,动物模拟手术30余场,接待参访交流100余场千余人次。举办第六期"实训中心管理运营与课程建设培训班",召开了高级产科生命支持课程(ALSO课程),不断扩大仁济临床实训影响力。8月为上海市总工会拍摄急救科普视频,在申工社平台播放,共播放34000余次。11月仁济模拟实训中心与丹麦哥本哈根模拟教学研究院教授Lars合作举办线上线下相结合的虚拟仿真腹腔镜(LapSim)师资培训班,增强了仁济模拟中心的国际影响力。10月参与国家考试中心与中国医院协会《虚拟仿真在执业医师操作考中的应用指南》的制定工作。10月国家卫生健康委外科基础技能提升项目"炬火计划"启动。模拟实训中心老师积极参加国内模拟实训教学的交流会议,受邀在湖南长沙举办的第四届中国模拟医学大会、2022上海市住培高峰论坛、博鳌外科论坛、上海市医师协会普外科年会发言授课,发表多篇教学论文。

师资培养。举办庆祝第38个教师节大会,开展教学先进评选,表彰优秀教师;组织2022年仁济医院青年教师教学能力竞赛和CBL(以案例为基础的教学方法)案例大赛,展示青年教师教学风采;开展课程思政师资培训133人、CBL师资培训94人、PBL师资培训22人,学习新形势下医学课程思政建设模式、课程思政理论与实践、课程思政案例设计、PBL教学经验和技巧等,切实提高临床教师能力、实践教学能力和教学评价能力;举办2022年上海交通大学医学院国际青年学者论坛—医学教育国际化发展分论坛,拓宽国际视野。

学生工作。坚持以落实学生就业工作为核心,多措并举保就业、促就业、稳就业,2022届毕业生就业率逆势而上,达到99.2%,创下仁济医院最好成绩,位列医学院综合医院第一。聚焦中国共青团成立100周年、党的二十大等重大事件时间节点,主动策划相关学习活动,引导青年学子增强为实现中国梦而奋斗的责任感和使命感。从做好学生思想引领、树立示范典型、关注心理健康、关爱特殊群体、研判舆情安全、助力学业发展六大方面,做好管理服务工作,坚守学生日常思想政治教育任务的工作底线。落实安全、物资、关爱、学业、返乡等五大保障,助力新冠疫情维稳。立足"云端思政课"、"医路仁生"讲堂、"红五月"特色活动、"文明寝室"评选四大品牌活动,持续释放思想引领的优质信号,打造特色品牌思政项目。强化党团联动、师生联动和朋辈联动,构建全员、全程、全方位育人大格局。把培养担当民族复兴大任的时代新人,培养有灵魂有温度的卓越医学创新人才作为学院育人的初心使命。仁济临床医学院获上海交通大学学生党建标杆院系。加强研究生思政教育,通过严格支部组织生活、创新支部工作方法、丰富主题实践活动等进行探索。博士研究生第三党支部继2021年入选上海交通大学优秀学生党支部后,2022年又获上海高校"百个学生样板党支部"创建名单。

荣誉获奖。学院年内共获各级课程教材建设、教学研究项目、各类教学获奖12项,其中神经内科姚小英"神经病学"获上海高校市级重点课程;骨科周健"骨骼运动系概论"获上海高校国际学生英语授课示范性课程;肾脏科倪兆慧和泌尿外科薛蔚"泌尿系统(临床)"获上海交通大学本科课程思政示范课程培育项目;胃肠外科赵恩昊"外科手术学基础"获上海交通大学第四批在线课程建设项目。主编出版全国教材6本,在医学院名列前茅,高校"十四五"医学新形态教材第一批第一本《免疫系统》出版。在第五届江浙沪皖医学教育学术征文活动中,学院3篇论文分获一、二、三等奖。推动国际化医学教育改革,立足本土、融合创新,构建融多维度育人教育、创新能力培养和综合能力评价于一体的国际化卓越医学人才培养体系。该人才培养体系获2022年度上海市高等医学教育教学成果一等奖。发表教学论文9篇,获2022年上海毕业后医学教育优秀论文2篇。在医学院2022年PBL案例大赛中，仁济医院院长夏强获特等奖，学院获得中文案例一等奖2个，二等奖1个，三等奖1个，优胜奖10个；英文案例特等奖1个，一等奖2个，二等奖2个，三等奖4个，优胜奖6个；仁济临床医学院已连续12年获“最佳组织奖”。医学院青教赛获4个奖项。仁济医院副院长薛蔚获“宝钢教师奖”；狄文获上海市课程思政教学名师；房静远获上海交通大学2022年佳和优秀导师奖；刘颖斌“普外科学基础与进展”获首届上海市课程思政教学设计研究生教育综合专业组二等奖。林其圣等10人获“上海市住院医师规范化培训优秀住院医师”称号；王炳然等4名本科生获“本科生国家奖学金”；周伟航等13名研究生(含长学制)获“研究生国家奖学金”；费笑晨等17名学生获“上海市普通高校优秀毕业生”；罗谷青、钱宇轩获“全国大学生生命科学竞赛创新创业类特等奖”等荣誉。

仁济临床医学院党政领导名单：

院　　长　夏　强

常务副院长　袁蕙芸

副 院 长　吕良敬

教学党总支书记　王晓燕

（陈　燕）

【开展争先创优活动】 2022年2月21日，春季学期开学首日，仁济医院院长、仁济临床医学院院长夏强开讲“开学第一课”，仁济医院党委书记郑军华督导并与师生共勉。4月6日，仁济医院院长夏强做客“健康中国”课程，线上为医学院所有在读学生讲述“为每一个生命，奋斗无悔”。5月9日，邀请在方舱一线的查琼芳老师，为全体学生上一堂“同心戮力，弘扬抗疫精神”思政人文课。6月5日，邀请仁济医院党委书记郑军华，为全体仁济学子上一堂“勇担风雨，共守彩虹”的思政人文课。9月10日，为八年制后阶段学生举办拜师仪式，感恩导师医路领航。11月15日，开展医路仁生系列讲座，邀请仁济医院门急诊办公室副主任、仁济医院团委书记庄旭作“永远跟党走，奋进新征程，让青春在抗疫大局中闪光”专题讲座。12月7日，在仁济医院党委书记郑军华带领下，教学党总支师生前往中共二大会址纪念馆开展“学习二十大，奋进新征程”主题党日活动，聆听党章百年历程。

（陈　燕）

2022年，新冠疫情期间组建师生核酸采样队，为学生进行核酸检测

2022年9月10日，举办拜师仪式

2022年12月7日，仁济医院党委书记郑军华及教学党总支部分师生参观中共二大会址纪念馆

【承办上海市医师协会腹腔镜比赛】 由上海市医师协会外科分会主办，仁济模拟实训中心承办的2022年上海市医师协会腹腔镜比赛在仁济模拟实训中心圆满举办，仁济医院李露获得上海市住培组第一名，许培培获得上海市专培组第二名。

2022年，承办上海市医师协会普外科分会腹腔镜比赛

（陈　燕）

【新冠疫情下教学】 新冠疫情下秩序平稳，完成所有教学任务。承担本科、长学制教学5 573学时，开设选修课35门，本科、长学制实习带教468人，完成督导300余次。开展特殊时期多元化线上教学活动，其中线上理论课程923学时，线上实习课程88学时：包括25个实习小讲课、24次临床案例研讨学习、16次执业医师操作考培训、5次抗疫特色课程，组织线上考试7场。招录硕博士263名，新增博士生导师13名、硕士生导师26名。

2022年，举办青年教师教学能力竞赛

（陈　燕）

【住院医师培训】 2022年内，共有130位住院医师通过2022年全国住院医师结业综合考，一考合格率达95.6%，住院医师参加执业医师考试首考通过率达到95.73%。开设执业医师内容（操作＋理论）的相关课程培训，组织学员按照技能考试站点要求进行全模拟培训及练习，2022年全院执业医师首考通过率比2021年提高14%，操作考通过率达99.2%，理论与操作考均创仁济历史最好成绩。18位住院医师、11位专科医师获得“NSFC-青年科学基金项目”；10位住院医师、4位专科医师获得“上海市科委扬帆计划”，占仁济医院国家自然科学基金的21%。

（陈　燕）

新华临床医学院

【概况】 2022年，新华临床医学院本科及长学制在院学生218名，其中临床医学专业八年制25名，儿科方向118名，营养专业62名。2022届毕业生75名，其中2014级八年制4名，2017级临床儿科方向51名，2017级营养专业20名。

本科教育。学院承担临床医学五年制、临床医学八年制、儿科学专业“5＋3”、食品卫生与营养专业、继续教育临床医学专业等教学任务。2021—2022学年第二学期共开课24门(不包括食品卫生与营养专业、继续教育临床医学专业)，参与本学期本科教学的师资队伍中，正高级职称者85人，占30.1%，副高级职称者112人，占40.1%。2022—2023学年第一学期共开课24门(不包括食品卫生与营养专业、继续教育临床医学专业)，总共1 325学时。其中理论课315.1学时，占51.6%，见习课295.9学时，占48.4%。营养系完成各年级营养专业和其他专业的必修和选修课程约30门，共1 183学时，学生总人数927人。

研究生教育。有研究生430名(博士研究生147名，硕士研究生283名)，毕业研究生172名(博士研究生57名，硕士研究生115名)。招收2022级学术学位博士研究生44名、专业学位博士研究生9名、专业学位与学科基地培训相结合博士生6名、科学学位硕士研究生57名、专业学位硕士研究生53名。现有博士研究生导师93名，硕士研究生导师148名。2022年新增博士生导师9名，硕士生导师19名。开设“学术规范与医学伦理”线下讨论课。授予博士学位51名(含同等学力3名)，硕士学位109名(含同等学力2名)。

毕业后医学教育。有国家级住院医师规范化培训专业基地22个，国家级专科医师规范化培训专业基地7个，上海市专科医师规范化培训专业基地41个。2022年在培住院医师395名，其中临床医学/口腔医学专业学位硕士研究生149名，西藏、海南等委培住院医师20名。2022年住院医师规范化培训结业考核通过率为94.55%。李士建、朱月钮被评为上海市住院医师规范化培训优秀带教老师，罗琪、赵萱等被评为上海市住院医师规范化培训优秀住院医师。

继续医学教育。在聘中高级职称专业技术人员继续教育达标率99.37%，根据上级部门及医院新冠疫情防控领导小组要求，在充分做好各项新冠疫情防控措施的基础上，共举办国家级继续教育项目36项，其中市级项目3项，招收学员2 462名，其中外地学员676名，占27.5%，项目举办采用线上、线上线下相结合及线下等多种形式，扩大了医院学术影响力。

教师荣誉。多名教师在各级各类比赛评奖中取得优异成绩，李毅刚获上海交通大学“教书育人奖”三等奖；陈彦如、方芳获“首届上海市优秀儿科专科医师奖”，邬文杰、夏昊获提名奖；葛勤敏获上海交通大学医学院医学专业课程思政设计竞赛特等奖；吴振凯获医学院 2022 年 PBL 案例大赛(英文组)一等奖,PBL 获奖案例占全部获奖案例的 16.8%;在专业学位研究生临床教学案例大赛中,5 名选手进入决赛均取得优异成绩,孙晶获得特等奖,获奖案例占全部获奖案例近 50%;指导住院医师团队获市级住院医师规范化培训临床技能大赛二等奖。

学生工作。为了落实中共上海市委巡视新华医院党委整改意见第 5 条之思政育人不到位,扎实推进思政育人工作,建立思政工作网络体系,常态化管理机制等,1 月,由医院分管学生思政工作副书记主持召开新华医院思政工作务虚会。学院践行"协同效应",分析研究新时代教师与大学生特点,坚持服务与引导并举,加强思政课程与课程思政有机融合,做出新华思政教育的特色与亮点;加强医院文化的宣传与展示,在院内、浦东教学园区等场所宣传医院文化,营造和谐氛围,加强对先进人物宣传,提升榜样的影响力与引领力。进一步巩固党史学习教育成果。年内完成学生各支部委员改选与增补,开展教学党总支改选工作,学生及研究生有 4 个党支部,新申请入党 10 人,推荐参加入党积极分子培训班 4 人,参加发展对象培训班 2 人,发展党员 2 人,转正党员 6 人。组织了虎年"新"愿限时新春活动、庆祝建团百年专题活动,隆重举行 2022 届学生毕业典礼。持续做好就业工作,2014 级临床医学八年制学生李澄通过层层选拔,顺利考取中央选调生,被国家卫生健康委录取,实现零的突破。加快推进实践教育基地建设,由教学党总支部牵头,成立新华临床医学院党群服务中心,为全体学生提供实践教育基地。通过线上与线下立体网络,提高学生的认同感和归属感,让学生有一个固定的学习、工作交流园地。成立党群服务中心管理委员会,组建研究学习部、网络部等,并形成规范制度和工作流程,开设固定勤工助学岗位,凸显党群服务中心的实践、育人、助学、宣传功能。本科及长学制学生获评国家奖学金 5 人、上海市优秀毕业生 5 人、上海交通大学优秀毕业生 15 人、优秀团干部 1 人、优秀团员 15 人、优秀学生干部 1 人、三好学生 13 人。研究生获评上海市优秀毕业生 7 名、上海交通大学优秀毕业生 22 名、上海交通大学优秀学生干部 1 名、三好学生 14 名、上海交通大学医学院研究生学业奖学金一等奖 71 名、二等奖 159 名、国家奖学金(博士)3 名、国家奖学金(硕士)3 名。

新华临床医学院党政领导名单:

院　　长　孙　锟

分管院长　郑忠民

副 院 长　董利军

党总支书记　朱林权

(何双霞)

【举行 2022 届学生毕业典礼】 2022 年 6 月 29 日上午,医学院 2022 届学生毕业典礼在医学院懿德楼三楼报告厅隆重举行。同时,新华医院科教大楼报告厅也作为 12 个分会场之一,共同见证这一激动人心的典礼。新华医院党委书记唐国瑶,党委副书记、院长孙锟,党委副书记、纪委书记李劲松,党委副书记赵列宾,副院长郑忠民,医院相关职能部门、院系负责人,上海市优秀毕业生导师以及所有毕业生参加了毕业典礼。毕业典礼分为两部分,第一部分是主会场转播,第二部分是新华分会场议程。通过观看新华抗疫视频,回顾 2022 年抗击新冠疫情过程中的感人画面,新华人的付出和奉献牢牢印在了每位学生的个人的心中。

(何双霞)

【学习宣传贯彻党的二十大精神】 年内,学院组织了"喜迎党的二十大、奋进新征程"系列活动。10 月 14 日,邀请医学院党校副校长叶福林为所有学生党员上题为"喜迎党的二十大——从历史经验中汲取智慧和力量"专题党课;在全院学生范围内,开展"喜迎二十大、奋进新征程——凝聚新时代医学力量"系列摄影展,经过 4 天的作品征集,共收到 14 件参赛作品,经由全体师生线上投票,共收获票数 3 518 票,优秀作品同时通过"新医代"微信公众号及浦东教学园区宣传栏线上线下同步展示;10 月 16 日上午,组织所有学生党员因地制宜收看收听党的二十大开幕会,教学党总支书记在浦东教学园区组织线下集中收看以及线上分别收看,并收集观看照片与学习体会;学生工作部主任参加了由医学院党委书记江帆主讲的"上海交通大学医学院党的二十大精神宣讲研讨会"教师专场,并在会上作了交流发言。

(何双霞)

【庆祝医学院成立 70 周年活动】 为了庆祝医学院成立 70 周年,新华临床医学院组织学生党员赵鎏丹、尹钰佳参加医学院"青春奋进、强国有我"学生理论宣讲微课程比赛。组织以"回顾院史,展望未来"为主题的班级特色活动,通过老师分享、学生展示、院史答题竞赛等环节,增进学生对于医学院院史、新华医院历史的了解,感悟先辈精神,让青年学生从中激发信仰、获得启发、汲取力量。

(何双霞)

【新冠疫情防控工作】 新华临床医学院开展线上线下相结合进行授课,做到了在线学习与线下课堂教学质量"实质等效";细化新冠疫情防控工作方案,自 2020 年 2 月 2 日以来,通过《出行健康状况日报汇总表》《新上岗核酸检测日报表》《离沪返沪信息日报表》《集中隔离居家观察信息表》《在院在岗入住园区日报表》等报表的认真填报,确保疑似病例"零漏诊"、重点地区学生"零漏报"、学生安全稳定"零事故",做到常态管理和应急处置及时有效,各项工作落实落细落地。

(董利军)

【建立师资激励机制】 2022年内，新华临床医学院会同新华医院人力资源部对2018年起在临床教学工作中表现突出的临床教学人员设立晋升申报的“直通车”，并结合教学实际，于2021年修订完善了标准，本年度全科医学科医师王燕顺利通过“教学直通车”进行高级专业技术职务申报。鼓励非规定考核导师主动申请参加2022年度考核，对考核结果良好及以上的导师，根据《2023—2025年新华医院研究生招生名额分配指导意见》的规定，予以优先分配研究生招生名额，共有8名研究生导师主动申请参加本轮考核，2名博士生导师和2名硕士生导师考核结果优秀，1名博士生导师和1名硕士生导师考核结果良好。

（董利军）

九院临床医学院

【概况】 2022年，九院临床医学院全年完成理论课时1 223学时、见习1 106学时、实训课248课时、PBL教学案例课程37个（222学时），共计2 799学时的授课。涉及2018、2019、2020级临床医学八年制、五年制，2019、2020级口腔医学八年制、五年制、留学生，前期选修课学生，共400人。

本科教育。2022年上半年新冠疫情防控期间，学院从3月14日起将所有教学活动调整为线上，共涉及2017、2018、2019级临床医学五年制、八年制6个班级的教学任务。其中2017级临床实习教学，主要以开展线上实习案例辅导讨论课为主，涉及肾脏、血液、普外、骨科、泌尿、妇科、产科、儿科、急诊、神内、精总专业案例，共计47例，参与授课教师49人次，共计98课时，以课堂表现、课后作业或专题小论文作为出科成绩。2018级理论课教学共涉及必修课13门，选修课5门，理论课线上教学采用超星录播、腾讯会议直播并结合讯飞平台上传、供回顾复习的形式开展，共计完成直播231学时，超星平台学习141学时；实习前2周实训课程改为超星平台临床基本技能课程观看，集中答疑形式开展；并根据新冠疫情形势，在8月中旬新冠疫情稳定阶段，提前两周返校补完外总手术学动物实验、内科、外科、神内科见习等实操、实践课程。2019级前期系统整合课程涉及6个系统的见习内容均采用视频教学，由教学团队负责落实；五年制后期课程共涉及必修课3门、选修课2门，理论采用超星平台录播或腾讯会议直播，PBL分组讨论课程采用腾讯会议线上授课。考试考核部分注重过程性考核，通过在每门课增加过程性作业考核，将作业成绩计入评分；选修课采用大作业或在超星平台采用开放考核完成；必修课采用腾讯会议线上分组监考同步线下巡考形式进行；医学院统考科目均在线下教学恢复后完成。采用线上形式完成2017级五年制、八年制35名学生的毕业客观结构化临床考试（OSCE）和2018级五年制、八年制41名学生本科水平理论综合考、OSCE技能考、实习中OSCE技能考和毕业外语考核；2019级五年制参加医学院组织的外科总论和内外妇儿5门理论统考。完成2018级临床五年制毕业论文书写、答辩工作；完成2021级临床五年制、八年制共32名学生为期一周共7个板块的院内早期接触课程教学任务。完成2017级长学制和2021级临床医学专业“4＋4”学生的选导工作，共36名同学进入九院进行博士阶段学习。完成36名长学制研究生开题、中期考核、毕业专业课、专业英语考核工作。2022届毕业长学制研究生25人，申请学位24人。完成32名2016级长学制研究生的博士Ⅰ阶段考核工作；2017级长学制研究生从8月起进行为期1年的临床二级学科轮转。组织36名长学制研究生参加执业医师考核，共34人通过考核，考核通过率94.44％。持续开展八年制学生本科阶段预导师“致优培育计划”以吸引优质生源。完成《上海交通大学九院临床医学院二级学科轮转管理制度汇编》的修订。完成2020级护理专升本87

名同学、共计203学时的教学任务、2019级护理专升本(九院班)38人为期16周的实习带教任务;组织了2019级护理专升本学生毕业操作考试;评选出2019级优秀毕业生2名,2020级2022—2023学年优秀学生3名。

研究生教育。2022年在读研究生502名,其中博士研究生202名,硕士研究生300名。共授予168名研究生学位,其中学术型博士学位31名,学术型硕士学位61名。专业学位博士学位6名,专业学位硕士学位37名,同等学力博士7名,同等学力硕士3名,八年制博士23名。截至2022年底,学院在岗博士生导师87名、硕士生导师139名。获医学院研究生课程思政示范课程建设项目1项。在2022年医学院“博极医源”研究生学术论坛中,获口头报告二等奖2名、三等奖1名、学术壁报三等奖1名。

耳鼻咽喉科学系教学工作。耳鼻咽喉科学系完成了“头颈部肿瘤外科学”“临床听力学”“耳鼻咽喉科新进展”选修课共206人、96学时的教学任务;组织了2022年度耳鼻咽喉科专业学位研究生中期考核(临床技能考核);8月正式成立听力与言语康复系,该系依托九院临床医学院及耳鼻咽喉科学系进行建设,由九院属地化管理。成立后的听力与言语康复系启动了师资力量的调研、课程设置的论证、讨论和确定、教学基地的规划和筹建等工作,并顺利通过了上海市普通高校学士学位授予的审批、博士硕士专业学位授权点对应调整的申报、制定了本科阶段的课程方案;编写并出版了部分教材;组织了针对学生专业分流的班导师活动;完成了研究生招生等一系列工作。

毕业后医学教育。住院医师在培人数为481名(含委托培养住院医师13名),其中2020级137名,2021级171名,2022级173名。基地专科医师在培人数为276名(含委托培养专科医师7名),其中2015级4名,2016级2名,2017级3名,2018级7名,2019级9名,2020级83名,2021级84名,2022级84人。2022年招录住院医师165名,其中博士学位59名,硕士学位52名,本科生(含专业学位研究生)54名。2022年接收云南省对口支援住院医师4名。2022年,学院首次参加住院医师规范化培训结业综合考核127名,考核合格122名,合格率96.06%,规培执业医师首次通过率89.29%;住院医师规范化培训综合知识和重点传染病防治二门科目考核合格率分别为95.56%和94.74%。参加2022年度专科医师规范化培训第一年度专业理论考核74人,参加2022年度专科医师规范化培训结业考59人,参加2022年度第二阶段临床操作技能考核考核人数76人;参加医学院2022年度考核人数146人;国家基地2022年专科医师培训结业考核参加人数14人,通过率100%。组织基地指导医师申报医学院毕业后教学相关项目,获得立项12项。8名住院医师获2022年度上海市住院医师规范化培训优秀住院医师;2人获得医学院“江绍基优秀住院医师”;1人获得“许曼音优秀住院医师”;1人获得“陈家伦优秀住院医师”。

师资培训。完善新教师试讲规程,规范教研室培养性听课流程,15名新教师通过评审。由医院领导、学院领导、教研室主任、临床专家、教务行政、外校专家组成的督导团队对课堂及临床教学工作开展了飞行或定期督导,通过直播课、录播课、课堂等形式开展督导30余次,覆盖14门课程,平均分90以上。积极组织教师参加各类比赛与培训、申报各类奖项,1人获全国高校(医学类)微课教学比赛一等奖、1人获上海交通大学“教书育人奖”、1人获第四届医学院附属医院“杰出带教老师奖”;在医学院2022年PBL案例大赛中,九院临床医学院获最佳组织奖、1人获中文组特等奖、1人获二等奖、2人获三等奖、10人获优胜奖;在医学院第十届青年教师教学竞赛中,1人获一等奖、1人获二等奖、2人获优秀奖、1人获最受学生欢迎奖;在第五届江浙沪皖医学教育学术征文活动中,2人获一等奖、1人获二等奖、1人获三等奖。获上海市一流本科课程1项、上海高校市级重点课程1项、上海交通大学本科课程思政示范课3门、上海交通大学本科课程思政示范课程培育项目1项、上海医学院一流本科课程线上线下混合式课程(重点项目)1项、虚拟仿真实验教学课程(重点项目)2项、教材建设项目(重点项目)1项、医学院本科课程思政示范课程培育项目1项。完成第二批教学激励计划和第一批教学型医师的终期考核工作,完成第三批教学激励计划团队、第二、三批教学型医师的年度考核工作。

因新冠疫情原因,外事交流项目暂停。

学生工作。新冠疫情防控期间师生协同联动,特别是准闭环管理期间,在校师生、学生志愿者、后勤人员、医护人员同心战疫,共建防控体系,倾听学生学业及生活上的需求并提供各种帮助,以温情细致的服务全方位守护师生健康。学生干部发挥模范带头作用,学生自主自发开展多元丰富活动,寝室长、楼层长等层层服务形成良性互动沟通机制,压实防控责任。开设专属渠道,学生通过“NINE之声”后台留言,根据学生提案反馈解决,维护学生权益,关心学生所思所想,服务学生工作落实做细。以仪式教育为抓手,开展白袍仪式,使青年医学生明确守护健康之责,完成角色转变,在医学人生的起点上“扣好第一粒扣子”,共同打造九院人的医学品牌;开展医师节讲述医者仁心、清明节祭奠先辈、致敬援鄂英雄等活动;新冠疫情期间组织线上会议,开展战疫思政,培养家国情怀。精准精细管理,建立“奖、助、贷、勤、免、减”多元资助模式,激活造血机制,聚焦困难学生，建档立卡贫困户家庭，构筑助学—解困—育人—回馈长效机制。通过“面对面、线对线”，对重点对象重点关注，从更积极的角度帮助大学生心理成熟和健康成长，形成更健全的人生观和价值观。开展系列心理健康科普讲座，10 月邀请专业心理教师面向师生开展巴林特小组活动，进行线上、线下心理咨询工作，定期整理归纳学生心理健康档案，针对性地关注学生健康、科普心理知识，缓解学生压力，为心理健康保驾护航，营造温馨和谐的校园文化。秉承“育人为本，德育为先”理念，通过班导师与辅导员合力育人机制，开展班导师活动，把立德树人渗透于教育教学的各个环节，开展多项班导师活动。本年度新增班导师 2 人，学院本科生班导师共 10 人，1 个项目获医学院第五届班导师文化创建精品项目。

2022 年 6 月 29 日，2022 届毕业典礼举行

九院临床医学院党政领导名单：

名誉院长　戴尅戎
院　　长　吴　皓
副 院 长　姚　敏
　　　　　王　忠（12 月免）
　　　　　王长谦
　　　　　陆颖理
教学党总支副书记　郑家伟

（梁　冰　潘　沛　朱伟燕　严晓蕾　殷　宁）

【举行 2022 届毕业典礼】　2022 年 6 月 29 日上午，第九人民医院 2022 届毕业典礼在 1 号楼 8 楼学术报告厅顺利举行。仪式由王艳副院长主持。党委书记郭莲，院长吴皓，终身教授王炜、周曾同、张富强、朱振安，医院和学院的党政领导、优秀毕业生导师代表等出席毕业典礼，共同见证 2022 届毕业生的特殊加冕时刻。

（朱伟燕）

【在“互联网＋”全国总决赛中获历史性突破】　2022 年 11 月 10—13 日，由教育部主办、重庆大学承办的第八届中国国际“互联网＋”大学生创新创业大赛全国总决赛以线上路演形式举行。由九院临床医学院学生负责、第九人民医院眼科指导的“慧眼逐明——眼眶病 AI 人脸识别筛查系统领航者”项目首次入围国赛，斩获高教主赛道本科生创意组金奖，创造了医学院在该项赛事中的重大历史性突破，也是上海交通大学首次在本科赛道获得金奖。

2022 年，获中国国际“互联网＋”大学生创新创业大赛高教主赛道本科生创意组金奖

（朱伟燕）

【获首届佳和优秀导师奖】　上海交通大学设立佳和优秀导师奖，以表彰面向世界科技前沿、国家重大需求、人民生命健康等方面，为研究生人才培养做出卓越贡献的导师。首届佳和优秀导师奖共 30 名研究生导师入选，范先群院士获奖。

（殷　宁）

一院临床医学院

【概况】 2022年，一院临床医学院面向医学院本科生开设必修课18门、选修课12门，完成课时数总计927学时，参与教师数350人，其中高级职称授课时总数699学时(75%)。继续面向临床医学五年制和八年制本科生开设84学时的“基本技能”课程。受疫情影响，3月到6月的课程和考试均在线上进行，开展线上课程教学17门，理论学时总计493学时，线上考试8门。

教育教学。在院本科、长学制学生共134名，其中临床医学专业五年制42名，长学制本科阶段19名，长学制后期73名。2022届本科长学制毕业学生共34名，其中八年制9名，本科生25名。在籍三年制研究生340人(其中博士164人，硕士176人)，四证合一专硕112人，同等学力研究生41人。录取科学学位硕士生61名，专业学位(临-住项目)硕士生44名。录取科学学位博士生45名，专业学位博士生16名(含2名临-专博)。全年合计129名研究生进行学位论文答辩，所有申请学位的研究生在读期间以第一作者或共同第一作者发表SCI/EI期刊收录的论著，用于申请学位的SCI引用文章88篇(博士47篇、硕士41篇)，IF≥5分的43篇，占48.8%(博士22篇、硕士21篇)，用于申请学位的4篇文章IF≥10分。发表SCI/EI期刊收录的论著中，JCR分区位于Q1的30篇(博士15篇、硕士15篇)，JCR分区位于Q2的39篇(博士23篇、硕士16篇)，其他分区17篇(博士9篇、硕士10篇)，Q1和Q2分区占比为79%(博士81%、硕士76%)。多位医师参与医学院2019级、2020级临床和器官系统整合课程的线上线下PBL和见习带教，8名临床医师参与医学院“高级病理生理学”研究生课程，学院继续牵头医学院临床呼吸系统整合课程教学和首轮“4+4”硕博班单循环临床-基础呼吸系统整合教学课程。泌尿外科团队主讲教师夏术阶、李铮在医学院新开选修课“性医学”，选课人数40人。发表教学论文17篇。年内根据《上海市第一人民医院教育奖励管理条例(试行)》(市一院〔2019〕58号)，对2021年度符合临床医学教育奖励范围的教学项目、教学成果和临床医学教育教材主编等7个项目或个人进行表彰和奖励。

住院医师培训。医院有住院医师规范化培训基地20个，2022年医院开展了全方位的线上线下专项督导，包括教学档案管理、教学活动、结业考前培训、年度业务水平模拟测试、结业考前模拟测试、执业医师考试前模拟测试、年度考核等多项督导。2022级共招录住院医师156名，其中包括对口支援中西部欠发达地区云南省住院医师8名。医院共有79名住院医师参加结业考，通过78名，首次通过率为98.7%。2022年参加执业医师资格考试技能考核共66人(首次报名59人)，通过58人(首次报名53人)。首次报名参加医师资格考试通过率为86.4%。2022年医院19个基地共计121人参加了国家年度业务水平测试，10个基地考核结果在上海市排名前三，其中3个基地排名上海市第一。医院同时有21名住院医师顺利取得硕士学历学位证书，成为第十届“四证合一”的毕业生。

毕业后医学教育。学院继续承担上海市全科医生转岗培训工作，共有19名学员(包括学院6名)在学院进行临床实践培训，全科基地具体负责实施相关工作。2月，上海市精神卫生中心共计15名学员在学院进行为期一年的临床轮转。医院现有28个专科医师规范化培训基地，其中国家级4个，目前在培学员221人。2022年度招录学员58名，其中外院3名(2名康复科专规培，1名血液科专规培)。2022年共接收135名进修医护人员来院进修(医技人员116名，护理人员18名，行政管理人员1名)，其中中级及以上职称106名，占总人数的78.52%；中长期进修人员为73名，占总人数的54.1%。2022年外出进修人数为8人次，参加岗位培训人数为272人次。

继续医学教育。2022年学院继续医学教育项目共有64个项目获批(国家级项目25项、备案项目26项、市级项目13项)。为更好地做好新冠疫情防控工作，减少了部分线下学术活动，采用线上平台开展公济论坛等系列专题学术活动，营造第一人民医院特色的学术文化。为了进一步提高继续医学教育项目的举办质量，强化项目的监督，完善和加强学分管理，教育处按照“谁申报、谁举办、谁负责”的原则，确保培训实效。

师资培训。师资培训继续以线上为主、线上线下相结合形式开展。完成2次新教师培训，并利用临床虚拟实境教室完成25名新教师试讲。理论课程专家督导45人次。24名教师参加医学院举办的基于器官系统整合课程的PBL教师发展培训，多名教师参加医学院组织的医学类一流课程建设与申报培训班、教学成果奖培育与申报线上培训班、医学专业教师教学能力与核心素养提升研修班等。临床整合呼吸系统教学团队继续完善人卫系统的整合式课程考试题库建设。邵怡、杭栋华两位老师分别担任2021级临床医学八年制六班、临床医学五年制六班班导师。医院先后派出100余人次带教教师和管理人员参加了国家及上海市的住院医师规范化培训师资培训。

学生工作。2022年学生工作主要围绕强化三教协同、强化三位一体两个方面开展，继续深入构建课程、科研、实践、文化、网络、心理、管理、服务、资助、组织等十大“育人”体系，培育医学生厚植爱国主义情怀，牢固树立回馈社会服务意识。制定临床医学院防疫相关制度，织密新冠疫情防控网络，以责任意识确保宿舍平稳有序；组建80名核酸采样志愿者队伍投身新冠疫情防控工作，4月24日至5月28日，先后执行任务19次，覆盖28个居委，累计服务人群66.4万人次。80人志愿服务学生中党员29人、团员44人，在此期间3位预备党员按期转正、3人递交入党申请书。6月29日举办毕业典礼。

荣誉获奖。2022年，“立足市级医院，区域联动创新全科医师‘导师制’培养体系”获上海医学科技奖二等奖；“康复医师规范化培训‘康复医学基础与临床’课程建设与混合式学习模式的实践”获教育部高等教育司产学合作协同育人项目；“眼科学”课程教学团队获上海市普通本科教育课程思政示范团队；“眼科学”获上海市普通本科教育课程思政示范课程；学院“呼吸系统整合教学”获第二届上海交通大学高校教师教学创新大赛正高组三等奖，并作为医学院唯一入选项目进入第四届全国高校混合式教学设计创新大赛复赛获三等奖；眼科张志华撰写的《Development of a new valid and reliable microsurgical skill assessment scale for ophthalmology residents》获“2022年度上海市毕业后医学教育优秀论文”。

一院临床医学院党政领导名单：

院　　长　郑兴东

执行院长　孙晓东

常务副院长　刘　玮

学生党总支书记　周崇治

(刘　玮　周　栩)

【强化“三导”(导志、导心、导学)素养】 学院围绕特色教学中心任务以及医院顶层设计立德树人方针，开展“三导”育人巡讲活动并遴选首批“三导”教

2022年1月18日，进行“三导”优秀教师表彰

师，通过塑造教师典型，培养“四有”教师队伍，推进医院教育教学高质量发展。首轮线上巡讲展示评选于11月中旬至12月上旬展开，从50名申报者中遴选20位优秀教师进入第二轮线下评选，最终遴选首批“三导”教师56名、“三导”培育教师5名。按照医学院2022版《临床骨干教师教学激励计划实施方案》，结合学院教育改革发展方向，以教材、成果、名师为目标导向，制定实施新一轮教学激励计划。2022年学院新增博士生导师9名，新增硕士生导师16名。为树立优秀导师典范，健全导师激励机制，打造高质量的研究生导师队伍，提升导师队伍水平，上海交通大学首次设立“佳和优秀导师奖”，经学院推荐、学部及学校学位评定委员会评审，学院孙晓东获此殊荣。

2022年7月10日，举行住院医师规范化培训全科专业基地结业综合考

（刘　玮）

【强化“三室”（教室、科室、实验室）发力】　学院开展课堂育人6+4模式，构建临床教学智慧环境和“MDT结构化整合教学”教学模式，相关工作获教育部“产学合作协同育人项目”立项。打造一流课程，“眼科学”课程教学团队获上海市普通本科教育课程思政示范团队；“眼科学”获上海市普通本科教育课程思政示范课程；“呼吸系统整合教学”获上海交通大学“混合式教学优秀设计奖”，并作为医学院唯一项目入围全国教学设计创新大赛并获三等奖。以提升岗位胜任力为目标，住院医师规范化培训结业综合考核首次合格率98.73%，保持高通过率；执业医师考试首次通过率持续提升，达90%；国家年度业务水平测试名列上海市前茅，3个基地排名上海第一，4个基地排名上海第二，4个基地排名上海第三。以公济研究生论坛为依托，设立工作室组织架构，确定首批核心成员，打造一站式、全过程学习平台，打造立体式、可持续交流平台，打造常态式、精品化展示平台。

（刘　玮）

【强化“三教”（政教、科教、医教）协同】　学院隆重举办毕业典礼，“珍惜宝贵青春　涵育‘贵族精神’，在青春赛道上奋力奔跑出当代青年的最好成绩”彰显公济思政教育文化品牌。以国家重点专业基地建设为抓手，开展分层递进、中外联合、基层实践互动等特色培训项目，提高规培质量，“立足市级医院，区域联动创新全科医师‘导师制’培养体系”获上海医学科技奖二等奖。设立学生创新工作室，依托临床研究院平台开展“本科生参与临床研究项目”“博士生带教本科生项目”。

（刘　玮）

【强化“三位”（学校、医院、社会）一体】　上半年，80名学生志愿者投身新冠疫情防控工作。组织学生积极参与医学院成立70周年系列活动，开展班导师活动。与上海理工大学、上海科技大学合作开展研究生培养，共新增选聘15名生物医学工程专业的研究生指导教师，招收培养2022级研究生23名。

（刘　玮）

2022年4月24日至5月28日，学生核酸采样志愿者队伍支援虹口嘉兴、欧阳社区

六院临床医学院

【概况】 2022年，六院临床医学院下设教学办公室、毕业后医学教育办公室和实训中心，同时设有23个教研室、28个教研组，住院医师规范化培训基地20个和专科医师规范化培训基地30个。

教育教学。2022年，在院临床医学专业八年制第三阶段学生97人(2014级26人，2015级25人，2016级18人，2017级24人，2018级4+4硕博班2人，2019级4+4硕博班2人)，八年制本科阶段学生25人(2018级)，五年制学生68人(2017级24人，2018级24人，2019级21人)；当年毕业的八年制学生26人(2014级八年一贯制)，4+4硕博班2人，五年制学生22人。2022届临床医学八年制毕业生就业率达100%，2022年总体就业率达96.9%。2018级临床医学五年制本科生20人推荐免试直升研究生，其中直升学术研究生12人，专业型研究生8人，直升比例为83.33%。2022年，六院临床医学院为全日制本科阶段学生开设必修课29门、选修课11门，合计1226学时。3月7日至6月13日医院闭环管理期间，暂停临床实习和见习，理论课改为观看录播课程或者参加直播课。临床医学专业五年制、八年制学生共52人完成线上答辩；利用超星学习通、腾讯会议等线上平台，在线完成本科毕业OSCE、博士Ⅱ阶段考试等11门考试。

住院医师培训。2022年度住院医师首次参加执业医师资格考试技能通过率为96.46%，总体通过率为86.76%，达到历年最佳。住院医师参加国家年度业务水平测试，8人成绩排名位列全国前5%，神经内科、妇产科、儿科基地排名位列全国第一，检验医学科基地排名位列上海市第三名。住院医师规范化培训、专科医师规范化培训师资培训率达95%；1人获聘国家住院医师规范化培训督导专家。本年度，共获批医学院毕业后医学教育教材建设项目2项、课程建设项目2项；24人次获得医学院及上海市级住院医师培训荣誉。医学模拟实训中心新增3本实训课程自编教材，1人获聘中国医学模拟教学联盟气道管理专业委员会首届委员。

党建工作。2022年度，临床医学院党总支在医院党委的领导下，以习近平新时代中国特色社会主义思想为指导，全面贯彻落实党的二十大精神，充分发挥基层党支部的战斗堡垒作用和党员的先锋模范作用，以提升党员整体素质为重要任务，扎实推进支部建设。在医院党委、组织处领导下，六院临床医学院党总支下属各支部完成换届改选，六院临床医学院党总支现有党员215人。

六院临床医学院人员名单：

院　　长　殷善开

副 院 长　郑元义

党总支书记　李　萍

学生党支部书记　陆耀红

(蔡沁怡　李　萍)

2022 年 3 月 2 日，举行全科医学多学科教学与培训小组首次教学协调会

2022 年 6 月 29 日，2022 届毕业典礼暨学位授予仪式六院分会场举办

【首次组织全科医学科住培基地教学协调会】 2022 年 3 月 2 日下午，临床医学院举行全科医学多学科教学与培训小组首次教学协调会。全科医学科基地协同呼吸内科、消化内科、心血管内科、内分泌代谢科、骨科、妇产科、儿科、急诊医学科、神经内科、营养科、放射科、康复医学科基地以及田林、长桥、斜土路社区教学组等 20 余位全科带教负责人及代表参加会议。全科基地主任从人员架构、工作安排、带教宗旨等方面对学院全科医学住院医师培训工作做深刻分析，并针对现状提出具体工作方案。

（王道珍　王　洪）

【举行 2022 届毕业典礼】 2022 年 6 月 29 日上午，医学院 2022 届毕业典礼暨学位授予仪式六院分会场举办。2022 年共有 232 名本、硕、博士毕业生毕业。院长殷善开作了题为“坚守初心如磐石，胸怀仁心担大任”的主题演讲，对 2022 届学子提出了殷切希望。医院全体党政领导、老领导、导师代表、临床教师代表以及硕博士毕业生、长学制毕业生和本科毕业生出席典礼。

（蔡沁怡　李　萍）

【提升青年教师教学质量与能力】 2022 年 9 月 29 日，六院教学办公室举办青年教师理论授课技巧提升培训会，邀请国家级教学名师郭晓奎与第五届全国高校青年教师教学竞赛医学学科组一等奖获得者沈凯凯为青年临床教师开展专业辅导。11 月上旬，临床医学院、护理部联合举办上海市第六人民医院首届微课教学比赛，为提升临床教师教学能力、顺应信息技术与教育教学深度融合趋势提供良好的

2022 年，举办首届微课教学比赛

学习平台。本次比赛全院有15个科室参加，共收到18名医生及14名护士的参赛作品。经过严格评审、激烈角逐，最终医生组及护理组分别评选出一等奖1名，二等奖2名，三等奖3名，另设教学设计奖4名。经过近年的定向培育，妇产科李毓在2022年第五届上海高校青年教师教学竞赛中获二等奖。

（陆耀红　李　萍）

【举行推普宣传周系列活动】 2022年9月，临床医学院结合推普宣传周，围绕“文字和谐，文化育人”这一主题，开展了“勤学苦练基本功，病史书写显身手”“火眼金睛啄木鸟，一差一错不放过”“教书育人重规范，教学督导融日常”等活动，全体学生积极参加，共同创建文明、和谐的语言环境。在医学院本科生病史书写比赛中，丁陆玥及李润钏分别获得特等奖及三等奖。

（陆耀红　李　萍）

2022年，六院临床医学院在医学院本科生病史书写比赛中获奖

1名，最佳多媒体制作奖1个，优秀指导老师4名和优秀组织奖3个。

（王　欢　王道珍）

【组织参加上海市住院医师人文主题活动】 2022年11月6日，六院临床医学院组织8名住培医师参加由上海周良辅医学发展基金会主办、复旦大学附属华山医院、上海市抗癌协会、上海市慈善基金会唯爱天使基金承办的“Brain Trekking 脑前行 2022 国际脑肿瘤日抗癌公益活动——暨第二届‘医’路携行上海市住院医师人文主题活动”。

（王　欢　王道珍）

2022年11月6日，参加上海市住院医师人文主题活动

【学生思想政治工作专项调研】 2022年11月30日下午，医学院党委副书记、副院长吴正一带队到第六人民医院开展学生思想政治工作专项督查。医院党委书记陈方、副院长郑元义以及相关职能部门负责人参会。会上，六院临床医学院党总支书记、副院长李萍汇报学院近三年学生思想政治工作的具体

【举办第二届住院医师病例汇报大赛】 六院临床医学院在举办首届住院医师病例汇报大赛的基础上，于2022年10—12月组织开展第二届住院医师病例汇报大赛，18个住培基地31位住培医师积极报名。本次大赛分为初赛和决赛两轮，在12月6日以现场加线上直播方式举行的决赛上，14名选手经过激烈的角逐和专业的评议，最终评选出一等奖2名，二等奖5名，三等奖7名，优胜奖17名，优秀病例奖1个，最佳台风奖

2022年12月6日，第二届住院医师病例汇报大赛举行

推进落实举措。医学院督查组基于学院自查报告内容，结合相关支撑材料及既往工作实绩，对学院学生思想政治工作予以中肯的评价，并对未来的发展提出要求和建议。

（陆耀红　李　萍）

2022 年 11 月 30 日，接受医学院学生思想政治工作专项督查

【主办上海市超声医学专业住院医师规范化培训师资培训班】 由上海市毕业后医学教育委员会指导，第六人民医院主办，上海市超声医学培训中心、上海超声研究所共同承办的“上海市超声医学专业住院医师规范化培训师资培训班”于 2022 年 12 月 2—4 日成功举办。本次培训班课程分为 4 个板块，分别是住培过程管理与考核评价、医学人文与医患沟通、岗位胜任力培养、超声临床模拟教学。上海市住院医师培训中心，北京协和医院，复旦大学附属中山医院、华山医院，上海交通大学医学院附属瑞金医院、仁济医院及第六人民医院共 20 余位从事教学及管理的专家参与授课。培训师资主要来自上海，辐射长三角，遍布全国各地，线上学习人数达 28 474 人。本次培训作为医院院级师资培训的一环，约 600 名医院带教老师参加学习。

（王道珍　王　燕）

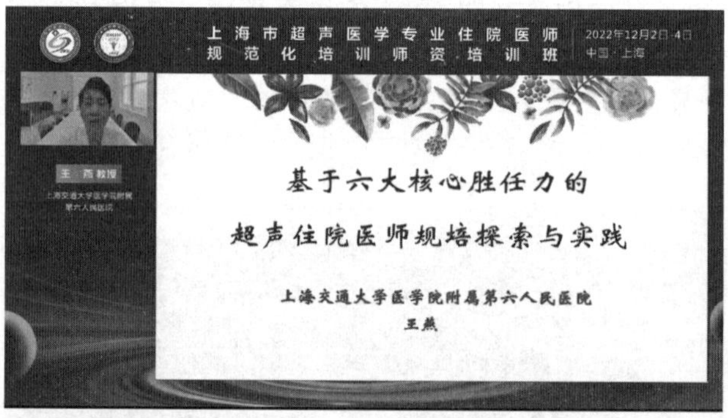

2022 年 12 月，主办上海市超声医学专业住院医师规范化培训师资培训班

公共卫生学院

【概况】 2022年，公共卫生学院（以下简称“公卫学院”）共有在校本科生231人，其中2017级预防医学专业33人，2018级预防医学专业27人，2019级预防医学专业32人，2020级预防医学专业32人，2021级预防医学专业47人，2022级预防医学专业60人（含卫生事业管理方向21人）。2017级毕业学生32人，均获得学士学位；2019级32人上半年顺利完成临床实习任务，下半年由同仁医院返回医学院本部；2020级自下半年临床理论学习阶段起即前往同仁医院住宿，将在同仁医院全程接受一学年的临床理论教学和实习轮转。

教育教学。2022年度，学院共开设各类本科生课程93门，其中必修课和指选课58门，选修课35门，总学时数为3 403.5学时，涉及临床医学专业八年制和五年制、预防医学专业、检验专业、营养专业、护理专业和交大本部等。指导大学生创新训练计划30项次，暑期社会实践14项次，本科生毕业设计33项次。本科教学工作有序稳步开展，预防医学-行政管理双学位项目已完成2021级专业遴选与课程安排工作；积极开展预防医学（卫生事业管理学方向）专业建设工作，并招募2022级第一届本科生20名；组织遴选2020级预防专业双导师配对，共设立32个项目。2022年度本科生以第一作者身份共发表SCI论文9篇，单篇IF最高8.8分；20名学生完成KCL暑期线上游学项目；继续完成公卫医师规培理论课程；积极参与改进、完善医学院教师激励计划实施方案，利用学院近三年的实践落实工作，已完成学科整合和主要课程梳理，构建“团队牵引、首席负责、全程激励、制度保障”的本科教学激励体系，建设和激励首席教师负责的教学团队，提高学生专业教学质量和创新能力，促进学院人才队伍建设可持续发展。学院在读研究生共计252人（含留学生2名），其中包括学术型博士研究生63名、硕士研究生171名和同等学力生20名。2022年度共组织4次学历学位申请，获硕士学历33人，获博士学历9人，获硕士学位36人（含同等学力），获博士学位9人（含同等学力）。3位学生获评研究生国家奖学金，3位学生获评上海市优秀毕业生，8位学生获评上海交通大学优秀毕业生，6位学生获评医学院雅培奖学金，1位学生参评上海交通大学年度人物，5位学生获评上海交通大学三好学生，3位学生获评上海交通大学优秀团员。学院招收硕士研究生68名和博士研究生18名（含1名致远荣誉直博生和7名直博研究生）；2022届毕业生人数共计43人，其中硕士毕业生33人、博士毕业生10人，毕业生就业签约率为97.67%，高于医学院平均就业水平；此外，共收到5位博士生导师选聘申请和17位硕士生导师选聘申请。2022年度获上海市教学成果一等奖1项、上海市重点课程建设项目1项、上海市思政课程建设项目1项、上海市青教赛个人三等奖1项，上海交通大学教学创新大赛二等奖1项、三等奖2项，医学院级项目及获奖多项。

师资队伍。学院现有教职员工123人，其中专职教师111人；2022年度学院引进了学科带头人2名，平台负责人1名，教师2名，博士后2名。9月，学院聘任贾伟平院士为上海交通大学公共卫生与预防医学学科掌舵人和学科带头人、博士生导师，进一步加强了学院的师资力量。学院坚持育引并举，不断提升青年教师的业务素质。依托国家海外优青项目、上海领军人才（海外）、市教委LX计划、医学院国际青年学者论坛等项目和平台，学院大力育引了一批思维活跃、学术水平高、创新意识强的海内外优秀青年英才。此外，学院通过积极申报各类人才项目、推进青年教师质量提升工程、创新博士后管理制度等多项举措不断提升学院青年教师的业务素质。2022年度，季晓媛获得2022年"九龙医学优秀青年人才奖"提名奖，7名教师获得上海海外高层次人才项目。依托医学院平台，学院首次启动教师专业技术职务网上申报和评审工作，并通过完善学院内部专业技术职务评定和聘用制度，进一步优化了教师专业技术职务评审流程，共有15人申报专业技术职务，其中9人申报高级职称，6人申报中级职称。

科研与学术。2022年，公卫学院共申报各类科研项目和课题119项，共获立项项目和课题52项，立项总经费约3833.5万元，其中国家级项目18项，包括国家自然科学基金外国资深学者研究基金项目1项、面上项目4项、青年项目8项，国家重点研发计划各类重点专项4项、立项总金额达2265万元。2022年度学院组织完成申报多项科技人才计划，1人入选上海市浦江人才计划、1人入选上海市教委曙光计划、2人入选上海市启明星计划扬帆专项、1人入选上海市卫生健康委卫生健康青年人才计划。除人才计划外，其他各类省部、局委级项目共有18项获得立项，包括上海市科学技术委员会自然科学基金面上项目3项、"科技创新行动计划"项目3项、上海市卫生健康委卫生行业临床研究专项2项、上海市教育委员会教育科学研究项目1项。此外，还获校级项目5项。学院签署其他纵向类项目和课题共4项，立项金额达59万元；签署横向合同共5项，立项金额达463万元；申请专利6项，申请软件著作权6项。2022年度学院在职教师共发表论文120余篇，其中SCI收录100余篇，一些重大研究成果发表在国际一流学术期刊，其中IF≥10有17篇，IF≥20有3篇。学院以线上和线下结合的方式举办"上海交通大学医学院国际青年学者云论坛——数字健康与预防医学分论坛"，来自全世界各高校和科研院所的6位优秀青年学者介绍了各自的科研工作，分享了取得的成果，并与专家和参会人员积极交流与讨论。暑期，学院圆满举办第二届伦敦国王学院线上游学项目，共遴选出20名优秀本科生参加为期3周的线上游学。2022年下半年，学院根据医学院的整体要求和部署完成学院英文网站的建设，包括教师信息、学院简介、新闻、宣传图片、学院图文标识等内容，已于12月8日上线。

健康科普。学院常态化推进应急科普工作，投入应急科普工作时长4000小时，坚守抗疫全过程，受到政府、权威媒体关注与报道。其中《新冠肺炎流行病学调查实用手册》推文阅读量7.4万，1500余次全文索取需求，需求来自全国600多个地区、覆盖33个省的疾控中心、医院和高校等单位，受到一致好评。组织《交大医学·科普之光》院庆书籍出版，配套本书核心内容，推出融媒体视频系列《上海市民健康生活新风尚解读》，聚焦健康生活方式，科学指导市民健康生活。推进医学科普与健康传播研究中心建设，为健康教育与健康传播学科建设注入新的内涵。编写《健康教育与健康传播——从理论到实践》专著。科普新书《公卫食验室：解锁厨房里的健康密码》融媒体创新出版，举办线上线下发布会，社会反响良好。持续探索青少年院校科技教育合作创新模式，与上海宋庆龄学校、上海浦东新区正达外国语学校达成战略合作；获评2022年上海市学生（青少年）科创教育基地。推进学院宣传员队伍建设，为学院宣传与科普工作保驾护航。2022年内，公卫学院发布68条新闻，官微发布科普资讯79条，上报给医学院55条，其中，2条登上医学院官网学院要闻，5条被医学院官微收录。持续推进"党建＋科普"工作模式，获评2022年黄浦区"社区书院"称号。作为召集人单位组织上海市健康科普专家库（健康教育与健康传播）。

党建工作。学院党委以党的政治建设为统领，加强党的基层组织建设和党员队伍建设，成立学院第八、第九两个研究生党支部；完成第一、第二、第三、第六支部换届；举办"喜迎二十大、永远跟党走、奋进新征程"公共卫生学院基层党务工作者培训班；完成3位干部转正，1位干部选拔任用工作，协助完成1位老师挂职黄浦区团区委副书记相关工作；学习贯彻习近平新时代中国特色社会主义思想和党的二十大精神，围绕立德树人根本任务，强化责任担当，持之以恒抓好思想建设；做好共青团、宣传、精神文明、工会、妇委会、统战等工作，大力推进文化建设；完成《"三全育人"视域下研究生党支部工作体系化建设研究和实践》《优化公卫研究生党建工作衔接环节助力党组织后继有人大计的研究与实践》两项医学院党建课题；成功申报"上海高校党建工作标杆院系"创建项目，拟通过"5＋10＋1"构建1个党建工作框架，加快双一流建设和推动学院各项事业稳步发展。

荣誉获奖。2022年，学院院长王慧当选黄浦区侨联主席，获中国侨联第九届"侨界贡献奖"一等奖、"上海市五一劳动奖章"等。

公共卫生学院党政领导名单：

院　　长 王　慧
党委书记 黄　荣
副院长 蔡　泳
副 院 长 李晓光
党委副书记 张晓晶(6月任)

（贾方芳　李井泉　蒋雪琴　陆唯怡）

【“数字健康赋能黄浦发展”推进会】 继黄浦区人民政府与上海交通大学达成战略合作后，2022年1月，黄浦区卫生健康委与公共卫生学院以“数字健康赋能黄浦发展”为主题，就2022年具体合作事项展开研讨，部署落实相关合作内容。黄浦区卫生健康委黄埔副主任徐虹霞、黄浦区疾病预防控制中心主任周峰、黄浦区卫生健康委疾控科科长侯瑱、妇幼健康和家庭发展科副科长柴亮琦，公共卫生学院院长王慧、副院长李晓光、学院相关系室主任及骨干与会。与会人员展开了热烈讨论，就2022年重点开展工作达成共识，积极对接“健康中国、数字中国”国家战略，秉承“小中心、大网络”的建设理念，将围绕数字医疗研究中心、数字公卫研究中心、数字医药研究中心、数字医学转化中心、监管科学研究中心“五大中心”建设，打造一流的数字医学科技创新研究高地和产业应用转化基地。

（屠梦昊）

【开展《健康中国》战“疫”云课堂】 为有效应对新型冠状病毒疫情的蔓延和传播，院长王慧带领钟文泽和郑黎强两位核心骨干，与疾控中心工作人员成立联合流调工作组，梳理工作重点，建立有效沟通工作机制，落实个人分管工作和责任，并在此次《健康中国》战“疫”系列课程中做了专题分享。

（钟文泽　郑黎强）

2022年，院长王慧与青年教师骨干在抗击疫情一线指挥流调工作

【获评2022年黄浦区“社区书院”称号】 为发挥党建引领基层科协建设，提升科技类公共资源和服务质量，公共卫生学院“党建＋科普”志愿服务基地获批2022年黄浦区“社区书院”称号，成为首家学校类别的综合服务场所。此外，在黄浦区“健康行动 科学生活”健康科普新媒体作品征集活动中，由学院高级实验师施蓉指导，陈思佑同学创作的手册折页《在校大学生避孕知识科普手册》，由学院副教授徐刚指导，2017级预防医学专业李美雪同学制作的《中老年人糖尿病科普辟谣——易感谣言TOP10》科普作品入围。

（陆唯怡）

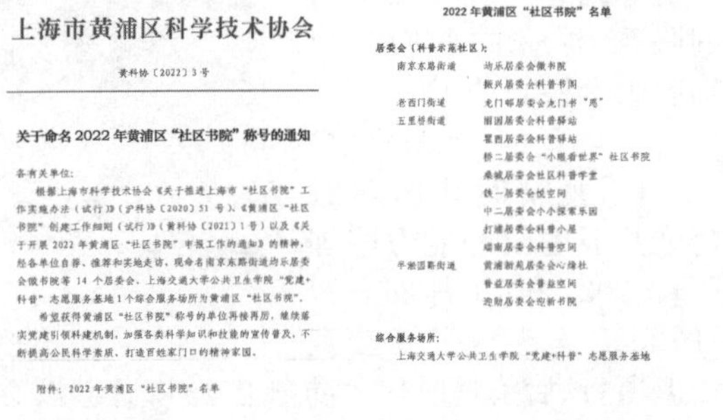

上海市黄浦区科学技术协会

黄科协〔2022〕3号

关于命名2022年黄浦区“社区书院”称号的通知

各有关单位：

根据上海市科学技术协会《关于推进上海市“社区书院”工作实施办法（试行）》（沪科协〔2020〕51号）、《黄浦区“社区书院”创建工作细则（试行）》（黄科协〔2021〕1号）以及《关于开展2022年黄浦区“社区书院”申报工作的通知》的精神，经各单位自荐、推荐和实地走访，现命名南京东路街道均乐居委会微书院等14个居委会、上海交通大学公共卫生学院“党建+科普”志愿服务基地1个综合服务场所为黄浦区“社区书院”。

希望获得黄浦区“社区书院”称号的单位再接再厉，继续落实党建引领科建机制，加强各类科学知识和技能的宣传普及，不断提高公民科学素质、打造百姓家门口的精神家园。

附件：2022年黄浦区“社区书院”名单

-1-

2022年黄浦区“社区书院”名单

居委会（科普示范社区）：

南京东路街道　均乐居委会微书院
振兴居委会科普书阁
老西门街道　龙门邨居委会龙门书“苑”
五里桥街道　丽园居委会科普驿站
瞿西居委会科普驿站
桥二居委会“小眼看世界”社区书院
桑城居委会社区科普学堂
铁一居委会悦空间
中二居委会小小探索乐园
打浦居委会科普小屋
瑞南居委会科普空间
半淞园路街道　黄浦新苑居委会心缘社
普益居委会普益空间
迎勋居委会悦新书院

综合服务场所：

上海交通大学公共卫生学院“党建+科普”志愿服务基地

-3-

2022年，公共卫生学院“党建＋科普”志愿服务基地获评2022年黄浦区“社区书院”称号

【交叉学科创新人才实践培养基地】 为培养兼具医学与人工智能专业技能的复合人才，学院院长王慧联合上海交通大学电子信息与电气工程学院特聘教授、国家万人计划俞凯，共同组建了“智能＋公共卫生”交叉学科创新人才实践培养基地。2022年11月8日，基地邀请阿里巴巴技术副总裁、caffe框架创建者贾扬清为69名本科、研究生同学开展了题为“人工智能的工程实践”的讲座。贾扬清从AI领域在近20年当中碰到了天翻地覆的变化出发，结合AI工程化的历史与现状，向同学们展示了AI算法螺旋发展日趋完善的当下，其应用所面对的核心挑战与未来的行业布局。讲座结束后同学们在俞凯的组织下进行了提问与答疑。11月30日，基地组织31名同学前往医学院单细胞组学与疾病研究中心，开展新公卫人才培养参观与讲座活动。同学们在班导师

刘宁宁的带领下参观了中心的实验室和仪器室，观摩先进实验仪器设备。讲座环节，基地邀请了中心平台李辰、李慧鹏、何垈三位老师担任嘉宾，为同学们解答了单细胞基因组学、转录组学、蛋白组学、代谢组学以及多组学整合分析等内容与大公卫学科的联系，促进同学们对单细胞组学科研的了解。

（刘宁宁）

2022 年 12 月 4 日，公共卫生与预防医学学科建设发展高峰论坛暨公共卫生学院二十周年院庆举行

【后疫情时代医防融合公共卫生核心能力培训班】 2022 年 11 月 24—27 日，2022 国家级继续教育培训项目《后疫情时代医防融合公共卫生核心能力》〔2022－12－07－207(国)〕在线如期举办。该项目由公共卫生学院和医学院继续教育学院联合举办、公共卫生学院-瑞金医院公共卫生应急医学培训基地协办。参与本次培训的有全国医学院校教师、各级疾病预防控制中心人员、卫生机构管理人员、基层公共卫生防控人员、医院感控人员、全科医学教师、研究生和本科生等 100 余人。本次培训班构建不同模块内容，以线上直播讲座形式进行，邀请国内外知名公共卫生教育专家、公共卫生资深教学名师、疫情防控流调专家和公共卫生管理政策专家，向学员们从理论和实战经验两方面联合介绍后疫情时代公共卫生能力建设要素、传染病应急处置经验分享、卫生政策与医防融合等当下公共卫生核心能力建设要点和热点。

（闫媛媛）

【举行学科建设发展高峰论坛】 2022 年 12 月 4 日上午，“奋进二十载扬帆新征程——上海交通大学医学院公共卫生与预防医学学科建设发展高峰论坛暨公共卫生学院二十周年院庆”在懿德楼二楼报告厅隆重举行。上海市统战部常务副部长黄红，上海市卫生健康委一级巡视员衣承东，上海市科创教育指导委员会主任杨建荣，中国工程院院士、上海交通大学数字医学研究院学术委员会主任杨胜利，中国工程院院士、上海交通大学副校长、医学院院长范先群，以及师生代表等通过线上线下方式参加大会。公共卫生学院院长王慧介绍建院 20 年以来学科的建设发展情况。会上宣布公卫学院校友会正式成立并宣读第一届理事会成员名单。圆桌论坛围绕数字医学、环境卫生、慢病防控、学科建设、人才培养、健康科普等问题展开探讨。

（屠梦吴）

【举办新时代提升全民科学素养研讨会】 2022 年 12 月 15 日下午，新时代加强国家科普能力建设提升全民科学素养研讨会暨上海交通大学医学科普教育融媒体分中心授牌仪式在医学院顺利举办，与会领导与专家就健康传播人才培养等议题展开圆桌研讨。

（陆唯怡）

2022 年 12 月 15 日，新时代加强国家科普能力建设提升全民科学素养研讨会暨上海交通大学医学科普教育融媒体分中心授牌仪式举办

护理学院

【概况】 2022年,护理学院有专兼职教师88名,具有高级职称的教师占教师总数的77%;专职教师中具有博士学位的占95%,拥有海外博士学位的占29%。截至2022年底,学院共有研究生导师34名,其中博士生导师9名,硕士生导师25名。有引进人才6名和外籍客座教授4名。

学科建设。国际与国内学科排名显著提升。2022年软科中国大学专业排名第三,2022年软科世界一流学科排名(ARWU)139,2022年泰晤士高等教育(THE)中国学科评获评A+。学院以学科大讨论为契机,结合自身特色优势,初步形成以公共卫生应急护理、妇儿健康、精神心理护理、护理政策与领导力等为重点建设方向,以口腔、骨伤、麻醉等为优势专科护理方向。借助国际青年学者论坛、护理创新团队及护理学科人才队伍项目,着力打造一流护理学科人才梯队。2022年度入选护理学科带头人4人、学科骨干10人、青年人才20人;获上海市浦江人才1项、上海市护理学会"优秀青年人才育苗计划等各类人才项目20项。临床护理研究分中心初步方案形成,为教职工、学生、附属医院护士提供开展护理临床研究所需要的软硬件支持。获国家自然科学基金项目2项(面上1项、青年1项),省部级课题项目2项,在研课题研究经费960余万;发表SCI论文100篇(JCR分区Q2及以上56篇)、CSCD论文91篇;获国家发明专利2项、实用新型专利等223项;获2022年度华夏医学科技奖、第十五届上海护理科技奖等3项,第四届中华护理学会创新发明三等奖等25项,上海市护理学会护理管理专委会2022年护理管理优秀论文等12项,第五届上海国际护理大会优秀论文3项;参加2022世界睡眠大会、第十二届香港国际护理论坛、Sigma第30届国际护理研究大会、2022上海国际儿童肿瘤高峰论坛暨第17届全国小儿肿瘤学术会议等国内外学术会议,口头汇报或壁报交流197人次。

教学方面。全日制本科在校学生共160人,开设课程共计28门,总学时为1 280学时,高级职称教师理论课授课占理论课总学时78.01%。依托高地大卓越护理创新人才培养项目,持续推进护理专业本科教学改革。加强护理专业大思政体系建设,全面梳理护理学院课程思政建设基础上,完成"以交医护理寻珍为主题开展口述护理发展史"教育项目、教师思政教学能力课程库完善和临床护理思政设计大赛;启动首轮"以器官系统为中心"的整合课程建设;在"卓越护理专业技能师资库建设"基础上,完成"卓越护理专业技能临床案例库建设"、护生实习前综合技能训练课程建设。成功举办2022年上海交通大学第三届全国护理本科优秀毕业论文线上论坛。全日制研究生招生33名,其中硕士28名、博士5名;招收2023级全日制推免研究生8名(含学硕3名、专硕5名)。全年学位申请38名(含同等学力硕士研究生16名),其中36名硕士研究生通过查重、盲审、评阅、科研成果检查、毕业论文答辩等流程,全部获得学位。结合学院“十四五”规划，为促进各阶段护理学科人才发展，积极推进护理学科人才队伍建设，充实导师队伍，开展研究生导师选聘工作，2022年新增博导1名，硕导3名。护理学科获批“护理学-行政管理”双学位建设项目；“成人护理学Ⅱ”获上海市一流课程，“护理教育学”获“2021年上海市课程思政示范课程”，“护理管理学”获首届上海市课程思政教学设计展示活动社会科学组一等奖，“护理学导论”获上海交通大学2022年本科课程思政示范课程培育项目立项；学院教师获第二届全国高校教师教学创新大赛讲师组二等奖、上海市教学创新大赛讲师组特等奖、上海市护理学会护理学类课程思政教学能力比赛一等奖、三等奖；“护理临床团队”获上海交通大学2021年优秀基层组织；“护理教育学”课程团队获“上海市课程思政示范团队”，获医学院课程思政竞赛奖4项和PBL案例大赛奖1项；发表教学论文16篇，获批教改课题4项，主编书籍1本；2020级本科生获全国第一届医学虚拟仿真实验创新大赛“卓越奖”，2019级本科生获国际护理技能大赛优胜奖，2018级本科生获第三届全国护理本科优秀毕业论文论坛一等奖；2022年研究生共获国家奖学金2人、上海市优秀毕业生1人、上海交通大学优秀毕业生5人、上海交通大学优秀团干部1人、上海交通大学优秀团员2人、上海交通大学“三好学生”3人、“董氏”专项奖学金1人、“苏州育才”专项奖学金1人、“雅培营养”专项奖学金3人。

培训交流。依托王宽诚教育基金，选送1名教师参加英国伦敦国王学院博后项目；在高水平地方高校建设项目支持下，选送8名教师参加复旦大学护理学院“高级护理实践的理论与实践”继续教育学习班；基于2023年国自然申报需求，15名教师参加上海交通大学“2023年度国家自然科学基金申报宣讲与交流会”，2名教师参加“2023年度国家社科基金项目交流辅导会”。组织教师参加“卓越护理专业技能师资队伍”师资培训、“上海市属高校青年教师系列培训”、“2022年新教师岗前培训”、2022年“优秀青年人才培育计划”培训班、“2022年教师思想政治与教育教学能力培训(新任教师)”等各类技能或岗位培训。

国际交流。2022年先后举办中美麻醉护理论坛、海外学者线上讲座，邀请来自亚洲、欧洲、美洲等地区的8位海外专家开坛授课，分享学术前沿和研究进展。依托英国剑桥大学剑桥科技文化融合中心共同开发针对上海交通大学护理学院的科研第二课堂，33名来自本科、硕士、博士的学生及12名学科人才参加培训。此外，逐步恢复海外友校的联系和接洽，探索中外联合培养的新路径，先后与英国伦敦国王学院、新加坡国立大学进行联合培养项目沟通务虚会。

党建方面。学院党委成立学习贯彻落实党的二十大精神专项工作小组，形成学习宣传贯彻党的二十大精神工作机制，制定全方位、多层次学习宣传贯彻实施方案。结合新冠疫情防控形势，学院党委组织安排全院师生采用线上和线下、集体和个别等多种形式及时收听收看党的二十大开幕会，营造集体学习的良好氛围；学院领导班子带头学、带头讲党课，党委举办专题辅导，把党的二十大精神融入各级专题学习和培训中，建立常态化学习机制；举行党委中心组(扩大)学习会议，专题学习党的二十大报告及新修正的《中国共产党章程》；围绕党的二十大精神内涵，邀请上海交通大学马克思主义学院教授李建强作专题辅导讲座；举行“学习二十大、永远跟党走、奋进新征程”骨干教师和青年教师座谈会，结合学习为学院“团队/教研室建设”教学管理模式献计献策。同时，在学院中文官网首页开设“党的二十大精神专题学习”专栏，学院各级党组织积极踊跃供稿，发布党的二十大精神的学习动态内容，推送学习通讯及学习感言共7条。学院党支部与淮海中路街道复四居民区党总支委员会、附属第九人民医院护理党支部签署合作协议，结对共建，激发共建共享活力，服务社区居民，继续举办“世界睡眠日”科普活动。学院研究生获评上海高校“百名学生党员标兵”1名、四川省“立德树人”优秀案例二等奖1项、上海市微团课比赛二等奖1项、闵行区道德模范“最可爱的人”提名1名等；以医学生成长为主线的情景剧《终将成为你》获第一届上海校园戏剧节大学组优秀剧目奖；学院教师获评上海市教育系统巾帼建功标兵称号1名、上海交通大学医学院“上药杏林育才奖”1名、上海交通大学医学院“九龙护理优秀青年人才奖”1名、“高级护理实践”参加第三届“上海高校青年

2022年，附属医院护理学科大讨论举行

2022 年 9 月 21 日,“聚天使之力　续七秩华章”疫情防控师生表彰会举行

教师培养资助计划”课程思政教学案例展演活动获优秀奖 1 名、2022 年世界睡眠协会(World Sleep Society)“杰出活动奖”1 名;2022 年度护理学院党委获批医学院党建研究会课题 2 项,医学院思政教育研究基金项目立项 1 项。

疫情防控。在疫情防控期间,学院领导班子带领全院师生无私奉献、勇于担当,积极投身校内外疫情防控第一线。校园准封闭期间,共计 18 名教师参与校园值守,其中最长值守时间 91 天,平均值守时间 22.8 天,护理研究生留校 44 人中有 26 人参加校内防疫志愿者。4 月,护理学院有 22 名学生参与医学院虹口区核酸采样志愿服务队,完成社区核酸采样任务。疫情防控常态化期间,学院师生再次承担校园核酸采样志愿服务工作。

护理学院党政领导名单:

党委书记　林炜栋(6 月免)　章　新(6 月任)

院　　长　杨　艳(兼党委副书记)

副 院 长　方　琼　朱冰倩(9 月任)

(张　烨　吴　清　胡静超　赵晓燕　朱卓非　谢　歆)

2022 年 12 月 5 日,口述护理发展史之陆冰教授访谈

【举办“聚天使之力,续七秩华章”表彰会】　为表彰护理学院在上海市新冠疫情防控工作中涌现出的先进典型,充分发挥先进典型的示范引领作用,弘扬抗疫精神,凝聚奋进力量,2022 年 9 月 21 日,护理学院隆重举行了 2022 年上海交通大学护理学院疫情防控师生表彰会。医学院副院长方勇、护理学院全体教师以及学生代表参加会议。会上宣读《致校园守护者与虹口核酸志愿队的感谢信》、“2022 年护理学院疫情防控志愿者教师表彰名单”以及“2022 年护理学院学生志愿者表彰名单”。与会师生代表分享了他们参与疫情防控的经历和感言。

(张　烨)

【提升项目申报质量】　护理学院组织引导护理学科带头人及学科骨干做好 2023 年国家自然科学基金申报工作,开展与国家战略相融合的科研工作,前

2022 年 11 月 25 日,国家自然科学基金申报系列活动-经验分享会

2022 年 12 月 11 日，国家社会科学基金申报系列活动-经验分享会

期针对广泛调研及意见征询基础上，完成学院 2022 年国家自然科学基金等项目申报系列准备方案，分为经验分享、集中辅导、一对一指导三个阶段。11 月学院举办了 2023 年国家自然科学基金项目申报和国家社会科学基金项目申报启动及经验分享会，邀请 7 位在国内护理学科及交叉学科领域、具有丰富经验和深厚造诣的资深专家做主题分享，为 2023 年护理学科国家级基金申报打下基础。

（胡静超）

【健全完善教学科研行政管理体制】 护理学院梳理管理体制机制，健全完善教学科研行政管理体制，划分工作责任，明确工作职责和管理目标，加强学科建设平台保障功能，健全科研行政管理体系，配齐配强科研行政管理人员，为护理学科人才开展高质量护理研究、推动学科建设提供服务保障；总结教学团队工作成效，推动新一轮教学团队优化重组，对教学课程建设实施整合；推动学科平台建设，积极筹建临床研究中心护理分中心和高阶专科护理基地；加强教研室行政职能和党支部引领作用，实施赋权激励，将工作动力和责任引导传递；开展附属医院学科调研，推进医学院-附属医院护理学科一体化建设，在教学、科研基地、师资和人才挂职锻炼等方面主动融合。

（吴　清）

【继续高地大卓越护理创新人才培养建设】 护理学院坚持“以本为本，四个回归，一流本科建设”的基本原则，依托高地大卓越护理创新人才培养项目，持续推进护理专业本科教学改革，即护理专业大思政体系建设、护理学专业一流课程建设及高质量师资队伍建设、高水平的卓越护理实践能力培养。继续加强“匠心剧社”学生社团建设和班导师系列活动、加强课程思政体系建设、教师思政能力培养及护理学院口述护理发展史教育工作；开展整合培养体系研究、选修课程建设和教材编写；继续开展“慕课建设”优化教学方法改革；结合国家新医科背景下创新型卫生人才的培养需求，继续设立创新项目，增进学生创新能力激发和培养；促进高水平卓越护理实践能力培养力度，在“卓越护理专业技能师资库建设”基础上，完成“卓越护理专业技能临床案例库建设”等。

（赵晓燕）

【开启组建新一轮护理学院教学团队】 根据《上海交通大学医学院骨干教师教学激励计划实施方案》(2019 年修订)，结合护理学院教学发展现状，学院举办骨干教师座谈会及青年教师座谈会，听取全员教师意见；同时完成三年团队建设总结评审工作，对以往团队建设进行深度总结，改进不足、加强建设；完成护理学院新一轮教学团队首席竞聘，制定 2023—2025 年度上海交通大学护理学院教学团队建设方案，为后续教学团队进一步建设提供依据。

（赵晓燕）

【积极筹备专业认证工作】 2022 年初学院组建专业认证筹备工作组，组织教师培训和定期工作推进会，切实有力推进认证准备，2022 年下半年，结合专业认证最新指导方案，学院进一步梳理专业认证最新要求，明确认证目的，进一步加强学习，为后续持续建设提供有力支撑。

（赵晓燕）

【学科内涵建设与发展】 2022 年医学院高水平地方高校建设项目——护理学学科获批建设经费 827.78 万元。秉持建设“国内一流、国际先进”的办学定位，以面向国家战略急需、服务全方位全周期人民健康为导向，以“协同交叉、借力发展、共商共建”为策略，持续推进“三个一工程”、形成“三个一体化”、实现“三个一流”的总体建设思路。在此基础上，启动临床护理研究平台建设，为开展高质量学科交叉研究及研究型护理人才的培养提供有力支撑。高阶专科护理人才能力提升培养体系建设方面，遴选 6 个专科方向，10 个专科培训基地。完成 6 门专硕课程建设，并于 2022 年秋季学期顺利开课。护理虚拟仿真课程体系建设方面，完善灾害情景化虚实融合临床实训教学实验体系框架，以护理预备队师资为基础，遴选一支虚拟仿真公共卫生应急处置教学师资团队，开发成熟公共卫生应急处置案例 4 个。

2022 年，高阶专科护理基地遴选评审会

2022 年 12 月 9 日，护理＋X 护理创新“大家谈”系列活动

2022 年，护理创新团队

“护理＋X”交叉融合产-学-研中心建设方面，初步构建“护理＋X”协同创新课程方案，举办“护理＋X”创新系列活动，遴选出 10 个重点项目、20 个培育项目，通过项目孵化，促进成果转化。临床护理研究中心建设方面，与医学院临床研究中心达成初步合作意向；形成初步构建临床护理研究中心建设方案，初步制定了临床研究型护士培训课程框架。

（胡静超）

2022 年，护理学科人才队伍

【人才梯队建设与成果产出】 护理学院依托护理学科人才队伍建设项目、护理创新团队项目等，全方位支持学科带头人、学科骨干及青年人才，加快厚植人才优势，最大限度激发人才创新创造能力，产出高质量学术成果。2022 年新增国家级、省部级课题 4 项；发表 SCI 论文 27 篇（JCR Q2 分区及以上 24 篇）；申报国家发明专利 2 项；作为主编/副主编出版人民卫生出版社教材 1 部。创新团队通过两年建设新增国家、省部级及上海市级课题 14 项；发表 SCI 论文 41 篇（IF＞5 分 12 篇）；申报发明专利 5 项；作为主编/副主编参编国家卫生健康委“十四五”规划教材 2 部。

（胡静超）

【组建护理预备队】 2022 年，护理学院顺利完成《上海市公共卫生突发事件应急处置护理预备队建设项目》三年建设，组建了一支 3000 人“护理预备队”和 12 个护理实训基地，为抗击疫情提供有力的人力储备与技术支撑；建立了明确的组织管理体系，对预备队建设实施、人员遴选、培训考核、物资管理等方面进行了全面详实的制度规范，保障队伍的运行有章可循，有据可依；组织及参与 2 次大规模应急演练；开展公共卫生应急处置培训 400 余次，演练 50 余次，参与达 50000 人次；发表论文 28 篇，申报专利 112 项，获上海市护理科技奖三等奖 1 项。

（胡静超）

2022 年，上海市公共卫生应急处置预备队综合演练

2022 年，上海市公共卫生应急处置预备队核生化演练

【概况】 2022年，口腔医学院在读研究生362名，其中博士研究生163名，硕士研究生199名。在岗博士生导师60名，硕士生导师60名。

教育教学。学院2022年完成5个年级327名学生的教学任务，其中，2017级口腔八年制24名、五年制19名；2018级口腔八年制28名、五年制23名，留学生6名；2019级口腔八年制30名，五年制26名，留学生22名；2020级口腔八年制29名，五年制34名，留学生5名；2021级口腔八年制30名，五年制46名，留学生5名。2022年完成教学时数1 813学时，开展PBL课程6个，2017级43名学生完成实习并参加毕业综合考试，全部顺利结束本科学习阶段。2018级57名学生进行临床前综合考试并全部通过，于7月4日进入实习阶段。第一届2016级口腔八年制18名学生在新冠疫情防控下，通过学院的教学安排调整，完成为期一年的临床科室必修轮转任务。组织2016级口腔八年制进行博士Ⅰ阶段考、执业医师考前培训，准备开题及中期考核。2017级口腔八年制24名学生完成选导、确立培养计划，并开启为期一年的二级学科轮转。2022年接收外校交流学习学生，接收丽水学院交流生开展理论阶段课程，完成帮扶工作。完成成人教育2020级口腔专业135名学生共计664学时的教学任务，完成2019级口腔专业174人为期16周的实习带教任务，组织2019级口腔专业学生通过毕业理论考试、毕业操作考试和毕业论文答辩。2022年共招录107名研究生，其中学术型研究生70名，专业学位研究生37名。共授予91名研究生学位，其中学术型博士学位23名，学术型硕士学位30名，专业学位博士学位11名，专业学位硕士学位22名，同等学力博士5名。在2022年医学院“博极医源”研究生学术论坛中，获口头报告特等奖2名、学术壁报一等奖1名。截至2022年底，口腔住院医师在培人数为247名（含委托培养住院医师11名），其中2020级67名，2021级91名，2022级89名。口腔基地专科医师在培人数为149名，其中2015级4名、2016级4名、2017级5名、2018级12名、2019级11名、2020级35名、2021级34名以及2022级44名。2022年，学院招录78名住院医师（含19名专硕），其中，博士学位22名，占28%；硕士学位31名，占40%；本科生（专业学位研究生）21名，占27%；本科生（五年制）4名，占5%。招录委托培养住院医师7名。2022年招录国家试点口腔颌面外科专科医师12名，上海市专科医师口腔基地招录26名。在2022年度全国住院医师规范化培训年度业务水平测试中，学院口腔病理科基地、口腔颌面影像基地、口腔内科基地、口腔修复基地均获上海市第一名。学院参加住院医师规范化培训结业综合考核69名，合格67名，合格率97%。7月16日—17日，学院承办2022年国家口腔执业（助理）医师资格实践技能考试，共有472名考生参加此次考试。12月8日—11日，举办第二届上海口腔虚拟仿真教学论坛暨3D数字化根管治疗虚拟模拟教学继续教育学习班。毕业后医学教育相关项目立项4项。2022年口腔医学课程虚拟教研室获教育部首批虚拟教研室建设试点项目。"口腔颌面部肿瘤"获2022年度上海高校市级重点课程立项和市级本科课程思政示范课程。获校级、医学院级一流课程和课程思政示范课程培育项目4项,医学院级教材建设2项。主编的全国高级卫生专业技术资格考试指导《口腔医学》及考试习题集丛书《口腔医学习题集》由人民卫生出版社正式出版。完成了所有教材的全面政审工作、图片审核工作及实践类课程教学大纲的修订。"牙体牙髓病学""口腔修复学"慕课(MOOC)上线。继续开展院内项目培育,2019年第二批立项项目验收,口腔17项全部通过验收。开展2022年院内教学培育项目申报,口腔医学院立项12项。完成第二批教学激励计划的终期验收考核和第三批教学激励计划团队的年度考核;完成第一批教学型医师终期考核,第二批、第三批教学型医师的年度考核。获2022年"陈家伦许曼音医学教育发展基金"奖,首届"江绍基院士优秀住院医师奖励基金"提名奖,上海市住院医师规范化培训优秀住院医师奖,上海市优秀儿科专科医师提名奖。邱蔚六院士等获上海市教学成果一等奖1项("新内涵"引领下卓越口腔医学创新人才培养体系的构建与实践),蒋欣泉获上海交通大学首届佳和优秀导师奖,廖悦获第五届上海高校青年教师教学竞赛医学学科特等奖、全国口腔医学青年教师授课技能展示"潜力强劲教师",曹健、马春跃获全国口腔医学优秀临床教学案例展示"最佳设计案例"1项,口腔医学院团队获交大"教书育人奖"二等奖,交医"上药杏林育才奖""绿叶管理服务奖"等,其他医学院级竞赛及荣誉奖项10余人次。

学科建设。学院围绕学科总体布局、一流人才队伍建设、科研创新能力提升等重点问题,举办"医学院学科建设大讨论——口腔医学院专场调研会"。入选教育部第二轮"双一流"建设学科,第五轮学科评估取得历史最好成绩。在学科声誉上继续保持第一方阵前列,在软科中国最好学科排名保持全国第2名;在2021年度中国医院科技量值(STEM)及中国医院排行榜专科综合榜中均位列全国第3名;上海交通大学牙科学首次入围上榜2022年QS世界大学排名,居世界第51～70位,内地第4,实现了历史性突破。积极推进国家口腔医学中心建设,正式牵头成立首批包含121家单位的国家口腔医学中心口腔颌面外科专科联盟;主办国家口腔医学中心高峰论坛。持续推进国家口腔疾病临床医学研究中心建设,完成中心成立以来首次由科技部等四部委联合组织的运行绩效评估工作并获评优秀;线上举办"第四届临床研究方法培训会议",受众约4 000余人;在上一期重中之重临床医学中心建设评估优秀的基础上,获批2022年上海市重中之重研究中心A类项目。建立上海市口腔医学重点实验室开放课题管理制度,2022年度共择优资助12项课题;举办实验室沙龙、"大师论坛",促进不同分支实验室的成果交流。新获批"上海市口腔-颅颌面数字化技术研发与应用专业服务平台"和"上海市医用人工替代物交互界面力学行为和设计专业技术服务平台"。在科研项目方面,获批各级各类科研项目138项,其中科技部青年科学家项目1项、课题4项,国家自然科学基金36项(含重点项目1项、优青海外1项)。在论文发表方面,发表论文总数392篇,其中SCI论文268篇,58.6%的论文发表在Q1区杂志(JCR分区),包括《细胞代谢》(*Cell Metabolism*)、《科学转化医学》(*Science Translational Medicine*)、《肿瘤学纪要》(*JAMA Oncology*)三篇子刊论文和《科学进展》(*Science Advances*)、《自然－通讯》(*Nature Communications*)、《先进材料》(*Advanced Materials*)、《牙科研究杂志》(*Journal of Dental Research*)和《临床牙周病学杂志》(*Journal of Clinical Periodontology*)等国际著名期刊;在口腔医学中文顶级期刊《中华口腔医学杂志》上发表原创论著6篇、综述3篇。主编(主译)专著16部、副主编(副主译)专著1部、参编(参译)专著9部。牵头制定临床指南、专家共识和标准7个。张志愿、杨驰、陈万涛和孙皎4位教授入选爱思唯尔发布的"2021年中国高被引学者榜单";Maurizio S. Tonetti、蒋欣泉、林开利、张志愿、陈万涛、孙皎、杨驰等7人入选全球学者库更新的"全球顶尖前10万科学家排名"。邹多宏等获教育部科学技术进步二等奖、邹多宏等获上海市医学科技奖青年奖等、房兵等获中华口腔医学科技奖三等奖、王旭东等获"春昇杯"医学创新人才大赛三等奖、Maurizio S. Tonetti获2022年上海市"白玉兰纪念奖"。共获专利授权189件,专利转化85件,转化金额达2 713.57万元。新增俄罗斯工程院外籍院士(陈万涛)、国家自然科学基金优秀青年科学基金项目(海外)(张武昌)、中国科协青年人才托举工程、启明星、浦江人才计划、曙光计划等局级及以上人才计划21人次。

科学普及。入选首批全国科普教育基地;持续推进《口腔自我保健视频漫画丛书》编写工作,2022年出版《预防保健篇》《口腔黏膜篇》2本分册。开展2022年中华口腔医学会会员日活动暨全国科技工作者日、全国科技活动周、六一儿童节系列活动和"全国爱牙日"主题宣传系列活动,举办"祝健康　瞧口腔"大型义诊与赠书仪式暨"久蔚"诊室揭牌仪式和覆盖口腔全部亚专科的大型科普直播活动,总观看人数达64.4万人次。

学生工作。新冠疫情期间,学院贯彻落实上级决策部署,做到全年近千人学生信息"日报表"和"零报告"。驻扎园区一线,守护学生安全,派出学生采样志愿者队服务黄浦区新冠疫情防控工作。以“心理咨询室”为抓手，“巴林特团体”“云端讲座”“绿色转诊”多措并举为学生心理健康保驾护航。线上开展五四晚会、抗疫文艺汇演、师生电台连线，激扬学子青春风貌；搭建学生心理志愿者队伍、“NINE之声”学生权益通道、设立楼层长点对点服务。统筹谋划为构建辅导员队伍专业化建设提供支撑。借助“邱蔚六工作室”，成立“久蔚”乡村诊室，让“健康中国”无缝衔接乡村振兴，并获2022年“知行杯”上海市大学生社会实践大赛一等奖、上海交通大学社会实践特等奖。以仪式教育为抓手，开展白袍仪式、缅怀仪式、教师节感恩仪式等，注重情感体验，提升人文情怀感染力；以朋辈教育、师生午餐会为平台，构建长效机制凸显文化育人的持久力。通过党建基地挂牌，厚植家国情怀。多措并举“稳就业、促就业、保就业”，连续多年获评“就业先进单位”。创建“科创青春”分享会，积极组织大学生创新训练计划，激发科研驱动力。优化学生评价机制，成立评审专家委员会。2022年度第十四期大学生创新训练项目共17项结项，其中国家级5项，市级8项，校级4项。第十五期共17项立项，经中期答辩，其中国家级4项，市级10项，校级3项。177人获得各级各类荣誉称号。2022年度完成考察并转正党员13名、吸收预备党员13名；接收入党申请书3份，输送积极分子17名，输送发展对象19名。

党建工作。学院积极开展迎接、学习、宣传、贯彻党的二十大精神专项行动，制定《中共上海交通大学口腔医学院委员会关于学习宣传贯彻党的二十大精神的实施方案》，通过组织收听收看、配发学习资料、举办专题辅导、纳入专题培训、做好学习宣讲、创新学习载体等具体举措，全面宣传贯彻落实党的二十大精神。立项并完成市教卫工作党委课题一项——“医学院校党组织加强医学人才培养的路径探索”，本科、长学制学生党支部获得上海市教卫工作党委上海“百个学生样板党支部”创建资格。2021级口腔临床医学研究生以“火种：推进健康中国建设的青年责任”为题在第五届上海市高校学生理论宣讲微课程比赛获一等奖，并被评为上海交通大学2022年度“十佳学生志愿者”。

院庆工作。2022年是医学院建院70周年，也是口腔医学院建院90周年，学院举办院庆系列活动，包括10月24日举办“上海国际医学论坛—口腔医学分论坛”、11月25日举办上海交通大学医学院国际青年学者云论坛——“口腔医学与先进材料”分论坛等；5月29日举办“久久为功、健康口腔”线上义诊活动，由中国工程院院士邱蔚六、张志愿领衔百人参加，共接诊1106人次。10月29日举办“融汇创新 智启未来——口腔医学高质量发展论坛暨上海交通大学口腔医学院建院90周年学术活动”等，线上线下齐相聚，共启学院新篇章。

2022年6月16日上午，口腔医学院召开干部大会，医学院党委书记江帆、党委组织部部长孟煜出席会议。会上宣布了徐袁瑾同志任口腔医学院党委书记的决定。江帆书记代表医学院向徐袁瑾同志的任职表示了祝贺，并向新班子提出希望。

口腔医学院党政领导名单：

院　　长　郭　莲(兼)

执行院长　蒋欣泉

党委书记　张玲毅(3月免)　徐袁瑾(6月任)

副 院 长　杨　驰

　　　　　孙　健

　　　　　王丽珍

党委副书记　郑家伟

（陶丹英）

【口腔医学入选第二轮“双一流”建设学科】 2022年2月，教育部、财政部、发展改革委公布了第二轮“双一流”建设高校及建设学科名单，上海交通大学口腔医学再次顺利入选“双一流”建设学科。

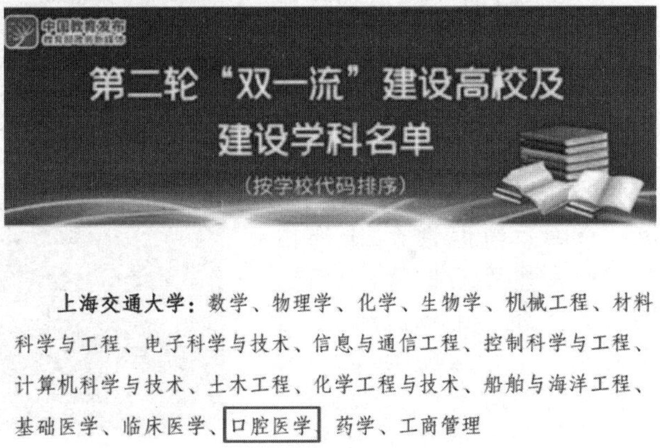

2022年，口腔医学入选第二轮“双一流”建设学科

（徐　骎）

【“口腔医学课程虚拟教研室”入选教育部首批虚拟教研室建设试点】 蒋欣泉负责的口腔医学课程虚拟教研室成为教育部首批建设试点项目。2022年4月16日，“口腔医学课程虚拟教研室”线上举行成立大会；9月17日—10月30日，举办教育部“口腔医学课程虚拟教研室”青年教师授课展示交流活动；12月9日举办教育部虚拟教研室口腔住院医师规范化培训交流论坛。

（唐子圣　曹　霞）

【开展学科建设大讨论】 口腔医学院以学科建设大讨论为契机，进一步明确学科发展方向和发展举措，学院围绕学科总体布局、一流人才队伍建设、科研创新能力提升、学科治理水平等重点问题进行广泛讨论，形成实施方案及具体专题讨论方案，并以问卷、自评、专题讨论等多种形式进行专科调研，针对口腔各学科优势、不足、发展目标和发展思路、人才引进及联动机制、国家级平台推进等具体问题展开深入讨论。2022 年 8 月 25 日举办“上海交通大学医学院学科建设大讨论——口腔医学院专场调研会”，并前往附属瑞金医院、仁济医院、新华医院、第六人民医院、第一人民医院等开展“大口腔学科调研”，凝心聚力、协同融汇，做大学科体量，全面提升核心竞争力和学科整体实力，加速推进新一轮“双一流”建设。

（孙　健）

【举办上海交通大学口腔医学院建院 90 周年系列活动】

2022 年 10 月 29 日，为庆祝上海交通大学口腔医学院建院 90 周年，“融汇创新　智启未来——口腔医学高质量发展论坛暨上海交通大学口腔医学院建院 90 周年学术活动”成功举办。全国政协原常委、上海市政协原副主席石四箴，上海交通大学党委书记杨振斌，上海市教委副主任毛丽娟，上海交通大学副校长、医学院院长、中国工程院院士范先群，中国工程院院士戴尅戎，中国工程院院士张志愿，中国疾病预防控制中心主任、中国工程院院士沈洪兵，首都医科大学副校长、中国科学院院士王松灵，中国工程院院士赵铱民，国内兄弟院校代表和社会各界人士等通过线上线下方式参加大会。开幕式后举行“院士论坛”“高等医学院校人文论坛”和“校友论坛”，院庆晚会通过 3 个篇章的精彩演绎，讲述了口腔医学院 90 年来从逆行者到开拓者，再成为领航人，学生合唱团演唱《明天会更好》，为院庆晚会画上圆满句号。

（陶丹英　李　玲）

2022 年 8 月 25 日，学科建设大讨论——口腔医学院专场调研会举办

2022 年 10 月 29 日，上海交通大学口腔医学院建院 90 周年系列活动举行

2022 年 10 月 29 日，上海交通大学口腔医学院建院 90 周年系列活动举行

【国家口腔疾病临床医学研究中心运行绩效评估获评优秀】 2022年10月，科技部发布了第三批国家临床医学研究中心运行绩效评估结果，学院国家口腔疾病临床医学研究中心从第三批十家国家临床医学研究中心之中脱颖而出，成为获评优秀的三家中心之一。

（陆海霞）

2022年10月，国家口腔疾病临床医学研究中心运行绩效评估获评优秀

【学院入选首批全国科普教育基地】 2022年11月8日，中国科学技术协会办公厅公布《2021—2025年度第一批全国科普教育基地补充认定名单》，国家口腔疾病临床医学研究中心（上海交通大学医学院附属第九人民医院）入选首批全国科普教育基地。

（陆海霞）

【Tonetti获2022年上海市白玉兰纪念奖】 2022年12月，2022年上海市"白玉兰纪念奖"颁授仪式在沪举行，来自13个国家的50名杰出外籍人士获此荣誉，Maurizio S. Tonetti获得此奖。Tonetti是一名学科融合的战略科学家，在口腔医学学术影响力排名全球前0.03%，在材料科学、药学和工程科学学科学术影响力均在全球前0.3%以内。他曾担任口腔顶刊《临床牙周病学期刊》（*Journal of Clinical Periodontology*）杂志主编17年，并受聘为伦敦大学牙学院和美国康乃狄克州立大学终身教授，是当前活跃在全球牙科领域内的第一人。在颁奖仪式上，Tonetti作为获奖代表发表感言，他感谢上海这座世界级城市给予的高度认可。

（孙　健）

2022年12月18日，Tonetti获2022年上海市白玉兰纪念奖

（曹　霞　殷　宁）

上海-渥太华联合医学院

【概况】 2022年,上海-渥太华联合医学院承担医学院临床医学专业五年制英文班教学任务,在院学生185人,共5个班级。

思政课程建设。聚焦立德树人的根本任务,夯实中外合作办学专业课程思政建设,提升学生综合素养。学院通过线上课程思政教学能力师资培训、全英语CBL案例撰写比赛、医学生英语演讲比赛等活动,加强师资队伍发展和学生培养过程中课程思政方面的建设,助力医学院课程思政教育大格局构建,提升医学生综合素养。联合仁济临床医学院和仁济医院党委教师工作处开展2022年度线上课程思政教学能力师资培训;组织开展2022年度全英语CBL案例撰写比赛,强调专业课程思政内容融入案例,此外,结合现有"社会、个体和医学(Society the Individual and Medicine, SIM)"课程基础上按照《上海交通大学专业课程思政目标对应表(试行)》要求,对标价值引领和人格养成两大部分的专业课程思政目标对SIM课程大纲进行梳理,明确"职业素养、大局意识、人文情怀、全球视野、创新精神"五大培养目标。围绕培养目标对线上21个职业精神案例进行修订。创新教学模式,注重显性教育和隐性教育相统一,在品牌活动"医学生社会责任论坛"的基础上在领导力(leadership)课程中开展"一大会址模型搭建比赛",在团队合作实践的过程中,引导医学生自觉弘扬革命文化,做好红色传统的接棒者和传播者,共入选16个优质案例,并最终评选出一等奖2名、二等奖5名、三等奖5名。

临床科研训练。为更好地推进本科生院校教育和毕业后教育衔接工作,尤其是本研教学的衔接,学院从2018年开始在五年制英文班临床阶段(第四—五学年)开展临床科研训练课程。2022年内,在之前课程建设基础上,结合五年制英文班第四年临床选修实习安排,增设"医学科学实验技术及应用""临床研究方法学:原理与实践"2门线上选修课程,从而形成从第四年Link阶段开始到本科毕业期间包括临床研究设计线下课程、临床科研导师项目、临床科研训练线上选修课在内的实习阶段完整的本科生临床科研训练课程体系。截至2022年10月,经过临床科研训练课程学习,学生在本科阶段共发表学术论文27篇,学术会议壁报展示2篇。

本科医学教育国际化。学院在新冠疫情常态化下,继续坚持开展年度模拟认证,结合中加双方本科医学教育标准,保证中外合作办学项目外部质量控制。在与渥太华大学医学院续签中外合作办学协议的基础上,学院与医学院海南医学中心建设项目联动,拓展医学教育国际化合作。积极参与医学院与爱丁堡大学五年本科双学位课程体系的建设,目前双方已初步确定了五年本科双学位的课程体系和教学时数分配、课程设置内容以及系统整合课程双方授课分配情况,并与教务处和国际交流处组成工作小组筹备中英合作办学相关工作。2021级临床医学五年制英文班共有33名学生报名参加学院与渥太华大学医学院共同开展的 UGME 项目，入选学生毕业时可获得渥太华大学医学院颁发的荣誉认可证书。通过自主报名及第一轮选拔共有 8 名学生入围面试，10 月 25 日—28 日，经过上海-渥太华联合医学院面试委员会的网络视频面试，共 6 名学生通过面试。7 月 11 日至 8 月 26 日，2021 级 33 名学生参加了由渥太华大学医学院和学院共同组织的线上暑期课程。年内课程进行了部分调整，除“社会文化人类学”“健康决定因素分析”课程外，增设“心理学介绍应用”课程，并为学生全程开通渥太华大学图书馆账号。

常规教学工作。包括医学预科阶段、临床前阶段和临床阶段教学任务，累计授课学时数 3 172 学时，外教授课学时数 146 学时。医学预科阶段上半年完成 2021 级五年制英文班（premed）第二学期“Biochemistry”（Ⅰ、Ⅱ）、“Organismal Biology”和“Cell Biology”共 4 门专业预科课程和 1 门语言课程的教学。受新冠疫情影响，上半年 premed 课程全部采用不同形式的线上授课。其中“Biochemistry”（Ⅰ、Ⅱ）由交大医学院细胞与分子生物学团队承担教学任务，全程腾讯直播授课；“Cell Biology”课程聘请了医学院细胞与分子生物学团队与仁济医院干细胞中心教师共同授课，课程采用腾讯直播的方式授课；外教课程均采用线上教学，其中“Organismal Biology”课程与牛津大学摄政学院牛津全球发展与展望研究院（Oxford Prospects and Global Development Institute，OPGDI）合作，由牛津大学教授、博士后等组成的教师团队对课程进行全新设计，并通过超星录播和 ZOOM 直播相结合的方式进行授课。下半年完成了 2022 级五年制英文班（premed）第一学期的“General Chemistry”“Organic Chemistry”（Ⅰ、Ⅱ）共 3 门专业预科课程教学和 1 门语言课程的教学，由医学院化学教研室和英国萨里大学化学系教师共同合作完成授课；语言课程聘请上海交通大学外语学院的外教授课。临床前阶段在 2019—2021 级 3 个年级开展单元模块课程和专业拓展选修课程。6 个整合单元课程由来自基础医学院、公共卫生学院、瑞金医院、仁济医院、第九人民医院、第六人民医院、上海儿童医学中心、胸科医院、上海市精神卫生中心、社区卫生服务中心、中山医院、北京大学、复旦大学等近 700 名教师参与授课，包含 17 名外教以线上线下形式参与授课。临床技能模块课程受新冠疫情影响，部分采用线上视频教学和线下小班授课相结合的形式进行。2020 级大型客观结构化临床考核（Y1 - OSCE）调整为线上理论考核，2019 级在秋季学期完成大型客观结构化临床考核（Y2 - OSCE）线下考核。序贯性课程电子学习档案（e-portfolio）涵盖 2018—2021 级临床医学五年制英文班学生，2021 年 12 月本课程被认定为上海交通大学校级一流本科课程（线上线下混合型），目前共有 22 个 e-portfolio 小组开展课程。2022 年，学院加强 e-portfolio 课程过程管理，特别是规范特殊形势下，线上线下混合式课程教学质量监控流程。专业拓展选修课程面向 2019 级、2020 级和 2021 级学生，共开放选修课 26 门，涉及基础医学、妇产科、内科学、外科学、超声影像学、中医学、神经病学、儿科学、精神病学、医学人文等数十门学科和亚专业。临床阶段教学工作由仁济临床医学院共同承担，2017 级五年制英文班完成 Y4 实习，共 30 周。2018 级英文班完成 36 周的临床实习和 440 学时的训练营（Bootcamp）课程，并在规定时间内完成本科推免工作，共 40 名学生（总人数 45）获得推免，39 名落实去向。2019 级五年制英文班于 2022 年 9 月 5 日进入临床实习，目前已完成 LINK 3 周，实习 12 周；Bootcamp 课程 160 学时。

上海-渥太华联合医学院主要党政领导名单：

执行院长　邵　莉

（郦　忆）

【开展教师课程思政教学能力培训】　2022 年 7 月，为持续推进临床教师教学能力和水平，上海-渥太华联合医学联合仁济临床医学院和仁济医院党委教师工作处开展 2022 年度线上课程思政教学能力师资培训。邀请附属仁济医院国家级课程思政教学名师狄文教授和上海交通大学国家级精品课程主讲教师陈锋教授围绕“新形势下医学课程思政建设模式探索”和“专业课程思政的建设理念与方法”两大主题，为临床教师开展直播讲座，同时邀请历年医学院专业课程思政设计大赛获奖个人通过线上教学平台分享各专业课程思政的设计方案和设计思路，为广大临床教师展示了临床专业课程思政教育教学的风采，引领专业课程思政教学真正融入临床医学专业人才培养。

（郦　忆）

【与渥太华大学续签下一轮五年合作战略协议】　2022 年 7 月 20 日，完成上海交通大学与渥太华大学下一轮五年合作战略协议续签，将在本科医学教育合作的基础上，围绕双方院校本科生、研究生、住院医师以及教师和科研领域展开进一步的合作项目。

（郦　忆）

【召开医学教育国际化发展云论坛】　2022 年 9 月 30 日，作为医学院 70 周年院庆系列活动之一，由医学院主办，上海-渥太华联合医学院和附属仁济医院承办的 2022 年上海交通大学医学院国际青年学者云论坛——医学教育国际化发展分论坛在线上召开。论坛聚焦医学教育国际化发展的主题，邀请来自美国哈佛大学、英国牛津大学、英国爱丁堡大学、加拿大渥太华大学、法国洛林大学南锡医学院等国外顶尖医学院校和北京大学、南方科技大学等兄弟院校共 8 名教育专家，为参会的观众带来了一场精彩纷呈的学术盛宴。

（郦　忆）

【中外合作办学人才培养体系获 2022 年上海市教学成果一等奖】 2022 年 10 月 15 日，上海-渥太华联合医学院申报的“‘立足本土、融合创新’引领下国际卓越医学人才培养的改革与实践”获 2022 年度上海市教学成果一等奖。该人才培养体系在建立融国际医学教育先进理念特色的单循环器官系统整合课程体系的基础上，顶层设计与专业课程紧密融合的多维度育人模式，包括覆盖医学专业教育教学全过程的多领域、与时俱进的专业拓展课程体系；系统全面的综合能力评价模块和符合医学人才培养要求的全方位立体化综合评价体系。

（郦　忆）

2022 年 12 月 2 日，首届“医述”（Let's Talk）医学生英语演讲比赛举行

【举办 e-portfolio 特色活动暨首届“医述”（Let's talk）医学生英语演讲比赛】 2022 年 12 月 2 日，由上海-渥太华联合医学院主办的临床医学五年制英文班 e-portfolio 特色活动暨首届“医述”（Let's Talk）医学生英语演讲比赛决赛在附属仁济医院开赛。来自 2018 级至 2021 级临床医学五年制英文班的 9 名选手入围决赛。比赛最终选出一等奖 1 名、二等奖 2 名、三等奖 3 名、最佳台风奖 2 名和最美发音奖 1 名。

（郦　忆）

【概况】 2022年，儿科学院有教师1 078名，其中具有高级职称的教师占教师总数的42.1%，硕士生导师122人，博士生导师84人。

学科建设。2022年，儿科学院在汇总、整理儿科专业学科各项前期工作的基础上，完成儿科学专业申报并获批第三批国家一流本科专业。不断推进儿科学专业“一流课程”培育建设工作，通过地高大项目支持，重点培育了一批儿科学、儿童保健学、儿外科学、儿科医学人文教育相关课程，其中，医学人文教育系列必修课首门课程“儿科医学人文概要”获批2022年度上海市重点课程（社会实践类课程），启动申报第三批国家级一流本科专业课程。2022年，学院启动申报人民卫生出版社第十轮国家级规划教材申报建设工作，院长孙锟任《儿科学》（第10版）主编，学院还积极参与了《医学人文导论》《传染病学》《临床营养学》等教材的副主编与编委的申报工作，巩固“一流教材”地位。持续推进儿科学院“单病种临床研究中心”系列建设工作，学院本着以“教学促进科研，科研反哺教学”的理念，进一步整合附属医院儿科临床科研力量，扩大学科影响力，在前期单病种临床研究中心建设的基础上，年内新增遴选并立项包括“儿科学院孤独症临床研究中心”在内的7个中心，目前已累计16个儿科单病种临床研究中心，2021年首批立项的9个中心年内获批“地高大”建设经费。单病种临床研究中心进一步推进了儿科学科尖端发展，同时以科研反哺教学，为儿科学专业“5＋3”科研能力提升计划和儿科专业型硕士培养夯实平台建设。

教育教学。完成儿科学专业“5＋3”一体化培养整体布局，第二批“内分泌系统与疾病”“泌尿系统与疾病”“血液系统与疾病”等7门整合课程全部完成课程建设并顺利开课；完成神经系统微课的拍摄并投入教学使用；配合医学院防疫要求，及时做好课程调整和线上教学的转换；定期组织师生座谈会，加强专家督导，完善课程设计，持续提升课程质量。继续完善体系相关课程安排，新增“新生儿学”专业必修课程并实施第一轮教学工作；首次由3家主要儿科教学单位共同承担2018级儿科方向学生儿科板块实习轮转教学工作。根据医学院教务处部署安排，学院组织开展儿科学专业学士学位授予的申报工作，进一步梳理专业基本概况、师资队伍、人才培养、办学条件、质量管理等情况，撰写专业简况表等申报材料，并顺利通过专家评审组评议，完成儿科学专业学士学位授予的申报工作。切实推进本科阶段至研究生规培阶段有机衔接，儿科医学人文教育系列必修课首门课程“儿科医学人文概要”在2021级儿科学专业“5＋3”学生中完成教学工作，该课程组建了来自儿科临床、儿科教育、医院管理、社会工作、医学伦理、儿童心理、儿科护理、音乐与设计艺术等多个领域教师团队，创新建设儿科特色鲜明的人文思政课程，并获批上海市重点课程（社会实践类课程），启动申报第三批国家级一流本科专业课程。学院继续推进“儿科学专业阶梯式科研能力提升计划”立项及中期考核工作，该计划遴选并立项13个项目，覆盖2019级儿科学生11名，2020级学生32名，所有项目均已在项目组导师及其团队的带领下启动开展相关研究工作。同时，本年度对2021年已立项的11个课题进行中期答辩，所有项目答辩通过，顺利进入第二阶段。根据相关要求，2018级临床医学专业（儿科方向）“5＋3”学生通过选导师、专家面试、评分等环节，5名同学获直博资格（含致远计划1名），44名同学获专硕推免资格，完成导师预选和推免工作。继续统筹儿科资源加强教育教学管理，2022年，儿科学院牵头，联合3家主体教学医院及6家综合性医院的儿科部门，负责开展并完成医学院各类学制各专业的儿科学教学工作，其中本科学生包括2018级临床医学（儿科方向）专业、2019—2022级儿科学专业“5＋3”；长学制包括2019级临床医学专业八年制、2021级临床医学专业4＋4。同时，儿科学院还承担了儿科学专业硕士研究生、博士研究生及博士后流动站博士后的常规教学工作。创新儿科专业学生交流学习工作，国内交流方面，联合五校共同举办“第二届江浙沪儿科研究生学术论坛”；国外交流方面，继续与加拿大多伦多大学病童医院联合开展虚拟医学暑期学校项目（The Virtual Medical Summer School Program）。2022年度各附属医院共计申报儿科类教学课题26项、发表教学论文4篇、教学获奖65项。学院组织附属医院积极参与各类教学竞赛活动，

师资建设。2022年，儿科学院克服疫情的影响，积极组织线上师资培训活动，进一步提升儿科学专业教师的教学水平。学院创新思政教育培训形式，依托第四届东方儿科医学教育论坛组织儿科课程思政案例比赛，并邀请优秀课程思政案例在大会上进行展示，拓展了儿科课程思政教育思路，提升了儿科学专业师资的思政教学水平。

学生工作。紧抓儿科专业学生思政教育工作，紧紧围绕“做好学生思想引领，正确引导学生做好儿科医学职业生涯规划”为主要目标，以见面会、讲座等形式开展，帮助学生端正思想，坚定信念，全面了解医学生学习生涯及专业发展，更好树立正确的职业观，做好儿科医学学习计划及职业生涯规划。开展包括2021级儿科学专业“5＋3”新生见面会、班导师活动、主题班会、师生小讲坛、与班导师对话以及“增强人文关怀，共渡疫情难关”“专业导航-如何成为优秀的儿科医生”“疫情下，这样做充实又健康，一起向未来!”等主题活动。配合新冠疫情防控要求，做好学生教学和生活保障工作。为庆祝医学院成立70周年，学院举办文创作品设计大赛和儿科历史知识竞赛等活动。

宣传工作。为积极响应医学院对二级学院及职能部门公众号的规范管理工作，2022年度儿科学院宣传工作主要依托医学院新闻网，通过网络投稿方式，在医学院、“易爱医”微信公众号发布多篇新闻通讯稿，真实反馈儿科学院的各项工作情况，积极展现儿科学院师生的良好精神风貌。学院积极配合学校开展的英文网站建设，同期完成儿科学院中文网站建设工作并正式启用。

儿科学院党政领导名单：

院　　长　孙　锟（兼）

副 院 长　张　浩（兼）

　　　　　吕志宝（兼）

专职副院长　陈怡绮

（杨红荣）

【清华大学临床医学院院长董家鸿一行赴儿科学院访问交流】 2022年3月7—8日，清华大学临床医学院院长董家鸿带领附属医院教学主管、骨干教学师资、教学管理人员一行11人赴上海交通大学

2022年3月，清华大学临床医学院院长董家鸿（前排左6）一行来访

医学院及附属医院访问交流。董家鸿一行与儿科学院院长孙锟、专职副院长陈怡绮及附属医院临床医学院、教学部、规培基地、模拟医学教研室、儿科学专业器官系统整合课程负责人等同志进行座谈。孙锟代表儿科学院、附属新华医院对其到来表示诚挚欢迎，陈怡绮简要介绍了儿科专业整合式课程的建设情况。座谈会上，双方就神经系统、循环系统、模拟医学等内容展开讨论。

（杨红荣）

【儿科学院班导师活动顺利举行】 为落实新冠疫情防控工作要求，进一步保障儿科学院全体师生的工作学习及正常生活，2022 年 3 月 18 日晚 7 点，儿科学院组织全体本科生开展线上班导师活动，活动由 2020 级儿科二班班导师、上海儿童医学中心感染科主任、儿内教研室主任曹清牵头组织并担任主持，邀请上海儿童医学中心几位优秀临床医师及学生参与分享。儿科学院副院长、上海儿童医学中心院长张浩就“如何做一名优秀的儿科医生”开展经验分享，上海儿童医学中心心内科副主任刘廷亮介绍如何开展“疫情下的医学人文关怀”，上海儿童医学中心感染科沈楠博士为师生分享了“医学创新我们可以做什么”并介绍了科研学习的宝贵经验。

（杨红荣）

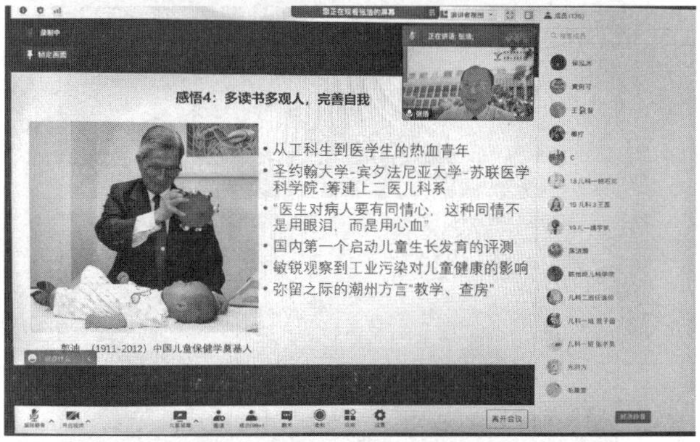

2022 年 3 月 18 日，儿科学院班导师活动举行

【完成儿科学专业单循环器官系统整合课程第一轮教学运行】 2022 年度，儿科学专业单循环器官-系统十门整合课程共计 828 课时，已全部完成第一轮教学工作，课程整体运行情况良好。通过整合课程的设置，减少了课程内容的重复教授，减少专业课程学时数，为儿科实践预留了学习时间；在课程内容建设的同时，进一步完善课程管理体制机制建设，明确各学院和教学团队职责分工，保障了课程平稳顺利运行。同时，为扎实推进儿科学专业器官系统整合课程建设，鼓励教师参与儿科整合课程教学工作，儿科学院继续开展儿科学专业器官系统整合课程教学奖项的评选，本次共评选出 10 名“优秀教师奖”、14 名“优秀教师提名奖”、10 名“人气教师奖”、7 名“优秀督导奖”。

（杨红荣）

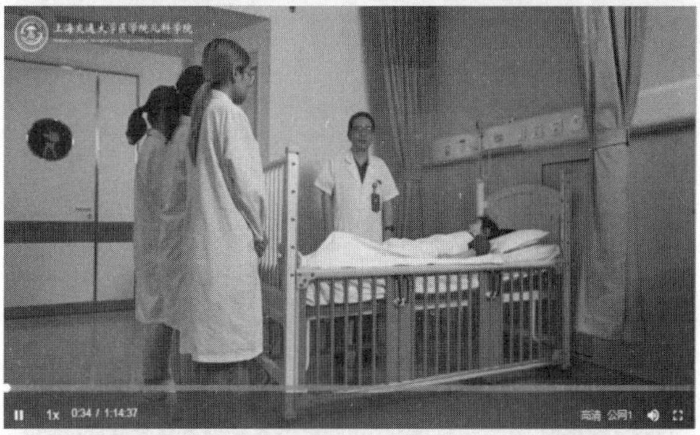

2022 年，儿科学专业单循环器官系统整合课程第一轮教学运行完成

【开展学生暑期海外游学（线上）项目】 延续 2021 年游学形式，儿科学院顺利开展儿科学生暑期

海外交流项目，2022 年度继续与南京医科大学儿科学院建立教学联盟，共同开展加拿大多伦多大学病童医院“The Virtual Medical Summer School Program”师生暑期海外游学项目，为期 1 个月，共有 35 名学生及 2 名带队教师共同参与学习和管理。课程内容包括“儿科专业基础课程”以及“儿科专业医学英语能力提升课程”两大板块，由加拿大多伦多大学病童医院师资进行授课。

（杨红荣）

2022 年，儿科学院儿科学生暑期海外交流项目开展

【第四届东方儿科医学教育论坛顺利举行】 2022 年 9 月 29 日上午，由儿科学院主办的第四届东方儿科医学教育论坛在上海交通大学医学院隆重开幕。开幕式上，大会组委会正式宣布本届大会 CBL 案例大赛和课程思政案例大赛“优秀案例奖”“示范案例奖”及儿科学院儿科学专业整合课程“优秀教师奖”“优秀督导奖”和“人气教师奖”获奖名单。本届会议以“整合、增能、育德、树人”为主题，围绕整合课程体系的建设，设置专题报告、头脑风暴及优秀案例展示等环节，邀请了来自全国各高校的优秀教学工作者，从宏观医学教育发展与整合的关系、到中加联合办学、儿科医学整合课程体系的探索、兄弟学校的经验、一流课程的申请、教学方法等方面研讨整合课程的理念和具体做法。

（杨红荣）

2022 年 9 月 29 日，第四届东方儿科医学教育论坛举行

【举办第二届江浙沪儿科研究生研讨会】 2022年12月4日下午，第二届江浙沪儿科研究生学术研讨会在医学院顺利召开。本次研讨会由儿科学院和南京医科大学儿科学院主办，儿科学院承办，浙江大学医学院、复旦大学及温州医科大学等四地五校联合协办。研讨会环节，来自四地五校的研究生代表分别进行专题报告，就“如何培养儿科研究思路”“如何开展儿科科学研究及论文发表”“如何开展丰富多彩的研究生学习生活”等内容开展分享与讨论。来自各联盟单位的部分研究生导师、教学部主任、教研室主任、教学管理人员、学生工作负责人、研究生代表及本科生代表等2 000余人在线上和线下参加本次研讨会。

（杨红荣）

2022年12月4日，第二届江浙沪儿科研究生研讨会举行

中法联合医学院

【概况】 2022年，中法联合医学院秉承医学院与法国医学院校源远流长的合作理念与办学方针，学院担负着进一步拓展医学院与法国一流院校在医教研领域全方位合作的重任。成立全新的医学检验法文班，创新临床法文班的教学，完善中法生命科学硕士课程的建设，成立师资团队导师库等。学院特有的“法国协调员”制度，稳步推进医学院中法医学教育合作。

教学管理。学院在4月制定完成“法文班能力提升计划”并通过了医学院教学委员会审批。2022年秋季学期开始，学院与法国合作院校共同落实、逐步推进。按照计划，自2021级临床医学法语班学生开始，学制第三年和第四年加入由法国医生带来的医学法语授课，专业词汇方面得到强化；学生将接受法国院士团队带来的、与法国国内同步的系统、规范的科研基础理论课程和能力培训，真正实现国际化复合型人才培养。同时，学院积极参加医学院教务处组织的有关“十大器官整合课程”会议和讨论，着手与基础医学院、附属医院临床医学院等相关教学团队接洽法文班课程改革具体事宜，了解建立课程体系必要条件并与法国合作院校沟通商议进一步推进法文班课程改革工作。2022年，学院法国教学团队中的法国院士、教师共29人次线上授课、考试阅卷、评审等，完成临床医学八年制法语班公共法语课程585课时、医学检验技术法语班公共法语课程125课时、医学法语课程165课时；中法合作生命科学硕士第一阶段专业课程258课时；2019级中法生命科学硕士项目论文答辩评审；2016级临床医学八年制法语班学生进行赴法住院医生（FFI）选拔考试出题、阅卷、面试、评分排名。法兰西科学院院士 Hugues DE THE 教授于1月27日为学院学生做线上讲座，主题为 Bases moléculaires de la réponse aux chimiothérapies conventionnelles。

学生管理。由中法联合医学院牵头，启动临床医学八年制法语班教育教学模式改革和教学思政工作归口管理的推进工作。在医学院学生工作指导委员会、教务处指导协助下，学院组织调研论证并积极与相关部门沟通协调，根据各方面反馈意见，初步完成“法八教学思政一贯制管理方案”初稿。在医学院学生工作指导委员会指导下，学院设立兼职辅导员，负责2020级临床医学八年制法语班学生日常管理及思政工作，参加学生工作指导委员会各类培训、会议等，加强学生工作方面的专业素养及能力。中法联合医学院针对临床医学八年制法语班教学与思政工作一贯制管理工作，在管理方案制定和管理人员培训两方面同时推进。学院牵头组织法语班专题交流会1场、班导师活动2场、宣讲会5场。在医学院法语班专题交流会上，学院邀请附属第九人民医院院长吴皓做专题讲课并与同学们进行互动交流，还邀请2014级临床医学八年制法语班赵诗葳同学做赴法住院医师（FFI）项目及硕士（Master）项目经验分享，临床医学八年制法语班共计100余名在校学生参加。

医学院2020级临床医学八年制法语班春季班导师活动在上海市第四聋校进行，得到了黄浦区人民政府的大力支持，区国际交流中心主任张祖嫣和教育局小学教育科科长金翌安排协调、亲自莅临活动现场给予指导；2020级临床医学八年制法语班举行2022—2023学年秋季学期班导师活动，邀请医学院副院长郑俊克为31名同学做“科研领航，逐梦前行”科学研究学习经验分享。召开新生见面会、学生座谈会、宣讲会等，介绍学院情况及项目、专业、培训等内容。

对外交流。在新冠疫情常态化形势下，学院按计划推进对外交流，2016级临床医学八年制法语班赴法住院医师(FFI)举行选拔考试、进行赴法准备、并监督检查在法学生工作学习情况；中法生命科学硕士项目中，7名同学于2022年6月圆满完成法国合作院校生命科学硕士第二阶段学习，并获得合作院校科研硕士学位顺利回国；5名同学于2022年9月顺利赴法攻读生命科学硕士第二阶段课程；16名同学完成生命科学硕士第一阶段学习，顺利完成线上论文答辩，准备启动出国申请工作。学院应邀参加法国驻华大使馆于5月30日组织召开的中法合作医学教育线上沟通会，执行院长沈柏用、法方副院长Patrick MERTENS做汇报交流。会上经协商，成功获得3 000欧元学生赴法津贴资助。由医学院主办的“肿瘤、免疫与脑科学”学术交流会于10月11—13日成功在线举行，学院积极与医学院国际交流处合作，邀请来自医学院及附属医院的12位专家以及英国牛津大学、曼彻斯特大学、法国奥罗阿大区-里昂癌症研究中心、荷兰伊拉斯姆斯大学、加拿大多伦多大学、新加坡国立大学等机构的20位资深科学家相聚云端，就相关领域的基础与临床研究热点进行深入的探讨。11月29日，线上参加法国驻华大使馆主办的“中法医学日”活动中，执行院长沈柏用做主题发言并主持会议。2022年适逢医学院建院70周年，为献礼医学院70周年庆，学院在医学院指导下、国际交流处组织下，合力撰写《从合作迈向卓越：八年制法文班办学的理念、探索与展望》系列文章，系统总结了医学院中法教育合作的历史脉络、傲人成果，深度挖掘不足以及探索未来发展方向，为医学院中法合作进一步提升提供思路。学院积极参与院庆活动，邀请法国驻华大使、驻沪总领馆团队亲临庆典现场致辞祝贺，邀请各大法国合作院校与机构来信、来视频祝贺，为医学院70周年庆流下了珍贵的纪念资料。

法语语言培训工作。2022年度援摩医疗队法语培训招收学员43人，4月16日起至11月30日全日制培训，教学总学时2 031，全体学员于11月赴摩洛哥工作。2022年度按常规开设中法合作生命科学项目两个项目法语语言培训班，其中2020级23人、2021级24人。法语培训课程共计744课时，12月进行期末考核。新增开设中法合作生命科学硕士专业词汇课程，与基础医学院合作，邀请基础专业(生化、遗传、免疫等)法语师资为即将进入MASTER专业课程学习的2021级八年制法语班、2021级医学检验法语班、2021级非法语班学生讲解相关专业词汇，帮助学生提前掌握项目专业课程核心词汇，夯实基础，以期获得更好的教学效果。第一期课程已于7月完成，共计38名学生参加。

新冠疫情防控。新冠疫情期间，线下课程改为线上课程，根据2020年初的工作经验，第一时间联系各课程团队和各专业任课老师，包括法国外教，帮助进行线上课程安排，确认开设线上课程条件。通知每一位学生新的课程安排，确保不遗漏一个。平稳过渡，做到线下课程无缝连接到线上。学院老师轮流在班级群里询问在宿舍或者家中的学生情况，疏导安慰。学院全体人员全面深入学习贯彻习近平总书记关于疫情防控的重要指示精神，坚决贯彻落实各级党委部署安排，统一思想、统一目标，从严从实努力为教学工作、学生的学习生活提供有力保障，把抓好各项新冠疫情防控工作作为巩固深化党史学习教育成果的重要实践。学院全体党员、非党员坚决贯彻落实市委、市教卫工作党委和医学院党委部署安排，投身新冠疫情防控工作中。根据市委组织部、医学院组织部要求，学院部分在家的行政人员积极报名下沉社区参加志愿者活动，报名人员分别参加了各自社区大量志愿者工作，包括支援核酸检测、物资发放、送医配药、捐赠物资等，成为社区抗疫工作中坚力量，获得一致好评。学院依托附属瑞金医院建设，从3月中旬起，学院就积极报名医院各项志愿者活动，跟随医疗队伍到各区县支援核酸检测。医院实行封控后，学院专门安排工作人员坚守岗位，吃住在医院，参加医院安排的各项志愿工作。学院每周四次、定期参与瑞金医院核酸检测支援和门诊志愿工作。

日常工作。学院配合相关部门，完成本科招生、宣讲、部门预决算、财务报销、网站建设等工作，发布法国精品课程1套(眼科)、新闻稿5篇、官微1篇。

中法联合医学院党政领导名单：

院　　长　宁　光(兼)

执行院长　沈柏用(兼)

专职副院长　张　寅

(张　寅　罗琛岑)

【翻译瑞金医院建院史料】 为庆祝附属瑞金医院115周年院庆，更好弘扬医学院对法交流传承，学院组织30余名法文班学生担任志愿者，全体员工无私奉献业余时间，将20世纪初瑞金医院建院时留下的珍贵法语历史资料译成中文，共完成了2 000余页院史资料的翻译。

(张　寅)

【法文班杰出校友获法国政府勋章】 2022年11月8日，3位法文班杰出校友张欣欣、沈柏用、张寅分别获得法国荣誉军团军官勋章、法国荣誉军团骑士勋章、法国国家功绩骑士勋章，在法国驻沪总领馆官邸接受法国大使颁发的勋章。

（梅秋菊）

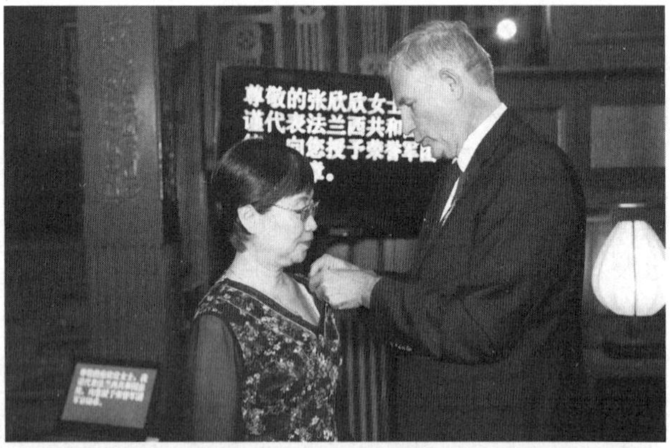

2022年11月8日，法国大使罗梁为张欣欣授勋

2022年11月8日，法国大使罗梁为沈柏用授勋

2022年11月8日，法国大使罗梁为张寅授勋

2022年11月8日，法文班杰出校友张欣欣（左二）、沈柏用（左三）、张寅（右四）获法国政府勋章

【2020级临床医学八年制法语班班导师活动获评“精品项目”】 2020级临床医学八年制法语班班导师活动“于极寂之地，奏生命之歌”（上海市第四聋哑学校参观交流活动），获评医学院本科生党总支班导师文化创建项目“精品项目”。

（梅秋菊）

【获评医学院三八红旗集体】 2022年度医学院三八红旗手和三八红旗集体评选中，学院经过申报、审批，被授予“三八红旗集体”荣誉称号。

（罗琛岑）

【获评瑞金医院先进教师奖】 在第38个教师节到来前夕，学院法语教师王真获评2021—2022年度瑞金医院先进教师。

（罗琛岑）

全球健康学院

【概况】 2022年，全球健康学院有4个系、1个平台、1个办公室，分别是传染病防控与生物安全系、动物健康与食品安全系、环境健康与生态安全系、全健康治理系、全健康公共技术与数据研究平台和综合办公室。

师资队伍。学院现有专职教职员工16人，其中教师10人，实验技术人员3人，行政管理3人。专业技术人员中正高级职称2人，副高级职称4人。2022年在站博士后2人，当年出站1人，聘任兼职教师16人。2022年度，学院积极承办青年论坛，全力推进高水平人才引进计划。依托医学院优质平台，申报科技部“高端外国专家引进计划”及科技部火炬计划，批准引进香港浸会大学教授刘际明。修乐山获浦江人才计划资助；韩乐飞获启明星扬帆计划资助；杨雪辰获2022年“上海交通大学社会实践优秀指导教师”称号；Kokouvi Kassegne获2022年“上海交通大学医学院社会实践优秀指导教师”称号；韩乐飞获上海交通大学医学院医学类专业课程思政设计竞赛十佳思政素材提名奖；董珂、张晓溪、何璐获2022年度医学院年度优秀工作人员称号。

教育教学。2022年学院新成立全球医学教育研究中心。郭晓奎以第一完成人获上海市教学成果奖一等奖1项，以重要完成人获上海市教学成果奖特等奖1项、上海市教学成果奖二等奖3项。学院持续深化本科生“全球健康与全健康”课程建设与改革，2022年度夏季学期必修课程运行顺利，学生人数640人，授课32课时，共有专兼职教师12人参加了授课及学生评价工作。学院发布了《全球健康学院研究生学术规范》，制定并发布了《全球健康学院研究生培养综合管理方案（试行）》，正式启动研究生轮转制度。学院2022年在读研究生31人，包括2020级硕士6人；2021级硕士9人，博士4人（包括上海交通大学-墨尔本大学双学位联合培养博士研究生2人）；2022级硕士10人，博士2人。学院巩固原有的教学基地建设，积极推荐新教学基地并与之签约，重点用于研究生实践实习。2022年度正式启动国内外8个教学实践基地。打浦桥社区卫生服务中心教学基地成为第一批正式开展学生实践活动的基地，目前2020级、2021级专业型硕士研究生均已完成两轮实践。2022年新签约发展国外教育教学基地1个（埃塞俄比亚沃莱塔索多大学健康科学与医学院医学检验学院）；签约国内教育教学基地2个（上海市卫生和健康发展研究中心、国家卫生健康委寄生虫病原与媒介生物学重点实验室）。鼓励研究生全方位素质提升，本年度共有11名研究生积极参与新冠疫情期间核酸检测、流行病学调查、校园工作、社区工作、新生迎新、70周年院庆等志愿者活动。2022年学院共有9名学生获得医学院一等学业奖学金，18名学生获得医学院二等学业奖学金，1名学生获得上海交通大学优秀团员称号，1名学生获得医学院青年大学生知识竞赛一等奖，1名学生获得医学院国庆摄影大赛优秀奖，1名学生获得医学院“寝室文化节”一等奖。

学生社团。为扩大全球健康学院和全球健康专业的国际影响力，培养有灵魂的卓越医学人才，普及全健康理念，学院于2022年3月指导成立学术科技类社团GOHI全球健康学社，学社社员由上海交通大学的各年级本科生、研究生组成。学社在2022年举办多次线上线下活动，其中组织的2022年“全球挑战计划”项目“‘外防边境疟疾输入，助力乡村生态振兴’中国疟疾防治与消除经验调研”获2022年知行杯上海市大学生社会实践大赛三等奖和上海交通大学2022年暑期社会实践三等奖，参与此次活动的学生中赵翰卿、尹静娴获校级先进个人称号，谷思雨获院级先进个人称号。

科学研究。全球健康学院本年度开展中华预防医学会继续教育项目1项(2022年度全球健康与全健康教育教学研讨会暨师资研讨会)，吸引了中外230余名学员共同参与；开展上海市级继续教育项目1项，线上观看人数约16 000人次，对全球健康与全健康核心素养进行探讨，对全球健康与全健康在全球的最新发展状况进行普及。学院与中国疾病预防控制中心寄生虫病预防控制所联合举办第二期及第三期全球卫生法语基础培训班，共计完成152课时基础法语课程，特邀来自复旦大学附属肿瘤医院的前援摩医疗队队员和上海外国语大学国际关系与公共事务学院专家作“援摩印象”及“全球卫生外交”2场专题讲座。学院组织科研项目的申报，2022年获得各类课题21项，立项总经费765.8万元，包括比尔及梅琳达·盖茨基金会项目、美国中华医学会(CMB)项目、临床微生物基础课程线上教学项目、全球健康-自然阳光基金项目、国家自然科学基金青年项目、上海市自然科学基金、上海市浦江人才计划项目、国家卫生健康委寄生虫病原与媒介生物学重点实验室开放课题、上海环境科学研究院重点实验室开放基金、上海市教委产学研项目、中国疾病预防控制中心委托项目等。2022年全球健康学院署名论文121篇，学院专职教师发表论文29篇，在学院署名为第一单位的文章中，IF超过10分的文章有10篇，超过60分的文章2篇，还包括在《自然》(*Nature*)杂志发表1篇评述。2022年度，全球健康学院共主办8次学术交流活动，包括“2022浦江创新论坛低碳与绿色生态可持续发展论坛全健康未来发展论坛(分论坛)”“《全球健康与全健康》高峰论坛”“第二届中英全健康论坛”“第六届中国国际医疗产业高峰论坛暨国际‘全健康’大会-全健康与气候健康学术研讨会”“第六届中国国际医疗健康产业高峰论坛暨国际全健康大会-全健康与耐药控制学术研讨会”“第二届‘一带一路’全健康：生物传感与健康医学国际研讨会”等在内的国内外大型学术会议；学院教师出席参加线上线下学术会议30余人次；全年总计外出拜访10余家相关单位，并与部分单位达成了深度合作意向。举办“全健康论坛”6次，“全球健康论坛”6次，各类学术组会50余次，为活跃学院的学术氛围创造了良好的气氛。

学术期刊。2022年，学院与国际知名出版机构爱思唯尔合作创办国际期刊《全健康科学》(*Science in One Health*，英文缩写SOH)。期刊采用具有高阅读量和高引用率的Open Access出版模式，促进全健康科学知识的获取和传播。2022年4月，学院与爱思唯尔签约，于9月17日在“浦江创新论坛——低碳与绿色生态可持续发展论坛全健康未来发展分论坛”上举行创刊仪式，同时本刊也成为中华预防医学会的会刊。

全健康科普。中国全健康研究网络(CCOH)成立一年多以来，学院充分发挥理事长单位的作用，吸纳山西农业大学、东北林业大学、华南农业大学、吉林大学、海南大学、海南热带病研究中心、华中农业大学等7家单位加入CCOH，目前共有成员单位18家。学院凝聚各单位合力，牵头开展了多项全健康学术及科普活动，共同完成《全健康科普30问》，于第七届全健康日举行“全健康让社区更美好”系列科普活动；在第六届海南国际健康产业博览会中国国际医疗健康产业高峰论坛暨国际“全健康”大会上发布青年学生全健康科普核心知识，通过微信公众号平台宣传、各类学术会议以及科普活动。

党建工作。2022年度，学院党支部认真落实上级党委的各项要求，结合实际情况加强支部建设工作。严格贯彻执行“三会一课”和“两学一做”制度，开展相关党建活动。在支委组织下，2022年开展党员大会4次、支部委员会14次、主题党日9次、特色党建活动2次、其他党建学习交流活动16次。党支部深入贯彻习近平新时代中国特色社会主义思想，全面落实新时代党的建设总要求和新时代党的组织路线，扎实推进学院党建工作，组织“深入学习贯彻习近平总书记在中国人民大学考察时的重要讲话精神学习”“弘扬科学家精神，争做新时代创新先锋”等主题活动。为将党建工作进一步做深做实，9月9日学院党支部与打浦桥街道社区卫生服务中心党支部举行党建共建签约仪式，开展结对共建。学院有1名教职工于8月份参加了入党积极分子培训班并完成学习任务，有2名教职工有申请入党意愿。

信息化建设。学院官网于2022年增加学院概况-全球医学教育研究中心、合作交流-媒体聚焦、党群工学-学生成果和信息资源-公开信息-规则制度等4个新板块，年内共计发布207条动态，获得128 387次浏览，更新动态包括12条党群工作、11条科研动态、5条教学要闻、9条合作动态、11条合作论坛、13条学生活动、7条通知公告、69条学院新闻。2022年度学院还完成了英文网站建设，设置学院简介、教学、科研、国际交流、新闻通知、联盟、期刊等多个板块，旨在通过英文网站加强外界对学院的了解，促进国际合作与交流，提升全球健康学院的国际影响力。

全球健康学院党政领导名单

院　　长　高　福(兼)

专职副院长　郭晓奎

副 院 长　周晓农(兼)

党支部书记　郭晓奎(兼)

(董　珂)

【学习、宣传和贯彻党的二十大精神】　为深入学习、宣传和贯彻党的二十大精神，学院党支部先后开展了“喜迎二十大　奋进新征程”学习贯彻习近平总书记在省部级主要领导干部研讨班上重要讲话精神学习、对党的二十大召开的期盼寄语、全体党员观看党的二十大开幕会盛况直播、党支部书记郭晓奎领学党的二十大报告等一系列主题党日活动。党支部将高校基层党建工作与专业背景融合，结合学院特色开展了一系列主题党日活动，在11月3日全健康日期间，学院党支部联合打浦桥街道社区卫生服务中心党支部共同开展“全健康日(One Health Day)进社区”主题党日活动，加深了社区居民对全健康的理解，提升了居民对承担起共建人与自然生命共同体责任的意识和主动性。

(董　珂)

2022年11月3日，“全健康日进社区”主题党日活动

【全球首个全健康指数重磅发布】　2022年9月17日，2022浦江创新论坛“低碳与绿色生态可持续发展专题论坛”在上海崇明开幕。开幕式上，上海交通大学医学院-国家热带病研究中心全球健康学院重磅发布首个全球全健康指数(Global One Health index，GOHI)。该指数由全球健康学院副院长周晓农和郭晓奎领衔，汇聚国内外全健康领域专家学者40余人，经过近一年时间研究发布。全球全健康指数是基于全健康评估框架及真实世界全健康研究评价工具，深化对人类、动物、环境健康三者密切关系的认识，成为兼具学术价值、应用价值、国际影响力和认可度的全健康绩效“标尺”。

(董　珂)

2022年9月17日，全球首个全健康指数重磅发布

【创办《全健康科学》学术期刊】　全球健康学院与国际知名出版机构爱思唯尔合作创办国际期刊《全健康科学》(*Science in One Health*，英文缩写SOH)。期刊采用具有高阅读量和高引用率的Open Access出版模式，促进全健康科学知识的获取和传播。学院成立SOH编辑部，组建了以年轻人为主、具有国际视野及专业化背景、优势互补的编辑及运营团队。为加强期刊宣传，提升国内外知名度，推出期刊吉祥物“明明博士(Dr. Ming)”、制作宣传片，利用新媒体各类平台，在多渠道进行矩阵式的宣传推广。

(董　珂)

2022年，《全健康科学》(Science in One Health，SOH)首刊封面

2022年，《全健康科学》(Science in One Health)期刊吉祥物“明明博士(Dr. Ming)

【开展“全球挑战计划”暑期实践活动】　作为上海交通大学校级资助社会实践项目，“全球挑战计划”旨在培养青年学子“人类命运共同体”的责任意识和家国担当，促进学生丰富国际经历，拓宽全球视野，激发创新思维与潜力。全球健康学院2022年暑期社会实践团于7月招募成立，实践团由16位研究生和本科生组成，分别来自上海交通大学医学院全

球健康学院、公共卫生学院、临床医学院和上海交通大学生物医学工程学院、媒体与传播学院、外国语学院、国际与公共事务学院，由全球健康学院4位老师指导。8月，实践团前往云南省普洱市进行疟疾防治与消除实践调研。此次“全球挑战项目”获得2022年知行杯上海市大学生社会实践大赛三等奖和上海交通大学2022年暑期社会实践三等奖，参加学生有2人获得校级先进个人，1人学生获得院级先进个人，团队指导教师2人获得优秀指导教师称号。

（董　珂）

2022年，“全球挑战计划”暑期实践活动开展

医学技术学院

【概况】 2022 年，医学技术学院医学技术学科现有专任教师 140 人，其中正高级职称 102 人，占比为 72.9%；具有博士学位教师 140 名，占比为 100%；具有海外经历教师 110 名，占比为 79.1%；博士生导师 66 名，占比为 47.1%；45 岁以下教师 70 名，占比为 50.7%。

教育教学。2022 年学院在籍学生人数 391 人，其中，2019 级学生 99 人，2020 级学生 95 人，2021 级学生 100 人，2022 级学生 97 人。学院通过教学委员会实行教学管理目标责任制，以学院班子成员及专家听课制度、师生座谈会、问卷调查等形式，开展课程教学质量检查工作。全年顺利完成 2019 级、2020 级医学检验技术系、临床营养系共 220 名学生，47 门专业课程 2 691 学时的教学任务(包括上半年因新冠疫情完成的超星平台 861 学时，腾讯会议直播课程 658 学时，腾讯会议 PBL 直播课程 140 学时)。完成继续教育学生中 2019 级、2020 级医学检验技术班及临床营养班共 343 名学生，17 门课程 971 学时的教学任务，并加强院际合作，通过理论和实践相结合的培训方式，完成“检验企业岗位专业化培训”项目。学院协助举办第四届检验医学教育高峰论坛，线上累计参与 2 000 余人次。学院 1 门线上线下混合式课程、2 门线下课程、1 门虚拟仿真实验教学课程入选医学院一流本科课程建设项目，纳米医学检验技术、临床营养理论与实践等 2 门课程被医学院研究生课程建设及课程思政示范项目立项，发表教学论文 4 篇，2 名老师被评为优秀教务管理工作者。经反复调研论证课程的实用性和可行性，最终确定了医学影像技术、听力与言语康复学等 2 个新申请专业本科阶段的课程设置方案。

大学生创新工作。学院向参与项目的学生免费提供最优质的实验场地和实验仪器设备，启动“医＋∞”复合人才培养计划。2022 年度完成医学院 16 项第十四期“大创”项目结题、8 项第十五期“大创”项目中期审核等工作，其中 4 项获得上海市立项资格、12 项第十六期“大创”项目立项，此外许大康老师指导的大创小组获了全国大学生生命科学竞赛(创新创业类)特等奖。发表 SCI 论文 2 篇，合计 IF 达到 10.341。

学生工作。学院坚持“政治引航、文化引领、思政引育”的大思政教育管理理念，逐步形成符合学院特色的文化体系。在政治引航方面，学院形成各年级学生的组织梯队培养方案，开展“‘医’路芳华，初心向党”入党启蒙教育宣讲会，260 余位前后期学生积极参与。2022 年，二、三年级医学检验技术系共 6 名学生递交入党申请书、通过团组织推优 15 名、经党支部推荐参加各级党校培训 16 名。在文化引领方面，学院制定“‘医’路芳华，技术先行”庆祝医学院成立 70 周年总体方案，借助学术实践、学生文化、主题活动等三大板块为活动载体，在学术实践板块方面，举办第八届全民营养周、检验医学学术论坛等；在学生文化方面，举办“报效祖国、服务人民”寄语精神融入暑期社会实践活动、医学检验技术专业技能大赛、2022届本科生毕业典礼、2022级本科生新生见面会等;在主题活动板块方面,举办学院LOGO征集活动、学院全称和标准简称等主视觉标识系统的对外发布、学院办公楼文化与历史设计与布展、录制青年团员视频风采展示等;在思政引育方面,举办职业生涯规划、心理健康教育、本科生科研创新等活动,组织实地寻访中共一大会址、上海犹太人纪念馆等红色基地。学院注重加强思政辅导员队伍建设,2022年度获"医学院思政教育研究基金"1项,在思政类国家级期刊上发表文章2篇。4名同学获全国大学生生命科学竞赛(2022,创新创业类)特等奖,4名同学获第三届伊利康杯华东六省一市高等院校医学检验技术技能大赛二等奖,2名同学获2022年第一届虚拟仿真临床试验诊断大赛三等奖,2名同学分别获2022年第六届全国医学检验技术专业大学生形态学大赛二、三等奖,李恩昊、林莉亚、高原、勾泓荃、方毅、刘若妍、张可等7名同学获上海市普通高等学校优秀毕业生称号,15名同学获上海交通大学优秀毕业生称号,7名同学获上海交通大学医学院2022届本科优秀毕业论文奖,8名同学获上海交通大学2021—2022年度"优秀团员"称号,2名同学获上海交通大学2021—2022年度"优秀团干部"称号,1名同学获上海交通大学2021—2022年度"优秀学生干部"称号,7名同学获上海交通大学2021—2022年度"三好学生"称号,3名同学获2021—2022学年度国家奖学金,1名同学获2022年荣昶科技创新奖学金,6名同学获2022年度罗氏诊断奖学金,1名同学获2022年度港澳台及华侨学生奖学金一等奖。

"十四五"规划编制。学院充分调研师资与学科建设、教育教学、招生工作等中心工作,多次邀请不同领域内的专家进行论证,明确学院"十四五"期间的主要目标任务。在学科发展与布局方面,学院确定"医学检验技术临床应用与转化""临床营养与全健康""人工智能与数字医学影像""全生命周期听力健康"等4个主要研究方向;在深化产学研结合方面,学院将依托医学院浦东新校区落实"四个中心"等平台建设,即医学检验技术研究中心、精准临床营养诊疗技术与转化研究中心、医学影像技术研究中心、听力健康研究中心等。

学科建设。学院承办第四届医学院国际青年学者论坛医学技术分论坛,线上参会、观摩累计3 000人次,后续跟踪海外优青1名、在站博士后1名。学院成立学科建设专项工作小组,对标教育部学科评估各级各类评价指标,组织学科大讨论4次,在各专业完成《医学技术学院学科自评简况表》的基础上,明确了学院4个主要研究方向及4个重要研究中心。在2022年软科中国大学专业排名评级中,医学检验技术(全国排名第2名)、食品卫生与营养学(全国排名第1名)、医学影像技术(全国排名第2名)和听力与言语康复(全国排名第1名),均获评A+。学院医学影像技术、听力与言语康复学等2个新申请专业顺利通过上海市普通高校申请学士学位授权自主审核。

制度建设。学院秉承顶层设计的理念,建立《上海交通大学医学院医学技术学院党政联席会议议事规则(试行)》《上海交通大学医学院医学技术学院学术委员会章程》《上海交通大学医学院医学技术学院教学委员会章程》《上海交通大学医学院医学技术学院专业技术职务岗位聘任实施办法(试行)》《2022级医学技术类学生培养与选专业工作实施方案》《上海交通大学医学院医学技术学院奖学金评选管理办法(试行)》等管理制度,年内发文15个、收文18个。

党建工作。自3月起,学院定期召开党政联席会议,讨论和决定学院各项中心工作等重要事项,2022年召开会议16次,审议议题98项,印发决议80份。配强配齐学院党政领导班子、中层等管理干部,年内完成1名处级干部、2名科级干部的选任工作。完成临床营养系、医学影像技术系和听力与言语康复系专业负责人的调整和选任工作。完成学院机关、教师等2个党支部的组建工作,完善了学院基层党组织架构。开展为期3周的党支部委员培训暨"七一"庆祝建党系列活动,包括邀请市委党校教授主讲《新时代的伟大成就及其启示》专题报告、《传达学习市第十二次党代会会议精神》专题交流、党务实务辅导、参观一大会址等多项教育培训。组织学院领导班子专题学习4次,包括学习习近平总书记近期重要讲话精神、医学院党委2022年度全面从严治党工作会议等。结合学院发展现状,精心建设学院中英文网站工作,通过解放日报、文汇报、上海基层党建网、医学院官网及官微等融媒体平台推送新闻报道6篇。

新冠疫情防控。学院广大党员发挥先锋模范作用,携手全院师生共克时艰。学院班子成员妥善调整各职能部门、专业、系部的日常排班,始终把学生工作放在重要位置。学院机关党员干部时刻听党指挥,分别驰援新冠疫情防控一线。学院教职员工则根据医学院及附属医院具体安排,支援核酸采样。思政辅导员与团员青年驻守学生园区,了解学生实时动态,投身园区各类志愿服务工作。

医学技术学院党政领导名单:

院　　长　胡翊群

党委书记　袁　青

副 院 长　王学锋

专职副院长　徐勤毅(1月任)

(陈　玮　高　阳)

2022 年，医学技术学院师生参观中共一大会址

【助力疫情防控】 2022 年 3 月 17 日至 6 月 1 日，面对新冠疫情，学院班子成员第一时间慰问园区内学生，走访寝室，了解学生思想动态；机关党员干部分别驰援市级定点医院、上海交通大学闵行校区、黄浦区公安战线等核酸检测一线；教职员工则根据医学院及附属医院具体安排，支援医学院，瑞金医院无锡分院、海南分院等核酸采样；思政辅导员与团员青年驻守学生园区，了解每个学生的疫情实时动态、投身园区防控巡视、班车管理、用餐服务等志愿服务工作。

（陈　玮　高　阳）

【举办首届优秀大学生夏令营】 医学技术学院首次举办大学生夏令营活动，吸引来自北京大学、上海交通大学、华中科技大学、四川大学等高校 2023 届优秀应届本科毕业生报名，其中 27 名获得入营资格。在为期三天的活动中，分别完成了各专业组织的专家讲座、互动讨论、课题汇报、科室参观及综合面试考核等环节。

（丁　磊　邹立瑜）

【获全国大学生生命科学竞赛创新创业类特等奖】 2022 年 8 月，由医学技术学院研究员许大康为指导老师，医学技术学院医学检验技术专业 2019 级关一鸣和崔琦、2020 级马君瑞和罗嘉骏组成本科生科创团队完成的课题“胃癌基质特异性基因 PLXDC2 经巨噬细胞促进上皮间充质转化的研究”获全国大学生生命科学竞赛创新创业类特等奖。其课题结合了单细胞测序特征分析、多标免疫荧光染色、肿瘤免疫微环境空间分析、人工智能分析等新技术，团队围绕巨噬细胞对肿瘤细胞的作用机制原理展开深入研究，首次发现了 PLXDC2/EMT/M2 巨噬细胞作用轴可能会影响胃癌患者的预后和免疫治疗反应性，为未来胃癌诊断的新靶标开发打下了良好基础。

2022 年 8 月，获全国大学生生命科学竞赛创新创业类特等奖

（陈　玮　徐培青）

【举办第四届国际青年学者论坛医学技术分论坛暨第四届检验医学教育高峰论坛】 2022 年 8 月 26—27 日，由医学院主办，医学技术学院、附属瑞金医院实验诊断中心和医学院临床检验专业管理委员会共同承办的第四届上海交通大学医学院国际青年学者论坛医学技术分论坛暨第四届检验医学教育高峰论坛在线上成功举办。论坛聚焦 AI＋医疗与医学技术，来自检验学、影像学、康复学、临床营养学等不同学科的高层次人才通过“云上相聚”进行思想碰撞和智慧交流。

（陈　玮　高　阳）

2022 年 8 月，国际青年学者论坛医学技术分论坛举行

【获“春昇杯”医学创新人才大赛一等奖】 2022 年 11 月 17 日，由上海市卫生健康委联合市科委、市经济信息化委、市知识产权局、市药品监管局共同举办的首届“春昇杯”医学创新人才大赛中，医学技术学院医学检验技术系的副研究员武文漫获一等奖。武文漫通过对血友病和血栓病这两种截然相反的疾病的发病机制研究，利用罕见的高活性凝血因子 XI 突变体，制备新型重组蛋白和基因治疗药物通过不依赖凝血因子Ⅷ/Ⅸ的旁路途径纠正凝血缺陷，为抑制物阳性血友病患者的治疗带来了希望。

（陈　玮　高　阳）

【深入学习宣传贯彻党的二十大精神】 学院制定学习宣传贯彻党的二十大精神工作方案，成立由党委书记袁青牵头的专项工作小组，通过组织集中

2022 年 11 月 17 日，武文漫获“春昇杯”医学创新人才大赛一等奖

收听收看党的二十大开幕会、专题报告、专题会议、集中学习原著、红色基地寻访、思政专题活动、发放学习材料等多形式、多层次、全覆盖的全员培训，形成“领学、研学、联学、互学”的立体式学习氛围，全方位地推动学院全体师生原原本本学，学深悟透精髓要义。

（陈　玮　高　阳）

【教学委员会成立】 为进一步提高教学质量，健全学院教学工作管理机制，不断提高教学工作管理水平和人才培养质量，根据《上海交通大学医学院教学委员会章程》要求，经过前期各系部推荐、学院党政联席会审议后，医学技术学院第一届教学委员会正式成立。教学委员会第一次工作会议于 2022 年 12 月 14 日以线上形式召开，13 位委员参会。本次会议讨论通过了“成立临床医学概要教研室及主任、副主任建议名单”及“医学技术学术型硕士、博士研究生、直博生培养方案”。

（丁　磊　邹立瑜）

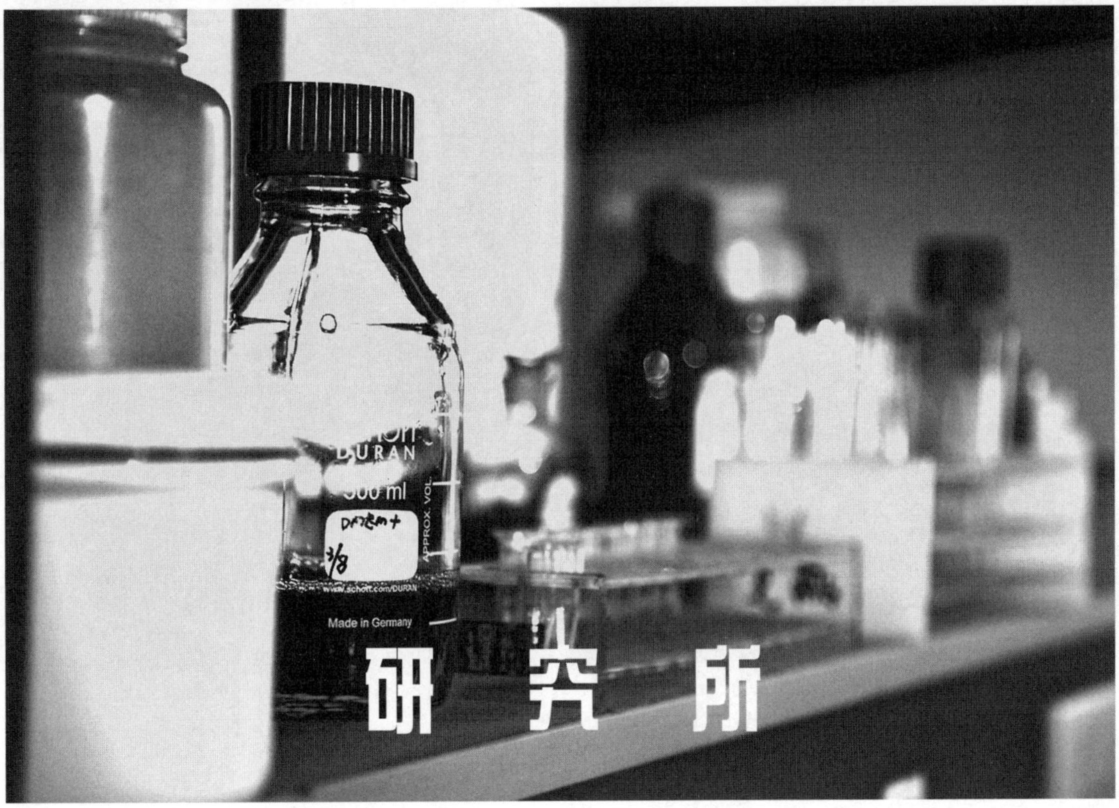
DURAN
Made in Germany
研究所

上海市伤骨科研究所

【概况】 2022年，上海市伤骨科研究所共有在编职工56人(其中博士学位28人，硕士学位9人)，高级职称21人，中级职称11人。博士生导师5人，硕士生导师5人。

新立项课题25项，其中国家自然科学基金面上项目3项，国家自然科学基金青年项目3项，国家自然科学基金区域创新发展联合基金项目1项；浦江人才计划项目1项；上海市科委自然基金1项、扬帆3项、学科带头人(青年)1项、生物医药1项；卫生健康委学科带头人1项、青年人才1项、面上项目1项、青年2项；中国博士后科学基金面上1项，上海市人社局超级博士后计划2项，张江人才2项。横向课题1项。经费共计896.78万元。在研课题91项，其中国家自然科学基金项目18项(重点1项、面上7项、青年10项)；国家重点研发计划课题3项；人才计划项目28项；上海市科委项目13项(其中上海自然科学基金5项，实验动物专项3项，港澳台科技合作1项，科普1项，科学仪器和化学试剂1项，生物医药2项)；上海市卫生健康委项目21项(面上9项，青年11项，中医药1项)。上海交通大学转化项目4项。上海交通大学医工交叉重点1项。横向课题2项。纵向开放课题1项。所有在研课题经费共计5149.6万元。结题项目11项，其中上海市科委项目6项、上海市卫生健康委项目4项、上海市人力资源和社会保障局项目1项。发表学术论文126篇，其中SCI收录论文124篇，累计影响因子1490.775分。其中，以第一完成单位发表SCI文章40篇，影响因子总和492.41分，平均单篇影响因子达12分。

在读博士研究生14人，硕士研究生9人，在站博士后16人。2022年研究所毕业硕士研究生1人，出站博士后3人。

上海市伤骨科研究所党政领导名单：

所　　长　邓廉夫
副 所 长　张伟滨
　　　　　李飞跃
党支部书记　冯建民

(罗媛媛)

附1　2022年度上海市伤骨科研究所新立项课题

序号	课题名称	来　源	经费(万元)	起止年月	负责人
1	靶向RANKL-RANK蛋白互作的小分子抑制剂:设计合成与成骨不全症的治疗研究	国家自然科学基金面上项目	54	2023.01.01—2026.12.31	江　敏
2	基于"自牺牲"脂质构建应力松弛水凝胶微球治疗骨关节炎的研究	国家自然科学基金面上项目	53	2023.01.01—2026.12.31	崔文国
3	低氧/HF-1a通路通过E11-FAM111A-蛋白酶体内控途径调控骨细胞生成介导骨改建	国家自然科学基金面上项目	52	2023.01.01—2026.12.31	邓廉夫
4	基于SDF-1/CXCR4轴募集内源性骨髓间充质干细胞探讨电针联合VEGF微球治疗周围神经损伤的机制	国家自然科学基金青年项目	30	2023.01.01—2025.12.31	刘玉璞
5	Glycine-PVA压电生物有机薄膜力-电映射关系与实验研究	国家自然科学基金青年项目	30	2023.01.01—2025.12.31	杨　帆
6	多功能POSS基纳米杂化材料分子结构设计及在革兰氏阴性菌诊疗方面的应用	国家自然科学基金青年项目	30	2023.01.01—2025.12.31	赵　岗
7	基于干细胞分泌组学的功能化水凝胶微球修复KOA软骨退变策略及机制研究	国家自然科学基金区域创新发展联合基金	76.5	2023.01.01—2026.12.31	李翠笛
8	携载细胞膜磷脂层的静电纺纤维抑制肌腱粘连的研究	上海市科委学科带头人(青年)项目	40	2022.09.01—2025.08.31	崔文国
9	压电生物有机薄膜的体内降解行为与机电性能演化规律	上海市浦江人才项目	30	2022.10.01—2024.09.30	杨　帆
10	软骨细胞外泌体整合素α6介导关节腔组织间对话在骨关节炎中的作用及机制研究	上海市自然科学基金	20	2022.04.01—2025.03.31	郭　蕾
11	低氧诱导RNA去甲基化酶ALKBH5促进β-catenin翻译在成骨细胞成骨分化过程中的分子机制研究	上海市科委扬帆计划	20	2022.04.01—2025.03.31	常蕾蕾
12	稳定能量传递的可注射载酶纤维素微球构建及心肌修复的研究	上海市科委扬帆计划	20	2022.04.01—2025.03.31	包露涵
13	内外源刺激响应和功能协同的复合纳米药物构建及骨关节炎治疗	上海市科委扬帆计划	20	2022.04.01—2025.03.31	丁　涛
14	改进型多功能腰椎穿刺置管球囊装置的设计与样品开发	上海市科委生物医药项目	25	2022.04.01—2025.03.31	潘斯俭
15	应力调控型水凝胶微球治疗骨关节炎的机制研究	上海市卫生健康委学科带头人项目	45	2023.01.01—2025.12.31	崔文国
16	ROS响应的自愈合水凝胶/纤维膜复合防粘连膜定向沉默TGF-β预防肌腱粘连	上海市卫生健康委青年人才项目	30	2023.01.01—2025.12.31	王　非

（续表）

序号	课题名称	来　源	经费(万元)	起止年月	负责人
17	光化学靶向策略治疗多耐药念珠菌感染的疗效评价及机制研究	上海市卫生健康委面上项目	10	2023.1.1—2025.12.31	卢　敏
18	桡骨远端骨折防再位移支具的设计与应用	上海市卫生健康委青年项目	5	2023.1.1—2025.12.31	戚威臣
19	骨髓间充质干细胞的节律性成骨分化异常在老年性骨质疏松症发生中的功能和分子机制研究	上海市卫生健康委青年项目	5	2023.1.1—2025.12.31	常蕾蕾
20	青蒿素类磷脂构建基因/药物“药中药”复合微球治疗类风湿关节炎	中国博士后科学基金面上资助	8	2021.03.11—2023.03.11	杜亚伟
21	慢性创面修复中动态活性氧/氮调控的水凝胶微球研究	上海市超级博士后	30	2021.10—2023.10	丁　涛
22	原位合成超氧化物歧化酶模拟物促进糖尿病骨缺损修复	上海市超级博士后	30	2021.10—2023.10	庞力斌
23	张江人才	黄浦区教委	10.28	2022年	卢　敏
24	张江人才	黄浦区教委	30	2022年	倪大龙
25	耳机产品材料健康技术项目	华为（横向项目）	193	2022.7.21—2023.5.30	崔文国

（罗媛媛）

上海市高血压研究所

【概况】 2022年，上海市高血压研究所在编职工54人，其中高级职称15人、中级职称16人、初级职称23人。下设细胞与分子生物学研究室、流行病学研究室、血管检测中心、社区高血压防治中心、高血压临床转化实验室、实验动物房。作为"医学基因组学国家重点实验室"成员单位，参与建设国家重大科学设施"国家转化医学研究中心"，为教育部国家重点学科（心血管内科学），是医学院心血管内科专业博士和硕士研究生招生单位。现有博士生导师4名，硕士生导师9名。研究重点包括高血压相关基因、血管"重塑"机制和血管干祖细胞、流行病学、血管结构与功能，以及继发性高血压筛查、高血压靶器官损伤早期检测、难治性高血压治疗等。

研究所设有上海市科学技术委员会批准建立的"上海市高血压重点实验室"，以高血压发病机制新模式、高血压诊治新视角及新靶点、高血压人群防治及风险预警、高血压社区管理及防治新模式为主要研究方向。在上海市闵行区莘庄社区卫生服务中心建设"上海市高血压研究所社区防治研究基地"，在闵行区莘庄与黄浦区打浦桥等社区卫生服务中心开展高血压社区防治模式研究。在浙江省景宁畲族自治县和上海市青浦区分别建设自然人群队列，开展山区农村与城市社区与郊区人群高血压研究。

研究所与瑞金医院高血压科实行所科合一管理体制，本部院区一病区设有35张诊疗床位，二病区设有45张研究床位，北部院区设有25张诊疗床位，两个院区均设立全日高血压专科门诊，提供急、危、重症和复杂高血压诊治服务，也是国家卫生健康委临床重点专科组成部分，擅长各类继发性高血压的筛查、诊治，难治性高血压的管理、控制等。

基础研究。完成了高血压靶器官损伤的关键细胞及分子机制的研究，发现了棕色脂肪细胞ADRB3通过抑制外泌体iNOS从而介导心脏的保护作用，揭示了棕色脂肪组织保护心脏的独特内分泌作用，靶向棕色脂肪Adrb3及下游外泌体中的iNOS将是治疗心血管疾病的潜在治疗靶点。相关研究成果于2022年发表在国际学术期刊《循环研究》(*Circulation Research*)。

临床研究。开始应用血管检测中心申报的新技术"家庭血压监测技术"；利用中心动脉收缩压和肱动脉收缩压交叉分类建立了风险分层阈值，发现中心动脉高血压具有独立于外周血压的风险预测价值；在老年人智能心电分析系统房颤强化筛查随机对照临床试验中，证实了CHA2DS2－VASC评分的变化作为中国老年人发生房颤的预测因素。以上研究成果分别发表在《高血压》(*Hypertension*)和《欧洲心脏病杂志》(*European Heart Journal*)。

社区中心继续开展高血压患者颅内动脉狭窄(ICAS)的多组学研究，已发现34个颅内动脉狭窄相关差异甲基化位点，23个差异表达炎症因子；以"国家转化医学研究中心（上海）"落成和瑞金医院医联体建设为契机，建立"国家转化医学研究中心社区基地”，以打浦桥和莘庄社区卫生服务中心为首批，重点开展高血压及相关心血管病的转化医学研究。

2022年新冠疫情期间，高血压科医疗人员主动报名参加一线抗疫工作，包括核酸采样，去嘉定北院、市级方舱、嘉荷隔离治疗点以及海南方舱工作等。面对疫情，克服困难，结合实际，认真完成各项医疗任务。全年门诊就诊达22万余人次。互联网门诊量较2021年翻了一倍，处于医院第一位，为患者提供了专业便捷的医疗服务。病区仍聚焦继发性高血压筛查、难治性高血压治疗、肾血管性高血压介入及疑难高血压的诊治。依托临床积极引进和运用新技术，在瑞金医院海南分院开展肾动脉交感神经消融术（RDN）治疗高血压，并开展了GSR中国研究，已入选并完成2例患者手术，此项手术的开展标志着高血压科在高血压手术治疗方面迈出了新的台阶，今后其有望成为治疗高血压的重要手段。

转化高血压临床研究型病房全年累计收治入院766人，出院620人。平均住院天数5天。秉持智慧化建设理念，在血压监测系统下所有检测数据自动传输；可以为患者提供自主神经功能、血管内皮功能、中心动脉血压、脉搏波传导速度、经颅多普勒超声和多导睡眠呼吸监测等检查。2022年起病房采用标准化病史系统和模板，资料电子化导出；同时建立临床研究科研数据库和临床生物样本库。高血压远程智能管理技术与器械研发获得科技部重点研发专项，申请国家发明专利1项，目前处于实质审查阶段。

北部院区全年共完成门诊33 927人次，药占比控制在60%左右；共收治住院患者839人次。床位使用率始终保持在80%以上。优化病历首页书写，简单病种收治率控制在0.32%以下。在原发性醛固酮增多症方面，全年共完成AVS（双侧肾上腺静脉取血）介入手术47例，完成肾动脉介入治疗手术10例。积极申报GCP中心，通过10月份上海市GCP检查。

高血压科承担内科基地医生轮转教学工作，临床医学院理论与临床评教评学合格率为100%。作为临床研究基地，推进临床试验规范化建设，探索高血压互联网医疗模式，运用蓝牙、无线互联网等将诊室内外测得血压有机结合，建立区域血压监测平台；通过平台管理高血压基础及应用研究，推进血压管理新技术新技能落地，并通过平台开展多项大规模临床试验，包括五月血压测量月项目、万人动态血压达标登记研究、万人家庭血压达标登记研究、隐匿性高血压靶器官保护的降压治疗研究、1级日夜持续性高血压清晨和睡前服用降压药的疗效比较、心房颤动高血压患者强化降压与强化调脂临床试验等。作为牵头单位发起了《肾动脉纤维肌性发育不良中国注册研究》，参与多项国内国际多中心研究，目前正在开展的研究者发起的临床项目共计22项（其中国际多中心研究2项，全国多中心研究8项）；企业发起的临床试验9项（其中国际多中心国内牵头3项，主持全国多中心研究6项）。

新申请到纵向课题16项，总经费795万元，其中国家自然科学基金6项（面上项目5项、青年项目1项）、科技部重点研发计划1项、国家转化医学中心（上海）开放课题1项、市科委项目3项、人才类计划5项（市科委扬帆计划3项、卫生健康委领军人才1项、优秀人才1项）。新列横向课题1项，合同经费33.4万元。全年课题完成数15项，按计划进行数34项。知识产权方面，授权发明专利：微小RNA31前体编码多肽miPEP31在制备高血压药物中的应用，专利号202110258113.1；授权发明人：李群、李相晓、王宏林，申请人：上海交通大学医学院。发表中文核心期刊11篇、SCI论文46篇（其中第一或通信作者25篇），影响因子大于20分的文章1篇。

主办国内外学术会议7个，包括第十六届东方心脏病学会议高血压论坛、第八届中国血压监测学术会议、上海市高血压联合管理论坛、2022上海市高血压学术会议、第11届中国国际高血压高峰论坛、2022《高血压临床新技术新进展》国家级继续教育学习班等。2022年参加国内外学术会议14个，大会报告82个（其中邀请报告27个），交流壁报2个。开展iHEC赋能血压管理项目（每月1场，2022年共计10场）及基层高血压管理促进项目（每月1场，2022年共计6场），为智慧血压管理提供线上培训交流。

合作交流。与首都医科大学附属北京安贞医院（甲方）合作，共同承担2022科技部重点研发计划“主动健康和人口老龄化科技应对重点专项”（所属项目：心血管和外周血管疾病远程管理技术与智能系统研发，2022YFC3601300），甲方为项目牵头单位，研究所为课题二“高血压远程智能管理技术与器械研发”（2022YFC3601302）牵头单位。研究所按照项目要求进行相关部分的资料编报和提交，包括研发高血压医疗及预后评估技术；设计随机对照试验，证明本系统将使高血压达标率提高10%，编写高血压数字化治疗指南/规范。研究所与澳大利亚、比利时、加拿大、法国、日本、英国、美国等多个国家的科研机构和科学家建立了良好的合作关系，联合申报国际合作科研项目，共同开展高血压及其并发症相关的科学研究。

合作课题进展如下：

1. 王继光与上海市疾控中心合作上海市公共卫生重点学科建设项目“大数据与人工智能应用”（2020.9—2022.6），目前建成一个平台覆盖三种血压测量方式，同一个患者的三种血压测量方式所获得的血压数据互联互通，方便横向+纵向比较。

2. 李燕与附属第六人民医院合作上海申康重大临床研究项目“降压治疗对冠心病合并单纯中心动

脉高血压患者结局影响的随机、双盲、安慰剂对照、多中心临床研究(SHDC2020CR1042B,2020.10.1—2022.9.30)”,目前这个研究正处于患者入选阶段。

3. 李群与上海交通大学合作科技部国家重点研发计划项目(重点专项项目-干细胞及转化研究)“间充质干细胞治疗银屑病及银屑病型关节炎的临床研究(2020YFA0112902,项目骨干,2020.10—2024.12)”,主要研究目标是为开展干细胞临床研究提供坚实基础。

4. 王继光与首都医科大学附属北京安贞医院合作科技部重点研发计划(主动健康和人口老龄化科技应对重点专项)“高血压远程智能管理技术与器械研发(2022YFC3601302)”(所属项目:心血管和外周血管疾病远程管理技术与智能系统研发),2023.01—2025.12,236万。

在读研究生30人,其中有10名博士和20名硕士,2022年毕业2名博士和4名硕士;研究生潘晓茜获得国家自然科学基金青年项目和“上海市科委扬帆计划”;李燕获2022上海市卫生健康委领军人才;林静蓉获2022上海市卫生健康委优秀青年人才;根据《上海市实施海外高层次人才引进计划的意见》精神,对引进人员李文珠给予相应配套经费25万元,以支持人才项目。广慈优才引智计划聘任中山医院孙爱军为广慈教授,聘期从2021年11月1日至2024年12月31日,推动建立以高血压等血管疾病及靶器官损伤为主链的研究平台,增强部门科研实力。

开放重点实验室,吸引华东理工大学等兄弟单位学生来实验室学习交流,实验内容包括降压药物筛选;DSI遥测血压;离体血管张力检测等。为医院其他科室提供小鼠离体血管环实验、鼠尾血压测量等技术服务。

研究所将继续以科学前沿和国家重大需求为导向,建设高血压病因学分型诊治的创新理论体系与先进技术能力,进一步推进智慧化高血压诊疗中心的发展;深入高血压发病机制研究,聚焦炎症免疫在血管损伤中的新靶点探索;通过创新与发展,以高血压控制率提高到50%为目标,实现健康中国2030中长远规划。

上海市高血压研究所党政领导名单:

所　　长　王继光

副 所 长　高平进

党支部书记　吴永杰

(周蓓丽)

附1　上海市高血压研究所2022新立纵向科研项目(16项,共795万元)

序号	课题名称	负责人	来源	起止日期	经费(万元)
1	巨噬细胞SIK2/VEGF-C调控淋巴管生成参与盐敏感性高血压的作用及机制研究(82270451)	高平进	国家自然科学基金面上项目(列瑞金医院)	2023.01—2026.12	51
2	尿酸转运蛋白对血压和血管功能的调节作用及机制研究(82270469)	李　燕	国家自然科学基金面上项目(列瑞金医院)	2023.01—2026.12	52
3	VEGFR1调控FSP-1+成纤维细胞介导血管新生改善高血压心肌重塑的作用及机制研究(82270250)	李晓东	国家自然科学基金面上项目(列瑞金医院)	2023.01—2026.12	52
4	骨细胞前列环素调节血管功能在盐敏感性高血压中的作用和机制研究(82270450)	韩卫青	国家自然科学基金面上项目(列瑞金医院)	2023.01—2026.12	52
5	生物钟基因CLOCK调控PGC-1α乙酰化修饰参与高血压心肌损伤的研究(82270452)	盛长生	国家自然科学基金面上项目(列瑞金医院)	2023.01—2026.12	52
6	血流剪切力激活Sca1+平滑肌细胞参与血管重塑的机制研究(82200443)	潘晓茜	国家自然基金青年项目(列瑞金医院)	2023.01—2025.12	30
7	高血压远程智能管理技术与器械研发(2022YFC3601302)(所属项目:心血管和外周血管疾病远程管理技术与智能系统研发;总经费708万,其中财政经费236万)	王继光	科技部重点研发计划(主动健康和人口老龄化科技应对重点专项)(列瑞金医院)	2023.01—2025.12	236

（续表）

序号	课题名称	负责人	来源	起止日期	经费(万元)
8	高血压患者颅内动脉狭窄的多组学研究(NRCTM(SH)-2021-05)	王　彦	国家转化医学中心(上海)开放课题(列瑞金医院)	2021.12—2023.12	70
9	脂肪组织 ADRB3 调控高血压心脏损伤的机制研究(22ZR1452800)	林静蓉	上海市科委自然科学基金项目	2022.4—2025.3	20
10	Ang II 诱导生成 CerS6/C16:0 参与高血压动脉硬化的机制研究(22ZR1452900)	张冬燕	上海市科委自然科学基金项目	2022.4—2025.3	20
11	智能化家庭实时动态血压监测系统样机开发(22S31905100)	徐婷嫿	上海市科委生物医药科技支撑专项	2022.4—2025.3	25
12	T 细胞调控血管干/祖细胞分化在血管损伤后重塑中的机制研究(22YF1437900)	潘晓茜	上海市科委扬帆计划	2022.4—2025.3	20
13	巨噬细胞外泌体 piRNA 通过 ACTG1 在脓毒症心肌损伤中的机制研究(22YF1437800)	郜　敏	上海市科委扬帆计划	2022.4—2025.3	20
14	肺癌关键突变(KRAS/LKB1)调控 ALDOA 乙酰化的机制研究(22YF1438000)	郑宇彦	上海市科委扬帆计划	2022.4—2025.3	20
15	隐蔽性高血压降压治疗保护靶器官的延长随访研究(2022LJ022)	李　燕	上海市卫生健康委领军人才	2023.1—2025.12	45
16	肾上腺素能受体β3 调控高血压心脏重塑的机制研究(2022YQ064)	林静蓉	上海市卫生健康委优秀青年人才	2023.1—2025.12	30

附 2　上海市高血压研究所 2022 年主办国内外学术会议

序号	活动(会议)名称	主题	参加人数	时间	类型
1	第十六届东方心脏病学会议高血压论坛	高血压论坛	200	2022-05	
2	第八届中国血压监测学术会议(国际)	血压监测(国际)	50	2022-04	全球性
3	第八届中国血压监测学术会议(国内)	血压监测(国内)	100	2022-07	全国性
4	上海市高血压联合管理论坛	高血压联合管理	50	2022-11	区域性
5	2022 上海市高血压学术会议	高血压学术会议	200	2022-11	区域性
6	第 11 届中国国际高血压高峰论坛	高血压高峰论坛	100	2022-12	全球性
7	2022《高血压临床新进展新技术》国家级继续教育学习班	高血压临床新进展新技术	858(线上)	2022.7.11-15	全国性

（周蓓丽）

上海市儿科医学研究所

【概况】 2022年，上海市儿科医学研究所共有职工65名，其中正高级研究人员8名，副高级研究人员8人；博士学位27名，硕士学位24名；现有博士生导师6名、硕士生导师9名。设有儿内分泌遗传、消化营养、儿肿瘤以及围产医学等研究室，拥有生化遗传、分子遗传、细胞遗传、免疫、分子医学光谱等技术研究平台支撑基础研究及临床研究。依托医院丰富的儿科临床资源，承担新生儿遗传代谢病筛查、产前诊断、遗传性疾病诊断与治疗等临床及科研检测任务。

毕业博士研究生2名及硕士研究生14名(含1名上海市优秀毕业生)；在读研究生45名。2022年全年举办学术会议8次，组织参加线上线下的国内学术会议近65人次，均为大会发言或主持。

获局级以上新立纵向科研项目16项，新立项目总经费433万元，其中国家自然科学基金面上及青年项目共5项；上海市科委项目8项(其中人才计划4项)，上海市卫生健康委科研基金项目3项。科研人员作为第一作者或通信作者发表学术论文68余篇，其中被SCI收录60篇(合计IF 324分)。

完成常规新生儿筛查55 486例(包括上海41家产婴医院及澳门)，全部完成常规四项及串联质谱检测，确诊疾病324例，目前均在门诊治疗随访中。生化平台现开展临床检测服务共计19类临床检测项目，4类临床产前检测项目，具有100余种遗传代谢病的检测和诊断能力。2022年将类固醇激素串联质谱检测列入临床检测新项目，已完成1 812例检测，并建立了尿黏多糖串联质谱检测技术血氨基酸串联质谱检测技术。遗传平台年内共完成了1 236例染色体核型、1 901例唐筛四联、9 055例NIPT检测，4 922例NIPT-plus检测及8 212例SMA检测。

建立了集专科(病)门诊、多学科会诊、住院诊治等为一体的罕见病诊疗体系。2022年，罕见病诊治患者约3 000例，外省市患者占80%以上。罕见病微信号“上海市儿童罕见病诊治中心”，关注人数7.5万；一年发送推文110条推文；平均阅读量1千；最高阅读量3.4万；开通哔哩哔哩账号“上海市儿童罕见病中心”；完成上海市科普课题，科普电影、视频漫画、云课堂10次；特别是罕见病微电影《另一个身份》，观看量273万，极大提升了新华儿童罕见病的知名度；完成《罕见病病例报告写作规范专家共识》；积极开展罕见病药物临床研究，2022年完成1项(尼曼皮克病C型)，开启动会3项(戈谢病和类固醇谱试剂盒)，立项1项(戈谢病)。目前中心已探索出一套覆盖孕前至成人期的罕见病全生命周期诊疗服务体系，在儿童内分泌与遗传代谢疾病、神经肌肉疾病、遗传性皮肤病、遗传性耳聋、心血管系统及消化系统等疑难罕见病诊治方面处于国内领先水平，充分发挥中心在长三角地区的辐射引领作用，不断提升中心在儿童罕见病诊治领域的国内国际影响力。

上海市小儿消化与营养重点实验室自评为上海市重点实验室以来，建设目标始终对标国内外学术交流的重要平台、本领域优秀人才培养基地及引领学科发展的重点实验室，目前已实现先天性消化道畸形的生物样本库实行信息化管理，目前标本库有各类标本600余份。完成实验人员的培训和管理，保障平台有序运行。

儿内分泌遗传代谢专业建科已经两年余，依托儿研所，日常管理融入大儿内科，运转逐渐走上正轨，已建立健全各项医疗规章和管理制度，2022年入院患者1 068人次，其中罕见病患者458人次（约43%），院内会诊1 171人次。小儿消化营养科完成儿内门急诊9 876例/年，专家门诊2 725例/年，特需门诊1 690例/年，小儿肠衰竭联合门13例/年，便秘专病门诊601例/年，过敏专病门诊282例/年。开展各类内镜检查及治疗，行胃镜569例，肠镜421例，肛门直肠测压301例，24H胃酸监测111例。建立和完善了儿科营养筛查-评价-诊断-治疗管理整体数据化平台。数据平台的营养筛查和营养评估两大模块已上线，可通过手机APP终端输入筛查量表所需的数值，平台自动生成评分，并将营养营养不良风险的信息推送给NST小组成员，进一步行营养评价、诊断，大大节约了营养筛查所需时间。

上海儿科医学研究所党政领导名单：

所　　长　蔡　威

副 所 长　董　艳

　　　　　马　飞（兼党支部书记）

党支部副书记　韩连书

（杨玉婷）

上海市内分泌代谢病研究所

【概况】 2022 年，上海市内分泌代谢病研究所现有在职职工 44 人，博士研究生导师 8 人、硕士研究生导师 4 人，正高级职称 11 人、副高级职称 6 人、中级职称 18 人，其中博士学位 31 人。

新增国家重点研发专项 1 项、国家自然科学基金课题 13 项，在研国家自然科学基金 36 项。2022 年到位科研经费 1 620 万元，新增固定资产 221 万元，在用科研仪器设备 522 台，总值 6 305 万元。年度发表学术论文 75 篇(SCI 收录论文 67 篇、国内核心期刊论文 8 篇)，授权中国发明专利 5 项。制定《新型冠状病毒疫情下甲状腺功能亢进症和甲状腺功能减退症管理专家建议》等临床指南 8 项，发布《2 型糖尿病合并心血管疾病诊断和治疗行业标准》等行业标准 3 部。主编出版书籍 3 本，《内分泌内科学》(第三版)为国家统编研究生教材，《临床内分泌学》(第二版)为本学科主编的专业书籍，《卓越、坚韧、创新-瑞金内分泌质量管理实践》为中国内分泌代谢病领域首部医疗质量管理书籍。

主办第十届 CODHy China 国际学术论坛，2022 年 10 月主办 2022 年中国内分泌代谢病专科联盟年会。

继续按时保质完成《中华内分泌代谢杂志》和《*Journal of Diabetes*》的编辑出版工作，《中华内分泌代谢杂志》获评“中华医学会期刊管理优秀奖”，《*Journal of Diabetes*》据 Web of Science 公布的最新期刊引文报告(JCR)，影响因子为 4.544 6 分。

2022 年 9 月，研究所作为第一和通信作者在《柳叶刀》(*The Lancet*)杂志发表题名为《保护老年人是新冠疫情期间应优先考虑事宜》(Protecting older people: a high priority during the COVID - 19 pandemic)的通讯文章。12 月作为通信作者在《新英格兰医学杂志》(*The New England Journal of Medicine*)发表一项中国产新冠药物 3 期随机对照临床试验的研究论文，证明对于有高危因素的轻中度新冠成人患者，在至持续临床康复时间方面，国产新冠药物 VV116 是 4 天，非劣于辉瑞帕罗韦德(Paxlovid，奈玛特韦-利托那韦)的 5 天，两者的药物风险比为 1.17，且 VV116 的不良事件更少。

上海市内分泌代谢病研究所党政领导名单：

所　　长　宁　光
副 所 长　毕宇芳
　　　　　王卫庆
党支部书记　毕宇芳

(徐　焰)

附表 1　2022 年新立国家级课题表

序号	课题来源	课题编号	课题名称	课题经费（万元）	负责人
1	国家重点研发计划项目	2022YFC2505200	中国人极端肥胖队列与精细分型研究	1 500	王计秋
2	国家自然科学基金专项项目	82250901	噬菌体靶向肠道共生菌干预肥胖探索	200	刘瑞欣
3	国家自然科学基金面上项目	82270859	DOCK6 基因及变异对糖脂代谢的作用及机制研究	52	徐敏
4	国家自然科学基金面上项目	82270931	乙酰化酶 CBP/p300 通过维持成骨细胞分化及功能成熟调节骨形成	52	刘建民
5	国家自然科学基金面上项目	82270896	薯蓣皂苷元通过肠道菌群治疗肥胖的作用和机制研究	52	张翼飞
6	国家自然科学基金面上项目	82270842	2 型糖尿病遗传风险相关基因 ZZEF1 调控胰岛 beta 细胞功能的机制研究	52	曹亚南
7	国家自然科学基金面上项目	82270860	SCHAD 在缬氨酸诱导胰岛素高分泌中的作用及机制研究	52	周丽斌
8	国家自然科学基金面上项目	82270841	Mettl3 介导的 m6A 甲基化调控胰岛内分泌细胞形成和糖尿病的机制研究	52	汪启迪
9	国家自然科学基金青年项目	82200899	普氏菌-谷氨酰胺代谢途径调节糖代谢性别差异的机制研究	30	高爱博
10	国家自然科学基金青年项目	82201396	丙酸通过 FFAR3/Wnt5a/Ca^{2+} 信号通路激活迷走神经改善帕金森病运动障碍	30	侯艳芳
11	国家自然科学基金青年项目	82200934	下丘脑支链氨基酸分解代谢调节白色脂肪米色化的机制研究	30	明星
12	国家自然科学基金青年项目	82200935	多形拟杆菌调控肠道抗菌肽 α-defensin 分泌干预慢性低度炎症的机制研究	30	王巧玲
13	国家自然科学基金青年项目	82200998	N-酰基氨基酸代谢异常促进 2 型糖尿病发生发展的作用与机制研究	30	林泓
14	国家自然科学基金青年项目	82200939	LGR4 通过调节 Treg 细胞功能改善内脏脂肪炎症和糖代谢的机制研究	30	陈于菲

附表 2　2022 年授权发明专利清单

序号	专利号	发明名称	发明人	授权日
1	ZL201810952098.9	miR-221/222 及其抑制剂用于制备调控肝脏脂肪沉积、肝纤维化和肝细胞肝癌的药物及检测靶点	宁光、曹亚南、姜秀丽、山爱景	2022 年 3 月 18 日
2	ZL201910031988.0	脂质联合标志物在制备诊断糖尿病的检测试剂或检测物的用途	宁光、税光厚、毕宇芳、陆洁莉、林茜雯、李博文、吴雪妍	2022 年 6 月 14 日
3	ZL201811132882.1	一种用于预防和治疗代谢疾病的菌株及其应用	文彬、宁光、马新、王卫庆、于鸿晶、洪洁、孙宁云、王计秋、尹培军、刘瑞欣、高远、王莎莎	2022 年 10 月 11 日
4	ZL201910812961.5	一种胆汁酸在制备代谢性疾病药物中的应用	宁光、王卫庆、顾卫琼、王计秋、刘瑞欣、洪洁	2022 年 12 月 6 日
5	ZL202010692053.X	ZNRF3/RNF43 在制备调节能量代谢药物中的应用	宁光、张志国、姚霜霜、袁依妮、香敏琪	2022 年 12 月 6 日

（徐　焰）

【概况】 2022年，上海市免疫学研究所有在编职工65人，其中高级职称29人、中级职称24人、初级职称12人，博士生导师26人、硕士生导师9人。

新引进职工(研究助理)1人。入选国家级及上海市以及学会各级人才计划14人次，其中入选国家自然科学基金杰出青年1人，国家自然科学基金海外优青1人，国家青年拔尖人才计划1人，上海市科委优秀学术带头人(青年)项目1人，卫生健康委领军人才项目1人，卫生健康委优秀学科带头人项目1人，卫生健康委优秀青年人才项目1人，上海市启明星计划2人，上海领军人才青年项目1人，中国免疫学会第十一届青年学者奖2人。新招收博士后8人，目前在站博士后26人，其中：入选医学院博士后激励计划8人，入选免疫所博士后创新计划11人。

2022年，招收研究生41人，其中直博生20人，博士研究生7人，硕士研究生14人，来自复旦大学、南京大学、四川大学等985高校人数占比63.4%。毕业研究生29人，其中博士研究生18人，硕士研究生11人。申请并获得学位24人，占毕业总人数的83%。毕业生中，有2人出国，约38%(11人)进入各大医院、科研院所等事业单位工作，约28%(8人)继续深造(攻读博后)。2022年度，研究生获得各类奖项38人次，其中：1人获2022年度研究生国家奖学金，1人获苏州育才奖学金，2人获上海市优秀毕业生，3人获上海交通大学优秀毕业生，5人获2021—2022学年上海交通大学“三好学生”。

根据2020年免疫所国际评估科学顾问委员会专家的评估意见和建议，免疫所积极推进从外延式发展转向外延式发展和内涵建设发展同步，并更加强化内涵建设发展道路。依托医学院“学术特区”政策支持和经费支持，免疫所根据现有优势研究团队和重点研究方向，凝练“黏膜免疫”“肿瘤免疫”“感染免疫”三个重点攻关方向，分别由苏冰、李斌和梁启明担任这三个方向的负责人，团队围绕肠道疾病，肿瘤，感染疾病等临床问题开展联合攻关。同时，设立“卓越青年科学家培育项目”，重点培育一批有发展潜力的青年科学家，对标国家杰青，优青以及创新群体，努力在免疫学领域做出更多标签性工作，培养出若干领军人物。

为支持“上海市免疫学研究所学术特区”深入探索博士后管理制度试点改革，充分发挥博士后队伍在科研创新体系中的关键作用，在医学院博士后总体管理下，上海市免疫学研究所于2022年7月起开始实施“博士后创新计划”，率先推出“3＋X”培养模式，在博士后招聘、考核、出站等培养环节有更大的学科管理和自主权。给予入选博士后前3年不低于税前24万元年薪待遇，3年期满考核优秀达到具备X阶段的博士后还将视情况给予年薪适当调整和一定的科研经费支持。自2021年7月实施至今，11名博士后入选该计划，他们分别是：万杰(邹强组)、孙宏翔(苏冰组)、董澍芃(梁启明组)、杨翠霞(王锋组)、陈瑶(苏冰组)、黄建松(李华兵组)、郭薇

(Florent Ginhoux组)、钱嘉文(Florent Ginhoux组)、陈柏文(李华兵组)、王飞翔(邹强组)和梅颂(张燕组)。2022年度,博士后陈瑶首次获得中国博士后基金国际交流项目-引进计划的资助,丁陈波、董宇、陈瑶获国家自然科学基金青年项目资助,陈柏文、黄建松、王飞翔、王佐强入选上海市"超级博士后"计划,引才聚才的"强磁场"效应充分显现。

2022年,新立项科研项目42项,其中国家级项目17项,地方级项目18项,校级项目7项,项目总经费约3033万元。立项横向课题2项,开展转化研究1项,申请专利13项。免疫所在承担国家重大重点科研攻关任务方面继续展现出强劲的竞争实力,连续多年保持国家自然科学基金重点项目及人才项目立项,研究员王锋获得国家自然科学基金重点项目资助。同时,研究员王锋、李福彬作为科技部重点研发计划项目课题负责人获批立项,另有研究员梁启明、李福彬、叶幼琼、副研究员刘兆远、助理研究员杜艳华5人分别以课题骨干身份参与科技部重点研发计划项目获得资助。2022年度,免疫所在基础研究、原创探索、医学学科交叉等领域获多项重要资助,获得市科委、教委、卫生健康委各类项目资助总计18项,项目总经费达800万元,包括:苏冰获上海市2022年度"科技创新行动计划"基础研究领域项目,李华兵获卫生健康委新兴交叉领域项目资助,伍宁波获上海市自然原创探索项目资助。多位免疫所科研人员获卫生健康委领军人才、学科带头人、科委优秀学术带头人(青年),启明星等省部级人才项目资助。

发表SCI论文69篇,影响因子总计803.2,其中影响因子超过10分的有27篇。平均影响因子11.64,单篇最高影响因子43.474分(*Immunity*,邓刘福),有3篇影响因子31.25分的研究论文(*Nature Immunology*,沈蕾、梁启明、李华兵)。李福彬课题组"激动型抗体优化技术"项目获上海市首届高价值专利运营大赛高校院所组"专利运营成长价值奖"。沈蕾、梁启明、李华兵、李斌(2021年)研究团队的科研成果以论文的形式发表在免疫学领域顶尖学术期刊《自然·免疫学》(*Nature Immunology*),共计4篇。11月22日,在国际知名全学科学术出版机构——细胞出版社(*Cell Press*)最新的一项关于2021年中国科学家在*Cell Press*旗下期刊的研究性论文回顾中,经期刊编辑提名、第三方专家委员会的独立评审,并综合论文下载量、引用量和领域内突破性等权衡标准,细胞出版社从中评选出了生命科学领域、物质科学领域、医学领域、交叉学科领域"细胞出版社2021中国年度论文"共35篇(医学领域5篇,其他三个领域各10篇)。苏冰研究团队以及梁启明研究团队的研究论文同时入选医学领域"细胞出版社2021中国年度论文"。

通过举办招生宣讲直播、线上招生宣讲会、与优秀生源一对一线上交流、微信公众号和官网推送招生信息等方式提高关注度,做好招生宣讲工作。6月2日、6月10日、6月15日、6月18日连续举办4场线上招生宣讲会,6月15日通过免疫所公众号视频号举办的招生宣讲会观看人数超2000人,吸引了202名优秀本科生报名2023年研究生招生夏令营,其中25人来自上海交通大学、浙江大学、南京大学等C9高校,93人来自985高校,27人符合致远荣誉博士申报条件。

2022年,免疫所充分整合基础与临床资源,加强与临床医院的合作。2022年1月25、27日,上海交通大学医学院附属瑞金医院-上海市免疫学研究所"免疫与疾病研究中心"研讨会于瑞金医院科教楼二楼报告厅举行。研讨会上,来自免疫所的15位PI代表和来自瑞金医院的8位科室代表分别作专题报告,并就基础免疫研究与临床的合作前景展开讨论,为后期开展合作奠定基础。4月18日至20日,由医学院主办,上海交通大学医学院-耶鲁大学免疫代谢研究院、上海市免疫学研究所和附属瑞金医院承办的第二届"21世纪免疫生物学"国际前沿交叉学术论坛在线上成功举办。邀请到3位世界顶尖免疫学家担任主旨报告人,分别是来自美国西南医学中心的陈志坚教授、加利福尼亚大学-圣地亚哥分校的Michael Karin教授和耶鲁大学的Richard Flavell教授,以及来自国内顶尖高校以及科研院所、活跃在免疫学研究前沿领域的知名专家,包括南开大学曹雪涛院士、中国科学技术大学田志刚院士、上海市免疫治疗创新研究院董晨院士以及中国免疫学会理事长吴玉章在内的35位特邀嘉宾报告人。报告人围绕免疫学与人类健康、适应性免疫、肿瘤免疫、感染与炎症以及转化医学5个热点前沿领域在线上与广大师生交流最新进展并展开热烈讨论。为期3天的线上论坛得到了与会专家的高度认可和热情参与,吸引了近8万人次在线观看。6月24日上午,医学院国际青年学者云论坛"免疫生物学与临床免疫研究新进展"分会场会议在线上顺利召开。共邀请6位青年学者担任分会场报告人,线上参会观众近90人参与交流。11月11日,上海市免疫学研究所2022年科学顾问委员会暨国际评估会议在免疫所成功召开。2016年起免疫所实施国际上科研机构开展科技评估的通用模式-国际评估制度,2022年是第三次开展国际评估工作,本次评估邀请了7位知名科学家组成科学顾问委员会,分别是科学顾问委员会主席陈国强,上海市免疫治疗创新研究院院长董晨,上海交通大学基础医学院院长程金科,浙江大学求是讲席教授、生命科学研究院院长、首席研究员冯新华,武汉大学教授、病毒学国家重点实验室主任蓝柯,中国科学院分子细胞科学卓越创新中心主任刘小龙,西湖大学讲席教授、应急医学研究中心主任孙仁。2022年度共邀请国内外顶尖专家学者进行线上学术报告46人次，线下报告2人次，主办/承办大型国内/国际会议4次。

2022年，免疫学课程组完成年本科理论教学652.5学时、研究生理论教学188学时、本科生实验课9学时、研究生实验课76学时，总学时925.5学时；课程组教师带教RBL项目15组，教学时数644学时。在PI和青年教师的培养中实行教学导师制，按计划培养11位PI和4位青年教师。其中7位PI和3位青年教师分别已参与本科生CBL、研究生、选修课教学及微课视频制作。规范研究生培养工作，由院内外专家组成专家委员会，一年两次对免疫学研究生开题、中期考核等重要环节把关，加强学术指导。教学团队继续通过医学院继续教育学院线上教学平台开展了2022年基础与临床免疫整合课程实施与改革研修班，来自全国各地教师和医务工作者68人接受培训。师资获奖2项；教师制作微课程获国家级奖项4项；参加上海交通大学医学院2021年医学专业课程思政设计竞赛奖2项；第七届全国大学生基础医学创新研究暨实验设计论坛优秀成果创新研究二等奖1项、第七届全国大学生基础医学创新研究暨实验设计论坛总决赛铜奖1项；指导本科生发表综述和论文3篇、教师投稿接收参加中国免疫学会第十五届全国免疫学学术大会，免疫教育分会场口头报告1篇；课程组教师积极申报教学课题，新申报3项，在申报中1项，执行和完成3项；参与1本教材的编译；课程组和教学团队教师参与本科生和博士研究生课程均获上海市课程思政示范课程和示范团队；教师参加上海交通大学基础医学院教师教学能力比赛获奖3项：PI组一等奖和二等奖，青年组二等奖。

流式平台实现了分析和分选平台每天24小时每周7天的开放模式。分析仪培训用户45人，分选仪培训用户15人。提供细胞分析和分选上机服务：AriaIII：使用负荷达到＞100小时/月的使用量；Symphony A3：使用负荷达到＞100小时/月的使用量；Fortessa X20：使用负荷达到＞130小时/月的使用量；Fortessa：使用负荷达到＞130小时/月的使用量；CantoII：使用负荷达到＞50小时/月的使用量。参与医学院结肠癌先导项目合作研究，对接人结直肠癌的肿瘤样本、癌旁样本和外周血样本，负责样本的收集、消化处理、免疫组学检测分析及数据共享上传。对接样本频率平均每周2—3例，累计处理样本70余例。7月成功申报到该项目子课题“NK细胞在结直肠癌发生发展中的作用研究”，开发了针对NK细胞的高参数流式检测方案，检测分析组织样本20余例。开发前沿流式技术如高内涵细胞表型深度分析，单细胞索引分选系统。FACSymphonyA3高内涵流式分析仪本年度新增培训授权用户11人，仪器使用效率进一步提高，目前共有35名用户可独立操作上机。新开发出2套设配该仪器的高参数抗体方案，分别用于人的T细胞功能以及人NK细胞的表型和功能分析为进一步提升平台核心竞争力，拓宽科研创新渠道，同时为院内外师生用户提供最新前沿的科学研究工具，流式平台于2022年引入3台新的流式仪器：BD FACSAria Fusion流式分选仪，Cytek Aurora全光谱流式分析仪和Fluidigm Hyperion组织成像质谱流式系统。

显微成像平台拥有宽场荧光显微镜、激光共聚焦显微镜、双光子显微镜、正/倒置荧光显微镜等多种成像设备及图像分析处理工作站和专业软件，并有冰冻切片机和震动切片机提供样品制备服务。2022年平台向所内外提供多色荧光的二维(X，Y)和三维(X，Y，Z)成像、定量荧光测定、时间序列扫描、荧光漂白恢复、活细胞成像，光刺激实验，小动物活体成像等显微成像技术服务，并提供多种数据分析和图像处理技术支持与服务。累计服务时长如下：共聚焦显微镜Leica SP8服务约1 400小时，600人次；双光子显微镜FVMPE－RS服务420小时；激光扫描共聚焦显微镜FV3000服务2 000小时；提供其他显微镜服务约600小时，400人次。组织共聚焦显微镜培训约100余次，培训学生约50多人，并组织了多重免疫荧光组化培训及其分析软件HALO的等显微成像线上培训。2022年完成上海市“地高大”项目三台高端显微镜，分析软件Imaris的拓展模块—细胞模块，全景组织细胞定量分析系统申报评估和采购，平台显微镜维保采购，显微镜维修及平台试剂采购等工作，为显微成像平台的正常运行提供保障。每月进行显微平台仪器的校正工作，并解决学生在实际操作中出现的各类问题，保障平台的高效运行和仪器的精准性。

测序诊断平台2022年度为所内及院内课题组研究提供从高通量实验设计咨询、样本质量鉴定、测序文库制备、上机测序的服务。随着测序平台各项技术不断成熟多样化，2022年度在受到新冠疫情影响，停止实验近三个月以及减少一位实验人员的情况下，测序平台的工作量并未减少。具体完成的建库实验汇总如下：10× Genomics单细胞mRNA seq共191个，其中10× Genomics 3’转录组69个，10× Genomics 5’转录组兼TCR/BCR文库89个，10× Genomics 5’转录组兼TCR文库22个，10× Genomics 5’转录组兼BCR文库11个，转录组兼膜蛋白Hashtag文库8个；91个mRNA stranded文库；接收少量细胞/少量RNA起始mRNA seq样本286个；完成10× visium空间转录组芯片9张，即空间转录组文库36个。平台进一步完善了测序数据的交付流程，提供每一个检测样品详细的质检报告。在现有检测项目运行良好并不断完善成熟的基础上，平台紧跟测序技术的发展前沿，测试了华大单细胞转录组、华大空间转录组，为平台开展更多优质的服务打下基础。测序平台的服务覆盖了所内约 16 个课题组，所外约 5 个课题组。此外还与附属第九人民医院、附属瑞金医院和复旦大学附属中山医院的课题组开展了合作。

上海市免疫学研究所党政领导名单：

所　　长　苏　冰

副 所 长　方丽娟

　　　　　李　斌

党支部书记　聂　红

（王　琼）

上海血液学研究所

【**概况**】 2022年，上海血液学研究所在编职工59人，其中中国科学院院士1人，中国工程院院士2人。正高级职称15人，副高级职称7人。

发表SCI论文85篇，其中10分以上19篇，新申请到国家和省部级课题37项，获得项目经费3 300余万元。

研究所发表《上海应对当前奥密克戎疫情：努力拯救生命》的通讯文章。2022年2月下旬，上海出现了一轮本土新冠病毒感染疫情。研究团队对来自本轮疫情期间129名患者的新冠病毒基因组系统进化特征与全球流感共享数据库(GISAID)中的数据进行比较，显示上海地区新发感染的病毒基因组都属于新冠病毒BA.2.2亚系。此外，研究团队还评估BA.2.2亚系各种突变对新冠严重程度的潜在风险，没有发现这些突变在重症与轻症病例间的分布存在显著差异，提示在临床上观察到的疾病严重程度可能主要归因于患者的合并症。通过对比中国和新西兰60岁以上老人的疫苗接种率和重症死亡数据，研究团队发现尽管奥密克戎BA.2亚系的毒性较弱，但未接种疫苗的人，尤其是老年人，在感染后进展为重症病例或出现死亡的可能性仍较高。中国香港60岁以上人群约有19.30%的人未接种疫苗，在第五波疫情期间粗病死率约为2.70%。相比之下，新西兰60岁以上人群中只有2%没有接种疫苗，其新冠疫情粗病死率仅为0.07%。中国上海拥有2 500万人口，总体疫苗接种覆盖率已超过90%；然而，老年人的疫苗接种覆盖率仍然较低——在580万60岁以上的人群中，接种疫苗的比例为62%，而只有38%接种了疫苗加强针。截至2022年5月4日，在503例新冠死亡病例中，只有25名患者接种了至少一剂新冠疫苗。死亡患者的疫苗接种率仅为4.97%。根据中国国家卫生健康委的数据，中国大约有4 900万60岁以上的老人尚未接种疫苗，其中相当一部分人患有基础疾病。因此，如果不采取严格的公共卫生措施，任由病毒外溢，尤其是扩散到医疗资源不足、疫苗接种率不够的中西部地区，那么在没有接种疫苗的老年人中的重症病例和死亡人数可能会很高。经过上海本地和全国各地援沪医卫工作者以及上海各界人士的不懈努力，应对该轮疫情的抗疫策略已经显示出可观的效果，基本再生指数已由疫情开始时的9.5降至2022年5月1日的0.67。新增感染病例数在2022年4月13日达到峰值的27 719例后开始逐步下降，截至2022年5月4日已降至4 651例。随着公共卫生措施和社会服务的持续改善，以及对数百名重症、危重症病例进行救治，拯救生命的努力仍在继续。除了现有的疫苗接种策略外，一些专门针对奥密克戎变异株的新疫苗，包括mRNA疫苗、灭活疫苗、重组蛋白亚单位疫苗等也已获批在中国进行临床试验，并将很快可供应急使用。下一个挑战将是如何加强卫生工作者和公众的沟通，使民众克服对疫苗的“接种犹豫”，让所有人特别是老年人和脆弱人群都能获得疫苗接种服务。文章最先报道了造成上海疫情的新冠病毒流行株，强调了疫苗接种对预防新冠病毒感染、降低重症和死亡风险的重要性，指出上海抗击奥密克戎疫情的巨大努力对于中国在更大范围内走出此轮疫情至关重要，有助于度过目前全国人口免疫屏障尚薄弱的阶段，为重症新冠病例提供早期诊断和充分治疗，从而将病死率降至最低，并为疫苗的全面接种赢得时间。

研究所发现免疫 CAR－T 细胞西达基-奥伦塞在复发/难治多发性骨髓瘤患者治疗中疗效显著。多发性骨髓瘤是一种难以治愈的恶性浆细胞肿瘤，约占血液恶性肿瘤的 10%。在全球范围内，预计每年死于多发性骨髓瘤的患者数达 80,000 人。随着诊断技术的发展、新药不断出现以及对多发性骨髓瘤患者的全程管理，预计多发性骨髓瘤患者的 5 年生存率约为 50%。研究所开展的这项命名为 CARTIFAN－1 的全国多中心临床研究，联合了国内共 8 家医院共同参与，旨在评价西达基-奥仑赛(cilta－cel)针对中国复发/难治性多发性骨髓瘤(RRMM)患者中的疗效和安全性。研究证明，在接受过多重治疗的晚期复发/难治性多发性骨髓瘤患者中，一次性输注靶向 BCMA 的 CAR－T 细胞治疗(西达基-奥仑赛)疗效突出，获得了早期、深度和持久的反应，具有高获益和低风险的特征，为临床提供了一种极具前景的治疗策略，可以显著改善患者的临床预后。多发性骨髓瘤在目前仍属于不能治愈的疾病，虽然有多线的治疗方案，但易复发、预后差，所以对有效治疗方案仍存在高度的未满足需求。本研究显示，单次输注西达基-奥仑赛的治疗给既往中位治疗 4 线的中国 RRMM 患者带来了早期、深度和持久缓解，客观缓解率可达 89.6%。CARTIFAN－1 研究的结果证实了其Ⅰ期 Legend－2 研究的结果，并与美国Ⅰb/Ⅱ期 CARTITUDE－1 研究的结果一致。这些研究表明，在该类已经接受过多线、重度治疗的 RRMM 患者人群中，西达基-奥仑赛具有高获益和低风险的特征，提供了可显著改善临床预后的、具有临床应用前景的治疗策略，同时也使得多发性骨髓瘤这个血液恶性疾病在今后能被治愈成为可能。研究成果发表于《临床肿瘤杂志》(*Journal of Clinical Oncology*)。

研究所提出靶向 miR130b 调控淋巴瘤细胞和 Th17 细胞 OX40/OX40L 通路抑制淋巴瘤进展。弥漫性大 B 细胞淋巴瘤(DLBCL)的肿瘤微环境异常与患者预后生存密切相关，寻找 DLBCL 潜在的生物标志物对于制定免疫靶向治疗策略至关重要。MiR130b 作为 DLBCL 的致癌生物标志物，在 DLBCL 复发患者中显著高表达。机制研究发现 miR130b 通过直接靶向 IFNAR1/p－STAT1 轴下调淋巴瘤细胞 OX40L 的表达，通过 OX40/OX40L 相互作用招募 Th17 细胞，促进 Th17 细胞的免疫抑制功能，抑制肿瘤细胞自噬。OX40 激动性抗体和 LNPs－miR130b 拮抗剂可以有效阻断 miR130b 介导的免疫抑制作用。研究发现血清 miR130b 作为潜

2022 年，研究所团队关于免疫 CAR－T 细胞西达基-奥伦塞在复发/难治多发性骨髓瘤患者治疗中疗效显著的研究成果发表于知名杂志《临床肿瘤杂志》(*Journal of Clinical Oncology*)。

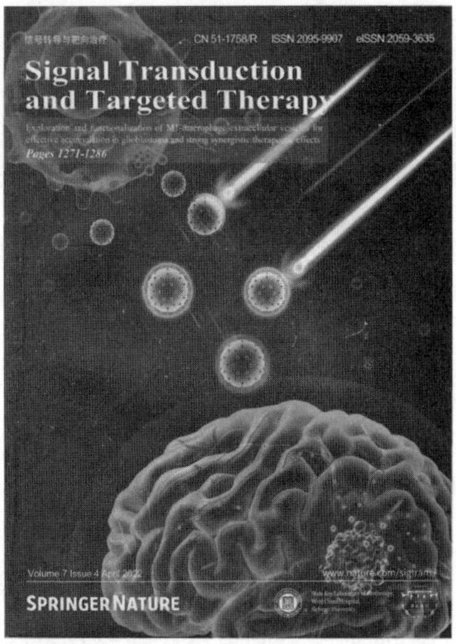

2022 年，研究所团队关于靶向 miR130b 调控淋巴瘤细胞和 Th17 细胞 OX40/OX40L 通路抑制淋巴瘤进展的研究成果发表于知名杂志《信号转导和靶向治疗》杂志(*Signal Transduction and Targeted Therapy*)。

在的致癌生物标志物，通过调控淋巴瘤微环境 Th17 细胞影响 DLBCL 的预后和生存，OX40 激动性抗体和 LNPs－miR130b 拮抗剂为复发难治 DLBCL 患者提供了潜在免疫靶向治疗新策略。此项研究阐释 miR130b 通过 IFNAR1/p－STAT1 轴下调肿瘤细胞 OX40L 表达，诱导 Th17 细胞募集影响 DLBCL 疾病进展的分子生物学机制。率先构建具有自主产权的 LNPs－miR130b 拮抗剂，为复发难治 DLBCL 患者提供免疫治疗创新疗法。研究成果发表于《信号转导和靶向治疗》杂志（*Signal Transduction and Targeted Therapy*）。

研究所发现直肠真杆菌通过 TNF 诱导的 TLR4/MyD88/NF－κB 通路抑制淋巴瘤发生机制。胃肠道是结外非霍奇金淋巴瘤最常见的发病部位。幽门螺杆菌引起黏膜相关边缘区淋巴瘤（MALToma）和弥漫大 B 细胞淋巴瘤（DLBCL）的机制已被阐明。在临床实践中，超过 80％的早期胃 MALToma 可通过幽门螺杆菌根除治疗达到完全缓解。与原发胃淋巴瘤不同，原发肠道淋巴瘤最常见为高侵袭性病理类型，提示肠道淋巴瘤可能具有独特的发病机制。目前肠道微生物与结直肠癌发病的机制研究较为深入，肠道微生物可通过遗传毒素、免疫抑制、氧化应激、慢性炎症等多种机制影响肠道肿瘤的发病，但肠道微生物与肠道淋巴瘤发病之间的关联仍缺乏研究。研究通过对胃肠道淋巴瘤及健康成年人的粪便进行宏基因测序，发现原发肠道淋巴瘤肠道菌群多样性显著减低，且以产短链脂肪酸为主的真杆菌属细菌，尤其是直肠真杆菌减少为主要特点。基于宏基因测序的功能通路分析进一步显示，肠道淋巴瘤患者的肠道菌群存在丁酸合成相关通路功能下调，而气相色谱-色谱技术同样证实肠淋巴瘤患者的粪便丁酸浓度水平较正常健康成年人显著偏低，且与真杆菌丰度呈正相关。人体内绝大多数丁酸由肠道微生物合成，并被肠上皮细胞利用，其对肠道上皮营养、肠道免疫调节具有重要意义。通过粪便菌群移植小鼠模型，发现淋巴瘤患者肠道菌群可引起小鼠肠道 CD4 T 细胞为主的炎症细胞浸润增加和炎症因子 TNF 表达上调。通过向 Eμ－Myc 转基因自发淋巴瘤小鼠补充直肠真杆菌，可以有效减轻肠道炎症因子 TNF 分泌及淋巴瘤发病，改善小鼠生存。对肠淋巴瘤患者肿瘤组织 RNAseq 分析显示，肠道淋巴瘤组织较非肿瘤肠道组织 TNF 水平显著增加，且存在 NF－κB 通路、MyD88 依赖 TLR4 通路表达上调，而原发胃肠道淋巴瘤患者较结内淋巴瘤及其他结外淋巴瘤亚型的 MyD88 突变比例显著偏低，提示微生物在其中可能作为一个独特的致病机制发挥促进肿瘤的作用。该项研究在国际上首次报道了原发胃肠道淋巴瘤的肠道微生物特征，创新提出了肠道微生物导致原发肠道淋巴瘤的菌群-代谢-免疫机制，解释了原发肠道淋巴瘤的独特遗传学特征及临床特点的原因，有望成为原发肠道淋巴瘤的新型治疗靶点及生物学标志。研究成果发表于《细胞宿主和微生物》（*Cell Host & Microbe*）。

研究所发表急性淋巴细胞白血病发病机制和临床转化的新进展。急性 B 淋巴细胞白血病（B－ALL）是一种起源于 B 系淋巴前体细胞的恶性肿瘤性疾病。B－ALL 在儿童急性白血病中的发病率约为 80％，占成人急性白血病的 20％。近年来，基于危险度分层指导的规范化治疗，儿童长期无病生存率可达 80％左右，而成人不足 40％。以“临床需求，临床转化”为思路，多年来上海血液学研究所在 B－ALL 的发病机制研究领域取得了一系列进展。基于前期研究成果，研究所进一步深挖其中预后最差的 MEF2D 融合基因的致病机制并对其靶向治疗方案进行了探索。MEF2D 融合患者中，儿童 5 年生存率为 33.3％，成人仅为 15.6％。截至目前，国内外各研究组累计报道了 9 种 MEF2D 融合基因，其中 MEF2D－HNRNPUL1（MH）和 MEF2D－BCL9（MB）是最为常见的两种。研究首次构建了 MEF2D－HNRNPUL1（MH）融合的条件性基因敲入小鼠模型，通过小鼠表型分析，证明了 MH 融合显著阻滞 B 淋巴细胞的分化发育，并且在一年的长期观察后 MH 小鼠也呈现前白血病状态。此外，NRAS 突变为 MEF2D 融合最常见的伴随突变。进一步的小鼠实验证实，MH 融合可协同 NRASG12D 突变，加速急性 B 淋巴细胞白血病的发生。在体内证明了 MH 融合不仅是 B 淋巴细胞发育的重要调控因子，也是白血病发生的关键驱动因素。实现临床需求转化和靶向治疗的研究方面，该研究首次在活体水平探索

《血液》封面图

了 HDAC 抑制剂帕比司他对 MH/NRASG12D B-ALL 小鼠的靶向治疗方案。该研究提示今后在传统化疗的基础上联合应用 HDAC 抑制剂进行靶向治疗，将有望改善 MEF2D 融合 B-ALL 患者的治疗效果。该研究是临床需求和转化的重要成果，充分将临床需求与实验理论结合，再从理论研究回归到解决临床问题。不仅由表及里系统地揭示了 MEF2D 融合相关 B-ALL 的发病分子机制，而且为临床靶向治疗方案提供了理论基础和治疗靶点，对于此类白血病的临床分子诊断和精准治疗具有十分积极的指导意义。研究成果发表于《血液》(*Blood*)。

研究所揭示非编码区突变促进急性早幼粒细胞白血病发生的新机制。基因组异常是白血病发生的根源。近年来基因组测序技术的迅猛发展，大量位于蛋白编码区的驱动突变和染色体易位得以鉴定，为白血病的诊断和治疗提供了有力的理论支持。然而，编码蛋白的基因序列仅占人类全基因组的 2%，其余 98%为非编码区。目前对于非编码区的突变如何影响白血病的发生和进展仍知之甚少。如何鉴定出关键的非编码区驱动突变是一个很大的挑战。聚焦于急性早幼粒细胞白血病(acute promyelocytic leukemia，APL)发病相关的潜在功能性非编码区突变，研究所通过整合 24 例 APL 患者的配对全基因组测序和 16 例 APL 患者的表观遗传组测序，构建了 APL 相关顺式调控元件(cis-regulatory elements，CREs)的突变图谱。通过核心转录因子鉴定、转录因子结合区域富集分析以及转录因子结合基序的突变富集分析等，揭示了 CREs 上的体细胞突变倾向于发生在 APL 所必需的核心转录因子所结合的染色质区域，尤其显著富集在 MYB，PU. 1，IRF1 这三个“先锋因子(pioneer factor)”的结合区域。进一步，研究者根据突变重现性、对靶基因转录影响以及表型相关性进行功能筛选，最终获得了 38 个具有潜在功能性的非编码调控区突变位点。以 WT1 第三内含子区的重现性突变为例，该研究进一步在 169 例 APL 患者中进行了扩大样本检测，发现 13 例患者含有该区域的变异，其中 5 例为体细胞突变(集中于 chr11：32421395-32421397 区域)，7 例为胚系变异(chr11：32421397 G>A 为 SNP 位点——rs191528827)，1 例患者同时存在这两种异常。值得注意的是，该 SNP 位点在非肿瘤中国人群中的频率为 0.82%，而在 APL 患者中的频率为 4.73%，提示 chr11:32421397 G>A 是一个新发现的 APL 风险变异位点，这也是首个在 APL 中报道的非编码调控区域的风险变异位点。为了探究 WT1 非编码区体细胞突变和/或胚系变异对于 WT1 基因表达的影响，研究者通过一系列实验观察到，相比于野生型对照组，携带 WT1 非编码区变异的 APL 患者，其第三内含子增强子区的组蛋白 H3K27ac 信号减弱，WT1 表达量显著降低。与此同时，研究者还在多例携带 WT1 非编码区变异的 APL 患者中观察到 WT1 双等位基因失活导致的 WT1 完全丢失现象，这一发现进一步支持了 WT1 在 APL 中作为肿瘤抑制因子发挥作用。为了进一步揭示该非编码区变异抑制 WT1 表达的机制，研究者通过荧光素酶报告基因实验、DNA pulldown、ChIP-seq、CRISPR/Cas9 介导的基因编辑和染色质构象捕获等实验，发现 WT1 非编码区的突变和变异通过破坏 WT1 增强子区 MYB 的结合序列，干扰 MYB 与染色质的结合，从而破坏 WT1 增强子与启动子的空间相互作用，最终导致 WT1 表达下降。研究为 APL 中首个聚焦于功能性非编码突变的系统性研究工作，通过构建 APL 顺式调控区的突变图谱，鉴定出 38 个具有潜在功能的非编码区突变位点，并以 WT1 为例首次报道了非编码区突变对于 WT1 表达的影响以及具体的作用机制，同时揭示了一个新的 APL 风险变异位点。该研究强调了非编码区突变在 APL 发病中的重要性，为白血病及其他疾病非编码区功能性突变的筛选鉴定以及功能验证提供了全新的研究思路和策略。研究成果发表于《血液》(*Blood*)。

2022 年 12 月 16 日至 17 日，第四届衰老与肿瘤国际会议在海口召开。衰老是肿瘤的主要危险因素，90%的肿瘤发生在 50 岁以上的人身上，患者的年龄影响肿瘤发病机制的各个方面：从癌前生长，到转移，再到对治疗反应。本次会议的重点将是衰老与肿瘤发病机制之间的联系，以及如何通过延长健康期和寿命的干预措施来降低肿瘤风险。会议邀请衰老与肿瘤研究领域具有重要影响的国内国际知名专家进行大会报告，报告形式为“线下会议＋线上直播”同步进行。衰老与肿瘤国际研究中心(ICAC)由海南医学院、附属瑞金医院和塞缪尔·魏克斯曼癌症研究基金会(SWCRF)于 2020 年联合成立。中心的使命是通过创新的实验室、转化和临床研究，促进对衰老和癌症的认识，以应对日益严重的全球老龄化问题和与衰老相关的癌症高发带来的健康挑战。

研究所陈赛娟和赵维莅等获教育部科技进步奖一等奖。赵维莅获谈家桢生命科学创新奖、上海市科技精英；李军民获民建上海市委“众志成城　同心抗疫”先进个人。程林获得中组部“青年拔尖人才支持计划”“曙光学者”；张武、许捷获得上海市浦江人才计划；林小晶、张凡、董妍入选上海市扬帆计划。

上海血液学研究所领导名单：

名誉所长　王振义

陈　竺

陈赛娟

所　　长　任瑞宝

常务副所长　赵维莅

副所长(按姓氏拼音排序)　常春康

陈　静

郝思国　　　　闻朝君
侯　健　　　　赵　倩
蒋　慧　　　　朱　琦
李军民
王　椿

（袁　雪）

上海市肿瘤研究所

【概况】 2022年，上海市肿瘤研究所有职工165人，其中科技人员142人（占86%），博士101人（占71.1%），科研人员中PI16人，青年PI9人，共25人，平均年龄45.9岁，高级职称37人（正高级17人，副高级20人）。

2022年，肿瘤所在上海市教委、医学院和仁济医院等上级单位的正确领导下，坚持以习近平新时代中国特色社会主义思想为指导，深入学习贯彻党的二十大精神，在严格落实医院各项疫情防控举措要求的同时，抓住国家重点实验室重组契机，不断完善科研激励引导机制，增强基地平台服务支撑水平，促进对外交流与合作，推进学科和人才队伍建设，研究所的科研自主创新能力持续提升，科研项目和成果产出都取得了新突破，为“十四五”科研工作全面实现高质量发展奠定了坚定基础。

学习宣传贯彻党的二十大精神，筑牢党员思想根基。所党总支积极响应中央和市委号召，按照仁济医院党委指导要求，及时制定二十大系列活动实施方案，成立以党总支书记、所长为组长的工作领导小组，确保学习贯彻党的二十大精神工作持续深入开展。一是围绕“共庆建党节、喜迎二十大”为主题，开展形式多样、内涵丰富的活动，观看红色电影《长津湖之水门桥》、“七一”重温入党誓词活动等组织党员重温党的光辉历史，进一步增强各基层支部的凝聚力和战斗力，迎接党的二十大胜利召开。二是紧扣“学习二十大、奋进新征程”为主题，党总支理论学习中心组召开会议，专题传达学习党的二十大精神，交流学习心得体会，研究部署贯彻落实工作；全所党员群众通过收看党的二十大开幕会直播并撰写观后感、收看交大医学院传达学习党的二十大精神大会并根据仁济医院党委工作要求积极开展学习贯彻党的二十大精神五个“一”系列活动，营造全所学习宣传贯彻党的二十大精神浓厚氛围，激励全体党员从时代新征程中汲取奋进的力量。

坚定不移推动从严治党，持续夯实党风廉政建设。一是落实全面从严治党主体责任，年中召开2022年度全面从严治党大会，会上同步举行“一岗双责”责任书签约仪式，持续夯实党风廉政建设。2022年，教委第一次对肿瘤所开展5年一次的预算审计工作，肿瘤所高度重视，积极配合，主动接受预算审计检查。后期，针对审计对肿瘤所的反馈意见，所领导班子牵头，相关职能部门负责人共同参与严格按照整改方案要求，全面深入推进整改工作，在规定时限内把整改落实到位，把问题解决到位。肿瘤所二党支部获“2022年度仁济医院优秀党支部”。

持续加强统战和工青妇工作，凝聚科研发展向心力。召开八届一次职工代表大会暨工会换届选举大会顺利完成新一届工会的换届改选工作。成立九三学社上海交通大学医学院委员会上海市肿瘤研究所支社。肿瘤所团支部被仁济团委评为对标定级“五星级团（总）支部”。深入开展“我为群众办实事”实践活动，疫情期间对封控人员提供全面后勤保障，关心职工的工作和生活。日常认真组织做好冬送温暖、夏送清凉的同时，对患重大疾病住院、病逝的职工家属第一时间送上慰问和帮助，慰问困难党员和困难职工20余人次，让员工感受到组织的关怀和温暖，增强全所的凝聚力。

新增科研项目稳步提升。2022年肿瘤所新立纵向科研项目66项，立项经费达2 764万元，其中国家自然科学基金24项，获资助直接经费1 364万元，包括重点项目1项（张志刚），实现重点科研项目重大突破。

科研成果实现新突破。2022年在研项目242项，其中国家级项目62项、市级58项、局级项目21项。全年拟结题课题42项，产出了一批高质量的论文和成果。正式发表见刊的论文79篇，其中SCI论文72篇，总影响因子达到804.564，均篇IF为11.17，再创历史新高。全年发明专利获授权4项，实现成果转化1项，转化金额共计200万元。在科技奖励方面实现重大突破，李锦军团队申报的“肝癌进展和耐药机制的研究”项目获上海市科技奖自然科学奖二等奖，刘培峰获2022年度中国抗癌协会青年科学家奖。

加大引才力度，增强人才队伍。依托“优秀青年人才引育激励计划”和“卓越团队建设”等支撑措施和优惠政策，继续在个人待遇、科研经费和科研项目等方面加大对优秀青年人才的支持力度，依托国家重点实验室制订海外优青招聘方案，旨在吸引和培育一批有望进入世界科技前沿的优秀学术骨干。2022年先后从荷兰莱顿大学、弗吉尼亚大学、东京医科齿科大学、美国纽约州立大学等国内外著名院校引进高水平青年人才29名，博士占比达79.31%，进一步优化科研人员结构。颁布《上海市肿瘤研究所博士后培养管理办法》，鼓励课题组吸纳更多优秀博士毕业生来所攻读博士后，全年共新招博士后4人。1人获得2022年度上海市“超级博士后”激励计划，3人获得博士后科学基金。

强化人才培育激励，助力科研骨干成长。进一步健全以创新价值、能力、贡献为导向人才考核评价激励机制，按期对研究组长、科研人员进行考核评估，根据考核评估结果进行奖励或者约谈督促，全年获得各类人才计划8项，其中国自然优青1人（金浩杰）、东方特聘1人（郝宇钧）、上海市优秀学术带头人1人（金浩杰）、上海市卫生健康委学术带头人1人（金浩杰）、上海市卫生健康委卫生健康青年人才2人（郭雨辰、刘法涛）、上海市启明星项目扬帆专项2人（杜畅、李冬雪）。新晋研究员2人（孙颖、罗晓莹），新晋副研究员7人。王存获得“上海市卫生健康行业青年五四奖章个人”；金浩杰成为“上海交通大学医学院青联成员”。

科教融合协同育人，稳步提升研究生培育质量。发挥科教资源集聚优势，为研究生提供优厚科研师资力量、科研实践基地和课题研究资源等。2022年增选博士生导师1名（田华）、破格博士生导师1名（黎彦璟）、硕士生导师6名（张艳丽、汪惠、邓军、周敏、李凤琴、刘法涛）；新招研究生43名，其中博士研究生13名；在培研究生96名，13人分获上海交通大学医学院博士和硕士奖学金一等奖，3人获上海交通大学“三好学生”称号；毕业研究生14人，其中博士毕业6人，硕士毕业8人，1名研究生获2022年上海市优秀毕业生，1名获上海交通大学优秀毕业生。

理顺国重依托关系，推进国重优化重组。完成国家重点实验室重组工作方案并上报，做好全部准备等待答辩。多渠道争取科研经费8 557万元，比2021年增长55.09%，依托上级部门的经费资助，实验室共立项自主课题61项，立项总金额达964万元，开放课题设立32项，总经费300万元，有力地推动了实验室的创新研究和优化重组工作。

痛别顾健人院士，知重负重再出发。2022年9月27日，中国工程院院士，中国医学科学院首届学部委员，癌基因与相关基因国家重点实验室创始人，著名病理学和肿瘤分子生物学家，上海市肿瘤研究所名誉所长顾健人同志因病在上海逝世，享年90岁。治丧期间，研究所徐汇园区设立“追思厅”，供全体职工、学生和社会各界人士吊唁。2022年10月3日在上海龙华殡仪馆大厅举行顾健人院士遗体告别仪式。斯人已逝，但顾健人院士所题写“明德　博学　创新”的所训，激励肿瘤所人化悲痛为力量，传承和发扬顾院士严谨治学、淡泊名利、甘为人梯，奖掖后学的优秀品格，激励大家沿着顾院士的足迹砥砺前行。

持续推动院所党建融合。加强医院党委统一领导，肿瘤所党建工作全面融入医院党委，依照组织程序向医院报告工作。所党总支和基层党支部按照医院的部署开展党建活动，并由医院统一进行支部和书记考核，全面融入医院创优评先体系；以党建为引领，积极推动肿瘤所基层党支部与医院临床科室加强院所学科交流，促进基础与临床研究的交叉合作。同时，在保持独立法人单位基本职能的前提下，积极加强与医院科研、人事和研究生等行政管理部门的沟通交流，提升管理能级，促进业务高质开展。蒋书桓获得“2021—2022年度优秀仁济人”（肿瘤所3个支部进入总决赛）。

深化学科交叉融合。2022年，院所双方联合申请科技奖励3项，合作发表研究论文共26篇，与仁济胃肠外科、胆胰外科、妇产科、人力资源处等联合培养研究生14名。院所合作共建科研公共服务平台，大型仪器积极对院临床科室开放，积极与医院临床和基础科室合作，提供一体化的科研支撑服务。2022年全年仪器开放机时达到16 000余小时，服务

5 800 多人次;为丰富服务内涵,提升服务能力,新增教学示教专项培训,每周 2 次,徐汇园区 20 多场,浦东园区 90 多场,累计 1 700 人次。实验动物研究中心于 2022 年一次性顺利通过上海市实验动物管理办公室的验收,获得了实验动物使用许可证并正式投入使用。实验动物中心配套先进的仪器设备,集饲养管理平台、检测技术平台、影像学平台和显微技术平台于一体,为肿瘤所科研发展提供强大的共享技术支撑服务。

2022 年,以国家重点实验室为依托,主办或承办了 2 场具有高学术影响力的会议。11 月 18 日,癌基因国家重点实验室与上海东方肝胆医学“国家肝癌科学中心”、香港大学“肝病研究国家重点实验室”共同联合主办“第四届两地三方肝病高峰论坛”。11 月 24 日—27 日,癌基因国家重点实验室协办“第四届上海国际癌症大会暨第三届中德液体活检双边论坛 & 第七届公济肿瘤论坛”。选派 3 名(张艳丽、金浩杰、马旭慧)分别赴英国剑桥大学、荷兰癌症研究所进行访学深造。结合重点学科和研究领域,鼓励研究组围绕各类基金项目,与国外大学和科研机构开展学术合作,不断提升国际学术影响。

全面推进“网络基础设施更新与安全加固项目”项目及“上海市肿瘤研究所综合业务管理系统”的实施促进三个园区互联互通,提升服务和共享效率;科研管理系统完成 2.0 版本的升级,电子签名上线,科研试剂采购平台同步升级做好对接;危化品申领管理信息化平台已测试完成。启动徐汇园区整体维修工程,打造一个智慧安全和高效运营的园区,推动园区高质量发展。

上海市肿瘤研究所党政领导名单:

所　　长　刘颖斌

党总支书记　戴慧莉

党总支副书记、副所长　丁文彬

　　　　　　　　　　　刘培峰

副 所 长　覃文新

(萨冰清)

【概况】 2022年，上海交通大学医学院松江研究院共有在编职工11人(其中博士学位8人，硕士学位3人)，高级职称9人，中级职称2人。

上海交通大学医学院松江研究院由上海市松江区人民政府和医学院合作共建，成立于2022年7月28日。研究院聚焦国家脑科学计划，主攻“三脑”(发育脑、精神脑、退变脑)，结合神经免疫、神经代谢和神经肿瘤等新兴脑交叉方向，不断完善跨学科交叉体制机制，切实促进优势学科的深度融合，致力产出创新性基础研究成果，建成“基础-临床-产业”全链条科研平台，打造医学院脑科学计划2.0版及中国脑科学研发策源地；同时，助力松江医院高质量发展，提升区域医疗服务的能级和水平。

上海交通大学医学院松江研究院领导名单：

院　　长　段树民

执行院长　徐天乐

常务副院长　林炜栋

(李　岩)

上海市病毒研究院

【概况】 为对接上海加快建设具有全球影响力的科技创新中心的战略目标，加速全球公共卫生最安全城市建设，在上海搭建致力于病毒学源头创新和临床转化的高水平研究机构，由上海交通大学林忠钦、宁光和范先群三位院士提出建设上海市病毒研究院的建议，得到了时任上海市委书记李强同志“应予支持”的批示，经上海市人民政府批准成立上海市病毒研究院（以下简称“研究院”）。在上海市政府各部委的大力支持下，于 2022 年 9 月 26 日在医学院正式成立。研究院将遵循“需求导向、共建共享、开放合作、创新驱动”的原则，发挥上海交通大学、医学院及其附属医院的学科优势，整合国内外病毒基础研究和病毒相关临床疾病防治等方面的多学科力量，以病毒学相关基础和应用研究为切入点，聚焦病毒演化与跨宿主传播机制研究、病毒相关感染性疾病和肿瘤致病机制研究，和病毒感染诊断治疗及转化研究等三大方向。研究院将通过引育并举，建设一支病毒学相关领域的复合型高水平人才队伍。其中既包括引进具有全球视野的海外高层次人才，还将创新青年人才培养模式，利用病毒研究院打造一流学术影响力和技术平台，培养“基础-临床-转化-产业”全链条的复合型研究人才队伍。还将充分利用好即将投入建设的能够开展非人灵长类动物实验的 P3 实验室平台作用，服务全国，努力将研究院建设成为具有国际影响力的病毒学研究和核心技术创新策源地，临床与基础贯通的病毒性疾病研究和转化高地，全球病毒学研究和转化高峰人才集聚地和培育地。

上海市病毒研究院领导名单：

院　　长　管　轶
副 院 长　王　颖
　　　　　史卫峰

（王　颖）

附属单位

附属医院与医疗工作

【概况】 截至2022年末，医学院共有12所附属医院，其中7所综合性医院、5所专科性医院，新增上海交通大学医学院附属松江医院(筹)。以习近平新时代中国特色社会主义思想和党的二十大精神为指导，坚持以人民健康为中心，强化体系创新、技术创新、模式创新和管理创新，驱动医院的战略布局，全面推动医院的高质量发展。贯彻落实常态化疫情防控工作要求，支持各附属医院不断完善公共卫生事件应对机制，优化常态管理模式，不断提升应急体系能力建设。持续加强毕业后教育内涵建设，打造交医毕业后医学教育品牌。

扎实有效做好校园疫情防控工作。紧密协同，建立健全医学院疫情防控应急处置机制。强化内部管理，建立疫情监测防线，做好风险人群的排查隔离，疫情应对物资储备。加强“院区-楼宇-楼层”三级网格化应急管理，精确掌握全校人员情况。组织做好全员核酸检测和附属第九人民医院采样突击队“扫楼”工作。成立消杀专班，保障校园供应链配送环节全过程安全，不分白天黑夜，物资随到随消，筑牢校园“防疫墙”。部门负责人邵新华入驻校本部疫情防控指挥部长达21天，协助开展疫情应急处置，协调附属医院资源，与附属瑞金医院、第九人民医院、精神卫生中心、同仁医院建立了网上专家会诊系统，为全校师生员工健康保驾护航。

“双中心”创建工作取得佳绩。持续积极推进国家医学中心和国家区域医疗中心创建工作。依托瑞金医院的“辅导类”国家医学中心、依托第六人民医院的国家骨科医学中心和依托精神卫生中心的国家精神疾病医学中心落户医学院，承担起服务全国的重任。瑞金医院海南医院、上海儿童医学中心海南医院和上海儿童医学中心贵州医院获批国家区域医疗中心建设项目。同时，瑞金医院、仁济医院、新华医院、第九人民医院、第一人民医院、第六人民医院、儿童医学中心、精神卫生中心等8家附属医院成功获批国家区域医疗中心输出医院名单。

提质增效，推动附属医院高质量发展。不断支持附属医院提升解决疑难杂症和危急重症为重点的医疗服务能力，持续推动附属医院高质量发展。2022年公布的2020年度国家三级公立医院绩效考核结果中，瑞金医院在全国综合性医院中排名第2，连续三年获A++的最高评级，仁济医院排名第11，跻身全国三级综合性医院前1%A++最高评级队伍，新华医院、第一人民医院、第六人民医院获评三级综合性医院A+，上海儿童医学中心位列全国儿童专科医院第1，精神卫生中心位列全国精神专科类医院第1，胸科医院、国际和平妇幼保健院也分别获评专科类医院最高等级A。瑞金医院、仁济医院、第一人民医院入选“上海市公立医院高质量发展上海试点名单(综合类)”；上海儿童医学中心和精神卫生中心入选“上海市公立医院高质量发展上海试点名单(专科类)”；新华医院、第六人民医院、胸科医院、儿童医院入选“上海市公立医院高质量发展辅导类试点单位名单”。

推动医学院和附属医院一体化发展。坚持医学院和附属医院一体化发展理念，2022年，第一人民医院、第六人民医院、儿童医院、胸科医院4家上海市级公立医院的第二冠名由上海交通大学附属第一人民医院、上海交通大学附属第六人民医院、上海交通大学附属儿童医院、上海交通大学附属胸科医院变更为上海交通大学医学院附属第一人民医院、上海交通大学医学院附属第六人民医院、上海交通大学医学院附属儿童医院、上海交通大学医学院附属胸科医院，形成医学院系统目标同向、部署同步、工作同力的工作格局。

推动专委会工作创新发展。根据《上海交通大学医学院医院业务管理专业委员会章程(2018年修订)》要求，对12家专委会进行全面梳理，开展医院质量与安全管理、医务、药学、院感、医疗保险、医学装备、临床检验、临床医学与临床研究、信息、门诊、护理等11个专委会的换届改选工作，进一步完善“医学院-附属医院”一体化建设，开启专委会发展新局面，通过线上及线下相结合的方式，组织各类专题论坛和专项活动。

持续加强毕业后教育内涵建设。依托上海市地方高水平大学建设项目，充分整合院内外优质临床教学资源，持续推进毕业后教育课程和教材建设，包括住院医师规范化培训各专业、专科医师规范化培训各专科理论与实训、临床科研思维训练、师资培训等课程。出版《住院医师规范化培训普外科手册》《社区预防方法与实践》《康复医学(第二版)》等教材，进一步提升住院医师、专科医师规范化培训同质化水平。加强毕业后教育质量督导，以国家重点专业基地建设为重点，组织专家赴各附属医院，通过核查培训管理资料、抽查教学查房、操作手术等临床实践教学活动、访谈带教老师和住培学员等方式，进行全方位全过程督导，共完成14个国家重点专业基地督导。多途径、全方位开展师资培训，提升临床带教师资教学能力，协同附属医院4个国家重点专业基地，主办医学院《新形势下住院医师规范化培训指导医师临床实践教学能力提升培训》师资培训班。重新修订医学院专科医师规范化培训年度考核方案，开发了专培年度考核管理系统，邀请进行专家在线审核评分，共完成考核858人。严格开展住培年限减免临床能力测评，共测评131人，最终91人通过四项考核，确定培训年限为2年。

完成住培招录和结业考核。指导各附属医院扩大宣传，利用多种方式广泛开展招录推广，吸引优秀医学毕业生，以保证招录完成率，特别是全科、儿科、妇产科等紧缺学科，提高生源质量。共招录住培学员1150人，其中本科498人、硕士265人、博士387人，占全市招录学员总人数的35%。招录专培391人，占全市招录学员总人数的41%。7月，878名住培学员参加结业综合考核，技能考核通过率100%。

首届“江绍基院士优秀住院医师奖励基金”评选。为助力青年医生成长、促进医学院各附属医院住院医师的培养和相互交流，在“江绍基院士消化病教育发展基金”的支持下，首届“江绍基院士优秀住院医师奖励基金”评选工作于10月在医学院正式启动。经在医学院附属医院系统内积极申报，评审委员会认真评议、仔细遴选，最终评出获奖者10位、提名奖10位。

开展线上全科医学理论课程班。开展全科课程和教材建设，制订教学大纲，完成视频课件录制和《社区预防方法与实践》《全科康复医学(第二版)》《住院医师规范化培训普外科手册》3本教材的校对出版。8月成功举办上海交通大学医学院住院医师规范化培训全科医学理论课程班，利用超星平台和腾讯会议直播两种方式相结合，采取各医院小班化学习模式，加强管理和内部交流。来自各附属医院及全市19个全科培训基地的150名2021级全科规培学员参加为期1个月的理论课程培训。

红十字会工作。遗体实现量129例；角膜捐献量32例；留取遗体火化骨灰量21例；在疫情期间做好家属的解释及关怀工作，不断根据实际情况改进优化工作流程，本年度满意率99%。疫情特殊时期，从方便学生，疫情防控，为师生办实事等考虑，结合实际情况，克服困难顺利安全完成第一次进校采血工作，且献血量创近5年最高，献全血量总计102000 ml。献血人数达500余人次。

2022年各附属医院基本运营数据

医院	实际开放床位数	门急诊人次(万人)	出院人次	住院手术人次	病床使用率	床位周转次数	平均住院日	业务总收入(亿)	药品收入(亿)	出院病人均次费用(元)
瑞　金	3697	536.03	145916	118858	78.81	39.92	7.23	97.82	23.68	32147.56
仁　济	2852	582.41	175222	75949	81.19	61.43	5.01	71.38	18.17	23029.57
新　华	2693	409.16	97848	45444	63.03	36.49	6.51	53.16	10.77	25216.18
九　院	2103	366.53	92721	80661	66.6	43.8	5.7	56.75	11.5	27216.08

（续表）

医院	实际开放床位数	门急诊人次（万人）	出院人次	住院手术人次	病床使用率	床位周转次数	平均住院日	业务总收入(亿)	药品收入（亿）	出院病人均次费用（元）
一　院	1894	422.8	100908	82286	94.13	54.43	6.35	58.68	14.15	27660.97
六　院	2556	447.45	107403	99636	80.70	42.02	7.03	58.16	11.77	31825.97
儿中心	823	142.68	32506	18565	82.71	40.48	6.49	14.33	3.72	25339.06
儿　童	793	185	35790	15833	64.86	50.9	4.75	13.39	3.09	13628
胸　科	1016	78.54	73802	18881	76.87	84.61	3.85	28.33	7.96	27880.17
精　中	2141	84.63	6321	/	112.56	2.95	175.48	9.22	2.53	93665.8
国妇婴	613	106.16	42083	26703	79.4	79.25	3.68	11.14	1.74	9998.31
同仁医院	1018	252.66	49248	52261	92.04	48.36	6.93	23	6.1	20964.39
合计	22199	3614.05	959768	635077	/	/	/	495.36	115.18	/

（王露岚）

【概况】 2022年，瑞金医院职工总数6057人，其中卫生专业技术人员5664人，占员工总数的93.5%。拥有核定批复床位5600张，核定编制床位2442张，核定编制外床位93张，门急诊536.03万人次；出院14.59万人次；住院手术11.89万人次；平均住院天数7.23天。

入选综合类国家医学中心（辅导类）首批项目，完成《上海交通大学医学院附属瑞金医院国家医学中心建设项目总体方案要点》的编制，根据国家医学中心建设总体方案，启动北部院区三期项目立项准备和方案规划设计；内分泌与代谢病学科牵头制定《国家内分泌代谢病医学中心/区域医疗中心设置标准》，血液科参与制定《国家血液医学中心/区域医疗中心设置标准》；海南医院获批第四批国家区域医疗中心建设项目，启动二期建设；以专科类国家医学中心/国家临床重点专科设置标准为依据，持续优化调整病种结构，不断提升医疗内涵；以单病种临床路径为抓手，切实提高单病种诊治内涵质量，提升单病种诊疗能力和水平；9月国产首台质子治疗系统获批上市；医院投入100万元专项基金，扶植资助“国内第1例胰腺肿瘤（浆液性囊腺瘤）行根治性胰体尾切除联合自体胰岛移植”等20项广慈临床新技术；组建“腹部器官移植中心”，已成功开展首例儿童肝移植手术；重点建设肿瘤单病种多学科协同的规范化诊疗模式，打造肿瘤治疗“瑞金方案”；全方位打造并推动医院应急医疗救援能力提升，根据国家紧急医学救援基地建设情况编制新规范与预案，组建突发事件应急指挥管理团队，依托5G紧急事件指挥中心信息化平台，制定突发事件纵横双向管理方案，开展“上海市2022年公共卫生事件应急处置预备队综合演练”；组织实施上海中西医结合旗舰医院建设，打造中西医结合优势专科群，建立中西医结合MDT、专病门诊；特需门诊秉持“大全科为基础，小专科为特色”的理念，开设“麻醉评估”“超声介入”等专病门诊，同时提升北部院区特需门诊知晓度，前瞻谋划北院二期特需门诊布局。

推进品牌管理与保护，“广慈”“广慈纪念”“广慈家医”“广慈健管”等获商标注册；广慈纪念医院二期投入使用；加强长三角合作分院建设，打造“一小时瑞金医疗服务圈”，拓展“瑞金”品牌影响力。国家区域医疗中心——海南医院依托“国际三同步”政策优势，开展新药、新械、新技术的应用与推广；无锡分院以“瑞金健康长三角研究院”与二期建设为契机，推进瑞金医疗技术“50项第一”战略；以“太仓速度，瑞金品质”加速推进太仓分院建设；搭建“海上健管师”平台守护船员健康；以古北医院为载体，携手华东地区民航局管理局，推动建立通达长三角地区的航空医疗救援网络，为建设“未来中国最好的航空医学中心”同向发力。

形成临床问题驱动，基础研究支撑、临床平台验证，科技转化续航的研究型医院；转化医学大设施研究型病房项目入选首批申康医院发展中心研究型病房建设项目;围绕健全转化中心开放机制和流程,重点推进了样本库的开放机制;建立以衰老科学研究为核心的科研体系和科研平台,制定饮食与衰老调控、衰老机制及转化研究、免疫衰老、衰老队列研究、衰老与再生医学五大研究方向;年内,共获国自然基金项目151项,其中重点3项;科技部重点研发计划项目5项、课题10项;发表SCI论文955篇;成果转化签约金额2.8亿元。

初步建成以临床医学院、医学技术学院、中法联合学院和继续教育学院四大学院为核心,以医学模拟平台、教学信息化平台、医学人文平台三大教学公共平台为核心的瑞金大教育体系;形成"进阶·整合·浸润式瑞金临床实践教学创新模式",该教学成果获上海市教学成果奖一等奖;建设教学公共平台,服务"大教育",保障教学培训,进阶式虚拟仿真心脏听诊技能和腹腔镜进阶式技能已建设成跨医学人才培养阶段的全周期进阶式系列培训课程;设立"邝安堃—傅培彬卓越医师先导计划",加大临床医学八年制学生培养和选拔力度,为"邝安堃计划"和"傅培彬计划"输送卓越后备青年人才;医学技术学院实质化运行,逐步完善组织架构建设;新增影像系、听力与言语康复系;中法联合医学院落实"法文班能力提升计划";继续加强继续教育学院建设,全面整合医、护、技、管进修资源,着力提升进修人员数量与培训质量;打造特色专科进修品牌,开办专科与管理高级研修班。

借助"广慈高能计划""广慈优才引智计划",积极引进并培养高层次、拔尖人才和创新团队;Quiroga教授入选教育部CJJX项目;继续以"广慈卓越青年计划""广慈访问学者计划"加快青年人才成长培养速度,夯实广慈人才队伍;依托国际知名学术期刊《科学》定制专栏,介绍瑞金人才理念及引才政策,向全球释放引才信号;依托"数字引擎"等技术,辅以人才画像,实现对潜在引进人才的信息储备;加强"广慈青年"项目建设,搭建学术沙龙,提升青年人才发展质量。优化"生态院容"空间格局,以"1907广场""广慈森林"构建瑞金品牌建筑语言,以"瑞咖啡""瑞空间"打造瑞金品牌优质配套服务体系。设立"广聚善爱"(慈善)基金项目,重点围绕疑难罕见病、新药新械临床试用、器官移植设立专项基金,通过多渠道筹资凝聚社会力量,助力医院"向善"发展,让疑难贫困患者得到救治。

打造瑞金特色服务新模式,围绕患者住院7个环节,提供住院非医疗服务一体化服务,在全市范围内率先建成11个应用场景示范;依托AI引擎应用智能优先就诊、智能规划全程陪诊场景,为患者就诊、取药、付费、检查提供联动导航。围绕患者的主体服务需求,扩大患者出院床边结算服务范围及比例,实现移动端数字人民币支付、急诊诊间结算功能,成为上海市首家全面上线数字人民币结算的医院。

获全国红十字模范单位、"公立医疗机构经济管理年"活动优秀单位。副院长毕宇芳获全国三八红旗手,副院长陈尔真获上海市市长质量奖,内分泌代谢病科主任王卫庆获"上海工匠""上海医务工匠"称号,胸外科主任李鹤成获"上海医务工匠"称号,血液科主任赵维莅获"上海科技精英"称号。

附属瑞金医院党政领导名单:

党委书记　瞿介明
院　　长　宁　光
党委副书记　俞立巍(兼纪委书记)
　　俞郁萍
　　袁　青(1月免,保留党委委员职务)
　　毕宇芳(1月任)
副 院 长　邱力萍
　　陈尔真
　　沈柏用
　　胡伟国
　　陈海涛
　　赵　任
　　赵维莅
　　毕宇芳(1月任)
总会计师　汪绪良

(王　晶)

【广慈纪念医院(二期)投入使用】　2022年1月18日,广慈纪念医院(二期)顺利竣工并投入使用,依托"瑞金医院转化医学国家重大科技基础设施""医学基因组学国家重点实验室""国家代谢性疾病临床医学研究中心"等资源禀赋,广慈纪念医院以"健康+"全新发展思路,协同互联网大数据、金融保险、研究成果转化等行业实现高端医疗服务产业链,打造以云端+实体相结合的整合型、智慧化、高品质的立体健康医疗服务体系。对标国际高端非公医疗服务机构,以瑞金医院专家团队为基础,携手国内外知名专家,开展"健康管理-医疗服务-生命抗衰-康复指导"综合一站式全生命周期健康管理服务,满足高端人士健康需求。

(王　晶)

2022年1月18日,广慈纪念医院(二期)顺利竣工并投入使用

【医研结合坚决打赢常态化疫情防控攻坚战】 2022年，瑞金医院派出多支医疗队奔赴上海疫情防控第一线。腾挪北部院区病房为全市首批定点医院，运营管理全市首个市级非医疗机构改建方舱"嘉荷新苑方舱"。12月，医院调动医疗资源妥善应对疫情高峰，利用多学科优势提高治愈率，降低重症率和死亡率。由医院牵头开展的口服核苷类抗新型冠状病毒(SARS-CoV-2)药物VV116(JT001)对比奈玛特韦片/利托那韦片组合药物(PAXLOVID)用于伴有进展为重度包括死亡高风险因素的轻至中度新型冠状病毒(COVID-19)感染患者早期治疗的III期注册临床研究(NCT05341609)，发表在全球顶级权威医学期刊《新英格兰医学杂志》(*The New England Journal of Medicine*, *NEJM*)。

(王　晶)

【国产首台质子治疗系统正式投入使用】 2022年9月27日，首台国产质子系统获批中华人民共和国医疗器械注册证，在肿瘤质子中心正式投入使用。该系统主要用于治疗全身实体恶性肿瘤及某些良性疾病，质子治疗系统的精准性和稳定性能够有效减少放射治疗对正常组织的副作用和因治疗对患者生活质量产生的不利影响。国产质子系统的问世，可以为恶性肿瘤患者提供可及性更高的先进治疗技术和设备，建立符合中国人群的质子治疗技术和临床标准化操作规范。

(王　晶)

【成立"广聚善爱"慈善基金】 2022年10月13日，"广聚善爱，医瑞金至"建院115周年主题活动在1907广场举行。上海交通大学党委常委、副校长张安胜，医学院副书记、副校长吴正一，上海市慈善基金会项目发展与客户服务部副部长何筱琳等参与本次活动。会上举行"广聚善爱"(慈善)基金项目启动仪式，项目通过拓宽与社

2022年3月23日，瑞金医院援助嘉荷新苑方舱医疗队出征

2022年9月27日，首台国产质子治疗系统获批上市新闻通气会

2022年10月13日，举行"广聚善爱"(慈善)基金项目启动仪式

会各界的联系与合作，多渠道筹资提升资源能级。瑞金医院院长宁光介绍“广聚善爱”慈善基金相关情况，并宣布“广聚善爱”慈善基金（项目）成立、管理委员会成立。委员会成员将致力于积极争取社会各界对医院及医疗卫生事业发展的支持和关心，锤炼“广慈”“瑞金”双品牌为善爱助力。“广聚善爱”慈善基金可根据医院实际运行情况，下设各类子项目：“广聚善爱”慈善基金—海南专项，“广聚善爱”慈善基金—患者援助专项，“广聚善爱”慈善基金—老年医学中心建设专项等。

（王　晶）

附属仁济医院

【概况】 2022年，附属仁济医院东、西、南、北四个院区目前总核定床位2 750张。共有正式职工4 684人，其中正、副高级职称专家696名；博士生导师165名、硕士生导师182名，医院设有54个临床医技科室。门急诊553.37万人次；出院人数17.41万人次；住院病人手术7.94万人次；平均住院日5.08天。

新冠疫情防控。派出402人进驻各级方舱，其中新国博方舱收治4.79万余名患者，世博方舱收治2.56万余名患者。仁济南院区于2022年4月3日整建制转换改建为收治新冠阳性患者市级救治定点医院，入驻1 079名工作人员，累计收治各类新冠阳性患者3 310人。同时，医院门急诊、肿瘤放化疗、血液透析等科室医疗服务不停摆，坚持疫情防控和医疗救治“两线作战”，其中急诊单日最高接诊近800人次，日均来院救护车150辆。医院增设12个应急血透室，应急血透904人次，日均化疗80人次，日均放疗110人次，成为上海开放放疗天数最多的医院。12月，随着国家对新型冠状病毒感染实施“乙类乙管”政策，东、南院区发热门诊单日最高接诊超800人次、500人次，急诊单日最高接诊超2 100人次、1 000人次，单日救护车最高达217辆。仁济医院秉持“应开尽开、应收尽收、应治尽治”的救治原则，提前储备各类药物，统筹协调医疗设备，扩增发热门诊、急诊、留观区、补液室，成立“急诊转运专班”与“重症患者救治专家组”，统筹全院床位资源，大内科通力合作收治急诊留观患者，建立全院重症患者巡查机制，全力以赴“战高峰、防重症、降病亡”。医院还派出医疗队援助上海市公卫中心、老年医学中心、浦东新区周浦医院、东海老年护理院、浦东新区血透医疗队以及交大采样队，合计121人。同时医院服从国家需要，派出专家团队支援海南、四川、新疆、山西、重庆，合计160人。

临床技术与医疗服务。推动临床新技术应用，持续加强质量管理。新开展不可逆电穿孔肿瘤消融术，植入式心电记录器安置术，经皮颅内动脉慢性闭塞开通术等新技术21项。推动非计划再次手术、VTE管理、不良事件等医疗安全关键环节的数字化管理。加强抗菌药物、精麻药品管理，DDDs控制在40以内。2022年危重孕产妇会诊抢救中心共抢救危重孕产妇47例，濒死3例，抢救成功率97.9%，完成危重孕产妇外院会诊88例，涉及浦东新区、嘉定区、黄浦区19家医院。2022年7月启用肿瘤中心，以“规范化个性化精准诊疗”为核心，充分整合综合性医院多学科优势资源，聚焦恶性肿瘤多学科综合诊治。2022年共有11个科室，14个MDT团队进驻肿瘤中心，开设各类门诊46个，包括6个肿瘤特色联合门诊，就诊人数达19 449人次，其中多学科联合门诊127人次，MDT门诊1 669人次。2022年新增、调整特色专病门诊377个。进一步推进预约工作，门诊预约时段均在30分钟以内，全门诊预约率达48.71%，专家预约率达85.09%。通过优化号源分配、改善分诊模式、提高线上挂号付费率等措施缩短候诊时间。建设一体化集约化医技预约平台，改善病人就医体验。积极推进“便捷就医服务”数字化转型七大场景应用工作，精准预约、医疗付费“一件事”、线上申请核酸检测、“上车即入院”智慧急救等项目排名均位居全市前五位。

护理服务。培训日间手术护理人员通科业务能力，增加日间管理中心护理人员，加大入院前、出院后服务供给，保障患者围术期安全及体验度。新增优质护理措施169项。完成全院51个临床科室健康教育手册更新，突出“康复”主题，强化围术期快速康复、内科慢性病康复护理、出院延伸服务等知识教育。开展单病种出院准备服务，包括出院前专病评估、路径式健康教育、出院后延续随访等流程。加强院后随访，出院患者电话回访率从30%提升到100%。2022年7月起开设22个专病护理门诊，提供慢病咨询、出院后延伸服务。

科研成果。全年共获批各类项目455项，经费合计24 933.692 5万元，连续十年破亿元大关。获华夏医学科技奖、上海医学科学技术奖、上海市抗癌科技奖等多个科技奖项。获授权专利34项。SCIE收录论文共683篇，其中IF大于10的论文142篇。实验动物科学中心完成扩建；中心实验室仪器设备管理平台实现云端预约服务；生物样本库新建肿瘤类器官培养和冻存平台，新入库样本9万余份；推进衰老与组织修复研究院与癌基因与相关基因国家重点实验室的交叉融合；加快上海市免疫治疗创新研究院建设；临床研究中心研究型病房正式运营。推动上海市公共卫生三年行动计划“上海市感染（传染）病临床诊治分中心”开展，打造危重症诊疗中心和研究中心；新增上海市专业技术服务平台（省部级）1个，上海交通大学融合集成创新基金平台项目1项，上海交通大学医学院上海市地方高水平大学建设项目基地专项2项。

医学教育。举办2022年上海交通大学医学院国际青年学者论坛医学教育国际化发展分论坛，构建育人教育、创新能力培养和综合能力评价于一体的国际化卓越医学人才培养体系。多措并举保就业、促就业、稳就业，2022届毕业生就业率逆势而上，创下99.6%的仁济最好成绩，位列医学院综合医院第一。全国住院医师结业综合考一考合格率95.6%，住院医师执业医师考试首考通过率95.73%，理论与操作考均创仁济历史最好成绩。实训中心2022年开展院内外培训70余场，动物模拟手术30余场。

保障工作。安全推进重大基建项目及大修项目。9月30日，东院区诊疗中心项目封顶，11月30日完成优质结构验收。完成东院区10千伏配电所扩容项目、东院放射机房装饰装修项目、东院区35千伏站改造项目、南院区住院部局部医疗配套用房装饰装修项目、南院区中央空调供水管更换项目、南院区西门子CT机房及放射科交班室装饰装修项目、南院区儿科发热门诊装饰装修项目、南院区消毒应急中心改造项目、南院区浦江世博家园装饰装修项目等大修项目，为医院安全运营保驾护航。升级改造后勤智能化平台，新增东院门诊粉尘及CO_2浓度检测系统、液氧系统集成、系统拓展点位页面和配套点位网络覆盖以及东、西、北三个院区安防监控系统数据集成，提高医院后勤管理水平。基本实现物资采购全流程闭环管理，收费耗材和新冠试剂全部实现阳光平台采购，阳光平台采购与医保结算的符合率稳定在99.9%以上。继续开展医用耗材集中带量采购工作，在眼科晶体、心内科支架与球囊的基础上，新增骨关节、脊柱、口腔种植体的集采报量及中选产品落地执行。

人才项目。加强高层次人才引进，正式启动“临床博士后项目”。获国家级高层次人才项目、国家杰出青年科学基金、国家自然科学基金优秀青年项目、国家自然科学基金优秀青年科学基金项目（海外）、国家“万人计划”青年拔尖人才、突出贡献中青年专家等多个高层次人才项目。

智慧医院。推进互联互通，建设智慧医院。7月，通过电子病历系统应用水平分级评价五级；率先进行国家医保基线版改造，为全市首家上线一期的三级医院；完成上海医保支付结算（家庭共济账户）改造，实现家庭成员账户共享统筹支付和缴费；完成申康要求的数字化转型2.0相关19个场景的改造，提高患者就医便捷度。互联网医院现有48个学科入驻，1 000余名医生注册执业，为患者提供线上咨询、跨院就诊和送药到家等服务，并按病情需要提供在线预约各类检验检查。互联网医院共计服务117万人次，其中挂号就诊16.8万人次，业务金额8 065万元。全面推进电子票据改革工作，打造仁济医院智慧财务一体化管理平台，率先开展增值税电子发票电子化报销、入账、归档试点工作。持续推进医院成本精细化管理，积极测算医院后勤运营成本相关指标并确定每月权责发生数，为后勤运营成本列支提供数据参考。

文化建设。制作《内和聚力，外和聚势——仁术济世非凡十年》宣传片，向党的二十大献礼。发出仁济抗疫好声音，媒体上刊发抗疫主题报道超600篇，视频号推送超过50篇；联合《新民周刊》全方位报道仁济医院抗疫实记。院史馆入选“第八批上海市爱国主义教育基地”拟推荐场馆名单，接待线下线上观众2 500余人次。推进各院区标识整体设计、完成东院楼号变更及室外导视更新。在主流媒体上推出各类报道1 200余篇；与上海电视台《医聊家》栏目合作，完成66次专题拍摄。医院微信订阅号关注人数突破118万，就医服务号关注人数突破170万。

附属仁济医院党政领导名单：

党委书记：郑军华

院　　长：夏　强

党委副书记：夏　强

　　　　　闵建颖（兼纪委书记）

　　　　　牟　姗

副 院 长：虞　涛（6 月免）

　　　　　李　劲

　　　　　戴慧莉

　　　　　房静远

　　　　　张继东

　　　　　薛　蔚

　　　　　王　争

　　　　　陈尉华（6 月任）

　　　　　卜　军（9 月任）

工会主席：牟　姗

总会计师：杨　健

（谷　茜）

【共建闵行区浦江医院】 2022 年 1 月 4 日，闵行区卫生健康委与附属仁济医院正式签署合作共建上海市闵行区浦江医院（上海交通大学医学院附属仁济医院闵行分院）协议。闵行区委书记陈宇剑，区委副书记、代区长陈华文，仁济医院党委书记郑军华，院长夏强出席签约仪式。新建闵行区浦江医院于 2017 年 5 月立项建设，总用地面积约 30.7 亩（20464 平方米），建筑面积约 4.9 万平方米，项目总投资约 4 亿元。该项目由闵行区人民政府出资，按照二级综合性医院标准建设，核定床位 421 张。根据双方合作约定，医院第一冠名“上海市闵行区浦江医院”，第二冠名“上海交通大学医学院附属仁济医院闵行分院”，第三冠名“闵行区老年护理院”。闵行区卫生健康委委托仁济医院对浦江医院实施全面管理。

2022 年 1 月 4 日，合作共建上海市闵行区浦江医院协议签署仪式

（谷　茜）

【成立中国-东南亚儿童终末期肝病转化研究中心】 2022 年 6 月 27 日，“中国-东南亚儿童终末期肝病转化研究中心”在仁济医院正式成立。此转化研究中心由上海交通大学医学院附属仁济医院、马来西亚马来亚大学医学中心、新加坡健保集团附属新加坡国立医院及印度尼西亚 Dr. Soetomo 医院四家医院/医学中心联合建立，旨在践行我国“一带一路”的战略方针，提升中国-东南亚地区儿童终末期肝病的总体诊疗水平和科研能力，造福更多肝病儿童。

（谷　茜）

2022 年 6 月 27 日，中国-东南亚儿童终末期肝病转化研究中心正式成立

【仁济医院肿瘤中心试运行】 2022 年 7 月 1 日，附属仁济医院肿瘤中心试运行。仁济医院肿瘤中心秉承“以患者为中心”的宗旨，以“规范化诊治”为核心，以提高肿瘤患者生存期和生存质量为目标，聚焦恶性肿瘤多学科综合诊治，实施规范化个性化精准诊疗，打造集预防筛查、诊断、治疗、康复支持等于一体、医教研防管全方位发展的肿瘤防治中心。

（谷　茜）

【成功施行低龄儿亲体肝移植手术】 2022 年 7 月 12 日，附属仁济医院肝脏外科夏强团队成功为一名出生仅 58 天急性肝衰竭的患儿施行了亲体肝移植手术，该手术也是迄今为止全国首例受者年龄低于2个月的肝移植手术。术后患儿情况平稳，恢复良好。仁济医院肝脏外科在2011年以来完成的年肝移植手术例数稳居全国第一位，儿童肝移植年完成量连续九年居世界首位，术后生存率居世界领先水平。

（谷　茜）

【启用第四代达芬奇手术机器人】　2022年9月23日，第四代达芬奇手术机器人正式在附属仁济医院西院区启用，成功为一名高龄膀胱肿瘤患者完成机器人辅助下腹腔镜根治术。

（谷　茜）

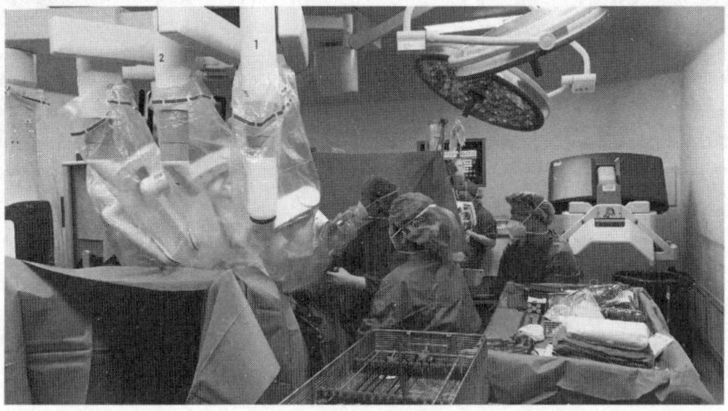

2022年9月23日，第四代达芬奇手术机器人正式启用

【合作共建浦南医院】　2022年9月29日，浦东新区卫生健康委与附属仁济医院合作共建浦南医院签约仪式在浦东新区人民政府举行。上海市委常委、浦东新区区委书记朱芝松，市政府副秘书长、浦东新区区委副书记、区长杭迎伟等出席仪式。会上，浦东新区卫生健康委主任白云与仁济医院院长夏强签署合作共建协议。浦东新区区委副书记单少军与仁济医院党委书记郑军华为“上海交通大学医学院附属仁济医院浦南分院”揭牌。浦南医院将由仁济医院进行全方位管理和技术支持，从管理体制、医疗服务、学科建设、人才培养、科研教学等方面实行一体化建设和同质化管理。

（谷　茜）

2022年9月29日，合作共建浦南医院签约仪式

【肝脏泌尿外科临床诊疗中心项目封顶】　2022年9月30日，仁济医院肝脏泌尿外科临床诊疗中心项目举行结构封顶仪式。该项目自2020年7月28日正式开工，地下3层，地上13层，建筑面积50 658 m^2，集门诊、医技、住院于一体。

（谷　茜）

2022年9月30日，肝脏泌尿外科临床诊疗中心项目举行结构封顶仪式

【与五家试点养老中心签订合作协议】　2022年11月15日，在浦东新区民政局、卫生健康委和养老服务和社会福利事务中心的指导下，仁济医院与金枫养老院、世博家园养老院、浦惠明川养护院、新金桥金杨养老院、周家渡养护院等五家试点养老中心签订合作协议，共同创新探索“养老院＋互联网医院”服务模式，为浦东新区养老服务高质量发展做出贡献。

（谷　茜）

附属新华医院

【概况】 2022年，附属新华医院核定床位2 773张（杨浦院区1 573张，奉贤院区1 200张），设有临床及医技科室60个，开放床位数2 693张，在岗职工4 077人，其中卫生技术人员3 625人。门急诊量369.97万人次；出院9.78万人次，住院手术4.54万人次，其中三四级手术3.06万人次，平均住院日6.51天，日间手术0.63万人次，微创手术0.81万人次，CMI（病例组合指数）指数1.16。

新冠疫情防控。医院党政负责人坚持下沉一线，召开新冠疫情防控领导小组会议109次，事事"一日清"，发布指导文件12份。完成长兴方舱、花博园复兴馆方舱、天华路方舱、长兴定点医院、援市公卫中心、援杨浦及浦东新区核酸采样等各项任务，完成新疆、海南、四川、西藏等外省市支援任务，共派出医务人员1 390人次。花博园复兴馆方舱医疗队获得"上海市工人先锋号"称号，"花博园复兴馆集中隔离救治点青年翻译志愿者团队"获"上海市青年五四奖章"。

奉贤院区建设。由于新冠疫情原因，奉贤院区项目3—5月全面停工停产，复工复产启动后，医院立即对施工方案重新进行分阶段规划设计，在保证质量的前提下进行抢工，完成原建设目标。项目顺利入选国家发改委"省级区域医疗中心"建设项目。

诊疗中心建设。新华儿童医院：在国际上率先提出宫内儿科学理念，成立宫内儿科疾病诊治中心，完成了《宫内儿科学》（英文版）专著的编写和出版准备工作。挂牌成立"新华医院宫内儿科疾病诊治中心（长妇保分中心）"。新增专病专科门诊18个，共开设52个专病专科门诊；新增6个MDT门诊，从解决疑难杂症为主扩展为解决常见病多发病的一站式服务门诊。儿科整体CMI值上升至1.27。眼科疾病诊治中心：完成门诊、手术室和病房的搬迁工作，整合儿童和成人患者门诊，优化患者预检流程以及入院标准化流程，建立眼科日间病房新模式，提供一站式全流程服务。开设夜间特需门诊和周末门诊，增加周末验光配镜、B超、眼底视网膜成像等眼部特殊检查。皮肤疾病诊治中心：获国家自然科学基金重点项目1项，面上项目和青年项目4项；发表SCI论文18篇，论文发表在《柳叶刀·传染病》（*The Lancet Infectious Diseases*）（IF=71.4）、《血液》（*Blood*）（IF=25.5）和《英国皮肤病学杂志》（*British Journal of Dermatology*）（IF=11.2）等高质量学术期刊，皮肤病学与变态反应学2个专业获得复旦排行榜提名。引进激光美容、性病等多项皮肤专业领域人才，实现相关技术突破，4人入选"扬帆计划"。肿瘤综合诊治中心：完善门诊及病房设置和人员配置，共开设6个诊室，包含肿瘤科、疼痛科、胃肠道MDT等学科；病房共开放三个病区60张床，配置护士13名。新增中医科与临床营养科肿瘤门诊及会诊工作，确保做到当天会诊，当天治疗。千天计划：项目组与中国科学院合作完成多模态全息数据平台建设，实现项目流程、数据字典等公开浏览，使队列数据真正成为半开放的科研基础数据库，该功能已向联盟单位覆盖和应用推广，在宫内儿科和全生命周期平台建设方面取得较好成效。在专病队列研究方面，上海自闭症早期发展队列以及前瞻性孕早期先心病发育源性疾病千天专病队列等8个队列均在稳步推进。自闭症早期发展队列研究工作获得《自然》的高度评价。临床研究与创新中心：通过上海交通大学数字医学研究院分中心评审，获准成立新华医院数字医疗中心；与杭州健海科技有限公司合作的3个数字疗法项目进入临床试验阶段；与医学院临床研究中心合作开展人工智能研究专项临床研究平台应用。临床药物试验机构全年承接药物与器械临床试验37项，其中组长单位4项、国际多中心8项。Ⅰ期临床研究平台开展具有新华肿瘤特色相关临床试验研究26项，累计入组受试者77人，出入院260人次，门诊随访542人次。

诊疗服务。根据疫情防控要求，及时调整医疗流程和防控措施。门诊服务方面，通过延长挂号时间、开设周末门诊、增设专科门诊、增加出诊医师排班等方式，保障患者就医需求；孕产妇等特殊患者一律先行接诊救治；保障血透患者的救治，统筹调配设备，设立应急血透室。所有住院病区均设置应急/缓冲病房，保证紧急患者就医需求。坚持急诊急救医疗服务24小时不中断，开辟成人、儿童第二急诊，畅通急救绿色通道，严格执行首诊负责制。全天候开放发热门诊，畅通24小时电话咨询热线，共开通26条。统筹医疗资源，实施“全院一张床”，应对全市发热门诊高峰、急诊高峰和重症高峰。物流停运期间，医院组织百余位员工志愿者完成了800余份药品的全市配送，为患者解决药品短缺问题。

医疗质量。健全医疗质量管理制度体系，作为DRG和DIP双试点单位，定期监测医疗运行数据，提高病案首页准确性，保证试点工作顺利进行。2022年DIP入组率100%，DRGs入组率97%，CMI从2019年的1.04提升到2022年的1.16。持续推进临床路径管理，保障单病种质量管控。全院共实施临床路径255条，其中包括国考单病种9个。入径病例59 688人，手术人数29 124人，平均住院日5.21天，入径人数占同期出院人数的59.62%。科学调整医疗功能空间布局，调整门诊综合楼大厅检验报告打印区位置，减少人员聚集。急救、急诊影像学检查进行一体化设置，扩大留观区面积，提升急救患者救治路径的畅通和便捷性。对36个手术室进行资源整合，释放医疗服务潜力。推进新技术临床应用，鼓励医疗服务新技术申报，共申报17项医疗新技术。成功举办2022年新华微创手术直播周，共21个科室参与直播，直播手术190台，累计117 034人次观看。

科研创新。获各级各类纵向科研项目177项，经费9 237万元。获国家级项目77项，总经费6 446.58万元，其中科技部8项、国家自然科学基金69项，包括国家杰出青年科学基金1项，连续2年获国家杰出青年科学基金立项。获各级各类科技成果奖14项；SCIE收录论文共467篇。获发明专利授权19项，实用新型专利授权54件，外观设计授权1件。实现专利转让1项，转让费用500万元。由孙锟领衔的小儿心血管学科团队，整合上海交通大学医疗机器人研究院等多家研究机构，组成先天性心脏病诊治技术与器械工程研究中心，获教育部工程研究中心立项。

临床医学教育。康复医学与理疗学专业新增为医学院专业学位博士点，实现医学院康复医学与理疗学专业博士生导师零的突破。新增博士生导师9名、硕士生导师19名。获评“上海市住院医师规范化培训优秀带教老师”2人、获首届上海市优秀儿科专科医师奖4人、上海交通大学“教书育人奖”1人。2名医学生分别获得“中国大学生自强之星”、上海高校“百名学生党员标兵”荣誉称号。1名2022届毕业生被录用为国家卫生健康委公务员，实现医学院中央选调生零的突破。4名住培医师在2022年住院医师规范化培训年度业务水平测试中取得本专业全市个人第一、第二名的好成绩。依托医院学科特色，积极探索和实践院校合作办学新模式，构建院校医学教育与毕业后医学教育相衔接的培养体系，与徐州医科大学、上海健康医学院等院校的教学合作收效明显，生源质量稳步提升。

人才队伍建设。加强、规范医院事业编制录用管理，重新制定实施办法，破格录用8人，积分录用44人，合计52人。完善职称评审机制，在高级专业技术职务任职资格评审申报中突出临床实践能力考核，首次设立内科、外科、儿科、护理四个专业学科组，重点评价申报人的临床工作能力。适度保障紧缺专业与传统优势特色专业的人才队伍建设，新增设立技师系列专项额度。推荐61人上报上海市卫生健康委高评办申报卫生系列高级专业技术职务任职资格。动员和鼓励优秀青年人才申报各级各类的培养计划。在人员招聘方面，坚持“育引并举”，引进具有国际视野的研究人员，充实学科人才梯队。

医院管理。建立预算绩效管理机制。以“大钱要评估、小钱建制度”的管理思路建立预算绩效目标指标库，涵盖医疗质量、运营效率、持续发展、满意度评价等各个层面150余项绩效指标。加强资源统筹论证。疫情期间，对预算进行总额封顶控制，确保资源集中高效利用；统一全院应急零星机动预算，专项申报、专项审批、专款专用，提升医院层面资源集中管控能力；预算经费使用实现预算预审与审计前置，从严控制支出，打破“预算额度就是开支金额”的固化格局。实现战略发展规划导向。建立预算“项目库”，形成滚动式、透明化的过程管理。针对需要多年分次投入、一招多年或分年开展的重大项目，试点

“预算中期规划”功能，有效加强事前预测和事前控制的功能。全面推动预算信息公开。修订《全面预算管理办法》，吸纳部分临床科室专家进入医院全面预算管理委员会。选取 100 万以上预算项目，纳入预算公开公示范围，全流程绩效跟踪，并评估预算绩效结果。以“坚持高质量、保持高效率、发展可持续”为指导思想，继续构建完善多维度、多部门联合的绩效考核体系。合理调整绩效分配方案，提高医务人员工作积极性。分配方案重点向临床一线、业务骨干、关键岗位、紧缺学科以及支援基层和有突出贡献的人员倾斜。设立专项绩效—“复工复产专项奖”，鼓励临床科室积极探索多种形式的患者服务模式，推动床位资源科学动态调整及优化配置。

便捷就医。作为《上海市“便捷就医服务”数字化转型 2.0 工作方案》试点医院，年内已完成所有 7+5 个应用场景的建设任务，在智能院内导航场景中，结合 AR 虚拟现实技术，为患者就医、取药、检查等环节提供可视化的动态服务。对标电子病历五级的评审要求，不断改造应用系统功能、补充完善临床业务数据，年内共完成基础项目改造 50 余项、可选项目改造 20 余项，已通过市内评审。深化“医疗付费一件事”，通过电子自费卡试点、统一自助机界面、开通线上少儿医保卡、完善手机端信息推送等功能。手机端门急诊结算数量同比增长 443%，“电子医保凭证”使用率达 88.97%，高于 38.8% 的市级医院平均水平。

党的建设。完善医院党委与行政领导班子议事决策制度。推进干部选拔任用工作，健全选拔任用制度，加强后备干部队伍建设，1 人获医学院 2022 年度“绿叶管理服务奖”。年内派出支援边疆干部和专家共 8 名，其中 1 人获新疆生产建设兵团第四师可克达拉市记功。入选上海高校学生党员标兵 1 名，成功申报新时代公立医院党组织“攀登”计划样板支部 1 个。

附属新华医院党政领导名单：

党委书记　唐国瑶
院　　长　孙　锟
党委副书记　孙　锟(兼)
　　　　　　李劲松(兼纪委书记)
　　　　　　周　斌(兼)
　　　　　　赵列宾(兼工会主席)
副院长　程　明
　　　　徐伟平
　　　　潘曙明
　　　　郑忠民
　　　　杜　鹏
总会计师　刘雅娟

(邹丽萍)

【连续 2 年获国家杰出青年科学基金立项】 2022 年 8 月，兼职 PI 张冰获得国家杰出青年科学基金 1 项，这也是新华医院连续 2 年获国家杰出青年科学基金立项。张冰从事心血管再生以及重构的分子机制研究近 16 年，围绕心血管发育、再生以及心衰过程中病理重构的关键分子机制开展研究，取得了一系列研究成果。曾获国家自然科学基金“血管稳态与重构的调控机制”培育和集成项目各 1 项、面上项目(2 项)，科技部重点研发专项 2 项等国内外多项基金的支持。

(邹丽萍)

【获“一星级全国青年文明号”称号】 2022 年 8 月，新华医院耳鼻咽喉头颈外科获“一星级全国青年文明号”称号。耳鼻咽喉-头颈外科由我国著名耳鼻咽喉科专家毛承樾教授创建，在历届科主任带领下，学科和专业取得了长足的进步和跨越式的发展，是国家临床重点专科、上海市“重中之重”学科、中国残联及上海市人工耳蜗植入定点单位、上海市儿童听力障碍诊治中心、首批国家重点研发计划“精准医疗集成应用示范体系”示范单位。2016 年获得卫生计生系统“全国青年文明号”，在团中央组织的全国青年文明号星级认定工作中再获“一星级全国青年文明号”称号。

(邹丽萍)

2022 年 8 月，新华医院耳鼻咽喉头颈外科获“一星级全国青年文明号”称号

【获教育部工程研究中心立项】 2022年9月，由附属新华医院孙锟领衔的小儿心血管学科团队，整合上海交通大学医疗机器人研究院、电信学院图象处理与模式识别研究所、金属基复合材料国家重点实验室、生物医学工程学院等，组成先天性心脏病诊治技术与器械工程研究中心，该中心正式获得教育部工程研究中心立项建设的批文，建设周期为3年。

（邹丽萍）

【纳入国家省级区域医疗中心建设项目】 2022年9月，国家发展和改革委员会下发《关于下达2022年卫生健康领域第三批中央预算内投资计划的通知》（发改投资〔2022〕1362号），确定新华医院奉贤院区项目纳入国家省级区域医疗中心建设项目，获批建设金额2亿元。作为上海市五个新城新建三甲医院项目之一，新华医院奉贤院区项目已于2021年10月开工建设，计划于2024年10月竣工，预计2025年投入运营使用。国家省级区域医疗中心建设项目投入经费将用于奉贤院区配置高精尖医学装备以及推动智慧医院建设等方面，打造一座符合奉贤"未来之城"发展定位的智慧型现代化高水平综合医院。

（邹丽萍）

【获上海市"工人先锋号"】 2022年9月，上海市总工会、上海市人力资源和社会保障局授予上海交通大学医学院附属新华医院花博园复兴馆方舱医疗队上海市"工人先锋号"。崇明花博园复兴馆方舱医院是由新华医院托管的市级方舱，4月4日正式开舱收治新冠轻症及无症状患者，是全市唯一一家接收外籍人士和港澳同胞感染新冠病毒患者的市级方舱。

（邹丽萍）

2022年4月4日，新华医院崇明花博园复兴馆方舱医院正式开舱

2022年9月，新华医院花博园复兴馆方舱医疗队获上海市"工人先锋号"

【刘振国获"上海医务工匠"称号】 2022年10月，附属新华医院刘振国获"上海医务工匠"称号，刘振国为新华医院神经内科主任，二级教授，博士生导师，科技部重点研发计划项目首席专家，上海市"优秀学科带头人"；全国卫生计生系统先进工作者，上海市劳模创新工作室负责人；担任中国医师协会神经内科专委会委员、上海医学会神经病学分会副主委、上海中西医结合学会慢性神经系统疾病专委会主委。他致力于帕金森病研究32年，设立国内首家中西医结合帕金森病一站式诊疗中心暨帕金森病高级培训基地，以第一完成人获省部级科技奖8项，国家发明专利授权15项。

（邹丽萍）

【"新华医学论坛"隆重举行】 10月24日，医学院70周年院庆系列学术活动——新华医学论坛在新华医院科教楼报告厅隆重举行，本次论坛邀请范先群、宁光、张英泽、刘良和顾晓松等五位知名院士学术论道，共贺医学院七十华诞，现场参会100余人，300余人观看了论坛线上直播。

（邹丽萍）

附属第九人民医院

【概况】 2022年，附属第九人民医院共有职工总数4979人，卫技人员4551人，其中在编医生1481人，在编护士830人，正高级职称262人，占比5.2%；副高级职称403人，占比8.0%；中级职称1360人，占比27.3%。门急诊人次数为366.5万人次，住院人次数9.3万人次，住院手术操作人次数8.1万人次，门诊手术操作人次数11.7万，平均住院日5.7天。

新冠疫情防控。完成新冠病毒感染患者市级定点救治医院任务。组派232人次参与方舱医院的医疗工作，总共收治新冠病毒感染者3280名。优化院内疫情防控工作调整：加强发热门诊扩容；调整门急诊阳性患者收治、接诊区域划定；设置阳性患者住院病房，储备重症监护床位；做好防疫物资和药品储备。

便捷就医。年内完成门诊智能分诊导诊、智能院内导航、智能识别通行、医疗收费电子票据、智能诊后管理、基于区块链技术的中药代煎配送、便民“一键呼救”、智能入院登记、智慧云客服、智能数字床旁、临床研究专病库、一键停车预约等12个数字化场景的建设。门诊智能分诊导诊11月上线，提供智能导诊、智能客服以及线上检验检查报告查看功能，逐步实现精准导诊分诊。上线至今使用人数2.63万人。智能预问诊服务稳步推进，全年累计患者使用人数50.38万人，累计报告数28.26万份。互联网医院全面铺开，开设33个临床科室互联网诊疗，350名医生在线，全年挂号量15000余人次、完成量13000余人次。开展大型线上互联网义诊咨询服务9次，服务患者7600余人次。全面推动床边结账，通过院区自助机实现全天候办理出入院业务。

医疗服务。建设信息化患者健康教育库及健康评估自动评估系统。将创新生态理论融入护理场景中，打造了安全、效率、品质三大生态环境及三大平台九大系统，相关成果获得上海医院管理创新奖三等奖。搭建补充性医疗支付体系。引入友邦人寿、泰康保险、中意保险、平安保险等4家商业保险公司进驻医院衔接特需诊疗流程，加快建立和完善以基本医疗保障为主体，形成其他多种形式补充医疗保险和商业健康保险。7月，在南部院区口腔第一门诊顺利完成首笔直付结算，实现商业保险工作全新开端。7月，与上海上实集团有限公司合作的上海上实医疗美容医院取得医疗许可证，正式试运行。

区域医疗中心建设。作为国家区域医疗中心输出单位，与海南省儋州市人民政府、安徽省阜阳市人民政府签署合作共建国家区域医疗中心意向书，并申报争创国家区域医疗中心，扩大医院的品牌效应和影响力。

医疗质量建设。规范护理电子病历书写及PDA各项操作流程，开发患者安全预警平台以及构建了出院准备度流程，提升临床护理质量，将创新生态理论融入护理场景中，打造了安全、效率、品质三大生态环境及三大平台九大系统，相关成果在2022年获上海医院管理创新奖三等奖。同时，完善护理质量控制和持续改进机制，明确护理敏感质量指标，控制关键指标，提升护理质量。年内，获上海市品管圈大赛二等奖1项、三等奖2项。“早安圈”项目获第十届全国医院品管圈大赛一等奖。

智慧医院。9月8日，上线“上海市级医院智慧应用大厅”“市级医院便民自助一体机”系统，落实智慧医院统一系统、统一服务、统一数据“三统一”项目，整合优化预约、挂号、付费、核酸检测等多种功能，减少患者院内非必要滞留时间，让患者自助就医更加便捷。对浦东院区整外手术室和口腔种植手术室进行数字化改造试点，实现手术室设备与信息全光纤一体化，手术过程数字化，整合手术室所有设备信息与临床信息，以及患者数据。以术者为中心，形成高效集中的控制、显示、储存、转发平台，提高手术效率与质量。

学科和平台建设。在复旦大学医院管理研究所2021年度中国医院排行榜中综合排名第23位。在中国医院专科综合排行榜中，整形外科连续12年排名第1位；口腔医学排名第3位；耳鼻喉科排名第6位；眼科排名第7位。在2021年度中国医院科技量值(STEM)综合排行榜中，综合排名第15位。在纳入的31个学科排名中，医院21个学科榜上有名。其中，整形外科学位列第1位，口腔医学位列第3位，耳鼻咽喉学位列第5位，眼科学和骨科学位列第8位。在2021年度上海市三甲医院科研竞争力排行榜中，综合排名全市第4位。其中整形外科学、口腔医学排名第1位，耳鼻咽喉科学、康复医学排名第2位，眼科学、骨外科学排名第3位，医学影像学排名第4位，内分泌病学、麻醉学和全科医学排名第5位。口腔学科2022年入选教育部第二轮“双一流”建设学科。新增上海市消化道微生态及重大疾病研究重点实验室，筹建周期3年，这是医院第6个上海市重点实验室，医院重点实验室总数稳居上海市前列。新增上海市运动系统退变与再生前沿科学研究基地，建设周期3年。新增上海市疾病分子诊断研发专业技术服务平台，筹建周期2年。上海市整形与修复重建临床医学研究中心获上海市科委立项，建设周期3年。上海市眼部疾病研究中心和上海市口腔疾病研究中心入选上海市卫生健康委新一轮重中之重研究中心，建设周期3年。上海市高端医疗装备创新中心—血液净化创新分中心获批成立。上海交通大学口腔种植交叉创新研究中心获上海交通大学批准建设。上海交通大学转化医学研究院/头颈肿瘤数字诊治创新技术研究中心获批成立。上海交通大学医学院生物材料与再生医学研究院揭牌成立，由范先群领衔担任研究院院长。

教育教学。共有博士点27个、硕士点33个，博士生导师147人、硕士生导师199人。医学生总计525人(临床医学院198人、口腔医学院327人)，完成课时数5 840学时；住院医师在培481人、基地专科医师在培276人。口腔医学课程虚拟教研室作为医学院唯一的建设试点项目，依托国家口腔医学中心，主动对接国家长三角一体化、“一带一路”、东盟及中西部地区发展战略，获批教育部首批虚拟教研室建设试点项目，已进入实质性建设阶段。开展线上青年教师授课技能展示、上海口腔虚拟仿真模拟教学论坛等活动。推进“医＋X”课程建设，培养“医学＋”高层次医学人才。增设“医学＋X”交叉学科选修课1门(“生物医学大数据”)，临床实训类课程1门(“创伤急救实践”)。临床医学八年制学生在中国国际“互联网＋”大学生创新创业大赛全国总决赛上获高教主赛道本科生创意组金奖，为医学院在该项赛事中的重大突破。依托“邱蔚六工作室”，成立“久蔚”诊室。坚持线下、线上混合模式，开展线上口腔健康科普课程，关注乡村口腔健康问题，培育青年医学生家国情怀。该项目获上海市知行杯学生社会实践一等奖。上海交通大学口腔医学院本长学党支部获批上海高校“双百”创建行动学生样板支部。

科研学术。获上海市科技精英1人(姜虹)；获教育部高等学校科学研究优秀成果奖(科学技术)二等奖2项(郝永强团队、邹多宏团队)；获华夏医学科技奖一等奖1项(林晓曦团队)，三等奖2项(陆颖理团队、顾岩团队)；获上海医学科技奖一等奖1项(章一新团队)，二等奖1项(陶晓峰团队)，三等奖1项(傅瑶团队)，青年奖1项(邹多宏团队)；获上海医院管理创新奖三等奖1项(侯黎莉团队)。2021年度发表SCIE收录论文812篇，SCIE论文数排名在全国医疗机构第18位、上海市医疗机构第3位、医学院第2位。发表中文心核心期刊论文614篇，中文核心期刊全国医疗机构21名，上海市医疗机构第2位、医学院第1位。国际论文被引用篇数排名全国医疗机构第16位、上海市第3位、医学院第2位。中国卓越论文篇数469篇，排名全国医疗机构第26位、上海市医疗机构第4位、医学院第3位。

人才队伍建设。贾仁兵获评国家级人才、武昌获批海外优青。Maurizio S. Tonetti获上海市“白玉兰纪念奖”。获上海市优秀学术带头人计划1人(傅瑶)，中国科协青年人才托举工程2人(杨光正、顾子悦)，上海市青年科技启明星计划(A类)2人(史俊宇、马海龙)，上海市浦江人才计划(A类)3人(潘瑜、经典、陈睿莹)，上海市浦江人才计划(D类)5人(苏蕴、贾若冰、丁鑫鑫、程辰、周奇敏)，上海市青年科技英才扬帆计划19人(张金凯、张柳成、李吉鹏、石剑波、赵铜超、陈宗安、孙滨、肖作慧、傅稼耀、殷实、鲍欣、蔡韧、程燕咏、曹颖颖、薛松、李甬芸、谢凯、杨盟、侯一超)、上海市教委晨光计划1人(黄雅琢)，上海市教委曙光计划1人(史俊宇)，上海市卫生健康委卫生健康领军人才1人(何悦),上海市卫生健康委卫生健康学科带头人3人(周慧芳、王宁荐、邹多宏),上海市卫生健康委卫生健康青年人才3人(许诗琼、翟赞京、张晓梦),上海高校中青年教师国外访学进修计划2人(张路、袁正),上海高校教师产学研践习计划2人(陈刚、倪靖),上海市医苑新星培养资助计划-杰出青年人才1人(代杰文)、上海市医苑新星培养资助计划-专科医师5人(许恒、钱姝娇、张经纬、李彪、文旭洋),入选上海青年护理人才专业技术与管理能力培训班1人(顾芬),上海交通大学上药杏林育才奖2人(严佳、王磊),上海交通大学医学院"双百人-研究型医师"5人(王宁荐、江凌勇、施琳俊、徐斌、阮敏),上海交通大学医学院"双百人-临床专职科研队伍"1人(阮静),上海交通大学医学院九龙医学杰出青年人才奖2人(正式奖庄艾、提名奖文晋)。引进学术骨干3名(李慧鹏、乔云波、康俊炎)、学科后备1名(叶福相)。举办第四届国际青年学者论坛,各相关平台负责人、科主任及受邀海外青年学者等180余人参加本次论坛线上线下视听讨论。通过论坛提供的引智平台,面试海外青年学者12人,最终达成意向4人,2人已全职到岗。继续加强与国内外高校、科研院所、医疗机构之间的交流合作,多模式引进海内外专家,现聘任40名兼聘专家,其中国家级人才21人。柔性引进8名院外临床专家。全年招聘进站博士后25人,截至2022年底,在站博士后人数达到150人。获批国家自然基金项目资助27项、中国博士后创新计划1项、中国博士后基金面上资助18项(特别资助2项)、上海市超级博士后激励计划资助15人。完成第一届院内在职博士后出站考核奖励工作。开启首届临床(规培)博士后招聘工作,遴选18位候选人,进入博士后临床医学流动站。

医院管理。通过线上线下结合的形式,举办第四届中德在线研讨会、上海交通大学医学院国际青年学者云论坛"口腔医学与先进材料"分论坛、上海国际医学论坛口腔医学分论坛、第21届上海国际整形美容外科会议、第二届亚太眼肿瘤眼病理学术会议。共接待并安排澳门来院进修学习人员2名。祝桥院区项目按计划先后完成二道支撑、大底板浇筑、支撑拆除、地下室一结构等多个关键节点,年内全部出正负零,个别区域完成至1—3层结构。完成医院医疗设备全生命周期管理二期建设,年内上线"植介入医用耗材睿志扫描追溯系统",实现植介入耗材"零库存"管理,对寄存耗材实现动态管理,做到实时账物相符。同时,实现了耗材收费精准化管理,保障库存数和实物的实时账物相符。

帮扶公益。选派欧阳火牛作为上海市第八批"组团式"援藏医疗队队员,赴西藏日喀则人民医院支援。同时,根据中组部"组团式"帮扶乡村振兴重点帮扶县工作要求,医院选派5名队员对口支援澜沧拉祜族自治县人民医院。开展志愿者工作,将心理社会服务融入口腔颅颌面科、整复外科多病种治疗体系。"相伴相行"烧烫伤瘢痕病友康复志愿服务项目获第三届上海市卫生健康行业青年志愿服务项目大赛铜奖。获2022年度上海市黄浦区"十佳公益基地(机构)"称号。在上海市冠名医疗机构红十字工作年度考核中医院继续蝉联年度优秀。成为黄浦区红十字会常务理事单位。

党建与文化建设。加强文化、宣传、精神文明和行风建设。加强部门联动,开展5项专项活动。开展"规范医药代表接待"内部专项督查,对涉及的部门科室,如药剂科与资产管理处进行了现场访谈与调研,发现薄弱环节,提出改进意见与建议。开展多切口手术收费专项治理,并对重点科室单切口手术收费进行督查,规范行为,合理收费。开展2022年规范医疗服务行为专项自查,对全院各临床、医技科室在自查过程中存在的相关问题进行督促整改。加强对呼吸科、内分泌科个别药物使用情况的专项督查,对发现的问题进行整改。结合医师节系列活动,开展行风知识竞赛,国家口腔疾病临床医学研究中心成功入选首批全国科普教育基地,医院挂牌上海市卫生健康委"健康上海行动院士科普基地"。同时,获批上海市眼健康促进中心,启动眼健康系列科普丛书撰写。出版"有医说医"系列3本科普书(2本漫画版科普书、1本文字版科普书),设立并完成30个"2022年度九院健康科普视频项目",合作完成市级平台"银发e学堂"市民公益课程项目。制作并报送各类科普视频100个。获上海市市级医院、申康科普周优秀健康科普视频奖。升级完善互联网医院"九院e学堂"。入选上海市健康科普影响力排行榜50强,获第五届长三角地区科普漫画大赛特别奖,获2022年度上海社区教育志愿服务品牌项目,获评上海社区教育优秀志愿服务工作站。开展医院重点工作和典型事件宣传报道,主流媒体首发医院相关宣传486个。其中《解放日报》头版报道了《邻居记着我们,我们也感谢他们》《"一院五院士",这家医院如何脱颖而出》《九院科研创新厚积薄发,科研竞争力名列前茅》等内容。获上海市五一劳动奖状,麻醉科获评上海市三八红旗集体,口腔综合科获评上海市巾帼文明岗。杨驰获评上海工匠,郝永强获评上海医务工匠,肿瘤科张燕捷获评上海市巾帼建功标兵。

附属第九人民医院党政领导名单:

党委书记　郭　莲
院　　长　吴　皓
党委副书记　蒋秀凤(3月免)
　　　　　　张　峻
副院长　罗　蒙(6月免)
　　　　王长谦
　　　　王　艳

张金宁
王旭东
李青峰
戴　星（6月任）
贾仁兵（7月任）
总会计师　何　堃

（戴　星　钱玉锦）

【院士墙崭新揭幕】 2022年1月25日，附属第九人民医院举行新院士墙揭幕仪式。九院党政班子成员为院士墙揭幕，青年医师代表向在场的院士敬献鲜花，并合影留念。九院院士阵容不断增强，院士人数从三位发展到五位，展现了医者仁心，弘扬了医道精神，院士墙的设立为全院职工构建了一个近距离感受并弘扬院士精神的媒介及渠道。

（钱玉锦）

2022年1月25日，附属第九人民医院院士墙崭新揭幕

【数字化转型工作获多项表彰】 2022年1月，上海申康医院发展中心通报表扬了2021年度的市级医院信息化表现突出集体，充分肯定了一批医院圆满完成了数字化转型和互联网医院等各项工作。附属第九人民医院作为9家医院中的一员获表彰。附属第九人民医院通过数字化转型，落地便捷就医服务七大场景，站在老百姓的角度思考，极大地改善了老百姓的就医体验。在全市首创构建了云端MDT空中诊室，支持1名患者、4名家属和最多9名专家共同在线进行多学科会诊，打破了就医流程时间、空间和效率的壁垒，拓展了多学科会诊在线场景。这也是附属第九人民医院开展建党百年为民办实事的实践举措，同时也被列入上海市教卫党委“我为群众办实事“重点民生项目。

（钱玉锦）

【国产人工听觉脑干植入技术进入临床试验】 2022年3月1日，由附属第九人民医院院长吴皓与团队领衔的国产化脑干植入装置项目已进入临床试验阶段。听觉脑干植入技术难度极大，费用昂贵，国际上也仅有少数中心有能力开展该技术。吴皓团队于2019年2月首次在国内为一例先天性耳聋患儿实施人工听觉脑干植入，成功解决了术中耳蜗核精准定位和有效脑机接口问题，迄今已完成30多例手术，术后患儿均产生了有效的听觉和言语识别能力。国产听觉脑干植入系统基于神经解剖学和听觉生理学进行产品外观和信号处理策略设计，如确定了符合脑干耳蜗核结构特征的16导电极阵列结构、操作的电极阵列3D定位嵴、术中耳蜗核精准定位技术以及流水线声音编码刺激技术等，整体提升脑机接口性能。这一新型脑机接口装置，具有极其重要的社会发展价值和巨大的经济意义。

（钱玉锦）

2022年3月1日，脑干植入技术进入临床试验

【组建医疗队奔赴多地开展抗疫支援】 2022年3月26日至5月7日，附属第九人民医院组派232人次方舱医疗队参与世博中心方舱医院、奉贤青零方舱医院、临港沧海路方舱医院的医疗工作。总共收治新冠病毒感染者3 280名，圆满完成任务。8月9日，组派120人次援儋医疗队支援海南省儋州市核酸采样及检测、医疗救治等疫情防控相关工作。其中102人的核酸采样组主要负责了儋州市29个采样点，12名检验人员在海南西部中心医院协助开展核酸检测工作。8月14日，组派50人援琼医疗队奔赴海南省三亚市第三方舱医院，负责D2舱区。直至8月30日，援琼医疗队累计收治患者297人，出院或转出213人。10月，组派25人医疗队支援新疆昌吉，11月派出7人重症医疗队援助乌鲁木齐。

（钱玉锦）

2022年3月26日，第九人民医院组建220人医疗队奔赴世博方舱

【北部院区整体改建转换为新冠救治定点医院】 2022年4月14日晚，附属第九人民医院接上级改建定点医院通知，在以院党委书记郭莲、院长吴皓为组长的领导下，各部门通力协作，争分夺秒，着手北部院区改造，调配人员，开展防护培训。于4月18日收治首批25名新冠患者，6月15日正式关舱。在此期间，累计进舱工作人员979人次，共收治新冠患者2 535例。

（钱玉锦）

2022年6月15日，北部院区新冠救治定点医院关舱

【院士领衔举办"云端"义诊】 2022年5月1日，附属第九人民医院组织开展了"云端"义诊活动，为疫情期间市民看病就医提供服务。义诊汇集了附属第九人民医院口腔医学各科、整复外科、骨科、眼科、耳鼻咽喉头颈外科以及内科系统、外科系统、辅助生殖科等共38个专业学科，各亚专业全覆盖，共计207名医生。截至当天义诊结束，共完成义诊咨询682人。同时在5月22日至6月底，为积极回应社会关切，满足当前群众就医需求，连续六周开展周日互联网医院义诊活动。中国工程院院士邱蔚六、张志愿领衔参加了义诊活动，切实解决了部分患者的问诊需求。

（钱玉锦）

2022年5月29日，邱蔚六院士参加"云端"义诊活动

【托内特教授荣登医学顶级科学家排行榜】 2022 年 5 月 13 日，Research. com 网站发布第一版医学顶级科学家排名。附属第九人民医院口腔种植科教授 Maurizio S. Tonetti 位列大陆地区第 6 位、中国第 29 位、全球第 3 568 位，我国共有 161 位学者上榜。截至奖项统计时间，Tonetti 著有 231 篇学术论文，被引用 35 942 次，H 指数达 101。过去 15 年全球牙科学领域引用数在牙科学排名前三，牙周种植排名第一。Tonetti 开展了牙科领域全球首项多中心随机对照研究，担任欧洲牙周病学多国多中心临床团队执行官，还曾与世界卫生组织合作，推动口腔健康成为全身健康的重要组成部分。

（钱玉锦）

【入选首批全国科普教育基地】 2022 年 11 月 8 日，中国科学技术协会办公厅公布《2021—2025 年度第一批全国科普教育基地补充认定名单》，国家口腔疾病临床医学研究中心（上海交通大学医学院附属第九人民医院）入选首批全国科普教育基地。中心依托附属第九人民医院和上海交通大学口腔医学院开展建设，致力于解民盼纾民忧，搭建公众交流平台，通过线上线下多角度的方式开展形式多样的科普活动。第九人民医院将以本次全国科普教育基地为契机，加快形成科学普及与科技创新同频共振、两翼齐飞的发展新局。

（钱玉锦）

【获第四届上海知识产权创新奖】 2022 年 11 月 18 日，第十九届上海知识产权国际论坛在沪召开，附属第九人民医院获第四届上海知识产权创新奖，为唯一获此殊荣的医疗机构。此次获奖将更好地激励院内人员潜心做好以提升临床诊疗水平为目的的医学研究，激发创新潜能，更好地履行医院作为国家科技创新体系重要组成部分的历史使命，不断切实推进医院创新工作更好更快发展和落地，并产生更多新的亮点和突破，力争在贡献国家、服务社会发展方面做出更大贡献。

（钱玉锦）

2022 年 11 月 18 日，第九人民医院获第四届上海知识产权创新奖

【上海市眼健康促进中心揭牌成立】 2022 年 12 月 2 日，上海市眼健康促进中心揭牌仪式暨首届上海市眼健康高峰论坛在附属第九人民医院召开。附属第九人民医院眼科是国家临床重点专科、上海市重点学科、上海市“重中之重”临床重点学科，国家眼部疾病临床医学研究中心三个主要组成单位之一。依托优质资源，上海市眼健康促进中心将进一步围绕健康上海行动的目标和要求，在学科带头人范先群的带领下，调动社会多方力量积极参与，加强眼健康科普、人群干预和自我管理等眼健康促进工作，为不同年龄段人群提供相应的爱眼护眼科学指导，持续推动全市眼健康素养的提升。

（钱玉锦）

2022 年 12 月 2 日，上海市眼健康促进中心揭牌成立

附属第一人民医院

【概况】 2022 年，附属第一人民医院共有职工人数 4 127 人，其中在编医师 878 人，在编护士 1 126 人；正高级职称 245 人，副高级职称 414 人。门急诊量 422.82 万，出院人次 10.09 万，住院手术人次 6.57 万，较上年有所下降。平均住院天数 6.27 天，略高于上年。国家三级公立医院绩效考核四级手术率上升至 29.48%，国考微创手术率上升至 21.56%。

新冠疫情防控。创新性提出并落实“七管”防控举措。先后支援上海市公共卫生临床中心、老年医学中心、市东医院，支援临港 2 号、浦东世博、新国际博览中心等集中隔离医学观察点；坚守院内疫情防控堡垒阵地，尤其是对肿瘤放化疗、血透患者、孕产妇等特殊患者的治疗不间断；为患者自提药物开辟专区，为志愿者配药开设一站式服务专区，组建药师志愿者“送药先锋队”；互联网开展新冠线上咨询、专家门诊、健康科普等工作。5 月 12 日，上海市市长龚正来院调研并慰问医务人员。

医疗技术。开展新技术 54 项，申报上海市医学会新技术 4 项，特色新技术带来的医疗服务收入近 1 亿元。完成全国首例心腔内超声指导的二尖瓣及主动脉瓣人工瓣瓣周漏介入封堵术、上海市首例第四代达芬奇机器人辅助下全乳切除＋即刻乳房假体重建术、首例经眼上静脉成功介入治疗海绵窦动静脉瘘等手术。完成各类机器人手术 698 例，达芬奇胃癌根治手术数量上海排名第一。完成造血干细胞移植 212 例，移植患者年龄（73 岁）创上海市纪录。获批人类辅助生殖技术植入前胚胎遗传学植入技术资格。

诊疗模式。成立肿瘤综合诊治中心委员会和 COC 办公室，建立“瘤长制”，新增 23 个病种纳入 COC 管理，牵头起草上海市膀胱癌和下咽癌诊疗标准，入选上海市 3 家 COC 信息平台试点医院之一。成功联合举办“成批伤病员救治联合演练”，牵头创建医警联动“北外滩急救联盟”。妊娠内分泌门诊获“上海市多学科门诊建设优秀案例”。

质量安全。上海市专科质控排名中医院排名前 5 位达 6 个。制定 VTE 预警、发生、处理等全过程管理流程，实现了全院范围内 VTE 风险评估全覆盖。加强不良事件管理的顶层设计，健全管理体系、修订管理制度、上线管理系统，年内上报不良事件 453 例。严格药品使用管控，抗菌药物使用强度 DDD 保持在 40。

学科建设。遴选重点学科研究项目 42 项，2022 年度投入总经费达 3 000 万元。重点建设国家临床医学研究中心，投入 2.5 亿元用于支持眼底病重点实验室、眼科日间手术室、眼科智慧门诊和数字化眼科等方面建设。获批教育部-上海市共建生物医药临床研究与转化协同创新中心和上海市眼部疾病临床综合评价技术平台，成为上海眼科学分会主任委员单位和上海市眼科专科联盟主任委员单位，再次获批上海市“重中之重”临床医学中心，STEM 排名全国第 6。泌尿外科 STEM 排名全国第 2，通过擂台赛成为上海市唯一牵头申报泌尿国家临床医学研究中心的单位。推进国家区域医疗中心建设，与安徽省、甘肃省合作共建上海市第一人民医院安徽医院和上海市第一人民医院酒泉医院。

人才队伍。制定《医院“十四五”人才发展规划纲要》，配套人才安家费管理细则、人才管理办法等保障规定。持续发力博士后工作，完善“进-管-出”全流程管理，新招录博士后3名，开展7项博士后人才培养支持计划。加快落实“25151”人才计划。人才奖项数量稳定增长，获国家杰青1人，时隔八年再创杰青突破；获上海市优秀学术带头人计划和上海市医学学科带头人计划3人，入选上海市科技启明星、浦江、扬帆、新优青、上海交通大学医学院“九龙医学优秀青年人才奖”“双百人”等人才共44人。

科研学术。牵头科技部重点研发计划项目3项，总经费5 000万元，数量位居上海医疗机构首位；获批国家自然科学基金72项，其中重点项目2项；牵头开展创新药械临床试验9项，参与国际多中心临床试验10项，主持一类新药Ⅰ期临床试验9项，新立项GCP项目50项。获上海市科技进步(科普)一等奖、教育部科技成果二等奖、上海市医学科技奖等奖项9项。以第一或通信作者单位发表SCI论文576篇，其中IF＞10的期刊发表论著48篇。授权专利93项，其中发明专利35项；6项专利实现转化，转化合同金额达550万元。获批工信部首批人工智能辅助诊断医疗器械临床试验中心揭榜挂帅潜力单位、上海市人工智能辅助诊断医疗器械评价平台和上海市医学技术转移转化服务机构。

教育教学。推进“四三”教改体系建设，开展“三导”育人巡讲活动并遴选首批“三导”教师优秀教师6人、培育教师5人。新获聘上海交通大学博士生导师10人，获聘南京医科大学博士生导师10人。《立足市级医院，区域联动创新全科医师“导师制”培养体系》获上海医学科技奖二等奖；眼科学教学团队获上海市普通本科教育课程思政示范团队；眼科学课程获上海市普通本科教育课程思政示范课程；“MDT结构化整合教学”模式获教育部“产学合作协同育人项目”立项；呼吸系统整合教学获上海交通大学“混合式教学优秀设计奖”，并作为医学院唯一项目入围全国教学设计创新大赛。

医疗服务。系统推进四个“一件事”工程，完成自助设备标准化管理、就诊卡便捷性提升等重点项目7项。互联网医院医生端实现手机移动开单，患者端优化“复诊挂号”入口；增开互联网医院特需门诊，满足患者多层次医疗需求，“互联网医院＋养老院”实现松江10家养老院服务覆盖，模式写入《上海市养老服务发展“十四五”规划》《关于本市“十四五”期间养老服务设施建设的实施意见》，获评“第五届上海十大医改创新举措”。将社工服务嵌入全流程健康服务、全周期健康管理、全方位整合医疗中，获“全国学雷锋四个100最佳志愿服务项目”等奖项。

护理水平。急危重症护理亚专科获“上海市级医院重症医学与急诊急救护理培训基地”建设项目支持；新增2个“标准化静脉导管维护社区示范基地”。

健康科普。搭建移动健康演播厅，在健康科普传播平台上推送原创作品50个。获上海市健康科普人才能力提升专项-健康科普引领人才、第九届上海市青年医学科普能力大赛优秀组织奖和二等奖等多个奖项，入围“2021年上海市医务人员健康科普影响力排行榜百强”6人。

智慧医院。通过BIM技术和电子沙盘对眼科新大楼就医流线进一步优化，形成门诊就医流程、住院就医流程、医技检查流程，打造首个沉浸式交互智慧诊室样板。开展慢病管理智慧化试点，打造基于互联网的腹透、肺结节、MDT肿瘤等慢病随访管理平台，形成覆盖诊前、诊中、诊后、居家的线上线下一体化服务模式。医院被指定为“未来医院数字化建设指南”地方标准制定单位。

合作交流。“内环”加快推进市一嘉定健共体建设，联合设立5个疾病诊治中心，开通健共体内部623个项目集约化检验检查一体化通道，同质化管理。“中环”推进与金坛区医院紧密医联体项目，打造泌尿、消化、骨科、IMCC四个金坛分中心两个教授工作站；与宁德市政府依托宁德市医院建设福建省区域医疗中心。“外环”拓展云端国际合作交流，吸引美国梅奥诊所、以色列拉宾医学中心等国际一流医疗机构共同参与。

后勤基建。归纳整合风险预判系统规则知识库，开发风险预判系统二期页面。完成智能化平台运营系统、维修及巡检功能优化工作，开发零星工程管理模块与预算管理模块，探索维修以及零星工程机制的改革。设备全生命周期管理，医疗设备维修维保、质控、计量数据接入435台，已初步实现61台收益效率报表分析。“南部森林”建设已完成树木的移栽，初步形成樱花林、桂花林、海棠林、银杏林、友谊林等绿化景观。北部眼科大楼项目完成连接体、地下连通道结构，A、B楼内部正在进行装饰施工；南部院区二期扩建工程，科研楼和发热门诊楼正在按建设进度推进施工。

运营管理。上线基于医保的成本耗材精细化管理平台，对高值耗材、普通耗材的使用-计费情况和同术种主刀医师用耗情况进行科学、精准管控。完成长期供应商管理体系建设，创新医用耗材采购模式，推进医疗器械UDI建设，被授予国家医疗器械唯一标识示范单位。

巡视整改。制定《巡视整改工作推进落实方案》，成立领导小组和工作专班。每周召开巡视整改落实党委专题会议，发放巡视整改工作提示，加强统筹指导和督促检查。完成巡视整改“双公开”工作，《医院关于巡视集中整改进展情况报告》上报市纪委监委。严密监管统方行为，细化分析报警信息，研判行风线索。

党的建设。开展“温暖公济奔跑年”四季主题项目，先后举行“先进典型弘扬季”“医线暖事展播季”“百年公济热刷季”和“智慧医院分享季”活动。落实全国文明单位和上海市文明单位创建中期评审，先后完成第二十一届上海市文明单位复评中期考核、第七届全国文明单位复评中期考核，对标对表复评标准，夯实文明单位创建工作的长效机制。深入学习、宣传、贯彻党的二十大精神；围绕疫情防控工作中涌现出的优秀事迹做好先进典型弘扬与正向精神引领；夯实意识形态工作，维护网络舆论安全线。入选上海公立医院党建工作“示范医院”创建单位，眼科党支部获上海公立医院党建工作“样板支部”创建单位，泌尿外科中心获上海市“工人先锋号”，内分泌代谢科获上海市巾帼文明岗，检验医学中心获上海市卫生健康行业青年五四奖章，邹海东、董频、王红霞获“上海医务工匠”等。

附属第一人民医院党政领导名单：

党委书记　秦　净
院　　长　郑兴东
党委副书记　郑兴东
　　宋国明（兼纪委书记）
　　沈　静
副 院 长　吴锦华
　　孙晓东
　　刘　军
　　王　悍
　　邹海东
　　陈　童
总会计师　周建军

（俞　晔　李　静）

【法国驻上海总领馆科技领事到访】　2022年1月4日，法国驻上海总领事馆科技领事Xavier ASSFELD一行4人到访，上海市第一人民医院院长郑兴东、副院长刘军、副院长王悍、泌尿外科临床医学中心学科带头人夏术阶、合作交流处处长刘芳、泌尿外科临床医学中心主任韩邦旻、胸外科行政副主任阮征接待了科技领事一行。双方就泌尿外科与胸外科的科技部中法合作项目、人才培养、医疗与科研合作等议题展开深入广泛交流。第一人民医院与法国缘分由来已久，最初由彼时法租界公董局委托天主教江南教会创建，2018年时任法国总统马克龙来沪参加首届进口博览会期间，医院曾被法方指定为马克龙总统的定点保健医院。2019年前，每年都有一批医生前往法国各大医学机构学习交流。郑兴东表示，希望ASSFELD领事继续关注和支持科技部中法合作项目的申报；第一人民医院国际医疗保健中心也愿为在沪法国人员提供优质、全程的医疗保健服务。Xavier ASSFELD领事表示，第一人民医院深厚的历史底蕴、文化积淀，医教研方面成就突出，与法国情谊深厚。他表示将继续致力于推动法方医疗和科技机构与第一人民医院在临床和科研领域开展合作，推进合作成果的转化，促进两国医疗卫生事业健康发展。

（张　丽）

【举行2022届医学生毕业典礼】　2022年6月29日，附属第一人民医院2022届医学生毕业典礼在医院南部会议中心主会场举行。医院党委书记秦净、院长郑兴东，院党政班子领导成员，导师代表，家长代表及2022届毕业生参加典礼。毕业典礼由医院副院长王悍主持。郑兴东宣读毕业生名单的决定后，医院领导、导师代表一一为毕业生们颁发毕业证

2022年6月29日，第一人民医院举行2022届医学生毕业典礼

书、拨帽穗，并合影留念。秦净宣读优秀毕业生名单。医院党政领导先后为上海交通大学优秀毕业生、上海市高等学校优秀毕业生颁奖。典礼上，郑兴东寄语毕业生《在青春赛道上奋力奔跑出当代青年的最好成绩》，他代表医院党委、党政领导、全院师生及职工，向同学们数年寒窗苦读、终于迎来梅香扑鼻表示衷心的祝贺！希望毕业生应具备四个方面的素养：一是强烈的家国情怀；二是精诚的大医品格；三是执着的真理追求；四是勇毅的责任担当。2022届八年制博士毕业生、上海市高等学校优秀毕业生俞思慧作为学生代表发言。2022届本科生、上海市优秀毕业生李文彦的家长刘利蓉代表毕业生家长发言。医院创伤骨科学科带头人、主任医师、博士生导师王秋根代表教师发言。

2022年8月19日，"组团式"帮扶援滇专家深入奎香卫生院开展义诊活动

（周崇治）

【举行部分中层干部聘任大会暨部恒骏教授受聘仪式】 2022年7月25日，上海市第一人民医院举行部分中层干部暨部恒骏教授受聘仪式。会议采用线上加线下的方式同步举行。大会由院党委书记秦净主持。会上，书记秦净宣读党务部门部分中层干部聘任决定并颁发聘书。院长郑兴东宣读临床研究院执行院长、行政部门、临床医技科室部分中层干部聘任决定，逐一介绍部恒骏及院外引进的科主任，并颁发聘书。

（侯珊芳）

【"彝"路有你　医师节义诊纪实】 2022年8月19日，正值中国第五个医师节，上海市第一人民医院、上海市儿童医院"组团式"帮扶援滇专家和彝良县人民医院业务骨干共10余人组成义诊医疗团队，深入彝良县奎香卫生院开展"医心向党、踔厉奋进"义诊活动。本次义诊涵盖神经内科、眼科、心内科、骨科、儿科等11个学科。4个小时的义诊共诊治患者达340余人次，医技检查220余人次。心内科医师曹衡为卫生院50余名医务人员作"冠心病长期用药管理"讲座。同时，在奎香中学开展"心肺复苏进校园"活动，为学生讲解心肺复苏、AED使用等急救知识并指导学生进行实践操作，使其快速掌握各种手法。

（方　侃）

【援摩洛哥医疗队妇产科病例讨论会】 2022年9月2日，北京时间晚上8点，摩洛哥时间下午1点，由中国援摩洛哥医疗队主办，中国援摩洛哥医疗队塞达特分队及上海市第一人民医院共同承办的"2022中国援摩洛哥医疗队妇产科病例讨论会"顺利召开。妇产科医师团队是中国援摩洛哥医疗队的重要组成部分，加上摩洛哥当地生育率较高及卫生条件的限制，妇产科医师的日常工作繁重而又充满挑战。本次会议旨在打造一个中国援摩洛哥医疗队妇产科医师的学术平台，通过交流和讨论，进一步提高对高危孕产妇的临床诊治水平。正在摩洛哥执行任务的13名中国援摩洛哥医疗队妇产科医师通过视频会议的方式，分享了各自援摩工作中遇到的罕见、疑难病例；本次会议特邀来自第一人民医院产科主任徐先明为点评专家，徐先明针对每个病例进行了专业剖析，肯定合理，指出瑕疵，充分结合摩洛哥当地医疗条件，给出了合理处置建议。本次学术会议为援摩医疗队开展学术交流积累了宝贵的经验，丰富了高危孕产妇病例的积累，为今后的临床工作提供了知识储备。当天会议共有超过4 000人次在线关注，取得了良好反响。

（张建海）

【首届博鳌外科直播周活动】 2022年9月5日，上海市第一人民医院开启首届博鳌外科直播周活动。医院党委书记秦净，院长郑兴东，副院长刘军、王悍、孙晓东、邹海东等出席开幕仪式。博鳌手术周将以展示高难度复杂手术为主，展示临床科室的学术水平和技术实力。通过"云端"与同道切磋交流，共同探索外科技艺提升。本次外科直播周中，第一人民医院眼科临床医学中心、泌尿外科临床医学中心、普外临床医学中心、骨科临床医学中心、心血管病临床医学中心、耳鼻咽喉-头颈外科、妇产临床医学中心、神经外科、胸外科等临床科室聚焦学科热点及前沿术式，为同行展示各自手术绝活。

（张　丽）

【获“国考”A＋评级】 2022 年 10 月，国家卫生健康委公布了 2021 年国家三级公立医院绩效考核结果，上海市第一人民医院成绩亮眼，在参评的 1 355 家三级公立医院绩效考核排名中进入 A＋等级，排名 19 名，连续三年获 A＋等级，排名较上年提升 7 名。作为全国建院最早的综合性百年老院之一，医院在现代医院管理与绩效管理领域不断深耕、厚积薄发。在“国考”医疗质量、运营效率、持续发展、满意度评价四个维度的 26 个医院监测指标中，医院得分情况领先于同类医院得分均值，有 13 个指标获得满分，在功能定位、质量安全、合理用药、收支结构、人员结构和患者满意度等考核指标方面表现优异。

（朱鸿殷婷）

【入围国家重点研发计划】 2022 年 11 月，国家科技部发布一批国家重点研发计划拟立项项目，上海市第一人民医院眼科临床医学中心孙晓东、泌尿外科临床医学中心李铮、普外临床医学中心钟林分别入围“常见多发病防治研究”重点专项、“生育健康及妇女儿童健康保障”重点专项和“病原学与防疫技术体系研究”重点专项。其中，孙晓东团队主持的研究拟在已建立的中国常见致盲性眼病最大队列和影像库基础上，攻关三大技术难点，最终建立常见致盲性眼病防治结合新策略。李铮团队的研究围绕生殖健康展开，可为建立单生精小管体外挽救生育力平台奠定坚实基础。钟林团队的研究牵头上海交通大学、复旦大学、中国科学院上海巴斯德研究所等十家单位共同进行。该项目是国家启动“十四五”规划以来第一个移植感染项目，代表国内移植感染研究的新方向。

（朱　万）

附属第六人民医院

【概况】 2022年，附属第六人民医院徐汇院区和临港院区共招聘各级各类人员216名，全院职工总数为5 113人，其中医生1 345人，护士2 111人。2022年，附属第六人民医院徐汇院区和临港院区共招聘各级各类人员216名，全院职工总数为5 113人，其中医生1 345人，护士2 111人。2022年，医院门急诊量447.45万人次，出院人次10.74万人次，手术人次8.23万人次，其中住院病人手术人次6.60万人次。医院1～2月门急诊人次112.39万人次，比去年同期增长47.33%。医院1～2月手术人次1.70万人次，比去年同期增长9.74%，其中住院病人手术人次1.40万人次，比去年同期增长16.68%。医院1～2月出院人次2.36万人次，比去年同期增长17.79%。医院出院患者手术占比58.08%，出院患者微创手术占比21.73%，出院患者四级手术占比25.70%。

综合排名。在2021年度国家三级公立医院绩效考核中位列全国33位，列入上海市公立医院高质量发展辅导类试点单位。在复旦大学医院管理研究所2021年度最佳医院排行榜中，医院综合排名第32名；在中国医学科学院2021年度中国医院科技影响力排行榜中，医院综合排名第25名。获批国家骨科医学中心，国家级平台取得新突破；获批上海市重中之重研究中心A类项目2项，包括上海市内分泌代谢疾病重中之重研究中心、上海市脊柱疾病和创伤骨科重中之重研究中心；上海交通大学医学院医学装备与技术研究院正式挂牌成立。

新冠疫情防控。第一时间启动应急响应工作机制，疫情防控工作组针对新冠疫情防控、医疗救治、基本运营、安全生产等方面提前预判、合理调配、及时处置，修订院感制度和流程50余项。合理配置两院区感控专兼职人员；流调队伍实行24小时备班制。针对患者需求大、急、影响面广的血透、应急血透、化疗、放疗、发热门诊、核酸检测、疑似患者管理等运用小闭环管理取得良好效果。加强全口径人员网格化管理，搭建“一体化防疫管理平台”，相关成果获上海市医院协会第二届上海医院管理创新奖三等奖。坚持发热门诊24小时不停诊，全年共诊治患者29 782人次，当日最大接诊量725人次；保持24小时急诊急救不中断；开展社区志愿者代配药免预约现场挂号等服务；严格执行“不探视”“非必要不陪护”，住院患者陪护率由2021年的46.13%降至2022年的15%以下；同时全力推进互联网医院建设，全面开展线上咨询、预约挂号、线上复诊、开具检查、线上付费、电子处方、药品配送、出院随访等在线便民服务。累计开展防疫物资捐赠监督31次、医疗防护用品库存和消耗情况督查33次。5月12日，上海市委副书记、市长龚正来院调研并连线临港院区定点医院，在向医务人员致以节日祝贺和崇高敬意之时，要求始终坚持人民至上、生命至上，全力以赴做好医疗救治，切实保障群众正常就诊需求。4月3日，临港院区启动整体转换为新冠救治定点医院工作，在定点医院运行的73天时间里累计收治新冠病毒感染患者2093人。自3月25日起，医院先后委派3位院领导及管理团队带领医疗队共计931人次牵头筹建新国际博览中心，支援嘉定F1国际赛车场、临港沧海路等市级方舱医院，并筹建徐汇西岸B馆方舱医院和龙耀路6号方舱医院，支援金山区集中隔离收治场所区级方舱医院的开业运行工作，合计收治患者4725名。同时医院陆续派出医护人员前往老年医学中心、公卫中心、八院等定点医院进行支援。医院统筹两院区力量，积极抽调骨干人员，高效组建援琼、援蓉、援藏、援疆医疗队，医疗队员派驻人数超过160人。

医疗质量。召开第十八届医院管理国际论坛，成立医院综合绩效管理领导小组和工作小组，建立健全“医院-部门-科室”的三级绩效管理架构，围绕综合绩效管理目标建立工作机制。全面上线智慧财务管理系统；启动病种成本核算系统；分析医院收治费用结构，提出优化费用结构建议。通过国家电子病历五级评审；推进数字化转型2.0，加快两院信息一体化进程。完成两院区医学装备管理制度和流程一体化。获评国家卫生健康委首批“医疗器械临床使用管理规范基地，系上海唯一一家。获第五届全国设备管理与技术创新成果一等奖，完成中国医院协会《中国医院质量安全管理：医疗器械管理》团体标准的制定和发布。实施两院区货物采购一体化。动态调整、部署骨科临床诊疗中心项目和临港院区二期扩建项目的阶段性工作节点，落实复工复产要求，推进医院“十四五”代谢性疾病诊疗中心项目进程。开展内部审计监督工作66项；协调审计署开展医疗保险基金筹集使用管理和“三医联动”改革相关政策落实情况专项审计。入围第一轮上海市老年友善医疗机构优秀服务品牌单位；通过“线上＋线下”相结合的方式优化一站式住院服务流程；制定高效有温度的急性创伤急救中心运行方案；坚持按照手术种类、申请数量、手术特点和级别，进行常态化周六手术。完成第五届中国国际进口博览会的保障工作。全面实现30分钟的预约间隔，部分科室已试行15分钟预约间隔；完善多学科协作MDT诊疗模式；持续推进延续护理服务，共开设骨科、PICC、造口伤口等8个护理门诊。切实完善全流程急救网络，上线急诊急救医学管理平台；实施“智慧急诊”建设，实现全市首家“上车即入院”院前急救系统。把握护理学科发展新趋势，牵头制定团体标准1项，入选护理学科青年人才1人，入选“九龙护理奖”2人、“九龙护理提名奖”1人。完善平安医院建设制度和措施，保障医院平稳运行，获第五届中国最美医院，2022年浦东新区消防工作先进单位、反恐怖防范应急工作先进单位等奖项。

科学研究。以第一完成单位获得科研奖项6项，其中上海市科学技术奖3项、中华医学科技奖1项，以及上海医学科技奖2项。获院外纵向课题共203项，较2021年增长17.5%；立项经费1.88亿元，较2021年增长33.3%。2022年全年正式发表SCI/EI论文588篇，较2021年增长38.6%，影响因子5～10分的论著共计226篇，较2021年增长38.9%，10分以上81篇，较2021年增长54.3%，大于20分的11篇，较2021年增长63.6%。医院在2022年医疗机构NATURE指数中排名全球第66位。获上海市医学创新转化指数2021年度十强医疗机构、上海市医学创新转化指数综合十强医疗机构。完成“第二轮申康临床三年行动计划项目”13个项目的全流程管理。获申康医院发展中心批准立项示范型研究型病房建设，专项资助1000万元，入选中国研究型医院，名列中国医院创新转化排行榜综合榜单排名第12位，上海第3。

人才队伍建设。入选院外人才培养计划62人，其中入选国家杰出青年科学基金1人，入选国家中医药管理局青年岐黄学者培养项目1人，市部级人才计划30人，校局级人才计划30人。新增博士生导师10名、硕士研究生导师43名。毕业生的实际就业率已达96.9%。获国家奖学金9人，市级优秀毕业生13人；获上海市教学成果奖1项，上海交通大学“教书育人奖”1项；2014级临床医学八年制1名学生入选科技部中央选调生。医院正式实施《上海市第六人民医院临床博士后管理工作实施办法》，目前共有博士后80人。2022年住培医师结业考试首次通过率为94.78%；首次参加医师资格考试通过率为86.7%。

合作帮扶。10月31日，上海市第六人民医院安徽医院试运行。协助设计福建和敏医院二级医疗流程方案，推进上海市第六人民医院海口骨科与糖尿病医院建设工作。着力打造省级临床医学中心，先后开展省内新技术5项和专利4项。继续全面托管金山分院、奉贤南院、徐汇分院三家医院。完成“市六-临港”紧密型健康联合体第一届理事会成立大会暨第一次理事会会议，带动优质医疗资源下沉社区，共有20个学科52位专家下沉至社区卫生服务中心。建成新时代城市整合型健康管理服务体系，与浦东新区、奉贤区及其下辖泥城、万祥、书院、芦潮港、申港、平安等6个社区卫生服务中心，共同建设融健康管理和医疗服务于一体的健康联合体；形成新时代国家区域医疗中心共建模式，提供优质高效医疗卫生服务、建设健康中国、健康上海提供有力支撑。派出两批次10名医生对口帮扶云南省勐腊县人民医院，7名医生在外开展援疆、援藏和援青任务。做好国家基层糖尿病防治管理，推进上海市糖尿病预防与诊治监测管理平台建设。

党的建设。全面贯彻落实党的二十大精神，深入学习贯彻习近平总书记系列重要讲话精神，认真落实市委、市政府决策部署和上级部门工作要求。高效统筹医院疫情防控和高质量发展，深化全面从严治党，政治生态不断优化。医院党委入选上海公立医院党建工作“特色医院”创建单位。

附属第六人民医院党政领导名单：

党委书记　陈　方

院　　长　殷善开

党委副书记　殷善开(兼)

　　　　　　岑　珏(兼纪委书记)

副 院 长　范存义

　　　　　张长青

　　　　　陈　梅

　　　　　郑元义

　　　　　狄建忠

　　　　　奚益群(3 月任)

总会计师　夏培勇

(王　慧　冯　华)

【组建医疗队奔赴抗疫一线】　自 2022 年 3 月 25 日起，上海市第六人民医院先后委派 3 位院领导及管理团队，带领医疗队共计 931 人次，赴市级和区级方舱医院，合计收治患者 4 725 名。4 月 3 日，医院临港院区启动整体转换为新冠救治定点医院工作，4 月 7 日正式收治患者，在定点医院运行的 73 天时间里累计收治新冠病毒感染患者 2 093 人。同时，医院陆续派出医护人员驰援老年医学中心、公卫中心、第八人民医院等定点医院。组建援琼、援蓉、援藏、援疆医疗队，支持外省市抗疫工作，医疗队员派驻人数超过 160 人。

【市长龚正来院调研并连线临港院区定点医院】　2022 年 5 月 12 日，上海市委副书记、市长龚正来院调研并连线临港院区定点医院，在向医务人员致以节日祝贺和崇高敬意之时，要求始终坚持人民至上、生命至上，全力以赴做好医疗救治，切实保障群众正常就诊需求。

(冯　华)

2022 年 5 月 12 日，市长龚正来院调研并连线临港院区定点医院

【援藏援青干部人才启程】　2022 年 7 月 22 日，第十批援藏干部人才启程进藏，骨科医生林森启程前往西藏日喀则。7 月 25 日，医院首次派出医疗队参加上海市第五批援青干部人才启程进青，“组团式”医疗人才周晓辉、周庭权、周荣伟、吴志敏、郭勇启程前往青海。1 月 7 日和 7 月 11 日，上海市第六人民医院二批医疗队员抵达勐腊县人民医院开启对口帮扶工作。医疗队员们一致表示，将不忘初心、不

第六人民医院医疗队支援方舱医院

2022 年 7 月 21 日，举行援藏援青干部人才启程欢送会

辱使命，为实现当地医疗事业长远发展贡献六院力量。

（冯　华）

【成立医学装备与技术研究院】 2022 年 10 月 21 日，上海交通大学医学院医学装备与技术研究院成立仪式暨医学院庆祝建院 70 周年大师论道学术系列讲坛“医工融合 · 创见未来”高峰论坛举行。医学院院长、中国工程院院士范先群致辞。医学院党委书记江帆、医学院院长范先群、中国工程院院士贾伟平、附属第六人民医院院长殷善开共同为医学装备与技术研究院成立揭牌。中国工程院院士王红阳、程京、韩德民、尚红任研究院学术委员会主任，中国工程院院士贾伟平任研究院院长，附属第六人民医院院长殷善开任研究院执行院长，附属第六人民医院副院长郑元义等任研究院副院长。殷善开介绍医学装备与技术研究院的建设规划。研究院将整合校部、医学院及其附属医院的优势学科力量，瞄准科技前沿、服务健康中国、打造具有国际影响力的医学装备和技术研发基地。

（冯　华）

【国家区域医疗中心建设】 选派 1 名同志任上海市第六人民医院福建医院党委书记，遴选 9 个科室 10 名骨干医护管理团队赴晋江开展为期一年的医疗工作，协助设计福建和敏医院二级医疗流程方案。上海市第六人民医院安徽医院于 10 月 31 日试运行，医院选派 3 名医疗技术及管理骨干进行指导。

（冯　华）

【获上海市优秀教学成果奖二等奖】 2022 年 10 月，上海市教委发布，由殷善开领衔团队申报的《基于指示体系整体性和医教研系统融合的研究生培养模式探索实践》教学成果获得上海市教学成果二等奖。该项目成员组包括殷善开、董艳、胡承、李萍、王洪、贾伟平、范存义、包玉倩、时海波和冯艳梅等同志，代表了医院在临床教学方面的成果。

（冯　华）

2022 年 1 月 7 日和 7 月 11 日，上海市第六人民医院二批医疗队员抵达勐腊县人民医院开启对口帮扶工作

2022 年 10 月 21 日，上海交通大学医学院医学装备与技术研究院成立仪式

2022 年 10 月 31 日，上海市第六人民医院安徽医院试运行

【“市六-临港”健康联合体第一届理事会】 2022年11月3日，“市六-临港”紧密型健康联合体第一届理事会成立大会暨第一次理事会会议在上海市第六人民医院临港院区举行。临港新片区党工委委员、管委会专职副主任苗挺，浦东新区卫生健康委办公室副主任叶振中，医政医管处副处长廖兴斌，第六人民医院院长殷善开等出席会议。会上，审议通过《“市六-临港”紧密型健康联合体理事会章程》，选举产生第一届理事会。理事长苗挺为朱卫、李翀、王炯彦、殷善开、范存义等5位副理事长，及邓志锋、朱建征、潘林军、王士军、余小虎、瞿梅、朱景新等7位理事颁发聘书。第六人民医院牵头成立健康联合体协同发展管理中心，下设医务、财务、信息、科教、装备和综合管理等6个工作管理小组组建并常态化运行。

（冯 华）

2022年11月3日，“市六-临港”紧密型健康联合体第一届理事会成立大会

【获批国家骨科医学中心】 2022年12月30日，国家卫生健康委网站发布《国家卫生健康委关于设立国家骨科医学中心的通知》，上海市第六人民医院获批国家骨科医学中心。设置国家骨科医学中心是为进一步完善医疗卫生服务体系，推动优质医疗资源扩容和区域均衡布局，有效提高我国骨科领域医疗卫生服务能力的重要举措。国家卫生健康委决定依托上海市第六人民医院与北京积水潭医院为主体，分别在上海和北京设置国家骨科医学中心，落实相应职责任务，带动全国骨科领域的建设与高质量发展。

（冯 华）

2022年12月30日，国家骨科医学中心落户上海市第六人民医院

附属上海儿童医学中心

【概况】 2022年，附属上海儿童医学中心职工在编总数1 190人，其中医生406人，医技140人，护士392人，研究人员33人，行政108人，社工4人，工勤37人，其他岗位70人，其中高级职称206人，中级职称及以下915人。全年门急诊142.7万，出院32 506人，住院手术18 565人次（其中三四级手术12 194人，占比65.7%），CMI（病例组合指数）1.13；床位使用率82.71%，平均住院天数6.49天，药占比28.09%，材占比18.14%。全年互联网门诊72 341人次，在线复诊率达47%。

新冠疫情防控。全线投入新冠疫情防控，是全市唯一一家全线投入的儿童专科医院。分赴新国博方舱、仁济南定点医院、上海市公共卫生临床中心开展感染患儿救治工作。在此期间，医院本部共计收治阳性患儿1 286人，其中年龄小于3岁的患儿占55.5%，严重合并症儿童占10%。医院方舱医疗队在全国首开亲子方舱，78天里共计收治6 980名感染者。后又奔赴海南、成都、重庆支援当地疫情防控工作。发挥互联网医疗作用，3—6月，300多名医生为35 688人次的患儿家庭提供在线咨询业务。12月，响应国家疫情防控政策优化调整的要求，加强互联网发热门诊建设，在线复诊13 315人，处方超12 800张。

医疗服务。新设口腔矫正、学习困难、自闭症联合门诊等69个特色门诊项目；智慧门诊平台集成智能导诊、初诊建卡、在线挂号交费、分时预约、诊前检验开单、医技检查预约等十大功能，平台关注人数超90万人次，智能AI导诊累计访问24万人次；开展优质AI场景建设，“儿童白血病细胞学人工智能创新识别方法研发”项目获2022世界人工智能大会SAIL奖。

医疗技术。多个科室跨专业、多学科合作，利用新型医学材料为新生儿构筑人工胸骨；通过与上海交通大学农业与生物学院展开全健康研究模式，诊疗罕见猫抓病患儿；完成医院首例“双超”早产儿床旁动脉导管结扎术；与仁济医院共同合作，完成儿童胰头部巨大肿瘤手术；发挥上海市第一妇婴保健院与医院的围产期一体化管理机制作用，转运罹患极重度肺动脉瓣狭窄的新生儿并成功完成手术。2022年公布的国家三级公立医院绩效考核结果（2021年度）中，以总分903.8分位列全国儿童专科医院第一，连续三年蝉联榜首，单项排名中，CMI指数和四级手术人数均排名第一。基于“十四五”规划、学科调研和国家医学中心功能规划，完成高质量发展试点实施方案编制工作，并入选上海市公立医院高质量发展试点单位，成为上海市唯一入选的专科医院。牵头的上海市危重新生儿会诊抢救中心建设项目和上海市新生儿先天性心脏病筛查项目通过验收；成功搭建新生儿遗传代谢疾病筛查中心项目平台；获批精神卫生专业资质，补全学科设置；儿科重症医学获批建设上海市重症医学与急诊急救培训基地；启动先心病产前产后一体化健康公益项目，多学科团队联合开展出生缺陷患儿医疗救助，建立一体化培训基地；上海脑科学与类脑研究中心上海交通大学脑智发育平台正式揭牌；罕见出生缺陷疾病综合防治体系建设经验入选国家卫生健康委典型案例。

科技创新。共获国家级项目17项，含面上项目7项、青年科学基金项目9项、国家自然科学基金重大培育项目子课题1项，实现历史性突破；获市级项目19项、局级项目26项。全年共发表中文核心期刊论文171篇、SCI论文166篇，总影响因子1033.281，其中JCR分区Q1区论文72篇(43.4%)、Q2区论文53篇(31.9%)；多个研究团队在多家国际顶尖学术期刊发表成果，包括发育行为儿科江帆团队，心胸外科张浩团队、王伟团队，呼吸内科殷勇团队，血液肿瘤科沈树红团队、陈静团队和李本尚团队，遗传分子诊断王剑团队，转化所莫茜团队等分别在《美国医学会杂志·儿科学》(*JAMA Pediatrics*)、《电子临床医学》(*EClinical Medical*)、《分子治疗》(*Molecular Therapy*)、《感染杂志》(*Journal of Infection*)、《自然通讯》(*Nature Communications*)、《核酸研究》(*Nucleic Acids Research*)、《临床化学》(*Clinical Chemistry*)等多家国际顶尖学术期刊发表最新研究成果。获专利授权共26项，其中发明专利5项、实用新型20项、外观设计1项；实现成果转化1项，转化金额80万元。获上海市科技进步奖二等奖1项、中华医学科技奖三等奖1项、上海医学科技奖三等奖1项、上海市护理学会科技奖三等奖1项。医院分别于3月和9月正式投入运营整建制的临床研究病房公共综合病区和创新技术病区，并获批成为上海市示范性研究型病房。两个病房分别聚焦于创新药物临床研究和危重症及难治性疾病创新疗法临床研究，共开展IIT临床研究15项累计收治病人505人，其中药物7项、器械1项、诊断试剂3项、观察性研究4项。

学科与平台建设。开展学科建设大讨论，以儿内科、儿外科、血液肿瘤、先心病、儿童保健与康复等临床学科及科研平台为主题，围绕医、教、研、人才发展等方面，展开9次讨论，形成《学科建设发展报告》及《血液/肿瘤学科发展分报告》。稳步推进国家医学中心基本工程建设。12月15日，国家儿童医学中心项目(张江院区)结构封顶，预计于2024年正式投入运营。由临床研究决策支持中心、临床研究数据管理中心和临床研究成果转化中心组成的三大支撑平台建设初具雏形。临床研究决策支持中心共立项临床研究项目172项，其中纵向课题11项，总经费约1300万元，横向IIT临床研究16项，签约金额约1080万元。临床研究管理中心三大实体平台(药物临床试验管理规范办公室、公共综合临床研究病区、创新技术临床研究病区)取得阶段性成果。药物临床试验管理规范新增小儿感染专业组，成为上海市药监系统首个通过远程检查的单位和新专业；参与国际多中心研究1项，牵头国内多中心2项。

教育教学。“儿科医学人文教育-服务学习”课程获批医学院社会实践一流课程建设重点项目、上海高校市级重点课程建设项目。79位带教老师完成本学年儿科本科理论授课、见习带教和临床实习总计401学时；完成2018级临床医学专业(儿科方向)19名学生的实习轮转；获批教育部产学合作协同育人项目2项；2022年，上海儿童医学中心研究生就业率100%，位居医学院前列。完善《2023年SCMC研究生招生目录编制工作方案》，完成2023年研究生招生计划编制；新聘博士生导师2人、硕士生导师3人，并完成导师考核。

人才培养。从美国马里兰大学药学院药学研究计算中心引进张程辰担任医院临床研究信息学术带头人；从德国心血管研究中心慕尼黑分中心引进博士后颜艺担任上海市小儿先心病研究所张浩课题组Co-PI；引进学术骨干皮肤科邓丹、颌面口腔外科卢晓峰。颜艺入选2022年度上海领军人才(海外)项目，高建获上海市中医药高层次人才引领计划，沈碧玉入选市教委揽蓄计划以及上海交通大学护理学科带头人计划。

合作交流。致力于国家区域医疗中心建设，对接福建、海南、贵州三地儿童医院均已陆续获批成为国家区域医疗中心，其中上海儿童医学中心福建医院被国家发改委、国家卫生健康委列为区域医疗中心典范，上海儿童医学中心海南医院成功创三甲。深化与美国圣述德儿童研究医院(St. Jude Children's Research Hospital)的合作，首批6名血液肿瘤科医生成为圣述德-儿中心(St. Jude-SCMC)高级研究项目学员，并在2022年5月成功举办2022上海国际儿童肿瘤高峰论坛。

党建与文化建设。制定学习落实党的二十大精神工作方案，以“观、学、讲、赛、做、宣”六维并举的方式，全方位、多途径落实全院医务员工和医学生对党的二十大精神的学习；医院制定《落实全面从严治党主体责任的实施办法(试行)》，推动医院各级党组织落实全面从严治党主体责任；建立领导干部党务工作联系手册，将院领导联系科室、支部、高层次人才、统战对象和入党积极分子的工作整理成册，提高领导干部联系基层工作的有效性。开展“支部建在学科上”思想大讨论5次，梳理出38个问题，提出66项具体举措；医院党委启动新一轮干部挂职和卓越领导力研修班；组织开展行政职能部门大调研，启动公立医院高质量发展“强腰工程”和首批“新·智慧管理讲堂”。2022年共计选拔任用科级管理干部12人、临床业务科室负责人1人；完成后勤保障部门机构改革，成立保障运维部、采购部，从机制上实现采办分离的管理要求；基建科更名为工程部，提为正科级部门。集大众媒体、医院微信公众号、微信视频号、官网、院报、院内网等多位一体的“SCMC融媒体矩阵”已趋于成熟；加强科普平台建设，推出丰富多元的健康科普内容，联合各级媒体渠道，打造儿医小课堂、儿医大咖说、儿童时令养生等科普系列品牌。全年累计向社会推送140余个图文科普、60余个视频科普，总阅读量超过百万。在各级各类健康促进项目、奖项申报中捷报频传，获得近20个科普奖项。

附属上海儿童医学中心党政领导名单：

党委书记　季庆英
院　　长　张　浩
党委副书记　张　浩
　　　　　　王　伟(兼纪委书记)
副 院 长　张马忠
　　　　　　杜　隽
　　　　　　洪　莉(7月任)
总会计师　陈志军

（李默扬　杨颖蕾）

【全线投入疫情防控】　在2022年3月至6月的疫情防控工作中，上海儿童医学中心成为唯一全方面参与防疫的儿童专科医院：医院本部收治新冠阳性患儿近1300名，其中伴有严重合并症患儿占10%以上；组建多批医疗队伍增援公共卫生中心、仁济南院定点医院；在全国首创“亲子方舱”，坚守78个日夜。此外，援助海南、成都、重庆等医疗队伍全部“零感染”凯旋。国家卫生健康委妇幼司在收集进一步加强新冠病毒感染患儿收治和陪护意见时，上海儿童医学中心作为唯一单位作经验分享。

（李默扬　杨颖蕾）

2022年6月，举行方舱医疗队总结大会

【“国考”实现三连冠】　2022年10月，2021年度全国三级公立医院绩效考核公布结果，上海儿童医学中心再度位列全国儿童专科医院榜首，在单项排名中，医院CMI指数和四级手术人数均排名第一，“国考”蝉联“三连冠”。同时，入选上海市公立医院高质量发展试点单位，成为上海市唯一一家入选的专科医院，进一步准确把握高质量发展中强化体系创新、技术创新、模式创新、管理创新的战略要求，全面提升医院现代化治理能力。

（李默扬　杨颖蕾）

【脑智发育平台揭牌仪式】　2022年12月14日，上海脑科学与类脑研究中心上海交通大学脑智发育平台于国家儿童医学中心(上海)、上海交

2022年12月14日，脑智发育平台揭牌仪式

通大学医学院附属上海儿童医学中心正式揭牌。中国科学院院士、上海脑科学与类脑研究中心主任蒲慕明、英国皇家工程院院士杨广中、上海交通大学副校长徐学敏、医学院党委书记江帆等出席揭牌仪式。仪式以线上线下相结合的方式进行。国家儿童医学中心(上海)儿童脑科学中心主任徐天乐回顾儿童脑科学中心的建设历程以及所取得的成果。江帆对脑智发育平台进行介绍。仪式结束后,蒲慕明、杨广中分别做主题报告。

(李默扬　杨颖蕾)

【发布《儿童先天性心脏病相关性肺动脉高压诊断与治疗指南》】 2022 年,由国家儿童医学中心(上海)、附属上海儿童医学中心牵头,多家单位相关专家共同参与制定的《儿童先天性心脏病相关性肺动脉高压诊断与治疗指南》在《中华小儿外科杂志》正式发表公布。该指南的发布,为儿童先天性心脏病相关性肺动脉高压,从诊断、检查到治疗、随访,尤其是关于长期存在肺动脉高压问题的患儿的日常生活、家庭照顾和就医需求等做出关于执行标准的医学推荐。2011 年,上海儿童医学中心就牵头发布《小儿先天性心脏病相关性肺动脉高压诊断和治疗专家共识》,通过 10 年的努力,该疾病的诊疗方案愈发完善。

(李默扬　杨颖蕾)

【国家中心及区域中心建设】 2022 年 12 月,国家儿童医学中心(张江院区)工程项目完成结构封顶,计划于2024 年初竣工,将以建设国际一流水平的

2022 年 12 月,国家儿童医学中心张江院区结构封顶仪式

儿科疑难危重病症诊治中心及研究型医院为目标,服务于中国儿童健康事业。上海儿童医学中心海南医院、贵州医院于 5 月和 10 月相继获批国家儿童区域医疗中心,至此已助力三家分院获批国家区域医疗中心。

(李默扬　杨颖蕾)

【深化学科群布局】 2022 年,上海儿童医学中心完成上海市危重新生儿会诊抢救中心建设项目、上海市新生儿先天性心脏病筛查项目验收的同时,成功打造新生儿遗传代谢疾病筛查中心项目平台。儿科重症医学获批建设上海市重症医学与急诊急救培训基地;开设技术创新病区,运用 CAR－T 等前沿技术治疗复发、难治型儿童血液肿瘤疾病;启动先心病产前产后一体化健康公益项目,多学科团队联合开展出生缺陷患儿医疗救助,建立一体化培训基地。罕见出生缺陷疾病综合防治体系建设经验入选国家卫生健康委典型案例。

(李默扬　杨颖蕾)

【智慧医疗发展上台阶】 2022 年,上海儿童医学中心互联网医院全年在线复诊超过 4 万人次,28 场公益门诊惠及 2 万多个家庭。持续推进智慧门诊患者服务移动平台建设,聚焦实现智能客服、AI 导诊、智能导航等十大功能。医院互联网影响力指数发布,上海儿童医学中心内科、外科、心胸外科名列前茅,心胸外科连续四年蝉联专科榜首。持续开展优质 AI 场景建设,“儿童白血病细胞学人工智能创新识别方法研发”项目获 2022 世界人工智能大会 SAIL 奖。

(李默扬　杨颖蕾)

【对外合作不断拓宽】 2022 年,上海儿童医学中心的省际合作版图进一步扩大,与安徽省妇幼保健院、江西省九江妇幼保健院、山东临沂妇幼保健院、云南省红河州妇幼保健院等单位签订合作协议。新增公利医院等儿科医联体成员,并圆满完成基层学员培养。为进一步辐射优质儿科资源,与福建省儿童医院联合成功开设远程门诊。

(李默扬　杨颖蕾)

【医学人文成果显著】 在 2022 年疫情防控期间,上海儿童医学中心充分发挥东部儿科医联体优势,广泛拓展资源,为化疗患儿等高危人群及时提供持续医疗;儿科三级社会心理服务体面为隔离病区家庭及时提供心理支持。“构建医务社工服务体系,助力打造儿童与家庭友好型健康服务”项目获“上海医改十大创新举措”提名奖;医学人文教学课程获批上海高校市级重点课程建设项目、教育部产学合作协同育人项目。李奋获“人民名医・卓越建树”称号,江忠仪获海南省“百姓身边好医护特别贡献奖”,刘锦纷获“感动海南”2022 十大年度人物。

(李默扬　杨颖蕾)

附属儿童医院

【概况】 2022年，附属儿童医院职工总数1 699人，其中医师561人（含规培生66人），护士673人，医技218人，科研71人，行政人员145人，工勤31人。有高级职称210人。全年门急诊业务量183.56万人次，出院业务量3.58万人次，住院手术业务量1.36万人，医疗收入10.52亿元，平均住院日4.76天。

新冠疫情防控。完善泸定路院区发热门诊场地布局，建立隔离发热门诊、普通发热门诊、急诊一体化快速转换机制。北京西路院区在48小时内完成“院中区”改造并快速投入运行。推出便民门诊代配药服务和互联网医院线下取药便民方案。强化关键环节管理，根据疫情形势变化，动态调整分级分区个人防护标准，全院划分为121个网格，通过升级健康打卡和管理系统，提升管理效率，重点抓好第三方人员、四生等人群管理。先后选派3支医疗队前往海南、成都、重庆，圆满完成支援兄弟省市抗疫任务。派出8批医疗队定点支援本市公卫中心、仁济南院和崇明花博方舱。通过优化调整就诊流程、调整扩容医疗资源等措施提升重症救治能力。

医疗服务与技术。调整两院区门诊部分医疗用房，改善皮肤科、儿童保健科、耳鼻咽喉头颈外科、眼科、口腔科等科室的诊疗环境。启动泸定路院区住院部6层病房改造装修项目和北京西路院区7号楼装修项目，同步完成北京西路院区整体规划及改建方案。按需调整医疗服务供给。通过成立业务发展专班、广泛开展行政查房、强化关键质量指标监控、发布业务恢复日报等，把脉问诊各临床科室发展现状，谋划后续发展良方。6月门诊诊疗全面恢复后，增加两院区各类门诊出诊班次，每周增加普通门诊31个班次、专家门诊21个班次、特需门诊9个班次，满足患者就医需求。通过优化资源配置、加大科普宣传力度等方式，推进首批22个专病诊治中心建设，并对其中2个建设发展存在问题的中心及时进行调整。新增肾脏泌尿疑难联合门诊、遗传病多学科联合门诊，全院运行中的MDT门诊达到8个，筹备呼吸系统康复和心肺康复MDT门诊。儿童保健科的高危儿随访门诊入选上海市门诊质控中心多学科门诊建设“示范案例”。2022年门诊专病专科占比为94%，较上年提升2.76个百分点。优化院内新技术申请及审核流程4项，指导临床科室新技术的开发、申报和应用，重点鼓励在全市首家申报特色技术。共批准新技术临床应用申请30项，包括限制类技术5项、市内新技术1项，涉及10个临床及医技部门，医疗收入1 027.06万元。

互联网医院。上线跨院复诊服务，复诊时限延长至6个月。新增一键续方功能，完成药品配送信息化改造，优化到院取药流程，新增电子取药凭证，努力解决药品配送及来院取药难题。开通互联网医院热线电话，指导解决互联网就医相关问题。2022年互联网医院在线咨询67 989人次，在线复诊62 202人次，在线续方7 820人次，业务量较上年增长52%。

全面落实数字化转型2.0工作七大应用新场景和五个特色应用场景。优化诊前智能服务，构建智能导诊分诊系统，升级两院区院内智能导航，对接“上海停车”提供一站式停车预约服务。深化诊中服务，上线数字人民币支付，建设通柜式智能检查预约系统，完成自助入院系统建设并在泸定路院区全面应用，自助出院系统在部分科室试运行。启动电子病历六级系统升级改造。对标国家电子病历分级应用评价标准，推进全业务场景无纸化改造；深化医嘱闭环管理建设，新增手术、重症、血透医嘱闭环；升级临床决策支持知识库平台，重点提升检验检查医技辅助决策支持能力。建立涵盖医疗质量管理、医师排班、医师个人档案等为一体的管理平台，医疗质量管理台账、医师交接班已进入临床使用阶段。持续升级智慧后勤管理平台。液氧系统关键监测数据以及实时环境数据纳入平台统一管理；完成与申康中心后勤维修响应及时率、平均完工时间、预防性维修率三大考核指标的数据对接，始终位列市级医院前25%；依托智慧后勤管理平台，两院区各项日常维修、养护、大修工作有序开展，全年非计划性大面积停电、停冷热源故障0起，安全生产率100%。

学科建设。成立学科建设大讨论领导小组和工作小组，制定学科建设大讨论方案，围绕学科总体布局、学科发展水平、人才梯队建设、科学研究水平以及临床诊治能力5大主题、23个具体问题，分条线开展全院学科建设大讨论。全面梳理医院学科发展现状，检视医院存在的学科发展不均衡、高水平学科带头人与临床研究人才不足、标志性成果产出不够等瓶颈问题，提出有重点、分层次的学科发展格局，围绕重点学科、优势学科、特色学科、培育学科等四大类学科，建立激励考核机制，调动学科发展积极性；同时促进基础和临床相结合、临床和公卫相结合，开展医工交叉合作，拓展外部资源，推进学科发展。

科学研究。有98项科研项目获得立项，立项科研总经费2316.4万元。其中，纵向科研项目88项，立项科研经费2069.8万元，横向科研项目10项，立项科研经费246.6万元。获省部级科技奖项1项、局级奖项2项。发表学术论文370篇，其中SCI论文149篇（较上年增长20.2%），其中JCR 1区论文45篇（较上年增长21.6%），2区论文46篇（较上年增长58.6%），论文质量显著提升。牵头制定国内临床诊疗指南/专家共识4篇，参编国际指南2篇。作为主编单位出版学术著作4部。获得授权专利15项，其中发明专利3项、实用新型专利11项，2项专利实现成果转化。

临床研究。围绕儿童疑难疾病的临床诊疗关键问题和科技创新需求，启动建设儿童遗传与感染性疾病示范性研究型病房。为临床科室提供临床研究服务（包括方案设计指导和统计分析服务），举办临床研究培训与学术沙龙8场。部署EDC系统，构建医源数据库平台。牵头启动全国多中心临床研究项目3项，牵头出版国内首部《早产儿发育随访标准数据集》，出版专病标准数据集4部，建立专病数据库12个，获批上海交通大学医学院儿科学院临床研究中心建设项目2项。

人才梯队建设。启动“后备导师培养计划”，修订医院“青苗计划”“英才计划”和“领军人才建设计划”。3人入选市科委扬帆计划，1人入选市教委晨光计划，2人入选申康中心市级医院研究型医师创新转化能力培训项目。加快高层次人才及紧缺专业人才引进。引进科主任2名（心胸外科、骨科）、学科骨干1名（心胸外科）。

教育教学。成立“关心下一代工作委员会”，开展线上线下联合教学，完成525学时课程带教。加强导师师资队伍建设，新增博士生导师1人、硕士生导师4人。提升临床教学质量管理，首次承担19名本科生的属地化实习管理，37名毕业研究生中4人先后获评上海市和上海交通大学优秀毕业生，儿科和儿外科基地住院医师结业首次考核通过率100%，执业医师首次考核通过率85.7%。医学模拟教学中心建设初见成效，慕课教学移动APP上线试运行，全年完成AHA培训37场，共计474人。

护理水平。以上海交大护理学院儿科高阶专科护理基地建设为平台，完成护理实训室设置。推动专科护理发展，推进护理专科组建设，并在护理队伍建设中试行能级与职称双轨制管理模式。新增上海交通大学护理学院“护理学科带头人”1人、“青年护理人才”3人，1人获上海市卫生系统第六届“左英护理奖”提名奖，2人获医学院“九龙奖”护理提名奖。

医疗质量。完成2021年度国家三级公立医院绩效考核工作。考核等级B级，位列全国儿童专科医院绩效考核第9名。针对历年考核结果，对标国家标准、兄弟医院考核情况以及全国三级儿童专科医院平均水平，梳理重点关注指标和薄弱指标，制定改善举措。强化医疗质量监督管理。根据上级部门及医院关于医疗质量、医疗安全及疫情防控的要求，结合市卫监所、市病历质控专家督查意见，定期调整临床科室医疗质量考核标准，对重点关注内容及专家反馈情况加强监督，并加强考核力度。同时进一步深化内涵质量考核维度、考核方法与内容，探索应用DRGs数据对临床科室的产能、病种结构、费用构成等进行分析，促进病种结构调整、内涵质量持续增长。重新梳理抗菌药物使用监控指标，并纳入每日绩效简报；优化抗菌药物管理系统和抗菌药物使用强度计算方法，完善抗菌药物使用知识库，加强对临床科室抗菌药物使用培训。2022年门急诊患者抗菌药物使用率20.02%，同比下降5.61%；住院患者抗菌药物使用率43.57%，同比下降2.67%。

医院管理。建立“医院-部门-科室”三级绩效管理架构。定期召开综合绩效(运营)管理核心小组会议,建立各部门之间高效有序的协同联动工作机制。拟定医院层面19个维度72项重点监测指标以及科室层面11个维度31项重点监测指标,全年项目类预算启动率100%,财政项目合同签订率99%,资金支付率92%。在申康中心指导下,提出儿科类医疗收费政策优化和本市推行“药事服务费”相关价格政策建议。动态调整调价项目库,配合本市“互联网+”医疗服务价格调整工作,梳理申报互联网+医疗服务项目74小项。结合疫情防控,完善《疫情应急采购细则》,完成“院中区”设备采购48项、信息化建设项目采购6项。深化耗材供应链管理,全面梳理医院在用不可收费耗材情况,提供可收费替代方案。加强卫生材料管理及医用试剂SPD管理,泸定路院区启用院内仓并实现定数管理和使用后结算,所有手术室耗材纳入手术室统一管理。形成内部审计规范化手册,开展审计规范化操作咨询,推动内部审计工作进一步程序化。组织开展医疗设备运行绩效调查,加强资产使用监督评价。完成29项工程的结算审计,核减金额59.4万元,核减率5.2%。完成ISO体系审核认证工作。开展新一周期的ISO体系审核认证工作,通过年度ISO9001和ISO14001三年换证的内审、管理评审和外审,修订质量手册和环境管理手册,程序文件修改2项,管理制度新增9项、修改7项、废除1项。

平安医院建设。加强日常安全检查督查,确保全院全员全覆盖,零安全事故,零维稳事件,低医疗事故。开展重大节日和重要活动期间安全维稳自查,深入排查安全隐患,定期督查整改落实,形成闭环管理。运用消防物联网、云平台,落实重点场所、重点设施设备的消防安全巡检;紧盯“号贩子、医药代表”等重点人员,常态化落实“执勤保安人防网、人脸识别技防网、医警联动群防网”三道网防控;健全驻院警务室、派驻民(辅)警执勤,增配安检门、一键报警装置等安防设备,强化医院安全秩序管理。四是加强信息网络安全管理。重点加强第三方供应链管理,签署信息安全保密协议,制定第三方人员运维规范,加强院内数据安全管控。

区域儿联体。推进普陀儿联体2.0项目。完成综合性医院标准化示范儿科门急诊建设。深化区域协同机制,拓展智慧医疗在儿联体项目中的工作内涵,强化医疗质量与安全的互查督查,推动区域内儿童健康服务的同质化、连续性、品牌化。探索建立儿联体框架下的专科专病联盟。建立专科联盟2个。推进“儿科中西医协同诊疗网络”,完成本市中医临床适宜技术推广4项,惠及患儿600人次。

合作交流。与安徽省亳州市人民政府签订关于亳州市儿童医院托管建设的战略合作协议,与陕西省榆林市第一医院(延安大学医学院第二附属医院)、神木市医院、泰州市中医医院签订技术合作协议。与淄博市妇幼保健院、宁波市妇女儿童医院、圣托(嘉兴)妇女儿童医院签订专科联盟合作协议。内分泌科与嘉善县第一人民医院开展深入合作,挂牌“李嫔主任专家工作室”。与云南省红河州妇幼保健院达成专科联盟合作,继续加强与西藏、云南的对口帮扶与合作,选派专家赴当地开展对口帮扶工作。举办第六届儿童精准医学国际论坛;初步拟定与大奥蒙德街儿童医院合作备忘录框架;神经外科SDR培训项目顺利完成上海交通大学“一带一路”培训班项目。

党的建设。落实全面从严治党主体责任、监督责任,推进“四责协同”机制落到实处。认真做好市委延伸巡视反馈问题整改“回头看”自查工作。建立问题、措施、整改“三位一体”明责履责清单,并以党风廉政主体责任项目、管理实事项目为导航,打通一岗双责“责任链条”,推进标本兼治。以“廉洁文化月”为载体,持续推进党风廉政建设。开展第八届廉洁文化月活动,围绕党风廉政和行风建设、安全秩序管理、创全工作要求,持续深化廉洁文化宣教、丰富廉洁文化供给、强化清廉思想教育。运用制度+科技,持续抓紧风险防控。在采购管理系统中新增供应商监管模块,完善供应商接待流程、新增供应商诚信准入审核和供应商评价模块。探索建立供应商动态量化评价办法,以医疗设备、耗材供应商监管为试点,形成供应商分级管理。制定《上海市儿童医院党风廉政“联合会诊”工作方案(试行)》和相应的“会诊清单”,组建首批临床行风监督员。以学习宣传党的二十大精神为主线,庆祝八十五周年院庆,开展“薪火相传85载　团结奋进新征程”系列庆祝活动。编制红色文化月历,制作院庆巡礼展板与纪念手册,拍摄宣传视频;通过道旗、电子屏、网站、展板等营造“学习二十大、奋进新征程”等浓厚氛围。全年累计发布各类外宣报道279篇次,医院官微粉丝数量超过160万。深化全国文明单位创建工作。明确创全指标分解,建立工作责任清单;完善创全联络员队伍建设,建立联络员网络清单;制定“创全文化月历”等6张专项活动清单;结合“第四届院长奖”“十佳服务明星”等评选活动,开展创全工作自查自评,建立创全负面清单。组织召开创全推进大会暨第四届长三角地区儿童医疗联盟公立医院党建论坛,完成全国文明单位、上海市文明单位中期评审。年内,重症医学科主任张育才获“2022年度上海医务工匠”称号,10人获第四届医院院长奖、11人获提名奖。

公益服务。推进常规科普项目开展。包括:申康中心组织的市级医院“市民健康科普宣传周”和医院开放日活动、与上海电视台合作开展的专家专题科普和短视频科普项目、依托5G直播厅开展的“儿童健康大讲堂”和“大咖说健康”节目,覆盖受众累计超6 718万人次。做实新媒体科普。发布科普推文327篇、视频75集，开展各种健康教育活动159次。推进儿童早期发展基地建设。开发儿童早期发展与婴幼儿养育照护系列科普素材，《0—6岁小儿养育手册(第三版)》获评“2022年上海市优秀科普图书”，1人获“上海市爱国卫生运动70周年纪念证书”，8人入选“上海市健康科普专家库”，8人入选“普陀区健康科普专家库”。持续开展“格桑花之爱”和“逐梦萤火虫”西部儿科医护培训公益项目，投入150万元救助款支持“日喀则地区先天性髋关节发育不良诊疗中心”建设，全年共招录61名西部儿科医护人员。“母乳库爱心站点”建成并投入运行。设立“华外小卓玛之爱”公益项目，补助藏区患儿家庭在我院治疗费用。全年共计救助患儿466人次，救助金额达871.39万元。

附属儿童医院党政领导名单：

党委书记　丁　俭

院　　长　于广军(8月免)

　　　　　鲁　冰(9月任)

党委副书记　于广军(兼)(8月免)

　　　　　　鲁　冰(兼)(9月任)

　　　　　　徐文静(兼纪委书记)

　　　　　　刘海峰

副 院 长　奚益群(3月免)

　　　　　吕志宝

　　　　　高春辉

　　　　　杨晓东

　　　　　李晓艳

总会计师　张　胜

(王　娜)

2022年12月2日，第六届儿童精准医学国际论坛

【国家督导组调研院中区工作】　2022年5月1日，国家卫生健康委医政医管局局长、国务院联防联控机制综合组上海工作组医疗救治组组长焦雅辉，上海市卫生健康委副主任罗蒙、医政医管处调研员胡军等一行5人莅临儿童医院北京西路院区调研院中区工作，对新冠感染儿童救治工作进行肯定，并对院中区的医务人员表示关心和慰问。

(王　娜)

2022年5月1日，国家督导组领导莅临上海市儿童医学调研院中区工作

【第六届儿童精准医学国际论坛】　2022年12月2日，以“合作　实践　创新　引领”为主题的第六届儿童精准医学国际论坛在上海市儿童医院举办。来自美国康奈尔大学医学院、日本顺天堂大学、哈尔滨医科大学、香港中文大学(深圳)医学院、上海交通大学医学院、华中科技大学同济医学院附属同济医院及上海市儿童医院的6位国内外院士及知名专家教授为大会主论坛作主旨报告。论坛采取线上线下相结合的方式召开，包括境外在内的领导和专家均采取在线直播方式进行大会报告，1.2万余名同道通过线上直播的方式参与论坛。在开幕式上，举行上海市儿童医院医学遗传临床基地揭牌仪式。

(王　娜)

【**建院 85 周年庆祝大会**】 2022 年 12 月 28 日，上海市儿童医院建院 85 周年庆祝大会暨上海市儿童医院创建全国文明单位推进大会暨第四届长三角地区儿童医疗联盟公立医院党建专题研讨会隆重召开。2023 年将迎来创建全国文明单位的冲刺之年，全院员工将创全工作与实现医院高质量发展同步发展，齐头并进，为儿童的健康成长保驾护航，为上海建成亚洲一流医学中心做出贡献。

2022 年 12 月 28 日，上海市儿童医院建院 85 周年庆祝大会

（王　娜）

【**《基层儿科实用培训教程》出版**】 2022 年，由上海市儿童医院牵头主编的《基层儿科实用培训教程》正式出版。该书从基层儿科医生的实际需求出发，覆盖儿内科各系统、儿外科、儿童皮肤科、儿童五官科等常见病的诊疗和儿童保健、中医儿科、儿童用药、儿童康复、儿童护理等内容，为基层儿科医生带来即学即用的丰富临床经验。本书的出版将发挥优质儿科医疗资源的辐射作用，实现同质化的分级诊疗，提高各级综合医院和社区卫生服务中心儿科服务能力和水平，并用作上海地区社区医生培训教材，扩大儿科服务的供给，促进国家儿童医疗事业健康发展。

2022 年，《基层儿科实用培训教程》正式出版

（王　娜）

【**获中国指南儿科专业组第一**】 由上海市儿童医院呼吸科主任医师陆权、董晓艳主导的《中国儿童咳嗽诊断与治疗临床实践指南（2021 版）》在 2021 年度中国指南/共识科学性、透明性和适用性评级儿科专业组中评分位列专科排名第一名。该指南的推荐意见基于当前可得的证据，回答了 19 个儿童咳嗽诊断、治疗和健康教育等方面的重要临床问题，普遍适用于接诊儿童患者的各医疗机构，指南的使用人群是临床儿科医师、呼吸专科医师、全科医师、临床药师和护师，以期指导儿科医生规范诊断与治疗儿童咳嗽。

2022 年，《中国儿童咳嗽诊断与治疗临床实践指南（2021 版）》在 2021 年度中国指南儿科专业组中评分位列专科第一

（王　娜）

附属胸科医院

【概况】 2022年，附属胸科医院职工总数1 607人(在编人员923人)，卫计人员1 459人，其中医生383人，护士797人，高级职称216人，床护比1∶0.78，医护比1∶2.08。全年门急诊量完成率87%，出院量完成率68%，出院外科手术量完成率67%。门急诊78.54万人次，同比增加−9.96%，出院人数7.38万人，同比增加−26.27%；住院外科手术15 649例，同比增加−26.71%。

新冠疫情防控。落实“从预防感染转到医疗救治”和“保健康、防重症、降病亡”的总要求，做好救治工作。抓好患者救治工作，确保新冠病毒感染患者救治与日常医疗两手抓。完成对外援助任务。组建方舱医疗队，先后圆满完成上海市公共卫生临床中心、海南、西藏、四川和重庆等疫情防控应急处置工作。

诊疗中心。开展专科MDT中心化工作，推进肺癌诊疗中心、心脏中心、机器人中心、移植中心、呼吸病介入中心建设。开展上海市首例TEER，成为全国少数能够同时开展4种瓣膜手术的心脏中心之一，心瓣膜介入治疗水平处于全国领先地位，开展全球首例经支气管周围型肺癌冷冻消融治疗、国内领先的激光共聚焦技术、沪上首例国产全磁悬浮左心室辅助装置植入术、医院首例TMVR；获得全国瓣膜病介入中心建设项目、市级医院肿瘤综合诊治中心试点单位建设项目；承担多项国家级、省部级科研项目，牵头多项单中心和多中心临床研究，完成2例国产机器人动物试验、6例心脏移植动物试验，推进心血管领域机器人研发；牵头或参与编写8部肺癌相关指南共识、1部国际胸部肿瘤分类指南，发表SCI论文29篇，获得发明专利21项。

护理专科。编制医院首部《体外膜肺氧合技术的专科护理》操作手册，编写《成人心胸疾病应急重症与急救护理》教材，获第六届左英护理奖等荣誉。

医疗服务。成立患者体验部，建立“3+3+3”全流程的患者体验管理工作机制。开展胸外日间手术，推进数字化转型2.0建设等改善患者就医体验。用心用情全面做好门诊、互联网医院、住院等日常诊疗服务，满足群众就医需求，门急诊人次数78.54万人次，出院人数7.38万人；出院外科手术15 649例、四级手术占比82.24%。

科研平台。夯实胸部肿瘤研究所、心肺血管转化医学中心建设，加强中心实验室、生物样本库等支撑平台建设，科研成果继续保持上升趋势，获国家级课题27项，创历史新高，在医学院专科医院排名第一。获2021年中华医学科技奖二等奖1项、2022年度上海市科技进步三等奖1项、2021年上海医学科技三等奖1项。以第一署名单位发表SCI论文149篇，其中：中国科学院一区论文数28篇，影响因子10分以上21篇。

临床研究中心。设置独立随访中心，完成专病数据库建设。获临床研究项目共199项，资金支持1.5亿元，承接高水平GCP项目83项。2021年中国药学会量值牵头榜:全国第9,上海第2。在2021年全国医院临床试验排名中,牵头多中心项目数量位列全国第10,上海市第3。

临床教学。参与上海市教委伟大工程示范党课建设,立项重点项目。获上海交通大学“教书育人奖”1名,医学院“九龙医学优秀青年人才奖”1名。通过制定教学激励计划,新增2022年研究生选修课、本科生选修课、循环系统(心内科)精品课程“智课堂”慕课各1项,6个案例获医学院PBL案例大赛优秀奖。细化与仁济医院、同济大学附属杨浦医院住培基地联合培养方案。获2022年度市、校级优秀住院医师奖项3项。2022年共招收研究生58名,招生总人数创历史新高。举办第50期全国胸心外科进修班,全年共接收全国进修人员213人。开展不同层面、不同学科的技能培训,共计1421余人次参加。

学科评估。聚焦心胸疾病诊治优势病种,针对尖峰、高峰、高原及重要学科,启动新一轮学科评估工作,通过学科目标设定、分解、跟踪与总结等环节,有效发挥学科评估系统作用。年内上海申康医院发展中心和医学院先后为医院学科发展把脉,建言献策。

智慧医院。推进数字化转型2.0建设,提升患者就医获得感和体验度,在完成数字化转型1.0七大场景的建设基础上,新增智能分诊导诊、智能院内导航、智能识别通行等七大应用场景,继续扩展智能入院登记、智慧云客服、智能数字床旁等五大场景建设任务。智慧医院建设再上新台阶。加快电子病历六级评审改造,落实智慧医院“三统一”升级,推进医技报告结构化。

人才培养。围绕“高层次后备人才三年培养手册”任务目标,对2021年入选的9位高层次后备人才进行年度考评。围绕上海交通大学研究生导师要求,以临床技术、科研成果为抓手,注重青年医师培养,从选拔机制、培养方式、组织管理等7个方面入手修订医院人才培养指标体系,推出医院人才梯队2.0版,力争实现人才应选尽选,19人新入选四个专技系列三个梯队。初步建立以复合型为主体,工匠型、教学型、科研型等为补充的医师分类考核评价体系,明确医师分类规划岗位要求、培养目标和比例分配,加速优秀医师早脱颖、早冒尖。落实人才培养终期评估和过程管理,强化考核结果与约束机制,完成2019年入选的四个专技系列第一、二梯队人才12人和“四合一”人才20人的培养目标完成情况终期评估。在各层面开展博士后岗位招聘,现有博士后13人,增加了科研人才储备。加强博士后的考核评估工作,获得全国博士后创新人才支持计划1名、中国博士后科学基金2名。推进浦东院区人才储备工作。落实人才引进与目标考核。聚焦学科核心竞争力、可持续发展力、医疗服务能力及个人学术影响力等考评指标,对2019年引进人才开展终期考核,通过以评促优,严明奖惩,激励引进人才发挥应有作用。围绕培养国家杰青目标,肿研所新引进专职科研人才1名,并组织申报市教委“人才引进揽蓄计划”。

医院管理。成立多部门协同的运营管理部,建立“三级组织架构、两个关键环节、一套工作流程”的运营管理工作机制。2021年国家三级公立医院绩效考核得分创历史新高,排名全国同类医院第2。申康院长绩效考核总分为11年来最高分。规范推进采购管理,降低医院运营成本。推进浦东新院区建设。成功取得上海市发改委对于建设项目的立项批复,有序推进新院区的建设用地、设计方案、评价报告编制和招标等工作,为2023年初新院区建设奠定坚实基础。成立长三角胸部疾病专科联盟。聚焦胸部疾病诊疗,整合长三角优质医疗资源,联合浙江大学医学院附属第一医院、浙江大学医学院附属第二医院、江苏省人民医院、中国科学技术大学附属第一医院和树兰(杭州)医院等5家单位,共同发起“长三角胸部疾病专科联盟”,开展胸部疾病科研协作与多中心研究,形成区域联动、强强联手的创新发展模式。

文化建设。持续推进创建全国文明单位进程,发动全院开展“创全文化年活动”。以院史陈列馆新馆升级改造为契机,重新梳理、增补建院历史,首次凝练临床、医技、护理、科研等24个部门的科史文化。开展“溯源·胸科记忆”主题文化活动。通过“溯源·传承”大讲堂、“胸科记忆-难忘瞬间”主题征文、“我在胸科的日子”微电影等活动,拉近“我”与胸科成长的同频共振,提升职工对医院的归属感和获得感。以“创新、求实、医精、人和”的院训为脉络,围绕“传承与发展”,从首席专家、中坚力量、青年骨干、引进人才等29位不同时代、不同岗位的亲历者,回顾医院发展、学科传承及个人成长等历程,形成《医者心语》,呈现医院65年来的医教研发展,展现胸科文化、胸科品格精神,激励新一代胸科人迈向壮阔新征程。围绕思想文化、职业文化、形象文化、廉洁文化和团队文化等组织“文化年”主题活动,提升医院文化软实力。设计制作具有胸科特色文化创意产品,推出医院文创系列产品。

社会公益。连续第五年派出医疗队进驻国家会展中心参与医疗卫生保障工作。组建第十二批、十三批援滇医疗队赴云南省楚雄州牟定县人民医院开展援建。开启新一轮援建西藏日喀则市人民医院工作接力。年内先心病患儿救治人数突破1000例,完成首例困境儿童家庭直系亲属肺移植资助,首例先天性胸壁畸形患儿矫正手术。全年资助43名贫困患者爱心手术,累计减免医疗费用100余万元。获全国红十字志愿服务先进典型、中国红十字会“会员之星”、中国医院管理奖“实践创新类区域优秀奖”等奖项。建立了为老服务专窗及老年友善病房。

附属胸科医院党政领导名单:

党委书记　郑　宁(1月免)
　　　　　吴锦华(1月任)
院　　长　潘常清
党委副书记　潘常清(兼)
　　　　　　李超红
　　　　　　朱燕刚(兼纪委书记)
副院长　于永春
　　　　张　琛
　　　　侯旭敏
总会计师　郭　瑞

（张晓丽）

【方舱医院医疗队顺利完成医疗援建】 上海市胸科医院方舱医疗队自2022年3月31日出发，4月2日新国博W5馆完成基建验收交付使用，在短短48小时内，完成驻地院感管理、防护用品穿脱、职业暴露处理、工作场馆情况、舱内医疗流程及医务人员的培训工作，4月4日准时开舱收治患者，经过通宵奋战，首日共收治患者500余人。新国博W5舱工作刚走上正轨，医疗队接到上级指令，换防青浦。4月8日在顺利完成所有工作交接后，医疗队随即转战青浦练塘方舱医院。4月12日晚，在经过78小时、19班次的全力奋战，练塘方舱准备就绪，医疗队再一次接到新的指令，整建制调往嘉定区F1赛车场方舱医院。4月20日中午，上海市胸科医院负责的C5舱顺利开启，开舱24小时收治患者394人。历经新国博、青浦、嘉定三地，换防不换岗，为战胜疫情做出卓越贡献。在此期间，全体医疗队员迎难而上，冲锋一线，践行了“召即来，来即战，战能胜”的出征誓言，用实际行动将“人民至上、生命至上”落在实处。截至5月7日休舱，上海市胸科医院医疗队累计收治患者1570人次，累计转出患者632人次，累计治愈出院患者544人次。

（张晓丽）

【精细化运营管理实践探索】 2022年5月30日，上海市胸科医院正式成立了运营管理部，构建了“三级组织架构、两个关键环节、一套工作流程”的运营管理工作机制。依托运营绩效信息平台，将运营数据分析深度融入医疗业务；全面推出运营日报，日报每天呈报运营管理委员会，发现的问题由相关职能部门及时反馈、约谈科室和医疗组，即知即改；以数据证据实现精准施策，为提升了医疗资源服务效能提供建议决策。2022年本地新冠疫情发生以来，医院运营管理部协调多部门积极开展了提振业务、化解风险的系列工作，通过实施项目制管理、建立目标导向、凝聚全院共识的手段，发挥运营管理实效，加速疫情后医疗业务恢复发展。精细化运营管理工作助力医院“国考”成绩总分连年上升。在医疗业务加快恢复良好的同时，住院医疗业务结构明显优化、服务体验持续优化、患者体验度和获得感大幅提升。下一步，医院将以学科建设和运营绩效为抓手，以医疗技术发展、服务能力提升、临床科技创新等为导向，全面深化拓展综合绩效管理，持续完善高效能的综合绩效管理运行机制，建设发展高素质的综合绩效管理人才队伍，不断提升医院数字化转型赋能的绩效精细化管理，加快推进医院管理模式和运行方式转变，全面推动医院高质量可持续发展。

（许　岩）

上海市胸科医院方舱医疗队

互联网云诊间

【日间手术病房正式开张】 2022年8月8日，上海市胸科医院日间手术病房正式启用，共设置14张床位。日间手术是国内外大力倡导的新型手术管理模式。患者当日完成术前检查、办理住院、进行手术，并在短期观察后出院，具有高效、便捷、住院时间短等优点。胸科医院是上海地区最早开展患者“日间模式”的单位之一。医院自2017年开始启用日间化疗的集中式病房，通过优化流程、整合资源，有效缩短平均住院日，提升医院服务效能。其后，医院又大力推行外科快速康复项目（ERAS），从护理、手术、麻醉、营养等多方面入手，帮助患者在术后能够更快更好恢复，获得更优质的术后生活质量。“以病人为中心，以集中式管理为核心，以信息平台为抓手，以医疗安全为前提”的理念，充分整合医疗资源，合理设置日间手术病房及日间服务中心布局。同时，医院通过建章立制，完善病种的收治标准，制定医生的准入资质，构建了一套流畅、高效、规范化的日间手术管理流程，并搭建起一套适用于胸外专业的全流程信息平台，最终实现日间手术的患者在外科门诊就诊当天，即可完成术前各项检验检查以及麻醉评估，入院当天就能手术，48小时内即可出院，提升了就医效率和医疗服务质量。

2022年8月8日，日间手术病房正式运行

（张晓丽）

【全球首例经支气管周围型肺癌冷冻消融治疗】 2022年9月，上海市胸科医院呼吸内镜中心主任、呼吸内科常务副主任孙加源团队成功施行全球首例经支气管早期周围型肺癌冷冻消融术。患者术后半小时即可下床。这一创新技术的开展突破经胸壁冷冻消融术式的局限，填补呼吸介入在经支气管冷冻消融治疗周围型肺癌领域的空白。冷冻消融技术是运用零下150摄氏度的超低温将肿瘤“冻死”，具有创伤小、安全性佳、能激发全身免疫功能等优点，是在肺癌呼吸介入诊治领域的又一创新突破。

（张晓丽）

【成立长三角胸部疾病专科联盟】 2022年11月12日，上海市胸科医院和上海市医院协会主办的“长三角胸部疾病专科联盟”成立仪式暨首届胸部疾病专科联盟学术论坛举行。上海市卫生健康委主任闻大翔，中国工程院院士、医学院院长范先群，上海申康医院发展中心副主任马延斌出席会议并致辞。中国科学院院士董晨、中国科学院院士赫捷、中国工程院院士王辰等共同见证“长三角胸部疾病专科联盟”成立。由胸科医院联合浙江大学医学院附属第一医院、浙江大学医学院附属第二医院、江苏省人民医院、中国科学技术大学附属第一医院（安徽省立医院）和树兰（杭州）医院等5家单位共同发起成立的“长三角胸部疾病专科联盟”，将聚焦胸部疾病诊疗，整合长三角优质医疗资源，将开展胸部疾病科研协作与多中心研究，形成区域联动、强强联手的创新发展模式。

（张晓丽）

【首次提出MET肺癌分子亚型】 在2022年世界肺癌大会（WCLC）上，胸科医院病理科主任韩昱晨带来了一项“非小细胞肺癌中MET 14外显子跳跃突变肿瘤间分子异质性”研究的最新成果报告，为肺癌精准治疗提供了新的证据与方向。该研究成果引

2022年11月12日，长三角胸部疾病专科联盟成立仪式

起了国际同行的广泛关注，国际肺癌研究会(IASLC)在其官网进行分享报道，EurekAlert!(美国科学促进会主办)、ILCN(国际肺癌研究会官方新闻媒体)、cancernetwork(美国医学媒体公司“MJH 生命科学”主办)、Oncology Central、ecancer、OncLive 等知名科学新闻网站都深度报道或转载了此项研究成果。为探索更精准的肺癌靶向治疗策略，韩昱晨团队开展了一项“MET 14 外显子跳跃突变非小细胞肺癌的分子生物学特征”的临床研究。团队根据基因转录组、肿瘤免疫微环境等特性，首次将携带有 MET 14 外显子跳跃突变的非小细胞肺癌分成 4 个不同的分子亚型：A 型(MET 驱动型)，B 型(混合型)，C 型(免疫激活型)，D 型(旁路激活型)。研究结果表明，A 亚型患者对 MET 靶向药更敏感，D 亚型患者可能耐药，C 亚型患者可能更容易从免疫治疗中获益。该分子分型的提出为 MET 靶向治疗提供了关键的数据与理论支持，让更多非小细胞肺癌患者能够获得更加精准、适宜的治疗方案。

(张晓丽)

【开创肺癌治疗新格局】 2022 年，胸科医院肿瘤科主任陆舜领衔、主任医师简红等参与的全国多中心临床研究 ORIENT－31 取得重要进展，相关成果发表于国际顶级医学期刊《柳叶刀・肿瘤学》(*Lancet Oncology*)，影响因子 54.43。该研究成果在肺癌靶向耐药治疗领域实现突破性的“全球首创”，首次证实了免疫治疗联合抗血管生成靶向治疗，能为 EGFR 靶向耐药的非鳞状非小细胞肺癌患者带来显著生存获益，为此类患者提供了全新的治疗选择，让全世界看到了中国智慧。为破除靶向治疗耐药后的困境，为患者探寻更多的治疗希望，陆舜教授及团队聚焦以免疫治疗为基础的联合治疗模式，领衔开展了一项前瞻、随机、双盲、多中心Ⅲ期临床研究“信迪利单抗联合贝伐单抗和含铂二药化疗对比含铂二药化疗治疗 TKI 耐药的 EGFR 突变晚期非鳞癌的随机双盲多中心临床研究”(ORIENT－31)，为 EGFR 靶向耐药后治疗提供了新的思路。研究共纳入了 444 例靶向治疗后进展的 EGFR 突变非小细胞肺癌患者。结果显示，与标准化疗方案相比，PD－1 抑制剂联合抗血管生成抑制剂及化疗的联合方案，显著延长中位无进展生存期(4.3 个月 *vs* 6.9 个月)，疾病进展风险降低 54%，同时还提供了更高的客观缓解率和疾病控制率，且整体安全性可控。此项研究成果开创了 EGFR 靶向耐药后治疗新格局，证实了免疫联合治疗方案在此类非小细胞肺癌患者中的巨大应用前景，满足了更多患者的治疗需求，为他们带来新的治疗选择和救治希望。

(张晓丽)

附属精神卫生中心

【概况】 2022年，附属精神卫生中心共有职工1336人，其中正高职称60人，副高职称105人。中级职称383人，博士生导师35名，硕士生导师23名，享受政府特殊津贴专家20人。全年门急诊量84.63万人次，同比下降20.69%；收治入院病人5941人次，同比下降23.23%，出院病人6321人次，同比下降16.46%；平均住院日99.56天(小于2000天者)，病床使用率112.56%，三日确诊率97.55%，治愈好转率94.29%；三级查房率、死亡病例讨论率、住院医师按时查房率保持在100%。全年无重大医疗事故发生。

新冠疫情防控。64位医护人员及心理治疗师支援上海市老年医学中心、集中隔离救治场所开展阳性精神病患者救治或心理健康服务，先后选派29名医护人员赴三亚、重庆支援抗疫救治工作，2022年继续派医生支援市公卫中心，参与新冠救治工作。同时，加强对社会公众的心理疏导，协助上海市卫生健康委制定并落实《方舱医院心理疏导与援助指导意见》《方舱医院精神障碍患者分类管理工作方案》等文件。通过“上海健康云”心理健康平台、阿基米德APP推出“守护天使心理健康电台”、962525全市心理援助热线和多种媒体开展多种方式科普，面向全社会开展心理干预，心理热线“962525”累计接听来电58236个，处置危机来电1035个，成功干预正准备实施自杀者280人。在“健康云”APP上设立的疫情心理板块累计心理咨询3000人次，阅读量达11万余次，心理测评1万余人次。制作发布“600号心理自助工具包”，发布100余条心理防护工具及科普信息，阅读量超过10万人次。受邀参加4次市政府新闻发布会，为市民开具心灵处方。6月，针对全市医务人员开设10次“美丽心灵、从心启航”系列心理健康讲座。

临床路径与专科医联体建设。临床路径入径人数5504，入组率87.07%，变异率6.42%，完成率82.46%，较去年明显改善。加强对外协作，与镇江市精神卫生中心、安庆市精神卫生中心、嘉兴妇幼保健院等6家单位新签或续签协作协议；与上海师范大学签署“医教共建”合作协议。

教育教学。精神病与精神卫生学专业共招录全日制研究生共50名，其中上海交通大学医学院全日制博士生18名、硕士生30名；复旦大学上海医学院全日制博士生2名。心理学/应用心理专业共招录32名。新增心理学/应用心理专业博士生导师1名、硕士生导师5名。选拔了心理学/应用心理学优秀推免生19名；精神病与精神卫生学优秀推免生12名。完成上海交通大学医学院、复旦大学上海医学院和各临床医学院的理论授课及实习带教任务。全年共完成本科及研究生理论及线上授课共950学时，线上线下实习带教1807人次。上海-渥太华联合医学院精神医学教研室完成实习生带教44人。招录56名住院医师，接受云南、海南、贵州委培住院医师6名，在培总人数145名。组织住院医师出科考核293人次，顺利完成2020、2021级住院医师年度考核。54名出站考核通过率达100%。建立新入站专科医师-导师双向选择工作机制，新招录专科医师12人，在培专科医师28人。完成各类继续医学教育项目及对外交流项目19项，国家级继续医学教育项目15项，上海市继续医学教育项目2项。累计招收学员1474人，申报国家级继续医学教育项目4项，备案项目19项。招收精神科及其他专项进修人员共149人。

平台基地。成为国家区域医疗中心输出医院，将承担推动我国精神卫生医疗优质资源扩容和区域均衡布局的国家任务。完成"脑健康研究院"的顶层设计，围绕探索与基础支撑、临床科研资源整合、转化衔接与推广、联合拓展与合作四个核心要素，重新布局以研究设备设施齐全，提供科研技术服务为主的基础研究平台；横向拓展"医院-院所""医院-企业""医院-资本"等的合作研发模式，与中国科学院上海药物所、陈天桥雒芊芊脑科学研究院、瓯江实验室探索共建联合平台。加强科研仪器设备使用效率监测及考核，通过加强信息化管理平台，实现科研设备预约、使用转款、共享等全过程管理；以技术服务量考核及平台服务能力为管理抓手，促进各类科研资源有效利用。获批国家精神疾病医学中心，入选上海市公立医院高质量发展试点单位。上海市精神卫生中心重性精神疾病临床诊疗中心项目，被列入市重大建设项目。获批中国医院协会临床药师培训基地，成为我国精神专科医院中第一个精神科临床药师培训基地。

合作交流。举办东方精神医学论坛等系列学术活动，包括"第一届中医神志病高峰论坛"、"国家精神疾病医学中心战略咨询专家委员会会议"、上海智慧心理评估与干预工程技术研究中心(筹)年会暨工信部揭榜任务启动会，牵头成立上海市人工智能数字化诊疗医产学研联盟。成立对外交流合作办公室，与杨森中国签署战略合作协议。定期维护WHO国际网站单位信息，完成WHO官方技术性文件及ICD-11精神与行为障碍诊断指南校对及出版工作，顺利完成ICD-11 MBD诊断指南培训国家级继续教育项目，完成2022年度WHOCC年度报告。参与WHO亚太区合作中心论坛。因公出国(境)2批2人次。

科学研究。获批各类纵向课题95项，其中国家级项目24项，包括国家自然科学基金16项(重点1项、专项1项、面上8项、青年6项)，科技创新2030"脑科学与类脑研究"重大项目6项(常规项目1项、青年科学家项目4项、子课题1项)，国家重点研发计划"主动健康和人口老龄化科技应对专项"子课题1项，首获1项国家社会科学基金青年项目。另有省部级项目18项。各级纵向项目批准经费共计8379万元。发表论文246篇，其中SCI论文152篇(论著134篇、综述7篇，Letter7篇，其他4篇)，其中影响因子10分以上论文21篇，国内核心期刊收录论文31篇；统计源期刊收录论文53篇，其他中英文期刊论文10篇。组织申报各类科技奖项共10项，其中省部级与局级科技奖项各5项。以第一完成单位获省部级科技奖3项，局级科技奖4项。以参与单位获省部级科技奖1项。申请发明专利15项，实用新型13项，外观设计2项，PCT国际专利4项，著作权登记6项。目前累计授权专利15项(发明专利9项，实用新型5项，外观设计专利1项)。获医疗器械创意大赛三等奖1项，优胜奖1项；"人工智能虚拟成瘾康复治疗师"入选首届高价值专利运营大赛百强；海聚英才全球创新创业大赛参赛项目"抑郁症中西医结合诊断平台"成功进入复赛。本年度完成专利权转让1项，版权许可2项，成果转化合同金额161.6万元。另签署技术开发和服务合同11项，合同金额累计339.6万。

公益服务。落实第五届中国国际进口博览会医疗保障工作。举办世界卫生日、预防自杀日、世界精神卫生日等主题宣传活动；依托绿丝带多媒体科普平台及其他媒体，发布图文250篇，阅读490.7万人次；开设线上公益科普讲座51期；参加主流媒体节目采访与录制60余次。组织全市共932家机构开展主题宣传活动310场；制作各类平面宣传资料347种发放335万余份；制作各类音视频资料107种播放超千万次；开展面向公众的科普讲座501场，494万余人次参与；开展面向患者及家属的讲座415场，参与人次5万余。获中国社会工作教育协会医务社会工作专业委员会颁发的首批"中国医务社会工作人才教育培训基地"称号。

数字化建设。完成两院区无纸化项目、数字化转型2.0、智慧医院"三统一"、网络安全专项检查、医疗业务系统合并二期、闵行院区儿少病区信息化建设、上海市精神障碍患者传染病应急救治体系建设项目等7项重点工作。实现医保五期接口升级、门诊大病医保院内登记以及医保电子凭证脱卡支付。成立患者体验与智慧医疗部，火速上线上海市1+16互联网医院，完成线上复诊续方23550人次，线上购药20860人次，义诊1456人次，云端门诊877人次。

医疗服务。在2021年度全国三级公立医院绩效考核中，上海市精神卫生中心的国家监测指标得分967分，同比增长28.12分，国家监测指标A等，第三次位居全国精神专科类医院排名第一名。7月25日，中心闵行院区儿少病房正式启用，共设34张病床，病区装饰寓教于乐，充满艺术人文气息，成为国内环境最优美的儿少病区。开展国家精神疾病医学中心八大亚专科诊疗中心建设规划，获批康复医学执业范围并落实康复项目的临床应用；推动闵行院区功能神经外科病房及执业申请相关准备工作，审议通过4项医疗新技术。修订完善30项各类护理规章制度、预案流程、岗位职责。通过运用QCC显著降低了住院患者自杀自伤发生例数，获第八届上海市医院品管圈大赛及第十届全国医院品管圈(多维工具)大赛优秀奖。参加上海市临检中心室内室间质评共164项，上海市临检中心飞行检查成绩100分，参加国家卫生健康委临检中心室间质评共104项，成绩100分。建立符合精神科特色的临床药学服务的药学监护路径，全年门诊处方点评14.94万张，点评率16.00%，处方合格率99.20%。

医院管理。配合审计署对医保基金2批次的专项审计，以及市病历质控、市医保专项、区卫生监督所等各类检查15次。做好新冠疫情防控工作要求下的门急诊和住院患者服务流程，接受各级疫情防控督查17次。根据国家三级公立医院绩效考核要求完成相关指标填报。制定实施《上海市精神卫生中心工作人员年度考核实施办法(试行)》《上海市精神卫生中心职工不良行为记分管理办法》。严格执行事业单位公开招聘制度，包括公开招聘差额面试、进编录用人员网上公示等。全年共完成招录新职工55人、住培医师45人，编内录用64人。完成两边院区账务处理系统的合并工作，实现对两边院区会计核算工作的一体化、同质化管理。新增三个试点科室，包含医技科室和医辅科室。上线医院经费的在线审批流程，规范招标采购关键环节监督，开展关于2021年度招标采购联合督查专项审计及“疫情期间捐赠物资”“疫情防控资金使用情况”专项联合督查工作。配合第三方会计师事务所进行年报审计和院长离任经济责任审计。对10个基建修缮工程项目进行预算、结算审计，核减金额37.74万元。完善医院捐赠物资管理，落实新冠疫情防控资金监管的工作机制，对零星工程项目继续进行监督管理。疫情期间，做好各项医疗和生活物资的保障及改造工程项目，定期对门急诊和重点科室、重点区域进行专项消毒保洁工作。加强后勤运营管理及外包公司监督管理；上线上药耗材配送智能化平台资产一站式管理系统。推进“重性精神疾病临床诊疗中心”项目的各项前期准备工作；启动徐汇院区4号楼、食堂改造项目，完成徐汇院区病房安装直饮水机和通道大门更换；完成闵行院区儿少病房修缮、东院区宿舍楼改造、PCR项目及手术室改造项目；启动闵行院区E楼大修改造项目。贯彻落实“预防为主、单位负责、突出重点、保障安全”的工作方针，积极开展“平安医院”创建活动，完善治安安全防范措施，两院区在门诊等入口处设立金属探测门。围绕“安全生产宣传月”和11·9消防主题，开展一系列安全培训、宣教、消防和突发事件培训和演练活动，不定期开展各种常规安全检查和专项安全检查。

人才引进与培养。博士后在站13名，通过考核出站5名。获7项市级科技人才项目，包括上海领军人才(海外)1项，上海市“科技创新行动计划”启明星项目1项，上海市浦江人才计划(A类)1项，上海市青年科技英才扬帆计划4项。局级人才7项，包括上海市卫生健康委学科带头人1项、优青1项；上海市健康科普引领人才专项1项，健康科普青年英才专项1项；上海市医苑新星青年医学人才培养资助计划—杰出青年医学人才类1人、青年医学人才类2人。

精神卫生服务体系。做好“1+16”精神卫生医联体云平台建设；构建基于健康云的非接触式社区随访服务模式；融合健康云心理资源平台、962525心理热线呼叫中心、互联网精神专科医院的服务功能，初步建立了非接触式心理危机干预服务模式；推进全市儿童青少年心理门诊规范设置，全市18家精神卫生专业机构均开设儿童青少年心理健康门诊。搭建覆盖“市-区-街道”三级公共精神卫生体系的学科梯队，共开展培训283场，累计培训时长千余课时，累计培训社区精神卫生服务人员2.9万余人次；成立上海市红十字会心理救援队；开展心理危机干预队演练培训；建立上海精神卫生心理志愿服务团队。

严重精神障碍综合管理服务。构建精神专科医院信息互联互通和互认机制，紧急开通药物应急保障热线，助力49 787名患者就近就医配药；构建医警联动机制，为4 289余名患者解了燃眉之急；圆满完成进博会等重大活动精神卫生保障任务。完成严重精神障碍健康监测模块、严重精神障碍肇事肇祸模块、长效药物评估模块的开发；探索AR技术在精神障碍防治中的应用，目前已完成虹口和徐汇试点区HIS与精防网的接口开发。协助民政局制定《精神障碍社区康复服务规范》；对500余名社区康复工作者开展培训；联合市残联编写《阳光心园康复课程手册》，录制示教视频；初步开发基于虚拟现实(VR)技术的社区精神分裂症康复训练系统。全市登记在册严重精神障碍患者125 625人，报告患病率5.05‰，规范管理率98.91%，规律服药率85.32%，面访率95.30%，精神分裂症患者服药率92.62%。

党建与文化建设。以“争创全国文明单位”建设为抓手，构建特色文化。设立健康促进委员会、文化品牌建设委员会，开展行风建设主题宣传周活动。开展“一起学习民法典”普法教育活动，道德讲堂“春季养生保健”。举办学习贯彻党的二十大精神知识竞赛、临床医生海姆立克急救操作比赛、“运动是良药”健康体检与干预讲座、炫彩童心“精·心”医二代绘画作品展示等活动，1.1万人次参与。完成工会、妇委、职代会换届改选工作。打造官方微信双号(服务号、订阅号)；与主流媒体合作，发布时事新闻109条，开展云端和线上直播62次，科普文章336篇，视频58个。策划“传声筒”精神分裂症互动艺术展、“少年心事”画展，让600号画廊变成一个“传声筒”、促进患者艺术家与公众之间一次双向的精神交流；开展“医院品牌塑造与新文化建设”职工教育培训活动。运用网站、电子屏、宣传画、横幅等多种手段强化各项廉政宣传。建立行风管理体系，形成一套制度、一支队伍、一张网络，协同推进党风廉政“联合会诊”工作。开展行风建设主题宣传周活动，院内门诊屏幕滚动播放视频《医疗机构工作人员廉洁从业九项准则》等行风宣传视频，开展行风宣传培训活动，制作并发放《行风建设管理口袋书》。全年登记拒收红包50个，收到表扬信803封、锦旗236面。召开九届十一次、十二次职代会，十届一次职代会，院情通报会42次，公示24项，出版院报12期。无记名书面表决通过《上海市精神卫生中心职工不良行为记分管理办法》。开展职工代表提案和职工代表巡视工作；组织领导干部民主评议，2021年度中心党政领导班子整体满意率99.10%，2021年度院务公开工作满意率98.20%；三次职代会运行质量满意率均为100%。整合医院文化资源，提升健康教育与健康促进工作水平，发挥医院文化对医院发展的引领作用，为党的二十大献礼。关爱关心职工的需求，更好地体现人文关怀。

附属精神卫生中心党政领导名单：

党委书记　谢　斌
院　　长　赵　敏
党委副书记　蔡　军
　　　　　　申　远（兼纪委书记，7月任）
副院长　余　雷
　　　　李春波
　　　　王　振
　　　　邵　阳
总会计师　陈　栋

（谢　飞）

【全球首个适用于特定恐惧症（恐高症）的医疗器械获批】　2022年2月16日，由附属精神卫生中心和凝动万生医疗科技（武汉）有限公司合作研发的《特定恐惧心理康复训练软件》，正式获批中华人民共和国Ⅱ类医疗器械注册证。这是我国首个获批的基于VR（虚拟现实）设备的特定恐惧心理康复训练软件，也是全球首个适用于特定恐惧症（恐高症）的医疗器械。

（张铮超）

【入选全国首批核心高级认知障碍诊疗中心】　2022年2月17日，国家卫生健康委能力建设和继续教育中心公布《认知障碍疾病专科能力建设项目》核心高级认知障碍诊疗中心入选名单，上海市精神卫生中心入选全国首批核心高级认知障碍诊疗中心，是23家入选医疗机构中唯一的精神科专科医院。中心将以此次成功申报为契机，落实关于核心高级认知障碍诊疗中心责任要求，突出发扬老年精神科在分层诊疗、神经心理评估、全病程管理的优势，依托“爱夕医养联盟”与本中心“精神科协作医院网络”，发展高级认知中心与记忆障碍防治中心，规范认知障碍疾病规范化诊疗体系，推动全国认知障碍疾病在科普宣传、筛查评估、防治研究等方面的发展。

（张铮超）

【精神病高危综合征临床转归评估及预后预测模型构建领域取得重大进展】　2022年6月，这一研究以“The peripheral transcriptome of clinical high-risk psychosis reflects symptom alteration and helps prognosis prediction”为题在*Psychiatry and Clinical Neurosciences*（影响因子＝12.1）杂志上发表，初步证实了外周血分子可以用于精神病高危综合征的临床评估，同时构建了临床转化风险预测模型。研究人员通过机器学习利用不同时期RNA表达量的变化值构建了两个数学模型，分别用以反映CHR－P患者的症状严重程度变化情况及一年后转化为精神病性障碍的风险。附属精神卫生中心博士生宋炜宸、主治医师徐丽华为该论文的共同第一作者。附属精神卫生中心研究员禹顺英、主任医师王继军以及上海交通大学生物医学工程学院研究员林关宁为该论文的共同通信作者。该项研究得到科技部重点研发计划、国家自然科学基金、上海交通大学医工交叉重点项目等项目的资助。

（张铮超）

【闵行院区儿童青少年科病房启用】　2022年7月25日下午，上海市精神卫生中心闵行院区儿童青少年科病房正式启用。病区共设34张病床，配备专用住院室、活动室、电子化示教室、安全行为学习训练室、接待室、教室等完备的功能区域。医学院党委书记江帆、上海申康医院发展中心副主任马延斌、

2022年7月25日，上海市精神卫生中心闵行院区儿童青少年科病房启用

上海市卫生健康委疾控处副处长吴国柱、上海市教育委员会德育处处长朱敏、上海音乐出版社有限公司党总支书记孙宏达、世界著名钢琴艺术家孔祥东、上海大学一行文创工作室负责人、公益发起人蓝星团队出席启动仪式。副院长李春波主持仪式。

（张铮超）

【核心高级认知障碍诊疗中心启动仪式举行】 2022 年 9 月 24 日上午，由上海市精神卫生中心、国家卫生健康委能力建设和继续教育中心联合主办的“核心高级认知障碍诊疗中心”启动仪式举行。启动仪式采用线下联合线上直播的方式举行，有 3 000 余位同道共同见证。各位专家就数字诊疗技术-筛查、诊治和健康随访管理，认知障碍专业人才的培训，三级防治网络的构建，多学科、多领域交叉探索和如何发挥国家核心高级认知障碍诊疗中心优势等开展了讨论。首都医科大学宣武医院/国家卫生健康委认知障碍疾病专科能力建设专家组组长唐毅、上海市精神卫生中心院长赵敏、上海市精神卫生中心党委副书记申远、上海交通大学阿尔茨海默病诊治中心主任肖世富出席了此次启动仪式。

（张铮超）

2022 年 9 月 24 日，核心高级认知障碍诊疗中心启动仪式

【红十字冠名仪式举行】 2022 年 9 月 26 日，附属精神卫生中心举行红十字冠名仪式。中心在红十字会的支持和推动下，扬红十字精神，积极参与市红会组织的三救、三献等各项工作。继续发挥学科优势，夯实工作基础，打造一支专业过硬、能力拔尖的国家级红十字心理救援队。上海市红十字会党组书记张浩亮、副会长李江英、赈济救护部部长张瑾、四级调研员陈艳、一级主任科员张爱平莅临本中心指导本次冠名仪式，中心党委书记谢斌、院长赵敏、副书记蔡军、副书记申远参加了本次冠名仪式。

（张铮超）

2022 年 9 月 26 日，上海市精神卫生中心举行红十字冠名仪式

【“国考”再获佳绩】 2022 年 9 月 30 日，国家卫生健康委公布了 2021 年度“国考”成绩。上海市精神卫生中心再获佳绩，以 967 分位列精神专科医院全国第一名。三级公立医院绩效考核实施的 4 年以来，上海市精神卫生中心 3 次名列精神专科第一，1 次名列第二。中心将发挥国家医学中心的引领辐射作用，瞄准精神和心理领域国际前沿、尖端技术，加强科研攻关，提升国际影响力和话语权；增强心理健康信息化、智慧化服务水平，强化医防一体的公共精神卫生服务能力，为提升我国精神医学服务能力和水平作出“国家队”的贡献。

（张铮超）

【举办国家精神疾病医学中心启动仪式】 2022 年 11 月 25 日，国家精神疾病医学中心启动仪式暨东方精神医学论坛在上海市精神卫生中心举办。上海申康医院发展中心主任王兴鹏、医学院党委书记江帆、上海交通大学副校长朱新远、上海市卫生健康委副主任虞涛、中国工程院院士闻玉梅、上海市人民政府参事陈红专和上海市精神卫生中心书记谢斌、院长赵敏共同启动国家精神疾病医学中心建设。在

2022 年 11 月 25 日，国家精神疾病医学中心启动仪式

国家精神疾病医学中心的启动仪式上，国家精神疾病医学中心脑健康研究院也同时揭幕。国家精神疾病医学中心脑健康研究院是医院重要的科研创新支撑，集合基础、临床和转化研究资源，以平台性定位，为有志于从事科学研究的院内外研究人员，提供基础实验平台共享、临床科研服务支撑、创新转化推动三位一体的支撑体系。

（张铮超）

附属国际和平妇幼保健院

【概况】 2022年，附属国际和平妇幼保健院有在职人员1 240人，其中医生448人、护士525人、医技人员138人、科研人员21人。正高级职称48人，副高级职称106人，中级职称335人。博士142人，硕士319人，医师中硕士以上比例76%。博士生导师14人，硕士生导师20人。硕士、博士占卫技人员36%，高级职称占卫技人员13%。全年门急诊1 061 584人次，较2021年下降19.66%；出院42083人次，同比下降17.72%；分娩数11 376人次，同比降低7.52%；手术26 703人次，同比下降18.37%；三四级手术13599例，同比下降18.99%；IVF周期数2423，同比降低27.97%。

新冠疫情防控。3月中旬起，面对严峻复杂的疫情防控形势和医疗资源紧缺的巨大压力，医院党政领导班子24小时驻守在院。面对突发情况，院领导靠前指挥、科学决策，医疗、院感、物资保障等工作组协同配合，应急指挥体系高效有序，确保孕产妇应收尽收，医疗服务不停摆。产科始终保持高位运行，全力保障母婴安全，筑牢疫情防控和医疗安全的“双防线”。医院主动调控医疗节奏，腾出病区用于应急处置，设定气泡式闭环管理方案，建立“过渡病区”，设立“隔离产房”“隔离手术室”；孕产妇应收尽收、及时治疗，危重症病人第一时间积极救治，并收治多家兄弟医院因疫情被迫暂停封闭而转诊的高危病例。3月20日至5月31日在院住院产妇分娩2 180例、妇科恶性肿瘤手术54例、乳腺恶性肿瘤手术58例、妇科化疗126例、乳腺化疗644例，在线诊疗4 730人次，提供线上服务孕产妇9 800余人次，线上科普活动服务超过20万人次，高级职称专家劳动节“互联网义诊”服务189名市民，开展“送药上门”服务138次。6月起，医院结束闭环管理，恢复正常。同年，医院陆续派出多支医疗、检测力量43人完成支援上海市公共卫生临床中心、支援海南省、四川省核酸检测等援助任务。

奉贤院区项目。奉贤院区项目是上海市“十三五”重大建设工程，民生领域四个“补短板”项目之一，总投资9.45亿元。9月16日，医院建院70周年暨奉贤院区启用仪式在医院奉贤院区报告厅举行，十二届全国政协副主席、中福会主席王家瑞，原卫生部部长、中福会原副主席、中国妇幼保健协会终身荣誉会长张文康，上海市副市长宗明等领导嘉宾出席活动。奉贤院区是上海“五个新城”中首家新建启用的三甲专科医院。9月26日下午，时任上海市委书记李强到奉贤院区调研，听取医院关于奉贤院区建设概况、运行情况及一院两区新格局的情况介绍。2022年共计接待门诊患者59 246人次，急诊患者2 962人次，日最高门诊量超1 000人次，诞生645名“新院”宝宝。由妇瘤科、宫颈科、乳腺科等科室组成的妇科团队相继开展临床诊疗，完成各类手术1 379台。

医疗服务。定期召开门急诊核心小组会和质量分析会，优化就诊流程，促进医疗服务标准化；每月对全院临床科室和辅助科室核心制度执行情况进行专项督查和反馈；实行医疗安全质量目标管理，非计划二次手术和脏器损伤发生率明显下降；通过22项医疗新技术，其中非限制类医疗技术14项，限制类医疗技术2项，备案医疗技术6项。推广分娩镇痛，镇痛分娩率达83.84%。危重孕产妇抢救成功率100%。产前诊断中心依托产前筛查网络，实现区域内医疗联合体优质资源共享，完成产前血清学筛查1989例，宫内治疗手术52例。新生儿科创新性开展围产期高危新生儿EOS预测与风险管理方案，降低围产期新生儿早发型败血症感染率。收治极低及超低出生体重儿86例，同比上升17.4%。妇科成立宫腔镜中心，妇科重点病种子宫恶性肿瘤166例，卵巢恶性肿瘤65例，宫颈癌根治手术219例，子宫肌瘤2344例，较同期减少。生殖中心不断加强质量控制，临床妊娠率提升至53.9%，达上海市先进水平。开展新技术新项目，完成时差胚胎培养胚胎优选1164例，同比增加225%，完成卵母细胞体外成熟培养(IVM)266例，同比增加2418%。李国维名中医工作室正式授牌。检验科获批成立输血科，取得上海市病原微生物实验室备案凭证(BSL2)，临床基因扩增检验实验室通过现场验收。病理科在标本总量减少的情况下，通过优化结构，免疫组化及特染检测量同比增长2.9%，荧光原位杂交检测量同比增长88%。生殖遗传科以高分通过国家室间质评，新增SMA携带者筛查项目，遗传病基因检测同比增长7.46%。优化单基因遗传病产前诊断项目流程，缩短报告周期。加强ICU等重点科室和VTE等重点环节的监管力度，强化护理质量管理控制，提高护理人员业务能力，推出关爱乳腺健康系列活动、早产儿发育支持护理、发展中医适宜技术等举措，不断提升患者满意度。2021年度国家三级公立医院妇产科专科医院考核获A类。

科学研究。修订《科研经费管理制度》《科研教学奖励制度》，制定《研究者发起的临床研究管理办法》。落实落细科研服务工作，组织9轮“一对一”标书指导，邀请院内外专家完成各类院内遴选17次。正式启动院级第一轮“临床研究能力提升三年行动计划”临床研究专项，资助项目7项，经费210万元。探索“十四五”期间院内重点学科评估工作，组织开展17个临床医技科室学科建设成果汇报，探索医院重点学科建设路径，初步形成学科评估方案。科研立项51项，其中国家自然科学基金8项，省部级项目12项，校局级项目15项，获批资助经费总计3323.2万元。发表SCI论文112篇，IF>5分文章59篇，最高影响因子38.079；完成科研成果奖项申报2项，范建霞等获上海市医学科技三等奖，王玉东等获上海市医学科技奖成果推广奖；申请专利18项，授权专利17项。

教育教学。招录博士生14名，硕士生27名。首次承办上海交通大学医学院妇产科学系第三届住院医师临床技能大赛，参与承担瑞金医院、第九人民医院、新华医院以及妇产科学系临床五年制和八年制的《妇产科学》授课任务。1人获PBL案例大赛和青年教师教学基本功大赛三等奖。2人获国家奖学金、2人获上海市优秀毕业生，5人获上海交通大学优秀毕业生，4人获上海交通大学三好学生；毕业生就业率100%，位列交大医学院16家二级培养单位第一名。国家级继续教育立项13项，市级3项，思政项目首次获得上海交通大学医学院立项。招录住培学员28人，专培学员14人；2019级住培学员首次结业考核通过率达95%；组织开展住院医师“科普月月讲”工作，住院医师参与14人，完成录播10期；获评上海市优秀住院医师1名、许曼音临床敬业奖1名、江绍基院士优秀住院医师奖1名。程蔚蔚获“仁心医者·上海市杰出专科医师奖”。

人才队伍建设。引进各类高级职称人才6名，其中国务院政府特殊津贴1名、上海市优秀学术带头人1名，云南省“杰出青年”1名。组织各类人才计划申报，3人获市级及以上人才计划；推进“青苗计划”，加大对优秀青年人才支持力度；新招录博士后2名；47人申报高级专业技术岗位。

智慧医院。上线“云陪诊”“云探视”服务，提升患者就医体验；在原有门诊预约平台的基础上，整合医技检查、住院预约功能，形成一站式预约中心，提升预约效率；奉贤新院区通过输液监控系统、护理大屏系统、床头智能屏系统等系统建设，实现病区智能化护理管理，提升管理效率和服务水平。

医院管理。上线费控报销系统，完成内控手册修订，开展“降本增效”工作。引进DRG医院质量管理绩效评价系统，增加高难度手术和重点病种绩效分值。加强大型医用设备绩效管理，通过在线监测系统，实时查看设备运营绩效数据。通过设备绩效监测、预算调整、耗材议价、试剂招标遴选等多措施降低设备成本，年内节约医院自筹资金约941.52万元。推进徐汇院区电力扩容项目和一号楼大修项目。电力扩容改造完成总包招标、设备选型及设计优化工作。召开一号楼大修项目沟通协调会10余次，制定楼宇功能布局调整方案及大修期间过渡方案。大修项目完成设计代建、财务监理及总包招标。开展平安医院建设工作，大型设备实施预防性维护，对全院医疗设备进行每周1～2次巡检。信息系统设备总体平稳，未发生超过15分钟以上的全院性系统故障。加强施工场地、消防中心、消控中心值班安全巡查，协同第三方公司做好消防安全工作。针对出现的火情事件，深刻吸取经验教训，对相关部门和人员进行处理，同时组织全面排查，杜绝类似事件再次发生。加强医警联动，开展反恐防暴演习，形成常态化安全保障机制。

党建与文化建设。强化政治建设，各党支部分别通过主题党日、组织生活等形式，深入学习贯彻党的二十大精神。举行党支部书记述职考核会，总结支部工作开展情况。完成支部换届改选，由原来的13个调整为16个，结构进一步优化。入选中国妇幼保健协会“第三届党建工作和妇幼健康文化建设经验交流会”特色典型案例，《组织人事报》、上海市党建服务中心宣传报道医院麻醉科、检验科党员示范工作室事迹。工会启动2022年首届职工文化艺术节活动，举办退休职工欢送会，召开两院区职工座谈会，增强员工归属感。团委以建团100周年、医院建院70周年为契机，开展“青年大学习”“青年导师训练营”等活动，医院门急诊团支部获上海市基层团组织典型选树通报表扬，生殖医学中心青年团队获上海市卫生健康系统青年五四奖章集体。深入推进全国文明单位创建，优化调整医院内部满意度调查方案，升级医德档案系统。开展“守护大上海，传递妇幼情”第二届“十佳”好人好事评选活动。持续扩大宣传点和面，电视台报道28次，新媒体报道304篇，纸媒31篇。“国妇婴掌上医院”公众号推文175篇，累计阅读量171.3万人次，较2021年增加99.3%。官微订阅号推文110篇，总阅读量18.4万，其中36期《医护抗疫手记》累计阅读总量近6万人次，获“疫情下文化建设工作十佳案例”。奉贤院区启用后，在澎湃新闻网推出“直播探院”，宣传新院区优美环境及服务流程。在订阅号上开设专栏《汇贤新语》，展示两院区同质化管理、一体化发展理念。举办“永远和党在一起　献身人民满意的妇幼健康事业”新时代上海妇幼健康新发展论坛，承办“上海合作组织国际和平妇幼健康发展论坛”。加强医学科普及健康促进工作，首次获得上海市健康科普引领人才专项。健康教育网络直播课、线下课程累计听课62万人次；公众号推文584篇，累计阅读量超70万人次；完成地铁科普长廊及“生命寄语”专题列车公益主题活动，获得良好的社会效应。

附属国际和平妇幼保健院党政领导名单：

党委书记　刘志伟
院　　长　程蔚蔚
党委副书记　程蔚蔚
　　　　　季新华
　　　　　韩　森(兼纪委书记)
副 院 长　王玉东
　　　　　许　泓
　　　　　王彦林(3月任)
　　　　　王　剑(9月任)
总会计师　郝雪梅

(周　琳)

【召开首次上海市出生缺陷预防保健中心工作会议】　2022年2月28日是“世界罕见病日”，在国际和平妇幼保健院召开了上海市出生缺陷预防保健中心成立后的首次工作会议。国家卫生健康委妇幼司出生缺陷防治处处长刘颖、上海市卫生健康委一级巡视员吴乾渝致辞，上海市卫生健康委妇幼健康处、上海市卫生健康委监督所、上海市妇幼保健中心等相关单位领导受邀出席会议。会议由国妇婴党委书记刘志伟主持。上海市出生缺陷预防保健中心主任、国妇婴院长程蔚蔚，复旦大学附属妇产科医院副院长李笑天，复旦大学附属儿科医院副院长周文浩，松江妇幼保健所所长平花，国妇婴产前诊断中心主任王彦林等就出生缺陷防治工作现状及展望作了专题汇报，来自各专科医院、区妇幼保健所等近40余位专家出席会议。会上，中心组建了上海市出生缺陷遗传咨询培训专家组，并成立“上海市出生缺陷防治联盟”，打造出生缺陷防治的“上海经验和共识”，更好地服务于出生缺陷防治工作，为政府制定政策提供依据。

(周　琳)

【全国首批“国家临床营养科建设试点单位”】　2022年7月，国家卫生健康委医院管理研究所公布首批临床营养科建设试点单位名单，国际和平妇幼保健院入选第一批国家临床营养科建设试点单位，获批试点方向为临床营养核心技术探索。为贯彻落实国家卫生健康委《临床营养科建设与管理指南(试行)》要求，促进临床营养科均衡发展，国家卫生健康委医院管理研究所开展全国临床营养科建设试点单位遴选工作。经专家审核，最终确定全国207家单位为首批临床营养科建设试点单位。

(周　琳)

【奉贤院区建成启用】　2022年9月16日，国际和平妇幼保健院建院70周年暨新院区启用仪式在新建成的奉贤院区科教楼举行。十二届全国政协副主席、中福会主席王家瑞，原卫生部部长、中福会原副主席、中国妇幼保健协会终身荣誉会长张文康，上

2022年9月16日，奉贤院区建成启用

海市人民政府副市长宗明等近百位领导嘉宾应邀出席活动，共同见证奉贤院区启用。作为上海市重大建设项目，奉贤院区坐落于奉贤新城的金钱公路、望河路交界处，总建筑面积10万余平米，拥有500张床位。院区设有产科、妇科、生殖医学中心、胎儿医学中心、产前诊断中心及女性专病中心等完整妇产科学科链。奉贤院区的建成和运行，将进一步提升南部上海妇幼健康卫生服务能级。

（周　琳）

2022年11月25日，中国妇幼保健协会早产儿围产期一体化管理专业委员会正式成立

【长三角遗传咨询诊疗网络常务副理事长单位】 2022年9月21日，长三角遗传咨询诊疗网络正式落户国际和平妇幼保健院。作为常务副理事长单位，医院院长、党委副书记程蔚蔚出席典礼并揭牌致辞。长三角遗传咨询诊疗网络是由中国科学院院士、遗传生物学家贺林发起，由上海交通大学Bio-X研究院、解码研究院牵头，在“新医学”理念下，依托长三角地区多家医疗机构共同成立，汇聚众多医学遗传及临床专家，致力于推动遗传咨询的教育、普及和多学科诊疗模式（MDT），服务健康中国。揭牌当天在医院现场进行了一场多学科遗传咨询会诊，来自国妇婴、上海交通大学Bio-X研究院、复旦大学附属五官科医院多位专家为一例耳聋遗传问诊家庭做遗传咨询和生育指导。

（周　琳）

【中国妇幼保健协会早产儿围产期一体化管理专业委员会主任委员单位】 2022年11月25日，中国妇幼保健协会早产儿围产期一体化管理专业委员会正式成立，并在国际和平妇幼保健院召开专委会成立大会，成立大会以线上、线下相结合方式举行。经来自全国各省市69家医院的73名委员推选，国妇婴党委书记、新生儿科主任医师、博士生导师刘志伟当选为“中国妇幼保健协会”早产儿围产期一体化管理专业委员会主任委员。11月26日至27日，第一届早产儿围产期一体化管理论坛也在线上顺利举办，论坛邀请31位国内知名专家、学者，从产、儿科角度，围绕早产儿围产期一体化管理，对早产儿出生前-出生时-出生后各阶段的临床疑难和重点问题进行交流和探讨，吸引4.37万人次参与。

（周　琳）

【李强调研奉贤院区】 2022年9月26日，时任上海市委书记李强前往新启用的国际和平妇幼保健院奉贤院区调研，上海市领导诸葛宇杰、朱芝松、彭沉雷陪同，了解院区开业运营和服务郊区群众相关情况。李强一行参观奉贤院区临床实训中心，听取医院党委书记刘志伟关于奉贤院区建设概况、开办情况、初期运行情况及一院两区新格局的情况介绍。李强指出，“五个新城”建设是打开城市发展战略空间、构筑未来发展战略优势的“重要一招”。要结合新城特色禀赋，充分挖掘潜力，提升新城品质，把优势做优、把特色做特，把功能做强，把品牌打响，推动更多具有标志性、显示度的地标项目建成开放、发挥作用。

（周　琳）

2022年9月21日，长三角遗传咨询诊疗网络落户国际和平妇婴保健院

【徐汇院区改造及大修项目启动】 2022年11月11日、12月2日国际和平妇幼保健院分别召开徐

汇院区电力扩容及改造项目启动会、徐汇院区一号楼装饰装修项目启动会。徐汇院区电力扩容及改造项目总投资2 910万元，电力改造项目变压器总容量增容至8 000 kVA，更换全新、高性能的变配电设备，采用智能化管理系统。徐汇院区一号楼于2004年12月建成使用，建筑面积33 631平方米，本次大修内容主要包括一号楼局部结构加固、机电设备改造、室内装饰更新等，项目完成后将进一步推进智慧医院建设，优化医疗流线，提升徐汇院区的服务品质，赋能医院的高质量发展。

（周　琳）

【承办首届上海合作组织国际和平妇幼健康发展分论坛】 2022年12月10日上午，首届上海合作组织国际和平妇幼健康发展分论坛在奉贤区举行。本次大会由国家卫生健康委、上海市人民政府指导，上海合作组织睦邻友好合作委员会、中国福利会、上海市奉贤区人民政府主办，国际和平妇幼保健院为承办单位。此次分论坛会议规格高，是上海合作组织国际和平妇幼健康发展论坛重要组成部分。十五位国内外妇幼健康领域专家、学者围绕“基于健康与疾病发育性起源的孕期保健”“儿童早期发展”“妇幼健康产业”等三个方面分别作专题报告。在严格落实疫情防控工作要求前提下，本次分论坛采取线上线下结合形式，分论坛奉贤主会场严控会议规模，徐汇院区院内并设分会场参与线上直播观看，达到预期成效。

（周　琳）

2022年12月10日，首届上海合作组织国际和平妇幼健康发展分论坛在奉贤区举行

附属同仁医院

【概况】 2022年，附属同仁医院共有在职职工2085人，文员236人，医学生291人，第三方工作人员739人，累计在院3351人。在职职工中卫技人员1947人，占比93%，高级职称306人，博士135人，医师硕、博比由2021年的73%提升到2022年的76%。全年共引进人才21人，其中行政主任、学科带头人3人，具有高级职称的14人，博士17人，海外人才2人。全年门诊量2309647人次，同比下降14.72%，急诊216956人次，同比下降10.13%；出院49248人次，同比下降17.46%；平均住院天数6.93天。全年医疗收入19.5亿，同期减幅13.99%。

新冠疫情防控。3月初，召开全院性动员大会，部署疫情防控相关工作，重新调整发热门诊布局，将预检、分诊、采样区延伸到户外。完成了长宁区卫健系统核酸应急采样和隔离酒店、机场海关、国家督导组、长宁看守所、市党代会、进博会等医疗保障任务。4月16日起，腾空哈密路院区，与仙霞路隔离病房共同承担新冠区级定点医院职能，共设置床位500张，前后收治患者2551人。下半年，发热门诊继续发挥哨点监测作用，根据接诊人员属性不同，将其划分为针对低危、高危、复阳、入境人员和儿童发热等多个诊区，各诊区严格分离，避免交叉感染。8月起，陆续派出50人赴海南澄迈、三亚，13人赴西藏日喀则，20人赴重庆，支援当地疫情防控工作。12月，医院围绕“保健康、防重症、降死亡”原则，通过统筹全院床位、扩容重症床位、加强学科联动、制定阳性患者诊疗方案和《同仁医院新冠住院患者处置SOP》、开展全覆盖医护培训等方式，较好地应对了急诊、发热门诊新冠就医患者和重症人员激增的压力。

医疗质量。以创建三级甲等公立医院为目标，与各部门签订《创三甲工作责任书》。通过用好“一个机制”（综合目标考核机制）、建好“两个系统”（医院评审评价医疗服务能力与质量安全监测信息系统和医院技术指标上传系统）、抓好“三支队伍”（质管相关职能科室人员、临床医技科室主任、科室内审员队伍）。在上海市医院评价评审中心开展的等级医院评审基线数据摸底调查中，医院成绩暂居同级同类医院前列。经上海市卫生健康委会同有关部门遴选，医院作为区属综合性医院的代表，入选本市公立医院高质量发展试点单位，医院也据此制定了五年的试点方案。2020年医院首次参加国家三级公立医院绩效考核，2022年，分别公示了2020年、2021年国考成绩，医院排名位列全国前33%，获得等第为B++。根据国家卫生健康委办公厅发布的《2022年国家医疗质量安全改进目标》，进一步强化医院质管机制，医院质量与安全管理委员会制定了22项质量安全改进目标，其中，70%的指标较上一年度明显改进。医院病案首页质量经2022年上海市抽查结果为“零问题”，位居同级同类医院第一。医院获得第十届全国医院品管圈（多维工具）大赛先进集体称号，第十届全国品管圈比赛二等奖1项、三等奖2项，上海市第九届品管圈比赛三等奖2项。建立扁平高效的护理管理体系，开展基础护理质量提升年活动。获第八届上海市护理改进成果奖1项；九龙护理优秀提名奖1项。“男”丁格尔护理青年团队获2021年度上海市卫生健康行业青年五四奖章集体。

科学研究。5个市医学重点专科、1个市药学重点专科顺利通过验收。完成三年学科建设评估，完善学科设置，新增乳腺外科、放疗科、核医学科、精神科，制定重症医学科建设方案。中标国家自然科学基金项目14项。科研纵向经费总计1 638.1万元。承接药物临床试验项目25项，签署合同总金额1 300余万元。SCI论文数147篇，其中，影响因子在5分以上的62篇，在10分以上的20篇。获得上海市医学科技奖三等奖1项，华夏医学科技奖三等奖1项，中国产学研合作创新与促进奖1项。取得临床相关国家专利数量32项，专利转化2项。继续保持区级医院科研竞争力排行榜首位。

教育教学。聚焦立德树人的根本任务，完成上海交大医学院预防医学整建制教育。在保证学生新冠疫情期间安全、稳定的基础上，教学工作有序推进。本科开设课程2 399课时，高级职称师资配比54%。新增医学院专博导师1名、学硕导师4名、专硕导师2名，新增江南大学硕士生导师7名。2 022级共招收博士研究生8人，硕士研究生14人，毕业研究生18人，其中1人获评上海市优秀毕业生，3人获评上海交通大学校级优秀毕业生。全院住规培学员出站合格率100%，1人获首届“江绍基院士优秀住院医师奖励基金”，2人获上海市住院医师规范化培训优秀住院医师称号，1名教师获上海市住院医师规范化培训优秀住培带教老师称号。举办国家级继续医学教育项目25个，医学院国家级继教项目4个，市级继教项目3个。

人才队伍建设。坚持“党管人才”原则，围绕“人才强院”战略，根据《上海市同仁医院人才队伍建设“十四五”规划》等系列配套文件，明确各类人才培养计划和实施方案，继续推进五大型人才的培养工作。已遴选科研型人才29名（同仁新星19名、同仁英才4名、同仁领军6名）、管理型人才10名，完成第三期护理骨干和护理学科带头人遴选。关注护理队伍的稳定性，护士离职率控制在6.29%以内，低于全市平均水平。获得市级以上人才项目7项：市科委学术带头人1项、市科委扬帆计划2项、市卫生健康学科带头人1项、市卫生青年人才计划1项、市领军人才（海外优青）1项、浦江人才1项。

医联体建设。深化以“联通院前-院中-院后预防、筛查、诊疗、康复全过程，覆盖百姓全生命周期健康管理”为目标，“全-专-护-药-康-营”模式为载体，符合上海中心城区特点、满足居民多层次健康服务需求的城市区域医联体模式。搭建“慢性疼痛医联体”等19个专科（专病）医联体，基于区域影像中心、区域处方前置审核中心、区域心电中心的数据中心优势，初探以数据为导向，联动社区实现慢病区域管理的方法和模式。

医院管理。联合医务、药事、财务、信息等部门构建准确的医保结算架构。严格执行“三医联动”的各项措施，全院国家医保统一结算率达到90%以上；2021年医保结余留用金额位列全市第四、同级同类医院首位。2022年国家集中带量采购药品采购100%完成，品种使用完成率大于92%，全院基药使用金额占比37.5%。深化全面预算管理，合理开展医院内部各类经济资源的分配、使用、控制和考核，将成本管理与预算管理相结合，控制耗材成本，优化资源配置；将科室全成本与绩效考核成本并轨，探索通过资源占用成本考核，建立全院上下投入-产出效率意识，合理控制资源的占用和消耗。后勤保障部、财务科、护理部联合，重点开展不可收费耗材管控。通过定期落实节能、降耗、减排各项举措，保证医院安全、高效、绿色运行，万元收入能耗支出控制在0.03吨标准煤，医院被评为2021年度上海市节约型公共机构示范单位。

便捷就医。根据《上海市“便捷就医服务”数字化转型2.0工作方案》要求，完成了院内六大场景建设，全面提升市民就医体验。通过门诊物理空间一体化，完成“骨科-康复科”一体化诊疗中心建设。医院在全市率先实行无纸化线上传输翻拍病历，该举措获评2022年改善医疗服务全国医院擂台赛百强案例、中国医院管理奖区域优秀奖及首届智慧医院建设优秀案例奖。对标老年友善医院建设目标，全年“长者服务”3 585人次；设置“长者自助机”26台，并安排志愿者辅导使用；“一键叫车”呼叫量、完单量稳居全市首位；入选2022年上海市卫生健康委“上海市老年友善医疗机构优秀服务品牌”。年初挂牌“长宁区医疗人工智能创新实验室”。开发手机移动办公APP，持续改造电子病历系统，建成单病种智能上报平台。

帮扶公益。融媒体平台逐渐完善，更多临床医技专业人员加入健康讲师行列。正式发布“大虹桥同仁荟”健康促进品牌。全年组织院外科普宣教38场（进社区24场，进企业14场），院内专科义诊咨询活动46场，线上线下服务人数超过2万人次。建成“仙霞路同XIN街区共享客厅”，成为医院常设院外的科普基地。连续五届担任中国国际进口博览会定点医疗机构，承接国家会展中心3号医疗站任务，派驻医疗队6人，共接诊病人63人次，其中外籍4人、危重1人、转医院手术1人。定点医院接诊患者8人，急诊完成进博持证人员核酸检测210人次。全年派出3人前往绿春县人民医院工作、1人在红河县人民医院工作。第195期援摩医疗队共有7名队员赴拉西迪亚，开展为期两年的援摩工作。

党建与文化建设。建立党委会议事规则执行细则，分12类92条，进一步规范了党委会议题的确定和党委会决议的发布并督导决议的执行。深化"四责协同"机制，压紧压实全面从严治党主体责任。班子成员"一岗双责"，通过问题清单、责任清单、项目清单，确保责任层层落实。建立纪委会议事规则、纪委常规监督工作办法、纪委会例会制度。严格落实"三会一课"和主题党日，制订发布《党支部标准化规范化建设实施方案》并进入第一周期的建设。学习贯彻党的二十大精神重要报告，全年共开展中心组学习、中心组(扩大)学习、中心组联组学习等共计12次。把学习党史和院史挖掘、文化建设相结合，由中国医院协会主办、同仁医院承办的"公立医院党建文化论坛"于12月3日顺利举行，同时，院史陈列馆开馆，《同仁医院简史》发布出版。

附属同仁医院党政领导名单：

党委书记　蒋　利

院　　长　马　骏

党委副书记　马　骏(兼)

牛　昕(兼纪委书记)

郑　涛(兼工会主席)

副 院 长　杨　军

陶　琨

盛慧明

李　东　(2021年3月任)

(张旦欢)

【建设方舱医院】　2022年4月6日，附属同仁医院接到长宁区政府的紧急援建任务，建设管理长宁区第二家临时中转隔离管理点。当晚成立了临时集中隔离管理点临时党支部和前线指挥部核心小组，由党委副书记、工会主席郑涛带队，组织相关职能部门实地勘察，确定建设方案。与此同时，组建了医疗、护理、后勤保障、信息保障专业队伍。28天里，两家临时中转隔离管理点先后共开放床位2760张，派出驻点医护及后勤管理人员200人，累计收治新冠病毒感染患者5033人，康复解离4974人，方舱医院休舱，爱与温暖永在。

2022年5月5日，中转隔离管理点宣布休舱

(张耀欣)

【同心晋力　感谢有你】　2022年5月24日，附属同仁医院为圆满完成抗击新冠病毒疫情阶段性任务的山西省援沪医疗队举行了简短而不失隆重的欢送仪式。副院长、哈密路定点院区工作组组长李东主持仪式，长宁区委副书记、区防控办主任纪晓鹏，副区长陈颖，区政协副主席池捷，区卫健工作党委书记江平，区卫生健康委副主任张戎为圆满完成医疗

2022年5月24日，山西省援沪医疗队欢送仪式

救治任务的山西省援沪医疗队送行，代表区委、区政府、区政协和区卫生健康委对给予新冠疫情防控工作倾力支持的医疗队员表示衷心感谢，向白衣执甲、逆行出征、护佑生命的山西医务人员致以崇高敬意。在一起并肩作战的26天，沪晋医务人员共同诊治了603位高龄且伴多种基础疾病的危重新冠病毒感染患者。山西医疗队共累计在舱1 587人次，有9 523个小时守护在病区和患者床边，出色完成各项医疗保障任务，并结下深厚战疫友谊。随着上海疫情持续好转，疫情防控取得阶段性成效，山西援沪医疗队也即将结束医疗保障任务，光荣凯旋。

（黄双慧）

【虹桥国际医学论坛】 2022年8月20日，第十一届虹桥国际医学论坛在上海西郊宾馆开幕。本届论坛的主题为“创新药物与转化”暨“七秩荣光-医学院庆祝建院70周年系列论坛”。大会由长宁区卫生健康委副主任张戎主持，附属同仁医院院长马骏致欢迎辞。长宁区委副书记纪晓鹏、医学院党委书记江帆、上海市卫生健康委党组书记章雄分别致开幕词。开幕式上，由同仁医院牵头，13家医院共同参与制定的《中国药物相关问题分类系统（V1.0）》发布。中国科学院上海硅酸盐研究所施剑林院士、上海交通大学转化医学研究院樊春海院士、上海市肿瘤研究所刘颖斌等作主题报告。这是同仁医院连续十一届举办虹桥国际医学论坛。

（徐丽玲　廖　赟）

【金晓燕获“上海市五一劳动奖章”】 2022年9月27日，上海市“人民满意的公务员”、五一劳动奖表彰大会在上海展览中心举行。附属同仁医院呼吸与危重症医学科主任金晓燕获“2022年上海市五一劳动奖章”称号。2003年SARS期间，金晓燕担起抗击“非典”的重任，被授予抗击“非典”先进个人称号。面对2020年初的新冠疫情，金晓燕担任抗击新冠病毒疫情长宁区医疗专家组成员。2022年3月，金晓燕任医疗专家组组长，率团队整建制入驻定点医院，肩负起区域内新冠病毒感染患者医疗救治工作，提高新冠基础疾病重症/危重症抢救成功率，得到国家督察组专家的认可。

（罗翠玲）

2022年9月27日，金晓燕获“2022年上海市五一劳动奖章”称号

2022年10月14日，“服务保障精益求精，护航进博越办越好”主题仪式

【举行进博会医疗保障工作主题仪式】 2022年10月14日，附属同仁医院举行了“服务保障精益求精，护航进博越办越好”的主题仪式，标志着医院进博会医疗保障工作已全面进入备战状态。作为进博会保障定点医院，同仁医院已是连续第五年为进博会提供医疗服务。目前，新冠疫情防控进入常态化，做好进博会医疗服务保障工作任务艰巨、意义重大。医院此次承担的主要任务，一是进驻会展中心3号医疗保障点，提供一般医疗服务；二是场馆内临时观察点，负责馆内发热人员的先期处置；三是作为进博会定点医院，负责为来院就诊的进博相关人员提供医疗保障。为此，组建了由12位医护组成的驻会医疗保障队和一支由31名医护人员及司机组成的应急医疗队，分解细化工作任务、责任落实到人，认真开展培训和演练，提高医疗保障能力和应急处置能力，确保圆满完成进口博览会医疗保障任务。

（俞越峰）

【公立医院党建文化论坛举行】 2022年12月3日，由中国医院协会主办，附属同仁医院承办的公立医院党建文化论坛举行。大会由医院党委副书记、院长马骏主持，医院党委书记蒋利致欢迎词。中国医院协会副会长方来英远程连线，上海市卫生健康委党组书记章雄，上海申康医院发展中心党委书记赵丹丹，医学院党委副书记吴正一，附属仁济医院党委书记郑军华，长宁区委副书记、区长张伟，长宁区委副书记纪晓鹏，长宁区委宣传部部长潘国力，上海市卫生健康委宣传处调研员俞军，医学院党委宣传部部长李剑，新泾镇党委书记卞晓清，长宁区委宣传部副部长陈汉传，长宁区卫健工作党委书记江平，长宁区卫生健康委主任孙斌等领导应邀出席。开幕式上，《上海市同仁医院简史》正式发布。潘国力为长宁区爱国主义教育基地授牌。章雄、赵丹丹、吴正一、郑军华、张伟、纪晓鹏等领导共同推杆开启新落成的上海市同仁医院院史陈列馆。长宁区委区府、区卫生健康委等各部门相关领导，区域医疗卫生单位、共建单位党组织负责人，医院老领导、老职工代表以及医院党政领导等出席开馆仪式，共同见证这一历史时刻。

2022 年 12 月 3 日，公立医院党建文化论坛

（张耀欣）

【援助摩洛哥的医疗队出征】 2022 年 12 月 6 日，同仁医院援摩洛哥医疗队再次出征。本次组建的医疗队共有 7 名队员，分别是普外科副主任医师陈吉、普外科主治医师汤德锋、妇产科主治医师顾卓荣、耳鼻咽喉科主治医师朱谦、心血管内科主治医师周军、眼科主治医师林楠、营养科营养师徐佳寅。长宁区委副书记纪晓鹏、副区长陈颖、区卫生健康委、医院相关负责同志以及医院党委副书记、院长马骏等为队员们送行。医疗队在构建“中非命运共同体”中，充分展现“不畏艰苦、甘于奉献、救死扶伤、大爱无疆”的中国医疗队精神。

2022 年 12 月 6 日，援摩洛哥医疗队出征

（俞越峰）

附录

附 1　医学院 2022 年度科技成果统计

各类科研项目获得者

科技部国家重点研发计划重点专项项目负责人(14 项)

瑞金医院	井多辉	开发针对基因组结构变异的长序列快速检测以改善急性淋巴细胞白血病的诊断和分层
瑞金医院	王计秋	中国人极端肥胖队列与精细分型研究
瑞金医院	赵　强	基于干细胞和生物材料的组织工程血管构建及在缺血性心脏病治疗中的应用
瑞金医院	赵维莅	T 细胞淋巴瘤/白血病进展演变机制及个体化精准诊疗体系
仁济医院	林厚文	深海生物来源药源分子的高效发现与候选药物研
仁济医院	杨　帆	基因/结构/活性三维导向的极地深海放线菌新型药源分子的高效挖掘
新华医院	余永国	遗传代谢病产前筛查与诊断新技术与临床应用研究
新华医院	张　力	特定环境条件下干细胞对心血管功能的重塑
第九人民医院	刘剑楠	基于榫卯固定理论的智能颅颌面重建手术机器人系统的研发与验证
第一人民医院	李　铮	精子发生障碍病因学及临床防治研究
第一人民医院	孙晓东	人工智能辅助多维度信息融合的常见致盲性眼病精准防控与干预策略研究
第一人民医院	钟　林	移植后感染病原菌机制及临床防治研究
第六人民医院	沈成兴	基于国产创新心磁图仪的冠脉微循环障碍临床诊断解决方案研究
儿童医学中心	余晓丹	儿童常见发育行为性疾病的早期诊断与干预及预警体系建立

科技部国家重点研发计划重点专项课题负责人(37 项)

基础医学院	李福彬	宿主应对疾病相关关键菌群的作用机制研究
基础医学院	王　锋	实体瘤特异抗原识别器的设计合成及优化
瑞金医院	陈佳艺	MR-LINAC 成像和放疗计划应用研究
瑞金医院	冯　耘	慢性气道疾病急性加重呼吸道微生物与宿主免疫互作与调控机制研究
瑞金医院	潘惠娟	面向体位转换的双向神经通路重塑评估与康复预测
瑞金医院	沈柏用	视-听-触交互反馈式智慧虚拟手术系统集成与示范应用
瑞金医院	王继光	高血压远程智能管理技术与器械研发
瑞金医院	谢　青	脑及外周神经损伤后神经功能重建智能辅助康复体系的建立
瑞金医院	杨文洁	光子计数能谱 CT 医学应用研究
瑞金医院	张瑞岩	冠心病智能化筛查和评估辅助系统研究
瑞金医院	周　敏	老年慢性阻塞性肺疾病心肺功能减退长期随访及多学科协同诊治方案
瑞金医院	邹多武	肠易激综合征新型便携式神经电刺激设备研发及治疗效果评价
仁济医院	陈晓翔	基于新型纳米结构的元素标记探针开发
仁济医院	杜艳芝	多基因疾病 PGT 风险评分系统建立及临床有效性评价
仁济医院	李　敏	基于宏基因组和泛基因组技术的新发、突发及烈性病原体精准筛查及潜在生物标志物挖掘
仁济医院	茅益民	多源异构大数据智能识别-队列研究印证的安全风险信号发现技术与优效品种患者获价值多维评价研究
仁济医院	郑军华	肾上腺源性库欣综合征围手术期与手术治疗标准化流程的建立
新华医院	马　杰	儿童重要肿瘤与血液性疾病的病因和防治关键技术研究
新华医院	张拥军	开发融合孕产妇信息及多组学数据的儿童生长发育预测模型
第九人民医院	房　兵	树脂基材料防治牙本质龋的研究
第九人民医院	谷　平	干细胞来源视网膜节细胞及配伍细胞制备和移植方案研究
第九人民医院	顾冬云	足部功能障碍生物力学评测关键技术及系统研发
第九人民医院	黄　晶	DNA 复制所偶联的染色质装配与表观遗传信息继承的分子机制
第九人民医院	秦兴军	凝胶基杂化生物材料动物实验验证与体内修复机制探索
第九人民医院	唐子圣	高场 MRI 精细成像技术评价牙髓和牙周软组织的临床试验
第九人民医院	王　斌	体细胞激活性突变所致肢体增殖性疾病的发病机制及靶向治疗研究
第九人民医院	钟来平	口腔癌类器官规范化、个性化治疗体系的临床验证及推广应用
第一人民医院	范　江	发光免疫联检试剂盒的临床评价与应用示范
第六人民医院	贾伟涛	催化医学材料的生物安全性与临床转化研究
第六人民医院	李华婷	基于多尺度因果的疾病预警和辅助诊疗
儿童医院	于广军	罕见病知识图谱和辅助诊疗决策工具研究验证
国际和平妇幼保健院	李　文	卵巢冻融损伤机理与功能修复
国际和平妇幼保健院	刘志伟	母源环境不良因素对生殖及子代健康的影响及机制
精神卫生中心	王　涛	认知与精神健康新型生物标志物的筛选与验证
公共卫生学院	巴　乾	降解材料可迁移物质与降解产物安全性评价替代方法研究
公共卫生学院	王朝昕	基于循证理念的精准化分级诊疗决策系统构建研究
公共卫生学院	王　慧	基于数字化技的中国典型区域中心母子营养健队列研究与母乳样本库建立

国家科技创新 2030 重大项目负责人(7 项)

基础医学院	饶艳霞	胶质细胞在神经系统功能中的作用
第九人民医院	陈善双	听觉感知中机械电转导 TMC 复合物的结构与机制研究
精神卫生中心	程文红	儿童青少年情绪问题分级与干预
精神卫生中心	唐莺莹	低复原力在抑郁发病中的作用机制和快速干预技术研究
精神卫生中心	岳　玲	主观认知下降向轻度认知障碍转化的预警、机制和干预研究
精神卫生中心	钟　娜	游戏成瘾人际互动异常影响认知控制的脑机制及其分层多维度评估干预
精神卫生中心	朱永川	焦虑障碍的神经环路与生物标记物的鉴定

国家科技创新 2030 重大项目课题负责人(1 项)

精神卫生中心	易正辉	面向抑郁人群的无创 BCI 及应用验证

国家自然科学基金重大项目负责人(1 项)

医学院	范先群	智慧医疗健康管理理论与方法

国家杰出青年科学基金负责人(6 项)

基础医学院	邹　强	肿瘤免疫与糖代谢
瑞金医院	叶　静	衰老分子机制
仁济医院	岳　冰	骨与关节感染的治疗和修复重建
新华医院	张　冰	心血管再生和重构的转录及表观遗传机制
第一人民医院	王红霞	乳腺癌复发转移
第六人民医院	李跃华	缺血性心脑血管疾病成像

国家重大科研仪器研制项目负责人(1 项)

仁济医院	薛　蔚	高通量循环肿瘤细胞分选和单细胞测序系统

国家自然科学基金重点项目负责人(15 项)

基础医学院	程金科	SENP1 - Sirt3 轴调控线粒体代谢重编程及抗组织器官衰老的作用与机制研究
基础医学院	王　锋	T 细胞抗原识别调节肠道免疫耐受和炎症机制
基础医学院	余健秀	AT2 细胞 Fbxo45 缺失影响组蛋白水平和染色质稳定性导致肺腺癌发生
基础医学院	张　健	抗结肠癌转移靶标 APC/Asef 相互作用的研究及其小分子抑制剂发现
瑞金医院	陈赛娟	基于白血病全息大数据的精准医学研究
瑞金医院	刘　军	外周 T 细胞介导脑类淋巴系统功能障碍在帕金森病早期发病中的作用及干预研究

（续表）

瑞金医院	任瑞宝	GOLGA7 在 NRAS 突变白血病中合成致死作用的机制及靶向干预研究
仁济医院	卜　军	昼夜节律紊乱对腹主动脉瘤发生发展的影响：生物钟核受体 REV-ERBα 的关键作用
仁济医院	洪　洁	共生梭菌在适应性免疫细胞 Th17/Treg 内稳态失衡导致炎症性肠病进展加剧中的作用和机制研究
仁济医院	李保界	一种新型干细胞在骨骼肌稳态维持和肌少症发生中的作用及机制研究
仁济医院-肿瘤研究所	张志刚	外周 5-羟色胺通过受体介导或翻译后修饰的方式调控消化系统肿瘤及其微环境的分子机制研究
新华医院	杨　军	靶向钙信号和活性氧揭示缝隙连接蛋白相关的遗传性/获得性耳聋的关键机制及干预研究
新华医院	姚志荣	靶向皮肤神经免疫单元的特应性皮炎干预策略与机制
九院—口腔医学研究所	陈万涛	低氧引发的溶酶体-外泌体功能失衡诱导免疫微环境变化调控口腔鳞癌恶性进展
精神卫生中心	王　振	经颅交流电刺激闭环重塑强迫症 CSTC 环路子网络协同作用的机制

国家自然科学基金重点国际合作研究项目负责人(1 项)

新华医院	付成来	IP6K1 对血管新生的调控作用和分子机制研究

国家自然科学基金重点研究计划-集成项目负责人(1 项)

新华医院	苏佳灿	基于多组学数据集成与人工智能机器学习筛选器官衰老标志物及其机制调控、干预研究

国家自然科学基金联合基金-重点支持项目负责人(6 项)

瑞金医院	李　璞	幽门螺杆菌通过“胃-肠-脾”微生物免疫轴促进胃癌发生的作用与机制研究
仁济医院	胡耀敏	脑 CCK 抵抗导致脑-肠轴紊乱在脂毒性介导糖代谢异常中的作用与机制研究
仁济医院	李佩盈	Ccrl2＋CX3CR1＋小胶质细胞亚型在缺血性脑卒中后认知障碍中的作用及机制
仁济医院	骆艳丽	抑郁症与睡眠障碍相互作用的神经环路机制及靶向干预研究
第一人民医院	孙晓东	RHO 点突变相关视网膜色素变性视觉功能损伤分子机制及先导编辑技术干预策略研究
第一人民医院	周　永	河北冀东地区膳食与泛血管疾病防控机制队列研究及膳食干预

国家自然科学基金优秀青年科学基金项目负责人(2 项)

仁济医院	曲新华	骨科抗菌生物材料
仁济医院-肿瘤研究所	金浩杰	仑伐替尼联合靶点筛选及耐药机理探索

国家自然科学基金重大项目-课题负责人(4 项)

医学院	范先群	医联网环境下的医疗保险服务创新与智慧医院管理
瑞金医院	罗　艳	睡眠(麻醉)-觉醒转换启动机制与临床研究
仁济医院	陈国强	儿童神经母细胞瘤和肝母细胞瘤发生与演进及其关键分子机制研究
儿童医学中心	潘秋辉	儿童肝母细胞瘤和神经母细胞瘤诊断新策略研究

国家自然科学基金外国学者研究基金项目负责人(2 项)

基础医学院	沈　蕾	Defining the role of mTORC1 in lung ILC2s and asthma
公共卫生学院	CHRISTOPHER DR. HEESCHEN	Reprogramming the tumor microenvironment to overcome resistance to CAR-T cell immunotherapies (Reset-TiME)

国家自然科学基金重大研究计划-培育项目负责人(3 项)

基础医学院	郭　滨	脐血造血干细胞干性维持与体外扩增分子机制及其在造血系统再生中的应用
仁济医院	刘建军	PET/MR 多模态成像监测前列腺癌治疗后转归及其机制
第六人民医院	陆　炎	分泌因子 ORM2 在 NAFLD 致肝脏修复再生障碍中的作用及机制研究

国家自然科学基金联合基金-培育项目负责人(1 项)

第六人民医院	贾伟涛	构建微纳传感系统实时评估巨噬细胞膜电位与细胞极化内在关联规律及调控骨修复机制研究

国家自然科学基金组织间合作研究项目负责人(1 项)

国际和平妇幼保健院	范建霞	HeLTI 合作研究项目:预防儿童肥胖的社区-家庭-母婴综合干预队列研究

国家自然科学基金合作交流项目负责人(2 项)

仁济医院	殷　霞	胞苷脱氨酶促进卵巢透明细胞癌免疫调控的机制及临床治疗策略的研究
仁济医院	周永军	非典型 I-型聚酮类抗菌剂 NFAT - 133 的芳构化机理

国家自然科学基金原创探索项目负责人(2 项)

瑞金医院	刘瑞欣	噬菌体靶向肠道共生菌干预肥胖探索
仁济医院	房静远	具核梭杆菌通过新型毒力蛋白 RadD 与白色念珠菌互作促进结直肠癌发生和进展的机制研究

国家自然科学基金科学部综合研究项目负责人(11项)

基础医学院	李　斌	肝移植前后机体免疫应答的动态演变及其调控机制(联合申请B)
基础医学院	王　颖	EGFR突变型肺癌免疫检查点抑制剂的耐药机制及干预策略(联合申请B)
瑞金医院	陈德昌	肠道微生态紊乱通过SCFAs介导B淋巴细胞分化及功能障碍在COVID-19中作用和机制
瑞金医院	瞿洪平	基于"代谢-表观-炎症"新策略探讨中性粒细胞介导脓毒症脏器损伤的作用机制研究
仁济医院	夏　强	肝移植前后机体免疫应答的动态演变及其调控机制(联合申请A)
仁济医院-肿瘤研究所	何勇宁	细胞黏附原位结构的电子断层成像研究
新华医院	陈丰原	组织蛋白酶Cathepsin L通过蛋白水解酶依赖和非依赖途径介导肺血管内皮细胞焦亡促进PAH的机制研究
新华医院	骆江云	PIEZO1-KLF2正反馈环路激活介导运动对糖尿病血管内皮功能保护作用的机制研究
第一人民医院	孔德平	糖酵解醛缩酶ALDOA及其乳酰化修饰调控肺动脉高压中血管重塑的作用和机制研究
胸科医院	陆　舜	EGFR突变型肺癌免疫检查点抑制剂的耐药机制及干预策略(联合申请A)
精神卫生中心	袁逖飞	运动干预甲基苯丙胺成瘾的整合生理学与神经机制研究

国家自然科学基金专项项目负责人(1项)

瑞金医院	孙万驹	面向人民生命健康领域联合基金资助策略研究

附2　医学院2022年对外交流统计

一、医学院与国外(或地区)大学/机构签署的合作协议

签署日期	协议名称	合作单位	合作方签署人	我方签署单位	我方签署人	有效期
7.20	上海交通大学医学院与渥太华大学医学院协议备忘录(合作办学)(续签)	渥太华大学	Sanni Yaya Jacques Fremont Bernard Jasmin	医学院	林忠钦 范先群	5年
12.9	医学人文教学合作总体框架谅解备忘录	里昂一大 里昂三大 国立圣艾蒂安大学 渥太华大学	Frederic Fleury Eric Carpano Florent Pigeon Jill Scott Bernard Jasmin	医学院	胡翊群 季　光	5年

二、国际会议与大型会议统计

会议名称	举办日期	外宾人数	中宾人数	主办单位/承办单位
2022 上海儿童肿瘤论坛	5.13—5.15	10	41	上海儿童医学中心、上海市抗癌协会、上海市抗癌协会儿童肿瘤专委会(筹)、中国抗癌协会小儿肿瘤专委会
第五届临床药学创新发展论坛	6.18—19	6	20	上海交通大学医学院、上海医学会、上海药学会
上海交通大学医学院国际青年学者云论坛(线上线下结合)	6.23—6.26	28	112	上海交通大学医学院、瑞金医院、仁济医院、新华医院、第九人民医院、第一人民医院、第六人民医院
2022 第四届中德在线研讨会	6.24	19	18	第九人民医院、德国杜伊斯堡-埃森大学
第七届上海国际淋巴肿瘤论坛(线上线下结合)	6.24—6.26	12	48	瑞金医院、上海血液学研究所、中国病理生理学会、中国病理生理学会实验血液学专业委员会、上海女医师协会
全球全健康指数发布会(线上线下结合)	7.15	10	24	上海交通大学、爱丁堡大学
上海国际医学论坛(线上线下结合)	10.14	6	24	上海交通大学医学院
中法激光医学与腔道外科研讨会(线上线下结合)	11.26	4	16	第一人民医院、上海交通大学中法激光医学与腔道外科研究中心、中国医学装备协会泌尿外科分会
第八届国际帕金森病暨运动障碍疾病研讨会(线上线下结合)	11.30—12.1	11	16	第一人民医院

注:除特别注明外,一般为线上参会。

三、医学院聘请境外客座教授统计

姓名	申请单位	单位
Lap Ah TSE (谢立亚)	公卫学院	香港中文大学
Jürg Utzinger	全球健康学院	瑞士热带病与公共卫生研究所 巴塞尔大学
Albert Icksang Ko	全球健康学院	耶鲁大学
Tin-Chiu Li (李天照)	仁济医院	香港中文大学
Maoli Duan (段茂利)	新华医院	瑞典卡罗琳斯卡大学医院
Toru Suzuki (铃木亨)	同仁医院	英国莱斯特大学

四、医学院获得荣誉称号及奖项

单　位	姓　名	专　业	称　号	颁发机构
中法联合医学院	张　寅	儿科	法国国家功绩骑士勋章	法国政府
中法联合医学院/瑞金医院	沈柏用	胰腺外科	法国荣誉军团骑士勋章	法国政府
瑞金医院	张欣欣	感染科	法国荣誉军团军官勋章	法国政府
第九人民医院	托内特·马里奇奥	口腔种植	上海市白玉兰纪念奖	上海市政府

五、与医学院开展学生交流活动院校一览表

	接收我院学生的机构	选派学生前来我院的机构(部分)
加拿大	麦克马斯特大学、渥太华大学、加拿大病童医院	
法国	巴黎西岱大学、格勒诺布尔阿尔卑斯大学、里昂一大、克莱蒙费朗大学、Edouard Herriot 医院、里昂南部医院、Avicenne 医院、Bichat Claude Bernard 医院	
英国	牛津大学、伦敦国王学院	萨里大学
日本	大阪大学	

附 3　医学院 2022 年度教职工队伍建设情况

1. 2022 年新聘任高级专业技术职务人员名单

序号	单位	姓名	性别	现从事专业	聘任专技职务
1	基础医学院	孙岳平	男	细胞与分子生物学	教授
2	公共卫生学院	郑小琪	男	生物统计与生物信息学	教授
3	公共卫生学院	郑黎强	男	流行病与卫生统计学	教授
4	基础医学院	方伟群	男	神经科学	研究员
5	基础医学院	张大川	男	病理生理学	研究员
6	公共卫生学院	李　岩	男	卫生政策与管理学	研究员
7	公共卫生学院	马文姬	女	生物信息学	研究员
8	临床研究中心	谭红胜	女	中药学	研究员
9	党校	叶福林	男	高教管理	研究员 (高教管理)
10	财务处	范悦敏	女	会计	正高级会计师
11	护理学院	吴映晖	女	护理学	副教授

（续表）

序号	单位	姓名	性别	现从事专业	聘任专技职务
12	护理学院	袁晓玲	女	护理学	副教授
13	基础医学院	蔡海燕	女	药物设计学	副研究员
14	党委宣传部	雷　禹	女	高教管理	副研究员（高教管理）
15	医院管理处	陈丽红	女	高教管理	副研究员（高教管理）
16	中国医院发展研究院	李　丽	女	高教管理	副研究员（高教管理）
17	物理与天文学院	赵西梅	女	物理学	高级实验师
18	基础医学院	张　瑞	女	药理学	高级实验师
19	基础医学院	雷　虎	男	病理学与病理生理学	高级实验师
20	临床研究中心	朱滕滕	男	肿瘤流行病学	高级实验师
21	公共卫生学院	彭　程	女	卫生毒理学	高级实验师
22	基础医学院	孙静静	女	神经生物学	高级实验师
23	档案馆	江浩艳	女	档案管理	副研究馆员

2. 2022年通过高级专业技术职务学术评议人员名单

序号	单位	姓名	性别	现从事专业	聘任专技职务
1	瑞金医院	张　欢	女	放射学	教授
2	瑞金医院	张　俊	男	肿瘤学	教授
3	瑞金医院	赵　任	男	普通外科学	教授
4	瑞金医院	蒙国宇	男	血液病学	教授
5	仁济医院	刘建军	男	核医学	教授
6	仁济医院	夏　强	男	普通外科学	教授
7	新华医院	汪希鹏	男	妇产科学	教授
8	新华医院	刘　松	男	呼吸内科学	教授
9	第九人民医院	王　斌	男	整复外科学	教授
10	第九人民医院	乔　洁	女	内分泌及代谢病学	教授
11	第九人民医院	张诗雷	男	口腔颌面外科学	教授
12	第九人民医院	赵　杰	男	脊柱外科学	教授
13	第九人民医院	昝　涛	男	整复外科学	教授
14	第九人民医院	胥　春	男	口腔修复学	教授
15	第九人民医院	贾仁兵	男	眼科学	教授

（续表）

序号	单位	姓名	性别	现从事专业	聘任专技职务
16	第一人民医院	李　铮	男	泌尿男科	教授
17	第一人民医院	常　健	女	护理学	教授
18	第六人民医院	任　涛	男	呼吸内科	教授
19	第六人民医院	陈小华	男	传染病学	教授
20	国际和平妇幼保健院	许　泓	女	妇产科学	教授
21	瑞金医院	周　隽	女	血液内科学	研究员
22	瑞金医院	郑　捷	男	内分泌遗传学	研究员
23	瑞金医院	常　庆	男	消化外科学	研究员
24	仁济医院	黎　静	女	免疫学	研究员
25	仁济医院	吴　凡	男	免疫学	研究员
26	肿瘤所	孙　颖	女	肿瘤学	研究员
27	新华医院	李　旌	女	眼科学	研究员
28	新华医院	郑英霞	女	临床检验诊断学	研究员
29	儿研所	吴　瑾	女	儿科学	研究员
30	第九人民医院	于志锋	男	骨外科学	研究员
31	第九人民医院	王贤松	男	组织工程与再生医学	研究员
32	第九人民医院	刘　昕	女	口腔材料学	研究员
33	第九人民医院	刘剑楠	男	口腔颌面外科学	研究员
34	第六人民医院	陆　炎	男	内分泌代谢病学	研究员
35	第六人民医院	马　腾	男	生物化学与分子生物学	研究员
36	胸科医院	邓跃臻	男	肿瘤分子生物学	研究员
37	儿童医院	王春霞	女	重症医学	研究员
38	国际和平妇幼保健院	范建霞	女	妇产科学	研究员
39	瑞金医院	孙　晶	男	普通外科学	副教授
40	第九人民医院	代杰文	男	口腔颌面外科学	副教授
41	第一人民医院	李艳丽	女	妇产科学	副教授
42	第一人民医院	杨　烨	女	妇产科学	副教授
43	第一人民医院	冯晓云	女	内分泌代谢病学	副教授
44	第一人民医院	刘　传	男	肿瘤学	副教授
45	第六人民医院	张　磊	男	内分泌代谢病学	副教授
46	第六人民医院	黄翠琴	女	护理学	副教授
47	瑞金医院	王超越	男	医学影像学	副研究员
48	瑞金医院	徐　丹	女	急重症医学	副研究员

（续表）

序号	单位	姓名	性别	现从事专业	聘任专技职务
49	伤研所	王　娟	女	生物医用材料学	副研究员
50	伤研所	李翠笛	女	生物医学工程学	副研究员
51	伤研所	杨　凯	男	骨外科学	副研究员
52	内研所	马勤耘	女	内分泌代谢病学	副研究员
53	瑞金医院	王继先	女	康复医学	副研究员
54	瑞金医院	刘　岽	女	呼吸内科学	副研究员
55	瑞金医院	张陈诚	男	神经外科学	副研究员
56	瑞金医院	赵大航	男	骨外科学	副研究员
57	仁济医院	汪旺生	男	妇产科学	副研究员
58	仁济医院	张　蕾	女	肿瘤放疗学	副研究员
59	肿瘤所	张佳利	男	肿瘤学	副研究员
60	肿瘤所	周　敏	女	肿瘤学	副研究员
61	肿瘤所	胡立鹏	男	肿瘤学	副研究员
62	肿瘤所	蔡梅春	女	肿瘤学	副研究员
63	仁济医院	朱利娟	女	肿瘤学	副研究员
64	新华医院	骆江云	男	心血管内科学	副研究员
65	新华医院	潘秀武	男	泌尿外科学	副研究员
66	第九人民医院	朱倩倩	女	生殖流行病学	副研究员
67	第九人民医院	曹玲燕	女	口腔修复材料	副研究员
68	第九人民医院	张蕾蕾	女	眼科学	副研究员
69	第九人民医院	金淑芳	女	口腔临床医学	副研究员
70	儿童医学中心	沈　楠	女	儿科学	副研究员
71	儿童医学中心	施国丞	男	小儿心胸外科	副研究员
72	儿童医学中心	颜　艺	女	心血管病学	副研究员
73	第一人民医院	王长平	男	骨外科学	副研究员
74	第一人民医院	周　宏	男	专职科研人员	副研究员
75	第一人民医院	白　晶	女	免疫学	副研究员
76	第一人民医院	孙　洋	女	免疫学	副研究员
77	第六人民医院	吴建荣	男	影像医学与核医学	副研究员
78	第六人民医院	钱　运	男	骨外科学	副研究员
79	精神卫生中心	史栋栋	女	神经药理学	副研究员
80	精神卫生中心	赵　迪	女	精神病学	副研究员
81	同仁医院	方风琴	女	免疫学	副研究员
82	仁济医院	袁安彩	女	心血管内科学	高级实验师

附 4　医学院 2022 年度工会妇委会获奖一览表

奖项名称	获奖单位/个人
第五届上海高校青年教师教学竞赛医学学科组特等奖	附属第九人民医院廖悦
第五届上海高校青年教师教学竞赛自然科学基础学科组二等奖	基础医学院贾浩
第五届上海高校青年教师教学竞赛医学学科组二等奖	附属第六人民医院李毓
第五届上海高校青年教师教学竞赛医学学科组三等奖	基础医学院胡纯婷
第五届上海高校青年教师教学竞赛医学学科组三等奖	公共卫生学院黄亨烨
上海市工人先锋号(常规表彰)	附属仁济医院检验科
上海市工人先锋号(常规表彰)	附属第一人民医院泌尿外科临床医学中心
上海市工人先锋号(专项表彰)	附属新华医院花博园复兴馆方舱医疗队
上海市五一劳动奖状(常规表彰)	附属第九人民医院
上海市五一劳动奖章(常规表彰)	附属瑞金医院沈坤炜
上海市五一劳动奖章(常规表彰)	附属第六人民医院傅强
上海市五一劳动奖章(专项表彰)	公共卫生学院王慧
上海市五一劳动奖章(专项表彰)	附属瑞金医院邱力萍
上海市五一劳动奖章(专项表彰)	附属同仁医院金晓燕
上海市巾帼创新新秀奖	附属瑞金医院王黎
2021 年度上海市教育系统巾帼建功标兵	护理学院方琼
上海市教育系统“三八”红旗手	医学院病理生理学系赵倩
上海市教育系统第二届最美家庭提名奖	公共卫生学院邱红玲　陶维华夫妇
上海市教育系统第十三届比翼双飞模范佳侣	医学院药化生信中心孟凌华　王欣泽夫妇
上海市教育系统第十三届比翼双飞模范佳侣	医学院团委游佳琳　苏懿夫妇

附 5　医学院教职工协会负责人一览表

职工协会：

社团名称	负责人	社团名称	负责人
书友会	黄　荣	游泳协会	罗亭绮
篮球协会	张利公	羽毛球协会	仇晓春
足球协会	武剑华	音乐欣赏俱乐部	徐　洪
乒乓球协会	刘天法	书画协会	陈春燕
飞镖协会	张　颖		

附 6　医学院 2022 年度团委系统受表彰情况

五四评优

2021 年度全国五四红旗团委

附属上海儿童医学中心团委

2021 年度全国优秀共青团员

李　琪　附属仁济医院麻醉科住院医师

2021 年度上海市青年五四奖章个人(6 人)

李　乾　基础医学院解剖学与生理学系研究员

叶　枫　附属瑞金医院普外科主治医师

曲新华　附属仁济医院骨关节外科主治医师、副研究员

刘立骏　附属新华医院心血管二科心内重症监护室护士长、主管护师

廖　骞　附属第九人民医院门急诊管理处副处长、口腔综合科主治医师

黄　佳　附属胸科医院肿瘤科副主任医师、上海市第九批援藏干部、西藏自治区日喀则市人民医院胸外科主任兼创伤中心副主任

2021 年度上海市青年五四奖章集体

附属上海儿童医学中心 Dr. Young 青年团队

2021 年度上海市基层团组织典型选树通报表扬(3 个)

附属新华医院团委

附属仁济医院急诊科团支部

附属国际和平妇幼保健院门急诊团支部

号手队岗

一星级全国青年文明号(12 个)

附属瑞金医院呼吸与危重症医学科

附属瑞金医院血液内科

附属瑞金医院灼伤整形科

附属仁济医院药剂科

附属新华医院耳鼻咽喉头颈外科

附属第九人民医院口腔综合科

附属上海儿童医学中心心胸外科

附属第一人民医院眼科

附属第六人民医院产科医护组

附属第六人民医院门急诊中西药房

附属胸科医院呼吸内科

附属胸科医院呼吸内科

青年专项

新时代上海闪光青年(4 人)

翟炜、程维维、陈翀、任佳莺

2021 年度上海市社会主义精神文明好人好事提名

吴钧翔

2022 年上海学校共青团主题微团课大赛

一等奖(1 项)

《立志、力学、力行——青年楷模晖代英》

主讲人:机关团总支　王若玢

二等奖(1 项)

《传承建团使命,谱写奋斗青春》

主讲人:直属护理学院团支部　尹佳宁

三等奖(2 项)

《抗疫医学青年的担当》

主讲人:附属瑞金医院团委　杨溢

《中国社会主义青年团创始人——俞秀松》

主讲人:附属上海市儿童医院团委　余婷

学生专项

2021 年度"中国大学生自强之星"

潘文锋　2021 级外科学专业博士研究生

王　铭　2019 级儿科专业本科生

2021 年度电信奖学金

天翼奖

王逸姝　2022 级生殖医学硕博连读生

飞 young 奖

余　瑜　2020 级眼科硕士研究生

2021 上海大学生年度人物

张海扬　2016 级临床医学八年制专业

2022 上海交通大学第十二届"凯原十佳"教师

乐　飞　附属瑞金医院普外科主任医师

2022 上海交通大学第十二届"凯原十佳"教师提名

马　雄　附属仁济医院感染科主任、消化内科执行主任、消化内科主任医师

蒋欣泉　口腔医学院执行院长、附属第九人民医院口腔修复科主任医师

志愿服务

第六届中国青年志愿服务项目大赛

银奖(1 个)

"喂"爱行动—上海市儿童医院母乳库青年志愿服务项目

铜奖(1 个)

"蓝小医"青年志愿服务项目

2022 年上海科普教育创新优秀科普志愿者奖

上海交通大学医学院"我能心急救"志愿者服务队

2022 年度上海造血干细胞捐献宣传动员工作优秀组织奖

上海交通大学医学院

2022 年度上海造血干细胞捐献宣传动员工作先进个人奖

袁维妮　2020 级口腔医学五年制

第五届中国国际进口博览会优秀志愿者

翁若愚　2020级临床医学八年制法语班

科创赛事

第八届中国国际“互联网+”大学生创新创业大赛

高教主赛道本科生创意组金奖(1项)

《慧眼逐明——眼眶病AI人脸识别筛查系统领航者》

负责人:雷超宇(2018级临床医学八年制)

团队成员:屈明宇、陈烨欣、陶泽成、王翊涵、陆悦宁、朱佳莹、徐臻淇、玉志勇、孙瀚池、黄靖、王骐宇、谈子铭、张可言、陈泽瑜

指导教师:周慧芳、董正英、赵旭、翟广涛、张录法

第十三届“挑战杯”上海市大学生创业计划竞赛

铜奖(1项)

《慧眼逐明——眼眶病智慧筛查与分级诊疗一体化建设领航者》

负责人:雷超宇(2018级临床医学八年制)

团队成员:王翊涵、陶泽成、陈烨欣、陆悦宁、徐臻淇、陈泽瑜、黄靖、孙瀚池、屈明宇、张可言、王骐宇、谈子铭、玉志勇、朱佳莹

指导教师:周慧芳、赵旭、翟广涛、张录法

二十届上海市百万青少年争创“明日科技之星”大学生评选

一等奖“明日科技之星”(1项)

《体内原位预血管化三维纳米纤维神经导管促进周围神经再生的实验研究》

获奖个人/团体:沈君劼

指导教师:郑宪友

二等奖“明日科技之星提名奖”(1项)

《基于实施性研究综合框架(CFIR)的中国心脏急救普及教育体系调研报告及解决方案探索》

获奖个人/团体:石佳琪、杨贵君

指导教师:张琳

三等奖“科技希望之星”(4项)

《基于机器学习的泌尿系统恶性肿瘤人工智能病理诊疗模型》

获奖个人/团体:陈思腾

指导教师:郑军华

《三维嵌入人肝前体样肝细胞的体外生物人工肝缓解猪的急性肝衰竭》

获奖个人/团体:李伟建

指导教师:刘颖斌

《双层金属支架促进腱骨组织再生》

获奖个人/团体:杨仁豪

指导教师:王蕾

《NSTE-ACS患者中血清sST2水平和斑块不稳定性的研究》

获奖个人/团体:罗谷青、钱宇轩

指导教师:丁嵩

社会实践

2022年全国大中专学生志愿者暑期文化科技卫生“三下乡”社会实践活动

优秀个人(1个)

程雅青　上海交通大学医学院团委副书记

2022 年“知行杯”上海市大学生社会实践活动

项目一等奖(1 个)

“久蔚”乡村行,“沪”齿下一代——基于新疆、上海各区乡村儿童口腔健康扶贫公益计划

项目二等奖(2 个)

智慧医疗,守护健康——常态化疫情防控下互联网医院发展模式探究

逐光万里行——眼健康科普体系调研与实践

项目三等奖(2 个)

外防边境疟疾输入,助力乡村生态振兴——中国疟疾防治与消除经验调研

医学启蒙助健康,科普引领振乡村

先进个人(2 人)

周慧芳、王子硕

优秀指导教师(4 人)

李国红、郁诗阳、朱伟燕、游佳琳

学生社团

视觉中国|500px 遇·荐

摄影协会　最具潜力作品奖　王浩源(个人)

“十四五”期间首批上海市学生科技创新社团

上海交通大学医学院生物医学科学学会

上海市第十七届运动会

武术协会　品势个人段位赛冠军　于素悦(个人)

上海市阳光体育大联赛

弈宇棋社　男子组一等奖

弈宇棋社　女子组一等奖

附 7　医学院 2022 年度研究生毕业名单

研究生毕业生名单

▲博士

瑞金医院(83 人)

张铖	宋欢	张艳	赵伟林	徐燕萍	俞晓琦	王楠	蒋心怡	余欢	杜娟	冯长州
毛东东	杨双双	张婕	徐汇	刘佳	周瑶	顾威庭	蒋金玲	高帅芸	王子寅	鲁双双
陈雁伟	徐怡琼	苗莹	李菁	汪文斌	宋花歆	王家璐	程雯艳	王芝嫣	黄剑峰	张琳琳
张怡	欧阳皖雁	齐季瑛	林辉煌	高晶	庄玲芳	孙佳俊	余舒文	赵爽	项家丽	别立展
赵家鑫	徐文心	谢培琳	方钱华	徐静尊	邓芸	张玮珊	周一凡	张毅	张启维	陈勇
刘畅	梁茜	杜玉樟	王滔	蒋永升	王际壮	丁淑宁	傅宇成	黄灵	周明娟	陈珺珏
黄思思	龚方晨	陈科桦	蒙剑芬	赵晔	徐倩楠	管皓楠	赵起悟	徐灿鑫	汪灵泉	周郁芬
张娟娟	陈立芬	钟鸣	芦鑫淼	林捷威	吕卓辰					

仁济医院(76 人)

左乔竹	田为天	李尤	杨小茜	倪博	林南河	陈炳宏	赵之聪	孙艳莎	王思颖	谢成梅
施剑峰	孙灵跃	徐萍萍	顾霜霜	周甜	王飞	苗平	文德重	夏磊	王欣然	刘德军
李喆	蔡佳翌	杨邵英	陆楠	肖志朋	张楠	蒋程恺	杨洋	陆诗媛	王旻洲	张昕雨
李昕	倪茜茜	陈勇	黄冰源	雷晓红	李佳琳	任潇	刘瑶	高倩倩	徐芸芸	郭瑞妍
杨春	李伟建	苑志国	侯宇宸	瞿俊文	汪冬霜	程琳	储维薇	朱亚男	王巧红	石娟娟

金文姣　王振宇　徐　凡　邵振滔　丛　慧　臧婧羽　徐侨翌　周　徐　殷苏晴　吴　莹　王彤钰
王天伟　牛佳欣　梅舒雅　茅传圆　陈冰华　张健健　刘桂勤　王泽宇　李国强　苗慧洁

新华医院(52 人)

范翩翩　马　蕊　赵冬莹　杜　坤　孙沛昳　陈哲逸　朱哲慧　程　橙　陈建勇　淦月薪　陈平平
杨　建　孙莲花　朱亚婕　吕　辉　周凯丽　阮慧娟　刘婧娴　卞炳贤　吕　洲　孙学然　陈　冲
高　静　厉嘉琪　胡晓亮　毛倩云　陈媛媛　淮漫修　葛卓望　李宝雷　张丹丹　周　双　邵谢祥
余力加　查斯元　王伟鹏　刘诗蕾　陈鹏博　郑火亮　石博文　蔡元霞　喻国旗　高德坤　陆舒旻
张　慧　季海英　王梦雨　刘　欣　赵嘉豪　吴书其　孙　建　周　苗

第九人民医院(80 人)

辛仰勋　陈　旭　竺　越　周博雅　朱　静　霍莹莹　王轶雯　周文洁　翁　悦　于亚婷　陆娟娟
王　豹　侯梦洁　何际洲　宋晨璐　刘　婷　许　晓　孙　健　林文珍　陈　春　王　昱　张逸秋
李佩伦　王敏娇　孙　凯　凡　永　马希瑞　张艳杰　方　娅　陈必颖　梁怀彬　陈骁俊　陈　迪
贺　超　赵治锋　陈宏方　朱　朱　叶勒泰·努尔扎提　赵心童　陈　迪　杨　洁　王少云　姚腾腾
刘泽阳　何维维　陈聿名　徐鹏程　陈柏延　崔金婕　楼　超　张黎明　董　婷　林思涵　毛润一
吴　琪　杨　甦　邵彦雄　陈旭卓　顾子悦　石超吉　傅　友　王杞章　周知航　黄　群　丁宝志
刘喆麒　吴千驹　甘　宁　丁鑫鑫　吴雅琴　任继亮　曹　爽　林承重　郑吉驷　侯家康　蔡宜佐
TAN POH CHING　ZIN MAR AUNG　WON TAEHO　HA NA YOUNG

第一人民医院(41 人)

孙力波　唐　刚　谢嘉旻　严　率　陈志国　张　璋　庄玲玲　徐昳枫　沈　波　郭悦承　骆云晨
王安迪　赵秋艳　吴增楷　管昊晨　郑　祎　赵凌舟　李春霖　陈思腾　吴若愚　秦智威　李　曦
王逸涵　白欣悦　刘　洋　张俊秀　胡光奕　佘新平　胡亚男　钱　昱　杨建强　郑　珂　刘富饶
王　星　丁　羽　武文博　陈钰虹　涂　青　袁　圆　韩　厦　李俊娴

第六人民医院(55 人)

王守丽　徐　捷　谢丽萍　梁烨倍　王燕萍　赵蔚菁　王　迪　白宁宁　吕珊珊　靳雨辰　方　佳
刘汉玮　巩丽娜　谈佳琪　李世玮　向富州　庄　谦　房　莹　李　成　柯蒋风　王　嫣　胡　帆
胡丽丽　赵　骄　萨　日　刘晶晶　赵倩倩　胡　磊　马新欣　郭　倩　汪文博　郭宇航　龚秋源
冯　凯　杨　闯　桑　尚　朱道宇　缪　语　丁　鹏　姜达君　张　烨　姚青秀　王　帆　蒋志远
浦少锋　朱　珍　吴　琼　沈　健　虞陆超　柳　逸　李明仙　路　文　王海燕　杨　月　王龙辰

附属儿童医院(5 人)

孙婧婧　郑　君　谭可哲　孙　蕾　吴　伟

附属胸科医院(12 人)

胡敏娟　洪　婷　刘　洋　尹安雯　曹淑慧　王　琳　王　雪　钱立强　郭振英　王亚南　方　亮
赵明娜

附属精神卫生中心(10 人)

刘红梅　杨璧西　苏文君　邓　岖　王颖婵　杨平原　赵晓鑫　程培培　李瑞华　和　申

附属国际和平妇幼保健院(11 人)

袁江静　毛国萍　杨　希　许晶晶　周志阳　王瀚枢　施炜慧　段陈迟　顾倪浩　王　晶　公小迪

附属儿童医学中心(14 人)

朱佳蓓　王　涵　文　雯　杜白露　任　洁　吴　静　孟　敏　陈　典　祖白玲　张　仪　金大为
孙思娟　李　辛　张海燕

附属同仁医院(5 人)

司莉萍　刘玉园　蔡宏霞　拜霖楠　热依沙・塔西买买提

基础医学院(59 人)

李　松　吴　景　章晶晶　金静思　齐　昕　来晓云　张　晶　陈菲菲　张　洁　张自力　冯　茹
吴重秋　项鸿睿　张文婷　杜新月　杨运生　王国珏　牛泓深　隋　怡　李　孟　尹倩倩　马小波
赵　娜　陈高贤　丁　楠　刘笑嘉　刘　平　樊莎莎　杨　超　张　丹　邓彪龙　翁维吉　陈　欣
吴美美　蒋文艳　刘　琪　李静池　王飞翔　黄佳琳　罗　静　李洋洋　胡倩雯　杨　朔　翟天航
陈琪迪　龚华珊　迟　锐　童灵锋　高绍莹　谷　雪　杨文倩　舒自美　潘　虹　来　星　刘　婵
王大元　张可人　柳淑君　解　丰

公共卫生学院(9 人)

钱　颖　姚　谦　黄利利　谢懿春　董旻晔　沈秋明　王苏苏　石晶金　年　敏

护理学院(2 人)

刘　霞　李　飞

▲硕士

瑞金医院(146 人)

郭　瑞　陈　铭　季垠宏　孙　璘　巴音才次克　李　潇　刘子元　王紫璇　张　驰　彭　博
荆梦霞　薛琪琪　邹浩玉　薛明慧　王瑞娴　张弼舒　杨凯歌　高　晗　奥布力阿西木・牙库普
钟　山　朱诞旦　吴昌桂　徐天雪　董了了　姜明昊　张祎凡　田　灏　李维丽　卢　昊　刘子竹
魏兆楠　尉　然　李丹洁　武启涵　代　波　李　翔　戎武威　蔡一恺　程　译　孔晓珂　缪　雅
夏嘉晖　胡镭宵　刘梦珂　黄昕洋　金　洲　叶超杰　袁苗苗　刘婧萌　曾　然　曾心艺　万之菡
香敏琪　颜　琳　盛春香　孔令辉　尹明月　高元棋　姚康丽　赖泽华　倪　优　王　佩　黄　强
吴　丹　席　悦　包文睿　丁丹丹　何思炜　吴筱琼　曾　倩　刘亚楠　张　宣　赵珺涛　林剑伟
张　超　丁　涛　简　政　陈　鹏　张雨晨　李可显　张子谦　金志剑　卢逸凡　贾宏涛　罗必显
林佳炜　钱　李　张泽晖　陈梦迪　俞心波　施忆雯　陈凯力　赵乾富　曾羽连　王　鹏　汤　斌
刘青晓　孙莎莎　祝文童　林红霞　蒋天依　张佳琳　王子秋　娄世珂　陈　侠　王雪晴　何亲羽
张雪蕾　邓　星　唐志伟　白亚亚　陈刘萍　刘　雨　夏益涵　张慧婷　石立强　吴宇权
帕热和・阿力木　孙　旭　李　瑞　阿不都沙拉木・亚力昆　夏天宇　邵思齐　马金燕　刘格丹
朱周军　相　璐　毛羽丰　李垚眉　陈正泽　王　燕　景晓利　巴福华　陈雨薇　戴赟麒　杨　洋
张　扬　张瑞歆　杨　洁　杨文丽　许建昆　张文净　吴炯睿　罗丹阳　阚颖欣
DULGUUN JURAMT

仁济医院(125 人)

姚　悦　李怡萱　向　静　庄灿彬　张远大　王　珺　孙　悦　朱有卫　李晚露　李陇霞　周　萌
程　莉　冯佳琪　吴智楠　宋倩徽　钟方元　张雪靓　柴烨子　冯亦凡　周宇杰　吕文涵　李　俊
陈　洁　胡明礼　耿　娜　阮彬倩　陈悦颖　韩夏夏　钱其炜　吴丹丹　董釜辰　朱雨宸　孙娴婷
高紫云　黄孝雯　章丹婷　王昕芃　綦梅茹　叶　枫　丁　凡　陈　晓　赵　娜　阮赐杰　胡小强
杨昌杰　杜新星　何征晖　于也萍　范怡伦　陈彦霖　地里热巴提・地力木拉提　李　凡　陈星兆
杨　健　李逢时　祁　禛　余　强　尹燕泽　吴　忌　刘宇婷　涂鸿鹄　徐大鹏　王预立　王泽瑜
方洪生　陶梦玉　章盼盼　黄思瀚　陈博婕　赵　丹　王梦莹　梅俊杨　梁顺顺　沈叙清　杨旭鹏
李嘉浚　吴承思　陈智敏　王永洁　张月蔓　张一哲　施郁淼　潘　超　贾天元　尚如意　吴宗梅
耿鑫瑶　卢静容　李青上　朱文博　丛　月　黄欢欢　陈　茜　颛孙诗雅　李子扬　钟　洁　杨　洁
赵一旭　张　迪　李晓倩　杨兆麟　郭俞彬　白佳润　申宇光　鲍添赏　李京哲　储倩倩　齐　孟
刘　益　王曦敏　周　佩　娄晓梅　邹沅芫　刘碧莹　李青竹　王子达　鲍云婷　张培浩　王　洋
洪淳敏　孙旭恒　张凌宵　陈　垒　刘梦瑶　闫凝慧

新华医院(111 人)

陈君敏　郑有杰　娄祺祺　渠　航　吴伟杰　付　荣　徐晴阳　李瑛泽　林大卫　徐　程　郁雯雯
于　玥　邱渝淑　陈姿霖　邱丽艳　陶苒苒　黄姗姗　王燕燕　崔梦梦　吴　博　张　琪　陈艳敏
王　晨　吴臣臣　吴玉婉　郑小雁　谢昱宇　何　山　王雨蒙　杨怡君　张舒琼　陈诗宇　李　瓯
刘方圆　吴　航　黄　森　韩旭晟　沈　霞　夏维敏　童焕军　竺思远　刘晓伟　傅润熹　陈浩杰
刘思明　谢玮薇　罗　佳　温艳君　王剑辉　郭海滨　郝　璨　张伯菡　王晓婉　黄莹莹　许新杰
张姣姣　朱文婷　胡敏杰　张瑶洁　陈丽娜　金紫璇　赵　萱　王之欣　顾殊能　林之伟　屈　夏
赵启源　魏逸凡　肖仁清　唐　珏　韩　婕　杨婧懿　崔芷萌　陈艳虹　赵　晶　高莉梅　张洪堃
刘坤慧　刘轩宇　娄丛坤　戴泽昊　周硕明　戴捷铭　胡　浩　赵　恒　刘海涛　陈思颖　王雪瑶
雷　粟　王　杰　牟正骞　于长清　魏云芳　吴嘉兴　赵紫薇　孙夏雨　武思尹　卫雪敏　李　响
舒　涛　夏丽娟　高晶晶　赵露旭　王　琳　李俊磊　施丹妮　汤柏维　杨翌萱　王玟心　温博涵
万双双

第九人民医院(154 人)

杨阳子　杨思敏　闫梦侠　鲁彦伽　段昱娟　余思敏　林　昊　俞　洁　纪鸥洋　施缘萍　陆桑雨
占琬琳　张豪杰　万婕莹　陈骁楠　张　鹏　魏　星　吴枫瑶　徐　倩　石亚红　尹姗姗　耿　楼
朱含汀　王　宁　焦　鑫　胡　弋　崔锡炜　孙一丹　吴高阳　康碧君　刘泓源　陈振应　贾鑫林
林毅轩　尹　创　李文韬　王　昀　周贤豪　王鹏辉　许明明　孙佳铭　顾舒晨　韦梦洁　李丹珺
周　闽　石寒菡　龚丹妮　王佳静　朱田雨　宗春燕　左思鹏　李　悦　周　祥　姜正麟　成桢哲
冯宝怡　王朝晖　孟依灵　蔡人杰　夏洋洋　王　越　鲁婷玮　白　兰　蒋胜杰　周文凯　刘玥旻
钟颖谦　任倩慧　赵　冉　颜　然　张　艺　王泽莹　黄兴太　张桓瑜　汪　冲　詹灵女　林月婷
蒋欣珂　游元和　曾康瑞　刘　塬　田国才　杨　博　李明彧　梅　鹏　姚艺璇　黄　涛　杨　玲
钟　婷　刘雪萌　谭雅月　刘芳芳　林长纯　胡　婕　宋庆博　丁施文　姚锂凤　魏　昊　彭世君
章成林　李　明　刘鹏程　陶昱成　马倩玉　陈　晨　李　睿　陆丽星　黄安英　姚欣妤　陈　潇
缪玲菊　卢丽丽　吴加豪　成亚娇　张　燕　魏　珊　钱程程　李芊芊　李晨奕　吴明星　彭　冲
孙欣怡　齐　涛　周子芊　徐欣蕊　张　易　朱柏恺　姚梦欣　林怡君　郑　彤　侯秀秀　李　欣
莊齊翔　闫越琪　周驭穹　陈渠奕　顾雨薇　仲　麒　高　雅　陈敬宇　李函育　杨皓然　張示璽
侯家琳　鍾釗豪　魏詩敏　刘甜甜　汪席均　吕政展　夏侗樑　KIM BYEONG SEOP
KWON KUBIN　MOON JONGHWAN　KRISTINE SUN

第一人民医院(80 人)

任　咪　施　雅　单颖驰　张　颖　耿子翔　方丹若　王俊俊　伏　扬　包静飘　谢浩然　李传磊
沈再红　江佩尧　龚昱嘉　徐梓馨　刘夏荔　曾越茜　韩　蕾　徐静娴　徐子茜　解永怡　张　璐
于　洁　贺美娟　李延宁　戈伊芹　傅中懋　谢志文　周大鹏　张米粒　曹　灿　徐厚实　徐以明
钟毅鸣　陈飞腾　蔡金明　韩夏影　魏子恒　巢家硕　曹婉悦　王世远　蒋钱伟　黄玉恒　盛辰晨
陈　莉　肖奇梦　陈佩琴　赵珍珍　张宇萌　宋延伟　陈焕樑　许静轩　杨晴晴　沈　阳　晋梦迪
张姝月　吴亚菲　邢畅畅　张艺译　宋怡珏　王　钰　嵇　颖　陈　静　李凤娇　金寒松　吴翰韬
刘　洋　张明东　杨金成　马明军　刘雯彧　董小童　舒毅扬　苏　彤　龚姝婧　孙莹莹　桂　青
王广妃　俞雅蓉　TEN WEI JUNG

第六人民医院(98 人)

邬静莹　姚　婷　黄群巍　杨　迪　陆思嘉　王梓媛　张芳菲　陶晓卉　王亚昕　易佑财　王　娟
程丽珍　赵　耀　嵇再雄　章　杨　陈　彬　赵永政　孙小丹　李原歌　石亭旺　郑凯文　陈承坤
罗　刚　杨　铭　李明卓　刘文飞　张瑜博　赵锦辉　王　峰　李　昂　路明宽　蔡卓长　严力风
林家豪　高仁智　林杉镱　陈逸炜　黄腾立　翁怀玉　林　兰　金玉婷　徐依赟　刘耀谦　肖丽丽
杨颖超　汪　莹　徐　翀　高振飞　徐茂翔　蒋林兰　邵蓉娇　金　翠　曹　越　陈远洋　孙家悦
孔欠文　李　则　赵时菊　姜　浩　廖敏安　汤锦洪　甘凯文　吴　娜　蔡诗雅　许玉子　马亚男
张力壬　沈胤伯　平鸿坤　徐海芸　席　闯　王爱青　赵希一　廖　鹏　王继剑　陈　城　周思宇

危振元　郭　华　付静怡　陈立奇　史嘉乐　孙文杰　何思瑾　郭文彬　程翔宇　刘世贤　唐　兰
薛　杉　廖俊玲　吕绍淦　涂娟娟　刘可心　张晨阳　向超丽　邱　澄　陈启与　HONG SUNG MIN

附属儿童医院(29 人)

鲍莉雯　魏　豪　周　锦　孙凡凡　刘红红　王艺霖　黄嘉耀　董　婷　董　芳　胡　彬
古丽米合然木·买苏木　李展翅　兰红艳　王安琪　马英轩　王雪芳　袁　昶　杨娇如　范飞龙
时　豪　姚雪莲　潘丽珠　郑钧敏　李　般　邱庆竹　江冰心　李贝多　孟超越　王斯炜

附属胸科医院(16 人)

易开艳　强慧萍　李忱菲　常媛媛　吴嘉琪　周文盛　刘智超　田　禹　周仕宏　吕依侣　侯煜铖
张　影　柴　蓉　龚之皓　宁君伟　宋伟健

附属精神卫生中心(24 人)

黄海婧　李　睿　何路遥　沈梦婷　柳　安　刘静静　李　鑫　王欣悦　李若凡　吴则南　刘瑞梅
吴桂森　甘冉飘　吕　鑫　张晓琳　林裕雄　刘筱钰　李灿鑫　赵　宽　钱诺诗　于　洁　张晨熹
夏安琪　雷惠婷

附属国际和平妇幼保健院(24 人)

赵奕然　倪　梦　刘金钰　刘殷迪　毛翌婷　王璐璐　卫晓薇　李丽娟　张翰秋　王　予　周宣佑
李国静　许闯闯　温　琳　高　尚　顾英杰　郑雨龙　黄原昕　武云龙　李春晓　张　良　于聿冲
杨旖赛　朱晨锋

附属儿童医学中心(40 人)

韩　茜　尤海珍　盘琳琳　陈　颖　王思棋　梁　煜　肖颖颖　叶丽丽　杨晓敏　罗苇如　温皖豫
钱　寒　崔　青　张　芳　王梦露　刘明璐　闫文洁　王紫惊　刘　可　林一杭　王树轩　李姗姗
郑晓素　陈　霞　朱　阅　潘桂贤　产文秀　蓝思源　张　巧　钟小梅　麻继丹　李凌禹　刘宇晗
赵　芬　陈丽芹　柏凯平　李正清　童　星　李　聪　张韵榆

附属同仁医院(14 人)

伍月兰　马铭潞　谢　怡　李　悦　王亚捷　张瑾　周　芳　汪锦江　李佳曦　杨　金　夏　钰
黄嘉慧　瞿天桢　张　悦

基础医学院(48 人)

张　凯　方嘉钰　胡　蕾　张　群　张　巧　王雨心　魏秀燕　季培逸　杜玉婷　邹智慧　蔡慕枫
王婷婷　张珍珍　王　颖　李　婕　杨立雪　张　咪　杜　琳　卢　钰　李　娜　王高阳　罗思敏
李聪聪　杨于权　严　寒　赵冰楠　褚云开　刘玉杰　杨玉东　黄　敏　万家惠　胡哲轩　曾　渝
季迎宁　马　婕　魏佳乐　童　冉　何璐瑶　龚其雨　符小妹　何　蕊　张文隆　蒋敏洁　邹菁华
张　钟　张亚丽　王晨飞　刘子楷

公共卫生学院(33 人)

王雅倩　张　玉　喻晓月　万晶晶　李晓青　潘承谕　任云杰　余恒意　杨丽君　张宇晴　李嘉慧
周慧宁　卢　雨　王　昊　娄泽如　朱晓燕　储莉婷　徐　晨　王淼淼　龙姿冲　胡春平　陈惠怡
杨光欢　王　杰　王筱笛　李舒曼　汪子夏　何　豪　李博文　吴丹麦　陈　杰　张薇琪　邹　倩

护理学院(20 人)

黄康慧　陆雪梅　茆　豆　郑乔木　杨　洁　许豆豆　巩格言　伍茹星　余　倩　沈逸潇　孟盈彤
季萍萍　粟义佳　崔培荣　杨利灵　李祎涵　郑雪雪　王贝贝　罗桢蓝　刘　畅

附 8　2022 年医学院各省市各批次录取分数线

2022 年医学院各省市各批次录取分数线

省市	一本线	最低录取线	超一本线	普通批			其他批次	
				八年制	五年制	预防医学/医学技术类/护理学	思源计划	贫困专项
北京	518	667	149	675	667	—/—/—	—	—
天津	583	697	114	702	697	—/—/—	—	—
河北	487	657	170	667	657	—/—/—	628	635
山西	498	653	155	653	—	—/—/文 556	616	606
内蒙古	427	639	212	639	—	—/—/文 545	626	628
辽宁	501	668	167	675	668	—/—/—	640	—
吉林	488	641	153	660	641	—/—/—	614	637
黑龙江	429	641	212	641	—	—/—/—	613	604
上海	503	600	97	600	—	—/556/—	—	—
江苏	516	657	141	666	657	642/—/—	637	—
浙江	592	686	94	686	—	—/—/—	664	—
安徽	491	655	164	673	655	—/—/—	571	643
福建	520	656	136	665	656	—/—/—	642	—
江西	509	661	152	661	—	—/—/575	641	640
山东	513	658	145	667	658	—/—/—	630	—
河南	509	660	151	673	660	—/—/—	644	655
湖北	504	662	158	662	—	628/—/—	621	644
湖南	475	664	189	664	—	636/—/—	635	637
广东	538	662	124	675	662	—/—/—	—	—
广西	509	672	163	672	—	—/—/569	627	607
海南	569	822	253	822	—	—/—/—	672	—
重庆	476	662	186	672	662	—/—/—	579	651
四川	515	676	161	685	676	—/—/613	646	658
贵州	451	655	204	655	—	—/—/559	637	607
云南	515	690	175	690	—	—/—/文 633	644	683
陕西	449	658	209	672	658	—/—/—	—	648
甘肃	442	634	192	634	—	—/—/536	586	617
青海	515	612	97	612	—	—/—/—	545	550
宁夏	412	614	202	614	—	—/—/—	570	584
新疆	400	639	239	639	—	—/—/—	523	555
港澳台	653							
侨联考								

附 9 医学院 2022 年重要文件选载

坚定理想信念 牢记育人使命
汇聚奋进合力 开创发展新局
——中共上海交通大学医学院第十一届委员会第九次全体会议报告
（2022 年 2 月 22 日中共上海交通大学医学院第十一届委员会第九次全体会议通过）

江 帆

沪交医委〔2022〕4 号

各位委员：

我代表中共上海交通大学医学院第十一届委员会常务委员会向全体委员汇报医学院 2021 年秋季学期工作情况和 2022 年春季学期主要工作思路，请审议。

一、2021 年秋季学期主要工作回顾

2021 年是中国共产党成立 100 周年，是党和国家历史上具有里程碑意义的一年，也是医学院改革发展的关键之年。秋季学期，我们以习近平新时代中国特色社会主义思想为指导，全面贯彻落实党的十九大和十九届历次全会精神，以及十一届上海市委十一次、十二次全会精神，深入学习领会“习近平总书记对交大医学院 24 名新入党学生党员的勉励寄语”（以下简称“勉励寄语”）精神，全面贯彻党的教育方针，坚定不移推动党的建设和医教研管各项事业高质量发展，上海高校分类评价在市属“学术研究型”高校中继续保持第一，连续六次获“全国文明单位”称号，连续十五次获“上海市文明单位”称号，“十四五”开局之年呈现出良好发展态势。

（一）深入开展党史学习教育，迅速掀起学习贯彻“勉励寄语”精神热潮，理想信念进一步筑牢

党史学习教育成效显著。夯实“体验式、沉浸式、互动式、践行式”党史学习教育新模式。深入实施“政治思想引领工程”，不折不扣学习贯彻落实伟大建党精神和党的十九届六中全会精神，把党史作为党委理论学习中心组和党员、干部教育培训的重要内容，不断推进班子成员“带头学”、基层支部“集中学”、普通党员“自主学”。分别接受市委、市教卫工作党委党史学习教育巡回指导组现场指导，学习和工作成效获得认可；近 30 篇党史学习教育专题报道被学习强国平台采用。隆重举行国庆节师生升国旗仪式，老中青三代交医人共话初心，相关视频新闻观看量达 50 万。“交医青年说”党史宣讲团入选“上海市大学生理论宣讲联盟”成员。

“勉励寄语”精神有效贯彻。把党史学习教育与立德树人工作紧密结合，制定学习宣传贯彻习近平总书记“勉励寄语”精神方案并迅速覆盖全体师生医护员工。坚持用“勉励寄语”精神凝聚全院师生医护员工共识，统筹抓好疫情防控和改革发展工作，推动医学院“十四五”规划落地实施。认真做好“勉励寄语”相关材料的归档工作，按照极端重要档案史料进行保管和珍藏，并纳入医学院党史和院史大事记。组织开展专项督查，准确把握“勉励寄语”精神学习宣传和贯彻落实情况，凝练特色经验做法，持续深化学习实效。

“我为群众办实事”实践活动深入开展。坚持以师生为中心，开通书记院长信箱，把师生“急难愁盼”具体问题列入党委日常工作。建立“定期听取和回应学生诉求工作机制”，召开“院领导与学生面对面”座谈会和医学院第九次学生代表大会，受理学生诉求 51 条，整改落实 46 条，学生满意度达 98.4%。完善“教职工民主参与机制”，组织召开“院情论坛”，切实落实“双代会”提案。整体推进“我为群众办实事”重点民生项目 11 项，重点发展项目 11 项，两类项目中各有 1 项入选市教卫工作党委系统重点项目；各附属医院共 6 个项目入选市教卫工作党委系统重点项目。

教师思政工作扎实推进。12 家附属医院全部完成教师工作部门建制工作。持续开展新职工、新教师和新聘研究生导师岗前培训，筑牢思想之基。研究制定医学院师德失范行为处理办法，扎实开展医学科研诚信与作风学风建设专项教育整治活动，学术道德和科研诚信管理体系不断健全。持续完善思想政治理论特聘教授制度，入选上海高校教师思想政治建设精品项目。依托交大校部马院，不断完善思想政治理论课“4＋1＋

X”模式，升级医学专业课程思政线上数据库和优秀案例集，入选首批上海市课程思政教学指南编制专项，获教育部课程思政示范课程1项，教育部课程思政教学团队及名师1个。3人获宝钢教育奖优秀教师奖，其中1人获特等奖；1人获评上海市“四有”好教师(教书育人楷模)称号。

育人体系不断完善。优化科创育人平台，获第七届全国大学生基础医学创新研究总决赛金奖2项、银奖和铜奖共4项；获上海市第十七届“挑战杯”特等奖和一等奖各1项、二等奖和三等奖共7项，获奖数创历史新高。强化实践育人功能，获全国暑期“三下乡”社会实践活动优秀团队、优秀报道团队、优秀作品各1个，第七届全国大学生暑期实践团队优秀团队1个；获“知行杯”上海市大学生社会实践大赛“优胜杯”，获得特等奖和一、二、三等奖各1项，先进个人2人，优秀指导教师4人。加强志愿服务育人效能，选派第24批上海青年志愿者赴滇服务接力计划1人、大学生志愿服务西部计划1人、第23届研究生支教团2人，1人获第十三届中国青年志愿者优秀个人奖；附属医院作为医疗保障定点医院为第四届进博会保驾护航，选派学生志愿者108人参与进博服务。5人获2021年度宝钢教育奖优秀学生奖；1个项目入选首批上海市高校辅导员“特色工作法”项目，2个工作室入选上海学校心理健康教育名师工作室。2021届毕业生去向落实率达96.57%，签约三甲医院达80.5%，比2020年提高三个百分点。

意识形态工作不断走深走实。健全意识形态工作分析研判和定期通报制度。加强教育教学阵地管理，健全教学纪律约束机制，完善教学过程督导制度，研究制定引进教材选用管理办法，守好课堂主阵地。加强思想文化阵地建设，进一步规范管理各类论坛、讲坛、讲座、年会、报告会、研讨会等，严格执行“一会一报”制度。医学院社会影响力得到提升，在主流媒体发布新闻500余篇；医学院官微位列市本科院校官微影响力6强。学习贯彻全国宗教工作会议精神，建立并落实宗教管理工作机制，组织开展师生宗教信仰调研排摸，掌握师生宗教信仰情况。

(二) 坚持和加强党的全面领导，切实推动全面从严治党向纵深发展，党的建设进一步抓紧抓实

全面从严治党不断深入。坚持和完善党委领导下的院长负责制，坚持民主集中制原则，认真执行“三重一大”决策制度，召开党委常委会会议9次，研究决策议题94项；修订医学院二级学院党政联席会议议事规则和党组织委员会会议议事规则。全面梳理医学院全面从严治党工作体系，研究制定医学院党委落实全面从严治党主体责任实施办法。深化细化“四责协同”机制，严格执行“四书四会三报告”制度，推动11个重点项目和32个一般项目高质量完成。全力配合做好中央对上海交通大学党委巡视和上海市委对四家副局级附属医院党委的巡视整改工作，持续推进市委巡视交大医学院党委整改年度成效评估工作，落实市委巡视办巡视整改专项自查任务，认真做好市审计局专项审计和经济责任审计整改工作。组织开展第六轮内部巡察整改和第七轮内部巡察，强化巡察成果运用。

干部队伍建设不断优化。坚持正确用人导向，坚决把好选人用人关口，研究制定二级单位领导班子分析研判报告。下半年，任免干部58人次，提拔任用处级干部10人，试岗期满通过考核任职处级干部10人，干部轮岗7人次，培养锻炼14人，赴外单位挂职6人，接收外单位挂职2人。“分类分级打造全方位立体化干部培训体系”入选市教卫工作党委基层党建创新实践案例。开展中层干部党史学习教育暨能力提升专题培训；持续实施“优秀青年人才培育计划”“优秀年轻干部培养锻炼计划”，开展优秀年轻干部调研、“双肩挑”干部管理机制调研。认真落实“组团式”援藏、援疆干部人才选派和轮换工作。

党风廉政建设持续推进。深入贯彻落实中央纪委五次全会和上海市纪委五次全会精神，切实落实市委、市纪委监委关于高校纪检监察体制改革任务。锲而不舍纠“四风”、树新风，组织开展违反中央八项规定精神情况自查和“吃公函”专项治理。紧盯“重点领域”“关键少数”“关键环节”，加强对“十四五”规划落实、科技创新以及研究生招生复试、常态化疫情防控等重点工作的监督。认真完成教育部和市教委关于非学历教育、校办企业、附属医院等有关领域腐败风险的专项清理自查工作，做好有关领域风险排查。加强警示教育，组织观看警示教育片和专题展览，及时通报典型案件，定期发放廉政教育读本，做好重要时间节点廉洁提醒，坚决筑牢思想防线。综合运用监督执纪“四种形态”，做实做细日常监督，强化执纪问责，坚决维护风清气正的政治生态。

基层党组织建设质量持续提升。深入学习贯彻《普通高等学校基层组织工作条例》，二级单位党组织全部实现党委建制。实施“组织引领工程”，落实市教卫工作党委“攀登计划”，完成为期3年的“上海市党建工作特色高校”创建项目，“四梁八柱”基层党建工作模式初步形成。市教卫工作党委“标杆院系”“样板支部”建设任务通过验收，4个单位入选上海高校“双带头人”党支部书记工作室，1个单位入选上海市党支部建设示范点。实施“附属医院党建质量提升行动”，进一步配齐配强医院专职党务工作人员，规范医院内设机构负责人的选拔任用。落实上级党委要求，探索实施公立医院党建指标评价考核。实施“组织员素质提升计划”，加强组工干部专业化培养。实施“党员队伍建设质量优化行动”，聚焦高层次人才和优秀大学生群体，全年发展党员

231 名，较 2020 年增加 104.42%。

统战和群团工作不断夯实。深入学习宣传贯彻《中国共产党统一战线工作条例》，加强党外知识分子团结引导和党外代表人士后备队伍建设，筑牢共同思想政治基础。统筹做好各民主党派新一届班子人选的酝酿和推荐工作，指导并协助各民主党派医学院委员会（总支）完成换届工作。本年度认定无党派人士 36 名，无党派人士队伍规模达到 112 名，1 人获上海市统一战线先进个人称号。医学院关工委获全国教育系统关心下一代工作先进集体荣誉称号，获 2021 年度教育部关工委“读懂中国”活动“优秀组织奖”。1 人获上海市高校退管工作“老有所为”精英奖、2 人获贴心块组长。加强基层团组织规范化建设，深化学联学生会组织改革，制定医学院学联学生会组织改革方案和学生社团建设管理实施细则。发挥青年榜样引领作用，2 个集体获评第 20 届卫生健康系统全国青年文明号；1 人获全国优秀共青团干部；2 个集体、6 名个人获评上海市青年五四奖章。获 2020 年度全国三八红旗集体 1 个，全国巾帼文明岗 3 个，全国巾帼建功标兵 1 人；2021 年度上海市五一劳动奖状（章）6 个，上海市工人先锋号 1 个；上海市教育系统劳模创新工作室 2 个。

（三）“十四五”顺利开局，内涵建设取得新进展，高质量发展格局进一步深化

教育评价改革有序推进。全面落实《深化新时代教育评价改革总体方案》，对照“负面清单”制定医学院教育评价改革任务清单，逐条梳理、逐项规范，破除“五唯”倾向。全面修订各系列专业技术职务评聘办法，建立分类分层评价新标准，增设临床研究系列专业技术职务，畅通各系列专业技术职务晋升通道。建立研究生学位授予的多维评价指标体系，在基础医学院试点推进研究生培养综合改革。受上海市学位办委托，牵头修订《上海市临床医学/口腔医学硕士专业学位论文基本要求和评价指标体系》。

医学教育改革持续深化。组织开展医学院第九次教育思想大讨论，构建“新医科”建设交医模式。在已有首批国家级一流本科专业建设点（临床医学、基础医学、口腔医学）基础上，新增预防医学、护理学国家级一流本科专业建设点。作为教育部第一批试点高校，圆满通过教育部新一轮本科教育教学审核评估。稳步推进临床医学专业“4+4”及八年一贯制培养改革。高质量完成本科招生工作，在上海市本科普通批次物理和化学组的录取分数线继续位列本市医学类高校首位，高于上海市自控线 97 分；临床医学类专业录取分数线在全国近三分之二省市居于前五位。4 门课程入选上海市一流本科课程；获首届全国优秀教材奖（高等教育类）一等奖、二等奖各 1 项，3 本教材入选首批上海高等教育精品教材，4 本教材入选科学出版社“十四五”普通高等教育本科规划教材。扎实推动学位点建设，新增医学技术一级学科博士点。受国务院学位办和医学组委托，牵头完成临床医学专业学位类别修订，协同完成临床医学一级学科目录修订。推进博士生致远计划，形成博士生（学术学位）培养体系的示范效应；推进专业学位博士生教育改革，形成“实践与研究并重”的博士生（专业学位）教育新模式；以跨学科平台建设为抓手，不断完善医工交叉博士生“双导师、多学科、全过程”培养机制。获批 2021 年度国家住培重点专业基地 8 个，占全市 47%。推进国际博士生全英文授课项目，与世界一流院校建立合作拓展线上游学项目。

师资队伍建设成效显著。深入贯彻落实中央和上海市人才工作会议精神，坚持全方位培养、引进、用好人才。新增中国工程院院士 2 人，引进中国科学院院士 1 人；入选长江学者奖励计划 3 人，青年长江学者 1 人，中组部青年拔尖计划 7 人，优青（海外）11 人，上海领军人才（海外）计划 23 人；1 个集体获全国专业技术人才先进集体称号。举办第三届国际青年学者论坛，按期完成市教委揽蓄行动计划，已有 49 人到岗。深入推进博士后激励计划和博士后制度改革，8 人入选全国博士后创新人才支持计划；13 人获中国博士后科学基金特别资助，58 人获面上资助（其中一等资助 4 人）；41 人入选上海市超级博士后计划，持续位列市属高校第一；2 人获首届上海市博士后创新创业大赛优胜奖。全力支持青年人才成长，持续开展九龙医学优秀青年人才奖、上药杏林育才奖、绿叶管理服务奖评审。

学科建设内涵丰厚。高质量完成首轮“双一流”一流学科建设任务，临床医学被评为“建设成效显著”，推荐申报国家“一流学科培优行动”，完成新一轮“双一流”学科建设方案编制工作；高质量完成上海市高水平地方高校Ⅰ期总结和高峰高原学科建设第二阶段总结，建设成效被评为“优秀”；对标密歇根大学医学学科，制定高水平地方高校Ⅱ期建设总体规划并通过上海市评审；精心组织高水平地方高校建设 2021 年度预算申报工作，市财政财评核减率较Ⅰ期下降 25%。全面实施学科建设“四峰”工程，推动“大基础”学科建设新突破，形成“大口腔”学科建设新态势，构建协同一体化“大公卫”学科建设新格局，构筑引领型一流学科群；成立数字医学研究院、医学技术学院，加快与人工智能国家实验室合作步伐；以“脑计划”“肿瘤计划”等国家重点/重大专项任务为牵引，建设学科协同交叉平台，集中优势协同攻关。启动高水平地方高校二期创新团队建设，构建 8 个战略核心团队引领、20 个重点核心团队领衔、56 个协同团队支撑的科研大团队发展体系。学科综合实力和国际排名大幅提升，ESI 最新引文量排行榜显示，医学相关 8 个学科均跻身全球前 1%学科，临床医学（全国第一）等 4 个学科进入前 1‰学科；QS 世界大学排行榜显示，医学学科位居全球前 80 名；U. S. News 排行榜显

示，临床医学等4个学科位居全国第一，11个学科进入全球百强学科行列；软科中国最好学科排行榜显示，临床医学位居全国第一，口腔医学和基础医学位居全国第二。

科技创新继续保持良好态势。获得国家自然科学基金项目776项，直接经费4.18亿元，创历史新高，项目数连续三年超过700项(其中杰青3项，优青6项，重点项目17项，重点国际合作项目3项，首次获得重大科研仪器项目1项)；获得科技部国家重点研发计划重点专项项目10项，课题26项，立项经费3.94亿元；获得国家社会科学基金项目2项。论文质量持续提高，十余项原创科研成果在《Cell》《Nature》《Jama》《New England》等顶级国际期刊发表，1篇论文入选科技部2020年“百篇最具影响国际学术期刊论文”。新增省部级科研基地9个，筹建省部共建国家重点实验室1个。承担科技部等十部门科技成果评价改革试点任务，研究制定《破除科技成果评价“四唯”》实施方案。在国家发改委《支持上海交通大学开展科技成果转化专项改革试点实施方案》中，承担“大学附属医院技术作价投资入股方案”试点任务。成立上海首例高校作价投资入股的生物医药领域科技型初创企业——上海循曜生物科技有限公司。健全“一门式”成果转化服务体系，完成签约技术许可、转让合同60项，累计合同标的额6.748亿元；签订科技开发、服务、咨询合同92项，合同标的额累计2.26亿元。全健康研究中心构建全健康指数测算体系，形成全健康指数全球报告。

医疗服务能力不断提升。转化医学国家重大科技基础设施发挥国家级平台作用，生信大数据平台位列全球顶尖数据存储性能榜单第八位。持续推进国家儿童医学中心(上海)、国家口腔医学中心(上海)建设。推进落实附属医院变更第二冠名工作，所有附属医院实现统一冠名，与上海申康医院发展中心签署合作协议深化合作推动附属医院高质量建设。国务院医改领导小组秘书处调研医学院公立医院高质量发展工作，并给予充分肯定。支持上海“五大新城”发展战略，推动附属医院优质资源辐射“五大新城”，附属瑞金医院北部院区二期扩建工程、附属新华医院奉贤院区工程、附属第一人民医院南部院区二期扩建工程、附属第六人民医院临港院区二期扩建工程均已正式开工建设。1人获中华护理学会杰出护理工作者称号；11人获第十八届“银蛇奖”及提名奖，5人获第八届上海市医务青年“管理十杰”及提名奖。

浦东校区建设和校地合作不断深化。统筹谋划浦东校区周边高水平附属医院、优质基础教育资源和成果转化基地建设。高质量推进浦东校区工程建设，标段一宿舍区地上主体结构施工已基本完成，生活区和标段二基坑围护已完成近半。成立基础教育合作办公室，与黄浦区签订区校战略合作协议，与浦东新区达成区校合作意向，着力解决教职医护员工子女入学入托难题。与黄浦区人民政府在教育、科技、卫生等领域持续开展战略合作，打造区校联动合作范例。与海南省教育厅、博鳌乐城先行区管理局签约共建交大医学院海南国际医学中心，附属博鳌研究型医院(附属瑞金医院海南医院)投入运行。松江研究院建设取得进展。

内部治理体系不断完善。提前谋划70周年院庆工作，成立发展联络处，加强校友联络和社会筹资工作。推进内设二级机构及其人员编制的核定和调整试点工作。启动新一届学术委员会换届工作。顺利完成黄浦区人大代表选举工作。入选首批“上海高等教育督导评价研究基地”。

慎终如始抓好常态化疫情防控和疫苗接种工作。持续巩固校园疫情防控免疫屏障，师生疫苗接种率在全市高校位居前列。指导并支持各附属医院持续优化完善疫情常态管理模式。建设并完善应急体系，全力保障教学、科研和临床实习等正常运行。精准落实院区闭环管理工作方案，圆满完成东院七号楼930名师生员工闭环管理任务。

在百年变局和世纪疫情交织的复杂形势下，我们取得这些成绩，极大增强了全体师生医护员工奋进新征程、建功新时代的豪情和信心。然而，与上级党委的总体要求相比，与中国特色世界一流医学院的建设目标和广大师生医护员工的殷切期盼相比，我们的工作还存在一些不足，主要体现在：加强党的全面领导向基层组织延伸有待进一步落实落细；适应高质量发展的干部培育体系尚未完全建立；意识形态协同联动工作机制有待进一步加强；全面从严治党主体责任有待进一步压紧压实；基层党建分类指导机制和品牌效应有待进一步优化；“三全育人”体制机制有待进一步健全；人才育引的力度和质量有待进一步提高；原创创新和成果转化能力有待进一步提升；高水平国际合作与联合办学需进一步拓展等。这些问题都需要我们紧密团结、艰苦奋斗，以时不我待、只争朝夕的精神加以改进和解决。

二、团结就是力量，奋斗开创未来

2022年是全党全国各族人民向着第二个百年奋斗目标进军的第一年，是上海构筑未来发展战略优势的重要之年，也是医学院建设“三步走”战略“第二步”的关键之年。党的二十大将隆重召开，上海将召开第十二次党代会，医学院也将迎来建院70周年。

当前，医学院正处在加快推进中国特色世界一流医学院的关键时期，处在全面推进“双一流”建设和上海市高水平地方高校建设的重要阶段，处在全面实施“十四五”规划的奋进时刻。我们要以习近平新时代中国特色社会主义思想为指导，全面贯彻落实党的十九大和十九届历次全会精神，以及十一届上海市委十二次全会精神，以迎接党的二十大为主线，以深入学习贯彻“勉励寄语”精神为根本，以医学院70周年院庆为契机，以浦东校区建设为起点，统筹推进疫情防控和医学教育改革发展工作，加速推进“十四五”规划落地落实，以实际行动迎接党的二十大和上海市第十二次党代会胜利召开。

（一）进一步坚定理想信念，坚定不移用党的创新理论铸魂育人，始终成为坚持党的领导的坚强阵地

百年成就使人振奋，百年经验给人启迪。党的十九届六中全会通过了党的第三个历史决议，概括了具有根本性和长远指导意义的十条历史经验，这十条历史经验是经过长期实践积累的宝贵经验，是党和人民共同创造的精神财富，必须倍加珍惜、长期坚持，并在新时代实践中不断丰富和发展。

把学习贯彻习近平新时代中国特色社会主义思想作为首要政治任务。深入贯彻落实党的十九届六中全会精神，更好把握和运用党的百年奋斗历史经验，弘扬伟大建党精神；深入学习贯彻习近平总书记关于教育的重要论述，牢牢把握坚持和加强党的全面领导这一根本保证，牢牢把握全面贯彻党的教育方针这一重大原则，牢牢把握落实立德树人这一根本任务，引导广大师生医护员工深刻认识“两个确立”的决定性意义，增强“四个意识”、坚定“四个自信”、做到“两个维护”，不断把建设中国特色世界一流医学院的伟大事业向前推进，为夺取全面建设社会主义现代化国家新胜利作出新的更大贡献。

把迎接党的二十大作为全部工作的鲜明主题和贯穿始终的突出主线。党的二十大召开在即，这是我们党在进入全面建设社会主义现代化国家、向第二个百年奋斗目标进军新征程的重要时刻召开的一次十分重要的代表大会。迎接学习贯彻党的二十大精神，是贯穿今年党和国家全局工作的主线，医学院所有工作都要聚焦这条主线，扎实推进、稳步落实。要严格按照中央部署和市委市政府要求，全力做好迎接党的二十大胜利召开的各项工作，汇聚形成医学院喜迎党的二十大的浓厚氛围。要巩固拓展党史学习教育成果，建立常态化长效化制度机制，继续把党史总结、学习、教育、宣传引向深入。

（二）进一步牢记育人使命，持续深入学习贯彻“勉励寄语”精神，加快完善育人工作体系

习近平总书记勉励寄语交医学子是交医历史上的重大事件，也是交医人励精图治、奋发图强的根本遵循和行动指南，我们要将“勉励寄语”精神根植交医人血脉并成为为党育人、为国育才的永恒动力，努力把“勉励寄语”精神饱含的光荣与责任辐射到万名交医党员。

以报效祖国、服务人民为根本，推动“勉励寄语”精神有效转化。引导医学生把“勉励寄语”精神转化为实际行动，勤奋学习、刻苦钻研，练好治病救人本领，立志为国家医药卫生和人民健康事业贡献青春力量。引导全体师生医护员工把“勉励寄语”精神转化为建设“世界一流、中国特色、上海风格、交医特质”医学院的强大动力，不断加强医学教育改革创新，加快医学科技自立自强，加速医疗服务提质增效，为国家卫生健康事业发展贡献力量。

以学生党建工作为引领，建立健全贯穿前期基础学习阶段与后期临床学习阶段的全过程育人机制。加强学生党建工作的整体谋划和一体布局，按照学生思政工作全覆盖和党团组织一致性的原则，建立医学院学生党建工作机制，完善各级学生党团组织架构，形成上下畅通的工作体系。准确把握医学生全学段“流动性”的特点，针对学生党员流动性强等问题开展专题研究，做好高中与大学、前期与后期、团建与党建工作的衔接，加大学生党员发展工作力度，引导学生积极向党组织靠拢。在学习贯彻“勉励寄语”精神一周年之际，总结凝练医学院学生工作的有益经验和特色做法，打造交医党建和思政工作品牌。

（三）进一步汇聚奋进合力，全力筹备医学院70周年院庆，从办学历史中不断汲取信心和力量

院庆是总结办学经验、传承交医精神、凝聚人心士气的重要契机。医学院70周年院庆系列活动要与巩固党史学习教育长效机制有机衔接，与迎接党的二十大胜利召开系列活动相互融合，聚焦传承历史、总结经验、凝聚力量、开创未来，全系统营造浓厚氛围，全面提升“交大医学”社会声誉。

全面回顾办学历程、总结办学经验和发展成就。加强党史校史研究，对医学院重大事件和著名人物设立专题研究项目，不断推动知史爱党、知史爱国、知史爱院。深入凝练交医精神品格体系，推动形成黄浦校区与浦东校区传承融通发展的精神文化格局。在黄浦校区打造医学院精神驿站，切实将浦东校区打造为融合交大校部、医学院以及各附属医院精神文化于一体的优质校园、美丽校园和智慧校园。

广泛汇聚海内外校友智慧力量和社会资源潜能。借助交大校友会平台，广泛开展筹资工作，为医学院改革发展提供重要支撑和保障。不断完善校友分会组织，建立健全医学院院系、国内地方以及海外校友分会，谋划成立医学院欧洲校友分会，建立校友数据库。线上线下结合，举办形式多样的校友活动，谋划秩年返校系列活动和校友品牌活动，全面提升校友和各界人士的参与度和覆盖面。

全面提升文化软实力、社会影响力和国际传播能力。做好医学院70周年院庆系列宣传工作，打造“七个一工程”。加强与附属医院联动，努力打造全方位、多层次、立体化的大宣传格局，讲好“交医故事”、唱响“交医之声”。加强国际交流与合作，以医学研究和医疗服务为突破口，加强国际传播能力建设，加快提升国际影响

力，助力国家构建国际传播新格局。

共同开创医学院事业发展新局面。致敬历史是为了开创未来。我们要在历史前进的逻辑中前进，在时代发展的潮流中发展。既要善于从历史长周期比较分析中进行思考，又要善于从细微处洞察事物的变化，准确把握发展定位，科学设定发展目标，不断增强全体师生医护员工和干部队伍的凝聚力和战斗力，从而在建设一流医学院的新征程上，进一步统一思想、统一意志、统一行动，传承发扬好医学院的优良传统，更加坚定自觉地践行育人使命、报效祖国、服务人民。

（四）进一步开创发展新局，高质量推进浦东校区建设和校地合作，构建“交大校部-医学院-附属医院”协同发展格局

始终坚持“立足上海、服务全国、面向世界”的战略定位，把握好上海建设具有全球影响力的科技创新中心，以及打造生物医药产业创新高地、高水平人才高地的重要契机，以浦东校区建设为医学院事业发展的新起点，努力开创高质量内涵式发展新格局。

坚持前瞻思考和系统观念，充分发挥综合性大学建设高水平医学院的“交医模式”的体制机制优势。牢固树立交大校部、医学院、附属医院“一盘棋”思想，深入推进与交大校部学科交叉融合，整体提升在健康领域的影响力、辐射力、创新力和带动力。坚持医学院和附属医院一体化发展理念，深化与上海申康医院发展中心党委合作，规范附属医院及其分院的冠名管理，推进形成医学院系统目标同向、部署同步、工作同力的工作格局。

坚持以“建设具有医学教育特质的国际化、现代化、智慧化的绿色可持续发展校园”为目标，高质量推进浦东校区建设。在浦东校区周边谋划建设一流的附属医院和世界级医药产业园区，打造集医教研产于一体的医学发展新高地。研究制定浦东校区启用后的招生计划三年递增方案、人员编制和干部职数优化方案，启动测算浦东校区启用后开办运行费用编制工作，提前谋划浦东校区搬迁工作，抓紧落实P3实验室建设规划。支持浦东新区人民医院纳入附属医院筹建。

坚持“优势互补、资源共享、拓展合作、共赢发展”，拓展与浦东新区、黄浦区合作领域。充分借助交大校部的基础教育资源和管理能力，推动与黄浦区、浦东新区开展高质量的基础教育合作，加快建设“上海交通大学附属黄浦实验中学”和“上海交通大学附属黄浦实验小学”。与黄浦区优质高中联合实施创新教育拔尖人才早期培养试点项目，推进公共卫生学院、全球健康学院与黄浦区卫生健康委的战略合作，建立学校、医院、社区一体化的健康示范高地。

坚持以“打造具有全球影响力的集教学、医疗、科研、生物医药产业孵化于一体的医学中心”为目标，全面推进海南国际医学中心建设。加快推进与拥有高水平医学学科的世界一流大学在海南开展联合招生、医教研融合创新等多方面合作，加快附属博鳌研究型医院建设。主动服务建设海南自由贸易港的国家战略，将海南国际医学中心建设成为一所具有独立法人资格的高水平、国际化、示范性中外合作办学医学院校。

三、2022年春季学期工作思路及主要任务

（一）以迎接党的二十大为主线，全面加强党的建设，健全党建工作机制

坚持和加强党的全面领导，营造迎接党的二十大胜利召开浓厚氛围。坚持和完善党委领导下的院长负责制，不断完善党委统一领导、党政齐抓共管、职能部门分工负责、各基层党组织切实落实的工作格局。研究制定学习宣传贯彻党的二十大精神工作方案，积极开展迎接、学习、宣传党的二十大专项行动。深入贯彻第二十七次全国高校党的建设工作会议和上海高校党的建设工作会议精神。深入学习贯彻新修订的《中华人民共和国教育法》，持续推动党的教育方针贯彻落实专项行动自查工作中问题事项的整改落实。聚焦全面从严治党新形势新任务新要求，筹备召开年度全面从严治党大会，谋划2022年度全面从严治党主体责任项目。

坚持落实“五个用好”，推动党史学习教育常态化长效化。用好党委理论学习中心组制度，提前谋划布局本年度学习主题和学习内容，确保学习取得实效。用好干部教育培训机制，充分挖掘院内外党校教育培训课程和师资资源，做大做强党校教育培训。用好学校思政课主渠道，建立健全与交大马院的协同联动机制，持续推进思政课程改革和医学专业课程思政建设。用好红色资源，持续发挥好以医学院历史建筑为“内环”、各附属医院历史建筑为“中环”、学校周边红色地标为“外环”的医学院红色路线的作用。用好“我为群众办实事”实践活动形成的良好机制，将解决师生“急难愁盼”具体问题与推动医学院中心工作充分结合，用好“教代会”和“学代会”平台，建立健全师生诉求回应工作机制。

坚持培优育强，推动高素质干部队伍建设取得成效。选优配强附属医院领导班子及关键岗位，加强机关职能部门和二级学院领导班子配备。加大医学院与附属医院以及医院之间干部交流轮岗力度。建立健全常态化发现识别优秀年轻干部培养机制，研究制定加强优秀年轻干部培养选拔工作的实施办法。持续实施“蓄才培优”计划，持续开展“中层干部能力提升计划”“优秀青年人才培育计划”“优秀年轻干部培养锻炼计划”，定期开展“优秀年轻干部专项调研”，加强干部蓄水池建设。建立健全多层次、立体化的干部培养体系和评价体

系，推动培养使用与考核评价紧密结合。做好 2022 年“组团式”援藏干部人才选派和轮换工作。

坚持筑牢思想防线，推动意识形态工作落实落细。修订医学院党委意识形态工作责任制实施细则，加强附属医院和二级学院意识形态工作督导，构建意识形态工作长效机制。坚持教育者先受教育，加强教师政治理论学习，牢固树立教师理想信念。不断完善覆盖所有二级单位的教师工作机制，建立健全教师工作机构，完善教师教育培训体系、荣誉激励体系、管理服务体系。建立健全师德师风和学术道德联合调查处理机制，加强教师职业行为管理、课堂教学管理、科研诚信管理，严肃查处学术不端行为。加强对学生社团的运行管理，加强教材的选用审查管理，严格规范馆藏书籍和电子期刊管理，加强网络新媒体阵地管理，研究制定医学院冠名的网站和各类网络新媒体平台管理规定，建立健全安全检查和效能评估机制。依托少数民族教职工联谊会和“石榴籽育人工作室”，搭建学院、教师和少数民族学生沟通交流的平台。坚持“预防为主，宣教在先”的工作思路，进一步落实医学院宗教管理工作机制。

坚持抓基层打基础，推动基层党建高质量发展。高质量做好医学院系统党的二十大代表、市第十二次党代会代表的提名推荐工作。持续实施“基层党组织引领工程”，持续深化落实市教卫工作党委“攀登”“先锋”“红领”“筑力”计划；总结凝练创建上海市党建特色高校的实践经验，启动新一轮示范党支部创建；持续实施“组织员素质提升计划”，推进医教研一线党支部书记“双带头人”培育工程。持续实施“党建服务引领工程”，发挥医学院党建研究会、附属医院党建研究所作用，加强新时期高校和公立医院党建理论研究和成果转化。加大在高层次人才、教职医护员工和学生群体中发展党员力度，推进特邀党建组织员队伍建设。持续实施“附属医院党建质量提升行动”，指导做好四家副局级附属医院党委换届筹备工作，确保年内顺利完成换届。继续做好本市公立医院党建工作质量评价，以评促改、以评促建，进一步促进附属医院党的建设取得新发展。

坚持严的主基调，持续加强党风廉政建设。深入学习贯彻十九届中央纪委六次全会精神和十一届上海市纪委六次全会精神，主动适应深化纪检监察体制改革后的新要求，强化政治监督，紧盯“关键少数”，认真落实关于对“一把手”和领导班子监督的工作要求。完善综合监督工作体系，健全医学院内部巡察工作机制，谋划成立巡察工作领导小组办公室，推进各方面监督和各专项检查有机衔接、融会贯通、形成合力，切实增强监督的针对性和有效性。持续深化“三不”一体推进，加强预防教育提醒，持续营造纠“四风”树新风的工作氛围。强化以案示警，定期编发《廉政动态》，筑牢廉洁自律底线。强化专项监督和重点领域监督，持续推进重大工程项目廉政建设工作。编撰重点领域廉政建设工作手册，推动廉政建设融入日常业务工作。

坚持围绕中心、服务大局，推动统战群团工作展现新作为。深入学习宣传贯彻《中国共产党统一战线工作条例》，加强对广大统战成员思想引领。进一步推进统战工作重心下移，加强附属医院和二级学院统战工作力量建设。推进党员领导干部与党外人士联谊交友工作，加大对党外代表人士的培养和使用力度。稳步推进无党派人士认定工作，协助做好党派市委换届工作，努力推荐更多优秀的党外青年人才在各党派市委任职。支持各民主党派和统战团体打造特色品牌项目，在行业领域中唱响交医声音，在服务经济社会发展中展现交医形象。加强团员青年思想引领，完善骨干学生培养体系，研究制定医学院“青年马克思主义者培养工程”实施方案，开展“荣昶-博医卓越医学生培养计划”“医学生健康科普摇篮计划”。夯实团组织建设，研究制定医学院共青团改革实施方案，召开医学院第二十二次团代会，有序完成医学院第四届青联换届工作。持续推进学联学生会组织改革，召开医学院第十次学生代表大会。充分发挥上海市教育系统关工委邱蔚六工作室的品牌效应，发挥“五老”关心引领青年的独特作用。召开医学院“双代会”，推进科学民主决策落到实处，落实在编职工就医享受员工待遇。

（二）以医学院 70 周年院庆为契机，人才工作为引领，加速推进“十四五”规划实施

全过程、全方位、全系统营造院庆浓厚氛围。成立医学院 70 周年院庆领导机构和工作机构，研究制定 70 周年院庆总体方案，谋划 70 周年院庆系列重大活动、重要会议或重要仪式，推进院庆系列活动和各项工作有序开展。充分借助交大校部资源，发挥附属医院优势特色，调动广大师生医护员工积极性，在全系统积极开展系列纪念庆祝活动，全面掀起院庆活动热潮。

不断完善卓越医学创新人才培养体系。全力做好国家和上海市新一轮教学成果奖的组织申报工作。稳步扩大招生规模，力争浦东校区启用后，本科生每年的招生数量从 700 人增加到 1000 人，研究生每年的招生数量从 2000 人增加到 3000 人。持续提升招生质量，临床医学类各省市录取分数线保持综合性医学院校前十；完成博士生申请-考核制招生选拔质量评估，开展“博士生致远荣誉计划”优才夏令营。以新增学位点建设为契机，启动医学技术硕士、博士研究生招生。结合医学院第九次“教育思想大讨论”，总结凝练交医医学教育实践经验和特色做法。持续优化器官系统整合教学改革，试运行临床医学专业“4+4”单循环整合课程，出版器官系统整合教材。整合附属医院优势临床专科试点成立“专科学院”，推进人才培养、学科发展、师资队伍一体化建设。健全研究生学术诚信监管机制，完善研究生学位论文原始实验数据监管平台建设。持续推进研究

生分类培养体系建设，加快推进“医学＋X”复合型创新拔尖人才培养。推动社会医学与卫生事业管理专业建设，纳入本科生招生计划。打造“留学交医”品牌，拓展海外知名院校的优质线上游学项目。创建国家级住院医师规范化培训重点专业基地和专科医师规范化培训制度试点基地；加强毕业后教育质量督导。制定继续教育学院转型发展三年行动计划，布局“大继续教育体系”。

深入实施人才强院主战略。构建金字塔形人才结构，持续加大人才引进力度，依托高峰人才工程，集聚一批战略科学家和领军人才；持续举办青年学者论坛，依托揽蓄工程，吸引全球顶尖大学及科研机构的优秀青年人才。加大青年人才培育力度，对接交大校部人才培育计划，实施医学院“医源”人才计划；持续提升博士后培养质量，创新博士后培养机制，推动“导师-博士后”联动评估。持续对师德失范和学术不端保持“零容忍”态度，坚决落实失信失范行为“一票否决制”。统筹协调各类人才计划，量质并举做好各类人才计划申报。借鉴交大校部做法，探索制定符合医学人才成长规律的长聘体系实施方案；研究制定行政助理、项目聘用等用人用工方式相关的管理制度，规范人员聘用程序。持续优化人才评价体系，一体化推进附属医院职称评审改革。探索高层次人才联合聘用制度，推动区域互聘、同城互聘、校部-医学院-附属医院互聘。进一步落实国家创新创业政策文件精神，积极推动专业技术人员投入创新创业活动。

全力推进新一轮学科建设。在医学院系统组织开展学科建设大讨论，构建具有核心竞争力的学科发展布局和学科支撑体系。持续推进“双一流”与上海市高水平地方高校建设，修订医学院高水平地方高校建设管理办法、建设专项经费管理办法，规范管理流程，提高项目管理效率。完善新一轮创新团队管理制度，夯实一流学科建设的创新团队支撑体系。加快学科协同发展，持续推进数字医学研究院建设，深化与人工智能国家实验室的合作共建；筹备成立医学技术研究院和生物材料研究院，加快解决医学技术和生物医用材料领域研究应用和产业化的“卡脖子”问题。继续推进全球健康学院、全健康研究中心建设，落实与国家热带病研究中心、爱丁堡大学的合作与交流。持续实施学科发展情况动态监测，完善学科联络人制度，为各学科提供专项化、精细化、定制化分析服务。

不断提升医学科技创新能力。全面提升获取重大项目的能力，推进肿瘤、脑科学、干细胞与再生医学等领域的原创性、引领性科学研究。加强国家级重大重点项目和人才项目培育，对接交大校部“大健康”计划，布局大科学策源工程；对接“双十”计划，培育原始创新人才和团队。持续做好各类科技成果奖、科技人物荣誉奖的培育和申报工作。夯实科研基地与平台建设基础，落实一室一策要求，完成国家重点实验室重组工作。聚焦“破四唯、立新标”要求，完成科技部等十部门科技成果评价改革试点任务。落实国家发改委支持交大科技成果转化专项改革试点任务，打通附属医院技术作价投资路径的堵点。做好科技成果作价投资的投后管理，打造生物医药校企合作成立科创衍生公司的样板间。支持中国医院发展研究院加快建设国内一流医疗卫生智库，开展高水平决策咨询和政策转化。

持续提升医疗服务水平。充分发挥附属医院的学科优势，持续推动优质医疗资源向“五大新城”扩容，力争在国家医学中心、国家区域医疗中心和国家临床研究中心申报工作中取得佳绩。持续推进国家儿童医学中心和国家口腔医学中心建设，做好转化医学大科学设施国家验收工作。紧紧抓住国家和上海市建设高质量发展医院的有利契机，加快建设国家级和市级高水平医院，着力打造公立医院高质量发展模板。以临床专科建设为抓手，建成一批高水平的临床诊疗中心。以临床研究中心和医院分中心临床研究体系为依托，提升医学科技创新向临床转化的能力。

积极推进治理体系建设。全面推进医学院内设机构、人员编制、干部职数调整工作，完成医学院机构设置及人员编制梳理工作，研究制定医学院管理岗位设置总体方案。坚持推动管理重心下移和激发基层办学活力，在基础医学院试点推进“院为实体”改革。

扎实抓牢常态化疫情防控和校园安全工作。切实加强师生医护员工健康管理和流动管理，坚决守住校园疫情防控防线。建立健全医学院疫情防控应急处置机制，进一步加强第三针（加强针）的接种工作。切实加强实验室生物安全、网络信息安全和消防安全管理，维护校园安全，营造和谐环境。

星光不问赶路人。同志们，让我们团结一致、发奋图强，更加自觉把握大势、服务大局，更加有力推动落实、务求实效，更加广泛凝聚人心、汇聚力量，以永不懈怠的精神状态和一往无前的奋斗姿态，进一步推动医学院综合实力和办学质量提升，进一步加快推进中国特色世界一流医学院建设，以实际行动迎接党的二十大胜利召开！

关于印发《中共上海交通大学医学院委员会2022年春季学期工作要点》的通知

沪交医委〔2022〕10号

各单位党委、直属党支部，院本部机关各部(处)：

《中共上海交通大学医学院委员会2022年春季学期工作要点》已经领导同志审阅同意，现印发给你们。请各单位、各部门结合实际，认真贯彻执行，工作完成情况作为本年度管理人员绩效考核的重要依据。

中共上海交通大学医学院委员会

2022年3月7日

中共上海交通大学医学院委员会 2022年春季学期工作要点

2022年是全党全国各族人民向着第二个百年奋斗目标进军的第一年，是上海构筑未来发展战略优势的重要之年，也是医学院建设"三步走"战略"第二步"的关键之年。我们要以习近平新时代中国特色社会主义思想为指导，全面贯彻落实党的十九大和十九届历次全会精神，以及十一届上海市委十二次全会精神，以迎接党的二十大为主线，以深入学习贯彻"勉励寄语"精神为根本，以医学院70周年院庆为契机，以浦东校区建设为起点，统筹推进疫情防控和医学教育改革发展工作，加速推进"十四五"规划落地落实，以实际行动迎接党的二十大和上海市第十二次党代会胜利召开。

一、以迎接党的二十大为主线，全面加强党的建设，健全党建工作机制

1. 坚持和加强党的全面领导，营造迎接党的二十大胜利召开浓厚氛围。研究制定学习宣传贯彻党的二十大精神工作方案，积极开展迎接、学习、宣传党的二十大专项行动。深入学习贯彻新修订的《中华人民共和国教育法》，持续推动党的教育方针贯彻落实专项行动自查工作中问题事项的整改落实。聚焦全面从严治党新形势新任务新要求，筹备召开年度全面从严治党大会，谋划2022年度全面从严治党主体责任项目。

2. 坚持落实"五个用好"，推动党史学习教育常态化长效化。用好党委理论学习中心组制度，提前谋划布局本年度学习主题和学习内容，确保学习取得实效。用好干部教育培训机制，充分挖掘院内外党校教育培训课程和师资资源，做大做强党校教育培训。用好学校思政课主渠道，建立健全与交大马院的协同联动机制，持续推进思政课程改革和医学专业课程思政建设。用好"三环"红色资源，凝练交医精神品格，涵养校园文化生态，增强师生医护员工的代入感和归属感。用好"我为群众办实事"实践活动形成的良好机制，健全"定期听取和回应学生诉求工作机制"。用好"教代会"平台，完善"教职工民主参与机制"。

3. 坚持以报效祖国、服务人民为根本，推动"勉励寄语"精神有效转化。持续深入学习贯彻"勉励寄语"精神，将其根植交医师生血脉并成为建设中国特色世界一流医学院永恒动力。以学生党建工作为引领，建立健全贯穿前期基础学习阶段与后期临床学习阶段的全过程育人机制。加强学生党建工作的整体谋划和一体布局，按照学生思政工作全覆盖和党团组织一致性的原则，建立医学院学生党建工作机制，完善各级学生党团组织架构，形成上下畅通的工作体系。准确把握医学生全学段"流动性"的特点，针对学生党员流动性强等问题开展专题研究，做好高中与大学、前期与后期、团建与党建工作的衔接，加大学生党员发展工作力度，引导学生积极向党组织靠拢。在学习贯彻"勉励寄语"精神一周年之际，总结凝练医学院学生工作的有益经验和特色做法，打造交医党建和思政工作品牌。

4. 坚持培优育强，推动高素质干部队伍建设取得成效。选优配强附属医院领导班子及关键岗位，加强机关职能部门和二级学院领导班子配备。建设适应高质量发展需求的干部培养体系，重视职业化管理干部队伍的培养和使用，加大干部交流轮岗力度。建立健全常态化发现识别优秀年轻干部培养机制，研究制定加强优秀年轻干部培养选拔工作的实施办法。持续实施"蓄才培优"计划,持续开展"中层干部能力提升计划""优秀青年人才培育计划""优秀年轻干部培养锻炼计划",定期开展"优秀年轻干部专项调研",加强干部蓄水池建设。建立健全多层次、立体化的干部培养体系和评价体系,推动培养使用与考核评价紧密结合。做好2022年"组团式"援藏干部人才选派和轮换工作。

5. 坚持筑牢思想防线,推动意识形态工作落实落细。修订医学院党委意识形态工作责任制实施细则,加强附属医院和二级学院意识形态工作督导,构建意识形态工作长效机制。坚持教育者先受教育,加强教师政治理论学习,牢固树立教师理想信念,传承和弘扬"大师国医"精神。不断完善覆盖所有二级单位的教师工作机制,建立健全教师工作机构,完善教师教育培训体系、荣誉激励体系、管理服务体系。建立健全师德师风联合调查处理机制,加强教师职业行为管理、课堂教学管理。加强对学生社团的运行管理。加强教材的选用审查管理。严格规范馆藏书籍和电子期刊管理。加强网络新媒体阵地管理,研究制定医学院冠名的网站和各类网络新媒体平台管理规定,建立健全安全检查和效能评估机制。依托少数民族教职工联谊会和"石榴籽育人工作室",搭建学院、教师和少数民族学生沟通交流的平台。坚持"预防为主,宣教在先"的工作思路,进一步落实医学院宗教管理工作机制。

6. 坚持抓基层打基础,推动基层党建高质量发展。高质量做好医学院系统党的二十大代表、市第十二次党代会代表的提名推荐工作。持续实施"基层党组织引领工程",持续深化落实市教卫工作党委"攀登""先锋""红领""筑力"计划。总结凝练创建上海市党建特色高校的实践经验,启动新一轮示范党支部创建。持续实施"组织员素质提升计划",推进医教研一线党支部书记"双带头人"培育工程。发挥医学院党建研究会、附属医院党建研究所作用,加强新时期高校和公立医院党建理论研究和成果转化。加大在高层次人才、教职医护员工和学生群体中发展党员力度。推进特邀党建组织员队伍建设。持续实施"附属医院党建质量提升行动",指导做好四家副局级附属医院党委换届筹备工作,确保年内顺利完成换届。继续做好本市公立医院党建工作质量评价,以评促改、以评促建,进一步促进附属医院党的建设取得新发展。

7. 坚持严的主基调,持续加强党风廉政建设。深入学习贯彻十九届中央纪委六次全会精神和十一届上海市纪委六次全会精神,主动适应深化纪检监察体制改革后的新要求。强化政治监督,紧盯"关键少数",认真落实关于对"一把手"和领导班子监督的工作要求。完善综合监督工作体系,健全医学院内部巡察工作机制,谋划成立巡察工作领导小组办公室,推进各方面监督和各专项检查有机衔接、融会贯通、形成合力,切实增强监督的针对性和有效性。持续深化"三不"一体推进,加强预防教育提醒,持续营造纠"四风"树新风的工作氛围。强化以案示警,定期编发《廉政动态》,筑牢廉洁自律底线。强化专项监督和重点领域监督,持续推进重大工程项目廉政建设工作。编撰重点领域廉政建设工作手册,推动廉政建设融入日常业务工作。推动机关部处、直属单位加强工作作风建设,提升服务意识。

8. 坚持围绕中心、服务大局,推动统战群团工作展现新作为。深入学习宣传贯彻《中国共产党统一战线工作条例》,加强对广大统战成员思想引领。进一步推进统战工作重心下移,加强附属医院和二级学院统战工作力量建设。推进党员领导干部与党外人士联谊交友工作,加大对党外代表人士的培养和使用力度。稳步推进无党派人士认定工作,协助做好党派市委换届工作,努力推荐更多优秀的党外青年人才在各党派市委任职。支持各民主党派和统战团体打造特色品牌项目,在行业领域中唱响交医声音,在服务经济社会发展中展现交医形象。加强团员青年思想引领,完善骨干学生培养体系,研究制定医学院"青年马克思主义者培养工程"实施方案,开展"荣昶-博医卓越医学生培养计划""医学生健康科普摇篮计划"。夯实团组织建设,研究制定医学院共青团改革实施方案,召开医学院第二十二次团代会,有序完成医学院第四届青联换届工作。持续推进学联学生会组织改革,召开医学院第十次学生代表大会。充分发挥上海市教育系统关工委邱蔚六工作室的品牌效应,发挥"五老"关心引领青年的独特作用。召开医学院"双代会",推进科学民主决策落到实处,落实在编职工就医享受员工待遇。

二、以医学院70周年院庆为契机,人才工作为引领,加速推进"十四五"规划实施

9. 全力筹备医学院70周年院庆。研究制定70周年院庆总体方案,以及院庆领导机构和工作机构方案。谋划70周年院庆系列重大活动、重要会议或重要仪式,推进院庆系列活动和各项工作有序开展。加强党史校史研究,对医学院重大事件和著名人物设立专题研究项目,不断推动知史爱党、知史爱国、知史爱院。做好医学院70周年院庆系列宣传工作,全面提升社会影响力,努力打造全方位、多层次、立体化的大宣传格局。深入凝练交医精神品格体系,推动形成黄浦校区与浦东校区传承融通发展的精神文化格局。借助交大校友会平台,广泛开展筹资工作,为医学院改革发展提供重要支撑和保障。不断完善校友分会组织,建立健全医学院院系、国内地方以及海外校友分会,谋划成立医学院欧洲校友分会,建立校友数据库。线上线下结合,举办形式多样的校友活动,谋划秩年返校系列活动和校友品牌活动,全面提升校友和各界人士的参与度和覆盖面。加强国际交流与合作,以医学研究和医疗服务为突破口,加强国际传播能力建设,加快提升国际影响力,助力国家构建国际传播新格局。

10. 不断完善卓越医学创新人才培养体系。全力做好国家和上海市新一轮教学成果奖的组织申报工作。稳步扩大本科生招生规模，力争本科生年度招生计划有一定增加。持续提升招生质量，临床医学类各省市录取分数线保持综合性医学院校前十。进一步优化研究生结构，在稳定硕士研究生招生数量的基础上，稳步增加博士研究生招生数量。完成博士生申请-考核制招生选拔质量评估，开展“博士生致远荣誉计划”优才夏令营。以新增学位点建设为契机，启动医学技术硕士、博士研究生招生。结合医学院第九次“教育思想大讨论”，总结凝练交医医学教育实践经验和特色做法。持续优化器官系统整合教学改革，在临床医学专业(4＋4)试运行单循环整合课程，出版器官系统整合教材。重视对学生的因材施教和分类指导，基于临床医学专业(4＋4)学生本科阶段教育背景的差异性，统筹安排必修课程和免修课程。整合附属医院优势临床专科试点成立“专科学院”，推进人才培养、学科发展、师资队伍一体化建设。健全研究生学术诚信监管机制，完善研究生学位论文原始实验数据监管平台建设。持续推进研究生分类培养体系建设，加快推进“医学＋X”复合型创新拔尖人才培养。推动社会医学与卫生事业管理专业建设，纳入本科生招生计划。推动临床医学八年制法语班教育教学管理模式改革，探索教学与思政工作归口中法联合医学院统一管理模式。打造“留学交医”品牌，拓展海外知名院校的优质线上游学项目。创建国家级住院医师规范化培训重点专业基地和专科医师规范化培训制度试点基地；加强毕业后教育质量督导。制定继续教育学院转型发展三年行动计划，布局“大继续教育体系”。

11. 深入实施人才强院主战略。构建金字塔形人才结构，持续加大人才引进力度，依托高峰人才工程，集聚一批战略科学家和领军人才；持续举办青年学者论坛，依托揽蓄工程，吸引全球顶尖大学及科研机构的优秀青年人才。加大青年人才培育力度，对接交大校部人才培育计划，实施医学院“医源”人才计划；持续提升博士后培养质量，创新博士后培养机制，推动“导师-博士后”联动评估。持续对师德失范和学术不端保持“零容忍”态度，坚决落实失信失范行为“一票否决制”。统筹协调各类人才计划，量质并举做好各类人才计划申报。借鉴交大校部做法，探索制定符合医学人才成长规律的长聘体系实施方案；研究制定行政助理、项目聘用等用人用工方式相关的管理制度，规范人员聘用程序。持续优化人才评价体系，一体化推进附属医院职称评审改革；探索高层次人才联合聘用制度，推动区域互聘、同城互聘、校部-医学院-附属医院互聘。

12. 全力推进新一轮学科建设。在医学院系统组织开展学科建设大讨论，构建具有核心竞争力的学科发展布局和学科支撑体系。主动对接国家战略需求和新医科建设要求，充分利用交大校部理、工科学科优势，建设更多跨学科平台，争取得到校部更多的支持。持续推进“双一流”与上海市高水平地方高校建设，优化资源统筹和均衡分配，赋予各单位更大的学科建设自主权，修订医学院高水平地方高校建设管理办法、建设专项经费管理办法。持续推进数字医学研究院建设，深化与人工智能国家实验室的合作共建。筹备成立医学技术研究院和生物材料研究院，加快解决医学技术和生物医用材料领域研究应用和产业化的“卡脖子”问题。继续推进全球健康学院、全健康研究中心建设，落实与国家热带病研究中心、爱丁堡大学的合作与交流。持续实施学科发展情况动态监测，完善学科联络人制度，为各学科提供专项化、精细化、定制化分析服务。

13. 不断提升医学科技创新能力。全面提升获取重大项目的能力，推进肿瘤、脑科学、干细胞与再生医学等领域的原创性、引领性科学研究。加强国家级重大重点项目和人才项目培育，对接交大校部“大健康”计划，布局大科学策源工程；对接“双十”计划，培育原始创新人才和团队。持续做好各类科技成果奖、科技人物荣誉奖的培育和申报工作。夯实科研基地与平台建设基础，落实一室一策要求，完成国家重点实验室重组工作。做好科技成果作价投资的投后管理，打造生物医药校企合作成立科创衍生公司的样板间。聚焦“破四唯、立新标”要求，完成科技部等十部门科技成果评价改革试点任务。落实国家发改委支持交大科技成果转化专项改革试点任务，打通附属医院技术作价投资路径的堵点。支持中国医院发展研究院加快建设国内一流医疗卫生智库，开展高水平决策咨询和政策转化。

14. 持续提升医疗服务水平。充分发挥附属医院的学科优势，持续推动优质医疗资源向“五大新城”扩容。紧紧抓住国家和上海市建设高质量发展医院的有利契机，加快建设国家级和市级高水平医院，着力打造公立医院高质量发展模板。力争在国家医学中心、国家区域医疗中心和国家临床研究中心申报工作中取得佳绩。持续推进国家儿童医学中心和国家口腔医学中心建设，做好转化医学大科学设施国家验收工作。以临床专科建设为抓手，建成一批高水平的临床诊疗中心。以临床研究中心和医院分中心临床研究体系为依托，提升医学科技创新向临床转化的能力。

15. 高质量推进浦东校区建设。坚持医学院和附属医院一体化发展理念，深化与上海申康医院发展中心党委合作，规范附属医院及其分院的冠名管理，推进形成医学院系统目标同向、部署同步、工作同力的工作格局。高质量推进浦东校区建设。围绕学院的建设目标，统筹谋划空间布局，提前谋划浦东校区搬迁工作并做好多校区管理方案。抓紧落实P3实验室建设规划。支持浦东新区人民医院纳入附属医院筹建。启动浦东校区启用后开办运行费用测算工作。

16. 深入推进校地合作。充分借助交大校部的基础教育资源和管理能力，加快建设“上海交通大学附属黄浦实验中学”和“上海交通大学附属黄浦实验小学”。推进公共卫生学院与黄浦区卫生健康委的战略合作，建立学校、医院、社区服务中心和办公楼宇一体化的卫生健康示范高地。推进全球健康学院与黄浦区卫生健康委的战略合作，建立集预防、医疗、保健、现代化管理于一体的社区卫生服务中心群。全面推进海南国际医学中心建设，加快推进与拥有高水平医学学科的世界一流大学在海南开展联合招生、医教研融合创新等多方面合作；加快附属博鳌研究型医院建设。

17. 积极推进治理体系建设。全面推进医学院内设机构、人员编制、干部职数调整工作，完成医学院机构设置及人员编制梳理工作，研究制定医学院管理岗位设置总体方案；理顺依托附属医院建设的二级学院的管理机制；研究制定交大医学院浦东校区启用后的人员编制和干部职数增加方案。坚持推动管理重心下移和激发基层办学活力，在基础医学院试点推进“院为实体”改革。

18. 扎实抓牢常态化疫情防控和校园安全工作。切实加强师生医护员工健康管理和流动管理，坚决守住校园疫情防控防线。建立健全医学院疫情防控应急处置机制，进一步加强第三针（加强针）的接种工作。切实加强实验室生物安全、网络信息安全和消防安全管理，维护校园安全，营造和谐环境。

附件：上海交通大学医学院党委2021年秋季学期工作要点分解表

附件：

上海交通大学医学院党委2022年春季学期工作要点分解表（注：标注“★”为牵头部门）

工 作 事 项	分管领导	负责部门
一、以迎接党的二十大为主线，全面加强党的建设，健全党建工作机制 **1. 坚持和加强党的全面领导，营造迎接党的二十大胜利召开浓厚氛围。** （1）研究制定学习宣传贯彻党的二十大精神工作方案，积极开展迎接、学习、宣传党的二十大专项行动。	赵文华 李　剑	党委宣传部
（2）深入学习贯彻新修订的《中华人民共和国教育法》，持续推动党的教育方针贯彻落实专项行动自查工作中问题事项的整改落实。	吴正一	党委办公室
（3）聚焦全面从严治党新形势新任务新要求，筹备召开年度全面从严治党大会，谋划2022年度全面从严治党主体责任项目。	吴正一 施建蓉	党委办公室★ 纪委办公室
2. 坚持落实“五个用好”，推动党史学习教育常态化长效化。 （4）用好党委理论学习中心组制度，提前谋划布局本年度学习主题和学习内容，确保学习取得实效。	赵文华 李　剑	党委宣传部
（5）用好干部教育培训机制，充分挖掘院内外党校教育培训课程和师资资源，做大做强党校教育培训。	江　帆	党校
（6）用好学校思政课主渠道，建立健全与上海交通大学马克思主义学院的协同联动机制，持续推进思政课程改革和医学专业课程思政建设。	胡翊群 赵文华 吴正一	教务处★ 学生工作指导委员会 党委教师工作部
（7）用好“三环”红色资源，凝练交医精神品格，涵养校园文化生态，增强师生医护员工的代入感和归属感。	赵文华 李　剑	党委宣传部
（8）用好“我为群众办实事”实践活动形成的良好机制，健全“定期听取和回应学生诉求工作机制”。	吴正一	党委办公室★ 团委
（9）用好“教代会”平台，完善“教职工民主参与机制”。	赵文华	工会

（续表）

工 作 事 项	分管领导	负责部门
3. 坚持以报效祖国、服务人民为根本，推动“勉励寄语”精神有效转化。 (10) 持续深入学习贯彻“勉励寄语”精神，将其根植交医师生血脉并成为建设中国特色世界一流医学院永恒动力。	赵文华 吴正一 李　剑	党委宣传部★ 党委教师工作部 学生工作指导委员会
(11) 以学生党建工作为引领，建立健全贯穿前期基础学习阶段与后期临床学习阶段的全过程育人机制。 (12) 加强学生党建工作的整体谋划和一体布局，按照学生思政工作全覆盖和党团组织一致性的原则，建立医学院学生党建工作机制，完善各级学生党团组织架构，形成上下畅通的工作体系。 (13) 准确把握医学生全学段“流动性”的特点，针对学生党员流动性强等问题开展专题研究，做好高中与大学、前期与后期、团建与党建工作的衔接，加大学生党员发展工作力度，引导学生积极向党组织靠拢。 (14) 在学习贯彻“勉励寄语”精神一周年之际，总结凝练医学院学生工作的有益经验和特色做法，打造交医党建和思政工作品牌。	吴正一 孟　煜	学生工作党委★ 党委组织部 团委
4. 坚持培优育强，推动高素质干部队伍建设取得成效。 (15) 选优配强附属医院领导班子及关键岗位，加强机关职能部门和二级学院领导班子配备。	江　帆 孟　煜	党委组织部
(16) 建设适应高质量发展需求的干部培养体系，重视职业化管理干部队伍的培养和使用，加大干部交流轮岗力度。	江　帆 瞿介明 郑军华 唐国瑶 郭　莲 孟　煜	党委组织部★ 各附属医院党委
(17) 建立健全常态化发现识别优秀年轻干部培养机制，研究制定加强优秀年轻干部培养选拔工作的实施办法。 (18) 持续实施“蓄才培优”计划，持续开展“中层干部能力提升计划”“优秀青年人才培育计划”“优秀年轻干部培养锻炼计划”，定期开展“优秀年轻干部专项调研”，加强干部蓄水池建设。 (19) 建立健全多层次、立体化的干部培养体系和评价体系，推动培养使用与考核评价紧密结合。 (20) 做好2022年“组团式”援藏干部人才选派和轮换工作。	江　帆 孟　煜	党委组织部
5. 坚持筑牢思想防线，推动意识形态工作落实落细。 (21) 修订医学院党委意识形态工作责任制实施细则，加强附属医院和二级学院意识形态工作督导，构建意识形态工作长效机制。	赵文华 李　剑	党委宣传部
(22) 坚持教育者先受教育，加强教师政治理论学习，牢固树立教师理想信念，传承和弘扬“大师国医”精神。	赵文华 胡翊群	党委教师工作部★ 教务处 研究生院
(23) 不断完善覆盖所有二级单位的教师工作机制，建立健全教师工作机构，完善教师教育培训体系、荣誉激励体系、管理服务体系。 (24) 建立健全师德师风联合调查处理机制，加强教师职业行为管理、课堂教学管理。	赵文华	党委教师工作部
(25) 加强对学生社团的运行管理。	吴正一	学生工作指导委员会★ 团委
(26) 加强教材的选用审查管理。	胡翊群	教务处
(27) 严格规范馆藏书籍和电子期刊管理。	胡翊群	图书馆
(28) 加强网络新媒体阵地管理，研究制定医学院冠名的网站和各类网络新媒体平台管理规定，建立健全安全检查和效能评估机制。	赵文华 吴正一	党委宣传部★ 网络信息中心

（续表）

工 作 事 项	分管领导	负责部门
(29) 依托少数民族教职工联谊会和"石榴籽育人工作室"，搭建学院、教师和少数民族学生沟通交流的平台。 (30) 坚持"预防为主，宣教在先"的工作思路，进一步落实医学院宗教管理工作机制。	江　帆 李洪亮	党委统战部
6. 坚持抓基层打基础，推动基层党建高质量发展。 (31) 高质量做好医学院系统党的二十大代表、市第十二次党代会代表的提名推荐工作。 (32) 持续实施"基层党组织引领工程"，持续深化落实市教卫工作党委"攀登""先锋""红领""筑力"计划。 (33) 总结凝练创建上海市党建特色高校的实践经验，启动新一轮示范党支部创建。 (34) 持续实施"组织员素质提升计划"，推进医教研一线党支部书记"双带头人"培育工程。	江　帆 孟　煜	党委组织部
(35) 发挥医学院党建研究会、附属医院党建研究所作用，加强新时期高校和公立医院党建理论研究和成果转化。	江　帆 范先群	党校★ 中国医院发展研究院★ 党委组织部
(36) 加大在高层次人才、教职医护员工和学生群体中发展党员力度。	江　帆 赵文华 吴正一 孟　煜	党委组织部★ 党委教师工作部 学生工作指导委员会
(37) 推进特邀党建组织员队伍建设。	江　帆 孟　煜	老干部工作办公室 退休工作党委 党委组织部
(38) 持续实施"附属医院党建质量提升行动"，指导做好四家副局级附属医院党委换届筹备工作，确保年内顺利完成换届。 (39) 继续做好本市公立医院党建工作质量评价，以评促改、以评促建，进一步促进附属医院党的建设取得新发展。	江　帆 瞿介明 郑军华 唐国瑶 郭　莲 孟　煜	党委组织部★ 各附属医院党委
7. 坚持严的主基调，持续加强党风廉政建设。 (40) 深入学习贯彻十九届中央纪委六次全会精神和十一届上海市纪委六次全会精神，主动适应深化纪检监察体制改革后的新要求。 (41) 强化政治监督，紧盯"关键少数"，认真落实关于对"一把手"和领导班子监督的工作要求。 (42) 完善综合监督工作体系，健全医学院内部巡察工作机制，谋划成立巡察工作领导小组办公室，推进各方面监督和各专项检查有机衔接、融会贯通、形成合力，切实增强监督的针对性和有效性。 (43) 持续深化"三不"一体推进，加强预防教育提醒，持续营造纠"四风"树新风的工作氛围。 (44) 强化以案示警，定期编发《廉政动态》，筑牢廉洁自律底线。 (45) 强化专项监督和重点领域监督，持续推进重大工程项目廉政建设工作。 (46) 编撰重点领域廉政建设工作手册，推动廉政建设融入日常业务工作。	施建蓉	纪委办公室 监督检查室
(47) 推动机关部处、直属单位加强工作作风建设，提升服务意识。	赵文华 施建蓉	机关党委★ 综合事务党委★ 纪委办公室
8. 坚持围绕中心、服务大局，推动统战群团工作展现新作为。 (48) 深入学习宣传贯彻《中国共产党统一战线工作条例》，加强对广大统战成员思想引领。 (49) 进一步推进统战工作重心下移，加强附属医院和二级学院统战工作力量建设。 (50) 推进党员领导干部与党外人士联谊交友工作，加大对党外代表人士的培养和使用力度。 (51) 稳步推进无党派人士认定工作，协助做好党派市委换届工作，努力推荐更多优秀的党外青年人才在各党派市委任职。 (52) 支持各民主党派和统战团体打造特色品牌项目，在行业领域中唱响交医声音，在服务经济社会发展中展现交医形象。	江　帆 李洪亮	党委统战部

（续表）

工　作　事　项	分管领导	负责部门
(53) 加强团员青年思想引领，完善骨干学生培养体系，研究制定医学院"青年马克思主义者培养工程"实施方案，开展"荣昶-博医卓越医学生培养计划""医学生健康科普摇篮计划"。 (54) 夯实团组织建设，研究制定医学院共青团改革实施方案，召开医学院第二十二次团代会，有序完成医学院第四届青联换届工作。 (55) 持续推进学联学生会组织改革，召开医学院第十次学生代表大会。	吴正一	团委
(56) 充分发挥上海市教育系统关工委邱蔚六工作室的品牌效应，发挥"五老"关心引领青年的独特作用。	江　帆	老干部工作办公室 退休工作党委
(57) 召开医学院"双代会"，推进科学民主决策落到实处，落实在编职工就医享受员工待遇。	赵文华	工会
二、以医学院70周年院庆为契机，人才工作为引领，加速推进"十四五"规划实施 **9. 全力筹备医学院70周年院庆。** (58) 研究制定70周年院庆总体方案，以及院庆领导机构和工作机构方案。	吴正一	党委办公室
(59) 谋划70周年院庆系列重大活动、重要会议或重要仪式，推进院庆系列活动和各项工作有序开展。	吴正一	党委办公室★ 院长办公室★
(60) 加强党史校史研究，对医学院重大事件和著名人物设立专题研究项目，不断推动知史爱党、知史爱国、知史爱院。	江　帆 吴正一	党校★ 档案馆★
(61) 做好医学院70周年院庆系列宣传工作，全面提升社会影响力，努力打造全方位、多层次、立体化的大宣传格局；深入凝练交医精神品格体系，推动形成黄浦校区与浦东校区传承融通发展的精神文化格局。	赵文华 李　剑	党委宣传部
(62) 借助上海交通大学校友会平台，广泛开展筹资工作，为医学院改革发展提供重要支撑和保障。 (63) 不断完善校友分会组织，建立健全医学院院系、国内地方以及海外校友分会，谋划成立医学院欧洲校友分会，建立校友数据库。 (64) 线上线下结合，举办形式多样的校友活动，谋划秩年返校系列活动和校友品牌活动，全面提升校友和各界人士的参与度和覆盖面。	吴正一	发展联络处
(65) 加强国际交流与合作，以医学研究和医疗服务为突破口，加强国际传播能力建设，加快提升国际影响力，助力国家构建国际传播新格局。	赵文华 胡翊群 李　剑	国际交流处★ 党委宣传部
10. 不断完善卓越医学创新人才培养体系。 (66) 全力做好国家和上海市新一轮教学成果奖的组织申报工作。 (67) 稳步扩大本科生招生规模，力争本科生年度招生计划有一定增加。 (68) 持续提升招生质量，临床医学类各省市录取分数线保持综合性医学院校前十。	胡翊群	教务处
(69) 进一步优化研究生结构，在稳定硕士研究生招生数量的基础上，稳步增加博士研究生招生数量。 (70) 完成博士生申请-考核制招生选拔质量评估，开展"博士生致远荣誉计划"优才夏令营。 (71) 以新增学位点建设为契机，启动医学技术硕士、博士研究生招生。	胡翊群	研究生院
(72) 结合医学院第九次"教育思想大讨论"，总结凝练交医医学教育实践经验和特色做法。 (73) 持续优化器官系统整合教学改革，在临床医学专业(4+4)试运行单循环整合课程，出版器官系统整合教材。 (74) 重视对学生的因材施教和分类指导，基于临床医学专业(4+4)学生本科阶段教育背景的差异性，统筹安排必修课程和免修课程。 (75) 整合附属医院优势临床专科试点成立"专科学院"，推进人才培养、学科发展、师资队伍一体化建设。	胡翊群	教务处★ 学科规划处
(76) 健全研究生学术诚信监管机制，完善研究生学位论文原始实验数据监管平台建设。 (77) 持续推进研究生分类培养体系建设，加快推进"医学+X"复合型创新拔尖人才培养。	胡翊群	研究生院

（续表）

工 作 事 项	分管领导	负责部门
(78) 推动社会医学与卫生事业管理专业建设，纳入本科生招生计划。	施建蓉 胡翊群	公共卫生学院★ 教务处
(79) 推动临床医学八年制法语班教育教学管理模式改革，探索教学与思政工作归口中法联合医学院统一管理模式。	吴正一	学生工作指导委员会★ 中法联合医学院
(80) 打造“留学交医”品牌，拓展海外知名院校的优质线上游学项目。	胡翊群	国际交流处
(81) 创建国家级住院医师规范化培训重点专业基地和专科医师规范化培训制度试点基地；加强毕业后教育质量督导。	胡翊群	医院管理处
(82) 制定继续教育学院转型发展三年行动计划，布局“大继续教育体系”。	胡翊群	继续教育学院
11. 深入实施人才强院主战略。 (83) 构建金字塔形人才结构，持续加大人才引进力度，依托高峰人才工程，集聚一批战略科学家和领军人才；持续举办青年学者论坛，依托揽蓄工程，吸引全球顶尖大学及科研机构的优秀青年人才。 (84) 加大青年人才培育力度，对接交大校部人才培育计划，实施医学院“医源”人才计划；持续提升博士后培养质量，创新博士后培养机制，推动“导师-博士后”联动评估。 (85) 持续对师德失范和学术不端保持“零容忍”态度，坚决落实失信失范行为“一票否决制”。 (86) 统筹协调各类人才计划，量质并举做好各类人才计划申报。	范先群	人事处
(87) 借鉴上海交通大学校部做法，探索制定符合医学人才成长规律的长聘体系实施方案；研究制定行政助理、项目聘用等用人用工方式相关的管理制度，规范人员聘用程序。 (88) 持续优化人才评价体系，一体化推进附属医院职称评审改革；探索高层次人才联合聘用制度，推动区域互聘、同城互聘、校部-医学院-附属医院互聘。	范先群 瞿介明 郑军华 唐国瑶 郭　莲	人事处★ 各附属医院
12. 全力推进新一轮学科建设。 (89) 在医学院系统组织开展学科建设大讨论，构建具有核心竞争力的学科发展布局和学科支撑体系。 (90) 主动对接国家战略需求和新医科建设要求，充分利用交大校部理、工科学科优势，建设更多跨学科平台，争取得到校部更多的支持。	范先群	学科规划处
(91) 持续推进“双一流”与上海市高水平地方高校建设，优化资源统筹和均衡分配，赋予各单位更大的学科建设自主权，修订医学院高水平地方高校建设管理办法、建设专项经费管理办法。 (92) 持续推进数字医学研究院建设，深化与人工智能国家实验室的合作共建。 (93) 筹备成立医学技术研究院和生物材料研究院，加快解决医学技术和生物医用材料领域研究应用和产业化的“卡脖子”问题。	范先群	学科规划处★ 科技发展处
(94) 继续推进全球健康学院、全健康研究中心建设，落实与国家热带病研究中心、爱丁堡大学的合作与交流。	施建蓉 胡翊群	全球健康学院★ 国际交流处
(95) 持续实施学科发展情况动态监测，完善学科联络人制度，为各学科提供专项化、精细化、定制化分析服务。	范先群	学科规划处
13. 不断提升医学科技创新能力。 (96) 全面提升获取重大项目的能力，推进肿瘤、脑科学、干细胞与再生医学等领域的原创性、引领性科学研究。 (97) 加强国家级重大重点项目和人才项目培育，对接交大校部“大健康”计划，布局大科学策源工程；对接“双十”计划，培育原始创新人才和团队。 (98) 持续做好各类科技成果奖、科技人物荣誉奖的培育和申报工作。 (99) 夯实科研基地与平台建设基础，落实一室一策要求，完成国家重点实验室重组工作。 (100) 做好科技成果作价投资的投后管理，打造生物医药校企合作成立科创衍生公司的样板间。	范先群 施建蓉	科技发展处★ 人事处

（续表）

工 作 事 项	分管领导	负责部门
(101) 聚焦"破四唯、立新标"要求，完成科技部等十部门科技成果评价改革试点任务。 (102) 落实国家发改委支持交大科技成果转化专项改革试点任务，打通附属医院技术作价投资路径的堵点。	范先群 施建蓉 瞿介明 郑军华 唐国瑶 郭　莲	科技发展处★ 各附属医院
(103) 支持中国医院发展研究院加快建设国内一流医疗卫生智库，开展高水平决策咨询和政策转化。	范先群	中国医院发展研究院
14. 持续提升医疗服务水平。 (104) 充分发挥附属医院的学科优势，持续推动优质医疗资源向"五大新城"扩容。 (105) 紧紧抓住国家和上海市建设高质量发展医院的有利契机，加快建设国家级和市级高水平医院，着力打造公立医院高质量发展模板。	方　勇 瞿介明 郑军华 唐国瑶 郭　莲	医院管理处★ 各附属医院
(106) 力争在国家医学中心、国家区域医疗中心和国家临床研究中心申报工作中取得佳绩。	范先群 方　勇 瞿介明 郑军华 唐国瑶 郭　莲	医院管理处★ 科技发展处 各附属医院
(107) 持续推进国家儿童医学中心和国家口腔医学中心建设，做好转化医学大科学设施国家验收工作。	范先群 方　勇	医院管理处★ 科技发展处
(108) 以临床专科建设为抓手，建成一批高水平的临床诊疗中心。	方　勇	医院管理处
(109) 以临床研究中心和医院分中心临床研究体系为依托，提升医学科技创新向临床转化的能力。	范先群	临床研究中心
15. 高质量推进浦东校区建设。 (110) 坚持医学院和附属医院一体化发展理念，深化与上海申康医院发展中心党委合作，规范附属医院及其分院的冠名管理，推进形成医学院系统目标同向、部署同步、工作同力的工作格局。	方　勇 吴正一	医院管理处★ 院长办公室
(111) 高质量推进浦东校区建设。 (112) 围绕学院的建设目标，统筹谋划空间布局，提前谋划浦东校区搬迁工作并做好多校区管理方案。 (113) 抓紧落实 P3 实验室建设规划。	方　勇	浦东校区工程项目建设办公室
(114) 支持浦东新区人民医院纳入附属医院筹建。	方　勇	医院管理处
(115) 启动浦东校区启用后开办运行费用测算工作。	方　勇	资产管理处★ 财务处
16. 深入推进校地合作。 (116) 充分借助交大校部的基础教育资源和管理能力，加快建设"上海交通大学附属黄浦实验中学"和"上海交通大学附属黄浦实验小学"。	赵文华 吴正一	党委办公室★ 基础教育合作办公室
(117) 推进公共卫生学院与黄浦区卫生健康委的战略合作，建立学校、医院、社区服务中心和办公楼宇一体化的卫生健康示范高地。	施建蓉	公共卫生学院
(118) 推进全球健康学院与黄浦区卫生健康委的战略合作，建立集预防、医疗、保健、现代化管理于一体的社区卫生服务中心群。	施建蓉	全球健康学院

（续表）

工 作 事 项	分管领导	负责部门
(119) 全面推进海南国际医学中心建设，加快推进与拥有高水平医学学科的世界一流大学在海南开展联合招生、医教研融合创新等多方面合作；加快附属博鳌研究型医院建设。	胡翊群 方　勇	院长办公室★ 研究生院 资产管理处 医院管理处
17. 积极推进治理体系建设。 (120) 全面推进医学院内设机构、人员编制、干部职数调整工作，完成医学院机构设置及人员编制梳理工作，研究制定医学院管理岗位设置总体方案；理顺依托附属医院建设的二级学院的管理机制；研究制定交大医学院浦东校区启用后的人员编制和干部职数增加方案。	江　帆 范先群 赵文华 吴正一	党委组织部★ 人事处★ 党委办公室 院长办公室
(121) 坚持推动管理重心下移和激发基层办学活力，在基础医学院试点推进“院为实体”改革。	胡翊群 吴正一	党委办公室★ 基础医学院
18. 扎实抓牢常态化疫情防控和校园安全工作。 (122) 切实加强师生医护员工健康管理和流动管理，坚决守住校园疫情防控防线。 (123) 建立健全医学院疫情防控应急处置机制，进一步加强第三针(加强针)的接种工作。	方　勇	医院管理处★ 人事处 学生工作指导委员会
(124) 切实加强实验室生物安全、网络信息安全和消防安全管理，维护校园安全，营造和谐环境。	方　勇 吴正一	资产管理处★ 网络信息中心★ 武装保卫部(处)★

关于印发硕士研究生学位授予标准的通知

沪交医研〔2022〕2 号

各研究生培养单位：

为深入贯彻习近平总书记关于研究生教育工作的重要指示和全国研究生教育会议精神，全面落实《深化新时代教育评价改革总体方案》的相关任务，改进学术评价方法，实施分类指导，体现学科特色，突出质量和贡献，打造良好的学术生态环境。根据《上海交通大学医学院关于研究生学位标准制定的指导意见》(沪交医研〔2021〕2 号)精神，以及学校关于研究生培养及学位授予的有关要求，经医学部学位评定委员会审议通过，特制定各学科和专业领域硕士学位授予标准，现印发给你们，请认真遵照执行。

特此通知。

附件：1.《上海交通大学临床医学/口腔医学/医学技术硕士学位(学术型)授予标准》
2.《上海交通大学基础医学/生物学/药学硕士学位(学术型)授予标准》
3.《上海交通大学公共卫生与预防医学硕士学位(学术型)授予标准》
4.《上海交通大学护理学硕士学位(学术型)授予标准》
5.《上海交通大学临床医学硕士专业学位授予标准》
6.《上海交通大学口腔医学硕士专业学位授予标准》
7.《上海交通大学公共卫生/护理/药学硕士专业学位授予标准》

上海交通大学医学院
2022 年 3 月 4 日

附件1：

上海交通大学临床医学/口腔医学/医学技术硕士学位(学术型)授予标准

第一条 根据《上海交通大学医学院关于研究生学位标准制定的指导意见》(沪交医研〔2021〕2号)精神，以及学校关于研究生培养及学位授予的有关要求，经医学部学位评定委员会审议通过，特制定本标准。

第二条 本标准适用于申请临床医学(1002)、口腔医学(1003)、医学技术(1010)硕士学位(学术型)。

第三条 申请上述学科硕士学位(学术型)应满足以下要求：

(一) 政治思想品德

1. 拥护中国共产党的领导，拥护社会主义制度，遵守中国宪法和法律及学校规章制度，具有良好的道德品质和行为规范。

2. 具备良好的学术素养、职业道德和社会责任感。

3. 外国籍硕士研究生的相关要求按照国家和学校规定执行。

(二) 学术诚信

崇尚科学精神，严格遵守《上海交通大学研究生学术规范》，恪守学术道德，遵守学术规范，无学术不端行为。

(三) 课程和学分要求

1. 掌握本学科坚实的基础理论和系统的专业知识，所选课程应涵盖本学科及相关学科方向的专业基础理论知识。

2. 在规定的学习年限内完成培养计划，课程成绩合格，并达到规定的学分要求。具体课程及学分要求详见所在学科培养方案。

(四) 学位论文

学位论文是进行学位评定的主要依据，应能反映出硕士研究生已掌握本学科坚实的基础理论、系统的专业知识、规范科学的研究方法和良好的书面表达能力。

1. 选题与综述

硕士学位论文选题应围绕临床实践中的问题，具有一定的学术价值和临床指导意义。

文献综述应在全面搜集、仔细阅读大量有关研究文献的基础上，经过归纳整理、分析鉴别，对所研究的问题在一定时期内已经取得的研究成果、存在问题以及新的发展趋势等进行系统、全面、客观的叙述和评论，为论文选题提供支持和论证。

2. 规范性要求

硕士学位论文必须是一篇系统、完整的学术论文，是硕士研究生在导师指导下独立完成或主要完成的研究成果。

硕士学位论文字数一般不少于3万(不含参考文献)，学位论文撰写应符合国家有关标准和《上海交通大学博士、硕士学位论文撰写指南》要求。学术观点必须明确，立论正确，层次分明，学风严谨；语言表达准确、简练，文字通畅且经过总结提炼；推理严谨，数据可靠，图表规范；不得抄袭和剽窃。

3. 成果创新性要求

硕士学位论文成果应具有新见解，研究方法科学，研究结论可靠，应具有一定的学术价值、临床指导意义和一定的先进性。

创新性学术成果可以学术期刊论文、科研成果奖、发明专利等多种形式呈现，并作为评价学位论文水平的重要参考。硕士研究生攻读学位期间取得的学术成果须与其学位论文相关。

第四条 创新性成果具体要求及认定办法

硕士研究生申请学位时须提交满足以下条件之一的学术成果：

(一) 以第一作者在中国科技核心期刊上发表(或录用)的原创性学术论文；

(二) 以第一作者或共同第一作者在国际学术期刊上发表(或录用)的原创性学术论文；

(三) 以主要完成人(学位申请人第一，或导师第一、学位申请人第二)申请发明专利，并获得授权；

(四) 以主要完成人获省部级及以上科研成果奖。

原则上1篇学术论文仅限由1名研究生用于申请学位。硕士研究生发表的学术论文应以上海交通大学为第一署名单位；在医学院备案的国内外一流大学联合培养一年以上，完成与学位论文相关的学术成果，其署名单位可根据实际贡献度进行排序。科研成果奖或发明专利应以上海交通大学为第一完成单位。

第五条　审核认定程序

（一）论文开题

硕士研究生应在第四学期结束前完成学位论文开题。开题前须撰写一篇与研究课题相关的综述。开题须采用会议形式，邀请3～5名高级职称的同行专家参加。论文开题具体要求详见所在学科培养方案。

（二）中期考核

硕士研究生应在第四学期结束前完成中期考核。中期考核是对硕士研究生培养计划中规定的全部课程学习完成情况、科研进展状况等方面进行全面审核。中期考核内容及具体要求详见《上海交通大学医学院研究生中期考核办法》。

（三）论文评审与答辩

1．论文评审

硕士学位论文评审一般于答辩前6周进行。学位论文由2～3名高级职称的同行专家进行评审，具体评审要求按照《上海交通大学医学院研究生学位论文评审办法》执行。

2．论文答辩

通过论文评审，经导师审核定稿，可申请论文答辩。经导师和培养单位审核通过后，进行学位论文答辩。学位论文答辩应在规定的最长学习年限内完成。

（四）学位申请与审核

1．论文答辩通过，且创新性成果符合本标准第四条要求者，可在规定日期内提交学位申请。

2．论文答辩时尚未形成学术成果者，在答辩后两年内创新性成果符合本标准第四条要求时，可提交学位申请。逾期者，不再受理其学位申请。

3．通过学位评定分委会、医学部学位评定委员会、学校学位评定委员会三级审核者，授予硕士学位并颁发硕士学位证书。

第六条　以同等学力申请临床医学、口腔医学、医学技术硕士学位（学术型）人员，其创新性成果须符合本标准第四条要求方可申请学位论文答辩。

第七条　本标准自2021级硕士研究生开始执行，由研究生院医学分院负责解释。

附件2：

上海交通大学基础医学/生物学/药学
硕士学位（学术型）授予标准

第一条　根据《上海交通大学医学院关于研究生学位标准制定的指导意见》（沪交医研〔2021〕2号），以及学校关于研究生培养及学位授予的有关要求，经医学部学位评定委员会审议通过，特制定本标准。

第二条　本标准适用于申请基础医学（1001）、生物学（0710）、药学（1007）硕士学位（学术型）。

第三条　申请上述学科硕士学位（学术型）应满足以下要求：

（一）政治思想品德

1．拥护中国共产党的领导，拥护社会主义制度，遵守中国宪法和法律及学校规章制度，具有良好的道德品质和行为规范。

2．具备良好的学术素养、职业道德和社会责任感。

3．外国籍硕士研究生的相关要求按照国家和学校规定执行。

（二）学术诚信

崇尚科学精神，严格遵守《上海交通大学研究生学术规范》，恪守学术道德，遵守学术规范，无学术不端行为。

（三）课程和学分要求

1．掌握本学科坚实的基础理论和系统的专业知识，所选课程应涵盖本学科及相关学科方向的专业基础理论知识。

2．在规定的学习年限内完成培养计划，课程成绩合格，并达到规定的学分要求。具体课程及学分要求详见所在学科培养方案。

（四）学位论文

学位论文是进行学位评定的主要依据，应能反映出硕士研究生已掌握本学科坚实的基础理论、系统的专业知识、规范科学的研究方法和良好的书面表达能力。

1. 选题与综述

硕士学位论文应围绕学科领域对人类健康有重要意义的课题，对医学发展有一定的学术价值和应用价值。

文献综述应在全面搜集、仔细阅读大量有关研究文献的基础上，经过归纳整理、分析鉴别，对所研究的问题在一定时期内已经取得的研究成果、存在问题以及新的发展趋势等进行系统、全面、客观的叙述和评论，为论文选题提供支持和论证。

2. 规范性要求

硕士学位论文必须是一篇系统、完整的学术论文，是硕士研究生在导师指导下独立完成或为主完成的研究成果。

硕士学位论文字数一般不少于 4 万（不含参考文献），学位论文撰写应符合国家有关标准和《上海交通大学博士、硕士学位论文撰写指南》要求。学术观点必须明确，立论正确，层次分明，学风严谨；语言表达准确、简练，文字通畅且经过总结提炼；推理严谨，数据可靠，图表规范；不得抄袭和剽窃。

3. 成果创新性要求

硕士学位论文成果应具有新见解，研究方法科学，研究结论可靠，应对基础医学领域具有一定的学术价值，具有一定的先进性。

创新性学术成果可以学术期刊论文、发明专利等多种形式呈现，并作为评价学位论文水平的重要参考。硕士研究生攻读学位期间取得的学术成果须与其学位论文相关。

第四条　创新性成果具体要求及认定办法

硕士研究生申请学位论文答辩时须提交满足以下条件之一的学术成果：

（一）以第一作者在中国科技核心期刊上发表（或录用）的原创性学术论文；

（二）以第一作者或共同第一作者（限排名第二）在国际学术期刊上发表（或录用）的原创性学术论文。

原则上 1 篇学术论文仅限由 1 名研究生用于申请学位。硕士研究生发表的学术论文应以上海交通大学为第一署名单位；在医学院备案的国内外一流大学联合培养一年以上，完成与学位论文相关的学术成果，其署名单位可根据实际贡献度进行排序。

如果未达到上述要求，可申请由学校组织的 3 名同行专家双盲评审学位论文的方式进行论文答辩和学位申请。采用这种方式的硕士研究生，须经本人申请、导师同意，学科研究生管理委员会和培养单位研究生管理办公室审核通过，报研究生院医学院分院组织论文双盲评审。3 名专家盲审总体评价须全部达到良好及以上方可进入答辩。如盲审未达到以上要求，则不可进入答辩程序，亦不可申请复议，须六个月后重新申请盲审。

第五条　审核认定程序

（一）论文开题

硕士研究生须在第二学期结束前完成学位论文开题。开题前须撰写一篇与研究课题相关的综述。开题须采用会议形式，邀请 3～5 名高级职称的同行专家参加。论文开题具体要求详见所在学科培养方案。

（二）中期考核

硕士研究生一般在第四学期结束前完成中期考核。中期考核是对硕士研究生培养计划中规定的全部课程学习完成情况、科研进展状况等方面进行全面审核。中期考核内容及具体要求详见《上海交通大学医学院研究生中期考核办法》。

（三）论文评审与答辩

1. 学位论文形式审查

研究生本人提出论文评审申请，经导师同意后，须提交以下材料至学科研究生管理委员会进行形式审查：①研究生学位论文；②研究生培养手册；③学术成果相关证明材料。培养单位研究生管理办公室对答辩申请人进行资格审查，包括思想品德、课程学分、培养环节等考核完成情况。学科研究生管理委员会、培养单位研究生管理办公室均审核通过后，方可进入论文评审与答辩程序。

2. 论文评审

硕士学位论文评审一般于答辩前 6 周进行。学位论文由 2～3 名高级职称的同行专家进行评审，具体评审要求按照《上海交通大学医学院研究生学位论文评审办法》执行。

申请以学位论文水平进行论文答辩和学位申请者，学位论文由 3 名同行专家进行双盲评审，3 名专家盲审总体评价须全部达到良好及以上，方可进入论文答辩。如盲审结果未达到以上要求，则不可进入答辩程序，亦不可申请复议，须6个月后重新申请盲审。

3. 论文答辩

通过论文评审，经导师审核定稿，且创新性成果符合本标准第四条要求者，可申请论文答辩。经导师和培养单位审核通过后，进行学位论文答辩。学位论文答辩应在规定的最长学习年限内完成。

（四）学位申请与审核

论文答辩通过后，学位申请人应在规定日期内提交学位申请材料，通过学位评定分委会、医学部学位评定委员会、学校学位评定委员会三级审核者，授予硕士学位并颁发硕士学位证书。

第六条　以同等学力申请基础医学、生物学、药学硕士学位（学术型）人员，其学位授予标准参照本标准执行。

第七条　本标准自2021级硕士研究生开始执行，由研究生院医学分院负责解释。

附件3：

上海交通大学公共卫生与预防医学
硕士学位（学术型）授予标准

第一条　根据《上海交通大学医学院关于研究生学位标准制定的指导意见》（沪交医研〔2021〕2号）精神，以及学校关于研究生培养及学位授予的有关要求，经医学部学位评定委员会审议通过，特制定本标准。

第二条　本标准适用于申请公共卫生与预防医学（1004）硕士学位（学术型）。

第三条　申请公共卫生与预防医学硕士学位（学术型）应满足以下要求：

（一）政治思想品德

1. 拥护中国共产党的领导，拥护社会主义制度，遵守中国宪法和法律及学校规章制度，具有良好的道德品质和行为规范。

2. 具备良好的学术素养、职业道德和社会责任感。

3. 外国籍硕士研究生的相关要求按照国家和学校规定执行。

（二）学术诚信

崇尚科学精神，严格遵守《上海交通大学研究生学术规范》，恪守学术道德，遵守学术规范，无学术不端行为。

（三）课程和学分要求

1. 掌握本学科坚实的基础理论和系统的专业知识，所选课程应涵盖本学科及相关学科方向的专业基础理论知识。

2. 在规定的学习年限内完成培养计划，课程成绩合格，并达到规定的学分要求。具体课程及学分要求详见本学科培养方案。

（四）学位论文

学位论文是硕士生培养工作的重要组成部分，是对硕士生进行科学研究或承担专门技术工作的全面训练，是培养硕士生创新能力，综合运用所学知识发现问题、分析问题和解决问题能力的主要环节。

1. 选题与综述

硕士生应在导师指导下，选择预防医学学科领域或对人类健康有一定意义的课题，应对解决本专业领域的理论或公共卫生实践中存在的问题有一定的创新性和应用价值，并完成对该课题的国际与国内发展现状和存在问题进行全面而系统的综述。

2. 规范性要求

硕士学位论文必须是一篇系统、完整的学术论文，是硕士研究生在导师指导下独立完成或主要完成的研究成果。论文应能表明学生确已系统掌握了本门学科的基础理论和专业知识，基本具有独立从事科学研究工作的能力，包括文献检索、实验设计与实施、数据分析、论文写作等各个环节。

硕士学位论文字数一般不少于3万（不含参考文献），学位论文撰写应符合国家有关标准和《上海交通大学博士、硕士学位论文撰写指南》要求。论文中的科学论点要概念清楚，表达准确、数据真实、分析科学、结论合理；论文词句精炼通顺，条理分明，逻辑性强，文字图表清晰整齐，标点符号正确。不得抄袭和剽窃。

3. 成果创新性要求

学位论文成果应是对所研究的课题有新的见解，分析科学，结论合理，对本专业发展或实践具有一定的学术价值和指导意义，并具有一定的先进性。

学术成果可以学术期刊论文、政策专报、发明专利等多种形式呈现，并作为评价学位论文水平的重要参考。

第四条　创新成果具体要求及认定办法

（一）创新性成果具体要求

硕士研究生申请学位论文答辩时须提交满足以下条件之一的学术成果：

1. 以第一作者在中国科技核心期刊上发表（或录用）的原创性学术论文；
2. 以第一作者或共同第一作者在国际学术期刊上发表（或录用）的原创性学术论文；
3. 以主要完成人（排名前三）形成省部级及以上政策专报或研究结果纳入实施政策；
4. 以主要完成人（排名前三）申请与学位研究课题相关的国内或国际发明专利，并获得授权；
5. 以主要完成人获省部级及以上科研成果奖。

（二）认定办法

1. 硕士生攻读学位期间取得的学术成果须与其学位论文相关。

2. 硕士生发表的学术论文应以上海交通大学公共卫生学院为第一署名单位，且通信作者必须包含研究生导师；在医学院认定的国内外一流大学联合培养一年以上完成论文相关课题研究的，署名单位可根据学术成果实际贡献度进行排序。以共同第一作者发表的学术论文，须由导师书面说明各第一作者的工作分工和贡献。

3. 科研成果奖或发明专利应以上海交通大学公共卫生学院为第一完成单位，且获奖者或发明人包含研究生导师。

4. 原则上 1 篇学术论文仅限由 1 名研究生用于申请学位。

第五条　审核认定程序

（一）论文开题

硕士生应在第三学期结束前完成学位论文开题。开题前须撰写一篇与研究课题相关的综述。开题须采用会议形式，邀请 3～5 名高级职称的同行专家参加。论文开题具体要求详见本学科培养方案。

（二）中期考核

中期考核是对硕士研究生培养计划中规定的全部课程学习完成情况、科研进展状况等方面进行的一次全面审核。硕士生应在入学后第四学期结束前完成中期考核，最晚须在学位论文评审前 3 个月进行。中期考核内容及具体要求详见《上海交通大学医学院研究生中期考核办法》。

（三）论文评审与答辩

1. 论文评审

硕士学位论文评审一般于答辩前 6 周进行。学位论文由 2～3 名高级职称的同行专家进行评审，具体评审要求按照《上海交通大学医学院研究生学位论文评审办法》执行。

2. 论文答辩

通过论文评审，经导师审核定稿，且创新性成果符合本标准第四条要求者，可申请论文答辩。经导师、学科、培养单位审核通过后，进行学位论文答辩。学位论文答辩应在学校规定或批准的最长年限内完成。

（四）学位申请与审核

论文答辩通过后，申请人应在规定日期内提交学位申请材料，通过学位评定分委会、医学部学位评定委员会、学校学位评定委员会三级审核者，授予硕士学位并颁发硕士学位证书。

第六条　以同等学力申请公共卫生与预防医学硕士学位（学术型）人员，其学位授予标准参照本标准执行。

第七条　本标准自 2021 级硕士研究生开始执行，由研究生院医学分院负责解释。

附件 4：

上海交通大学护理学
硕士学位(学术型)授予标准

第一条 根据《上海交通大学医学院关于研究生学位标准制定的指导意见》(沪交医研〔2021〕2 号)精神，以及学校关于研究生培养及学位授予的有关要求，经医学部学位评定委员会审议通过，特制定本标准。

第二条 本标准适用于申请护理学(1011)硕士学位(学术型)。

第三条 申请护理学硕士学位(学术型)应满足以下要求：

(一) 政治思想品德

1. 拥护中国共产党的领导，拥护社会主义制度，遵守中国宪法和法律及学校规章制度，具有良好的道德品质和行为规范。

2. 具备良好的学术素养、职业道德和社会责任感。

3. 外国籍硕士研究生的相关要求按照国家和学校规定执行。

(二) 学术诚信

崇尚科学精神，严格遵守《上海交通大学研究生学术规范》，恪守学术道德，遵守学术规范，无学术不端行为。

(三) 课程和学分要求

1. 掌握本学科坚实的基础理论和系统的专业知识，所选课程应涵盖本学科及相关学科方向的专业基础理论知识。

2. 在规定的学习年限内完成培养计划，课程成绩合格，并达到规定的学分要求。具体课程及学分要求详见本学科培养方案。

(四) 学位论文

学位论文是进行学位评定的主要依据，应能反映出硕士研究生已掌握本科学坚实的基础理论、系统的专业知识、规范科学的研究方法和良好的书面表达能力。

1. 选题与综述

学位论文选题应围绕护理实践中的问题，具有一定的学术价值和临床意义。

在精读一定量文献资料的基础上，对国内外在该研究方向上的研究动态、近年来取得的主要进展、主要研究方法及已有研究成果等进行全面概括和系统分析，明确课题研究的目的和阐明课题的理论水平和实际意义。

2. 规范性要求

硕士学位论文必须是一篇系统、完整的学术论文，是硕士研究生在导师指导下独立完成或主要完成的研究成果。

硕士学位论文字数一般不少于 3 万(不含参考文献)，学位论文撰写应符合国家有关标准和《上海交通大学博士、硕士学位论文撰写指南》要求。学术观点必须明确，立论正确，层次分明，学风严谨；语言表达准确、简练，文字通畅且经过总结提炼；推理严谨，数据可靠，图表规范；不得抄袭和剽窃。

3. 成果创新性要求

硕士学位论文成果应具有新见解，研究方法科学，研究结论可靠，应对临床实践具有一定的学术价值、临床指导意义和一定的先进性。

创新性学术成果可以学术期刊论文、科研成果奖、发明专利等多种形式呈现，并作为评价学位论文水平的重要参考。硕士研究生攻读学位期间取得的学术成果须与其学位论文相关。

第四条 创新性成果具体要求及认定办法

硕士研究生申请学位论文答辩时须提交满足以下条件之一的学术成果：

(一) 以第一作者在中国科技核心期刊上发表(或录用)的原创性学术论文；

(二) 以第一作者或共同第一作者在国际学术期刊上发表(或录用)的原创性学术论文；

(三) 以主要完成人(排名前三)申请发明专利，并获得授权；

(四) 以主要完成人获省部级及以上科研成果奖。

原则上 1 篇学术论文仅限由 1 名研究生用于申请学位。硕士研究生发表的学术论文应以上海交通大学为第一署名单位，且通信作者必须包含研究生导师；在医学院备案的国内外一流大学联合培养一年以上，完成与学位论文相关的学术成果，其署名单位可根据实际贡献度进行排序。科研成果奖或发明专利应以上海交通大学为第一完成单位。

第五条　审核认定程序

(一) 论文开题

硕士研究生须在第四学期结束前完成学位论文开题。开题前须撰写一篇与研究课题相关的综述。开题须采用会议形式，邀请3～5名高级职称的同行专家参加。论文开题具体要求详见本学科培养方案。

(二) 中期考核

硕士研究生一般在第四学期结束前完成中期考核。中期考核是对硕士研究生培养计划中规定的全部课程学习完成情况、科研进展状况等方面进行全面审核。中期考核内容及具体要求详见《上海交通大学医学院研究生中期考核办法》。

(三) 论文评审与答辩

1. 论文评审

硕士学位论文评审一般于答辩前6周进行。学位论文由2～3名高级职称的同行专家进行评审，具体评审要求按照《上海交通大学医学院研究生学位论文评审办法》执行。

2. 论文答辩

通过论文评审，经导师审核定稿，且创新性成果符合本标准第四条要求者，可申请论文答辩。经导师和培养单位审核通过后，进行学位论文答辩。学位论文答辩应在规定的最长学习年限内完成。

(四) 学位申请与审核

论文答辩通过后，学位申请人应在规定日期内提交学位申请材料，通过学位评定分委会、医学部学位评定委员会、学校学位评定委员会三级审核者，授予硕士学位并颁发硕士学位证书。

第六条　以同等学力申请护理学硕士学位(学术型)人员，其学位授予标准参照本标准执行。

第七条　本标准自2021级硕士研究生开始执行，由研究生院医学分院负责解释。

附件5：

上海交通大学临床医学硕士专业学位授予标准

第一条　根据《上海交通大学医学院关于研究生学位标准制定的指导意见》(沪交医研〔2021〕2号)精神，以及学校关于研究生培养及学位授予的有关要求，经医学部学位评定委员会审议通过，特制定本标准。

第二条　本标准适用于申请临床医学(1051)硕士专业学位。

第三条　申请临床医学硕士专业学位应满足以下要求：

(一) 政治思想品德

1. 拥护中国共产党的领导，拥护社会主义制度，遵守中国宪法和法律及学校规章制度，具有良好的道德品质和行为规范。

2. 具备良好的学术素养、职业道德和社会责任感。

3. 外国籍硕士研究生的相关要求按照国家和学校规定执行。

(二) 学术诚信

崇尚科学精神，严格遵守《上海交通大学研究生学术规范》，恪守学术道德，遵守学术规范，无学术不端行为。

(三) 课程和学分要求

1. 掌握本学科坚实的基础理论和系统的专业知识，所选课程应涵盖本学科及相关学科方向的专业基础理论知识。

2. 在规定的学习年限内完成培养计划，课程成绩合格，并达到规定的学分要求，取得《医师资格证书》。具体课程、学分要求和临床轮转要求详见本学科培养方案。

(四) 学位论文

学位论文是进行学位评定的主要依据，应能反映出专业学位硕士研究生已掌握本学科坚实的基础理论、系统的专业知识、规范科学的研究方法和良好的书面表达能力。

1. 选题与综述

硕士学位论文选题应紧密结合临床工作实际，以提高临床诊疗水平与技术手段为出发点，选取临床实践中的主要问题加以总结和研究，并具有潜在的临床应用价值。

文献综述应在全面搜集、仔细阅读一定量的有关研究文献基础上，经过归纳整理、分析鉴别，对所研究的问题在一定时期内已经取得的研究成果、存在问题以及新的发展趋势等进行系统、全面、客观的叙述和评论，为论文选题提供支持和论证。

2. 规范性要求

硕士学位论文必须是一篇系统、完整的学术论文，是专业学位硕士研究生在导师指导下独立完成或主要完成的研究成果。

硕士学位论文字数一般不少于 3 万(不含参考文献)，学位论文撰写应符合国家有关标准和《上海交通大学博士、硕士学位论文撰写指南》要求。学术观点必须明确，立论正确，层次分明，学风严谨；语言表达准确、简练，文字通畅且经过总结提炼；推理严谨，数据可靠，图表规范；不得抄袭和剽窃。

3. 学位论文水平要求

硕士学位论文成果应具有新见解，研究方法科学，研究结论可靠，应对临床实践具有一定的指导意义，具有一定的先进性和临床应用价值。

第四条　学术成果要求

鼓励专业学位硕士研究生以学术期刊论文、学术会议报告、科研成果奖、发明专利等多种形式呈现其学术成果。

第五条　审核认定程序

(一) 论文开题

专业学位硕士研究生应在第四学期结束前完成学位论文开题。开题前须撰写一篇与研究课题相关的综述。开题须采用会议形式，邀请 3～5 名高级职称的同行专家参加。论文开题具体要求详见本学科培养方案。

(二) 中期考核

专业学位硕士研究生一般在第五学期结束前完成中期考核。中期考核是对硕士研究生培养计划中规定的课程学习、科研进展和临床技能水平等方面进行全面审核。中期考核内容及具体要求详见《上海交通大学医学院研究生中期考核办法》。

(三) 论文评审与答辩

1. 论文评审

学位论文评审一般于答辩前 6 周进行。学位论文由 2～3 名高级职称的同行专家进行评审，具体评审要求按照《上海交通大学医学院研究生学位论文评审办法》执行。

2. 论文答辩

通过论文评审，经导师审核定稿，可申请论文答辩。经导师和培养单位审核通过后，进行学位论文答辩。学位论文答辩应在规定的最长学习年限内完成。

(四) 学位申请与审核

论文答辩通过，且在答辩通过后两年内获得《住院医师规范化培训合格证书》，可提交学位申请。通过学位评定分委会、医学部学位评定委员会、学校学位评定委员会三级审核者，授予硕士专业学位并颁发硕士专业学位证书。

第六条　以同等学力申请临床医学硕士专业学位人员，须获得《住院医师规范化培训合格证书》方可申请学位论文答辩。

第七条　本标准自 2021 级硕士研究生开始执行，由研究生院医学分院负责解释。

附件 6：

上海交通大学口腔医学硕士专业学位授予标准

第一条　根据《上海交通大学医学院关于研究生学位标准制定的指导意见》(沪交医研〔2021〕2 号)精神，以及学校关于研究生培养及学位授予的有关要求，经医学部学位评定委员会审议通过，特制定本标准。

第二条　本标准适用于申请口腔医学(1052)硕士专业学位。

第三条　申请口腔医学硕士专业学位应满足以下要求：

（一）政治思想品德

1. 拥护中国共产党的领导，拥护社会主义制度，遵守中国宪法和法律及学校规章制度，具有良好的道德品质和行为规范。

2. 具备良好的学术素养、职业道德和社会责任感。

3. 外国籍硕士研究生的相关要求按照国家和学校规定执行。

（二）学术诚信

崇尚科学精神，严格遵守《上海交通大学研究生学术规范》，恪守学术道德，遵守学术规范，无学术不端行为。

（三）课程和学分要求

1. 掌握本学科坚实的基础理论和系统的专业知识，所选课程应涵盖本学科及相关学科方向的专业基础理论知识。

2. 在规定的学习年限内完成培养计划，课程成绩合格，并达到规定的学分要求，取得《医师资格证书》。具体课程、学分要求和临床轮转要求详见本学科培养方案。

（四）学位论文

学位论文是进行学位评定的主要依据，应能反映出专业学位硕士研究生已掌握本学科上坚实的基础理论、系统的专业知识、规范科学的研究方法和良好的书面表达能力。

1. 选题与综述

学位论文选题应紧密结合临床工作实际，以提高临床诊疗水平与技术手段为出发点，选取临床实践中的主要问题加以总结和研究，并具有潜在的临床应用价值。

文献综述应在全面搜集、仔细阅读一定量的有关研究文献基础上，经过归纳整理、分析鉴别，对所研究的问题在一定时期内已经取得的研究成果、存在问题以及新的发展趋势等进行系统、全面、客观的叙述和评论，为论文选题提供支持和论证。

2. 规范性要求

硕士学位论文必须是一篇系统、完整的学术论文，是专业学位硕士研究生在导师指导下独立完成或主要完成的研究成果。

硕士学位论文字数一般不少于3万(不含参考文献)，学位论文撰写应符合国家有关标准和《上海交通大学博士、硕士学位论文撰写指南》要求。学术观点必须明确，立论正确，层次分明，学风严谨；语言表达准确、简练，文字通畅且经过总结提炼；推理严谨，数据可靠，图表规范；不得抄袭和剽窃。

3. 成果创新性要求

硕士学位论文成果应具有新见解，研究方法科学，研究结论可靠，应对临床实践具有一定的临床指导意义，具有一定的先进性和临床应用价值。

创新性学术成果可以学术期刊论文、科研成果奖、发明专利等多种形式呈现，并作为评价学位论文水平的重要参考。专业学位硕士研究生攻读学位期间取得的学术成果须与其学位论文相关。

第四条　创新性成果具体要求及认定办法

专业学位硕士研究生申请学位时须提交满足以下条件之一的学术成果：

（一）以第一作者或共同第一作者在学科认可的国内外学术期刊上发表(或录用)的具有临床应用前景的原创性学术论文；

（二）以主要完成人(学位申请人第一，或导师第一、学位申请人第二)申请发明专利，并获得授权；

（三）以主要完成人获省部级及以上科研成果奖。

原则上1篇学术论文仅限由1名研究生用于申请学位。硕士研究生发表的学术论文应以上海交通大学为第一署名单位；科研成果奖或发明专利应以上海交通大学为第一完成单位。

第五条　审核认定程序

（一）论文开题

专业学位硕士研究生应在第四学期结束前完成学位论文开题。开题前须撰写一篇与研究课题相关的综述。开题须采用会议形式，邀请3～5名高级职称的同行专家参加。论文开题具体要求详见本学科培养方案。

（二）中期考核

专业学位硕士研究生一般在第五学期结束前完成中期考核。中期考核是对硕士研究生培养计划中规定的课程学习、科研进展和临床技能水平等方面进行全面审核。中期考核内容及具体要求详见《上海交通大学医学院研究生中期考核办法》。

（三）论文评审与答辩

1. 论文评审

硕士学位论文评审一般于答辩前6周进行。学位论文由2～3名高级职称的同行专家进行评审，具体评审要求按照《上海交通大学医学院研究生学位论文评审办法》执行。

2. 论文答辩

通过论文评审，经导师审核定稿，可申请论文答辩。经导师和培养单位审核通过后，进行学位论文答辩。学位论文答辩应在规定的最长学习年限内完成。

（四）学位申请与审核

论文答辩通过，且在答辩通过后两年内获得《住院医师规范化培训合格证书》、且创新性成果符合本标准第四条要求者，可提交学位申请。通过学位评定分委会、医学部学位评定委员会、学校学位评定委员会三级审核者，授予硕士专业学位并颁发硕士专业学位证书。

第六条　以同等学力申请口腔医学硕士专业学位人员，须获得《住院医师规范化培训合格证书》方可申请学位论文答辩。

第七条　本标准自2021级硕士研究生开始执行，由研究生院医学分院负责解释。

附件7：

上海交通大学公共卫生/护理/药学
硕士专业学位授予标准

第一条　根据《上海交通大学医学院关于研究生学位标准制定的指导意见》（沪交医研〔2021〕2号）精神，以及学校关于研究生培养及学位授予的有关要求，经医学部学位评定委员会审议通过，特制定本标准。

第二条　本标准适用于申请公共卫生（1053）、护理（1054）、药学（1055）硕士专业学位。

第三条　申请上述专业领域硕士专业学位应满足以下要求：

（一）政治思想品德

1. 拥护中国共产党的领导，拥护社会主义制度，遵守中国宪法和法律及学校规章制度，具有良好的道德品质和行为规范。

2. 具备良好的学术素养、职业道德和社会责任感。

3. 外国籍硕士研究生的相关要求按照国家和学校规定执行。

（二）学术诚信

崇尚科学精神，严格遵守《上海交通大学研究生学术规范》，恪守学术道德，遵守学术规范，无学术不端行为。

（三）课程和学分要求

1. 掌握本学科坚实的基础理论和系统的专业知识，所选课程应涵盖本学科及相关学科方向的专业基础理论知识。

2. 在规定的学习年限内完成培养计划，课程成绩合格，并达到规定的学分要求。具体课程和学分要求详见所在学科培养方案。

（四）学位论文

学位论文是进行学位评定的主要依据，应能反映出专业学位硕士研究生已掌握本学科坚实的基础理论、系统的专业知识、规范科学的研究方法和良好的书面表达能力。

1. 选题与综述

硕士学位论文选题应围绕本专业领域实践中需要解决的实际问题，具有一定的实践应用价值。

文献综述应在全面搜集、仔细阅读大量有关研究文献的基础上，经过归纳整理、分析鉴别，对所研究的问题在一定时期内已经取得的研究成果、存在问题以及新的发展趋势等进行系统、全面、客观的叙述和评论，为论文选题提供支持和论证。

2. 规范性要求

硕士学位论文必须是一篇系统、完整的学术论文，是专业学位硕士研究生在导师指导下独立完成或主要完成的研究成果。

硕士学位论文字数一般不少于3万(不含参考文献)，学位论文撰写应符合国家有关标准和《上海交通大学博士、硕士学位论文撰写指南》要求。学术观点必须明确，立论正确，层次分明，学风严谨；语言表达准确、简练，文字通畅且经过总结提炼；推理严谨，数据可靠，图表规范；不得抄袭和剽窃。

3. 成果创新性要求

硕士学位论文成果应具有新见解，研究方法科学，研究结论可靠，应对专业实践具有一定的应用价值，具有一定的先进性。

创新性学术成果可以学术期刊论文、政策专报、发明专利、科研成果奖等多种形式呈现，并作为评价学位论文水平的重要参考。专业学位硕士研究生攻读学位期间取得的学术成果须与其学位论文相关。

第四条　创新性成果具体要求及认定办法

专业学位硕士研究生申请学位论文答辩时须提交满足以下条件之一的学术成果：

(一) 以第一作者在中国科技核心期刊上发表(或录用)的原创性学术论文(含案例报告)或综述；

(二) 以第一作者或共同第一作者在国际学术期刊上发表(或录用)的原创性学术论文或综述；

(三) 以主要完成人(排名前三)形成省部级及以上政策专报或研究结果纳入实施政策；

(四) 以主要完成人(排名前三)申请发明专利，并获得授权；

(五) 以主要完成人获省部级及以上科研成果奖。

原则上1篇学术论文仅限由1名研究生用于申请学位。硕士研究生发表的学术论文应以上海交通大学为第一署名单位；科研成果奖、发明专利或政策专报应以上海交通大学为第一完成单位。

第五条　审核认定程序

(一) 专业实践

专业学位硕士研究生通过专业实践，使所学理论知识密切联系实际，巩固和提高理论专业知识，熟练地掌握基本技能，培养分析问题、解决问题以及独立工作的能力。专业实践具体要求及考核详见所在学科培养方案。

(二) 论文开题

专业学位硕士研究生应在第三学期结束前完成学位论文开题。开题须采用会议形式，邀请3～5名高级职称的同行专家参加。论文开题具体要求详见本学科培养方案。

(三) 中期考核

专业学位硕士研究生应在第四学期结束前完成中期考核。中期考核是对硕士研究生培养计划中规定的全部课程学习完成情况、科研进展状况等方面进行全面审核。中期考核内容及具体要求详见《上海交通大学医学院研究生中期考核办法》。

(四) 论文评审与答辩

1. 论文评审

硕士学位论文评审一般于答辩前6周进行。学位论文由2～3名高级职称的同行专家进行评审，具体评审要求按照《上海交通大学医学院研究生学位论文评审办法》执行。

2. 论文答辩

通过论文评审，经导师审核定稿，且创新性成果符合本标准第四条要求者，可申请论文答辩。经导师和培养单位审核通过后，进行学位论文答辩。学位论文答辩应在规定的最长学习年限内完成。

(五) 学位申请与审核

论文答辩通过后，学位申请人应在规定日期内提交学位申请材料，通过学位评定分委会、医学部学位评定委员会、学校学位评定委员会三级审核者，授予硕士专业学位并颁发硕士专业学位证书。

第六条　本标准自2021级硕士研究生开始执行，由研究生院医学分院负责解释。

关于印发《上海交通大学医学院在线开放课程教学管理规定》的通知

沪交医教〔2022〕4号

各院(系)、所:

为贯彻落实《教育部等五部门关于加强普通高等学校在线开放课程教学管理的若干意见》(教高〔2022〕1号),规范上海交通大学医学院在线开放课程教学管理,维护在线开放课程教学秩序,现将《上海交通大学医学院在线开放课程教学管理规定》印发给你们,请认真遵照执行。

特此通知。

上海交通大学医学院

2022年4月2日

上海交通大学医学院在线开放课程教学管理规定

为规范上海交通大学医学院在线开放课程教学管理,维护在线开放课程教学秩序,根据《中华人民共和国高等教育法》《中华人民共和国网络安全法》《普通高等学校学生管理规定》《网络交易监督管理办法》等法律法规,现就加强上海交通大学医学院认定学分的在线开放课程教学管理作出以下规定。

一、切实履行在线开放课程教学管理责任

1. 规范课程选用、教学、评价、督导和学分认定,将在线开放课程纳入日常教学管理,做到线上与线下课程同管理、同要求。

2. 强化课程选用管理,严格实行意识形态审查、内容审查和质量监督,确保课程正确的政治方向和价值导向,符合科学性、适用性要求。不得选用内容陈旧、服务质量差的在线开放课程。

3. 对选用的在线开放课程要配备课程责任教师,全面负责课程教学服务与管理。

4. 加强学生诚信教育,健全学生违纪行为认定与处理办法。

5. 严格考核评价管理,根据课程教学实际,严格学习过程和考试监管,在考试中通过人脸识别、双机位等技术手段强化考试监督。不得将在线开放课程考试完全交由在线课程平台等第三方负责。

二、加强对在线开放课程教师的管理

1. 在线开放课程主讲教师及教学团队应按照教学大纲要求,实施完整的教学活动,并及时更新在线课程内容,做好在线服务,确保在线授课网络安全与课程质量。

2. 开课院系应当配合在线开放课程主讲教师及教学团队的教学活动,加强学习组织和课业辅导,强化课程考核监督管理。

3. 对造成教学事故的在线开放课程教师或开课院系责任教师,由其所在学院根据教师管理相关规定和教学事故处理办法等给予相应处分。

三、严格学生在线学习规范与考试纪律

1. 学生应当按照学校授课要求,通过相关教学平台修读在线开放课程。签署在线学习诚信承诺书,遵守课程学习纪律和考试纪律。

2. 严禁出借个人学习账号给他人使用,严禁通过非法软件或委托第三方提供的人工或技术服务等方式获取学习记录和考试成绩,严禁以任何形式传播课程考试内容及答案。

3. 违规违纪行为一经查实,由学指委按照学生手册相关规定予以处理。对参与组织违规违纪行为并构成违法行为的学生,由有关部门依法追究法律责任。

四、完善在线开放课程平台自我监督机制

1. 提供学分课程的平台必须严格落实网络安全等级保护制度，履行安全保护义务，平台安全保护等级不应低于第三级。

2. 严格执行在线开放课程上线基本规范，建立课程内容、质量审查和运行保障制度，严把政治关、学术关、质量关。未经学校审查并正式推荐的课程不得受理，达不到基本规范要求的课程不得上线。

3. 强化学习过程监控，充分运用人工智能、大数据、区块链等新一代信息技术，依法依规对身份认证、课程内容、讨论记录、学习数据实施监控，有效识别“刷课”“替课”“刷考”“替考”行为。

4. 根据学校教学需求，及时准确提供相关学生学习数据。发现“刷课”“替课”“刷考”“替考”的学生，应当予以记录并进行通报，由学指委按照学生手册相关规定予以处理。

5. 严格遵守国家网络安全管理规范，确保意识形态安全、信息内容安全、网络安全、数据安全、运行服务安全，有效防范有害信息传播、在线服务中断、数据篡改和师生个人信息泄露。

五、健全课程平台监管制度

1. 建立课程学习过程监管机制。建设在线开放课程教学管理与服务平台，对在线开放课程教学过程实施大数据监测。提供学分课程的平台必须向学校在线开放课程教学管理与服务平台提供开放用户身份数据，开放课程访问数据、学习行为数据以及相关运行数据，便于学校对课程质量和教学过程进行全程监督，根据监测情况，及时对异常学习行为进行通报。

2. 医学院在线课堂主要以腾讯会议形式开展直播教学，师生在课表规定的上课时间通过超星、讯飞、交医智课堂等多种平台，进行线上授课、互动答疑、在线点名、课后作业布置等教学活动。同时，加强校园网络运维和监控，确保在线教学网络畅通平稳。

3. 建立课程平台“黑白名单”制度。根据国务院教育行政部门每年对提供学分课程的平台进行备案审核，监管规范、课程、健全课程平台监管制度。

关于印发《上海交通大学医学院上海市高水平地方高校建设项目管理办法(2021—2025年)》的通知

沪交医规〔2022〕3号

各部(处)、学院(系)、下属部门，各附属医院：

为进一步推进上海交通大学医学院“上海市高水平地方高校建设项目”建设，加强项目管理，促进建设目标顺利完成，经上海交通大学医学院2022年第8次院长办公会审议通过，现将《上海交通大学医学院上海市高水平地方高校建设项目管理办法(2021—2025年)》印发给你们，请认真遵照执行。

特此通知。

上海交通大学医学院

2022年5月17日

上海交通大学医学院
上海市高水平地方高校建设项目管理办法
(2021—2025 年)

第一章　总则

第一条(政策依据)

为推进上海交通大学医学院新一轮“双一流”和上海市高水平地方高校建设(以下简称“高水平地方高校建设”),确保建设任务顺利实施并取得成效,根据《教育部　财政部　国家发展改革委关于深入推进世界一流大学和一流学科建设的若干意见(教研〔2022〕1 号)》《上海市教育委员会　上海市财政局　上海市发展和改革委员会关于印发〈上海市加快推进世界一流大学和一流学科建设实施方案(2021—2025)〉的通知》(沪教委科〔2021〕21 号)、《上海市教育委员会　上海市财政局关于印发〈上海高校“双一流”建设资金管理办法〉(2021—2025)的通知》(沪教委财〔2021〕110 号)、《上海市教育委员会关于印发〈上海市高水平地方高校建设项目管理办法(2021—2025 年)〉的通知》(沪教委发〔2022〕35 号)等精神,制定本办法。

第二条(建设目标)

高水平地方高校建设的目标:通过本轮建设,到 2025 年,医学院贯彻落实国家和上海市重大战略任务取得显著成果,一流医学院“交医模式”办学体制注入新内涵,综合治理水平迈上新台阶,服务于人民健康生活需求的能效取得重大进展,稳居全国医学院校第一方阵前列,若干学科国际领先,为初步建成世界一流医学院奠定新的基石。

第三条(建设思路)

以习近平新时代中国特色社会主义思想为指导,对接国家战略和上海“五大中心”建设,紧密衔接本市教育发展“十四五”规划,深入贯彻医学院“三步走”发展战略,进一步厚植中国特色世界一流医学院的核心元素,以打造一流学科群为引领,全面实施“四峰”工程;以实现高质量发展为动力,重点聚焦“四创”任务,以立德树人有灵魂的卓越创新人才培养为根本,以创新型一流师资团队建设为核心,以开放融合的国际化办学为平台,以医学院治理体系和治理能力现代化为保障,建设“研究型、创新型、国际化”世界一流医学院。

第四条(适用范围)

本办法适用于《上海交通大学医学院高水平地方高校建设方案(2021—2025 年)》覆盖的所有项目,包括国家一流学科和上海高峰学科建设、高水平师资队伍和创新团队建设、创新人才培养、对外开放提质增效、制度建设和条件保障等。

第五条(资金来源)

高水平地方高校建设项目资金由上海市教育委员会专项经费、上海交通大学“双一流”建设经费共同安排,采取“三个一点”方式,即上海市财政拨款占三分之一,上海市“双一流”配套引导资金占三分之一,上海交通大学中央“双一流”专项资金占三分之一。

第六条(建设周期)

高水平地方高校建设周期为五年,按照“总体规划、分年实施、动态调整”的原则实施管理。

第二章　管理职责

医学院在高水平地方高校建设的实施过程中遵循“统一领导,分级管理”的原则,建立医学院、二级学院/附属医院、学科/项目三级管理体系,分工负责,相互协作,共同推进。

第七条(医学院职责)

医学院成立高水平地方高校建设领导小组和工作小组,负责全面领导和推进高水平地方建设项目的开展。

领导小组由医学院党政班子全体成员、各二级学院和附属医院行政负责人、各一级学科负责人和医学院党委办公室、院长办公室及学科规划处负责人组成,办公室设在学科规划处。领导小组负责高水平地方高校建设方案的顶层设计,审核年度建设方案、项目年度预算和绩效目标,审定年度自评结果与年度总结报告,制定相关管理制度,统筹、决策其他有关重大事项。

工作小组由各二级学院和附属医院分管学科建设院领导、医学院相关职能部门负责人(包括纪委、学指委、人事处、科技发展处、教务处、研究生院、学科规划处、财务处、资产管理处、国际交流处、审计处、网络信息中心)及高水平地方高校建设学科/项目负责人组成。工作小组负责高水平地方高校建设方案、年度建设方案、项目年度预算和绩效目标编制,学科与项目建设任务推进,年度自评与年度总结报告编制,组织跨单位、跨部门及跨学科工作协调等。工作小组定期向领导小组汇报高水平地方高校建设项目进展。

第八条(二级学院、附属医院职责)

各二级学院和附属医院原则上应成立本单位高水平地方高校建设领导小组，下设办公室，办公室可设在学科处或科研处等相关部门，并向医学院学科规划处备案。各二级学院和附属医院负责本单位承担的高水平地方高校建设相关学科/项目的建设方案和预算的编制，落实本单位承担的建设任务，并建立例会制度，定期向医学院报送工作简报，并接受医学院的指导与监督。

第九条(学科/项目职责)

医学院高水平地方高校建设实施学科/项目负责制，学科/项目依托单位或部门负责学科/项目建设方案的制定、年度建设任务与预算的编制、推动建设任务的落实与绩效目标的完成、建设经费的合理、合规使用及年度进展报告编制。

第三章　组织实施

第十条(项目申报)

学科规划处负责组织高水平地方高校建设项目总体建设方案、年度建设任务与预算的编制与申报，学科规划处与资产管理处共同负责仪器设备申报，科技发展处负责创新团队的申报，人事处负责师资队伍项目的申报，网络信息中心负责信息化项目的申报。

第十一条(运行管理)

高水平地方高校建设的运行管理以上级主管部门对各建设学科/项目的批复为依据，年度建设任务和预算一经批准下达，各学科/项目依托单位或部门应按照计划，认真组织落实实施，不得随意改变使用方向和内容。学科规划处负责高水平地方高校整体项目建设的过程管理、组织与协调、绩效检查与评估；财务处负责专项资金的日常核算和财务管理；人事处负责人员经费的管理；资产管理处负责仪器设备的采购与管理；网络信息中心负责信息化项目的实施；审计处负责对项目经费使用的合法性、合规性进行监督检查，并组织开展年度审计。

医学院高水平地方高校建设工作小组将对学科/项目的建设进度、完成质量、经费执行情况等进行动态跟踪监测，并通过工作小组会议与工作简报等制度，定期向医学院高水平地方高校建设领导小组进行通报。

第四章　预算管理

第十二条(预算范围)

高水平地方高校建设项目经费预算应纳入医学院综合预算管理，主要用于一流学科建设、高水平师资队伍建设、创新人才培养、对外开放提质增效以及制度建设和条件保障等。

第十三条(管理原则)

高水平地方高校建设项目经费预算管理遵循“科学布局、统筹使用、精细预算、绩效管理”的原则，即医学院按照高水平地方高校总体建设方案，科学合理安排年度资金计划，落实资金执行任务；项目经费预算与部门预算合理衔接，统筹资金来源，避免重复建设；按类别设置专项核算，专款专用，加强预算控制；根据评估评价结果动态调整项目支持力度。

第十四条(预算评审)

高水平地方高校建设项目预算按照项目主管部门的要求进行分类评审，其中：50 万以上大型科研仪器设备报送上海市科学技术委员会评审；信息化项目报送上海市经济和信息化委员会评审；创新团队项目报送上海市教育委员会评审；其他项目建设内容报送上海市财政专项资金评审中心评审。

第十五条(预算执行)

高水平地方高校建设项目经费执行按照预算范围及国家、本市和医学院有关制度进行核算和管理；涉及政府采购的，按照政府采购有关法律制度执行。

高水平地方高校建设项目经费不得用于基本建设、人员基本工资、偿还贷款、支付罚款、捐赠、赞助、支付利息、对外投资等支出，不得用于在全校范围内普遍提高人员薪酬待遇，不支持同城高校间全职人员引进，不得提取工作经费或管理经费，也不得用于按照国家规定不得开支的其他支出。

第十六条(预算调整)

高水平地方高校建设项目预算一经批复，应当严格执行，不得随意改变使用方向和内容。如因客观情况确需调整的，原则上预算调整幅度不超过本年度项目经费预算的 10%，在不影响年度建设目标完成的情况下，由学科/项目负责人提交预算调整申请，执行相应的审批程序：5 万元以内的预算调整由相关职能部门审批；5 万元(含)以上至 50 万元以下的预算调整由相关职能部门会签后，交分管院领导审批；50 万元(含)以上的预算调整，由职能部门会签，分管院领导同意后，交院长审批。

医学院授权附属医院自行审批 10 万元以内的预算调整，并在当月报医学院学科规划处备案；10 万元(含)以上的预算调整按上述审批程序办理。

第十七条(结转结余)

高水平地方高校建设项目经费原则上应当在当年执行完毕,结转结余资金管理按照国家和本市有关规定执行。

医学院建立高水平地方高校建设项目结转结余资金统筹管理机制,经审批确在项目建设期内的项目结转资金一般可留用下年,经审计确定的项目结余资金由医学院统筹安排。

第五章 资产管理

第十八条(采购管理)

遵循"公平、公正、公开"和"竞争、择优"的原则,高水平地方高校建设项目采购,必须遵守国家、上海市及医学院有关招标、采购工作的政策法规。上海市财政局公布的当年度《政府采购集中采购目录和采购限额标准》,作为高水平地方高校建设项目实施采购的主要依据之一。

(一)列入集中采购项目,且属于市政府采购电子集市平台供货范围的,实行上海市政府采购网(www. zfcg. sh. gov. cn)竞价采购。

(二)列入集中采购项目,不属于市政府采购电子集市平台供货范围的,由集中采购机构代理采购。

(三)集中采购目录以外,单价或批量价格人民币20万元以下的货物和服务,医学院可自行采购。

(四)集中采购目录以外,单价或批量价格人民币20万元及以上且金额未达到《上海市政府集中采购目录及标准(年度)》分散采购限额标准的货物和服务,按照医学院合同签订工作有关规定要求,委托采购代理机构进行线上或线下采购。

(五)集中采购目录以外,单价或批量预算金额达到《上海市政府集中采购目录及标准(年度)》分散采购限额标准及以上的货物和服务,按照《中华人民共和国政府采购法》和《中华人民共和国招标投标法》及医学院合同签订工作有关规定要求,委托采购代理机构进行线上或线下采购。

(六)公开招标标准:预算金额达到《上海市政府集中采购目录及标准(年度)》公开招标数额标准及以上的各类货物和服务,应当采用公开招标方式。

(七)年度预算或专项经费项目,市财政已列入线上操作项目。如确需变更线下操作的,经医学院统一行文报财政局批准,方可实施。

第十九条(资产管理)

各学科/项目依托单位或部门负责本学科/项目建设任务内的资产购置审核,并协助医学院资产管理处监管固定资产的保管、运行与处置;附属医院需明确本单位项目管理和设备管理部门,负责固定资产的监督和管理。

(一)为提高固定资产的使用效益,减少重复购置等现象,固定资产管理应坚持"部门所有、共享使用"的原则,在满足本单位使用需求的同时,为院内外其他单位提供服务。

(二)单价30万元人民币及以上的新购大型科学仪器设备,依法纳入上海市研发公共服务平台管理,并公开仪器设备的相关信息,满足共享使用需求。

其余未尽事项,原则上参照《上海交通大学医学院固定资产管理实施细则(2020年修订)》执行。

第六章 项目评价

第二十条(评价要求)

各学科/项目依托单位或部门应根据上级主管部门和医学院相关要求和规定,对建设进展情况进行阶段性总结,并配合完成年度自评价、第三方动态监测评价及综合成效评价等项目年度绩效评价内容。阶段性总结应对照高水平地方高校建设目标和建设任务进行,详细说明建设经费使用情况,充分体现学科/项目的建设成效。项目绩效评价内容应对照上级主管部门有关评价要求,对照学科/项目年度绩效目标进行,充分展示学科/项目年度绩效目标完成情况。

第二十一条(结果应用)

各学科/项目的阶段性总结与年度绩效评价结果将作为下一阶段的经费和相关政策支持的依据,医学院将根据绩效评价结果进行预算调整,并实行包括终止执行和动态调出等机制。

第二十二条(监督检查)

各学科/项目的依托单位或部门应当严格遵守国家财政财务制度和财经纪律,规范和加强内部管理,强化内控机制建设,自觉接受审计、监察、财政及主管部门的监督检查。

第七章 附则

第二十三条(解释权)

本办法自发布之日起施行,由医学院学科规划处、财务处、资产管理处负责解释。本办法中相关规定若与国家或本市新制定(修订)的相关法律法规、政策文件相矛盾,按照新的法律法规、政策文件执行。

附件:高水平地方高校建设学科/项目依托单位或部门清单

附件：

高水平地方高校建设学科/项目依托单位或部门清单

学科/项目名称		依托单位或部门
1-学科建设	1.1 临床医学	学科规划处
学科规划处牵头	1.1.1 “一流学科培优行动”培育计划	学科规划处
	1.1.2 临床研究支撑体系建设	科技发展处
	1.1.3 对接国家战略计划	科技发展处
	1.1.4 国家级创新研究平台培育	科技发展处
	1.1.5 临床研究中心建设	临床研究中心
	1.1.6 健康智库建设	中国医院发展研究院
	1.2 口腔医学	口腔医学院
	1.3 基础医学	基础医学院
	1.4 药学	基础医学院
	1.5 护理学科	护理学院
2-师资队伍建设	2.1 创新团队	科技发展处(人事处协同)
人事处牵头	2.2 人才培育计划	人事处
	2.3 双百人计划	
	2.4 博士后激励计划	
3-人才培养	思政教育	学生工作指导委员会
教务处牵头	本科教育	教务处
	研究生教育	研究生院
	毕业后教育	医管处
4-国际交流	4.1 “留学交医”品牌建设	国际交流处
	4.2 国际优才培养计划	
	4.3 中法合作一体化建设	
	4.4 “一带一路”合作	
	4.5 国际科研交流与合作	
5-一流校园	5.1 校园建设	资产处
资产处牵头	5.2 一流图书馆建设	图书馆
	5.3 “智慧校园”信息化建设	信息中心

关于印发《上海交通大学医学院预算执行情况审计实施办法》的通知

沪交医审〔2022〕9号

各相关单位：

为进一步规范上海交通大学医学院预算执行情况的审计监督，保证审计工作质量，现制定《上海交通大学医学院预算执行情况审计实施办法》，并印发给你们，请认真遵照实施。

特此通知。

上海交通大学医学院

2022年6月29日

上海交通大学医学院预算执行情况审计实施办法

第一条　为了规范上海交通大学医学院（以下简称“医学院”）预算执行情况的审计监督，保证审计工作质量，根据《审计署关于内部审计工作的规定》《上海市教育系统内部审计工作规定实施办法》和《上海交通大学医学院内部审计工作规定》等有关规定，结合医学院实际情况，制定本办法。

第二条　本办法所称的预算执行情况审计，是指医学院内部审计机构依法对预算执行的真实性、合法性和效益性进行的审计监督与评价。

第三条　预算执行情况审计的目的是规范医学院预算管理，提高预算编制工作的科学性、准确性和透明度，维护预算的严肃性，保证医学院预算的执行，促进财务规范管理，提高经费使用效益，保障医学院各项事业的发展。

第四条　预算执行情况审计主要包括预算管理、收入预算执行、支出预算执行、预算执行结果等方面。

第五条　预算管理审计

1. 预算编制的原则和方法及编制审批程序是否符合国家、上级主管部门和医学院的规定，预算编制是否坚持“量入为出，收支平衡”的原则，预算编制是否做到程序规范、方法科学、编制及时、内容完整、项目细化、数据准确；

2. 各项收入和支出是否按规定纳入预算管理，收入预算中是否贯彻稳健原则，支出预算是否贯彻统筹兼顾、保证重点、勤俭节约等原则，有无赤字预算；

3. 预算调整有无确需调整的原因及明确的调整项目、数额、措施和有关说明，是否符合规定的程序；

4. 预算下达后是否存在不经法定程序随意调整现象，预算支出有无随意增减项目或相互随意调剂使用情况；

5. 预算管理内部控制制度是否健全、有效；

6. 其他需要审计的事项。

第六条　收入预算执行审计

1. 各项收入是否符合国家和上级主管部门的有关政策规定，是否全部纳入本部门、本单位预算管理，实行统一管理，统一核算；

2. 各项收入项目是否真实、合法、完整，有无隐瞒、少列收入、推迟或提前确认收入行为，各项收入的款项是否及时足额到位；

3. 应当纳入预算管理的各项收入是否及时足额到位上交医学院，有无隐瞒、截留、挪用、拖欠收入或设置“账外账”、“小金库”行为；

4. 医学院组织的各项收入是否符合国家和上级主管部门的有关政策规定，各项收费是否严格执行国家规定范围和标准，有无擅自设立收费项目、扩大收费范围、提高收费标准、无证收费、使用非法票据收费、收费不开票据、收费后不及时上缴等乱收费问题；

5. 是否贯彻“收支两条线”原则，有无利用其他应付款等过渡性会计科目挂账隐瞒收入或直接列收列支等问题；

6. 其他需要审计的事项。

第七条　支出预算执行审计

1. 各项支出是否按计划执行，有无超计划开支、虚列支出和以领代报等问题，专项资金是否专款专用；

2. 各项支出是否严格按照预算确定的经费项目、支出标准和支出用途进行开支和拨付经费，是否严格执行国家和上级主管部门的有关财务规章制度规定的开支范围和开支标准，有无虚报虚列、违反规定发放钱物、动用事业经费搞基本建设和其他违纪违规问题；

3. 各项支出的会计核算是否合规，有无账实不符等问题；往来款项是否严格管理、及时清理，有无长期挂账和被其他单位和个人占用等问题，有无利用过渡性科目隐瞒收支或直接列支等问题；

4. 各项支出的经济效益和社会效益如何，有无损失浪费等问题。

第八条　预算执行结果进行审计

1. 收入预算和支出预算的实际执行情况如何，与计划有何差异，有无赤字，如与计划差异较大或出现赤字，原因何在；

2. 为保证预算完成采取的加强管理、增收节支的各项措施是否合法、有效；

3. 各项收入和支出是否真实、合法、合理，会计核算是否合规，有无重大违纪违规问题；

4. 分析预算执行的效果，各项资金的使用效益和全过程预算绩效管理机制的建立情况。

第九条　审计实施过程中应当将事前参与、事中跟进、事后审计相结合。

第十条　审计处对预算执行情况进行审计时，有权要求有关部门限期提供下列资料：

有关预算编制、管理的规定、办法和制度；

审查批准的预算；

预算调整方案及批准文件，预算管理台账等；

被审年度的会计凭证、账册、会计报表等；

被审年度编制的财务决算和财务报告；

与预算执行情况有关的其他资料（如收费依据）等。

第十一条　审计处可以在必要时开展预算执行审计情况的后续审计。

第十二条　本办法自公布之日起执行，由审计处负责解释。

关于印发《上海交通大学医学院财务收支审计实施办法》的通知

沪交医审〔2022〕24 号

各相关单位：

为加强对上海交通大学医学院财务收支的审计监督，进一步规范财务行为，加强财务管理，提高经费使用效益，现制定《上海交通大学医学院财务收支审计实施办法》，并印发给你们，请认真遵照实施。

特此通知。

上海交通大学医学院

2022 年 7 月 29 日

上海交通大学医学院财务收支审计实施办法

第一条　为了加强对上海交通大学医学院(以下简称“医学院”)财务收支的审计监督,进一步规范财务行为,加强财务管理,提高经费使用效益,根据《审计署关于内部审计工作的规定》《上海市教育系统内部审计工作规定实施办法》和《上海交通大学医学院内部审计工作规定》等有关规定,结合医学院实际情况,制定本办法。

第二条　本办法所称财务收支审计,是指审计处依法对医学院各项资金的筹集、管理、使用的真实性、合法性、效益性进行的监督与评价活动。

第三条　财务收支审计旨在促进医学院加强资金管理,提高资金的使用效益,保障学校各项事业的顺利发展。

第四条　财务收支审计工作由审计处负责组织实施。根据工作需要,经医学院主要负责人批准后开展。

第五条　财务收支审计主要围绕财务管理制度、收入管理、支出管理等方面开展审计工作。

第六条　财务管理制度审计的主要内容:

(一) 财务管理体制是否符合国家和上级主管部门的规定。

(二) 财务规章制度和内部控制制度是否健全、有效。

(三) 会计核算是否符合会计准则和会计制度的有关规定。

第七条　收入管理审计的主要内容:

(一) 是否建立健全各项收入管理制度;是否严格按照国家、上级主管部门和学校的相关规定合法合规组织收入。

(二) 各项收入(包括:财政拨款收入、事业收入、上级补助收入、上缴收入、经营收入和其他收入)是否纳入学校预算,统一管理、统一核算,有无隐瞒、截留、挪用、拖欠或私设“账外账”、“小金库”等问题。

(三) 事业性收费是否严格执行国家规定的收费项目、收费标准和收费范围,有无擅自增加收费项目、提高收费标准、扩大收费范围等乱收费问题;服务性收费、代收费是否有明确的收费标准;事业性收费、服务性收费、代收费是否进行公示。

(四) 是否建立健全收费票据管理的相关制度;事业性收费、代收费是否使用财政部门规定的合法票据,服务性收费、经营性收费是否使用税务部门规定的税务发票。

(五) 按规定应该上缴国库或财政专户的资金,是否按照国库集中收缴的有关规定及时足额上缴,严格实行“收支两条线”管理。

(六) 其他需要审计的事项

第八条　支出管理审计的主要内容:

(一) 是否建立健全各项支出管理制度;是否将各项支出全部纳入学院预算管理。

(二) 各项支出(包括:事业支出、经营支出、对附属单位补助支出、上缴上级支出和其他支出)是否真实并按预算执行,有无超预算等问题。

(三) 各项支出是否严格执行国家、上级主管部门和学院有关财务规章制度规定的开支范围和开支标准,是否严格执行国库集中支付制度和政府采购制度的有关规定。

(四) 专项资金是否专款专用、单独核算,有无挤占挪用等问题,核算和结转是否合规。

(五) 各项支出是否有明确的内部授权审批程序和权限并严格按照规定执行,各项支出是否取得合法合规的原始凭证。

(六) 各项支出所取得的效益如何,是否符合预算绩效目标;有无损失浪费等问题。

(七) 其他需要审计的事项

第九条　审计实施过程中应当将事前参与、事中跟进、事后审计相结合。

第十条　审计处对财务收支进行审计时,有权要求相关部门限期提供下列资料:

被审计单位(部门)的基本情况、财务管理制度及相关总结报告等。

被审计单位(部门)的重大经济活动的会议记录、合同、协议及有关文件等。

审计期间的财务预算、财务决算、财务分析报告、会计报表、会计凭证、会计账簿等会计资料。

审计处认为有必要提供的其他资料。

第十一条　审计处可以在必要时开展财务收支审计的后续审计。

第十二条　本办法自印发之日起执行,由审计处负责解释。

关于印发《上海交通大学临床医学专业八年制博士学位授予标准》的通知

沪交医教〔2022〕13 号

各学院(系)、各附属医院:

现将《上海交通大学临床医学专业八年制博士学位授予标准》印发给你们,请认真遵照执行。

特此通知。

上海交通大学医学院
2022 年 8 月 15 日

上海交通大学
临床医学专业八年制博士学位授予标准

第一条 为深入贯彻习近平总书记关于研究生教育工作的重要指示和全国研究生教育会议精神,全面落实《深化新时代教育评价改革总体方案》的相关任务,改进学术评价方法,实施分类指导,体现学科特色,突出质量和贡献,打造良好的学术生态环境,根据《上海交通大学医学院关于研究生学位标准制定的指导意见》(沪交医研〔2021〕2 号)及《上海交通大学医学院关于印发博士研究生学位授予标准的通知》(沪交医研〔2021〕8 号)精神,特制定临床医学专业八年制博士学位授予标准。

第二条 本规定适用于医学院临床医学专业八年制(含临床医学专业八年制法文班、临床医学专业八年制口腔方向)。

第三条 临床医学专业八年制博士学位授予标准

(一) 政治思想品德

1. 拥护中国共产党的领导,拥护社会主义制度,热爱祖国,热爱人民,遵纪守法,具有良好的道德品质和行为规范。

2. 具备良好的学术素养、职业道德和社会责任感。

(二) 学术诚信

崇尚科学精神,严格遵守《上海交通大学研究生学术规范》,恪守学术道德,遵守学术规范,无学术不端行为。

(三) 课程与过程考核要求

1. 在规定学习年限内完成培养方案要求的课程学习并通过考核。

2. 参照国家住院医师规范化培训第一年标准完成临床二级学科轮转并通过考核。

3. 通过博士Ⅰ阶段及博士Ⅱ阶段综合考试。

4. 通过国家执业医师资格考试。

(四) 学术交流

学生攻读学位期间需在国际学术会议上作学术交流至少 1 次。学术交流形式包含口头报告、墙报展示或被会议录用的论文摘要等,交流的内容应与学位论文密切相关。具体要求详见《上海交通大学关于博士研究生参加学术交流的规定》。

(五) 学位论文

学位论文是进行学位评定的主要依据,应能反映出博士研究生已掌握本专业领域坚实宽广的基础理论、系统深入的专业知识,规范科学的研究方法和良好的书面表达能力。

1. 选题与综述

博士学位论文选题应围绕健康中国战略，紧密结合临床实践，提高临床诊断、治疗水平，具有较高的理论意义和应用价值。

文献综述应在全面搜集、仔细阅读大量有关研究文献的基础上，经过归纳整理、分析鉴别，对所研究的问题在一定时期内已经取得的研究成果、存在问题以及新的发展趋势等进行系统、全面、客观的叙述和评论，为论文选题提供支持和论证。

2. 规范性要求

博士学位论文必须是一篇系统、完整的学术论文，是博士研究生在导师指导下独立完成的研究成果。

博士学位论文字数一般不少于4万(不含参考文献及致谢)，学位论文撰写应符合国家有关标准和《上海交通大学博士、硕士学位论文撰写指南》要求。学术观点必须明确，立论正确，层次分明，学风严谨；语言表达准确、简练，文字通畅且经过总结提炼；推理严谨，数据可靠，图表规范；不得抄袭和剽窃。

3. 成果创新性要求

博士学位论文成果应是对所研究领域的某个问题提出新观点和新思路，或对研究方法提出创新性改进，或取得创新性成果，应在相应学科领域体现较高学术水平，具有前沿性、创新性和临床应用价值。

创新性成果可以原创性学术论文或具有创新性的临床病例研究报告、科研成果奖、授权发明专利等多种形式呈现，并作为评价学位论文水平的重要参考。博士研究生攻读学位期间取得的创新性学术成果须与其学位论文相关。

第四条　创新性成果的具体要求及认定办法

博士研究生申请学位时须提交满足以下条件之一的学术成果：

1. 以第一作者或共同第一作者在国际顶级期刊或本专业领域主流学术期刊(JCR分区Q1、Q2)上发表(或录用)的与临床问题密切相关的原创性学术论文或具有创新性的临床病例研究报告(不含综述)；

2. 以第一作者在北大核心期刊或中国科技期刊卓越行动计划入选期刊上发表(或录用)的与临床问题密切相关的原创性学术论文或具有创新性的临床病例研究报告(不含综述)；

3. 以主要完成人(学位申请人第一，或导师第一、学位申请人第二)申请发明专利获得授权，同时实现成果转化、且到账经费达100万元；

4. 以主要完成人获国家级科研成果奖(排名前五)或上海市科学技术奖一等奖(排名前三)。

原则上1篇学术论文仅限由1名研究生用于申请学位。博士研究生发表的学术论文应以上海交通大学为第一署名单位；科研成果奖或授权发明专利应以上海交通大学为第一完成单位。

第五条　审核认定程序

(一) 开题报告

临床医学专业八年制学生原则上在第十三学期结束前完成论文开题，开题前须撰写一篇与研究课题相关的综述。科研选题紧密结合临床问题，开题报告专家组对论文开题报告进行综合评估，并就课题的研究工作提出具体意见和建议。经评估，开题通过者可继续博士阶段研究；首次论文开题未通过者，须在下一学期申请重新开题。论文开题具体要求详见《上海交通大学医学院关于临床医学专业八年制学位论文工作要求的规定》。

(二) 中期考核

临床医学专业八年制学生原则上在第十四学期结束前完成中期考核，中期考核是对博士研究生的培养计划中规定的课程学习完成情况、临床轮转、科研进展状况等方面进行全面审核。中期考核合格者可继续博士阶段研究。考核不合格者，须在下一学期重新考核。中期考核内容及具体要求详见《上海交通大学医学院关于临床医学专业八年制学位论文工作要求的规定》。

(三) 学位论文评审与答辩

1. 预答辩

申请预答辩之前，导师应客观公正地评价博士研究生发表创新成果水平和学位论文质量，并给出是否同意学位论文预答辩的意见。博士学位论文预答辩应在正式答辩前3个月进行。预答辩小组由5名高级职称的同行专家组成，其中正高级专家不少于2名。

2. 论文评审

学生通过预答辩后应对论文进行必要修改，导师应对修改后的学位论文进行充分、客观的评价，并给出是否同意论文送审的意见。论文评审一般于答辩前8周进行。学位论文由3～5名正高级职称的同行专家进行评审，具体评审要求详见《上海交通大学医学院关于临床医学专业八年制学位论文工作要求的规定》。

3. 论文答辩

通过论文评审并按评审专家意见修改、完善，经导师审核定稿，可申请论文答辩。经导师、学科和培养单位审核通过后，进行学位论文答辩。学位论文答辩应在规定的最长学习年限内完成。

（四）学位申请与审核

1. 论文答辩通过后，且创新性成果符合本标准第四条要求者，可在规定日期内提交学位申请。

2. 论文答辩时创新性成果尚未符合本标准第四条要求者，在答辩后两年内达到本标准第四条要求时，可提交学位申请。逾期者，不再受理其学位申请。

3. 通过学位评定分委会、医学部学位评定委员会、学校学位评定委员会三级审核者，授予博士专业学位并颁发博士专业学位证书。

第六条　各培养单位可以在本标准的基础上根据情况另行制定相应的要求，但不得低于本标准。各培养单位制定的相关标准须经学位评定分委会讨论通过，并提交医学院学位评定委员会备案。

第七条　本标准自2017级临床医学专业八年制开始执行，由上海交通大学医学院教务处负责解释。

关于印发《上海交通大学医学院临床医学专业八年制学生在读期间发表学术论文要求的规定（2022年修订）》的通知

沪交医教〔2022〕12号

各学院（系）、各附属医院：

现将《上海交通大学医学院临床医学专业八年制学生在读期间发表学术论文要求的规定（2022年修订）》印发给你们，请认真遵照执行。

上海交通大学医学院

2022年8月15日

上海交通大学医学院临床医学专业八年制学生在读期间发表学术论文要求的规定（2022年修订）

为进一步深化医教协同、加强临床医学专业八年制学生科研能力的培养，提高学生的科研素质与创新能力，进一步提高我校临床医学专业八年制学生的培养质量和学位授予质量，医学院研究决定对临床医学专业八年制学生在读期间发表学术论文作如下规定。

一、学生须以第一作者在《中国科技论文统计源期刊》上发表（含录用）与临床问题密切相关的原创性学术论文或具有创新性的临床病例研究报告1篇（含综述）。

二、原则上1篇学术论文仅限由1名研究生用于申请学位，发表的学术论文须与其学位论文相关，博士研究生发表的学术论文应以上海交通大学为第一署名单位。

三、学生在提交学位论文答辩申请时，须提交论文所在刊物该期的封面、目录（或教育部查新证明）以及全文复印件，或录用证明与论文校样稿；在读期间发表（含录用）的学术论文清单必须附在本人学位论文中。

四、学生在读期间未能完成本规定发表学术论文要求者，经本人申请、导师推荐和培养单位审核同意后，允许其完成学位论文答辩并毕业离校，暂缓受理其学位申请；申请人应在毕业后两年内，继续完成学位论文发表工作，在达到发表学术论文相应要求后可提出学位申请。逾期者，医学院不再受理其学位申请。

五、学生发表学术论文必须遵守《上海交通大学研究生学术规范》，导师应加强对研究生学术规范和学术诚信的教育，论文投稿前须经导师审核同意。

六、各培养单位可以在本规定的基础上对学生提出更高的培养要求，鼓励学生在高质量的学术刊物上发表学术论文，但不得低于本规定的要求。各培养单位所制定的相关规定须经学位评定分委会讨论通过，并提交医学院学位评定委员会备案。

七、本规定适用于临床医学专业“4+4”及2015级、2016级临床医学专业八年制(含临床医学专业八年制法文班、临床医学专业八年制口腔方向)。

八、本规定自签发之日起实施，由上海交通大学医学院教务处负责解释。

关于印发《上海交通大学医学院临床医学专业八年制学生在读期间发表学术论文要求的规定(2022年修订)》的通知

沪交医教〔2022〕12号

各学院(系)、各附属医院：

现将《上海交通大学医学院临床医学专业八年制学生在读期间发表学术论文要求的规定(2022年修订)》印发给你们，请认真遵照执行。

上海交通大学医学院

2022年8月15日

上海交通大学医学院临床医学专业八年制学生在读期间发表学术论文要求的规定(2022年修订)

为进一步深化医教协同、加强临床医学专业八年制学生科研能力的培养，提高学生的科研素质与创新能力，进一步提高我校临床医学专业八年制学生的培养质量和学位授予质量，医学院研究决定对临床医学专业八年制学生在读期间发表学术论文作如下规定。

一、学生须以第一作者在《中国科技论文统计源期刊》上发表(含录用)与临床问题密切相关的原创性学术论文或具有创新性的临床病例研究报告1篇(含综述)。

二、原则上1篇学术论文仅限由1名研究生用于申请学位，发表的学术论文须与其学位论文相关，博士研究生发表的学术论文应以上海交通大学为第一署名单位。

三、学生在提交学位论文答辩申请时，须提交论文所在刊物该期的封面、目录(或教育部查新证明)以及全文复印件，或录用证明与论文校样稿；在读期间发表(含录用)的学术论文清单必须附在本人学位论文中。

四、学生在读期间未能完成本规定发表学术论文要求者，经本人申请、导师推荐和培养单位审核同意后，允许其完成学位论文答辩并毕业离校，暂缓受理其学位申请；申请人应在毕业后两年内，继续完成学位论文发表工作，在达到发表学术论文相应要求后可提出学位申请。逾期者，医学院不再受理其学位申请。

五、学生发表学术论文必须遵守《上海交通大学研究生学术规范》，导师应加强对研究生学术规范和学术诚信的教育，论文投稿前须经导师审核同意。

六、各培养单位可以在本规定的基础上对学生提出更高的培养要求，鼓励学生在高质量的学术刊物上发表学术论文，但不得低于本规定的要求。各培养单位所制定的相关规定须经学位评定分委会讨论通过，并提交医学院学位评定委员会备案。

七、本规定适用于临床医学专业“4＋4”及2015级、2016级临床医学专业八年制(含临床医学专业八年制法文班、临床医学专业八年制口腔方向)。

八、本规定自签发之日起实施，由上海交通大学医学院教务处负责解释。

关于印发《中共上海交通大学医学院委员会2022年秋季学期工作要点》的通知

沪交医委〔2022〕42号

各单位党委、直属党支部，院本部机关各部(处)：

《中共上海交通大学医学院委员会2022年秋季学期工作要点》已经领导同志审阅同意，现印发给你们。

请各单位、各部门结合实际，认真贯彻执行，工作完成情况作为本年度管理人员绩效考核的重要依据。

中共上海交通大学医学院委员会

2022年11月1日

中共上海交通大学医学院委员会2022年秋季学期工作要点

秋季学期，我们将迎来医学院70周年院庆，同时，党的二十大将胜利召开。我们要以习近平新时代中国特色社会主义思想为指导，深入学习宣传贯彻党的二十大精神，以及上海市第十二次党代会精神，持续贯彻落实“勉励寄语”精神和“嘱托”精神，继续传承和弘扬交医精神，统筹推进疫情防控和改革发展工作，加速推进“十四五”规划落地落实，以实际行动迎接党的二十大胜利召开。

一、以学习宣传贯彻党的二十大为重点，加快构建医学院党建工作新格局

1. 全力以赴迎接党的二十大胜利召开。把学习宣传贯彻党的二十大精神、上海市第十二次党代会精神作为重中之重，与医学院实际工作紧密结合，推动中央和市委重大决策部署落地生根。研究制定学习宣传贯彻党的二十大精神工作方案，成立师生宣讲团，通过专题辅导报告、座谈会、集体学习研讨、专题读书会等形式，掀起党的二十大精神的学习热潮，形成“领学、研学、联学、互学”的立体式学习氛围。

2. 打造适应医学院改革发展的高素质干部人才队伍。坚持新时期好干部标准，以建设政治过硬、高素质专业化的干部队伍为目标，研究制定加强优秀年轻干部培养选拔工作的实施办法。推进医学院系统干部一体化管理，加大医学院、附属医院、医院间的干部交流任职轮岗力度。继续实施“优秀青年人才培育计划”，持续做好秋季学期干部培养锻炼计划和第四届绿叶管理服务奖评审工作。积极开展市委组织部选人用人专项检查督查的整改工作。推进领导干部经济责任审计、特定身份人员管理以及社会组织、企业兼职审核等干部监督工作。

3. 健全“全过程、一体化”党建育人体系。把学习贯彻“勉励寄语”精神全面落实到学生思想政治工作中，教育引导学生进一步坚定理想信念、赓续红色基因、筑牢医学梦想。着力推进学生党建一体化管理模式改革，开展专题研究，建立健全医学生三阶段全过程育人机制。持续推进医学专业课程思政建设，编撰医学专业课程思政指南，出版医学专业课程思政优秀案例集基础医学分册，启动临床医学分册的编撰工作。与交大校部联动，组织形势与政策课教学工作，构建具有医学特色的形势与政策课。面向本科新生，开设心理健康必修课，提升心理测试覆盖率，建立早预警、早发现、早干预的工作机制。客观分析就业形势，全面排摸毕业生就业意向，精准推进毕业生就业工作。

4. 构建意识形态工作长效机制。修订医学院党委意识形态工作责任制实施细则，推进新形势下医学院意识形态工作责任制落实。组织教师节庆祝大会，举办教师入职仪式，线上线下相结合开展教师思想政治与教育教学能力培训。健全医学院教师师德师风建设长效机制，完善师德档案；组织上药杏林育才奖评审，弘扬优良师风；加强师德建设研究，总结凝练医学院师德师风建设经验和特色。依托少数民族教职工联谊会和“石榴籽育人工作室”，搭建学院、教师和少数民族学生沟通交流的平台，引导各民族学生铸牢中华民族共同体意识。发挥统一战线工作领导小组作用，做好抵御利用宗教对高校进行渗透和防范校园传教工作，维护学校意识形态安全与稳定。

5. 推进基层党建高质量发展。进一步巩固党建工作特色高校创建成效，完善“政治思想引领”“组织引领”“服务引领”“典型引领”等四大引领工程，推动基层党建全面进步、全面过硬。以落实第二批市教卫工作党委系统基层党建质量提升工程为重点，积极参与高校、公立医院相关项目申报。完成2020—2022年度示范党支部创建。继续抓实“附属医院党建质量提升行动”，落实《2022年全国医院党建(指导)工作要点》，推动年度重点任务落地；指导基础医学院党委及四家副局级附属医院党委做好换届筹备工作；对标公立医院高质量发展要求，继续做好医院党建工作质量评价工作。实施组织员“素质提升计划”，力争创建本市高校加强党务干部培训的特色品牌。健全完善离退休党建工作制度体系和工作机制，进一步做好离退休老同志的管理服务工作。制定医学院青年马克思主义者培养工程实施意见，加强青年政治骨干培养，完善高中高校衔接、高校接续培养发展机制。

6. 持续完善综合监督工作体系。加强政治监督和日常监督，推动形成各项监督统筹衔接工作机制。研究修订内部巡察工作实施办法，推进内部巡察工作制度化规范化。加强对“一把手”和领导班子的监督，严格执行“四书四会三报告”制度。完成招标采购专项监督，督促各部门对查摆出的问题认真整改，推动医学院招标采购工作体制机制进一步完善。做好浦东校区建设项目监督工作，针对专项审计发现的问题督促整改落实。持续推进纠“四风”树新风，开展形式多样的廉政宣传教育。精准运用“四种形态”，严格落实监督执纪工作要求，做好案件查办安全管理工作。

7. 紧扣围绕中心服务大局。深入学习贯彻落实《中国共产党统一战线工作条例》和中央统战工作会议精神，进一步加强党对统一战线工作的集中统一领导，充分发挥统一战线在落实重大决策部署中的积极作用。高质量完成年度无党派人士的认定工作；推进党员领导干部与党外人士联谊交友工作，加大对党外代表人士的培养和使用力度。认真落实教代会闭会期间的民主管理工作，健全和完善民主管理机制；规范做好教代会提案办理工作，逐项分析、逐条解决，全面提升师生医护员工的幸福感。有序完成医学院第四届青联换届工作，召开医学院第十次学代会学生代表大会。加强实践育人、志愿育人，完善“第二课堂”成绩单系统建设，完成第五届中国国际进口博览会服务保障工作。

二、以隆重、俭朴为总基调，热烈庆祝医学院70周年院庆

8. 确保院庆重大标志性活动顺利举行。于10月24日隆重召开庆祝上海交通大学医学院成立70周年大会暨国际医学论坛，举办师生同庆文艺晚会。做好学科建设大讨论总结，完成医学院新一轮学科总体布局，构建具有核心竞争力的学科发展布局和学科支撑体系。举办公立医院高质量发展高峰论坛，医学院办学宗旨石刻落成仪式等活动，推进院史馆新馆开馆。举行浦东校区单体建筑落成仪式。多策并举提升附属黄浦实验中学和小学办学质量，推进大中小教育一体化。积极推进与浦东新区基础教育合作办学。积极筹备海南国际医学中心成立及附属瑞金医院海南医院正式运营启动大会暨“医源”大健康国际高峰论坛。

9. 确保院庆系列活动取得预期成效。按照分阶段、分主题原则，继续发布院庆系列公告。举办“大师论道、名家论学、英才论剑”系列论坛。以提升医学院国际传播力为目标，推进医学院英文网站建设，医学院新版英文网站正式上线，二级学院英文网站覆盖率达100%，力争将英文网站建设成为医学院国际化形象展示窗口。广泛汇集国际知名高校贺信和云端祝福，组织召开国际学生中文视频演讲大赛。完成计划内友好单位回访，开拓新的合作交流；完成疫情期间支持医学院抗疫工作的友好单位答谢回访。进一步推动与各级政府、院校和企业等社会资源的合作，助推医学院发展。

10. 广泛汇聚校友和社会力量。医学院教育发展基金会召开第一届理事会，明确理事会工作架构、工作要点和工作分工。与各爱心企业和机构签订合作协议。借助交大校部和附属医院的校友资源和社会资源，进一步多渠道推进筹资工作。持续推进各级各类校友组织建设，积极筹建院系校友分会、地方校友分会、海外校友分会。完善校友数据库建设和校友云返校平台建设。举办秩年校友返校活动，组织召开校友座谈会。

11. 全面提升医学院文化软实力。全面展示医学院70周年发展成就，生动立体传播交医文化、弘扬交医精神。正式发布交医精神品格体系、《交医赋》以及《交医地图》，推进交医红色印记开放参观。发布医学院形象宣传片《鎏·光》，编辑出版《交大医学》系列丛书，推进《清贫的牡丹》话剧院庆专场演出。结合仪式教育、医学人文教育，举办医学系列品牌讲坛和院庆主题网络文化节，打造院庆文化系列活动。加强内外宣工作力度，联合附属医院推进融媒体建设，讲好交医故事，传播交医声音。

三、以学科建设为引领，开辟医学院高质量发展新天地

12. 深入推进医学教育改革。结合第九次"教育思想大讨论"，总结凝练医学院医学教育改革实践经验和特色做法。组织优势专科召开专题研讨会，研究制定"专科学院"建设方案，整体推进人才培养、学科发展、师资队伍一体化建设。加强基层教学组织建设，建设一批功能完备的虚拟教研室，锻造一批高水平教学团队，培育一批教学研究与实践成果，为医学教育高质量发展提供有力支撑。持续推进临床医学专业"4+4"纵向单循环整合课程体系建设；完成器官系统整合教材出版，推进器官系统整合课程配套虚拟仿真实验课程建设。全力组织新一轮国家级教学成果奖申报工作，力争获国家级教学成果奖1—2项，市级教学成果奖8—10项。建立临床医学八年制法语班教学与思政一贯制管理模式，实现法语班教学与思政工作统一；实施"临床医学八年制法文班能力提升计划"，稳步推进"十大器官整合课程体系"建设，推动临床医学八年制法语班教育教学管理模式改革。开展研究生导师岗位培训，加强导师师德师风建设和学术诚信教育。以研究生培养质量为核心，开展导师综合评价工作，提升导师队伍质量。完成博士生申请-考核制招生选拔质量评估报告。持续加强致远荣誉计划、专业学位博士生、医工交叉博士生过程管理，不断完善拔尖创新人才培养模式。进一步完善研究生招生指标分配方案，建立科学合理的研究生招生指标动态分配机制。积极创建国家级住院医师规范化培训重点专业基地和专科医师规范化培训制度试点基地，争取获批国家级住院医师规范化培训重点专业基地5个。认真做好上海高校语言文字工作规范化达标建设工作。

13. 深入实施人才强院主战略。实施更加开放有力的人才育引政策，进一步推进各项人才政策、举措的执行与实施，做到落地生根、落出实效。继续实施"双百人"计划，完成考核评估和新一轮遴选工作，不断提升两支队伍的总体水平。进一步完善博士后激励计划，优化遴选和考核机制，力争培养一批优秀青年人才。积极组织各级各类博士后项目申报，力争在上海市"超博"等项目中继续取得佳绩。进一步做实做细人才项目申报工作，提高项目中标率。持续加大优秀青年人才引进力度，大力支持研究院和研究平台的人才引进工作。继续做好下半年国际青年学者论坛特色分论坛各项工作，完成市教委揽蓄行动计划。借鉴交大校部做法，探索研究符合医学人才成长规律的长聘体系。持续优化人才评价改革，推行更科学的评价方式，坚持科学与多维度评价，完善同行专家评议。合理运用考核结果，发挥正向激励作用。启动人事管理信息系统二期建设，提高人事工作信息化水平。探索灵活多样的用工方式，研究制订医学院编制外人员管理办法。

14. 全力开拓学科建设新局面。结合医学院学科建设大讨论，开展教育部第五轮学科评估结果分析。切实推动"高地大"学科建设项目顺利完成，经费执行率达到100%，做好高水平地方高校建设项目2023年预算申报工作。全力以赴推进上海市病毒研究院建设；推进成立医学技术研究院、生物材料研究院；全面推动数字医学研究院启动运行，推动与人工智能国家实验室的合作共建；继续推动松江研究院以脑科学为主的学科交叉平台建设；加速推动全健康研究中心建设；继续加强与兄弟院校的深入合作，促进同城跨校的中西医协同、医工交叉研究与应用。进一步加强学科动态分析和高校分类评价工作，不断完善医学院校特色评价指标体系。各类权威学科排名稳中有升。

15. 推动医学科技创新再上新台阶。统筹谋划和系统布局，加强国家级重大重点项目和人才计划项目的培育，全面提升获取重大项目的能力。完成国家重点实验室重组工作，整合优势力量，突出领跑地位，落实实体化运行。做好国家奖启动准备，完成华夏医学科技奖、中华医学科技奖、高等学校科学研究优秀成果奖、上海市科技奖等11类科技和人才奖项复审及终审工作，争取获得省部级奖项20项以上。落实科技部等十部门科技成果评价改革试点任务，研究制定医学院预警期刊目录。继续推进校企衍生公司发展，打通附属医院成果转化路径的堵点，争取实现附属医院作价投资案例零的突破。

16. 加快推进医疗卫生服务体系高质量发展。推动附属医院高质量发展，力争做全国公立医院高质量发展的引领者、推动者、践行者，进一步提升治理能力和水平，打造现代医院管理的"示范样本"；进一步强化党建引领，成为坚持党的领导的"坚强阵地"。持续推进转化医学国家重大科技基础设施（上海）建设，支持国家儿童医学中心、国家口腔医学中心、国家精神卫生中心等3个国家医学中心和3个国家临床医学研究中心建设。持续推进国家医学中心与国家区域医疗中心项目申报工作，争取更多国家级项目落户医学院。

17. 高质有序推动多校区建设。按照建设进度，稳步推进浦东校区建设工程，结合医学院未来学科发展规划，进一步优化浦东校区空间布局，不断完善浦东校区开办工作方案，完成浦东校区开办费项目申报工作；进一步细化浦东校区信息化建设规划。根据市政府专题会议精神，加速落实P3实验室的环评审批工作和建设立项工作，提早启动P3实验室开办费项目申报工作。全面推进海南国际医学中心建设，尽快完成海南国际医学中心机构设置工作；力争年底前完成一期建设项目生活服务区以及科研实验区的部分主体结构封顶，积极推进二期工程建设开工。紧密结合崇明校区建设，整体谋划全健康领域布局，积极推进全健康国际研究院建设。

18. 不断完善一流医学院治理体系。完成内设机构、人员编制、干部职数调整方案。按照“能清则清”原则，有序完成委员会等联席机构梳理工作。以基础医学院为试点，积极推动“院为实体”改革。积极推进与上海市大数据中心、上海市申康医院发展中心、交大校部数据对接，加快实现数据互联互通。谋划成立“实验室生物安全管理委员会”，研究制定医学院大型科学仪器运行绩效评价管理办法，切实加强实验室生物安全管理。完成“大后勤”改革整体方案，推进后勤管理服务体系高质量运行。

附件：上海交通大学医学院党委2022年秋季学期工作要点分解表

附件

上海交通大学医学院党委2022年秋季学期工作要点分解表（注：标注“★”为牵头部门）

工 作 事 项	分管领导	负责部门
一、以学习宣传贯彻党的二十大为重点，加快构建医学院党建工作新格局 **1. 全力以赴迎接党的二十大胜利召开。** （1）把学习宣传贯彻党的二十大精神、上海市第十二次党代会精神作为重中之重，与医学院实际工作紧密结合，推动中央和市委重大决策部署落地生根。研究制定学习宣传贯彻党的二十大精神工作方案，成立师生宣讲团，通过专题辅导报告、座谈会、集体学习研讨、专题读书会等形式，掀起党的二十大精神的学习热潮，形成“领学、研学、联学、互学”的立体式学习氛围。	江　帆 赵文华 吴正一 李洪亮 孟　煜 李　剑	党委宣传部★ 党委组织部 党委统战部 党委教师工作部 学指委 团委 党校
2. 打造适应医学院改革发展的高素质干部人才队伍。 （2）坚持新时期好干部标准，以建设政治过硬、高素质专业化的干部队伍为目标，研究制定加强优秀年轻干部培养选拔工作的实施办法。	江　帆 孟　煜	党委组织部
（3）推进医学院系统干部一体化管理，加大医学院、附属医院、医院间的干部交流任职轮岗力度。	江　帆 瞿介明 郑军华 唐国瑶 郭　莲 孟　煜	党委组织部★ 各附属医院党委
（4）继续实施“优秀青年人才培育计划”，持续做好秋季学期干部培养锻炼计划和第四届绿叶管理服务奖评审工作。 （5）积极开展市委组织部选人用人专项检查督查的整改工作。 （6）推进领导干部经济责任审计、特定身份人员管理以及社会组织、企业兼职审核等干部监督工作。	江　帆 孟　煜	党委组织部★ 党校
3. 健全“全过程、一体化”党建育人体系。 （7）把学习贯彻“勉励寄语”精神全面落实到学生思想政治工作中，教育引导学生进一步坚定理想信念、赓续红色基因、筑牢医学梦想。	吴正一	学指委
（8）着力推进学生党建一体化管理模式改革，开展专题研究，建立健全医学生三阶段全过程育人机制。	江　帆 吴正一 孟　煜	学工党委★ 党委组织部

（续表）

工 作 事 项	分管领导	负责部门
(9) 持续推进医学专业课程思政建设，编撰医学专业课程思政指南。	胡翊群	教务处
(10) 出版医学专业课程思政优秀案例集基础医学分册，启动临床医学分册的编撰工作。	赵文华	党委教师工作部
(11) 与上海交通大学校部联动，组织形势与政策课教学工作，构建具有医学特色的形势与政策课。 (12) 面向本科新生，开设心理健康必修课，提升心理测试覆盖率，建立早预警、早发现、早干预的工作机制。 (13) 客观分析就业形势，全面排摸毕业生就业意向，精准推进毕业生就业工作。	吴正一	学指委
4. 构建意识形态工作长效机制。 (14) 修订医学院党委意识形态工作责任制实施细则，推进新形势下医学院意识形态工作责任制落实。	赵文华 李　剑	党委宣传部
(15) 组织教师节庆祝大会，举办教师入职仪式，线上线下相结合开展教师思想政治与教育教学能力培训。 (16) 健全医学院教师师德师风建设长效机制，完善师德档案；组织上药杏林育才奖评审，弘扬优良师风；加强师德建设研究，总结凝练医学院师德师风建设经验和特色。	赵文华	党委教师工作部
(17) 依托少数民族教职工联谊会和“石榴籽育人工作室”，搭建学院、教师和少数民族学生沟通交流的平台，引导各民族学生铸牢中华民族共同体意识。 (18) 发挥统一战线工作领导小组作用，做好抵御利用宗教对高校进行渗透和防范校园传教工作，维护学校意识形态安全与稳定。	江　帆 李洪亮	党委统战部
5. 推进基层党建高质量发展。 (19) 进一步巩固党建工作特色高校创建成效，完善“政治思想引领”“组织引领”“服务引领”“典型引领”等四大引领工程，推动基层党建全面进步、全面过硬。 (20) 以落实第二批市教卫工作党委系统基层党建质量提升工程为重点，积极参与高校、公立医院相关项目申报。 (21) 完成2020—2022年度示范党支部创建。	江　帆 孟　煜	党委组织部
(22) 继续抓实“附属医院党建质量提升行动”，落实《2022年全国医院党建(指导)工作要点》，推动年度重点任务落地。 (23) 指导基础医学院党委及四家副局级附属医院党委做好换届筹备工作. (24) 对标公立医院高质量发展要求，继续做好医院党建工作质量评价工作。	江　帆 瞿介明 郑军华 唐国瑶 郭　莲 孟　煜	党委组织部★ 基础医学院党委 各附属医院党委
(25) 实施组织员“素质提升计划”，力争创建本市高校加强党务干部培训的特色品牌。	江　帆 孟　煜	党委组织部★ 党校
(26) 健全完善离退休党建工作制度体系和工作机制，进一步做好离退休老同志的管理服务工作。	江　帆	老干部工作办公室 退休工作党委
(27) 制定医学院青年马克思主义者培养工程实施意见，加强青年政治骨干培养，完善高中高校衔接、高校接续培养发展机制。	吴正一	团委★ 党校
6. 持续完善综合监督工作体系。 (28) 加强政治监督和日常监督，推动形成各项监督统筹衔接工作机制。 (29) 研究修订内部巡察工作实施办法，推进内部巡察工作制度化规范化。 (30) 加强对“一把手”和领导班子的监督，严格执行“四书四会三报告”制度。 (31) 完成招标采购专项监督，督促各部门对查摆出的问题认真整改，推动医学院招标采购工作体制机制进一步完善。 (32) 做好浦东校区建设项目监督工作，针对专项审计发现的问题督促整改落实。 (33) 持续推进纠“四风”树新风，开展形式多样的廉政宣传教育。 (34) 精准运用“四种形态”，严格落实监督执纪工作要求，做好案件查办安全管理工作。	施建蓉	纪委办公室 监督检查室

（续表）

工 作 事 项	分管领导	负责部门
7. 紧扣围绕中心服务大局。 (35) 深入学习贯彻落实《中国共产党统一战线工作条例》和中央统战工作会议精神，进一步加强党对统一战线工作的集中统一领导，充分发挥统一战线在落实重大决策部署中的积极作用。 (36) 高质量完成年度无党派人士的认定工作；推进党员领导干部与党外人士联谊交友工作，加大对党外代表人士的培养和使用力度。	江　帆 李洪亮	党委统战部
(37) 认真落实教代会闭会期间的民主管理工作，健全和完善民主管理机制；规范做好教代会提案办理工作，逐项分析、逐条解决，全面提升师生医护员工的幸福感。	赵文华	工会
(38) 有序完成医学院第四届青联换届工作，召开医学院第十次学代会学生代表大会。 (39) 加强实践育人、志愿育人，完善“第二课堂”成绩单系统建设，完成第五届中国国际进口博览会服务保障工作。	吴正一	团委
二、以隆重、俭朴为总基调，热烈庆祝医学院 70 周年院庆 **8. 确保院庆重大标志性活动顺利举行。** (40) 隆重召开庆祝上海交通大学医学院成立 70 周年大会暨国际医学论坛。	吴正一	院庆办公室★ 党委办公室 院长办公室
(41) 举办师生同庆文艺晚会。	赵文华 李　剑	党委宣传部
(42) 做好学科建设大讨论总结，完成医学院新一轮学科总体布局，构建具有核心竞争力的学科发展布局和学科支撑体系。	范先群	学科规划处
(43) 举办公立医院高质量发展高峰论坛。	吴正一	中国医院发展研究院
(44) 举办医学院办学宗旨石刻落成仪式。	江　帆 方　勇	党委办公室★ 资产管理处
(45) 推进院史馆新馆开馆。	赵文华 吴正一 李　剑	党委宣传部★ 档案馆
(46) 举行浦东校区单体建筑落成仪式。	方　勇	浦东校区工程项目建设办公室
(47) 多策并举提升附属黄浦实验中学和小学办学质量，推进大中小教育一体化。 (48) 积极推进与浦东新区基础教育合作办学。	赵文华	基础教育合作办公室
(49) 积极筹备海南国际医学中心成立及附属瑞金医院海南医院正式运营启动大会暨“医源”大健康国际高峰论坛。	胡翊群	国际医学中心筹建办★ 院长办公室
9. 确保院庆系列活动取得预期成效。 (50) 按照分阶段、分主题原则，继续发布院庆系列公告。	江　帆 吴正一	院庆办公室★ 党委办公室
(51) 举办“大师论道、名家论学、英才论剑”系列论坛。	范先群 郑俊克	学科规划处★ 科技发展处 人事处
(52) 以提升医学院国际传播力为目标，推进医学院英文网站建设，医学院新版英文网站正式上线，二级学院英文网站覆盖率达 100%，力争将英文网站建设成为医学院国际化形象展示窗口。 (53) 广泛汇集国际知名高校贺信和云端祝福，组织召开国际学生中文视频演讲大赛。	郑俊克	国际交流处

（续表）

工 作 事 项	分管领导	负责部门
(54) 完成计划内友好单位回访，开拓新的合作交流；完成疫情期间支持医学院抗疫工作的友好单位答谢回访。 (55) 进一步推动与各级政府、院校和企业等社会资源的合作，助推医学院发展。	吴正一	发展联络处
10. 广泛汇聚校友和社会力量。 (56) 医学院教育发展基金会召开第一届理事会，明确理事会工作架构、工作要点和工作分工。 (57) 与各爱心企业和机构签订合作协议；借助上海交通大学校部和附属医院的校友资源和社会资源，进一步多渠道推进筹资工作。 (58) 持续推进各级各类校友组织建设，积极筹建院系校友分会、地方校友分会、海外校友分会；完善校友数据库建设和校友云返校平台建设；举办秩年校友返校活动，组织召开校友座谈会。	吴正一	发展联络处
11. 全面提升医学院文化软实力。 (59) 全面展示医学院70周年发展成就，生动立体传播交医文化、弘扬交医精神。正式发布交医精神品格体系、《交医赋》以及《交医地图》，推进交医红色印记开放参观。 (60) 发布医学院形象宣传片《鎏・光》，编辑出版《交大医学》系列丛书，推进《清贫的牡丹》话剧院庆专场演出。 (61) 结合仪式教育、医学人文教育，举办医学系列品牌讲坛和院庆主题网络文化节，打造院庆文化系列活动。 (62) 加强内外宣工作力度，联合附属医院推进融媒体建设，讲好交医故事，传播交医声音。	赵文华 李　剑	党委宣传部
三、以学科建设为引领，开辟医学院高质量发展新天地 **12. 深入推进医学教育改革。** (63) 结合第九次“教育思想大讨论”，总结凝练医学院医学教育改革实践经验和特色做法。 (64) 组织优势专科召开专题研讨会，研究制定“专科学院”建设方案，整体推进人才培养、学科发展、师资队伍一体化建设。 (65) 加强基层教学组织建设，建设一批功能完备的虚拟教研室，锻造一批高水平教学团队，培育一批教学研究与实践成果，为医学教育高质量发展提供有力支撑。 (66) 持续推进临床医学专业“4+4”纵向单循环整合课程体系建设；完成器官系统整合教材出版，推进器官系统整合课程配套虚拟仿真实验课程建设。 (67) 全力组织新一轮国家级教学成果奖申报工作，力争获国家级教学成果奖1～2项，市级教学成果奖8～10项。	胡翊群	教务处
(68) 建立临床医学八年制法语班教学与思政一贯制管理模式，实现法语班教学与思政工作统一；实施“临床医学八年制法文班能力提升计划”，稳步推进“十大器官整合课程体系”建设，推动临床医学八年制法语班教育教学管理模式改革。	胡翊群	中法联合医学院
(69) 开展研究生导师岗位培训，加强导师师德师风建设和学术诚信教育。 (70) 以研究生培养质量为核心，开展导师综合评价工作，提升导师队伍质量。 (71) 完成博士生申请-考核制招生选拔质量评估报告。 (72) 持续加强致远荣誉计划、专业学位博士生、医工交叉博士生过程管理，不断完善拔尖创新人才培养模式。 (73) 进一步完善研究生招生指标分配方案，建立科学合理的研究生招生指标动态分配机制。	胡翊群	研究生院
(74) 积极创建国家级住院医师规范化培训重点专业基地和专科医师规范化培训制度试点基地，争取获批国家级住院医师规范化培训重点专业基地5个。	胡翊群	医院管理处
(75) 认真做好上海高校语言文字工作规范化达标建设工作。	胡翊群	教务处

（续表）

工 作 事 项	分管领导	负责部门
13. 深入实施人才强院主战略。 (76) 实施更加开放有力的人才育引政策，进一步推进各项人才政策、举措的执行与实施，做到落地生根、落出实效。 (77) 继续实施“双百人”计划，完成考核评估和新一轮遴选工作，不断提升两支队伍的总体水平。 (78) 进一步完善博士后激励计划，优化遴选和考核机制，力争培养一批优秀青年人才。 (79) 积极组织各级各类博士后项目申报，力争在上海市“超博”等项目中继续取得佳绩。 (80) 进一步做实做细人才项目申报工作，提高项目中标率。 (81) 持续加大优秀青年人才引进力度，大力支持研究院和研究平台的人才引进工作。 (82) 继续做好下半年国际青年学者论坛特色分论坛各项工作，完成市教委揽蓄行动计划。 (83) 借鉴上海交通大学校部做法，探索研究符合医学人才成长规律的长聘体系。 (84) 持续优化人才评价改革，推行更科学的评价方式，坚持科学与多维度评价，完善同行专家评议；合理运用考核结果，发挥正向激励作用。 (85) 启动人事管理信息系统二期建设，提高人事工作信息化水平。 (86) 探索灵活多样的用工方式，研究制订医学院编制外人员管理办法。	范先群	人事处
14. 全力开拓学科建设新局面。 (87) 结合医学院学科建设大讨论，开展教育部第五轮学科评估结果分析。	胡翊群	研究生院
(88) 切实推动“高地大”学科建设项目顺利完成，经费执行率达到 100%，做好高水平地方高校建设项目 2023 年预算申报工作。 (89) 全力以赴推进上海市病毒研究院建设。 (90) 推进成立医学技术研究院。 (91) 推进成立生物材料研究院。 (92) 全面推动数字医学研究院启动运行，推动与人工智能国家实验室的合作共建。 (93) 继续推动松江研究院以脑科学为主的学科交叉平台建设。 (94) 加速推动全健康研究中心建设。 (95) 继续加强与兄弟院校的深入合作，促进同城跨校的中西医协同、医工交叉研究与应用。 (96) 进一步加强学科动态分析和高校分类评价工作，不断完善医学院校特色评价指标体系。 (97) 各类权威学科排名稳中有升。	范先群	学科规划处
15. 推动医学科技创新再上新台阶。 (98) 统筹谋划和系统布局，加强国家级重大重点项目和人才计划项目的培育，全面提升获取重大项目的能力。 (99) 完成国家重点实验室重组工作，整合优势力量，突出领跑地位，落实实体化运行。 (100) 做好国家奖启动准备，完成华夏医学科技奖、中华医学科技奖、高等学校科学研究优秀成果奖、上海市科技奖等 11 类科技和人才奖项复审及终审工作，争取获得省部级奖项 20 项以上。 (101) 落实科技部等十部门科技成果评价改革试点任务，研究制定医学院预警期刊目录。	郑俊克	科技发展处★ 人事处
(102) 继续推进校企衍生公司发展，打通附属医院成果转化路径的堵点，争取实现附属医院作价投资案例零的突破。	郑俊克	成果转化处
16. 加快推进医疗卫生服务体系高质量发展。 (103) 推动附属医院高质量发展，力争做全国公立医院高质量发展的引领者、推动者、践行者，进一步提升治理能力和水平，打造现代医院管理的“示范样本”；进一步强化党建引领，成为坚持党的领导的“坚强阵地”。	方　勇 瞿介明 郑军华 唐国瑶 郭　莲	医院管理处★ 各附属医院

（续表）

工 作 事 项	分管领导	负责部门
（104）持续推进转化医学国家重大科技基础设施（上海）建设，支持国家儿童医学中心、国家口腔医学中心、国家精神卫生中心等3个国家医学中心和3个国家临床医学研究中心建设。 （105）持续推进国家医学中心与国家区域医疗中心项目申报工作，争取更多国家级项目落户医学院。	方　勇 郑俊克 瞿介明 郑军华 唐国瑶 郭　莲	科技发展处★ 医院管理处 各附属医院
17. 高质有序推动多校区建设。 （106）按照建设进度，稳步推进浦东校区建设工程，结合医学院未来学科发展规划，进一步优化浦东校区空间布局，不断完善浦东校区开办工作方案，完成浦东校区开办费项目申报工作。	方　勇	浦东校区工程项目建设办公室
（107）进一步细化浦东校区信息化建设规划。	吴正一	网络信息中心
（108）根据市政府专题会议精神，加速落实P3实验室的环评审批工作和建设立项工作，提早启动P3实验室开办费项目申报工作。	方　勇 郑俊克	科技发展处★ 浦东校区工程项目建设办公室 上海市病毒研究院
（109）全面推进海南国际医学中心建设，尽快完成海南国际医学中心机构设置工作；力争年底前完成一期建设项目生活服务区以及科研实验区的部分主体结构封顶，积极推进二期工程建设开工。	胡翊群	国际医学中心筹建办
（110）紧密结合崇明校区建设，整体谋划全健康领域布局，积极推进全健康国际研究院建设。	郑俊克	全球健康学院
18. 不断完善一流医学院治理体系。 （111）完成内设机构、人员编制、干部职数调整方案。	江　帆 范先群 孟　煜	党委组织部★ 人事处
（112）按照“能清则清”原则，有序完成各类委员会等联席机构梳理工作。	吴正一	党委办公室 院长办公室
（113）以基础医学院为试点，积极推动“院为实体”改革。	郑俊克	基础医学院★ 综合改革工作办公室
（114）积极推进与上海市大数据中心、上海市申康医院发展中心、上海交通大学校部数据对接，加快实现数据互联互通。	吴正一	网络信息中心
（115）谋划成立“实验室生物安全管理委员会”，研究制定医学院大型科学仪器运行绩效评价管理办法，切实加强实验室生物安全管理。	方　勇 郑俊克	资产管理处★ 科技发展处
（116）完成“大后勤”改革整体方案，推进后勤管理服务体系高质量运行。	方　勇	后勤实业发展中心★ 校产管理中心

关于印发《上海交通大学医学院临床骨干教师教学激励计划实施方案》(2022年修订)的通知

沪交医教〔2022〕18号

各附属医院、各学院：

为推动医学院临床教学改革，进一步激发教学活力，根据有关文件精神，特制定《上海交通大学医学院临床骨干教师教学激励计划实施方案》(2022年修订)。本方案旨在重点建设稳定、保质、高效的临床实践教学团队，各学院、附属医院应在医学院总体实施方案框架下，研究建立具有各自临床教育教学特点的具体实施细则，长效提升临床医学人才培养的质量。现将该方案印发给你们，请认真参照执行。

上海交通大学医学院

2022年11月18日

上海交通大学医学院临床骨干教师教学激励计划实施方案(2022年修订)

根据《国务院办公厅关于加快医学教育创新发展的指导意见》(国办发〔2020〕34号)、《教育部 国家卫生健康委 国家中医药管理局关于加强医教协同实施卓越医生教育培养计划2.0的意见》(教高〔2018〕4号)文件精神，为贯彻落实《教育部等六部门关于医教协同深化临床医学人才培养改革的意见》(教研〔2014〕2号)、《上海市教育委员会关于开展市属本科高校骨干教师教学激励计划试点工作的通知》(沪教委人〔2012〕52号)文件要求，上海交通大学医学院于2017年启动《临床骨干教师教学激励计划实施方案》，持续深化临床医学教学改革，统筹考虑理论教学和实践教学范畴，稳步推进器官系统整合课程运行，全力保障卓越医学人才培养所需的教学资源和经费，取得显著效果。在全面总结首轮《临床骨干教师教学激励计划实施方案》实践经验的基础上，经讨论研究，决定继续推行《上海交通大学医学院临床骨干教师教学激励计划实施方案》(2022年修订)。各附属医院、各学院应在医学院总体实施方案框架下，结合相关专业培养需求与教学特色，研究完善具体细则，以期通过激励计划的持续实施能长效提升医学院临床医学人才培养质量。

本方案以上海交通大学医学院各附属医院为实施和管理主体，以本科临床教学团队建设为核心，以提高临床教学质量和学生临床思维等综合能力为主题，目的是为提高临床教学质量和深化临床教学改革，培养卓越医学创新人才，促进医学院临床学科、人才队伍建设可持续发展，建设“有理想信念，有道德情操，有扎实知识，有仁爱之心”的高素质、专业化、具有国际视野和创新能力的卓越临床师资队伍。实现“将一批今天优秀、极具创新潜质的学生能够和不断超越自己、极具创新思维的优秀教师在一起相互激励，共同超越，使我们的学生更加优秀，使我们的教师更加卓越，产生使学生和教师都终身受益的创新能力和智慧”的教育理念。

方案重点构建“团队牵引、首席负责、整合资源、突出实践”的临床本科教学激励体系，建设和激励首席教师负责的教学团队，旨在吸引和激励临床兼职教师，构建相对固定的优秀临床师资队伍，加强床旁教学，为学生创造更多临床学习与实践机会，彰显医学院临床实践教学优势。通过团队建设，加强对临床中青年教师多层次培养，激发临床教师的教学热情和教学积极性；通过首席教师、教学名师引领和带动教学团队建设，确保临床教学师资队伍稳定性，切实提升教学能力和师资水平；让有创新能力的教师与有创新精神的学生密切互动，教学相长，促进教学改革，全面提高临床教学质量。

一、临床激励计划教学团队建设

（一）教学团队分类

1. 整合课程教学团队

医学院临床整合教学团队以器官系统为主线，淡化学科，融形态与功能、基础与临床、医学与人文为一体，负责系统整合课程体系的构建、完善，并指导协助各医院相应系统整合团队教学工作的开展，以实现整合教学同质化，确保各医院临床整合课程教学质量。

根据教育部《临床医学专业认证报告》的建议和要求，医学院已在现有双循环整合课程基础上推动单循环纵向整合课程体系建设与运行，各附属医院需积极鼓励和推荐优秀师资融入医学院临床整合课程教学团队；与此同时，六家临床医学院可在此基础上以所属在职师资为主导建设各自的临床整合课程教学团队，为后续基础临床器官系统整合课程体系在医学院全面推广运行做好师资储备和培养。

各医院或各专业整合课程教学团队要求以疾病为基础至少整合三个二级学科，课程建设要求完成课程的完整设计，包括但不限于制定教学大纲，编写自编讲义或教材，设计教学方法、教学时数、见实习课程等，重点加强培养学生临床思维能力，突出床旁教学和课程思政相结合教学环节，达到培养具有高尚医德的卓越医学人才的目标。各医院或各专业整合课程教学团队根据医学院系统整合教学团队的统一要求，具体负责该院学生的整合教学任务，并落实教学管理，确保教学效果与教学质量。

2. 医学人文教学团队

基于医学人文和素养在临床教学中的重要性，目前医学教育须提升医学生临床实习和未来工作中人文素养及有效沟通能力，由此建立临床医学人文教学团队。建立明确的医学人文教师队伍，建设医学人文教材（或书籍），培养医学生在临床学习中的医学人文素养，掌握有效合理的医患沟通技能，在医学人文教学的实践中逐步探索具有可操作性的医学人文素养培养方式，建立引导医学人文精神和沟通技巧深入在具体不同临床学科教学中的意识。

3. 实习教学(床旁教学)团队

实习教学是医学教育教学环节中非常重要的一部分，实习过程中学生需要明确各科室各种疾病的学习目标，通过床旁教学掌握相应的疾病诊治思路与临床操作技能，建立相对固定的临床实习带教教师队伍能够加强实习过程指导，确保实习内涵质量。

该教学团队包含专职教学管理人员（含思政辅导员和教务员），注重学风、医德医风建设，努力培养以“价值引领、知识探究、能力建设、人格养成”的卓越医学人才。

4. 模拟教学团队

基于医学教育教学要求和医学实践教学的局限性，医学院需要建立依托模拟实训中心开展医学技能培训，强化培养学生临床思维与实践技能，实现医学生-住院医师-专科医生一体化持续性培养的模拟教学团队。

5. 其他课程教学团队

各附属医院可结合自身的学科优势，在整合课程教学团队和模拟教学团队之外，组建其他相关学科的教学团队（含留学生教育），原则上以二级学科为教学团队的基本规模，较小的团队可联合组建，由相关学院（专业）与建设所在临床医学院（附属医院）商定。鼓励学科交叉，建议各团队积极向以疾病为主线的多学科协作团队建设模式发展。

（二）首席教师和教学团队的要求

所有教学团队均实行首席教师负责制，原则上每位首席教师只可负责一个教学团队。团队成员必须是具有高校教师资格和相关专业技术职务任职资格的上海交通大学医学院或附属医院的在编在职人员。

1. 整合课程教学团队(各二级学科教学团队参照实行)

(1) 整合课程教学团队首席教师

首席教师经公开遴选产生；应品德高尚，治学严谨，具有团结、协作精神，较好的组织、管理和领导能力；应具有较深的学术造诣和创新性学术思想；长期致力于相关课程建设，坚持在教学第一线为本科生授课。

首席教师必须担任不少于一门课程的主讲，负责教学团队的建立及日常管理，高度重视师资队伍建设，特别是青年教师培养，活跃教学氛围。具体工作包括：①组织和协调实施教学团队的教学任务，确保授课数量和授课质量；②规划、组织并主导教学内容、课程体系、教学方法和手段的改革，提高课程教学水平；③全面负责与团队相关的课程、教材、课件和实践教学体系建设，有效组织开展教学改革、教学研究，改进教学方法，组织教学研讨、集体备课及预、试讲等活动；④重视线上共享课程等教学网络资源的建设与运行，并通过建立多种形式的交流平台为学生答疑解惑；⑤负责团队成员的遴选和考核评价；⑥负责制定团队成员激励经费的分配方案；⑦重点加强课程思政、床旁教学等目前相对薄弱的教学环节建设。

(2) 整合课程教学团队

整合课程教学团队应具有合理的梯队结构，团队规模适度。鼓励以疾病为主线的多学科协作团队建设模式，以及充分吸纳和整合各附属医院的优势师资资源。

团队应明确教学任务，教学中注重临床与基础的紧密结合。团队应指导和激励中青年教师(含新引进教师)提高教学水平，团队的教学工作应与社会、经济发展相结合，追踪学科(专业)前沿，及时更新教学内容；教学方法科学，教学手段先进，培养学生发现、分析和解决问题的兴趣和能力。

整合课程教学团队应建立完整、有效的教学质量管理措施，教学效果好，杜绝教学事故；积极开展教学改革与创新，力争获得包括但不限于课程思政示范课程、一流课程等各级教学项目立项及各级教学成果奖励；重视教材建设和教学研究，承担教材编写任务，总结教学经验并发表教学相关论文；创新教学团队运行机制和监督约束机制。

整合课程教学团队内的教师可以各种形式承担教学工作，包括理论课、PBL、床旁教学、医学人文、教学管理、为学生辅导答疑、教材案例编写、课件制作、教学网络建设、教学软件开发、题库建设等。必须保证高级职称教师的授课比例，且团队整体在学生评教、同行评价以及督导评价等方面达到优良以上。

整合课程教学团队必须制定主讲教师、青年教师、科研指导教师参与教学的引导或培养计划。其中，高级职称教师承担的理论教学任务不少于70%。青年教师以培养性讲课和小班教学为主，重点在于培养和提升其学术水平及医教研能力。

2. 医学人文教学团队

(1) 医学人文教学团队首席教师

首席教师经公开遴选产生，应品德高尚，治学严谨，具有团结、协作精神与较好的组织、管理和领导能力；应具有相当程度的人文精神思想和长期医学人文实践和教学工作(医学人文授课课时数)；必须具备人文医学师资资格证书(如中国医师协会人文医学执业技能师资资格证书)或参加过正式医学人文培训课程获得证书或认证；承担医学人文相关教学课程和教学研究工作；需取得高级职称资格，从事临床医学工作10年以上。

首席教师全面负责临床医学人文教学团队工作。具体工作包括：①组建医学人文教师队伍，开展组织教师联席会议，推动医学人文教育在临床教学中的融合工作；②负责临床医学人文教学日常管理、教材编纂、教学研究、教学评估、质量管理和教学改革等；③承担医学人文相关教学课程和教学研究工作；④开展组织医学人文教学工作交流，指导和帮助教学骨干教师提高教学水平。

(2) 医学人文教学团队

医学人文教学团队应具有合理的队伍结构，团队规模适度，涵盖多个学科；团队成员具有丰富的临床工作经验和医学人文教学或授课经验；团队应落实好不同专业学科中医学人文素养教学；通过医学人文理论课和医学人文模拟训练课落实好一系列医学人文教学工作，提高本科实习学生综合人文素养能力。医学人文团队应配置专职管理人员协助医学人文教学团队建设和完成工作。

团队成员必须热爱医学人文教学，教学理念先进，教学创新能力强，医学人文教学实践经验丰富；充分认识医学人文教育教学对增强学生的社会责任感、培养学生人文关怀能力和人文精神等方面的重要作用，形成本门课程的、具有课程特色的教学理念；建立先进的医学人文教学体系，医学人文教育要与不同专业密切结合和联系；创新和使用多样化的教学方法、现代化的教学手段，建立以学生为本的基于问题、案例的互动式、研讨式教学方式和自主、合作、探究的多种学习方式。

3. 实习教学团队

(1) 实习教学团队首席教师

首席教师经公开遴选产生，应品德高尚，治学严谨，具有团结、协作精神，较好的组织、管理和领导能力；应已担任过教研室主任或教学干事，熟悉实习教学管理要求；应具有较深的学术造诣和创新性学术思想，长期致力于临床教学工作，坚持在教学第一线指导本科生临床实习。

首席教师全面负责实习教学团队的各项工作。具体工作包括：①负责实习教学团队的组建、日常管理；②根据不同专业、科室实习特点，注重床旁教学，制定合理的实习规范和考核；③全面负责学生实习过程管理，落实好实习入科教育、实习小讲课，教学查房、病例讨论、临床操作指导、出科考核等一系列常规教学工作；④结合医院多学科诊疗工作，组织学生开展临床综合病例讨论，促进团队协作，增强医学人文意识，提升临床实习内涵质量。

(2) 实习教学团队

实习教学团队应具有合理的队伍结构，团队规模适度，涵盖本科实习主要科室，实现各临床科室的实习管理；团队成员具有丰富的临床工作经验，热爱临床教学，具有较强的带教意识，注重床旁教学。团队应全面负责学生实习过程管理，落实好实习入科教育、实习小讲课，教学查房、病例讨论、临床操作指导、出科考核等一系列日常教学工作，并指导学生开展文献阅读，了解医学进展，撰写疑难病例报告等临床研究工作，持续提高本科实习学生综合能力。

专职教学管理人员参与实习教学团队，在专业实习过程中关心学生的生活、工作、学习、思想，协助安排出科考核等工作。关心学生的医德医风建设，引领学生走向就业、创业、深造等不同的道路。

4. 模拟教学团队

模拟教学团队必须秉承“起点高、基础厚、要求严、重实践、求创新”的教学传统，充分利用附属医院丰富的临床医疗与科研资源，构建重视基本技能、结合临床思维、注重临床创新的模块化临床实践教学体系；因材施教，实现实践教学手段的多样化和现代化，增强学生的实践能力、合作意识和临床综合诊治能力；科学规划，整合资源，开放共享，营造有利于实践育人的实验环境，做到各具特色、职责明确、协作共享、运行有序；构建全方位的实践教学信息化平台，达到教学过程管理信息化、教学资源管理信息化和教学方法信息化。

（1）模拟教学团队首席教师

首席教师经公开遴选产生，应品德高尚，治学严谨，具有团结、协作精神与较好的组织、管理和领导能力；应具有一定的学术造诣和创新性实践教学思想；坚持在实践教学第一线为本科生授课；必须具有临床医师执业证书，有丰富的临床经验，从事临床工作五年以上，以各附属医院模拟实训中心负责人、专职教师优先。

首席教师须担任不少于一门实践课程的主讲，全面负责模拟教学团队的各项工作。具体工作包括：①负责模拟教学团队的组建、日常管理；②全面负责实践课程的基本建设(包括信息资源建设)、日常管理、教学研究、教学评估、质量管理和教学改革等；③作为主要成员参与正式立项科研课题的实践研究或协作课题，或作为负责人申请教学课题；④每年发表实践教学研究论文，或获得大学生临床技能实践教学成果相关奖项；⑤组织实践教学工作交流，指导和帮助实践教学骨干教师和实践教师提高教学水平；⑥积极组织和参与医学院临床实训中心课程建设及实践技能考试等教学任务的落实。

（2）模拟教学团队

通过首席教师吸引高水平教师投入实践教学工作，实现实践教学与临床课程教学团队互通，构建教学、科研、技术兼容，核心骨干相对稳定，专业技术职务结构和知识结构合理的临床模拟教学团队，团队成员学科齐全，至少包括内、外、妇、儿、急诊、护理等学科，且团队成员必须包含具有医师或护士执业证书的专职脱产模拟实践教师。

团队成员必须热爱实践教学，教学理念先进，教学科研能力强，实践经验丰富，勇于创新；充分认识实践教学在增强学生社会责任感、激发学生创新精神、培养学生实践能力等方面的重要作用，形成本门课程的、具有课程特色的教学理念；建立先进的实践教学体系与标准，重视基本规范的养成、基础能力的培养、与科学前沿和临床知识的密切联系；创新和使用多样化的教学方法、现代化的教学手段，建立以学生为本的基于问题、项目、案例的互动式、研讨式教学方式和自主、合作、探究的多种学习方式；提高信息化技术与实践教学的融合程度，推动课程管理、师生交流、教学评价的信息化。

模拟教学团队应建立完整、有效的教学质量管理措施；必须制定详尽的带教计划，鼓励团队成员积极参与小班教学或其他形式的临床技能教育教学过程；认真落实医学院临床实训中心布置的各项模拟实践教学任务，包括但不限于各类实践课程建设和实践技能考试等；确保团队整体在学生评教，同行评价以及督导评价等方面达到优良。

（三）遴选及管理方案

各教学团队的首席教师由各附属医院教学管理机构负责组织公开遴选，聘期三年；教学团队成员由附属医院教学管理机构和首席教师共同组织遴选。各类型教学团队可设立若干首席教师负责制下的骨干教师，骨干教师比例原则上不超过团队人数10%。团队首席教师和骨干教师担任课程的主讲；首席教师负责团队整体建设；骨干教师全面协助首席教师做好团队各项教学服务和管理工作。参加教学或教学改革的教师必须参加一个团队才有可能获得激励，但由于整合课程的特点，可以同时参加多个团队的教学工作。

首席教师及其教学团队须提交明确其权利义务的建设项目任务书和激励团队成员全程参与教书育人的举措，任务书须经各附属医院教学管理机构审核备案，该任务书为首席教师及其团队成员年度考核和聘期考核的依据。年度考核重点考核教师的教学态度和各项工作完成进度，聘期考核重点关注课程教材建设和教学团队达到的综合水平。年度考核的结果作为年度奖励的依据，聘期考核结果作为聘期奖励和下一轮遴选的参考依据。在团队年度考核合格的基础上，团队成员考核合格者下一年度可简化年度遴选程序。

（四）教学团队考核和评价指标

1. 整合课程教学团队(人文课程团队、各二级学科教学团队参照执行)

聘期指标(三年内)

(1) 团队地位

首席教师带领教学团队经过三年建设，主讲课程在国内有较大影响，形成独特而有效的教学风格，在国内起到示范作用，为形成本领域教学的学术地位做出重要贡献。

(2) 师资水平

培养能理解整合课程理念，熟悉本门课程的教学内容、教学方法和手段，教学水平高、教学效果好，在课程建设方面具有较高造诣，能主讲一门整合课程或主干课程的教师5～8名。

(3) 师资结构

具有稳定的骨干教师队伍，有条件鼓励吸纳临床研究人员参与团队建设，根据课程需要建议吸纳部分护师或技师等相关教师参与。鼓励跨院建设教学团队，尤其是吸纳医学院各专科附属医院的临床教师参与团队建设。

(4) 教学过程

教学内容确定，教学文件制定、教学任务分配以及集体备课等环节必须做到科学有据；建立教学值班制度，配备应急后备教师，保证教学安全。

(5) 教学改革

① 整合课程教学团队以疾病为基础的整合课程内容占比50%，每个课程整合内容至少联合3个相关学科；

② 课程体系内至少建设一门线上课程或其他教学方法改革课程；

③ 临床教学案例库建设(合格的PBL、CBL、智能模拟人病例、临床思维训练病例等)15项；

④ 课程思政、床旁教学、团队合作、实践教学、人文感悟、伦理法律等应重点加强建设。

(6) 教学资源

必须建设与课程相对应的教学资源，包括基本资源(能反映课程教学思想、教学内容、教学方法、教学过程的核心资源，包括课程介绍、教学大纲、教学日历、教案或演示文稿、重点难点指导、作业、参考资料目录和课程全程教学录像等反映教学活动必需的资源)和拓展资源(反映课程特点，应用于各教学与学习环节，支持课程教学和学习过程，较为成熟的多样性、交互性辅助资源，例如:案例库、专题讲座库、素材资源库，学科专业知识检索系统、试题库系统、作业系统、在线自测/考试系统，课程教学、学习和交流工具及综合应用多媒体技术建设的线上课程等)的建设。

(7) 教学学术

首席教师带领教学团队经过三年建设，教学团队至少完成下述1项工作:①获得市级及以上项目1项或院级及以上项目3项(包括但不限于基层教学组织、课程建设、教材建设、双语教学、教学团队、全英语示范课、PBL案例获奖或教学研究项目、教师发展培训项目等)；②指导的学生项目获市级及以上立项或奖励；③主编、副主编1本教材或参编3本以上相关本科教学内容教材。

年度指标(每年考核)

(1) 教学任务

完成学院下达的各项教学任务。其中首席教师应达到团队课时的10%以上(学时数换算规则以教师职称晋升教学考核条例为准)，无教学事故及差错。建立临床教学活动制度，每年完成24次(包括教学查房、实习小讲课、教学病例讨论)，其中首席教师主持不少于8次。团队中的每位成员必须承担相关教学任务，课时不得少于5%。

(2) 教学准备

首席教师协调和不断完善课程各教学环节出现的衔接问题，每年完成集体备课及预、试讲6次(有书面记录)。

(3) 教学管理

每学期召开学生座谈会1次以上，听取学生意见和建议并给予解决或及时解答(有书面记录)。

(4) 教学质量

团队课堂教学效果较好，学生评教参与度高，团队成员的学生评教、督导评价的平均分良好(80分)以上。

(5) 课外教学

与学生建立紧密的联系，团队重视实践教学，结合理论学习进度，配备教学病例，开展床旁教学，组织CBL教学，为学生接触临床创造更多机会。

(6) 学生考核

每位教师须加强对学生平时的多元化考核，组织病例讨论，开展文献导读、课外研讨，鼓励学生撰写文献报告、小论文，并及时批阅，做好平时分记录。

(7) 创新培养

指导 PBL 和大学生科创项目，完成情况良好。

(8) 教学研究

团队每年在国外或国内主要教学杂志(如：中华医学教育杂志、中国高等医学教育、中华医学教育探索杂志等)发表教学论文。

2. 实习教学团队

聘期指标(三年内)

(1) 团队地位

实习教学团队首席教师带领教学团队经过三年建设，建立规范的临床实习教学体系，形成结构合理的多学科教学团队，获得学生较高的评价，产生一批优秀带教教师。

(2) 师资水平

师资队伍结构合理，注重梯队建设，涵盖临床各学科，教学组织好、教学效果佳。

(3) 课程资源

调整实习教学大纲，体现专业、学科特色，根据需要编写相关实习手册，实习指导。建立出科考试题库系统，开展综合考核，鉴定临床实习效果。

(4) 教学学术

首席教师带领教学团队经过三年建设，教学团队至少完成下述 1 项工作：①教学团队获得市级及以上项目 1 项或院级及以上项目 2 项(包括但不限于基层教学组织、课程建设、教材建设、双语教学、教学团队、PBL 案例获奖或教学研究项目、教师发展培训项目等)；②指导的学生项目获市级及以上立项或奖励；③学生在临床技能比赛中获得优异成绩。

年度指标(每年考核)

(1) 教学任务

全面负责学生实习过程管理，落实好实习入科教育、实习小讲课，教学查房、病例讨论、临床操作指导、出科考核等一系列常规教学工作，开展 CBL 教学，提高本科实习学生综合能力；指导学生开展文献阅读，了解医学进展，撰写疑难病例报告等临床研究工作。

(2) 教学准备

团队定期进行集体备课，交流讨论各学科带教要求，结合学生评教和督导评价不断提升授课质量。

(3) 课外教学

实习教学团队教师须与学生建立良好的联系，及时解答疑惑、提供指导，鼓励学生跟随教师参加各项临床工作(门诊、急诊、值班等)，为学生学习提供更广泛的学习平台。

(4) 学生考核

教师须加强对学生平时的考核，采取多种形式的考核方式，综合评价学生实践技能。

(5) 教学研究

团队每年在国外或国内主要教学杂志(如：中华医学教育杂志、中国高等医学教育、中华医学教育探索杂志等)发表教学论文等。

3. 模拟教学团队

聘期指标(三年内)

(1) 团队地位

模拟教学团队首席教师带领教学团队经过三年建设，主讲的实践课程在国内有较大影响并起到示范作用，形成结构合理的教学师资梯队。

(2) 师资水平

培养能理解实践整合课程或实践主干课程理念，熟悉本门课程教学内容、教学方法和手段，教学水平高、教学效果好，在课程建设方面具有较高造诣，能讲授一门实践课程的教师 5～8 名。具有一支能够积极参与并完成医学院临床实训中心教学任务的师资队伍，具有国家医师资格考试考官或相关国际医学组织认证导师资格证书的临床教师至少 10 名。

(3) 教学资源

组织实践教学大纲和实践教学计划的制定和实施，编写相应实践课程教材、案例等；建设课程教学资源，包括基本资源(反映课程教学思想、教学内容、教学方法、教学过程的核心资源，包括课程介绍、教学大纲、教学日历、教案或演示文稿、重点难点指导、作业、参考资料目录和课程、全程教学录像等反映教学活动必需的资源)和拓展资源(反映实践课程特点，应用于各实践教学与学习环节，支持课程教学和学习过程，较为成熟的多样性、交互性辅助资源，例如：案例库、素材资源库，虚拟仿真实验实训（实习）系统、试题库系统、在线自测/考试系统，学习和交流工具及综合应用多媒体技术建设的线上课程等）。开设多层次实训课程，利用医学模拟设施（3G 模拟人等）编写实践教学案例，案例数不少于 15 个。

（4）教学学术

首席教师带领教学团队经过三年建设，教学团队至少完成下述工作 1 项：①获得市级及以上项目 1 项或院级及以上项目 2 项（包括但不限于基层教学组织、课程建设、教材建设、双语教学、教学团队、PBL 案例获奖或教学研究项目、教师发展培训项目等）；②指导的学生项目获市级及以上立项或奖励；③主编、副主编 1 本教材或参编 2 本以上相关本科教学内容教材。

年度指标（每年考核）

（1）教学任务

在完成学院下达的实践教学任务的前提下，其中首席教师应达到团队课时的 10%以上，课堂教学效果较好，学生评教参与度高，团队成员的学生评教、督导评价的平均分良好（80 分）以上，无教学事故及差错。团队中的每位成员必须担任相关教学任务，课时不得少于 5%。团队成员必须都参与医学院临床实训中心的实践教学活动，并完成该中心开展的课程建设及实践技能考试等教学任务。

（2）教学准备

每年完成集体备课及预、试讲 6 次（有书面记录）。

（3）课外教学

模拟教学团队内教师须与学生建立良好的联系，教师能及时解答疑惑，提供指导，有效开放模拟实训中心，为学生自学提供良好的平台。

（4）教学管理

每学期召开学生座谈会 1 次以上，听取学生意见和建议并给予解决或及时解答（有书面记录）。

（5）学生考核

教师须加强对学生平时的考核，采取多种形式的考核方式，综合评价学生实践技能。

（6）教师培训

首席教师和骨干教师需每年参加全国性的实践教学交流和培训。

（7）教学研究

团队每年在国外或国内主要教学杂志（如：中华医学教育杂志、中国高等医学教育、中华医学教育探索杂志等）发表教学论文等。

（五）管理机制

各附属医院教学管理部门和人事处作为教学团队建设的主要管理机构，各教研室为具体负责部门，共同负责教学团队的具体规划、评估和监督等管理工作。

（1）附属医院教学管理部门须对教学团队的教学全过程严格督查，并将督导评价结果及时反馈首席教师。

（2）首席教师负责组织考核所在团队各成员每年的教学质量及参与教学改革、课程建设情况。

（3）附属医院教学管理部门负责对首席教师及团队进行考核，并在院内公示考核结果。

二、临床教学团队激励措施

1. 考核和评价

每年由各附属医院教学管理部门组织专家对各团队进行考核和评价，结果分优秀、良好、合格、不合格四个等级。

（1）首席教师激励

首席教师不参与团队激励经费的分配。每年各附属医院教学管理部门对团队进行评价后，直接依据团队的评价结果对首席教师给予激励。不合格的不予以激励，相应团队首席教师重新遴选，同时延迟一年晋升职称或续聘。若发生教学事故或差错的，按照相应的制度进行处罚。考核结果纳入首席教师所在科室年终考核。

（2）团队成员激励

激励经费由首席教师根据团队成员的工作量，参与度、教学效果等负责分配，报各附属医院教学管理部门备案。禁止平均分配，必须体现激励效果。教学不合格者不予以激励，且需退出教学团队，同时延迟一年晋升职称或续聘，若发生教学事故或差错的，按照相应的制度进行处罚。未参加过任何教学团队的医师原则上不能晋升高级职称。

（3）年度考核激励

各附属医院可在各教学团队内评选优秀，比例不大于 10%，优秀者给予年度奖励。

2. 经费激励

各附属医院设立本科教学激励专项经费。由教学管理部门联合人事处根据各团队师资队伍建设，教学工作量(包括授课、临床带教、PBL、床旁教学、科创实验等)，以及教学质量和教学改革三方面情况核定各团队的具体激励额度。

整合课程团队、模拟教学团队和实习教学团队的激励金额不低于每个团队5万/年。医学人文等其他类型教学团队激励金额不低于每个团队2万/年；团队首席教师不低于5万/年，骨干教师不低于2万/年。

各附属医院可在不低于医学院激励方案的基础上有一定程度增加，并在原有课时津贴等教学支持不变的基础上，根据实际情况由各附属医院自主参照执行。

3. 人事评价激励

参与临床教学激励计划教学团队组建的教师，如符合临床教师信息库要求，可优先编录入库。附属医院在制定临床骨干教师教学激励计划具体实施方案时，可结合各自工作特点，参照《上海交通大学医学院专业技术职务聘任实施办法》(沪交医人〔2021〕24号)文件精神，确立相应的人事评价激励细则；在卫生系列专业技术职务申报中，可优先考虑参加临床激励计划的各团队首席教师和骨干教师。

本实施方案主要针对各附属医院本科教育教学，最终解释权归上海交通大学医学院。

关于印发《上海交通大学医学院财务报销规定》的通知

沪交医财〔2022〕11号

各部(处)、学院(系)、下属部门：

根据上海交通大学医学院2022年第17次院长办公会会议精神，制定《上海交通大学医学院财务报销规定》，现印发给你们，请认真遵照执行。

特此通知。

上海交通大学医学院财务报销规定

第一章　总则

第一条　为规范上海交通大学医学院(以下简称"医学院")经济活动和经费支出管理，健全完善财务报销制度，根据《中华人民共和国会计法》、《政府会计准则》(财政部令第78号)、《政府会计制度——行政事业单位会计科目和报表》(财会〔2018〕19号)、《会计基础工作规范》(财政部令第98号)、《事业单位财务规则》(财政部令第108号)、《高等学校财务制度》(财教〔2022〕128号)，结合医学院实际情况，制定本规定。

第二条　本规定适用于医学院院本部各部处、院(系)、中心和下属部门(以下简称"各部门")。

第二章　报销基本要求

第三条　原始凭证的基本要求

(一) 原始凭证必须真实、合法、有效；不得虚构业务、虚开发票。

(二) 从外单位取得的票据须盖有发票或收款专用章，电子(或全电)发票按税务局规定执行；医学院自制原始凭证必须有经办部门负责人的签名或者盖章。

(三) 原始凭证的抬头处应填制"上海交通大学医学院"，出租车票以及法定定额发票等无抬头的原始凭证除外。
（四）票据总计金额须和数量、单价的乘积相符或和各项累积金额相符，票据大小写金额必须正确且一致。
（五）票据内容须按明细列示，如未列示明细的，须附供货单位通过税控系统出具的《销售货物或提供劳务清单》或供货单位加盖公章的明细清单。
（六）原始凭证有以下任一情形，原则上不予报销：
1. 未经财政部门或税务机关监制的票据；
2. 内容填写不完整（如无开票日期、数量、单价、金额和经济业务内容），金额大小写不符的票据；
3. 未按规定加盖财务印章、票据专用章或加盖印章不清晰的票据；
4. 挖补、涂改、虚假以及其他不符合财政部门或税务机关规定的票据；
5. 注明“限用于内部结算、捐赠和代办费收入”或“仅限个人使用”的票据等类似字样的票据；
6. 原因不明或事由不充分的出租车连号发票。
（七）取得的票据应及时报销，原则上当年的票据应在当年完成报销，最迟应于次年 3 月 31 日前完成报销。
第四条 报销结算的基本要求
（一）报销资金支付原则上采用公务卡或银行转账方式。
（二）凡纳入公务卡强制结算目录内的公务支出，必须使用公务卡或银行转账方式结算。对于以下情况可暂不使用公务卡结算：
1. 单笔消费在500元以下且不具备刷卡条件的零星公务支出；
2. 快递费、过路过桥费、出租车费用、停车费等费用中目前只能使用现金结算的支出，现金收取的押金返还；
3. 支付给院外人员的一次性劳务报酬；
4. 支付给困难或病患职工、优抚对象或特殊人群等的一次性慰问支出；
5. 支付抚恤金、丧葬费；
6. 维稳等特殊工作需要的相关支出。
（三）办理银行转账时须准确提供对方单位的户名、开户行、账号以及款项用途等。特殊情况需要开具转账支票的，经办人须在财务处进行登记，收款单位须于 10 个自然日内至银行兑现。转账支票如未使用，应及时归还财务处注销。
（四）报销资金以人民币结算，国（境）外票据报销一般按经办人提供的实际支付结算证明上的金额结算；如无法提供实际支付结算证明的，则按报销当日中国银行外汇牌价（中间价）折算。
（五）办理医学院内部结算须准确提供入账项目，并附业务结算明细清单。
第五条 报销手续的基本要求
（一）预约报销单必须由经办人、经费负责人签字。
（二）报销金额的大小写要正确，实际报销金额不可大于预约报销单所预约金额，实际发票合计金额若小于预约金额则按照实际发票合计金额报销。

第三章 报销规定

第六条 经费报销应在预算范围内执行，超预算开支不予报销。
第七条 经费报销应严格执行审批程序。经费负责人对名下经费的报销进行审批并承担相应的责任。财政性资金（不包括科研项目经费）支付应根据《上海交通大学医学院财政性资金审批及授权管理办法》（沪交医审〔2015〕23 号）进行授权审批。经费或项目如有相关规章制度明确规定审批权限的，从其规定执行。
第八条 严禁虚构经济业务或通过非法手段取得票据套取国家资金。所报销的支出应与经济业务具有相关性，不得将无关的支出在经费中列支。
第九条 单张或同日累计发票金额达到合同签订要求的经济业务，报销时须提供合同。不得以人为拆分发票金额的手段，规避签订合同的要求。
第十条 各类费用报销按照相关制度和报销要求执行。
（一）公务接待费，按照《上海交通大学医学院国内公务接待管理办法》（沪交医财〔2015〕2 号）、《上海交通大学医学院国内公务接待管理办法的补充规定》（沪交医办发〔2016〕2 号）、《上海交通大学医学院外宾接待经费管理办法》（沪交医财〔2015〕2 号）执行，提供邀请函或派出单位公函、公务接待清单等资料；
（二）因公出国（境）费，按照《上海交通大学医学院因公临时/短期出国（境）访问或培训经费管理办法》（沪交医财〔2015〕2 号）、《上海交通大学医学院中长期出国（境）培训经费管理办法》（沪交医财〔2015〕2 号）执行，提供出国(境)任务批件、经费使用申请表、护照及通行证验收表、邀请函等资料；

(三) 公务用车运行维护费，按照《上海交通大学医学院公务用车暂行管理办法》(沪交医财〔2015〕2号)执行，在上海市财政预算批复的额度内使用；

(四) 会议费，按照《上海交通大学医学院会议费暂行管理办法》(沪交医财〔2020〕3号)执行，提供会议审批单、会议通知、参会人员签到表等资料；

(五) 国内差旅费，按照《上海交通大学医学院差旅费管理暂行办法》(沪交医财〔2020〕2号)执行，提供外埠差旅审批单等资料；

(六) 培训费，按照《上海市市级机关培训费管理办法》(沪财行〔2017〕45号)执行，提供培训通知、参会人员签到表等资料；

(七) 试剂耗材费，按照《上海交通大学医学院试剂耗材采购管理办法(试行)》(沪交医资〔2020〕1号)执行，提供物资领用单、物品验收单等资料；

(八) 固定资产，按照《上海交通大学医学院固定资产管理实施细则(2020年修订)》(沪交医资〔2020〕22号)执行，提供物资请购单、固定资产验收单等资料；

(九) 工程修缮类费用，按照《上海交通大学医学院修缮改造项目管理办法》(沪交医资〔2020〕30号)执行，提供竣工验收的证明或竣工审计报告等资料；

(十) 劳务费，按照《上海交通大学医学院劳务费发放管理办法(2020年修订)》(沪交医财〔2021〕2号)执行，提供邀请函、评审或学术报告通知、部门发放在编人员经费审核表等资料，其中使用部门预算经费发放在编人员劳务费时须事先经财务处、人事处、审计处三方会签；

(十一) 学生奖助学金，按照《上海交通大学医学院研究生津贴实施办法》(沪交医学〔2020〕7号)、《上海交通大学医学院研究生学业奖学金评审实施办法》(沪交医学〔2020〕8号)等执行；

(十二) 以上未列入的其他费用按照上级规定和财务处相关要求执行，使用医学院各类经费购买机票的，按照《上海交通大学医学院关于加强公务机票购买管理有关事项的通知》要求执行。

第十一条　未取得票据但需要支付预付款项的，可办理暂借款，按照《上海交通大学医学院财务往来款管理办法(2019年修订)》(沪交医财〔2019〕14号)执行，提供与经济业务相关的支撑材料。

第四章　监督检查

第十二条　经费负责人是经费使用直接责任人，应按照相关管理制度和预算安排、项目任务书、计划书、合同或协议等使用经费，对资金使用的合规性、合理性、真实性和相关性负责，积极配合国家、各级主管部门及其委托的社会中介组织的审计和监督检查。报销经办人应在经费负责人授权范围内，按照报销基本要求和报销规定办理报销，对报销凭证的真实性、有效性、相关性和唯一性负责。

第十三条　医学院财务、审计、纪检监察等多部门协同，定期或不定期对经费报销情况进行监督检查。监督检查的内容主要包括：

(一) 是否存在未按预算安排、项目任务书、计划书、合同或协议约定执行等情况；

(二) 是否存在违反相关规定，通过编造虚假事由、开具虚假发票等方式以套取、转移、挪用、贪污经费，谋取私利等情况；

(三) 是否存在不配合监督检查，提供虚假材料，对相关处理意见拒不整改或虚假整改等情况；

(四) 是否存在其他涉嫌违规违纪违法情况。

第十四条　医学院相关部门对违规违纪违法行为依规依纪依法予以严肃处理。

第五章　附则

第十五条　未尽事宜，按国家有关政策规定执行。本规定如与国家、本市和医学院相关最新规定冲突，则按最新规定执行。

第十六条　本规定自2023年1月1日起实施，由医学院财务处负责解释。原《上海交通大学医学院财务报销暂行规定》(沪交医财〔2018〕4号)同时废止。

上海交通大学医学院

2022年11月30日

附 10　医学院 2022 年信息资源统计

一、信息资源统计

信息资源名称		统计数据
网络设备和信息点	有线信息点(个)	14 600
	交换机(台)	613
	无线 AP(台)	2 317
网络账号	统一身份账号(个)	45 063
	JAccount 账号(个)	8 013
	附属医院 VPN 账号(个)	28 594
	电子邮件账号(个)	2 333
网站和管理信息系统	网站(个)	73
	应用系统(个)	62
域名	域名(个)	104
服务器统计	实体服务器(台)	239
	虚拟服务器(台)	365
存储系统	网络存储(TB)	580
	备份系统(TB)	200
网络带宽	中国教科网(G bps)	3
	中国电信(G bps)	3

二、网站和应用系统统计

序号	名　称	域　名
1	上海交通大学医学院网站	https://www.shsmu.edu.cn
2	上海交通大学医学院网站(英文版)	https://www.shsmu.edu.cn/english
3	新闻网	https://www.shsmu.edu.cn/news
4	党务公开网	https://www.shsmu.edu.cn/dwgk
5	党旗飘飘	https://www.shsmu.edu.cn/eydj
6	党风廉政建设网	https://www.shsmu.edu.cn/jw
7	精神文明网	https://www.shsmu.edu.cn/jswm
8	文明评选候选班组(岗)风采展示	https://www.shsmu.edu.cn/xcb-wmpx
9	70 周年院庆专题网	https://www.shsmu.edu.cn/yqw
10	点亮浦东校区专题网	https://www.shsmu.edu.cn/dlptxqxx.jsp?urltype=tree.TreeTempUrl&wbtreeid=1278

（续表）

序号	名　　称	域　　名
11	党的二十大精神学习专题网	https://www.shsmu.edu.cn/20th
12	口述院史专题网	https://www.shsmu.edu.cn/ksys.htm
13	交医师生说专题网	https://www.shsmu.edu.cn/jysss1.htm
14	工会妇委会网站	https://www.shsmu.edu.cn/gh
15	离退休工作网站	https://www.shsmu.edu.cn/lgb
16	信息公开网	https://www.shsmu.edu.cn/xxgk
17	校友会网站	https://www.shsmu.edu.cn/xyh
18	人事处网站	https://www.shsmu.edu.cn/rlzy
19	国际青年学者论坛网站	https://www.shsmu.edu.cn/qnxzforum
20	党委教师工作部网站	https://www.shsmu.edu.cn/jgb
21	博士后网站	https://www.shsmu.edu.cn/postdoc
22	教务处网站	https://www.shsmu.edu.cn/jwc
23	本科招生信息网（阳光招生）	https://www.shsmu.edu.cn/ygzs
24	语言文字网	https://www.shsmu.edu.cn/yywz/
25	临床技能国家级实验教学示范中心	https://www.shsmu.edu.cn/lcjn/
26	科技发展处网站	https://www.shsmu.edu.cn/kjc
27	转化医学协同创新中心	https://www.shsmu.edu.cn/kjc-zhyx
28	学科规划处网站	https://www.shsmu.edu.cn/xkghc
29	医院管理处网站	https://www.shsmu.edu.cn/ygc
30	国际交流处网站	https://www.shsmu.edu.cn/gjjlc
31	财务处网站	https://www.shsmu.edu.cn/caiwu
32	审计处网站	https://www.shsmu.edu.cn/sjc
33	资产处网站	https://www.shsmu.edu.cn/zicc
34	发展联络处网站	https://www.shsmu.edu.cn/fzllc
35	研究生院网站	https://www.shsmu.edu.cn/yjsy
36	免疫学研究所网站	https://sii.shsmu.edu.cn
37	耶鲁免疫代谢研究院网站	https://www.shsmu.edu.cn/syiim
38	中国医院发展研究院网站	https://www.shsmu.edu.cn/chdi
39	基础医学院网站	https://www.shsmu.edu.cn/cbms
40	基础医学院网站（英文版）	https://www.shsmu.edu.cn/cbmsen
41	上海市生殖医学重点实验室网站	https://www.shsmu.edu.cn/cbms-sklrm
42	生物化学与分子细胞生物学系网站	https://www.shsmu.edu.cn/cbms-bmcb

（续表）

序号	名　称	域　名
43	实验动物饲养管理与使用体系	https://www.shsmu.edu.cn/cbms-dlas/
44	公共卫生学院网站	https://www.shsmu.edu.cn/sph
45	公共卫生学院网站(英文版)	https://www.shsmu.edu.cn/sph-en
46	单细胞组学与疾病研究中心网站	https://www.shsmu.edu.cn/sph-cscomics
47	护理学院网站	https://www.shsmu.edu.cn/hlxy
48	护理学院网站(英文版)	https://www.shsmu.edu.cn/nursing
49	上海-渥太华联合医学院网站	https://www.shsmu.edu.cn/osjsm_cn/
50	上海-渥太华联合医学院网站(英文版)	https://www.shsmu.edu.cn/osjsm
51	网络教育学院网站	https://www.shsmu.edu.cn/mechina
52	继续教育学院网站	https://www.shsmu.edu.cn/jx
53	中法联合医学院网站	https://www.shsmu.edu.cn/cfmsf
54	中法联合医学院网站(法语版)	https://www.shsmu.edu.cn/cfmsf_fr
55	全球健康学院网站	https://www.shsmu.edu.cn/sgh
56	全球健康学院网站(英文版)	https://www.shsmu.edu.cn/sghen
57	口腔医学院网站	https://www.shsmu.edu.cn/kqxy
58	口腔医学院网站(英文版)	https://www.shsmu.edu.cn/kqyxy
59	医学院技术学院网站	https://www.shsmu.edu.cn/yxjsxy
60	医学院技术学院网站(英文版)	https://www.shsmu.edu.cn/hst
61	儿科学院网站(英文版)	https://www.shsmu.edu.cn/ekxy-en
62	医学检验系网站	https://www.shsmu.edu.cn/jyx
63	营养系网站	https://www.shsmu.edu.cn/yyx
64	图书馆网站	https://www.shsmu.edu.cn/lib
65	医疗扶贫档案实录(援建档案)	https://www.shsmu.edu.cn/archives-yjda
66	后勤实业发展中心网站	https://www.shsmu.edu.cn/houqin
67	控烟专网	https://www.shsmu.edu.cn/kyzw
68	临床研究中心网站	https://www.shsmu.edu.cn/cri
69	网络信息中心网站	https://www.shsmu.edu.cn/net
70	留学生教育中心网站	https://www.shsmu.edu.cn/iso
71	留学生教育中心网站(英文版)	https://www.shsmu.edu.cn/iso_en
72	医疗门诊部网站	https://www.shsmu.edu.cn/ylmzb
73	耳科学研究所网站	https://www.shsmu.edu.cn/ei

（续表）

序号	名　　称	域　　名
74	OA 办公管理系统	https://oa.shsmu.edu.cn
75	学工在线	https://xgb.shsmu.edu.cn
76	心理测评干预系统	https://xinli.shsmu.edu.cn
77	教务管理系统	https://ta.shsmu.edu.cn
78	可视化教学巡视平台	http://jxxs.shsmu.edu.cn:88/ve
79	噢易教育桌面云管理系统	https://oy.shsmu.edu.cn
80	科研信息管理系统	https://kyglxt.shsmu.edu.cn/
81	人才招聘网	https://join.shsmu.edu.cn
82	博士后报名系统	https://postdoc.shsmu.edu.cn
83	国际青年学者论坛报名系统	https://forumapply.shsmu.edu.cn
84	教职工能力测试系统	https://joinexam.shsmu.edu.cn
85	人事管理系统	https://hr.shsmu.edu.cn
86	财务综合服务平台	https://xsjf.shsmu.edu.cn:8001/SFP_CmsBase/Home/Index
87	统一支付平台	https://pay.shsmu.edu.cn/sppmain
88	审计管理信息系统	http://audit.shsmu.edu.cn:8080
89	实验室一体化管理平台	https://cgmall.shsmu.edu.cn
90	资产管理信息系统	http://zcxt.shsmu.edu.cn:8080
91	能耗监测系统	http://202.120.143.137:8099/
92	国际交流处管理系统	http://10.110.0.177/
93	捐赠平台	https://giving.shsmu.edu.cn
94	云返校系统	https://yfx.shsmu.edu.cn
95	研究生导师信息网站	https://daoshi.shsmu.edu.cn
96	研究生教育管理系统	https://gs.shsmu.edu.cn
97	生物信息学国际服务	https://mdl.shsmu.edu.cn
98	大型仪器预约系统	https://yqgx.shsmu.edu.cn/lims
99	DNA 文库	https://dnacore.shsmu.edu.cn
100	实验动物研究在线	http://aro.shsmu.edu.cn
101	公卫食验室智慧营养社区	https://gwsys.shsmu.edu.cn
102	公共卫生与预防医学科普教育平台	https://seas.shsmu.edu.cn
103	主动健康服务平台	https://zdjk.shsmu.edu.cn
104	单细胞中心数据分析系统	https://cscomicshpc.shsmu.edu.cn
105	上海渥太华联合医学院 elearning 平台	https://curriculum.shsmu.edu.cn
106	中法联合医学院 elearning 平台	https://lyonshsmu-claroline.shsmu.edu.cn/
107	继续教育学院非学历管理系统	https://online.shsmu.edu.cn

（续表）

序号	名　称	域　名
108	中国医院发展研究院部门研修基地系统	https://yxjd-chdi.shsmu.edu.cn/
109	中国医院发展研究院院所管理系统	https://chdirm.shsmu.edu.cn/researchmanager
110	医疗服务精细化管理评价服务	http://msfm.shsmu.edu.cn
111	免疫学研究所仪器在线平台	http://siicore.shsmu.edu.cn/
112	《现代免疫学》投稿系统	https://shmy.shsmu.edu.cn
113	综合业务平台	https://eservice.shsmu.edu.cn/
114	汇文 OPAC 系统	https://lib-opac.shsmu.edu.cn:7342
115	档案馆网站	https://archives.shsmu.edu.cn
116	研究生归档系统	https://yjsgd.shsmu.edu.cn
117	上海交通大学学报(医学版)	https://xuebao.shsmu.edu.cn
118	循证医学文献摘要检索系统	https://ebm.shsmu.edu.cn
119	REDcap	http://202.120.143.130
120	临床研究数据管理系统	https://clinicaldata.shsmu.edu.cn
121	临床研究中心科普与预约系统	https://wsa.shsmu.edu.cn
122	检验系 3d 虚拟实验室	http://10.110.0.154:8011
123	医学检验数字切片分类计数与分析软件	http://10.110.0.154:8882
124	留学生报名系统	https://applyiso.shsmu.edu.cn
125	医学虚拟仿真实验平台	https://xrlab.shsmu.edu.cn
126	协同服务平台	https://my.shsmu.edu.cn
127	用户认证中心	https://auth2.shsmu.edu.cn
128	邮件系统	https://mail.shsmu.edu.cn
129	迎新系统	https://yingxin.shsmu.edu.cn
130	交医疫情防控网格化系统	https://grid.shsmu.edu.cn
131	VPN 系统	https://vpn.shsmu.edu.cn
132	WebVPN 系统	https://webvpn.shsmu.edu.cn
133	交医综合业务平台	https://xservice.shsmu.edu.cn/unibizsite
134	智课堂课程中心	https://oc.shsmu.edu.cn
135	专家投票系统	https://vote.shsmu.edu.cn/

三、网站点击数统计

网站名称	2022 年
学院主页	2 401 819

附 11　2022 年图书馆各类数据统计

（统计日期:2022 年 1 月 1 日—2022 年 12 月 31 日）

1. 书刊借阅、典藏

项目名称	数量
入馆人次	190 063 人次
图书流通量	5 413 册
中文图书入库	5 845 册
外文图书入库	241 册
中文期刊入库	481 册
外文期刊入库	279 册

2. 参考咨询服务统计表

项目名称	数量
课题查新	58 项
SCI、CSCD 引证检索	2 058 次/12 432 篇
全文传递	316 篇

3. 教学统计

项目名称	数量
医学文献检索教学	270 课时/2 089 人

4. 新增电子数据库

项目名称	数量
SD 回溯电子期刊	1 个
畅想之星电子图书馆	1 个
科研项目基金库	1 个
热病	1 个

5. 多媒体制作统计

项目名称	数量
专题片	7 个/930 分钟
各类教学视频	5 课时 200 分钟
新闻素材	6 个 400 分钟
PPT 音视频制作	25 个 250 分钟

6. 其他

项目名称	数量
公共场地租用统计	101 次

附 12　2022 年媒体对医学院主要报道一览表

事件	日期	媒体	网址
暖心！这位护师跪地为路人做了15分钟心肺复苏:“疫情有风险,但我要救人”	1月15日	上观新闻	https://web.shobserver.com/staticsg/wap/newsDetail?channel=appshare&id=441999
“疫”刻不停,救人要紧！上海这位急诊护师跪地为路人做了15分钟心肺复苏	1月15日	文汇报	http://wenhui.whb.cn/zhuzhanapp/yiliao/20220115/444274.html?timestamp=1642259232937
中年男子晕倒路边　路过的急诊科护师跪地做了15分钟心肺复苏	1月16日	话匣子	https://m.ajmide.com/m/branddetail?id=34994906
中年男子突然昏倒在路边！交大医学院这位急诊科护师跪地做了15分钟心肺复苏	1月15日	周到上海	https://static.zhoudaosh.com/27BCA9A0FF7646846E436F6B549D6C55FB85843085F0A3D71D25E5299EF35436
中年男子突然昏倒在路边！这位急诊科护师跪地做了15分钟心肺复苏	1月16日	人民网	http://sh.people.com.cn/n2/2022/0116/c134768-35097314.html
下班路上看到有人昏迷　六院急诊科护士跪地救人	1月16日	新民晚报	https://wap.xinmin.cn/content/32098313.html
上海急诊科护师跪地为路人做心肺复苏	1月16日	中国新闻网	https://m.chinanews.com/wap/detail/chs/sp/9653431.shtml
上海急诊科护师下班接娃路上,为昏迷路人做15分钟心肺复苏	1月16日	澎湃新闻	https://m.thepaper.cn/newsDetail_forward_16310784
上海90后护师跪地为路人做了15分钟心肺复苏	1月16日	青春上海	http://www.why.com.cn/wx/article/2022/01/16/16423085921269843761.html
连续15分钟心肺复苏不停顿！急诊护士跪地救人现场视频来了	1月16日	劳动观察	https://www.51ldb.com/shsldb/sz/content/017e6181738dc0010000df844d7e124a.htm
“首要任务是救人!”交大医学院这位急诊科护师跪地为路人做了15分钟心肺复苏	1月16日	第一教育	https://h5.newaircloud.com/detailArticle/18132880_30597_dyjy.html?app=1&source=1
Nightingale nurse ready to save lives, fight against COVID-19	1月16日	Shanghai Daily	https://www.shine.cn/news/metro/2201160831/
“疫”刻不停　这位急诊科护师跪地为路人做了15分钟心肺复苏!	1月16日	央广网	https://apicnrapp.cnr.cn/html/share.html?id=27793356
上海这位急诊科护师跪地,为路人做了15分钟心肺复苏!	1月16日	人民日报	https://wap.peopleapp.com/article/6466957/6350970

（续表）

事件	日期	媒体	网址
90后妈妈跪地救人4岁女儿抓衣角等待	1月22日	央视新闻	https://m.weibo.cn/status/4728389448238561?wm=3333_2001&from=10C1193010&sourcetype=weixin
上海交大医学院打造“育引并举”大人才战略	1月25日	人民网	http://sh.people.com.cn/n2/2022/0125/c134768－35112017.html
上海交大医学院打造育引并举的大人才战略	1月25日	看看新闻	https://m.kankanews.com/n/1_10022507.html
为人才“搭台子、架梯子、引路子”，上海交大医学院打造“育引并举”的大人才战略	1月25日	光明日报	https://app.guangmingdaily.cn/as/opened/n/858282a92f4741dc96cc58ef695b8db9
上海交大医学院积极打造育引并举的大人才战略	1月25日	话匣子	http://www.news1296.com/smg/cms/app/5.5.0/share.html?loader=%7B%7D&viewport=%7B%22tag%22:%22h-viewer%22,%22data%22:%7B%7D%7D&view=%7B%22tag%22:%22c-share-content-view%22,%22history%22:true,%22in%22:%7B%22key%22:%22d2c38622-7dc8-11ec-81f5-000c29fae51f%22%7D%7D
上海交大医学院打造“育引并举”大人才战略	1月25日	东方新闻	https://j.021east.com/m/1643106448037158
上海交大医学院打造育引并举的大人才战略	1月25日	中国新闻网	http://www.sh.chinanews.com.cn/kjjy/2022-01-25/95638.shtml
培养国之医者　上海交大医学院打造育引并举的大人才战略	1月25日	央广网	https://apicnrapp.cnr.cn/html/share.html?id=27805841
交大医学院打造育引并举的大人才战略	1月26日	第一教育	https://h5.newaircloud.com/detailArticle/18206505_30593_dyjy.html?app=1&source=1
5年新增院士4人，破格晋升超半数！上海交大医学院打造大人才战略	1月26日	文汇报	http://wenhui.whb.cn/zhuzhanapp/yiliao/20220126/446090.html?timestamp=1643182813696
上海交大医学院打造“育引并举”大人才战略	1月26日	青春上海	http://www.why.com.cn/wx/article/2022/01/26/16431865071304808445.html
为人才“搭台子”“架梯子”“引路子”！交大医学院新增院士4人，国家级高层次人才100余人	1月26日	周到上海	https://static.zhoudaosh.com/435F09267BBE120F32919771C1731959BBF6FCFAE4B1F683601FDD96583C9119
5年新增院士4人，破格晋升超半数！上海交大医学院打造大人才战略	1月27日	文汇报纸媒教育卫生版	http://dzb.whb.cn/imgPath/2022-01-27/70127.pdf
上海交大医学院破格晋升率达55%，平均年龄35岁	1月26日	中国青年报	https://s.cyol.com/articles/2022-01/26/content_r5w5KNuM.html?gid=VnDMvYk4
【菁菁教苑】上海交大医学院：5年新增院士4人，破格晋升通过率逾半	1月27日	学习强国上海学习平台	https://article.xuexi.cn/articles/index.html?art_id=11475011433946841218&cdn=https%3A%2F%2Fregion-shanghai-resource&item_id=11475011433946841218&study_style_id=feeds_opaque&t=1643242053834&showmenu=false&ref_read_id=6077064a-f50c-411a-943e-c1c4e0b5531b_1643254562545&pid=&ptype=-1&source=share&share_to=wx_single

（续表）

事件	日期	媒体	网址
育引并举，上海交大医学院构建多维度人才发展机制	1月29日	人民日报	https://wap.peopleapp.com/article/6489554/6372692
拿到执医证后，他决定第一次这样救人，上海95后医学生捐献造血干细胞	2月28日	文汇报	http://wenhui.whb.cn/zhuzhanapp/yiliao/20220228/452051.html?timestamp=1646049412800
95后交医学生拿到执医证后，第一次救人：上海完成第557例造血干细胞捐献	2月28日	上观新闻	https://web.shobserver.com/staticsg/wap/newsDetail?_channel=appshare&id=456449
拿到执医证后第一次救人，为爱传递"生命火种"：这名95后医学生是上海第557例造血干细胞捐献者！	2月28日	话匣子	http://www.news1296.com/smg/cms/app/5.5.0/share.html?loader=%7B%7D&viewport=%7B%22tag%22:%22h-viewer%22,%22data%22:%7B%7D%7D&view=%7B%22tag%22:%22c-share-content-view%22,%22history%22:true,%22in%22:%7B%22key%22:%2264174db4-db42-4da8-a264-4bb91d32ef79%22%7D%7D
两次配型竟是同一个患者！95后医学生成为造血干细胞捐献者，拿到执医证后第一次救人	2月28日	周到上海	https://static.zhoudaosh.com/41D2012AEF71F34F4F9A69D6EE82F3C88A3B8C82A9C6CAED7C51D2E9E8FAC76C
上海第557例造血干细胞捐献者：上海交大医学院95后医学生传递"生命火种"	2月28日	中国新闻网	http://www.sh.chinanews.com.cn/yljk/2022-02-28/96409.shtml
拿到执医证后第一次救人　上海交大医学院95后医学生勇捐造血干细胞	2月28日	东方网	https://j.021east.com/m/1646052317045973
拿到执医证后，用行动践行医学誓言，95后医学生成为上海第557例造血干细胞捐献者	3月1日	文汇报纸媒教育卫生版	dzb.whb.cn/imgPath/2022-03-01/60301.pdf
拿到执医证第一次救人　95后医学生成为上海第557例造血干细胞捐献者	3月1日	新民晚报	https://wap.xinmin.cn/content/32120991.html
拿到执医证后首次救人，95后交大医学院学生捐献造血干细胞	3月1日	澎湃新闻	https://m.thepaper.cn/newsDetail_forward_16901964
拿到执医证后第一次救人，95后医学生为爱传递"生命火种"	3月1日	青春上海	http://www.why.com.cn/wx/article/2022/03/01/16461082721237957572.html
拿到执医证后首次救人，95后学生捐献造血干细胞	3月1日	人民日报	https://m.peopledailyhealth.com/articleDetailShare?articleId=33aebfd2171e45d9baaf2fb2506571ef
全员两次核酸阴性，交大医学院开启准封闭管理，特殊时刻磨砺学子初心	3月15日	文汇报	http://wenhui.whb.cn/zhuzhanapp/yiliao/20220315/454857.html?timestamp=1647350627544
青春守"沪"|这组火出圈的有爱海报暗藏战"疫"的信念密码	3月16日	青春上海	http://www.why.com.cn/wx/article/2022/03/16/16474016741164411600.html
支援交大流调、一万余小鼠安然饲养：准封闭管理的交大医学院平躺不"躺平"	3月16日	上观新闻	https://web.shobserver.com/staticsg/wap/newsDetail?_channel=appshare&id=461840

（续表）

事件	日期	媒体	网址
无惧"倒春寒"！沪上高校守望相助拥抱春天	3月16日	人民网	http://sh.people.com.cn/n2/2022/0316/c134768-35176887.html
准封闭管理的上海交通大学医学院，学习着，忙碌着，工作着	3月16日	周到上海	https://static.zhoudaosh.com/1CFF850089C0A40204987A3033C17D6C5D08837DDC8A3F5C14F8BED6BA698D4B
准封闭管理的交大医学院"平躺"而不"躺平"	3月16日	第一教育	https://h5.newaircloud.com/detailArticle/18616021_30593_dyjy.html?app=1&source=1
睡觉能"平躺"是幸福　学业不"躺平"是态度　准封闭管理的交大医学院师生积极生活	3月16日	新民晚报	https://wap.xinmin.cn/content/32129873.html
上海高校："慢而不怠"的抗疫时光	3月16日	中国新闻网	https://m.chinanews.com/wap/detail/chs/zw/9703955.shtml
上海：疫情防控下的医学院 Jerry 们还好吗？	3月16日	中国新闻网	https://m.chinanews.com/wap/detail/chs/zw/9703988.shtml
【上海战疫】《人民日报》点赞交大交医携手抗疫	3月16日	学习强国（上海学习平台）	https://article.xuexi.cn/articles/index.html?art_id=18382187058830027559&item_id=18382187058830027559&cdn=https%3A%2F%2Fregion-shanghai-resource&study_style_id=feeds_opaque&pid=&ptype=-1&source=share&share_to=wx_single
火出圈的海报，暗藏战"疫"信念密码	3月17日	青年报7版（纸媒）	http://www.why.com.cn/epaper/webpc/qnb/images/2022-03/17/A07/20220317A07_pdf.pdf
University faculty hunker down on campus to feed stranded students	3月17日	Shanghai Daily	https://www.shine.cn/news/in-focus/2203173204/
上海交大医学院准封闭管理模式有序运行	3月17日	光明日报	https://app.gmdaily.cn/as/opened/n/7b5150d0835143b8b65e695756ce708a
党旗飘扬聚人心，交医力量暖人心	3月18日	中国日报	http://sh.chinadaily.com.cn/a/202203/18/WS62342313a3101c3ee7acc4a8.html
为了让封闭中的校园不停摆，有一群人每天都在全力奔跑！	3月18日	话匣子	http://www.news1296.com/smg/cms/app/5.5.0/share.html?loader=%7B%7D&viewport=%7B%22tag%22:%22h-viewer%22,%22data%22:%7B%7D%7D&view=%7B%22tag%22:%22c-share-content-view%22,%22history%22:true,%22in%22:%7B%22key%22:%22ad0b0b20-a678-11ec-b522-000c29fae51f%22%7D%7D
送餐员、保洁员、心理疏导员、消杀员、急诊接送员……战"疫"时刻，这群党员有了新身份	3月18日	劳动观察	https://www.51ldb.com/shsldb/sz/content/017f9b13d4d3c0010000df844d7e124a.htm
准封闭管理期间，交大医学院党员这样"守初心，担使命"	3月18日	第一教育	https://h5.newaircloud.com/detailArticle/18645869_30593_dyjy.html?app=1&source=1
这群交大医学院的医生、老师和学生在小区内忙些啥？封控不封行动，等云开疫散	3月18日	上观新闻	https://web.shobserver.com/staticsg/wap/newsDetail?_channel=appshare&id=462676

（续表）

事件	日期	媒体	网址
汇聚点点微光，共同期待云开疫散	3月18日	话匣子	http://www.news1296.com/smg/cms/app/5.5.0/share.html?loader=%7B%7D&viewport=%7B%22tag%22:%22h-viewer%22,%22data%22:%7B%7D%7D&view=%7B%22tag%22:%22c-share-content-view%22,%22history%22:true,%22in%22:%7B%22key%22:%224758f052-a697-11ec-a4b6-000c29fae51f%22%7D%7D
用专业知识帮助邻里！封控中，医生志愿者建了一个居民健康咨询群	3月18日	东方网	https://j.021east.com/m/1647590041030773
点点星光去照亮！交大医学院学生用未来执手术刀的手，绘出形象生动的防疫小贴士|魔都温暖	3月18日	周到上海	https://static.zhoudaosh.com/2FB92C6B5A976639A0C10F7B92589ADEC8B57C39C3039030266B92D3B0AA1DAB
以交医之名温暖我们的城	3月18日	光明日报	https://app.gmdaily.cn/as/opened/n/37f776c8ca014c04a3f9c84a057864e8
留宿医院、逆行夜奔　上海医护倾心守护患者安全	3月18日	中国新闻网	https://m.chinanews.com/wap/detail/chs/zw/9705967.shtml
疫情封控，上海交大医学院的师生医护“闲不住”	3月18日	新民晚报	https://wap.xinmin.cn/content/32131328.html
“请让我上”，3小时近300人报名！交大医学院首批20名学子驰援核酸检测工作	3月19日	文汇报	http://wenhui.whb.cn/zhuzhanapp/yiliao/20220319/455522.html?timestamp=1647659369417
医学院学子星夜驰援检测工作，落选者：“我要做替补一号！”	3月19日	人民网	http://sh.people.com.cn/n2/2022/0319/c134768-35182112.html
交大医学院首批20名青年学子应援上海核酸检测工作：均为90后，党员近4成	3月19日	上观新闻	https://web.shobserver.com/staticsg/wap/newsDetail?_channel=appshare&id=462933
3小时300人报名！交大医学院20名青年学子星夜出征应援上海核酸检测	3月19日	东方网	https://j.021east.com/m/1647667544044930
踊跃支援核酸检测　上海医学生一夜成“军”	3月19日	中国新闻网	https://m.chinanews.com/wap/detail/chs/zw/9706435.shtml
交大医学院学生PCR检测志愿队出发！	3月19日	文汇报视频号	
交大医学院首批20名青年学子应援上海核酸检测工作	3月19日	第一教育	https://h5.newaircloud.com/detailArticle/18651830_30593_dyjy.html?app=1&source=1
昨夜，上交医学院学生紧急加入上海核酸检测队伍	3月19日	中国青年报	https://s.cyol.com/articles/2022-03/19/content_ry38W-BhR.html?gid=VnDMvYk4
为上海的防疫贡献一份力量！交大医学院首批20名青年学子应援上海PCR核酸检测	3月19日	周到上海	https://static.zhoudaosh.com/A0837DABDA7B2C21043007981E8BAA9C9EA51EDE57F87C33B1BC63384966ADB0
Volunteers, young and old, aid Shanghai's 'grid screening'	3月19日	Shanghai Daily	https://www.shine.cn/news/in-focus/2203193297/

（续表）

事件	日期	媒体	网址
90后00后志愿者们燃起来了！他们花式喊话、紧急出征、为爷叔换药……	3月19日	上观新闻	https://web.shobserver.com/staticsg/wap/newsDetail?_channel=appshare&id=463034
校园内外，有群青春守"沪"者	3月20日	上观新闻	https://web.shobserver.com/journal/article/share?id=331530
校园内外，有群青春守"沪"者	3月20日	解放日报纸媒头版头条	https://images.shobserver.com/jfrb/files/20220320/010320.pdf
视频丨上海：踊跃支援核酸检测 医学院师生紧急出发	3月19日	看看新闻	https://m.kankanews.com/n/1_10078452.html
视频丨上海：踊跃支援核酸检测 医学院师生闻令出发	3月19日	看看新闻	https://m.kankanews.com/n/1_10078416.html
支援一线核酸检测，上海高校首批PCR检测志愿者出发	3月20日	澎湃新闻	https://m.thepaper.cn/newsDetail_forward_17211067
青春守"沪"|奋力跑出核酸检测加速度，上海7所高校首批PCR检测志愿者出征	3月20日	青春上海	http://www.why.com.cn/wx/article/2022/03/20/16477510691281607112.html
交大医学院《健康中国》战疫课堂云端开讲！抗疫一线学长现身谈"疫"	3月20日	话匣子	http://www.news1296.com/smg/cms/app/5.5.0/share.html?loader=%7B%7D&viewport=%7B%22tag%22:%22h-viewer%22,%22data%22:%7B%7D%7D&view=%7B%22tag%22:%22c-share-content-view%22,%22history%22:true,%22in%22:%7B%22key%22:%22a5edfa1a-a825-11ec-9e02-000c292d15c9%22%7D%7D
瑞金、仁济、市精总的3位一线抗疫英雄开课啦！交医《健康中国》云课堂开讲	3月20日	上观新闻	https://web.shobserver.com/staticsg/wap/newsDetail?_channel=appshare&id=463314
青春守"沪"|抗疫一线学长现身谈"疫"，交医《健康中国》战疫课堂云端开讲	3月21日	青春上海	http://www.why.com.cn/wx/article/2022/03/21/16478389731071055645.html
正直面奥密克戎的他，关照这些防疫要点！交大医学院战疫课堂云端开讲	3月21日	文汇报	http://wenhui.whb.cn/zhuzhanapp/yiliao/20220321/455889.html?timestamp=1647847011924
《健康中国》战疫课堂云端开讲 抗疫一线学长现身谈"疫"	3月21日	中新网上海	http://www.sh.chinanews.com.cn/kjjy/2022-03-21/97093.shtml
共同守护，向春而行	3月25日	话匣子	http://www.news1296.com/smg/cms/app/5.5.0/share.html?loader=%7B%7D&viewport=%7B%22tag%22:%22h-viewer%22,%22data%22:%7B%7D%7D&view=%7B%22tag%22:%22c-share-content-view%22,%22history%22:true,%22in%22:%7B%22key%22:%221648217417741%22%7D%7D
加油，交医人！	3月25日	人民网	http://sh.people.com.cn/n2/2022/0325/c134768-35193010.html
交医人共同守"沪"	3月26日	中国日报	http://sh.chinadaily.com.cn/a/202203/26/WS623e9dcda3101c3ee7acd7ec.html

（续表）

事件	日期	媒体	网址
上海交大医学院医护人员“表白”上海，承诺“守沪”	3月25日	中国青年报	https://s.cyol.com/articles/2022-03/25/content_1QAexWSW.html?gid=28DgnKrx
交医人共同守“沪”	3月26日	第一教育	https://h5.newaircloud.com/detailArticle/18706852_30597_dyjy.html?app=1&source=1
交医人共同守“沪”：同心同德，向春而行！有什么风雨不能过去！	3月26日	东方网	https://j.021east.com/m/1648277110048120
无论在城市何方，交医人共同守“沪”	3月26日	看呀 stv	视频号
【上海战疫】无论在城市何方，交医人共同守“沪”	3月26日	学习强国上海学习平台	https://article.xuexi.cn/articles/index.html?art_id=12975102998141770328&item_id=12975102998141770328&cdn=https%3A%2F%2Fregion-shanghai-resource&study_style_id=video_default&pid=&ptype=-1&source=share&share_to=wx_single
视频|上海交大医院师生医护员工共同守“沪”	3月26日	新民晚报	https://wap.xinmin.cn/content/32135624.html
居家网课中小学生如何保护眼睛？范先群院士等10位眼科专家传授秘笈	4月16日	文汇报	http://wenhui.whb.cn/zhuzhanapp/yiliao/20220416/461057.html?timestamp=1650075936319
上网课一月有余，孩子视力还好吗？范先群院士领衔10位眼科专家教您如何护眼	4月16日	上观新闻	https://web.shobserver.com/staticsg/wap/newsDetail?_channel=appshare&id=473495
居家网课如何护眼？范先群院士等10位眼科专家传授“秘笈”	4月16日	东方网	https://j.021east.com/m/1650080472044932
呵护“睛”彩，完美“视”界　10位沪上知名眼科专家为居家网课中小学生传授护眼秘笈	4月16日	中国日报	https://cnews.chinadaily.com.cn/a/202204/16/WS625a4dfea3101c3ee7ad0c4d.html
五问申城眼科专家天团　居家网课中小学生护眼秘籍都在这了	4月16日	新民晚报	https://wap.xinmin.cn/content/32147995.html
10位沪上知名眼科专家为居家中小学生传授护眼秘笈	4月16日	人民网	http://sh.people.com.cn/n2/2022/0416/c134768-35226260.html
超级干货！上海10位知名眼科专家为居家网课中小学生传授护眼秘笈→	4月16日	劳动观察	https://www.51ldb.com/shsldb/ms/content/018030c25cedc0010000df844d7e124a.htm
10位沪上知名眼科专家为居家网课中小学生传授护眼秘笈	4月16日	话匣子	https://m.ajmide.com/m/branddetail?id=36343419
空中课堂护眼有技巧！10位沪上知名眼科专家为居家网课中小学生传授护眼秘笈	4月16日	周到上海	https://static.zhoudaosh.com/CF12510FC7B18EDE5A338E09A34425A82FB420CE6644D669EB42B3596205003D
网课期间如何护眼？交大医学院院长范先群院士等知名眼科专家传授秘笈	4月16日	第一教育	https://h5.newaircloud.com/detailArticle/18864796_30593_dyjy.html?app=1&source=1

（续表）

事件	日期	媒体	网址
10位沪上知名眼科专家为居家网课中小学生传授护眼秘笈	4月16日	中新网上海	http://www.sh.chinanews.com.cn/yljk/2022-04-16/98149.shtml
Myopia on the rise due to online schooling during pandemic	4月16日	Shanghai Daily	https://www.shine.cn/news/metro/2204164475/
沪上眼科专家为居家网课中小学生传授护眼秘笈	4月16日	光明日报	https://app.gmdaily.cn/as/opened/n/71e341cce26a4d02a0134e6314d1cbba
青春守“沪”|95后医学生志愿当起整个小区的“家庭医生”	4月25日	青春上海	http://www.why.com.cn/wx/article/2022/04/25//16508631151015492583.html
志愿者手记|因为淋过雨，总想为别人撑伞，一名95后医学生48天来的多条志愿战线	4月26日	青春上海	http://www.why.com.cn/wx/article/2022/04/26/16509511531196835900.html
因为淋过雨，总想为别人撑伞，一名95后医学生48天来的多条志愿战线	4月27日	青年报纸媒4版	http://www.why.com.cn/epaper/webpc/qnb/images/2022-04/27/A04/20220427A04_pdf.pdf
每个人都是战士|交大医学院流调志愿者：电话那头的人，让我们看见坚韧、勇气和善良	4月27日	新民晚报	https://wap.xinmin.cn/content/32154744.html
【上海战疫】交大医学院流调志愿者：电话那头的人，让我们看见坚韧、勇气和善良	4月27日	学习强国上海学习平台	https://article.xuexi.cn/articles/index.html?art_id=6391926010049998300&source=share&cdn=https%3A%2F%2Fregion-shanghai-resource&study_style_id=feeds_opaque&reco_id=101b3a536a2ac0a88484000o&share_to=wx_single&study_share_enable=1&study_comment_disable=1&ptype=0&item_id=6391926010049998300
交医青年化身“大白”，让青春在志愿中发光	5月2日	话匣子	http://www.news1296.com/smg/cms/app/5.5.0/share.html?loader=%7B%7D&viewport=%7B%22tag%22:%22h-viewer%22,%22data%22:%7B%7D%7D&view=%7B%22tag%22:%22c-share-content-view%22,%22history%22:true,%22in%22:%7B%22key%22:%22d846a370-c9ec-11ec-aa71-000c292d15c9%22%7D%7D
宿舍成“战场”！医学生变身流调“侦察兵”	5月2日	人民网	http://sh.people.com.cn/n2/2022/0502/c134768-35251443.html
变身流调“侦察兵”，宿舍是“战场”！交大医学院的医学生们化身“大白”，让青春在志愿中发光	5月2日	周到上海	https://static.zhoudaosh.com/966CDD74774E1F4E3B89E362C9FDB2473DE236096E525192C72E50F721E9AA86
Medical students perform key tasks in pandemic fight	5月2日	Shanghai Daily	https://www.shine.cn/news/metro/2205025109/
侦察兵、志愿者、楼层长：交医学子校园内外让青春在志愿中发光	5月2日	上观新闻	https://web.shobserver.com/staticsg/wap/newsDetail?_channel=appshare&id=480804
交医青年化身“大白”，让青春在志愿中发光	5月2日	中国日报网	http://sh.chinadaily.com.cn/a/202205/02/WS626fad94a3101c3ee7ad380e.html
交医青年化身“大白”，让青春在志愿中发光	5月2日	东方网	https://j.021east.com/m/1651496432046865

（续表）

事件	日期	媒体	网址
交医青年参与疫情防控，让青春在志愿中发光	5月3日	第一教育	https://h5.newaircloud.com/detailArticle/18992082_30597_dyjy.html?app=1&source=1
让青春在志愿者服务中发光，上海交医青年用行动展现学医初心	5月3日	上海科技报	https://www.shkjb.com/content.html?id=221667
点赞疫情防控中的交医青年志愿者！宿舍、小区、楼层都成为他们的“战场”	5月3日	劳动观察	https://www.51ldb.com/shsldb/sz/content/0180894388d0c0010000df844d7e124a.htm
交医青年化身“大白”，让青春在志愿中发光	5月2日	光明日报	https://app.guangmingdaily.cn/as/opened/n/ed873ecd6ec9420db8d292be10d5fb31
青春在战疫线发光！上海医学生在宿舍变身流调“侦察兵”，在社区充当超级全科医生	5月3日	文汇报	http://wenhui.whb.cn/zhuzhanapp/yiliao/20220503/464607.html?timestamp=1651577243689
交医青年化身“大白”，让青春在志愿中发光	5月3日	青春上海	http://www.why.com.cn/wx/article/2022/05/03/16515756761167327409.html
忘我拼搏！高强度奔波！这是战疫中的青春！	5月4日	文汇报纸媒2版	http://dzb.whb.cn/imgPath/2022-05-04/20504.pdf
大江东|90后00后已成抗疫主力军！交医人青春这样飞扬	5月4日	人民日报	https://wap.peopleapp.com/article/6666631/6540769
青春在疫线|做流调的大学生志愿者：更快，才能帮到更多的人	5月4日	澎湃新闻	https://m.thepaper.cn/newsDetail_forward_17926237
青春在疫线|应用专长、见招拆招，他们是上海高校的楼、层长	5月4日	澎湃新闻	https://m.thepaper.cn/newsDetail_forward_17927828
方舱、定点医院，逆行者、志愿者：勇立《鸿鹄》之志，交医人这样青春接力	5月4日	上观新闻	https://web.shobserver.com/staticsg/wap/newsDetail?_channel=appshare&id=481762
报效祖国，服务人民！交医青年奔跑在防疫一线，亮出青春最美的模样	5月4日	文汇报	http://wenhui.whb.cn/zhuzhanapp/yiliao/20220504/464884.html?timestamp=1651732509502
“少年白袴南北闯，祖国有召定奔往”交医青年讲述青春誓言	5月5日	新民晚报	https://wap.xinmin.cn/content/32159696.html
【青春向党】上海交大医学院青年原创MV《鸿鹄》	5月5日	学习强国上海学习平台	https://article.xuexi.cn/articles/index.html?art_id=12514915548336145070&t=1651746133951&showmenu=false&cdn=https%3A%2F%2Fregion-shanghai-resource&study_style_id=video_default&source=share&share_to=wx_single&item_id=12514915548336145070&ref_read_id=c967b891-28fd-469a-8412-523dd43bc775_1651746494954
报效祖国，服务人民！这是交医人该有的青春模样	5月5日	光明日报	https://app.guangmingdaily.cn/as/opened/n/2d41e47f28464eb199a574e28438cdc6
看！上海战疫中，有这样一群医院团委书记冲在前线	5月5日	中国青年报	https://s.cyol.com/articles/2022-05/05/content_DgnjYKCz.html?gid=28DgnKrx

（续表）

事件	日期	媒体	网址
上海交大医学生："我们在成长，更加懂得珍惜、懂得奉献"	5月9日	人民日报	https://wap.peopleapp.com/article/6675632/6548934
上海交大医学院学生积极参与志愿服务"我们在成长，更加懂得珍惜、懂得奉献"	5月9日	人民日报纸媒要闻2版	http://paper.people.com.cn/rmrb/images/2022-05/09/02/rmrb2022050902.pdf
上海交大医学院学生积极参与志愿服务："我们在成长，更加懂得珍惜、懂得奉献"	5月9日	学习强国	https://article.xuexi.cn/articles/index.html?art_id=13189288906966127627&source=share&study_style_id=feeds_default&reco_id=101b77f5ce29c0a823240007&share_to=wx_feed&study_share_enable=1&study_comment_disable=0&ptype=75&item_id=13189288906966127627&pid=60742956245861757
志愿者手记丨以医学生之名，在战疫中擦亮青年担当的底色	5月13日	青春上海	http://www.why.com.cn/wx/article/2022/05/13/16524126001032286644.html
志愿者手记丨选择了医学也就选择了奉献	5月14日	青年报纸媒4版	http://www.why.com.cn/epaper/webpc/qnb/images/2022-05/14/A04/20220514A04_pdf.pdf
方舱运行有什么经验？新冠重症救治要注重什么？"交医智慧"助力战疫	5月16日	文汇报	http://wenhui.whb.cn/zhuzhanapp/yiliao/20220516/467073.html?timestamp=1652688804490
(上海战疫录)一线专家云端总结方舱医院运行经验、重症患者救治心得	5月16日	中国新闻网	https://m.chinanews.com/wap/detail/chs/zw/9756074.shtml
大咖齐聚云端，共同探讨新冠疫情下医疗救治及应急管理	5月16日	话匣子	https://m.ajmide.com/m/branddetail?id=36813399
交医智慧助力提升疫情下的医疗救治及应急管理能力	5月16日	光明日报	https://app.guangmingdaily.cn/as/opened/n/d286cb7b19e249949629964311a6385d
打赢大上海保卫战：交医附属医院多位方舱总指挥、重症专家展开"头脑风暴"	5月17日	上观新闻	https://web.shobserver.com/staticsg/wap/newsDetail?_channel=appshare&id=487280
交医智慧战疫　提升医疗救治及应急管理能力	5月16日	新民晚报	https://wap.xinmin.cn/content/32167393.html
超级方舱掌门人陈尔真：方舱系统未来能否纳入城市安全保障	5月17日	中国青年报	https://s.cyol.com/articles/2022-05/17/content_ry8XyPuR.html?gid=28DgnKrx
志愿者手记丨流调的65天来，一名公卫学子在电话线那头感受到的城市坚韧品格	5月19日	青春上海	http://www.why.com.cn/wx/article/2022/05/19/16529485331091654023.html
"5·21我爱医"，谐音的背后是交医学子的真情告白	5月22日	话匣子	http://www.news1296.com/smg/cms/app/5.5.0/share.html?loader=%7B%7D&viewport=%7B%22tag%22:%22h-viewer%22,%22data%22:%7B%7D%7D&view=%7B%22tag%22:%22c-share-content-view%22,%22history%22:true,%22in%22:%7B%22key%22:%228e717ef0-d9d2-11ec-b0a6-000c29fae51f%22%7D%7D
"5·21我爱医"！医学生节上，"闪光"医学生们来了	5月22日	周到上海	https://static.zhoudaosh.com/F58873A276978FD8B6C4BCA7D6024617A245B739F36AAA6F6E413E891243382F

（续表）

事件	日期	媒体	网址
“5·21我爱医”，谐音的背后是交医学子的真情告白	5月22日	东方网	https://j.021east.com/m/1653225884030483
上海交大医学院发布2021全球全健康指数	5月28日	人民日报	https://wap.peopleapp.com/article/6714713/6587132
江帆团队重磅研究：屏幕暴露影响儿童早期发展智商、心理等，2岁前应尽量避免	6月8日	上观新闻	https://web.shobserver.com/staticsg/wap/newsDetail?_channel=appshare&id=495811
上海高校创新发展新医科　医工交叉加速尖端技术普适惠民	6月12日	中新网	https://m.chinanews.com/wap/detail/chs/zw/9778249.shtml
做妙手回春的医生，还有工程师的梦？交医为学子的梦想插上翅膀	6月12日	话匣子	https://m.ajmide.com/m/branddetail?id=37223541
上海交大医学院新一批医工交叉博士即将毕业，“X＋医学”拓荒更多生命未知	6月13日	文汇报	http://wenhui.whb.cn/zhuzhanapp/yiliao/20220613/471675.html?timestamp=1655106422227
做妙手回春的医生，还有工程师的梦？交医为你的梦想插上翅膀	6月13日	光明日报	https://app.gmdaily.cn/as/opened/n/c3a3b667813f417f89aa29599f8840bf
做妙手回春的医生，还有工程师的梦？交医为学子梦想插上翅膀	6月13日	东方网	https://j.021east.com/m/1655101543048454
有“医＋X”也有“X＋医”，上海交大医学院创新探索“医工交叉”人才培养	6月13日	人民日报	https://wap.peopleapp.com/article/6745479/6616701
上海交通大学医学院医工交叉“新医科”为“健康中国”奠定人才基础	6月15日	科学网	https://news.sciencenet.cn/htmlnews/2022/6/480860.shtm
既能做妙手回春的医生，还可能变成工程师，交大医学院新一批医工交叉博士生即将毕业	6月17日	青春上海	http://www.why.com.cn/wx/article/2022/06/17/16554425131000112627.html
上海交大医学院新一批医工交叉博士生即将毕业，拥有工程师思维的新医科人才来了	6月18日	青年报纸媒4版	http://www.why.com.cn/epaper/webpc/qnb/images/2022-06/18/A04/20220618A04_pdf.pdf
把中国经验传出去　上海交大医学院推进高质量“一带一路”国际健康教育	6月18日	东方网	https://j.021east.com/m/1655553424042372
上海交大医学院推进高质量“一带一路”国际健康教育	6月18日	话匣子	http://www.news1296.com/smg/cms/app/5.5.0/share.html?loader=%7B%7D&viewport=%7B%22tag%22:%22h-viewer%22,%22data%22:%7B%7D%7D&view=%7B%22tag%22:%22c-share-content-view%22,%22history%22:true,%22in%22:%7B%22key%22:%2275b7020c-ef05-11ec-b409-000c29fae51f%22%7D%7D
海内外专家学者“云端”分享控制和消除热带病新策略、新技术	6月18日	中新网	https://m.chinanews.com/wap/detail/chs/zw/9783222.shtml

（续表）

事件	日期	媒体	网址
“澜湄区域热带病防治技术培训班”云端举办　交大医学院推进高质量“一带一路”国际健康教育	6月18日	第一教育	https://h5.newaircloud.com/detailArticle/19354462_30597_dyjy.html?app=1&source=1
推进高质量“一带一路”国际健康教育，澜湄区域热带病防治技术培训班在云端举办	6月19日	劳动观察	https://www.51ldb.com//shsldb/sz/content/01817aa29e3ec0010000df844d7e124a.htm
“澜湄区域热带病防治技术培训班”云端举办	6月19日	光明日报	https://app.gmdaily.cn/as/opened/n/5a2ed7af915b4e23abdfdec42a9fc996
澜湄区域热带病防治技术培训班在线举办	6月19日	人民日报	https://wap.peopleapp.com/article/6755917/6626806
澜湄区域热带病防治技术培训班”云开启，交大医学院推进“一带一路”国际健康教育	6月20日	文汇报	http://wenhui.whb.cn/zhuzhanapp/yiliao/20220620/472685.html?timestamp=1655690319360
疫情时代，热带病如何防治？交大医学院聚焦澜湄区域助力全健康建设	6月20日	上观新闻	https://web.shobserver.com/staticsg/wap/newsDetail?channel=appshare&id=500073
守护社区不按“暂停键”，这位95后交医学子的脚步铿锵有力	6月26日	青春上海	http://www.why.com.cn/wx/article/2022/06/26/16562140871029984030.html
党代表之声|江帆：未来医学院规划中，人才培养是重中之重	6月26日	澎湃新闻	https://m.thepaper.cn/newsDetail_forward_18749677
当他们穿上导师袍，收获最热烈的掌声！交大医学院毕业礼重温医学誓言	6月29日	文汇报	http://wenhui.whb.cn/zhuzhanapp/yiliao/20220629/474114.html
抗疫英雄穿上导师袍，2160名学子喊响铮铮誓言！交大医学院今举行毕业典礼	6月29日	上观新闻	https://web.shobserver.com/staticsg/wap/newsDetail?channel=appshare&id=503149
上海：医学毕业生告别“象牙塔”走上济世救人新征程	6月30日	中新网	https://m.chinanews.com/wap/detail/chs/zw/9792196.shtml
上海交通大学医学院举行2022届毕业典礼	6月30日	光明日报	https://app.gmdaily.cn/as/opened/n/0a95e93562e9428d83a5aeaeb96cd803
两所医学院校的毕业典礼上，再响医学生的铮铮誓言	6月30日	青春上海	http://www.why.com.cn/wx/article/2022/06/30/16565750461181593601.html
领证书拨帽穗许下医学誓言 2160名交医学子迎来毕业典礼	6月30日	新民晚报	https://wap.xinmin.cn/content/32192809.html
送别毕业生，上海交大医学院院长范先群院士：一名医生最朴素的品质是善良	7月1日	文汇报	http://wenhui.whb.cn/zhuzhanapp/yiliao/20220701/474419.html?timestamp=1656647245347
范先群院士：一名医生最朴素的品质是善良	7月1日	人民网	http://sh.people.com.cn/n2/2022/0701/c134768-40020052.html
为人民之需，义无反顾冲锋在前	7月1日	青年报纸媒05版	http://www.why.com.cn/epaper/webpc/qnb/images/2022-07/01/A05/20220701A05_pdf.pdf

（续表）

事件	日期	媒体	网址
范先群院士：医生最朴素的品质是善良	7月4日	人民日报	https://wap.peopleapp.com/article/6782312/6652203
大学生为小学生打造的暑期"云端童心社区"开营啦!	7月7日	青春上海	http://www.why.com.cn/wx/article/2022/07/07/16571676521019734898.html
青春守"沪"|从倒春寒到40℃，每一次核酸大筛，这名医学生志愿者始终在	7月11日	青春上海	http://www.why.com.cn/wx/article/2022/07/11/16575125491274699272.html
青春守"沪"|当上核酸样本转运志愿者后，她对医学和生命愈发尊重	7月13日	青春上海	http://www.why.com.cn/wx/article/2022/07/13/16576853901390355538.html
上海交通大学医学院松江研究院正式成立，加快推进附属松江医院建设	7月29日	文汇报	http://wenhui.whb.cn/zhuzhanapp/yiliao/20220729/478485.html?timestamp=1659061389184
聚焦国家脑科学计划，松江与上海交大医学院合作共建研究院	7月29日	澎湃新闻	https://m.thepaper.cn/newsDetail_forward_19227916
松江区与上海交大医学院合作共建启动仪式暨首届"脑医学"研讨会举行	7月29日	第一教育	https://h5.newaircloud.com/detailArticle/19692908_30597_dyjy.html?app=1&source=1
松江研究院成立将建全链条科研平台　聚焦国家脑科学计划	7月29日	中新网	https://m.chinanews.com/wap/detail/chs/zw/9815188.shtml
区校合作，打造区域健康优质品牌，松江区与上海交大医学院合作共建松江研究院	7月29日	人民网	http://sh.people.com.cn/n2/2022/0729/c134768-40059890.html
对接新城建设聚焦国家脑科学计划，松江和交大医学院共建研究院	7月29日	青春上海	http://www.why.com.cn/wx/article/2022/07/29/16590775551012201348.html
松江区与上海交通大学医学院合作共建附属松江医院(筹)、松江研究院	7月29日	上观新闻	https://web.shobserver.com/staticsg/wap/newsDetail?channel=appshare&id=512762
松江区与上海交通大学医学院合作共建松江研究院	7月29日	劳动观察	https://www.51ldb.com//shsldb/sz/content/018248a2adcfc0010000df844d7e124a.htm
松江区政府与上海交大医学院合作共建松江研究院	7月29日	人民日报	https://wap.peopleapp.com/article/6819985/6688241
上海市松江区人民政府与上海交通大学医学院合作共建松江研究院	7月29日	东方网	https://j.021east.com/m/1659084599048903
主攻精神脑、退变脑、发育脑！上海区校合作，多方联手聚焦国家脑科学计划	7月29日	周到上海	https://static.zhoudaosh.com/2EC4E7C04F563122FBB8B959B518679C9E834E842A6AB2978CAF405AAA26E071
上海市松江区人民政府与上交医学院合作共建松江研究院	7月30日	光明日报	https://app.gmdaily.cn/as/opened/n/ec1ad826d3224222b18606fa91433818
"医"心向党作贡献　踔厉奋进护健康	8月18日	教育电视台	http://topic.setv.sh.cn/setv_news/20220818/wx_index.html?n=4

（续表）

事件	日期	媒体	网址
中国医师节丨专访上海交通大学医学院院长范先群：善良是一种选择、一种定力	8月19日	上观新闻	https://www.shobserver.com/staticsg/wap/newsDetail?_channel=appshare&id=519233
善良是一种选择、一种定力，专访上海交通大学医学院院长范先群：	8月19日	解放日报纸媒周末专版	https://images.shobserver.com/jfrb/files/20220819/130819.pdf
第五个中国医师节之际，听！00后准医学生们向医学的深情告白	8月19日	青春上海	http://www.why.com.cn/wx/article/2022/08/19/16608795011215995145.html
第五个中国医师节，交医学子打造健康科普专属课程！	8月19日	上海科技报	https://www.shkjb.com/content.html?id=223481
“摇篮计划”打造健康科普军团	8月19日	科学网	https://news.sciencenet.cn/htmlnews/2022/8/484625.shtm
培养健康科普先行军，上海这个高校启动摇篮计划	8月20日	劳动观察	https://www.51ldb.com//shsldb/sz/content/0182b555adc6c0010000df844d7e124a.htm
大江东|这7位沪上医生，因何获得“中国医师奖”？	8月21日	人民日报	https://wap.peopleapp.com/article/6841555/6708327
三亚市第三方舱医院首批患者出院！交医上海援琼第一医疗队完成三个“第一”	8月23日	上观新闻	https://www.shobserver.com/staticsg/wap/newsDetail?_channel=appshare&id=520738
上海援琼第一医疗队接管的三亚市第三方舱医院首批患者出院	8月23日	人民网	http://sh.people.com.cn/n2/2022/0823/c134768-40093259.html
医科院校优秀生源今年再提升，疫情下的榜样力量助推考生情定医学专业	8月23日	青春上海	http://www.why.com.cn/wx/article/2022/08/23/16612255001368981279.html
三亚市第三方舱医院首批患者出院！上海援琼第一医疗队完成三个“第一”	8月23日	文汇报	http://wenhui.whb.cn/zhuzhanapp/yiliao/20220823/482301.html?timestamp=1661247943468
海南三亚第三方舱医院首批14名患者康复出院　上海援琼第一医疗队创造三个“第一”	8月23日	央视新闻	https://content-static.cctvnews.cctv.com/snow-book/index.html?toc_style_id=feeds_default&share_to=wechat&item_id=8121627296026155898&track_id=145E67CF-DDC7-43A4-A154-F86F921DB82B_682944618587
上海援琼第一医疗队累计收治1508人，14人已出院	8月23日	澎湃新闻	https://m.thepaper.cn/newsDetail_forward_19577622
COVID - 19 patients discharged from Hainan makeshift hospital run by Shanghai medics	8月23日	Shanghai Daily	https://www.shine.cn/news/metro/2208239569/
医科报考热度不减，优秀生源逐年提升，疫情下的榜样力量	8月24日	青年报纸媒头版转5版	http://www.why.com.cn/epaper/webpc/qnb/images/2022-08/24/A05/20220824A05_pdf.pdf
上海交医系统组建的上海援琼第一医疗队完成三个“第一”	8月24日	光明日报	https://app.guangmingdaily.cn/as/opened/n/b0d9b52cde2b48ebab06c442dfaf8faf

(续表)

事件	日期	媒体	网址
“生命之舟”方舱里的十二时辰!用画面记录交大医学院上海援琼第一医疗队的一天	8月28日	话匣子	http://www.news1296.com/smg/cms/app/5.5.0/share.html?loader=%7B%7D&viewport=%7B%22tag%22:%22h-viewer%22,%22data%22:%7B%7D%7D&view=%7B%22tag%22:%22c-share-content-view%22,%22history%22:true,%22in%22:%7B%22key%22:%2209153e8e-26aa-11ed-a05c-000c292d15c9%22%7D%7D
“上海全球健康与发展卓越中心”今成立,将携手多方引领生命健康发展升级	8月28日	上观新闻	https://www.shobserver.com/staticsg/wap/newsDetail?_channel=appshare&id=522426
交医十七省学子返乡实践,以眼健康科普守护光明	8月30日	青春上海	http://www.why.com.cn/wx/article/2022/08/30/16618406541171732409.html
执牛耳者 | 眼科门诊日,范先群院士会遭遇怎样的疑难杂症?	9月2日	看看新闻	https://m.kankanews.com/n/1_10226155.html
视频|未来说　执牛耳者:范先群	9月3日	看看新闻	https://m.kankanews.com/n/1_10227068.html
智慧医疗,医患互联! 学生实践团理论与实践相结合,举办了一场云端主题论坛	9月9日	东方网	https://j.021east.com/m/1662713444045351
从医、从教30多年的陈尔真:担起青春之责,“医”起奔赴未来	9月10日	青年报纸媒教师节专版	http://www.why.com.cn/epaper/webpc/qnb/images/2022-09/10/A05/20220910A05_pdf.pdf
互联网医院该如何发展? 这个学生实践团奔赴全国19个省市开展调查研究	9月12日	上海科技报	https://www.shkjb.com/content.html?id=223858
交大医学院学生团队举办云端主题论坛,助力互联网医院事业发展	9月11日	第一教育	https://h5.newaircloud.com/detailArticle/20066060_30597_dyjy.html?app=1&source=1
交大医学院2 661名新生白袍加身,王振义院士现场传递“牡丹”精神	9月17日	上观新闻	https://www.shobserver.com/staticsg/wap/newsDetail?_channel=appshare&id=529152
穿上白袍许下誓言,上海交大医学院迎新生,98岁院士勉励医学青年	9月17日	文汇报	http://wenhui.whb.cn/zhuzhanapp/yiliao/20220917/486220.html?timestamp=1663417170293
白袍加身许下誓言,启航漫漫医学路　上海交大医学院2022级新生入学仪式举行	9月17日	东方网	https://j.021east.com/m/1663416041035569
2 661名未来医生穿上白大褂上“开学第一课”! 王振义院士:做一个有水平的医生,医德为首	9月17日	周到上海	https://static.zhoudaosh.com/A619248C5708347AB97147BB3C36C45E7125F18A132F2569A4C1A723F574E6D0
穿上白袍许下医学誓言,上海交大医学院2022级新生开学	9月17日	澎湃新闻	https://m.thepaper.cn/newsDetail_forward_19948436
上海交通大学医学院2022级新生入学:白袍加身许下誓言,启航漫漫医学路	9月17日	中国新闻网	http://www.sh.chinanews.com.cn/kjjy/2022-09-17/103445.shtml
以大师剧《清贫的牡丹》作为思政教育第一课,98岁王振义院士勉励医学新青年	9月18日	青春上海	http://www.why.com.cn/wx/article/2022/09/18/16634802041272947284.html

（续表）

事件	日期	媒体	网址
传承交医精神　上海交通大学医学院举行2022级新生入学仪式	9月18日	光明日报	https://app.gmdaily.cn/as/opened/n/4756fc6330684295a059c2ce89288d15
上海市病毒研究院在上海交大医学院揭牌成立，管铁出任院长	9月26日	文汇报	http://wenhui.whb.cn/zhuzhanapp/yiliao/20220926/487579.html?timestamp=1664196610241
上海市病毒研究院在交大医学院举行揭牌成立仪式，管铁任首任院长	9月26日	上观新闻	https://www.shobserver.com/staticsg/wap/newsDetail?_channel=appshare&id=532081
上海市病毒研究院在交大医学院举行揭牌成立仪式	9月26日	东方网	https://j.021east.com/m/1664195591039919
上海市病毒研究院揭牌成立，管铁担任首任院长	9月26日	澎湃新闻	https://m.thepaper.cn/newsDetail_forward_20066943
上海市病毒研究院揭牌：合作共享病毒学研究　构建成果转化平台	9月26日	中国新闻网	https://m.chinanews.com/wap/detail/chs/zw/9861069.shtml
上海市病毒研究院揭牌成立	9月27日	文汇报纸媒要闻2版	http://dzb.whb.cn/imgPath/2022-09-27/20927.pdf
市政府与上海交大共建，上海市病毒研究院揭牌	9月26日	人民日报	https://wap.peopleapp.com/article/6877190/6741511
上海市病毒研究院在上海交大医学院揭牌成立，病毒学家管铁任首任院长	9月27日	新民晚报	https://wap.xinmin.cn/content/32238002.html
打造具有国际影响力的病毒学研究创新策源地　上海市病毒研究院揭牌	9月27日	光明日报	https://app.guangmingdaily.cn/as/opened/n/38cca73be9ad4ec49e3fd4325d3b4c61
上海市病毒研究院揭牌成立	9月27日	科学网	https://news.sciencenet.cn/htmlnews/2022/9/486945.shtm
打造中国医药“创新头等舱”，上海交大医学院、上海医药集团达成战略合作	10月8日	文汇报	http://wenhui.whb.cn/zhuzhanapp/yiliao/20221008/489414.html?timestamp=1665220019941
“三医联动”下的公立医院高质量发展高峰论坛举办　交大医学院“牵手”上药	10月8日	东方网	https://j.021east.com/m/1665223583031318
上海本土力量强强联手：上海交通大学医学院与上海医药集团达成战略合作	10月8日	上观新闻	https://www.shobserver.com/staticsg/wap/newsDetail?_channel=appshare&id=536455
“三医联动”下的公立医院高质量发展高峰论坛开幕，交大医学院与上药控股深化合作	10月8日	劳动观察	https://www.51ldb.com//shsldb/sz/content/0183b73358f0c0010000df844d7e124a.htm
三医联动，这场高质量发展高峰论坛在沪举办！	10月8日	人民网	http://sh.people.com.cn/n2/2022/1008/c134768-40152998.html
深度构建“政产学研资用”链条！一揽子合作计划助力生物医药策源创新和成果转化	10月8日	周到上海	https://static.zhoudaosh.com/3B54361186112C5AE55BA86BDEB681317017FB2D506C807109F4742E498185A5

（续表）

事件	日期	媒体	网址
校企强强联手一揽子合作打造中国“创新头等舱	10 月 8 日	中新网	http://www.sh.chinanews.com.cn/yljk/2022-10-08/104040.shtml
上海交通大学医学院与上海医药集团战略合作签约	10 月 8 日	话匣子	http://fro.news1296.com/#/article?key=eyJjb250ZW50SWQiOiIxNTIzNzUiLCJtdXVpZCI6IjdBMkVFMjFGLUQxRUQtNDg4NS04RDlGLTUxOUVCOTVBRjZGRCIsImNvbW1lbnRfaGlkZSI6IjEifQ==
强强联手打造“创新头等舱”上海交大医学院与上药集团签约开展战略合作	10 月 9 日	上海科技报	https://www.shkjb.com/content.html?id=224287
上海交大医学院与上药控股联合举办“三医联动”下的公立医院高质量发展高峰论坛	10 月 9 日	第一教育	https://h5.newaircloud.com/detailArticle/20294084_30593_dyjy.html?app=1&source=1
做生物医药产业化发展的“创新头等舱”“三医联动”下的公立医院高质量发展高峰论坛在沪召开	10 月 9 日	中国科学报	https://news.sciencenet.cn/htmlnews/2022/10/487381.shtm
构建“政产学研资用”链条　交大医学院携手上海医药集团助力生物医药策源创新和成果转化	10 月 9 日	新民晚报	https://wap.xinmin.cn/content/32244453.html
上海交大医学院携手上药集团，深度构建“政产学研资用”链条	10 月 9 日	澎湃新闻	https://m.thepaper.cn/newsDetail_forward_20220999
“三医联动”下的公立医院高质量发展高峰论坛在沪召开	10 月 9 日	光明日报	https://app.guangmingdaily.cn/as/opened/n/d682c4ca8e5f4b0ea06fc256f0011e76
上海交通大学医学院生物材料与再生医学研究院今成立	10 月 14 日	文汇报	http://wenhui.whb.cn/zhuzhanapp/yiliao/20221014/490442.html?timestamp=1665731235931
解决“卡脖子”问题！这个研究院开发新型具有自主知识产权的生物医用材料及再生医学产品	10 月 14 日	周到上海	https://static.zhoudaosh.com/9B6FC54AE135161F73E62B0EC6B8492DB006290241CE441566DB26160992D1BE
多学科交叉建设新型研究院　上海交大医学院生物材料与再生医学研究院成立	10 月 14 日	新民晚报	https://wap.xinmin.cn/content/32247858.html
上海交大医学院生物材料与再生医学研究院今天成立	10 月 14 日	澎湃新闻	https://m.thepaper.cn/newsDetail_forward_20293897
突破医学壁垒，开发自主产权产品，交大医学院生物材料与再生医学研究院成立	10 月 14 日	上观新闻	https://www.shobserver.com/staticsg/wap/newsDetail?_channel=appshare&id=538916
二十大时光|收看开幕会后，上海医学大咖关注到哪些关键词？	10 月 18 日	澎湃新闻	https://m.thepaper.cn/newsDetail_forward_20331085
上海交通大学医学院院史馆新馆今日开馆，校友石四箴捐赠珍贵史料	10 月 22 日	上观新闻	https://www.shobserver.com/staticsg/wap/newsDetail?_channel=appshare&id=541896
叙写交医七秩年华，上海交通大学医学院院史馆新馆开馆	10 月 22 日	劳动观察	https://www.51ldb.com//shsldb/sz/content/0183fef54d1fc0010000df844d7e124a.htm

（续表）

事件	日期	媒体	网址
上海交通大学医学院院史馆新馆开馆，珍贵相片、史料诉说七秩芳华	10月22日	文汇报	http://wenhui.whb.cn/zhuzhanapp/yiliao/20221022/491699.html?timestamp=1666434880859
上海交大医学院院史馆新馆开馆，近万张照片还原七十载院史	10月22日	澎湃新闻	https://m.thepaper.cn/newsDetail_forward_20412457
叙写交医的七秩年华！上海交通大学医学院院史馆新馆今日开馆	10月22日	周到上海	https://static.zhoudaosh.com/4FF1E9C229C5DA70E60E1F9A93B85F6606BDBDC69B22DB60579633C8AFA179FC
叙写交医的七秩年华　上海交通大学医学院院史馆新馆今日开馆	10月22日	东方网	https://j.021east.com/m/1666439695044098
上海交通大学医学院院史馆新馆开馆	10月23日	新民晚报	https://wap.xinmin.cn/content/32252759.html
上海交通大学医学院院史馆新馆开馆	10月23日	第一教育	https://h5.newaircloud.com/detailArticle/20413886_30593_dyjy.html?app=1&source=1
迎来建院70载，上海交大医学院新院史馆开馆	10月22日	人民日报	https://wap.peopleapp.com/article/6900059/6762763
叙写交医的七秩年华　上海交通大学医学院院史馆新馆开馆	10月23日	光明日报	https://app.guangmingdaily.cn/as/opened/n/d5a94c39159f4d3f86ec5da3da05bb45
上海交大医学院院长范先群院士：70载“交医道路”，守正创新、面向未来	10月30日	新民周刊	https://mp.weixin.qq.com/s/Idmyi5-qO4ov0YR40IwD0g
如何更好应对传染病流行？交大医学院联合多学会发起“全健康让社区更美好”倡议	11月4日	文汇报	http://wenhui.whb.cn/zhuzhanapp/yiliao/20221104/493703.html?timestamp=1667527099547
第七届国际全健康日——交大医学院等发起“全健康让社区更美好”倡议	11月4日	话匣子	http://fro.news1296.com/#/article?key=eyJjb250ZW50SWQiOiIxNTU3OTUiLCJtdXVpZCI6IjdBMkVFMjFGLUQxRUQtNDg4NS04RDlGLTUxOUVCOTVBRjZGRCIsImNvbW1lbnRfaGlkZSI6IjEifQ==
国际全健康日|交大医学院联合上海多家学会发起“全健康让社区更美好”倡议	11月4日	东方网	https://j.021east.com/m/1667557323047217
答好健康中国建设的太保“考卷”——专访中国太保集团党委书记、董事长孔庆伟	11月6日	新华社	https://h.xinhuaxmt.com/vh512/share/11190703?d=1348cb2&channel=weixin
中国太保发布“源申康复”医疗品牌，大健康布局再添生力军	11月6日	上观新闻	https://www.shobserver.com/staticsg/wap/newsDetail?_channel=appshare&id=547311
中国太保与上海交大医学院共建康复研究院　助力康复医疗高质量发展	11月7日	新民晚报	https://wap.xinmin.cn/content/32260998.html
交医赋：秉初心而不改兮，历七秩而弥彰	12月1日	人民日报	https://wap.peopleapp.com/article/6939168/6799682
交医70载！求科学之真知，育时代之栋梁	12月1日	人民日报	https://wap.peopleapp.com/article/6939159/6799674

（续表）

事件	日期	媒体	网址
上海交大医学院公卫学院二十周年院庆在沪举行	12月5日	看看新闻	https://m.kankanews.com/n/1_10295704.html
建院20年，上海交大医学院公共卫生学院打造大公卫学科集群构建人才培养新范式	12月5日	新民晚报	https://wap.xinmin.cn/content/32277242.html
打造大公卫学科集群，上海交大医学院公卫学院成立20年	12月5日	文汇报	http://wenhui.whb.cn/zhuzhanapp/yiliao/20221205/498848.html?timestamp=1670241618207
上海交大医学院公共卫生与预防医学学科建设发展高峰论坛举行	12月5日	东方网	https://j.021east.com/m/1670244727031777
上海交通大学医学院公共卫生与预防医学学科建设发展高峰论坛暨公共卫生学院二十周年院庆举行	12月5日	中国新闻网	http://www.sh.chinanews.com.cn/kjjy/2022-12-05/106201.shtml
大健康＋医防融合！交大医学院公卫学院：持续打造大公卫学科集群构建人才培养新范式	12月6日	周到上海	https://static.zhoudaosh.com/2395E7FDA36E48C9829E2A39AAE098131D829D8F0904FA9E8F2344D3B2DE4CF2
陈赛娟院士团队：我国自研疫苗有效保护奥密克戎感染者，显著减少老人重症比例	12月8日	上观新闻	https://www.shobserver.com/staticsg/wap/newsDetail?_channel=appshare&id=559327
交大医学院陈赛娟院士团队：我国自研疫苗有效保护新冠病毒奥密克戎变异株感染者，显著减少老年人发生重症的比例	12月8日	新民晚报	https://wap.xinmin.cn/content/32279015.html
陈赛娟院士团队：我国自研疫苗有效保护奥密克戎变异株感染者，显著减少老人重症概率	12月8日	劳动观察	https://www.51ldb.com//shsldb/ms/content/0184f0f18b93c0010000df844d7e124a.htm
陈赛娟院士团队：我国自研疫苗有效保护奥密克戎感染者，减少老人重症比例	12月8日	文汇报	http://wenhui.whb.cn/zhuzhanapp/yiliao/20221208/499199.html?timestamp=1670495852273
陈赛娟院士：我国自研疫苗可有效保护奥密克戎变异株感染者　显著减少重症比例	12月8日	东方网	https://j.021east.com/m/1670489976045861
交大医学院陈赛娟院士团队：我国自研疫苗有效保护新冠病毒奥密克戎变异株感染者，显著减少老年人发生重症的比例	12月8日	话匣子	https://m.ajmide.com/m/branddetail?id=40338008
交医陈赛娟团队基于上海近万名感染者的研究：国产疫苗可显著减少老人重症比例	12月8日	澎湃新闻	https://m.thepaper.cn/newsDetail_forward_21079876
打造大公卫学科集群，20岁的交医公卫学院构建人才培养新范式	12月9日	青春上海	http://www.why.com.cn/wx/article/2022/12/09/16705882261039644995.html
陈赛娟院士团队：我国自研疫苗可显著减少老年人重症发生率	12月9日	光明日报	https://app.gmdaily.cn/as/opened/n/dc90bfefd75944b3b067c484332368bf
“疫苗犹豫”不可取　老年人应积极接种	12月10日	上海科技报	https://www.shkjb.com/content.html?id=225425

附 13　医学院年鉴常用简(全)称对照表

简　　称	全　　称
交大	上海交通大学
交大医学院(或医学院)	上海交通大学医学院
瑞金医院(或瑞金)	上海交通大学医学院附属瑞金医院
仁济医院(或仁济)	上海交通大学医学院附属仁济医院
新华医院(或新华)	上海交通大学医学院附属新华医院
九院	上海交通大学医学院附属第九人民医院
一院	上海交通大学医学院附属第一人民医院
六院	上海交通大学医学院附属第六人民医院
儿中心	上海交通大学医学院附属上海儿童医学中心
儿童医院	上海交通大学医学院附属儿童医院
胸科医院	上海交通大学医学院附属胸科医院
精中	上海交通大学医学院附属精神卫生中心
国妇婴	上海交通大学医学院附属国际和平妇幼保健院
同仁医院	上海交通大学医学院附属同仁医院
基础医学院	上海交通大学基础医学院
公共卫生学院	上海交通大学公共卫生学院
护理学院	上海交通大学护理学院
临五	临床医学五年制
临八	临床医学八年制
法八	临床医学八年制法文班
口七	口腔医学七年制
PI	Principle Investigator,课题组长
co-PI	青年课题组长
IF	Impact Factor,影响因子
PBL	Problem-Based learning,以问题为导向的教学方法
SCI	Science Citation Index,科学引文索引
SCIE	SCI Expanded,科学引文索引扩展版
SSCI	Social Science Citation Index,社会科学引文索引
HIS	Hospital Information System,医院信息系统